Marokko

Hartmut Buchholz

Inhalt

Wissenswertes über Marokko

Wissenswertes für die Reise

Unterwegs in Marokko

Kapitel 1 Mittelmeerküste, Rif und Nordosten

Inhalt

Kapitel 3 Marrakesch und der Hohe Atlas

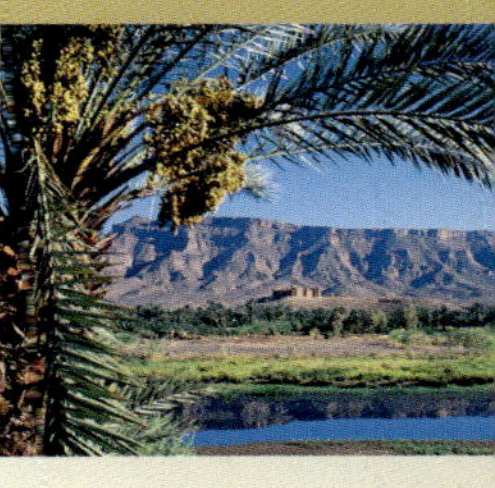

Kapitel 4 Der Südosten

Inhalt

Kapitel 5 Die Atlantikküste und der große Süden

Themen

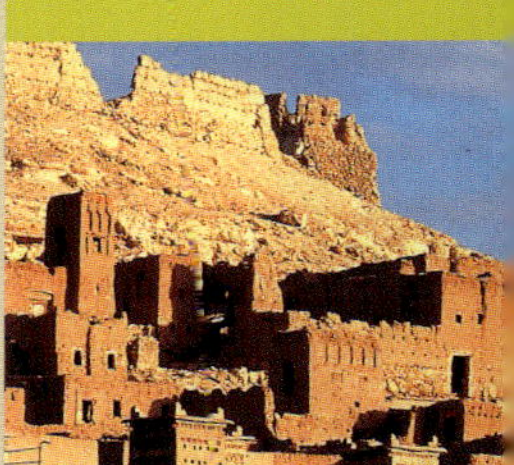

Alle Karten auf einen Blick

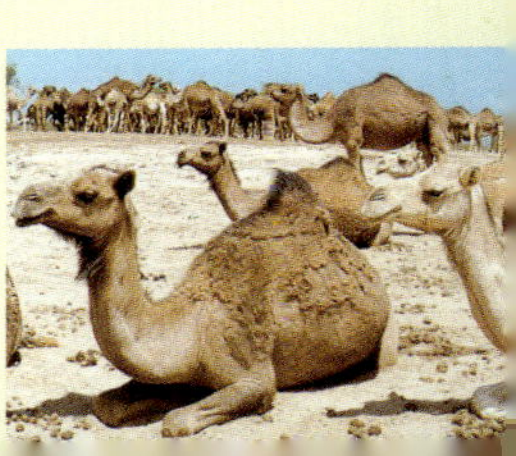

Inhalt

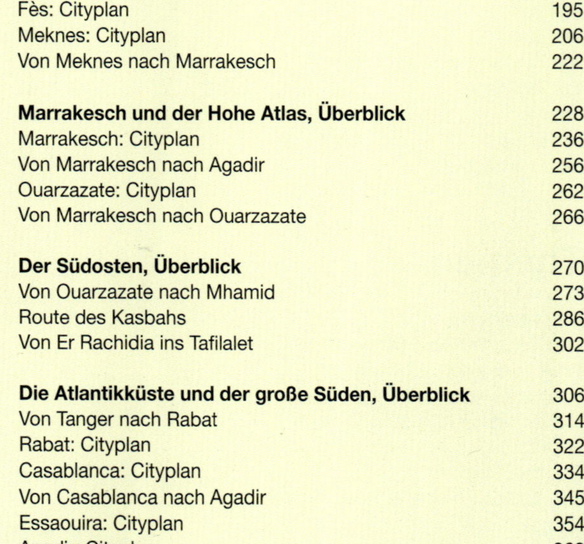

Alljährliches Fest in Imilchil: Heiratsmarkt der Ait-Haddidou-Berber

In den Souks von Marrakesch

Wissenswertes über Marokko

Marokko im Plural

Marokko liefert sich nicht aus, man muss es selbst suchen und entdecken. Scharnier zwischen Europa und Afrika, zwischen christlichem Abendland und muslimischer Zivilisation, war das Land seit der Antike ein Mosaik aus verschiedensten kulturellen Prägungen. So gibt es Marokko vielleicht nur im Plural – ein Kaleidoskop aus Verheißungen.

Einen Marokkoführer zu schreiben ist letztlich eine Anmaßung. Mit einer – wie auch immer erworbenen – Kennerschaft ist diesem Land nicht beizukommen, vorschnelles Bescheidwissen kann an seinen Realitäten nur abprallen. Bestenfalls kann ein Autor mit Sprache auf dieses Faszinosum namens Marokko reagieren, in gründlich recherchierten Momentaufnahmen, immer im Wissen, dass dieses Land sich in einem rasanten Umbruch befindet, der das heute Aktuelle schon morgen obsolet sein lässt. Umgekehrt ist dieses Land, eine der ältesten Monarchien der Welt, von erstaunlich starken Beharrungskräften bestimmt. Es gibt bis heute Regionen, die in einem »elektrifizierten Mittelalter« (Hubert Lyautey, s. S. 319) versunken sind – so wie es Metropolen gibt, die, allen voran Casablanca, als Inbegriff von Moderne gelten können.

Wäre der Titel erlaubt, so müsste dieses Buch »Mein Marokko« heißen. Damit wäre signalisiert, was, wie vermittelt auch immer, für jeden Reiseführer gilt. Was kann er anderes sein als ein subjektives Kompendium, in dem sich die Person eines Autors spiegelt, seine Fähigkeit zur Beobachtung, seine Begabung für Einordnung und Bewertung, sein Talent zur Recherche, sein Sensorium für das Geheimnis und nicht zuletzt sein Instinkt für Sprache? Vielleicht sind in einem Reiseführer gerade die Passagen die subjektivsten, die Objektivität, ohnehin eine Chimäre, nur vortäuschen. *Mein* Marokko also – und nicht *dieses* Marokko.

Autoren von Reiseführern arbeiten, ob sie dies wollen oder nicht, einem Wirtschaftszweig zu, der, trotz aller weltweiten Turbulenzen gerade auf diesem Markt, mit die höchsten Wachstumsraten erzielt. Die Tourismusindustrie, so das schwer widerlegbare Credo der Verächter, richtet weltweit überall die gleichen Verheerungen an. So ist dieses Buch vor allem als ein Appell zu verstehen, ein derart komplexes Land wie Marokko so zu bereisen, wie es ihm zukommt – in Kenntnis eines unvergleichlichen Reichtums an Geschichte, im Bewusstsein der kulturellen wie religiösen Traditionswerte des Islam, im Erstaunen angesichts eines einzigartigen Ensembles majestätischer Landschaften sowie besonders im Respekt vor den stets aufs Neue faszinierenden Menschen.

Marokko gehört – der Superlativ sei gewagt – aufgrund seiner grandiosen, vielgestaltigen Landschaften, seiner reichen Kunst- und Kulturschätze sowie besonders durch seine von berberisch-arabischer Herkunft geprägten Menschen zu den faszinierendsten Ländern der Welt. Drei bis vier Flugstunden von Mitteleuropa entfernt findet der Reisende traumhafte Sandstrände, die Gebirgspanoramen der Viertausender im Hohen Atlas, Dattelpalmenoasen und die arabische Medina als Inbegriff der orientalischen Stadt, die imponierende Architektur der hoch aufragenden Kasbahs und eine erste Ahnung der Wüste, der erbarmungslosen Sahara. Marokko mag als morgenländische Fantasie eine Verheißung sein – ein in mancher Hinsicht vergleichsweise schwieriges Reiseland ist es auch.

Das Marokko der Jahrtausendwende ist manchen Zerreißproben ausgesetzt. Zwischen den Diktaten der Moderne, den weltweit vernetzten Wirtschaftsmärkten und den internationalen politischen Machtstrukturen auf der einen Seite und den islamischen Traditionen des Maghreb, den Beharrungskräften der Monarchie und seiner »arabischen Seele« auf der anderen Seite muss Marokko, oft in heiklen Balanceakten, seinen eigenen Kurs finden. Die klassischen Merkmale für die Staaten der sogenannten Dritten Welt (geringe Industrialisierung, hohe Analphabeten- und Arbeitslosenrate, starke Auslandsverschuldung, hohes Bevölkerungswachstum, extremes soziales Ungleichgewicht, Dominanz des primären Sektors etc.) finden sich in Marokko fast vollzählig versammelt. Umgekehrt verfügt Marokko, etwa im Großraum Casablanca-Mohammedia, über ein hochmodernes Industriezentrum; das Land hat mit einer forcierten Privatisierung eine rasante wirtschaftliche Liberalisierung eingeleitet, es ist führend im Ausbau von Telekommunikation und Computertechnologie und es verfügt hinsichtlich der Verkehrsverbindungen, der Hotellerie und Gastronomie über die besten touristischen Infrastrukturen des Kontinents nach Südafrika.

Marokko ist also ein Land der Extreme – und der Ungleichzeitigkeiten. Die Hightechbüros an der Börse in Casablanca und die mit Esel und Hakenpflug betriebene archaische Landwirtschaft auf winzigen Parzellen, die Kamelzüchternomaden der Westsahara, die Handwerker in den quirligen Souks von Marrakesch, die würdigen Imame in Fès oder das akademische Proletariat, das sich in den Discos von Agadir an die Touristen verkauft: All das sind Facetten einer einzigen marokkanischen Realität und zugleich verschiedene Aggregatzustände von Zeit. Dieser Reiseführer versucht, ein Sensorium für derartige Widersprüche zu schärfen und sie als das zu skizzieren, was sie sind: die Gesichter eines einzigartigen, eines verstörend schönen Landes.

Hennabemalung als magisches Zeichen

Steckbrief Marokko

Daten und Fakten

Name: Al Maghrib

Fläche: 458 730 km² (Westsahara: 252 120 km²)
Hauptstadt: Rabat (seit 1912)
Amtssprache: Arabisch; Französisch ist als Geschäfts-, Wirtschafts- und Bildungssprache sehr verbreitet.

Einwohner: ca. 31,6 Mio.
Bevölkerungswachstum: ca. 1,5 % pro Jahr
Lebenserwartung: etwa 64 Jahre für Männer, etwa 67 Jahre für Frauen
Analphabetenrate: offiziell um 55 %, in der Realität – zumal im ländlichen Milieu und bei Frauen – deutlich höher

Währung: Marokkanischer Dirham (DH), 1 DH ist unterteilt in 100 Centimes.
1 € = 11,10 DH.
Zeitzone: Rabat MEZ minus eine Stunde (minus zwei Stunden während der europäischen Sommerzeit)

Landesvorwahl: 00 212
Internet-Kennung: ma

Landesflagge: Der fünfzackige grüne Stern steht für die fünf Säulen des Islam, grün gilt als Farbe des Islam. Der rote Untergrund – rot gilt als die Farbe der Alaouiten – verweist auf die herrschende Dynastie.

Geografie

Marokko bildet den ›Nordwestpfeiler‹ Afrikas. Die Oberflächenstruktur des Landes wird durch die Gebirgsriegel des Mittleren Atlas, des Hohen Atlas (Djebel Toubkal: 4165 m) und des Antiatlas bestimmt, die von Nordosten nach Südwesten verlaufen und eine Klimascheide bilden. Im Norden ist das schroff zerklüftete Rifgebirge mit seinen Zedernwäldern vorgelagert, die am dichtesten besiedelte und landwirtschaftlich am intensivsten genutzte Region ist die Zentralmeseta. Südlich des Antiatlas beginnt die Übergangszone zur Wüste, südöstlich des Hohen Atlas folgt eine von Oasenketten (Dra- und Dadestal, Tafilalet) durchsetzte Halbwüstenlandschaft. Die ostmarokkanische Meseta im Grenzgebiet zu Algerien prägen karge, steppenartige Hochplateaus.

Geschichte

In der Antike Besiedlung durch Phönizier, Karthager und Römer; im 8. Jh. Beginn der Arabisierung und Islamisierung der ansässigen Berberstämme. Um 788 gründet Idriss I. das erste marokkanische Reich; auf ihn bezieht sich die Tradition der marokkanischen Monarchie bis heute. Die Landesgeschichte ist ganz wesentlich Dynastiengeschichte (Idrissiden, Almoraviden, Almohaden, Meriniden, Saadier); die Alaouiten regieren seit 1667. 1912 wird Marokko französisches und (in der Nordzone) spanisches Protektorat. Ein verlustreicher, jahrelanger Befreiungskrieg führt 1956 zur Unabhängigkeit.

Staat und Politik

Staatsrechtlich ist Marokko eine konstitutionelle Monarchie, in der Realität genießt der Monarch – als Staatsoberhaupt zugleich die höchste politische und religiöse Instanz – zahlreiche dirigistische Vollmachten. Staatsoberhaupt ist seit 1999 König Mohamed VI., der 1963 geborene, älteste Sohn des langjährigen Königs Hassan II. (1961–1999). Seit 1997 agiert ein Zweikammernparlament (Unterhaus und Senat) mit stark eingeschränkten legislativen Befugnissen. 2002 lagen bei den Unterhauswahlen (325 Sitze, Mandat für fünf Jahre) drei politische Lager in etwa gleichauf: Die Sozialisten (USFP) errangen 50 Mandate, die Nationalisten (Istiqlal) 48 und die gemäßigten Islamisten (PJD) 42 (1997: 14). Im Oktober 2002 ernannte Mohamed VI. den bisherigen Innenminister Driss Jettou zum neuen Ministerpräsidenten. Die Verfassung garantiert nominell alle bürgerlichen Freiheitsrechte, die Verwaltung folgt mit der Einteilung in Provinzen und Stadtpräfekturen in Ansätzen einem föderalen Aufbau. Außenpolitisch gilt Marokko als verlässlicher Partner des westlichen Bündnisses.

Wirtschaft und Tourismus

Die Säulen der Nationalökonomie bilden die Überweisungen der im Ausland tätigen Marokkaner, die Landwirtschaft, der Bergbau (Phosphatexport) und der Tourismussektor. Dürreperioden, sinkende Weltmarktpreise für Rohstoffe, Einbrüche im Tourismusgeschäft (Bombenattentat in Casablanca im Mai 2003), eine chronisch defizitäre Handelsbilanz, lähmende Auslandsverschuldung und hohe Arbeitslosenquoten das sind nur die alarmierendsten Herausforderungen, denen sich die Volkswirtschaft ausgesetzt sieht. Seit den frühen 1990er-Jahren versucht die Regierung durch eine entschiedene Privatisierungspolitik und weitreichende Steuererleichterungen, ausländische Investoren ins Land zu holen. Das Bruttoinlandsprodukt (BIP) pro Kopf der Bevölkerung lag im Jahr 2005 bei 1712 US-$, 2006 bei 1800 US-$ (Prognose).

Zu den wichtigsten Wirtschaftszweigen gehört der Tourismus, der noch stark ausgebaut werden soll. 2005 besuchten etwa 5,8 Mio. Reisende Marokko (die Tourismusstatistiken schliessen inzwischen die Auslandsmarokkaner ein, die im Land Urlaub machen), darunter etwa 145 000 Deutsche.

Bevölkerung, Sprachen und Religion

Berber, arabisierte Berber und Araber bilden die Bevölkerung Marokkos; eine eindeutige ethnische Unterscheidung ist kaum noch möglich. Mit Sicherheit hat Marokkos Bevölkerung den höchsten Berberanteil im gesamten Maghreb; Schätzungen sprechen von bis zu 50 %. Die größten Berberethnien sind die Chleuh (Sprache: Tachelhait), die Beraber (Sprache: Tamazirht) und die Rifkabylen (Sprache: Tarifi). Die Haratin, die marokkanischen Juden sowie die im Land lebenden Europäer stellen die wichtigsten Bevölkerungsminderheiten dar. – Der Islam ist Staatsreligion; etwa 95 % der Marokkaner sind sunnitische Muslime der malekitischen Rechtsschule. Daneben gibt es vor allem jüdische und christliche Minderheiten. Unter der Oberfläche des offiziellen Islam haben sich verschiedene Formen der Volksfrömmigkeit (religiöse Bruderschaften, Reliquienverehrung, Maraboutismus etc.) erhalten.

Natur und Umwelt

Schon ein flüchtiger Blick auf die Landkarte bestätigt es: Marokko ist von grundverschiedenen Landschaften und Naturräumen geprägt – Schneegipfel im Hohen Atlas und Palmenoasen im Tafilalet, Sandstrände und karstige Hochebenen, Dünenkämme und Felsküsten, Wälder und Wüste. Die ökologischen Herausforderungen, besonders durch einen ungezügelten Bauboom gerade in den Ballungszentren der Metropolen, sind unübersehbar.

Landschaft und Natur

Marokko, lediglich durch die 13 km breite Straße von Gibraltar vom europäischen Festland getrennt, bildet den sogenannten Nordwestpfeiler des afrikanischen Kontinents. Die offiziellen Statistiken beziffern die Staatsfläche mit 458730 km² (Bundesrepublik Deutschland: knapp 357000 km²), die von Marokko annektierte Westsahara, immerhin ein Gebiet von 252120 km², gilt als ›integraler‹ Bestandteil des Landes. Die Grenze zu Algerien ist nur im Norden präzise festgelegt, bestimmte Randgebiete sind umstritten. Desgleichen beansprucht Marokko seit langem die spanischen Besitzungen in Ceuta und Melilla. Das Land besitzt ausgedehnte Küsten (etwa 470 km am Mittelmeer; im Westen grenzt es mit rund 1700 km an den Atlantik).

Die Oberflächenstruktur weist Marokko als außerordentlich vielgestaltig und gebirgig aus. Kernlandschaft (und am dichtesten besiedelt) ist die Zentralebene, die marokkanische Meseta. Ihre Randgebiete – besonders die atlantische Küstenebene im Westen und das Seboubecken im Norden – werden landwirtschaftlich intensiv genutzt. Landschaftlich wird Marokko durch die mächtigen Gebirgsriegel des Atlas gegliedert, die von Nordosten nach Südwesten verlaufen und als Klimascheide wirken. Der etwa 300 km lange Mittlere Atlas erreicht Höhen bis 3340 m; der Hohe Atlas, der sich über etwa 800 km Länge erstreckt, ist mit 4165 m (Toubkalmassiv) das höchste Gebirge Nordafrikas; der Antiatlas, bis 2531 m hoch und etwa 500 km lang, schließt die fruchtbare Sousebene nach Osten und Süden hin ab.

Im Norden, jenseits der Sebouebene, durchschneidet das schroff zerklüftete, bis 2456 m hohe, halbkreisförmige Rifgebirge das Land. Die dünn besiedelte ostmarokkanische Meseta ist von kargen, steppenartigen Hochplateaus gekennzeichnet; im Südosten und Süden schließt sich eine von großen Oasenketten (Dra, Dades, Tafilalet) durchsetzte Halbwüstenlandschaft an, die südlich des Djebel Bani in Vollwüste (überwiegend Steinwüste, nur wenige Sanddünengebiete) übergeht.

Marokko besitzt das reichste Gewässernetz aller Maghrebstaaten; freilich werden die Flüsse fast ausschließlich zur Bewässerung und nicht als Verkehrsadern genutzt. Die Schifffahrt beschränkt sich auf den Bereich der Flussmündungen. Die wichtigsten Flüsse, die in den Atlantik münden, sind Loukkos, Sebou, Bou Regreg, Oum Er Rbia, Tensift und Sous. Ins Mittelmeer mündet der im östlichen Mittleren Atlas entspringende Moulouya; die vom Südhang des Hohen Atlas entspringenden Flüsse Dades, Dra, Rheris und Ziz versickern in der Wüste (nur nach sehr ergiebigen Niederschlägen und entsprechender Wasserführung erreicht der Dra nördlich von Tan Tan Plage den Atlantik). Die Gebirgsmassive des Mittleren und des Hohen Atlas bilden ein bedeutendes Wasserreservoir.

Marokkos Klimazonen

Aufgrund der Größe wie auch der beschriebenen Oberflächenstruktur weist Marokko mehrere Klimazonen auf. An den Küsten herrscht ein ausgeglichenes maritimes Klima mit warmen, aber nie extrem heißen Sommern und milden Wintern sowie mit geringen Temperaturschwankungen. Der kühle Kanarenstrom sorgt an der südlichen Atlantikküste auch im Sommer für angenehme Tagestemperaturen.

Das Innere der Zentralebene wird mit zunehmender Entfernung von der Küste stärker vom kontinentalen Klima bestimmt: Die Sommer sind heißer, die Winter kälter als in den Küstenregionen. Spitzentemperaturen über 40 °C (die der *chergui*, ein heißer Wüstenwind, noch hochtreiben kann) und Tiefsttemperaturen um den Gefrierpunkt sind keine Seltenheit.

In den Gebirgen sind die Sommer warm, die Winter aber, mit Tiefsttemperaturen bis zu −20 °C, extrem kalt. In den Atlasregionen kann es zu mehrmonatigen Frostperioden und sehr ergiebigen Schneefällen kommen. In Saharavorland, Wüste und ostmarokkanischer Meseta herrscht saharisches Klima mit extrem heißen Sommern (Spitzentemperaturen nahe 50 °C), warmen Wintern und empfindlichen täglichen Temperaturschwankungen.

Marokko ist ein insgesamt niederschlagsarmes Land. Der meiste Regen fällt in der kühleren Jahreszeit zwischen November und April, in den Sommermonaten von Mai bis Oktober sind Niederschläge sehr selten. Hohe Niederschläge (600–1000 mm): Mittelmeerküste, Westhänge von Hohem und Mittlerem Atlas, besonders die Region um Ifrane. Mittlere Niederschläge (400–600 mm): Atlantikküste bis südlich von Casablanca, nördliche Zentralebene, Hochland der Gebirge. Geringe Niederschläge (200–400 mm): Südliche Atlantikküste, südliche Zentralebene, östlicher Mittlerer Atlas. Fast keine Niederschläge (unter 200 mm): Östliche Hochplateaus, Halbwüsten- und Wüstengebiete.

Heftige Gewitter mit starken Regenfällen durchziehen häufig den Hohen Atlas; so gab es in den späten 1990er-Jahren in der Region Marrakesch (Ourikatal) katastrophale Überschwemmungen, die zahlreiche Menschenleben forderten und enormen Sachschaden anrichteten.

Pflanzen- und Tierwelt

Mit über 4000 Arten ist die Pflanzenwelt Marokkos sehr reichhaltig. Wälder (besonders Steineichen, Zypressen, Eisenholzbäume und Korkeichen) nehmen ein Fünftel der Landesfläche ein. Zusammenhängende Waldgebiete finden sich besonders im Rif und im westlichen Mittleren Atlas. Nahezu alle großen Forste sind Staatsbesitz. Der Holzeinschlag kann nur etwa ein Drittel des Landesbedarfs decken; ein von der Weltbank gefördertes Aufforstungsprogramm, bei dem rund 4000 km² mit Nadelbäumen und dazu etwa 700 km² mit Laubbäumen bepflanzt werden sollten, wurde teilweise realisiert.

Mediterrane Vegetation, die sich kaum von der Südspaniens unterscheidet, weist die Mittelmeerküste auf. Neben Pinien, Zwergpalmen und Macchiasträuchern gedeihen hier zahlreiche Obstbäume: Oliven, Mandeln, Zitrusfrüchte, Pfirsiche und Granatäpfel gehören zu den wichtigsten Obsterträgen.

Die Vegetationsdichte der Zentralebene nimmt von Norden nach Süden ab. Im Norden gibt es noch zahlreiche dichte Buschwälder, die mit Ulmen, Pappeln und Eschen durchsetzt sind. Nach Süden zu erfolgt der allmähliche Übergang zur Steppe, einer mit Kakteen und Agaven durchsetzten Graslandschaft. Bei Marrakesch tauchen die ersten Dattelpalmen auf. Nur der Nordhang des Hohen Atlas und einige Küstenabschnitte tragen noch reichere Vegetation (Arganien zwischen Essaouira und Agadir, Thuja und Buchsbaum im Hohen Atlas).

Jenseits des Gebirgskranzes wird die Vegetation zunehmend karg, das Halfagras der östlichen Hochplateaus sowie das Dornengestrüpp und die Kakteen der Halbwüste weichen schließlich der nahezu vegetationslosen Wüste. Nur in den Oasen findet sich noch nennenswerter Pflanzenwuchs, vor allem natürlich die Dattelpalme.

Der einst sehr artenreiche Bestand an Wildtieren ist durch intensive Jagd seit der Zeit der Römer stark dezimiert worden. Der Berberlöwe ist inzwischen ausgerottet; Schakale, Leoparden und Affen sind sehr selten geworden. In großer Zahl finden sich dagegen noch Hasen, Wildkaninchen, Wildschweine, Stachelschweine, Eidechsen, Frösche, Schildkröten und Chamäleons. Zu den einheimischen Vogelarten (Raubvögel, Kolkraben, Störche, Ibisse, Marabus) gesellen sich im Winter zahlreiche europäische Zugvögel. Im Mittleren Atlas leben Mufflons, am Wüstenrand Gazellen, Wüstenfüchse (Fenneks), Leguane und Felseichhörnchen (Palmratte). Im Süden gibt es viele Schlangenarten, darunter die sehr giftige Puffotter, außerdem Skorpione. In manchen Jahren werden Regionen im südlichen Marokko von Wanderheuschrecken heimgesucht. Unter den Nutztieren dominieren Schafe und Ziegen, daneben werden Esel, Rinder, Kamele, Pferde und Geflügel gehalten. Die marokkanischen Atlantikgewässer gehören zu den fischreichsten der Welt und verfügen über eine artenreiche Unterwasserflora.

Umweltprobleme

Wilde Müllkippen, verseuchte Böden, ungeklärte Abwässer – Marokko wird in den nächsten Jahren mit gewaltigen ökologischen Problemen konfrontiert sein, die schon jetzt die Tourismusbranche um ihre Einnahmen fürchten lässt. Es gibt – noch – keine sonderlich ausgeprägte Sensibilität angesichts der ökologischen Herausforderungen; dies zeigt deutlich der bedenkenlose Umgang mit Hausmüll. Katalysatortechnik, Solaranlagen, ressourcenschonender Umgang mit Energie, Recyclingkonzepte, spezielle Entsorgung von Giftmüll und Chemieabfällen, Gewässerschutz, Investitionen in Klärwerke: Das alles sind noch Fremdworte, und eine öffentliche Debatte zu Umweltthemen lässt sich erst in zaghaften Ansätzen ausmachen. Immerhin hat das größte marokkanische Industrieunternehmen, das O.C.P. (Office Chérifien des Phosphates), 1998 ein eigenes Umweltschutzprogramm aufgelegt.

Eine weitere Gefahr ist die vielbefahrene Tankerroute, die an der westafrikanischen Küste entlangführt. Ein Tankerunglück (Beinahe-Havarien gab es mehrfach) würde die Strände an der marokkanischen Atlantikküste auf Jahre hinaus verseuchen – abgesehen von den ökologischen Folgen wäre es dann auch mit den dringend benötigten Tourismuseinnahmen auf lange Sicht vorbei.

Tinerhir inmitten einer ausgedehnten Palmenoase

Die Nationalparks

Die bekanntesten Nationalparks Marokkos liegen in der Djebel-Toubkal-Region im Hohen Atlas und im Mündungsgebiet des Oued Massa südlich von Agadir. Weitere Nationalparks befinden sich im Mittleren und im Hohen Atlas im Süden der Provinz Khenifra, am – derzeit allerdings ausgetrockneten – Lac Iriqui (70–80 km westlich von Mhamid), in der Küstenregion um Al Hoceima (Mittelmeerküste), in der Region um den Djebel Tazzeka (südwestlich von Taza), um Ifrane (Westhang des Mittleren Atlas, etwa 20 km nordöstlich von Azrou) und in der Küstenregion um Dakhla (Südspitze der gleichnamigen Halbinsel, Westsahara). Umso erstaunlicher, dass Marokko das touristische Kapital seiner Nationalparks, von den beiden erstgenannten einmal abgesehen, kaum oder gar nicht vermarktet.

Immerhin scheinen die Pläne, ausgerechnet in der Region um Sidi Rbat, mitten in einem Naturschutzgebiet an der Oued-Massa-Mündung gelegen, einen gigantischen Hotelkomplex hinzuklotzen, endgültig vom Tisch zu sein. Bedenklich stimmen freilich die Dimensionen des derzeitigen Baubooms besonders an der Atlantikküste zwischen Rabat und Casablanca, in Marrakesch und in Agadir. Im Stadtteil Founty, etwa 3 km südöstlich des Stadtzentrums von Agadir, sind inzwischen die ersten 500-Zimmer-Hotels einer neuen riesigen *residence touristique* fertiggestellt. Der Grundwasserspiegel wird hier noch weiter absinken, es wird noch mehr Müll anfallen und es wird noch mehr Landschaftsfläche versiegelt werden.

Die Dattelpalme

Sie gilt als Inbegriff südlicher Sehnsüchte und romantischer Orientfantasien: die Dattelpalme. Um die 20 verschiedene Palmenarten gibt es in Marokko, die ausgedehntesten Dattelpalmenkulturen finden sich im Ziz- und im Dratal sowie im Tafilalet.

Dattelpalmen sind schon für das 4. Jt. v. Chr. in den antiken Sumerereichen des Zweistromlands (des heutigen Irak) bezeugt; über Ägypten fand die Pflanze Ausbreitung im gesamten Maghreb, in Marokko wurde sie in der karthagisch-römischen Epoche heimisch. Die Palmenplantagen im südlichen Marokko – Marrakesch ist die nördlichste Großstadt inmitten einer riesigen *palmeraie* – umfassen etwa vier Mio. Dattelpalmen auf einer Nutzfläche von um die 85 000 ha. Diese großen Monokulturen haben sich in den vergangenen Jahren gegenüber dem Bayoud, einer Schlauchpilzerkrankung, als außerordentlich anfällig erwiesen.

Die prächtigen Dattelfeste (etwa in Erfoud und Rissani im Oktober) künden von der Bedeutung der Pflanze, der bis heute magische Kräfte zugeschrieben werden. Auf den Märkten im Tafilalet kann man sich einen Überblick über die reichhaltigen Dattelsortimente verschaffen; die Händler thronen oft über ihren Auslagen, Spezialisten haben bis zu 20 Sorten im Angebot. Die Dattel, reich an Vitaminen und Kohlehydraten, ist inzwischen zu einem wirtschaftlich bedeutenden Exportartikel avanciert; im gesamten Orient gehörte sie lange Zeit zu den Grundnahrungsmitteln.

Bewässert wurden die Palmenoasen zumeist über einen von einem Quellbecken oder einer Zisterne gespeisten Hauptkanal (*seguia*), von dem kleinere Nebenkanäle abführen, deren Wasserführung durch Schieber reguliert wird. Die Dattelpalme besitzt ein feines, sich netzartig verzweigendes Wurzelgeflecht, über das sie große Mengen Wasser aufnehmen kann. Nicht nur die Früchte, auch das Stammholz, die Fasern (für Matten und Körbe) und die Wedel (als Windschutz und zum Befestigen von Wanderdünen) werden genutzt.

Eine Dattelpalme trägt erst nach mehreren Jahren Früchte. Die weiblichen und männlichen Blütenstände sind bei der Dattelpalme auf verschiedene Bäume verteilt, wobei das Verhältnis weiblich zu männlich in etwa 80 % zu 20 % ausmacht. In den Oasen werden die Palmenkulturen durch Gärtner von Hand bestäubt; dazu müssen die männlichen Blütenstände herausgeschnitten und auf die weiblichen aufgesteckt werden. Diese Prozedur erfolgt zumeist im Frühjahr – in 15–20 m Höhe übrigens eine halsbrecherische Arbeit! Die Erträge der Dattelpalme variieren je nach Sorte und Region sehr stark, in den 1990er-Jahren noch konnte man 12–15 t je Hektar pro Jahr kalkulieren; durch den Bayoud müssen diese Zahlen inzwischen wohl stark nach unten korrigiert werden.

Vermutlich gehören die Palmenhaine zu jenen Assoziationen, die sich beim Stichwort Marokko unweigerlich einstellen. Eine Nacht in einer Palmenoase, wenn der Wind in den Palmwedeln wispert und die Sterne aus dem Nachtschwarz des Wüstenhimmels funkeln, gehört zu den Erlebnissen, die ein Marokkoreisender nie vergisst.

Datteln satt – in Südmarokko gibt es um die 20 Sorten

Wirtschaft, Soziales und aktuelle Politik

Zwischen Schwellenland und Dritte-Welt-Staat: Die marokkanische Volkswirtschaft, im Wesentlichen immer noch agrarisch geprägt, steht im neuen Jahrtausend vor gewaltigen Herausforderungen. Mohamed VI., bei seiner Thronbesteigung als ›König der Armen‹ gepriesen, hat die immensen sozialen Gegensätze im Land bisher nicht ausgleichen können.

Wirtschaft

Die marokkanische Volkswirtschaft hat sich seit den 1990er-Jahren als enorm krisenanfällig erwiesen, vor allem weil ihre wichtigsten Sektoren außerordentlich schwierig zu kalkulieren sind. So haben der Golfkrieg (1990/91) und der Terroranschlag von Casablanca (2003) die gesamte Tourismusbranche zusammenbrechen lassen, die Turbulenzen an den Weltmärkten für Rohstoffe beeinflussen die Devisenerlöse für marokkanische Rohphosphatexporte ganz entscheidend, und selbst die Unwägbarkeiten des Klimas tangieren, weil der ganze Agrarsektor davon abhängt, die volkswirtschaftlichen Bilanzen.

Die relativen Erfolge der späten 1990er-Jahre, vornehmlich einer entschiedenen Privatisierungspolitik zu verdanken, können über gravierende strukturelle ökonomische Hindernisse nicht hinwegtäuschen. Die mit ca. 15,6 Mrd. US-$ (2005; Prognose für 2006: 15,3 Mrd. US-$) dramatisch hohe Auslandsverschuldung mit entsprechenden investitionenhinderlichen Schuldendienstquoten, markiert ein Hindernis ersten Ranges. Hinzu kommen die wettbewerbsfeindliche Vernetzung ganzer Schlüsselindustrien im von Mohamed VI. gesteuerten Unternehmensverbund Omnium Nord Africain (ONA; s. S. 26), die immensen Kosten für den Krieg in der Westsahara (internationale Presseberichte sprechen von 1,5 bis 2,5 Mio. US-$ am Tag!) sowie ein den GATT-Abkommen gehorchender, für die einheimischen Unternehmer aber oft ruinöser Zollabbau.

Das in absoluten Zahlen hohe Bevölkerungswachstum (etwa 1,5 % jährlich), alarmierende Arbeitslosenraten (in den Großstädten bis zu 30 %), eine extreme soziale Ungleichheit: all dies trägt zur Verschärfung der Situation bei. Das Bruttoinlandsprodukt (BIP) pro Kopf der marokkanischen Bevölkerung lag 2005 bei jährlich 1712 US-$ (Prognose für 2006: 1800 US-$) und war damit, Mauretanien nicht mitgerechnet, das mit Abstand niedrigste des Maghreb. Marokko könnte nach seinen Kapazitäten und Ressourcen längst ein Schwellenland sein, de facto ist es ein vergleichsweise armer ›Dritte-Welt‹-Staat.

Agrarwirtschaft

Marokko ist trotz einiger industrieller Kerne und trotz bedeutender Phosphatförderung bis heute vornehmlich ein Agrarland geblieben. Die Landwirtschaft – Ackerland und Dauerkulturen nehmen rund ein Fünftel der Gesamtfläche ein – beschäftigte 2005 (Forstwirtschaft und Fischerei eingerechnet) etwa 40 % der Erwerbstätigen; auf sie entfielen etwa 16 % des Bruttoinlandsproduktes und knapp ein Drittel der Exporte.

Der Agrarsektor steht vor vielfältigen Problemen. Immer wieder lassen lang anhaltende Dürreperioden vor allem die Getreideerträge drastisch schrumpfen, auch wenn in besonders guten Jahren bisweilen Rekordernten eingebracht werden. Die Landreform ist in Ansätzen steckengeblieben, an der Konzentration der fruchtbarsten Böden in der Hand weniger Großgrundbesitzer hat sie jedenfalls nichts zu ändern vermocht, was auch handfeste politische Gründe hat: Die konservativen Landprovinzen sind bis heute das Rückgrat der Monarchie.

Anbaumethoden

Der Agrarsektor ist kleinbäuerlich strukturiert, die Aufsplitterung der Parzellen sowie ein oft verworrenes Pacht-, Boden- und Wasserrecht (oft besitzen Pächter traditionelle Wasserrechte auf Böden, die ihnen nicht gehören oder besitzen umgekehrt Böden auf Gemarkungen, wo sie die Wasserrechte erst einholen müssen!) verhindern eine rationelle Bewirtschaftung. Vielfach dominieren immer noch Zugtiere und Hakenpflug, der Einsatz von landwirtschaftlichen Maschinen ist noch gering; Düngemittel und Saatgut sind Mangelware. Die Pro-Kopf-Erträge sind auf lange Sicht rückläufig, die Abschottung der EU gegenüber Agrarimporten blockiert die Exportchancen Marokkos, die Landflucht nimmt stetig zu.

Am gravierendsten freilich ist, dass etwa die Hälfte der Bauern kein eigenes Land besitzt und sich daher als Landarbeiter auf den Latifundien der großen *patrons* verdingen muss. Die Kleinpächter heißen *khammes* (von *khamsa*, arab., fünf), weil ihnen ein Fünftel der Ernteerträge zusteht; in der Realität ist es zumeist erheblich weniger. Neben Getreide (Weizen, Gerste, Mais, Roggen, Hafer, Hirse, Sorghum) gehören Hülsen- und Zitrusfrüchte (vor allem Apfelsinen und Mandarinen), Oliven, Obst und Gemüse zu den Hauptanbauprodukten; von Bedeutung sind außerdem Nüsse, Tabak, Baumwolle und Sisal, hinzu kommt der Hanfanbau zur Gewinnung von Kif und Haschisch in der Rifregion. Die wichtigsten Exportprodukte sind neben Fisch und Fischkonserven (die Agrarstatistiken umfassen in der Regel auch die Sektoren Fischerei, Viehzucht und Forstwirtschaft) Zitrusfrüchte, Frühgemüse, Oliven, Datteln und Kork.

Die wichtigsten Agrargebiete, in denen Überschüsse erwirtschaftet werden, sind: Seboubecken mit Rharb und Saisebene (nördliche Zentralebene), Chaouia (um Rabat und Casablanca), Doukkala (um El Jadida), Abda (um Safi), Haouz (um Marrakesch), Sousbecken, Moulouyatal und einige Oasen des Saharavorlandes (besonders Dra, Dades und Tafilalet). In den übrigen Regionen decken die Erträge in der Regel nur den lokalen Eigenbedarf.

Viehzucht und Fischfang

Etwa ein Drittel der landwirtschaftlichen Erlöse entfällt auf die Viehhaltung. Neben der Erschließung von Weidegebieten im Norden des Landes hat der Viehzuchtsektor seit den 1990er-Jahren besonders durch die Zunahme des Rinderbestandes (auf etwa 5 Mio. Tiere) an ökonomischer Bedeutung gewonnen. Zu den wichtigsten tierischen Erzeugnissen, die fast ausschließlich der Deckung des Eigenbedarfs dienen, zählen Rind-, Kalb- und Geflügelfleisch sowie Kuhmilch und Hühnereier. Reine Viehzüchter sind nur noch die Kamelnomaden der Sahara und die schafzüchtenden Nomaden der ostmarokkanischen Hochplateaus. Überwiegend von der Viehhaltung leben auch die Teilnomaden (Transhumanten) in einigen Gebirgsregionen und im Wüstenvorland. Ansonsten wird die Viehzucht gleichzeitig mit der Landwirtschaft betrieben; die Bauern halten vor allem Schafe, Ziegen, Esel, Maultiere, Kamele und Pferde.

Der Fischfang, noch weitgehend auf die Küstenfischerei beschränkt und seit 1981 von einem eigenen Ressortministerium gefördert, ist trotz des Fischreichtums vor Marokkos Atlantikküsten eine bisher nur unzureichend genutzte wirtschaftliche Domäne. Dies liegt an den endlosen Querelen mit der EU um Fangquoten und Preisgarantien, an den geringen Tonnagen der eigenen Hochseeflotte und vor allem an den immer wieder blockierten Ansprüchen Marokkos auf eine 200-Seemeilen-Hoheitszone. Zu Recht hat Marokko besonders Spanien vorgeworfen für die Überfischung verschiedener Arten verantwortlich zu sein. 2004/05 lag die Produktion im Fischereisektor bei etwa 1,2 Mio. t, der Erlös bei etwa 9 Mrd. DH. Interne Schätzungen des Fischereiministeriums nehmen eine Verdopplung der Produktion innerhalb von zwei Jahren an – für den Fall, dass Marokko seine Option auf eine 200-Seemeilen-Hoheitszone durchsetzen kann. Die wichtigsten Fischereihäfen sind Casablanca, Safi, Essaouira, Agadir und Tan Tan; außer Sardinen – Marokko ist weltweit einer der größten Erzeuger von Sardinenkonserven – werden besonders Tunfisch, Seezungen, Makrelen, Aale, Rochen, Austern und Tintenfische gefangen, außerdem Hummer und Langusten.

Handwerk

Das noch oft genossenschaftlich organisierte Handwerk entzieht sich weitgehend dem statistischen Zugriff. In den nach Branchen gegliederten großen Souks der Königsstädte hat das traditionelle Handwerk seine wichtigsten Standorte, auch wenn dort industriell gefertigte Massenware die Handarbeit zu verdrängen beginnt. Lederarbeiten, Babouches, Textilien, Keramik, Holzschnitzereien, fein ziselierte Messing- oder Kupferservice, Teppiche und Silberschmuck gehören zu den Domänen, in denen die einheimischen Handwerker auch heute noch wunderschöne Unikate schaffen. Gerade im Handwerk, besonders beim Knüpfen von Teppichen, ist Kinderarbeit immer noch sehr verbreitet.

Der Außenhandel

Die marokkanischen Außenhandelsstatistiken weisen seit Jahren ein chronisches Defizit aus; 2005 betrug das Defizit in der Handelsbilanz 9,6 Mrd. US-$. Zwar hat Marokko an den internationalen Devisenmärkten inzwischen eine Teilkonvertibilität des Dirham erreicht, doch konnte das Land die avisierten wirtschaftlichen Vorteile mehrfacher Dirhamabwertungen, also Verbesserung der Exportchancen und Lohnkostenvorteile, gar nicht nutzen. Die relativ stabile Konjunktur der vergangenen Jahre hat dazu geführt, dass die Importe vor allem von Investitionsgütern stärker anstiegen als die Exporte – mit fatalen Konsequenzen für die marokkanischen Handelsbilanzen. Seit 2003 waren die Zuwachsraten der Importe stets zweistellig, allein im Jahre 2005 schnellten die Importe um 35 % nach oben.

Die Exportwirtschaft verfügt lediglich in der inzwischen außerordentlich leistungsfähigen Textilindustrie über ein solides ökonomisches Fundament. Zu den wichtigsten Exportgütern gehören außerdem Nahrungsmittel (Frischfisch, Fischkonserven, Schalentiere, Frühgemüse, Obst und Hülsenfrüchte), halbverarbeitete Produkte (Phosphorsäure, Mastfutter, Leder) sowie mineralische Rohstoffe (Kalziumphosphate, Zink, Kupfer und Bariumsulfate). Bei den Importgütern sind die wichtigsten Warengruppen Industrieprodukte (Maschinen, Fahrzeuge, Elektrogeräte), halbverarbeitete Waren (chemische Produkte und Kunststoffe), mineralische Brennstoffe (seit Jahren ist Rohöl der mit Abstand kostenträchtigste Importposten), Nahrungsmittel (Weizen und andere Getreide), Konsumgüter (Medikamente und Baumwollgewebe) sowie Rohstoffe (Bau- und Nutzholz sowie pflanzliche Öle). Einen starken Anstieg verzeichnen Computertechnologie, Geräte der Telekommunikation, Solar- und Satellitentechnik sowie sonstige Elektronik.

Der mit Abstand wichtigste Handelspartner, sowohl bei Exporten wie bei Importen, ist und bleibt Frankreich. Doch gerade spanische Unternehmen haben die Privatisierungsbemühungen sowie die Steuer- und Zollerleichterungen zu verstärkten Investitionen in Marokko genutzt. Bei den Hauptlieferländern rangiert Spanien inzwischen auf dem zweiten Platz, vor Saudi-Arabien, Russland, Italien und Deutschland. Auch bei den Hauptabnehmerländern steht Spanien an zweiter Stelle hinter Frankreich; es folgen Großbritannien, Italien, Indien (Phosphate als Dünger), Deutschland und die Niederlande.

Die deutsche Außenhandelsstatistik führte Marokko 2005 bei den Einfuhren lediglich auf dem 65. Rang, bei den Ausfuhren auf dem 60. Rang. Marokko hat als Mittelmeeranrainer – freilich ohne Erfolg – mehrfach eine Vollmitgliedschaft in der EU beantragt; es bestehen etliche Assoziierungsverträge mit der EU.

Bergbau und Phosphatwirtschaft

Der Bergbau hat, obschon er nur mit 4 % zum Bruttoinlandsprodukt beiträgt, durch den Phosphatexport erhebliche wirtschaftliche Bedeutung (Abbau von Rohphosphat 2005 ca. 23,5 Mio t, Exporte an Rohphosphat 2005 ca. 13 Mio t, Export an Phosphorsäure 2005 ca. 2,5 Mio t); Phosphatexporte und die Produkte der weiterverarbeitenden Chemie machen knapp die Hälfte des Gesamtexports aus. Marokko verfügt über die weltweit größten Phosphatreserven, die Hauptabbaugebiete liegen bei Khouribga, Youssoufia und bei Bou Craa in der Westsahara. Da die Rebellen der Polisario die Förder- und Transportanlagen seit 1975 mehrfach lahmgelegt haben, sind die Kosten für das in der Westsahara geförderte Phosphat deutlich angestiegen. Freilich scheint die große Ära des Phosphats ohnehin unwiderruflich zu Ende zu sein: Der Einsatz von Phosphaten etwa in der Landwirtschaft (als Basis für Düngemittel) oder in Wasch- und Bleichmitteln ist weltweit stark rückläufig, in Europa besonders aus ökologischen Gründen. Längst passé sind die Zeiten, als etwa der indische Agrarsektor ein sicherer Absatzmarkt für marokkanisches Phosphat war. Doch auch wenn die Weltmarktpreise dramatisch gesunken sind, ist der Phosphatexport (neben Überweisungen der Auslandsmarokkaner, Tourismuserlösen und Agrarexporten) nach wie vor einer der wichtigsten Devisenbringer des Landes.

Die Phosphatwirtschaft soll über das Office Chérifien des Phosphates (O.C.P.) auch

Teppichproduktion: eine klassische Domäne des Handwerks

Die ONA oder: Wem gehört Marokko?

Schon die Titelfrage ist pure Blasphemie. »A qui appartient le Maroc?«, »Wem gehört Marokko?«, hatte Moumen Diouri gefragt – und damit einen Kernbereich der marokkanischen Tabus berührt. Der König ist der mächtigste Großgrundbesitzer, Unternehmer und Bankier seines Landes, seine wirtschaftlichen Aktivitäten, besonders die Privatfinanzen des Monarchen, gelten als topsecret.

Moumen Diouri, als Regimekritiker 1964 in Marokko zum Tode verurteilt, seit 1971 im französischen Exil lebend, publizierte 1992 im angesehenen Pariser Verlag L'Harmattan eine 272 Seiten umfassende Studie über die Monopolisierung der marokkanischen Volkswirtschaft. Der Band gipfelte in der Forderung, Hassan II. vor einem internationalen Tribunal wegen Verbrechen gegen die Menschlichkeit anzuklagen. Seit Gilles Perraults Hassan-Biografie hat kein Buch in Marokko für einen derartigen Skandal gesorgt. Offenbar im Bewusstsein der heraufbeschworenen diplomatischen Krise hatte Frankreich, nachdem Diouri auf der Veröffentlichung seiner Recherchen bestand, den Autor nach Gabun abgeschoben – eine Eilentscheidung, die dem französischen Asylrecht Hohn sprach und die schon bald kassiert werden musste.

Moumen Diouris Buch ist eine eminent materialreiche, durch Fakten und Zahlen erhärtete Innenansicht der marokkanischen Volkswirtschaft. Die zentrale These des Autors lautet: Über die im Jahre 1924 gegründete, 1980 von Hassan II. erworbene Holdinggesellschaft Omnium Nord Africain (ONA) werden die Schlüsselbranchen der Volkswirtschaft vernetzt und ihre Profite für die königliche Privatschatulle abgeschöpft. Die ONA ist inzwischen die größte private Unternehmensgruppe in Afrika; Nahrungsmittelindustrie und Hotelketten, Stahlwerke und Immobilienbesitz, Zeitungsverlage und Fernsehstationen, Banken und Versicherungsunternehmen, Transportgesellschaften und Textilfirmen, Minen und Fischfang – alles verwoben in einem königlichen Mammutkonzern namens ONA.

Diouri attackiert Hassan II., der über die ONA Beteiligungen etwa an dem Bauriesen Bouygues (der die Moschee Hassans II. in Casablanca errichtet hat) sowie dem französischen Bankenkonsortium Paribas hielt, als skrupellosen Generalunternehmer seines Landes, der Gewinne privatisiert und Kosten sozialisiert, dessen Wirtschaftspolitik die Armut in Marokko auf Jahrzehnte zementiert. Die ONA ist nach Diouris Argumentation ein übermächtiges Wettbewerbsverhinderungsinstrument, das mittels einer milliardenschweren Profitmaximierung die politische Position des Makhzen, der königlichen Zentralgewalt, festigt. Und auch die im Ausland gefeierten Privatisierungsbemühungen erscheinen nach der Lektüre von Diouris Studie in einem neuen Licht: Hassan II. habe, dokumentiert der Autor, über die ONA etliche Staatsunternehmen kurzerhand an sich selbst verkauft.

»Wem gehört Marokko?« ist eine, aufs Ganze gesehen, solide recherchierte, auf einer überzeugenden Faktenbasis entwickelte Untersuchung über die Konzentration, genauer die Monopolisierung der marokkanischen Volkswirtschaft sowie die diese Monopolisierung steuernden politischen Motive.

Thema

Mit unerreichter Akribie hat Diouri die ONA durchleuchet, ihre inneren Strukturen, ihre verzweigten Beteiligungen, ihre geheimen Hierarchien, ihre ambitionierten Aktivitäten. »Un groupe tentaculaire«, die ONA als riesige Krake – das ist selten so anschaulich demonstriert worden wie hier.

Die Passagen, in denen Diouri über das Ziel hinausschießt – etwa in seinen Einlassungen über königliche Profite aus dem Drogengeschäft – sind als wütende Reflexe aus seiner politischen Biografie immerhin erklärlich. Niemand hat sich vor Diouri der Frage, wem Marokko eigentlich gehört, so couragiert und so engagiert gestellt. Nicht nur, weil Hassan II. und seinem Familienclan sage und schreibe 1,6 Mio. Hektar der fruchtbarsten Böden des Landes gehören, wird das Agrarland Marokko praktisch wie eine Privatfirma regiert. König kauft Königreich, auf diese Formel laufen alle Recherchen Diouris hinaus. Was man diffus ahnen konnte – Diouri hat es en detail nachgewiesen.

Das Buch hat seine Brisanz bis heute behalten, weil die ONA auch unter der Regentschaft von Mohamed VI. als Steuerungsinstrument der Nationalökonomie eingesetzt wird. Die ONA, im Prinzip auch für ausländische Investoren offen, ist inzwischen an der Börse in Casablanca notiert; Mohamed VI. soll gegenwärtig über 50 % des ONA-Aktienbestandes halten.

Gerade im Agrarbusiness macht die ONA Profite

weiterhin einem Staatsmonopol unterliegen, allerdings sind ausländische Kapitalbeteiligungen vereinbart. Der Abbau anderer Bodenschätze, etwa in einer vom Unternehmenskonsortium ONA (s. S. 26) betriebenen, 1993 eingeweihten Zink-, Kupfer- und Bleimine bei Guemassa, soll auch privaten Konzernen offenstehen. Die Suche nach weiteren Bodenschätzen (Erdöl, Erdgas, Kohle, Uran, Kupfererz) ist noch längst nicht abgeschlossen. Gefördert werden Bleierz, Baryt, Zink-, Eisen-, Mangan- und Kupfererz, außerdem Antimon- und Silbererz, Fluorit und Betonit.

Die verarbeitende Industrie

Die Industrieproduktion ist, Tendenz steigend, mit knapp einem Fünftel am Bruttoinlandsprodukt beteiligt (2004: 16,5 %). Die Industrieschwerpunkte liegen im Küstengebiet zwischen Rabat und Safi, besonders im Großraum Casablanca-Mohammedia. Die innerhalb der Fünfjahrespläne besonders geförderten Industriezweige sind die Metall- und Kunststoffverarbeitung, die Montagewerke für Kraftfahrzeuge und Elektrogeräte sowie die Nahrungsmittel- und die Textilindustrie. Zuletzt arbeiteten die meisten Betriebe im Leder-, Textil- und Bekleidungsgewerbe, knapp gefolgt von Unternehmen im Ernährungsgewerbe sowie in der Tabakverarbeitung. Die von einem eigenen Ministerium koordinierten staatlichen Privatisierungsmaßnahmen zielen neben der Tourismusbranche besonders auf den industriellen Sektor, hier vornehmlich auf Unternehmen in den Bereichen Chemie (Raffinerien), Eisen und Stahl (KFZ-Montage), Textilien, Baustoffe (Zement) und Agroindustrie (Zuckerfabriken).

Der Tourismus

2005 besuchten etwa 5,84 Mio. ausländische Touristen Marokko (in dieser Zahl sind auch die im Ausland ansässigen Marokkaner enthalten, die in der Heimat Urlaub machen), unter ihnen rund 145 000 aus Deutschland. Der Tourismus, der Hotellerie, Gastronomie wie etliche Handwerksbranchen und einen nicht zu unterschätzenden informellen Sektor umfasst, gehört, von einem eigenen Ministerium gefördert, seit den 1970er-Jahren zu den wichtigsten Devisenquellen des Landes. Der erste Golfkrieg (1990/91), der Bombenanschlag in Casablanca (2003) sowie die bis heute nicht völlig geklärten Verbindungen zwischen den Bombenlegern von Madrid (2004) und marokkanischen Hintermännern haben die Tourismusindustrie jedoch ihrer ganzen Krisenanfälligkeit überführt. Die Grenzblockaden zu Algerien haben seit 1994 den Tagestourismus aus dem Nachbarland zum Erliegen gebracht, die Querelen um das Referendum in der Westsahara machen den Ausbau touristischer Infrastrukturen vor allem im Raum Laayoune seit Jahren zunichte.

Sinkender Grundwasserspiegel, explodierende Preise, erschütterte kulturelle Traditionen, Landflucht, Betteln, die *guides noirs*, Drogenhandel, Prostitution: Die Verheerungen des Massentourismus sind in Marokko wie überall auf der Welt unverkennbar. Profite werden überwiegend von ausländischen Konzernen, vor allem im Baubereich, oder von nationalen Unternehmerkartellen abgeschöpft; so ist die ONA (s. S. 26) gerade im Hotelleriebereich besonders engagiert.

Die mit Abstand bedeutendste touristische Region (und die Drehscheibe des internationalen Charterflugverkehrs) ist Agadir; es folgen die Königsstädte, vor allem Marrakesch, außerdem Tanger, Tetouan, Casablanca (arabischer Konferenz- und Kongresstourismus), Essaouira sowie Ouarzazate (als Verkehrsknotenpunkt). Die Regionen um Zagora und um Erfoud im südöstlichen Marokko haben jüngst einen unübersehbaren touristischen Aufschwung erlebt. Das Tourismusministerium bemüht sich seit Jahren um eine Dezentralisierung der touristischen Ballungsräume; besondere Investitionen galten dem Badetourismus in der Westsahara, der Region Tanger sowie einem Skizentrum im Hohen Atlas.

Seit 2005/06 haben sich die Touristenzahlen wieder stabilisiert, zuletzt wurden sogar wieder deutliche Zuwachsraten registriert. Von den Erschütterungen in Algerien und in Ägypten hat der Marokkotourismus zweifellos profitiert, mit Tunesien hat Marokko im Maghreb jedoch einen starken Konkurrenten.

Politik

Innenpolitik

Bei den gewaltsamen Massendemonstrationen im Frühjahr 1991 waren antiamerikanische Reflexe wie Solidarität mit dem arabischen Brudervolk im Irak als Motiv zwar unverkennbar, besonders brisant wurden die Tumulte aber dadurch, dass in den Großstädten des Landes unverhohlen gegen die soziale Misere demonstriert wurde. Die offizielle königliche Politik, die Stationierung marokkanischer Truppen an der Seite ›Ungläubiger‹, vornehmlich der USA, wurde mit Sympathieadressen an das irakische Volk kombiniert. Dieser Spagat war nicht lange durchzuhalten; die in wohldosierten Raten bis heute vorgenommene Demokratisierung ist in erster Linie als Reaktion auf das im ersten Golfkrieg entfesselte innenpolitische Gefahrenszenario zu werten.

Etliche couragierte Personalentscheidungen, eine große Amnestiekampagne (u. a. wurden die Familienangehörigen des Putsch-Generals Mohamed Oufkir aus ihrer Sippenhaft entlassen), die verfassungsrechtliche Stärkung der Positionen von Parlament und Opposition waren Signale für einen Prozess der demokratischen Öffnung. Begleitet wurde dieser von einer Privatisierung selbst wirtschaftlicher Schlüsselbranchen, die mit den Diktaten der ›Marocanisation‹ von 1973 radikal brach. 1994 wurde ein Ministerium für Menschenrechtsangelegenheiten eingerichtet, das Konzentrationslager Tazmamart in der Nähe von Ouarzazate geschleift.

Bei den Parlamentswahlen 1993, den ersten Legislativwahlen seit 1984, konnte sich das staatstragende konservative Parteienlager (UC, MP, PND, MNP) gegenüber der Opposition aus den Sozialisten der USFP und den bürgerlichen Nationalisten der Istiklal eine komfortable Stimmenmehrheit sichern.

Seit 1996 wurde in Marokko ein neues, aus Unterhaus und Oberhaus (Senat) bestehendes Zweikammernparlament aufgebaut. Die Mandate zum Unterhaus werden in direkten, die zum Oberhaus in indirekten Wahlen vergeben. Im Senat, der zumal in der Haushalts- und Investitionspolitik weitreichende Kompetenzen besitzt, dominiert eindeutig eine konservative Abgeordnetenklientel aus Vertretern der Landstände, der Berufsgenossenschaften sowie der Gemeinde- und Regionalräte.

Dass der Senat, wie von der Opposition vehement kritisiert, zur Korrektur des Wählerwillens missbraucht werden kann, zeigte sich bei den Parlamentswahlen von 1997. Bei den Unterhauswahlen lagen der oppositionelle Koutla-Block (USFP und Istiklal, 102 Mandate), das konservative Wifak-Bündnis (100 Mandate) und die Zentrumsparteien (97 Mandate) in etwa gleichauf. Die Opposition, im 325 Sitze umfassenden Unterhaus immerhin die stärkste politische Kraft, brach bei den indirekten Senatswahlen vollkommen ein: Sie erhielt von den Wahlmännern gerade mal 16 der insgesamt 270 Senatorenposten; die Mitte-Rechts-Parteien landeten einen überwältigenden Wahlsieg.

Wie Hassan II. 1997/98 eine drohende Selbstblockade der Parteienkartelle auflöste, sprach für den politischen Instinkt des Monarchen wie für eine Reformbereitschaft, die selbst entschiedenste Kritiker dem Staatsoberhaupt auf seine alten Tage kaum noch zugetraut hatten. Im Februar 1998 ernannte der König den 1924 in Tanger geborenen Rechtsanwalt und langjährigen USFP-Generalsekretär Abderrahmane Youssoufi zum neuen Premierminister. Damit bekam Marokko nicht nur erstmals in seiner Geschichte einen sozialistischen Regierungschef, sondern auch ein ganz neuen politischen Idealen verpflichtetes Kabinett. Die soziale Frage, die extrem ungerechte Verteilung von Reichtum und Einkommen, eine Verwaltungs- und Justizreform, die Bekämpfung von Armut und Arbeitslosigkeit, von Analphabetismus und Korruption: Diese Herkulesaufgaben hatte Youssoufi als politische Bewährungsproben der von ihm geführten Regierung bestimmt.

Mohamed VI.

Der Tod Hassans II. am 23. Juli 1999 markierte für das moderne Marokko eine säkulare Zäsur, einen Epochenwechsel ersten Ranges. Bereits wenige Stunden nach dem

Von Mohamed V. zu Kronprinz Hassan III.: vier Generationen marokkanischer Royals

Tod des Monarchen bestieg sein ältester Sohn, der 1963 geborene Kronprinz Sidi Mohamed als Mohamed VI. den scherifischen Königsthron. Zwar war er seit langem in den Medien als Nachfolger aufgebaut worden, dennoch hielt ein ganzes Land den Atem an. Doch der Wechsel an der Staatsspitze vollzog sich bemerkenswert geschmeidig, befürchtete Terrorakte blieben vollkommen aus. Der junge König hat bisher entschieden an die von seinem Vater eingeleiteten Reformprojekte angeknüpft, gleichzeitig jedoch unübersehbar Zeichen für einen eigenständigen politischen Kurs gesetzt – »Alternance« (Wechsel) heißt das von den Tageszeitungen meistbemühte Etikett für die neue Ära.

Seine erste Thronrede sowie die Ansprache zur Parlamentseröffnung im Oktober 1999 nutzte Mohamed VI. zu ausführlichen programmatischen Ausführungen. Jenseits aller politischen Rhetorik kündigte er in der Wirtschafts- und Bildungspolitik weitreichende Veränderungen an, er unterstützte Youssoufis Bemühungen, den Justiz- und Verwaltungsapparat effizienter zu gestalten, und er sprach von einem »Autonomieprojekt« für die Westsahara. Der junge Monarch hat die umfassendste Amnestiekampagne in der Geschichte des Landes eingeleitet, die Erleichterungen für 46 000 Häftlinge vorsieht. Eine seiner ersten Reisen führte ihn in die seit Jahrzehnten vernachlässigte Rifregion; wo sein Vater verhasst war, fuhr Mohamed VI. im offenen Wagen vor, in Tetouan empfing ihn eine enthusiastische Menge.

Der Familie des 1965 unter ungeklärten Umständen ermordeten Sozialistenführers Mehdi Ben Barka ermöglichte Mohamed VI. die Rückkehr nach Marokko, die Ankunft des 17 Jahre inhaftierten und 8 Jahre exilierten

Regimekritikers Abraham Serfaty am 30. September 1999 in Rabat wurde zu einem riesigen internationalen Medienereignis. Am 9. November 1999 entließ der neue König den schier allmächtigen Innenminister Driss Basri; mit ihm wurde der skandalumwitterte Koordinator der Sicherheits- und Geheimdienste nach Jahrzehnten aus der Regierung entfernt, der engste Vertraute Hassans II., der alle demokratischen Experimente, alle Zugeständnisse an die politische Opposition, alle Beweglichkeit in der Westsaharafrage als Falke und Hardliner immer blockiert hatte.

Seit der Jahrtausendwende befindet sich Marokko in einem rasanten Umbruch, der nahezu alle politischen und gesellschaftlichen Bereiche zu erfassen scheint. Der Reformelan Mohameds VI. wird seine Feuertaufen zu bestehen haben, wenn der junge Monarch und die Beraterzirkel aus seiner Generation ihre Kräfte mit den Instanzen politischer Beharrung messen müssen: mit den Gouverneuren der konservativen Agrarprovinzen, mit den Günstlingen eines fein gesponnenen Pfründen- und Patronagensystems, mit den Profiteuren korrupter Verwaltungen, mit den grauen Eminenzen im königlichen Staatsdienst, mit den Funktionären des staatstragenden Parteienkartells. Gleichwohl, soviel Hoffnung, soviel Aufbruch war nie.

Die Euphorie in der jungen Generation, die letztlich nie etwas anderes als das System Hassans II. gekannt hatte, ist inzwischen verflogen und zerknirschter Ernüchterung, wenn nicht unverhohlener Desillusionierung gewichen. Gerade die Jugend scheint von der offiziellen Parteienpolitik innerhalb einer ›gelenkten Demokratie‹ kaum noch erreichbar zu sein: Die Wahlbeteiligung von knapp über 50 % bei den Unterhauswahlen vom Herbst 2002 war ein alarmierendes Indiz für diesen Prozess. Obschon die gemäßigten Islamisten der PJD (Parti pour la Justice et le Développement) nur in 56 von 91 Wahlbezirken kandidierten, konnten sie ihr Ergebnis von 1997 (14 Mandate) auf 42 Sitze exakt verdreifachen. Den eindeutigen Wahlsieger, der seinen Erfolg bei den Kommunalwahlen 2003/04 noch ausbaute, verbannte Mohamed VI. freilich in die Opposition.

Im Oktober 2002 ernannte er den 1945 in El Jadida geborenen früheren Innenminister und O.C.P.-Boss Driss Jettou zum neuen Regierungschef, der seinerseits ein Technokraten-Kabinett aus den Parteien der eher sozialdemokratischen als sozialistischen USFP (Union Socialiste des Forces populaires) und den konservativ-bürgerlichen Nationalisten der Istiklal (*istiklal*, arab., Unabhängigkeit) installierte.

Seine Majestät hatte mal wieder Demokratie spielen lassen – und ein paar Spielpartner ausgewechselt. Schlüsselministerien wie Inneres, Äußeres, Verteidigung, Justiz sowie das im Land enorm wichtige Habous-Ministerium für islamische Angelegenheiten besetzt Mohamed VI. ohnehin im Alleingang; jede aus dem Parlament vorgebrachte Gesetzesinitiative kann an seinem Veto scheitern.

Absolutistischer Machterhalt auf der einen, zaghaft inszenierte Demokratisierung auf der anderen Seite, diese beiden Pole bestimmen ziemlich exakt das politische Kraftfeld, in dem Mohamed VI. seit seinem Regierungsantritt agiert.

Auch die Reformpolitik der Jahre 2003–06 ist in ihren Ergebnissen mit einiger Skepsis zu beurteilen. Die großen Projekte dieser vermeintlichen Reformpolitik in den Bereichen Familienrecht, Parteienstatut, islamische Geistlichkeit und Menschenrechte sind letztlich eher Ausdruck einer vorsichtig dosierten Symbolpolitik als Beweise für einen ernst zu nehmenden Strukturwandel. An den Grundfesten absolutistischer Herrschaft und der quasi religiösen Aura politischen Handelns (Verfassungsartikel 23 erklärt den König für »unantastbar und heilig«), die jeder öffentlichen Kritik entrückt ist, hat Seine Majestät niemals rütteln lassen. Wenn nicht alles täuscht, wird Mohamed VI., der bei seiner Thronbesteigung als »König der Armen« gefeiert wurde, in seinem Regierungsstil seinem Vater Hassan II. auf beklemmende Art immer ähnlicher.

Nach Verfassungsartikel 101 ist Marokko politisch für alle Zukunft als Königreich konzipiert; wer über eine republikanische Option auch nur öffentlich nachdenkt, begeht im Land einen Tabubruch ohnegleichen. Die Institution der Monarchie – gleichgültig, ob man sie anerkennt oder ablehnt – ist in Marokko womöglich die einzige staatsrechtlich fundierte Klammer, die das Kollektiv der Nation zusammenhält.

Ob der Monarch angesichts der mächtigen Zentrifugalkräfte im Land (radikaler Islamismus, fundamentalistischer Terror, extreme Armut, hohe Arbeitslosigkeit vor allem in den Großstädten, Emigration der akademisch ausgebildeten Jugend, extrem hohe Analphabetenraten vor allem auf dem Land etc.) als Garant einer ohnehin durchaus fragilen Einheit bestehen kann, an dieser Schicksalsfrage wird sich, nicht nur politisch, die Zukunft Marokkos entscheiden. Und dies vielleicht schon bei den nächsten Parlamentswahlen 2007.

Außenpolitik

Ob innerhalb der Arabischen Liga (aus der OAU, der Organisation für Afrikanische Einheit ist Marokko wegen der Mitgliedschaft der Polisario ausgetreten), ob bei der Vermittlung im Nahost- und im Libanonkonflikt, ob bei innerafrikanischen Friedensinitiativen, auf außenpolitischem Terrain hat sich Hassan II. stets als geschmeidiger Diplomat, als versierter Taktiker profiliert. Die Aufnahme diplomatischer Kontakte zu Israel Mitte der 1990er-Jahre sowie eine weitsichtige, um Ausgleich und Normalisierung bemühte Politik im arabischen Maghreb waren Indizien einer Außenpolitik, die in Marokko seit jeher Chefsache, also Königsdomäne ist. Die Direktiven dieser Außenpolitik – verlässliche Integration im westlichen Bündnis, intensive Bemühung um Assoziierung mit den Wirtschaftspartnern in der Europäischen Union – wird Mohamed VI. bei allen möglichen Akzentverschiebungen zweifellos als politisches Erbe des Vaters unangetastet lassen.

Da die Westsaharafrage in den späten 1990er-Jahren als einheitsstiftendes Moment der Innenpolitik immer mehr an Bedeutung verloren hatte, baute Hassan II. mit dem algerischen Fundamentalismus zusehends eine Art Feindbild auf, das sich bei Bedarf als Vorwand für Repressionen im Inneren manipulieren ließ. Das Verhältnis zum algerischen Nachbarn wird so lange belastet bleiben, wie Algerien seiner inneren Tumulte und seiner prekären Sicherheitsdefizite nicht Herr wird und die Westsaharafrage politisch nicht gelöst ist.

Der mit Abstand wichtigste europäische Partner – die Handelsbilanzen bestätigen es Jahr für Jahr – ist und bleibt Frankreich; schon deshalb und auch aus historischen Gründen kommt dem marokkanisch-französischen Verhältnis eine besondere Qualität zu. Die besonders durch Gilles Perraults kritische Hassan-Biografie (»Notre ami, le roi«, Paris 1990) und Moumen Diouris Wirtschaftsanalyse (»A qui appartient le Maroc?«, Paris 1992) in eine diplomatische Eiszeit abgerutschten bilateralen Beziehungen sind unter der Präsidentschaft Jacques Chiracs, eines väterlichen Freundes von Mohamed VI., wieder zur Normalität, ja zu ausgesprochener Wertschätzung zurückgekehrt. Kein europäisches Land hat bei sämtlichen UN-Debatten um den völkerrechtlichen Status der Westsahara die – politisch heikle – Position Marokkos derart vehement verteidigt wie gerade die Vetomacht Frankreich.

Trotz aller Querelen um Fischereirechte und trotz der längst zum Ritual erstarrten Debatten um eine Herausgabe der seit über 500 Jahren zu Spanien gehörenden Stadtenklaven Ceuta und Melilla, zeichnet sich derzeit auch das Verhältnis zu Spanien durch Stabilität und gutnachbarschaftliche Übereinkunft aus. Seit der 1993 eingeleiteten Privatisierungswelle haben gerade spanische Unternehmen in großem Ausmaß in Marokko investiert. Einer bizarren Belastungsprobe war das beidseitige Verhältnis im Sommer 2002 ausgesetzt, als der Streit um die winzige Perejilinsel in der Straße von Gibraltar fast zu einem militärischen Abenteuer eskalierte. Der Anachronismus einer EU-Außengrenze in Afrika – in den Enklaven Ceuta und Melilla – geriet 2005/06 wieder in den Brennpunkt internationalen Medieninteresses, als an den dort errichteten Grenzzäunen zahlreiche Flüchtlinge aus Schwarzafrika ums Leben kamen.

Marokko, Mitglied in der Gruppe der blockfreien Staaten und verlässlicher Partner im westlichen Bündnis, unterhält seit Jahrzehnten gute Beziehungen zu den USA. In der Region Tanger, am geostrategisch wichtigen Brückenkopf zwischen Atlantik und Mittelmeer, unterhalten die USA mehrere Luftwaffenbasen; als Lieferant von Hightech sowie überwiegend in der Westsahara eingesetzten Waffensystemen ist Amerika ein besonders sicherheits- und militärpolitisch bedeutsamer Partner Marokkos.

Ungetrübt ist das Verhältnis Marokkos zu Deutschland, deutsche Touristen sind seit Jahren eine nicht nur wirtschaftlich bedeutsame Konstante. Die Gründung einer deutschen Industrie- und Handelskammer in Casablanca (1997) erbrachte jedoch nur geringe Resonanz: Trotz liberalisierter Rahmenbedingungen ist Marokko von deutschen Investoren weitgehend gemieden worden. Das angesichts des ökonomischen Potentials erstaunliche Desinteresse erklärt sich wohl durch die generelle Frankophonie des Landes, aufgrund der das gesamte Wirtschaftsrecht fast eine Eins-zu-eins-Kopie französischer Vorlagen ist. Deutsche Unternehmen können auf diesem Terrain ruinöse Anfängerfehler machen, zumal dann, wenn sie mit den Feinheiten des marokkanischen Vertragsrechts (Verträge sind nur justitiabel, wenn in einer speziellen Prozedur die Unterschriften ›legalisiert‹ wurden) nicht vertraut sind.

Gänzlich ungeklärt ist nach wie vor der völkerrechtliche Status der seit 1975 von Marokko annektierten Westsaharaprovinzen. Das von der UN-Mission (Minurso) seit Jahren vorbereitete Referendum, in dem die Sahraouis über Unabhängigkeit oder Anschluss an Marokko entscheiden sollen, ist durch den Streit über den Zensus aus der spanischen Kolonialzeit und die Einträge in die Wählerlisten immer wieder verschleppt worden. Dass dieses Referendum jemals stattfindet, glaube, wer will. Im November 1999 – unmittelbar nach schweren Ausschreitungen marokkanischer Milizen gegen die sahraouische Zivilbevölkerung – sprach Mohamed VI. in Rabat von einer Art Autonomiestatut für das umkämpfte Gebiet. Nicht de jure, wohl aber de facto ist der Anschluss der vier Westsaharaprovinzen, die seit 1993 an allen Parlamentswahlen teilgenommen haben, längst vollzogen. In der offiziellen Sprachregelung gilt das riesige Territorium seit dem Grünen Marsch vom November 1975 als ›integraler‹ Bestandteil des Mutterlandes. Der Wille, in einem Marokko der Regionen föderalistische Strukturen stärker zu fördern, könnte ein mögliches Einlenken auf eine Autonomielösung innerhalb des marokkanischen Staatsverbands erklären. Ein Föderationsvertrag, mit dessen Details die Folisario einverstanden ist, könnte die beste aller denkbaren Lösungen sein. Militärisch jedenfalls, dies zeigen alle Erfahrungen seit 1975, wird Marokko »le dossier du Sahara occidental« (die Akte Westsahara) niemals schließen können.

M 6 – Mittelalter und Moderne

M 6 – das klingt wie die Abkürzung für eine Automarke, für ein chemisches Element oder für einen Geheimbund. M 6 ist das besonders bei marokkanischen Jugendlichen gängige Kürzel für Seine Majestät Mohamed VI. Nach dem Tod seines Vaters Hassan II. hat er – Fluch der dynastischen Erbfolge – ein schwieriges politisches Erbe übernommen.

Als Hassan II. am 23. Juli 1999 starb, kursierten in Rabat Gerüchte, nach denen Erbprinz Mohamed am liebsten zugunsten seines jüngeren Bruders Moulay Rachid auf den scherifischen Königsthron verzichten würde. Mohamed war freilich seit frühester Jugend auf seine Aufgabe vorbereitet und in der Öffentlichkeit als Nachfolger installiert worden – ein Verzicht auf Titel und Thron war undenkbar. Der Wechsel vom Erbprinz zum König, vom politischen Lehrling zur höchsten religiösen und zugleich staatlichen Instanz in einem derart komplexen Land wie Marokko vollzog sich denn auch bemerkenswert unspektakulär und störungsfrei.

Die marokkanische Monarchie, ihre innere Mechanik wie ihre soziale Geometrie, ist vielleicht deshalb so schwer zu fassen, weil es im Land zwei gänzlich verschiedene politische Sphären und Systeme, womöglich sogar zwei Staaten gibt. Der Makhzen (königliche Zentralgewalt), ein auf mittelalterlich-feudalen Klientelstrukturen aufbauendes Instrumentarium absoluter Herrschaft, konserviert bis heute eine Art vormodernes Gottesgnadentum als Fundament politischen Handelns. Ihm gegenüber agiert, den Diktaten der Moderne geschuldet, ein Netzwerk aus Parteien und Parlamentariern, Kabinettsmitgliedern und Funktionären. Absolutismus und Parteienpluralismus, göttliche Sendung und demokratisches Mandat, Makhzen und Parlament, königliches *dahir* (Dekret) und Verfassung, höfisches Zeremoniell und demokratische Öffentlichkeit: In dieser Gleichzeitigkeit des Ungleichzeitigen bewegt sich M 6 – und dies immer geschickter.

Das unter Hassan II. zur Manövriermasse erstarrte Konglomerat der Regierungsparteien versuchte Mohamed VI. 2005 durch ein modernes Parteiengesetz aufzulösen, nach dem sich politische Parteien in Zukunft durch Statuten und Programme, klare innere Hierarchien und Minderheitsquoten für Frauen legitimieren müssen; zudem müssen sie mindestens 1000 Mitglieder aus mindestens der Hälfte der Provinzen des Landes nachweisen und regelmässige Parteitage und Delegiertenkonferenzen abhalten. Parteien wären danach in Marokko tatsächlich politische Parteien – und nicht mehr elitäre, auf einige wenige Führungsfiguren ausgerichtete Interessenverbände ohne Verankerung im Volk.

Einer Revolution von oben kam die vom Monarchen beiden Kammern des Parlamentes vorgelegte Reform des Familienrechts gleich; kaum ein Thema ist während der Regentschaft von Mohamed VI. so kontrovers diskutiert worden. Polygamie soll danach nur noch gestattet sein, wenn die erste Ehefrau einer zweiten Ehe ihres Mannes zustimmt. Eine Ehe kann nicht mehr einfach durch das dreifache Aussprechen der Verstoßungsformel seitens des Mannes aufgelöst werden; ein zivilrechtliches Verfahren vor dem Familiengericht hat Unterhaltsansprüche sowie Sorgerechtsfragen zu klären. Mädchen oder junge Frauen sollen nicht mehr gegen ihren

Willen von einem Vormund verheiratet werden können.

Der Gipfel der Reformpolitik des Monarchen schien erreicht, als er 2004 eine Versöhnungskommission ins Leben rief, die nach dem Vorbild der Truth Commission Südafrikas die Menschenrechtsverletzungen in der Ära Hassans II. untersuchen sollte. Die Zeugenaussagen wurden im Fernsehen übertragen, der König stiftete einen Fonds für Entschädigungszahlungen, der Makhzen schien gewillt sich den gespenstischen Abgründen seiner eigenen Vergangenheit zu stellen.

M 6 – ein Reformer auf dem Königsthron? Es ist gehörige Skepsis angebracht. Auch in seinen Reformprojekten scheint der Monarch Politik eher zu inszenieren – um seine Machtbasis nicht bröckeln zu lassen. Was taugt eine Versöhnungskommission, wenn die Namen der Folterer nicht genannt werden dürfen und wenn nicht Anklage erhoben werden darf? Was ist ein gut gemeintes neues Familienrecht wert, wenn es kaum Familienrichterinnen gibt und die meisten Scheidungen dadurch zustande kommen, dass die Frauen zuvor auf alle Ansprüche verzichten? Und was ist von einem Parteiengesetz zu halten, das die Gründung von Parteien auf religiöser (Islamisten!) oder ethnischer (Berber!) Basis ausschließt und die Parteien verpflichtet, die Monarchie als Staatsform, die Religion als heilsgeschichtliche Grundierung und die territoriale Einheit als Ziel der Westsaharapolitik anzuerkennen?

So sieht kein entschlossener Strukturwandel aus, sondern allenfalls die vorsichtige Öffnung des Systems in homöopathischen Dosen. Bis heute dirigiert M 6 ganze Branchen der Nationalökonomie, etwa die Phosphatwirtschaft, mit königlichem Monopol. Den Karikaturisten Ali Lmrabet, 2003 mit dem Menschenrechtspreis von »Reporter ohne Grenzen« ausgezeichnet, ließ er wegen Majestätsbeleidigung für drei Jahre inhaftieren. Nach den Attentaten vom Mai 2003 in Casablanca hat sich die innenpolitische Repression drastisch verschärft. Nach den Untersuchungen von Transparency International nimmt die Korruption in Marokko rasant zu.

Er wolle »Diener« des Staates sein, hatte M 6 in seiner ersten Thronrede proklamiert. Wenn nicht alles täuscht, scheint es immer mehr junge Marokkaner zu geben, die eine milliardenteure Monarchie, die wirtschaftlichen Wettbewerb, Gewaltenteilung, bürgerliche Freiheitsrechte und demokratische Öffentlichkeit blockiert, nur noch loswerden wollen. Und sei es, indem sie dem Land den Rücken kehren.

M 6 kann die feudalen Fundamente der Monarchie nicht reformieren oder gar beseitigen, ohne seine eigene Machtbasis aufzugeben – ein unauflösbares Dilemma. Allenfalls lässt sich der Makhzen, kann man ihn schon nicht verändern, wenigstens verjüngen. Der König hat während seiner Regentschaft etliche Führungsfiguren aus dem politischen Personal seines Vaters aufs Altenteil geschickt. Unübersehbar ist dabei das Bemühen des Monarchen, die Altvorderen aus der Ära Hassans II. durch junge Technokraten seiner Generation – Mohamed ist Jahrgang 1963 – zu ersetzen. In den Beraterstäben des Königs, bei den Provinzgouverneuren, in den Vorstandsetagen der Staatsunternehmen, im Offizierscorps, auf der Führungsebene von Verwaltung und Sicherheitsdiensten agieren heute medienerprobte Mittvierziger, oft enge Vertraute oder ehemalige Studienkollegen von M 6. Da wird offenbar eine Mannschaft ausgewechselt – das Spiel in der Arena der Politik bleibt freilich dasselbe.

Geschichte

Phönizier und Karthager, Römer und Araber, Franzosen und Spanier haben das Land erobert, besiedelt und ihre Spuren hinterlassen. Seit 1200 Jahren ist Marokko ein Sultanat bzw. seit 1957 ein Königreich. Es ist damit eine der ältesten Monarchien der Welt, in der der König zugleich die höchste politische wie religiöse Instanz ist.

Wenn man Geschichte als eine Form machtpolitischer Mechanik oder auch höherer Dramaturgie ansehen will, dann hat Ibn Khaldoun (1332–1406) die Bewegungsgesetze der marokkanischen Epochengeschichte mit unübertroffener Klarheit beschrieben. In der Geschichtsphilosophie des arabischen Universalgelehrten findet sich nicht nur bereits die Lehre von Basis und Überbau und die Dialektik von Arbeit und Kapital angelegt, sondern auch der Gegensatz zwischen Zentrum und Periferie, zwischen der Einheit des Reiches und den sie bedrängenden rebellischen Kräften von außen. Dieser Gegensatz hat die Geschichte Marokkos, die ganz wesentlich Dynastiengeschichte ist, über ein Jahrtausend bestimmt.

Das geschichtsphilosophische Konzept Ibn Khaldouns thematisiert den uralten Gegensatz von Sesshaftigkeit und Nomadentum als Unruheherd der Zeiten, als historischen Prozess, als Fortschritt, der durchaus skeptisch begriffen wird. Unter dem Ansturm kriegerischer Nomadenstämme zerfällt die politische Zentrale der regierenden Dynastie, die Emporkömmlinge etablieren ein neues, um Einheit bemühtes Herrschergeschlecht, das seinerseits den Revolten junger Gebirgs- oder Wüstenstämme erliegt und so fort … Ibn Khaldouns hellsichtige Bewegungslehre der Geschichte findet sich bis heute in der Unterscheidung zwischen *bled el makhzen* (Land der Regierung) und *bled el siba* (Land der Gesetzlosen) auf den Begriff gebracht.

Vor- und Frühgeschichte

Seit etwa 300 000 v. Chr. ist der Homo erectus in Nordafrika belegt, der Homo sapiens tritt ab ca. 40 000 v. Chr. auf. Von etwa 5000 v. Chr. an datieren zahlreiche Felsbilder (berühmte Felsmalereien finden sich etwa bei Oukaimeden sowie in der Region von Foum El Hassane), deren Tiermotive darauf hinweisen, dass die Sahara zu jener Zeit noch fruchtbare Savanne war. Wann die Berber in den Maghreb eingewandert sind, ist unbekannt; als die Phönizier die nordafrikanischen Küsten zu erkunden beginnen, siedeln die Berber bereits in ganz Marokko.

Phönizier und Karthager

Die ersten phönizischen Stützpunkte Rusadir (Melilla) und Liks (Lixus) wurden um 1100 v. Chr angelegt; der phönizische Einfluss reichte kaum über diese Orte hinaus. Die Karthager, selbst aus einer phönizischen Kolonie hervorgegangen, übernahmen die Stützpunkte ab dem 5. Jh. Um 450 v. Chr. soll der Karthager Hanno Afrika umsegelt haben; andere Expeditionen führten bis an die Küste der Bretagne und nach Irland.

Im Maghreb blieb der karthagische Einfluss auf etwa ein Dutzend Küstensiedlungen beschränkt; im Landesinneren bildete sich in dieser Zeit das Berberreich Mauretanien heraus. Mit der Zerstörung Karthagos durch

Rom im Dritten Punischen Krieg (146 v. Chr.) erlosch der karthagische Einfluss im Maghreb. Lediglich spärliche Fundamentreste künden von Kunst und Kultur der phönizisch-karthagischen Epoche, da die Römer auf den Grundmauern der Siedlungen neue Orte errichteten.

Römische Herrschaft

Die römische Oberhoheit war lange Zeit nur nominell, das Land zerfiel in verschiedene unabhängige Berberreiche. Die Romanisierung begann erst 31 v. Chr. unter Kaiser Augustus, der die Verwaltung von Mauretania um 25 v. Chr. dem Berberkönig Juba II. übergab. Das Land musste Tribut zahlen und Soldaten stellen, die römische Kontrolle war aber nur indirekt. Als der römische Kaiser Caligula (37–41 n. Chr.) den Nachfolger von Juba II., Ptolemaios, ermorden ließ, kam es um 40 n. Chr. zu einem Berberaufstand, der von den Römern erst nach langen Kämpfen niedergeschlagen wurde. Nordmarokko (bis südlich der Linie Rabat–Meknes) wurde 42 n. Chr als Provinz Mauretania Tingitana mit den Hauptorten Tingis (Tanger) und Volubilis direkt in den römischen Herrschafts- und Verwaltungsbereich einbezogen. Die Provinz war eine der Kornkammern Roms. Im 3. Jh. setzte die Christianisierung ein; sie erfasste jedoch nur Teile der Oberschicht. Berberaufstände führten zum Zerfall der Provinz; im Jahr 285 mussten sich die Römer auf die Stadt Tingis zurückziehen.

Die bedeutendste römische Ruinenstätte ist zweifellos Volubilis, sehenswert sind die gut erhaltenen Fußbodenmosaiken, Forum, Kapitol, Basilika und Thermen, außerdem die Säulenanlagen, der Triumphbogen des Caracalla (217 n. Chr.), die Tore und Palastruinen. Kunstgeschichtliches Interesse vorausgesetzt, ist auch ein Besuch von Lixus lohnend (Amphitheater, Akropolis, Tempelruinen). Prähistorische Funde und Kleinkunst der Phönizier, Karthager und Römer sind in den archäologischen Museen Marokkos ausgestellt; das reichhaltigste ist das von Rabat (sehenswert die Bronzestatuen aus Volubilis), lohnend auch die Museen in Tetouan (besonders Funde aus Lixus) und Tanger.

Unabhängige Berberreiche und arabische Eroberung

Nach dem Rückzug der Römer bildeten sich mehrere kleine Berberreiche. Zwischen 429 und 477 setzten sich vorübergehend die Vandalen in Tanger und Ceuta fest. Ab 533 dann gehörte Nordmarokko nominell zum Byzantinischen Reich, das aber ebenfalls nur Tanger und Ceuta kontrollierte. 683 drang das erste arabische Heer unter Okba Ibn Nafi über Taza bis in den Sous vor; 703 folgte ein zweiter arabischer Eroberungszug unter Moussa Ibn Noceir, der 711 das Land unterwarf und dem Reich der Omajaden (Residenzstadt ist Damaskus) einverleibte. Damit begann die Islamisierung Marokkos, die sich über mehrere Jahrzehnte hinzog. Zwischen 740 und 742 kam es zu einem Aufstand kharedjitischer (schiitischer) Berber, in dessen Gefolge Marokko wieder unabhängig wurde. 772 eroberten die in Bagdad residierenden Abbasiden das Land.

Die Kunst der Berber hat besonders in der wuchtigen Festungsarchitektur der Kasbahs (die Berber nennen diese als Gemeinschaftsspeicher wie als Sippenwohnburgen genutzten Bauwerke *agadir* oder *tighremt*) einen imponierenden Ausdruck gefunden, die in Nordafrika einmalig ist und nur im Jemen eine Parallele aufweist. Der Baustil der Kasbahs – eine hohe, mit Ecktürmen bewehrte Mauer umschließt einen mehrstöckigen Zentralbau – geht auf die vorislamische, vielleicht sogar auf die vorrömische Zeit zurück. Als Baumaterialien dienten Stampflehm, luftgetrocknete Lehmziegel oder Bruchsteine; geometrische Ornamente verzieren die Außenwände. Die meisten Kasbahs finden sich in den Tälern von Dra und Dades, im Antiatlas und im westlichen Hohen Atlas. Witterungsanfällig wie das Material ist, sind etliche Kasbahkomplexe inzwischen verfallen; einige, etwa in der Region Ouarzazate, sind freilich bis heute bewohnt. Die imponierendsten Kasbahs sind die Stammesresidenzen der einst mächtigen Glaoua in Telouet, Ait Benhaddou und an der Route des Kasbahs.

Idrissiden, Fatimiden, Omajaden

Um 788 gelang es dem Berberfürsten Moulay Idris I., die abbasidische Herrschaft abzuschütteln und im nördlichen Marokko – der Süden war weiterhin von unabhängigen Stämmen beherrscht – ein größeres unabhängiges Reich aufzubauen. Idris I. wurde um 792 im Auftrag des Abbasidenkalifen Harun El Raschid ermordet; sein Sohn und Nachfolger Idris II., der 807/08 Fès gründete, konnte das Reich zwar erweitern, doch wurde es nach seinem Tod 828 aufgeteilt und zerfiel. Ab etwa 920 war Nordmarokko Schauplatz langwieriger Kämpfe zwischen den spanischen Omajaden und den tunesischen (später ägyptischen) Fatimiden, die die Abbasiden als Regenten in Nordafrika abgelöst hatten. Zwischen den wechselnden Machtbereichen beider Parteien etablierten sich mehrere Berberreiche. Die verworrenen Machtverhältnisse wurden zu Beginn des 11. Jh. noch komplizierter, als die von der südlichen arabischen Halbinsel stammenden Beni-Hilal-Nomaden in den Maghreb einfielen. Sie errichteten keine dynastische Herrschaft, zerstörten und plünderten aber weite Teile des Landes.

Die Almoraviden

Zur gleichen Zeit beherrschten aus Mauretanien stammende kriegerische Sanhadja-Berber (Kamelnomaden) Teile des marokkanischen Südens und die Handelswege nach Westafrika. Sie schlossen sich zu einem *ribat,* einem militärisch-religiösen Orden, zusammen, der unter dem Namen Almoraviden in die Geschichte einging (von *el morabitun*, Leute des Ribat). Unter dem Banner des Heiligen Krieges *(djihad)* stießen sie nach Norden vor. Ab 1061 beherrschten sie den größten Teil des Landes. 1062 gründeten sie ein befestigtes Heerlager in Marrakesch, das ab 1070 unter Youssouf Ibn Tachfine zur Hauptstadt der Almoraviden ausgebaut wurde. 1079 stand das Gebiet, das wir heute als Marokko kennen, zum ersten Mal unter einheitlicher Herrschaft. Durch Eroberungszüge nach Algerien, in den Senegal und nach Andalusien (1086 bedeutender Sieg über den König von Kastilien) entstand das erste marokkanische Großreich. Die Sunna wurde im ganzen Land verbindlich. Anfang des 12. Jh. jedoch zerfiel das Reich bereits wieder.

Mit den Almoraviden und ihren militärischen Expeditionen in Andalusien beginnt Marokko das maurische Kulturerbe von Südspanien (bedeutend besonders das Kalifat von Córdoba) zu übernehmen. Die andalusischen Araber wurden von den Spaniern *moriscos* (Mauren) genannt – ein Begriff, der bald auch auf die arabische Bevölkerung des Maghreb ausgeweitet wurde. Der maurische Stil, von einem Kanon einheitlicher Merkmale geprägt, hat während der durch Dynastienwechsel gekennzeichneten Epochen allenfalls einige Varianten, einige verschiedene Grade von Meisterschaft, von stilistischer Intensität erfahren. Die Kunst der Almoraviden ist in der Regel sehr einfach und zweckgebunden, wuchtige Bauten herrschen vor. Auf Ornamente wurde weitgehend verzichtet – eine Reaktion auf den Formenreichtum des omajadischen Stils in Spanien. Nur wenige Bauten aus dieser Zeit haben sich erhalten, zu den bedeutendsten gehören Teile der Stadtmauern und Tore von Marrakesch.

Die Almohaden

Um 1125 gründete Ibn Toumert, der religiöse Führer der Masmouda-Berber, der traditionellen Feinde der Sanhadja, in Tin Mal im Hohen Atlas, einen *ribat* (die Anlage des Ordens wird gegenwärtig restauriert). Seine Anhänger, die Almohaden (von *el muwahidun*, Verfechter der Einheit) warfen den Almoraviden Abkehr vom Islam vor, riefen den Heiligen Krieg aus und eroberten von 1140 bis 1147, angeführt von Abd El Moumen, das almoravidische Reich. Es folgten Eroberungen in Tripolitanien (Libyen) und Spanien: Zwischen 1185 und 1199 erreichte Marokko unter Yacoub El Mansour die größte Ausdehnung seiner Geschichte.

Doch bereits wenig später, im Jahr 1200, begann die Rückeroberung der Christen in Spanien. Während einerseits die Flucht der spanischen Muslime Marokko eine kulturelle Blüte brachte, erschütterten gleichzeitig Stammesrebellionen und Thronfolgestreitigkeiten die Stabilität des Reiches, und durch den Abfall von Algerien und Tunesien ging es schließlich unter.

In der Almohadenära beginnt die Blüte des maurischen Stils in Marokko. Die klassische Form der Moschee wird entwickelt; den zunächst schlichten Ornamentstil verfeinern zunehmend Stalaktitengewölbe und kunstvolle Arabesken. Die bedeutendsten almohadischen Bauten sind die Moschee von Tinmal, die Koutoubia von Marrakesch, der Hassanturm von Rabat, die später mehrfach umgebaute Kairaouine von Fès und – außerhalb Marokkos – die Giralda von Sevilla. Bemerkenswert sind auch die reich dekorierten Monumentaltore von Marrakesch und Rabat.

Meriniden und Beni Ouattas

Die Meriniden, ein kriegerischer Nomadenstamm von Zenata-Berbern, begannen 1216 ihre Eroberungszüge in Ostmarokko. Bereits 1248 kontrollierten sie von Fès aus den größten Teil des Reiches; 1269 beherrschten sie das gesamte Land. Im 14. Jh. erlebte Marokko unter den Meriniden seine größte kulturelle Blüte. Bald aber verbreiteten sich einflussreiche mystische Sekten, und Spanier und Portugiesen stießen gegen die marokkanischen Küsten vor (1415 Einnahme von Ceuta). Das Sultanat zerfiel in erbitterten Kämpfen um die Thronfolge. 1465 wurden die Meriniden von den verwandten Beni Ouattas (Wattasiden) abgelöst, doch auch diese wurden der zunehmenden inneren Unruhen im Reich nicht Herr. 1492 fiel mit Granada die letzte islamische Bastion in Spanien, Scharen von Muslimen flohen vor der christlichen Reconquista nach Marokko. Spanier und Portugiesen eroberten zahlreiche Städte, vor allem an der marokkanischen Atlantikküste. Über weite Landesteile herrschten rebellische Stämme oder religiöse Sekten.

In der Herrschaftszeit der Meriniden entstehen die vollkommensten Medersen (theologische Hochschulen) des Landes, vor allem in Fès, der prachtvoll ausgebauten Merinidenkapitale, in Meknes und Salé. Die Ornamentalkunst, zu einer Art sakralen Geometrie erhoben, wird komplexer und prunkvoller; das Stalaktitgewölbe wird weiterentwickelt, und fein geschnitzte Zedernholzdecken zeugen von vollendeter Handwerkskunst. Zu den bedeutendsten Bauwerken der Epoche gehört die Merinidennekropole Chellah aus dem 13./14. Jh. in Rabat.

Die Saadier

Um 1510 wurde die Souseebene im südlichen Marokko von den Saadiern (Saaditen) erobert, einem kurz zuvor in das Dratal eingewanderten arabischen Stamm, dessen Angehörige sich als Scherifen (direkte Nachfahren Mohammeds) bezeichneten. Schon bald erlangten die Saadier die Kontrolle über die lukrativen Gold- und Sklavenhandelswege nach Westafrika. Erfolge im Kampf gegen die Portugiesen (bis 1541 Rückeroberung fast aller Küstenstädte) und die Eroberung der Wattasidenhauptstadt Fès (1548) machten sie schließlich zu den neuen Herren des Landes. Mit den Saadiern gelangte die erste arabische Dynastie in ganz Marokko an die Macht. 1578 schlugen sie die Portugiesen vernichtend in der Dreikönigsschlacht von Ksar El Kebir; um 1591 stießen sie unter der Führung des legendären Sultans Ahmed El Mansour (gestorben 1603) nach Süden vor und eroberten das Reich von Timbuktu (Nordmali). Der Gold- und Sklavenhandel florierte und die Blütezeit der großen Karawanen begann.

Marrakesch, seit 1554 saadische Hauptstadt, wurde zu einer prächtigen Metropole ausgebaut.

Den Versuch der Osmanen, ihr Großreich auf Marokko auszudehnen, vereitelten die Saadier militärisch bei Taza. Im späten 16. und frühen 17. Jh. erlebte das Reich einen kulturellen Aufschwung durch die Flüchtlingswellen der letzten aus Spanien vertriebenen Muslime. Zeitgleich erlangten die Seeräuber, die an den Küsten ihr Unwesen trieben, immer mehr kriegerische Macht; zwischen 1627 und 1666 gab es sogar unabhängige Korsarenrepubliken in Rabat und Salé. Thronfolgestreitigkeiten (von elf Saadierherrschern wurden acht ermordet) spalteten das Reich in zwei Teile, die von Fès und Marrakesch aus regiert wurden. Bergstämme sowie religiöse Bruderschaften rebellierten gegen die Sultanatsmacht. Die Saadierdynastie zerfiel in den Jahren 1666–69.

Zu den eindrucksvollsten Bauwerken der Epoche zählen die Saadiergräber und der El-Badi-Palast in Marrakesch; die Blütezeit der maurischen Kunst endete mit der Ablösung der Meriniden, die Saadier variieren oftmals nur noch den klassischen Formenkanon.

Die Alaouiten

Seit etwa 1620 stand das Tafilalet unter der Kontrolle der arabischen Sippe der Alaouiten (Alawiden), die sich wie die Saadier als Scherifen (Nachkommen des Propheten) bezeichneten. Bis 1666 eroberten sie fast ganz Marokko, 1669 fiel mit Marrakesch die letzte Saadierbastion. Der zweite Sultan der Alaouitendynastie, Moulay Ismail, baute in seiner Regierungszeit (1672–1727) Meknes zur neuen Hauptstadt aus und rekrutierte aus schwarzen Sklaven ein riesiges stehendes Heer, das er erfolgreich gegen Berberstämme, die Osmanen im Osten und die Spanier im Norden einsetzte. Er überzog das Land mit einer ebenso effektiven wie brutalen Steuergesetzgebung. Stammesrevolten und eine marodierende Soldateska stürzten das Land nach 1727 in Anarchie.

Mit Mohammed I. (1757–1790) begann sich die Herrschaft des Sultans gegen innere Widerstände erneut durchzusetzen. Ab 1799 forderte eine schwere Pestepidemie über 100 000 Opfer. Immer wieder entfesselten in dieser Zeit die Korsarenstadtstaaten wie auch die religiösen Bruderschaften schwere Unruhen. Im Juli 1830 begann mit der Einnahme Algiers die französische Kolonisierung Algeriens, die auch auf Marokko ausstrahlte. 1844 erlitten die Marokkaner bei Isly (Oujda) eine vernichtende Niederlage gegen die französischen Kolonialtruppen; 1859/60 verloren sie den Kampf gegen die Spanier um die Enklaven Ceuta und Melilla. Sultan Moulay Hassan I. (1873–1894) war der letzte der absolut regierenden marokkanischen Herrscher. Die Konferenz von Madrid leitete 1880 einen neuen Kurs ein, mit dem die europäischen Einflussbereiche im Land vertraglich abgesteckt wurden.

In der Zeit des Sultanats von Abd El Aziz (1894–1908) versank Marokko in einen Zustand der Anarchie, geschürt durch despotische Willkür wie durch barbarische Steuereintreibungen – eine Situation, die die Franzosen 1903/04 zur Invasion in Ostmarokko nutzten. Die Konferenz von Algeciras bestätigte zwar 1906 die Souveränität des Sultans, fixierte aber gleichzeitig die europäischen Wirtschaftsinteressen (Bergwerkskonzessionen und Schürfrechte) und unterstellte die marokkanische Polizei den Weisungen der Franzosen und Spanier. 1907 besetzten die Franzosen Oujda, Casablanca, Rabat, Safi, Essaouira und Agadir.

1911 rief Sultan Moulay Hafid, durch rebellische Berberstämme militärisch in Bedrängnis geraten, französische Truppen zu Hilfe; den Einmarsch der Franzosen konterte das kaiserliche Deutschland durch die Entsendung des Kanonenboots Panther nach Agadir. Die französisch-spanische Schutzherrschaft über Marokko wurde in den Protektoratsverträgen vom 30. März und vom 27. November 1912 besiegelt.

Die Frühzeit der Alaouitendynastie ist kunstgeschichtlich durch die Steigerung klassischer Vorlagen ins Monumentale gekennzeichnet – am deutlichsten in der von Moulay Ismail angelegten Ville Imperiale in Meknes. Im Lauf des 19. Jh. werden die Ornamente immer einfacher, zunehmend beherrschen grelle Farben die Muster. Etliche bemerkenswerte Palastbauten in den Königsstädten entstehen um die Wende zum 20. Jh. Der Rückgriff auf klassische Traditionen zeigt sich in neuerer Zeit etwa im Mausoleum Mohameds V. in Rabat sowie in der Moschee Hassans II. in Casablanca.

Die Protektoratszeit

Obschon die Sultane (1912–1927 Moulay Jussuf; 1927–1957/61 Mohamed V.) nominell marokkanisches Staatsoberhaupt blieben, lag die politisch-militärische Macht in der französischen Zone beim Generalresidenten (der erste Amtsinhaber zwischen 1912 und 1925 war Marschall Louis Hubert Lyautey, s. S. 319), in der spanischen Zone, einem etwa 50 km breiten Streifen in Nordmarokko, beim Hochkommissar. Neue Hauptstadt der französischen Zone wurde Rabat, die Spanier wählten Tetouan als Hauptstadt. Tanger wurde nach einem Statut des Jahres 1923 zum Freihafen und zur internationalen Zone erklärt. Die Repräsentanten der Kolonialmächte diktierten die Richtlinien der Personal-, Wirtschafts- und Außenpolitik; die Erlasse *(dahir)* des Sultans bedurften ihrer Gegenzeichnung.

1919 eroberten die Franzosen die Sousebene und das Tafilalet, 1920 Ouezzane und bis 1922 den größten Teil des Mittleren Atlas. Die Kämpfe dauerten im Tafilalet und im Mittleren Atlas aber noch bis 1932 an, im Hohen Atlas, im Antiatlas und in der Sahara sogar bis 1934. Was die Geschichtsschreibung der Kolonialmächte Befriedung nennen wird, löschte aufseiten der Marokkaner schätzungsweise eine halbe Million Menschenleben aus.

Bis 1915 führten die Stämme des westlichen Rif unter El Raisouli (s. S. 311) Krieg gegen die spanische Besatzungsmacht; Chefchaouen wurde erst 1920 von den Spaniern eingenommen. In dem legendären Widerstandskämpfer Abd El Krim (1880–1963) (s. S. 160) erwuchs den Spaniern, später auch den Franzosen ein unbeugsamer Gegner, der einer erdrückenden militärischen Übermacht Paroli bot und am 1. Februar 1923 eine unabhängige islamische Rifrepublik proklamierte.

Ab 1927 kamen französische Siedler *(colons)* in großer Zahl nach Marokko, die oftmals zum symbolischen Preis von einem Franc fruchtbare Ländereien erwarben und die einheimischen Bauern von ihrem Grund und Boden vertrieben. Trotz des besonders in der französischen Zone forcierten Ausbaus der wirtschaftlichen Infrastruktur verschärfte sich in den 1930er-Jahren die Armut der ländlichen Bevölkerung. Eine massive Landflucht setzte ein, und um die Metropolen entstanden die ersten trostlosen ›Kanisterstädte‹ *(bidonvilles)*. Im Süden Marokkos paktierten die Franzosen mit den mächtigen Caids – etwa mit El Glaoui – und sicherten diesen für ihre Kollaboration ihre unumschränkte Potentatengewalt. Das 1930 verfügte Berberedikt sollte, indem es die Berber der Gerichtsbarkeit durch die Scharia entzog und ihrem eigenen Gewohnheitsrecht unterstellte, eine Spaltung von Arabern und Berbern provozieren. Der Versuch misslang jedoch: Auch die Berber selbst machten gegen das Gesetz Front und so wurde es 1934 wieder kassiert.

In den 1930er-Jahren begann sich der antikolonialistische Widerstand neue Organisationsformen zu suchen: Weniger die einzelnen Stämme waren jetzt seine Träger als vielmehr landesweit operierende Organisationen – eine Tendenz, die 1943/44 zur Gründung der Istiklal-Partei *(istik'al*, Unabhängigkeit) führte, die unter der Leitung von Allal El Fassi als Sammelbecken der bürgerlichen Nationalisten zu einem wichtigen Faktor im Befreiungskrieg wurde.

In der spanischen Zone war das Kolonialregime weniger auf die Zerschlagung der einheimischen Strukturen aus, der Opposition wurden schon früh Konzessionen gemacht. General Franco gewann hier sogar viele Anhänger, als seine Truppen im Juli 1936 in Melilla meuterten und damit den Spanischen Bürgerkrieg auslösten (etwa 130 000 Marokkaner kämpften schließlich aufseiten der spanischen Falangisten).

In der französischen Zone wuchs der Widerstand, als von der Vichy-Regierung, die mit Hitler-Deutschland kollaborierte, eine Militärverwaltung eingesetzt wurde. Im November 1942 landeten englische und amerikanische Truppen an der Atlantikküste, auf der Konferenz von Casablanca wurde die Formel »unconditional surrender« (bedingungslose Kapitulation) als militärisches Fernziel gegen Hitler beschworen. Präsident Roosevelt sicherte Marokko das Recht auf staatliche Selbstbestimmung zu. 1947 erklärte sich Mohamed V. in Tanger mit den Zielen der Istiklal-Partei solidarisch und weigerte sich mehrfach, Anordnungen des Generalresidenten Folge zu leisten.

1951/52 eskalierte der nationale Widerstand gegen die Repressionen des französischen Militärs zum offenen Krieg, ein Generalstreik lähmte das Land. Die Gewerkschaften wurden aufgelöst, Tausende von Oppositionellen verhaftet, in allen größeren Städten kam es zu Demonstrationen. Im Dezember 1952 kamen allein in Casablanca bei Armeeinsätzen über 500 Marokkaner ums Leben.

Auf Betreiben ihres engsten Verbündeten, El Glaoui, setzten die Franzosen im August 1953 Mohamed V. als Sultan ab und schickten ihn mit seiner Familie ins Exil nach Madagaskar. Daraufhin kam es in der gesamten französischen Zone zum entfesselten Aufruhr, dessen das Kolonialregime nicht mehr Herr wurde. Attentate, Sabotageakte, Massaker prägten den Alltag. Der Widerstandsführer Mohammed Zerktouni entzog sich der Verhaftung durch Selbstmord, im August 1955 forderte ein französischer Vergeltungsschlag für ein Massaker an den *colons* mehrere tausend Menschenleben. Der Aufruhr im Innern und die internationalen Proteste (einschließlich der Spanier) zwangen die Franzosen schließlich zum Aufgeben: Im November 1955 wurde Sultan Mohamed V., inzwischen zur Symbolfigur des Widerstands avanciert, die Rückkehr gestattet. Das Volk bereitete ihm einen triumphalen Empfang, El Glaoui warf sich ihm zu Füßen. Am 2. März 1956 wurde die Unabhängigkeitserklärung der französischen Zone verfügt; die spanische Zone (außer Sidi Ifni und Tarfaya) wurde ihr am 7. April 1956 angeschlossen, die Sonderstatuten für Tanger galten bis 1960/61.

Marokko seit der Unabhängigkeit

Im August 1957 nahm Sultan Mohamed V. den Königstitel an, der erste Schritt auf dem Weg, den jungen Staat – nominell – in eine konstitutionelle Monarchie zu verwandeln. Die Vereinigung der verschiedenen Zonen, der Massenexodus europäischer Fachkräfte, der Abzug ausländischen Kapitals stellten Marokko vor enorme Probleme. 1957/58 schlugen die Spanier in der von ihnen besetzten Westsahara und in Sidi Ifni mehrere Revolten blutig nieder; 1958/59 ließ Kronprinz Hassan die Armee gegen rebellierende Rifkabylen aufmarschieren, 1963 brach im rohstoffreichen Gebiet von Colomb Béchar ein Grenzkrieg mit Algerien aus.

Am 26. Februar 1961 starb König Mohamed V.; Gerüchte, dass er vergiftet wurde, sind seither nie verstummt. Sein ältester Sohn und Nachfolger Hassan II. setzte im Dezember 1962 die erste Verfassung des unabhängigen Marokko in Kraft, die er selbst mitformuliert hatte. Vor den ersten freien Wahlen 1963 rollte eine Verhaftungswelle durchs Land, elf angeblich an einer Verschwörung beteiligte Putschisten wurden hingerichtet. 1965 wurde nach Schüler- und Studentenunruhen der Ausnahmezustand verhängt und das Parlament aufgelöst; mit kurzen Unterbrechungen regierte Hassan II. bis zu den Parlamentswahlen vom 1977 als Autokrat.

Am 10. Juli 1971 scheiterte ein erstes, am 16. August 1972 ein zweites Attentat auf den König. General Mohamed Oufkir, als Verteidigungs- und Innenminister der ranghöchste Militär Marokkos, wurde als Rädelsführer entlarvt; nach offizieller Darstellung soll er im Rabater Königspalast Selbstmord verübt haben. Die Opposition sah sich schwersten Repressalien ausgesetzt, Todesurteile wurden vollstreckt.

Der im Mai 1973 verabschiedete Fünfjahresplan sah im Zuge der sogenannten *marocanisation* die Enteignung des verbliebenen ausländischen Grundbesitzes, eine marokkanische Mehrheit bei im Lande registrierten Aktiengesellschaften sowie die Ausschaltung der Ausländer in Industrie und Handel vor. Die überfällige Agrarreform blieb in Ansätzen stecken; einzig die boomende Phosphatindustrie sowie der in den 1970er-Jahren hohe Weltmarktpreis für Rohphosphate bescherten Marokko eine leidliche ökonomische Stabilisierung. Aus der Perspektive der Gegenwart hat sich die angestrebte *marocanisation* der Volkswirtschaft als Katastrophe erwiesen.

Der sogenannte Friedensmarsch vom November 1975, bei dem 350 000 Marokkaner in die frühere spanische Kolonie der Westsahara einmarschierten, gilt in der offiziellen Geschichtsschreibung als Heimholung der Südprovinzen, die integraler Bestandteil des marokkanischen Mutterlandes seien – eine Aktion, die der Internationale Gerichtshof in Den Haag als Annexion verurteilte. Die Auseinandersetzung mit der Volksbefreiungsarmee Polisario, die in dem umkämpften Gebiet die heute von etwa 80 Staaten anerkannte Demokratische Arabische Republik Westsahara ausrief, sowie mit dem Nachbarn Algerien (der die Polisario bis in die frühen 1990er-Jahre massiv unterstützte – nicht zuletzt, um sich einen Landkorridor zum Atlantik zu sichern!) war im Folgenden ein beherrschendes Problem maghrebinischer Politik.

Trotz der horrenden Kosten des Westsaharakriegs – in Krisenzeiten waren bis zu 150 000 Mann dort stationiert – und entsprechender Sondersteuern hat es Hassan II. mit außerordentlichem Geschick verstanden den Konflikt zur Neutralisierung der Opposition im Innern zu nutzen, indem er die Marokkaner zur Einheit aufrief. 1993 haben die Westsaharaprovinzen erstmals an den Parlamentswahlen teilgenommen; de facto, nicht aber de jure gehört das Gebiet, in das seit der Annexion Milliarden investiert wurden, zum marokkanischen Staatsverband. Das seit Jahren von der UN angemahnte Referendum über Selbständigkeit oder Anschluss an Marokko wird wohl endgültig zur Farce verkommen.

In den 1980er- und 1990er-Jahren baute Marokko in der Westsahara ein System von mehreren, hunderte Kilometer langen Schutzwällen auf, um die ›nützlichen‹, also phosphat- und rohstoffreichen Teile der Region von den Sandwüstenarealen zu trennen. Diese Schutzwälle sind mit modernster Hightech, insbesondere mit von der USA gelieferter Überwachungstechnik (Sensoren, Infrarotkameras) bestückt. Hatte die Polisario in den 1980er-Jahren sich noch darauf konzentriert, den marokkanischen Phosphatabbau in der Region um Bou Craa zu sabotieren, indem sie die Förderbänder zum Atlantikhafen von Laayoune Plage lahmlegte, so forcierte sie seit den 1990er-Jahren ihre diplomatischen Aktivitäten und verfolgte militärisch eine Politik der wohlgezielten Nadelstiche, indem sie die marokkanische Armee immer wieder in Scharmützel verwickelte.

Die 1980er-Jahre waren von enormen sozialen Spannungen und wirtschaftlichen Problemen gekennzeichnet, die sich 1981, 1984 sowie 1991 in gewaltsamen Massendemonstrationen entluden. Der Staatenvertrag zwischen Hassan II. und dem libyschen Revolutionsführer Ghaddafi von 1984 blieb Episode: abgeschlossen, um die libysche Unterstützung der Polisario zu unterbinden, wurde der Vertrag 1986 nach einer Visite des israelischen Premiers Peres in Ifrane wieder aufgelöst. Seit 1988 wurde die Aussöhnung mit Algerien forciert; doch hat sie sich seit den Wahlerfolgen der islamischen Heilsfront (FIS) und den Grenzschließungen nach dem Attentat von Marrakesch im August 1994 als außerordentlich fragil erwiesen. Die im Februar 1989 gegründete Arabische Maghreb-Union (UMA) beschwört ihre ehrgeizigen Ziele allenfalls auf dem Papier. Ende 1990/Anfang 1991 führte die militärische Unterstützung der Anti-Irak-Koalition während des Golfkriegs zu einer der schwersten innenpolitischen Herausforderungen für das Regime von Hassan II.

Hassan II. – ein absoluter Monarch

Marokko gehört zweifellos zu jenen Staaten, in denen Macht – politische, wirtschaftliche, militärische, mediale Macht – in extremer Weise personalisiert ist. Die Allgegenwart des Monarchen auf unzähligen Fotografien in allen öffentlichen Gebäuden, auf Banknoten, Münzen und Briefmarken ist nur ein äußerliches Indiz für dieses Phänomen.

Hassan II. war der größte Grundbesitzer, Unternehmer und Bankier Marokkos, der Oberbefehlshaber aller Heeresgattungen – und allabendlich auf sämtlichen Fernsehkanälen der größte und talentierteste Kommunikator des Landes. Sein Wort war Gesetz, er stellte als Amir El Mouminin (Führer der Gläubigen) die höchste religiöse Instanz Marokkos dar, ein Statthalter Allahs auf Erden mit absoluter weltlicher Macht, gegen den Kritik zu äußern ein geradezu blasphemischer Akt war.

Hassan II., 1999 verstorben, regierte Marokko 38 Jahre lang und war damit eines der dienstältesten Staatsoberhäupter der Welt; die Dynastie der Alaouiten ist seit etwa 350 Jahren an der Macht. Als Scherifen leiten die alaouitischen Sultane ihren Stammbaum vom Propheten selbst ab, sie sind politische Regenten und religiöse Führer in Personalunion. Hassan II. wusste solche Traditionen für das politische Tagesgeschäft zu nutzen; die offizielle Sprachregelung des Makhzen (*makhzen*, Palast, Regierung; übertragen: die Zentralgewalt des Sultans) inszeniert Politik als quasi religiöses, in einen heilsgeschichtlichen Kontext eingebundenes Handeln: Es gilt den Willen Allahs zu erkennen und auf Erden zu vollenden. Es ist diese religiöse Dimension der marokkanischen Monarchie (übrigens eine der ältesten der Welt), die die politische Dimension stützt – keinesfalls umgekehrt!

Nach dem Selbstverständnis Hassans II. basiert das Königtum auf einem unkündbaren Vertrag zwischen Regent und Volk. Der erste Artikel der Verfassung definiert Marokko als »konstitutionelle, demokratische und soziale Monarchie«. Eine konstitutionelle Monarchie dürfte Marokko freilich schon deshalb nicht sein, weil die klassische Gewaltenteilung, wie sie die parlamentarischen Demokratien des Westens ausgebildet haben, in der Person des Monarchen außer Kraft gesetzt ist. Das Rabater Parlament hat so gut wie keine legislative Funktion, das Kabinett wird, aller Retuschen des jüngsten Verfassungsreferendums ungeachtet, vom König ernannt und ist ihm verantwortlich, der König allein fällt alle Personalentscheidungen von Belang (Richter, Offiziere, Botschafter, Räte etc.).

Artikel 3 untersagt zwar das Regime einer Einheitspartei und Marokko gehört zu den vergleichsweise wenigen afrikanischen Staaten, die ein von der Verfassung geschütztes Mehrparteiensystem haben. Keineswegs ist das Land deshalb aber schon eine »demokratische Monarchie«. Das parlamentarische System ist so demokratisch, wie der Monarch es zulässt. In etlichen Marokkoreportagen wird die Verteilung der Macht als demokratisch orchestrierte Autokratie beschrieben – und es gibt gute Gründe für diesen Befund.

Ob Marokko eine »soziale Monarchie« ist, kann man ebenfalls bezweifeln. Wenn der in der Verfassung verwendete Terminus ein sozialpolitisch motiviertes Engagement der Regierung meint, wird er von einer Realität konterkariert, in der eine immense Kluft zwischen arm und reich herrscht, in der eine Sozialver-

Thema

sicherungsgesetzgebung kaum in Ansätzen existiert, in der prominenten Gewerkschaftern wie Noubir Amaoui wegen Majestätsbeleidigung langjährige Haftstrafen drohen.

Verfassungsartikel 23 erklärt den König für »unantastbar und heilig«; Artikel 28 bestimmt, dass die königlichen Dekrete *(messages)* an das Parlament und die Nation jeder öffentlichen Debatte entzogen sind. Die Verfassung selbst, die die Spielregeln der *démocratie hassanienne* festschreibt, verstand der Monarch als Geschenk an sein »liebes Volk«. Hassan II. hat seit 1961 den Verfassungsorganen, den Parteien, den Repräsentanten von Politik ihre Rollen diktiert. Hassan II. war in Marokko die allgegenwärtige letzte Instanz. Nach dem Motto »Hassan oder das Chaos« haben die Machteliten des westlichen Bündnisses mitunter – etwa in der Westsaharapolitik – bedenkenlos mit dem König paktiert.

Die scheinbare innenpolitische Stabilität des Landes verdankt sich nicht zuletzt einem außerordentlich wirksamen Sicherheitsapparat. In seinen Erinnerungen »Le Défi« (1976) notierte Hassan II., ein König dürfe alles – nur nicht abdanken. Wenn es darum geht, eine Bilanz der Ära Hassan II. zu ziehen, wird der Monarch in die Annalen eingehen als der Staatsmann, der Marokko in die Moderne geführt hat. Mit simplen Etikettierungen wird man ihm jedenfalls nicht gerecht: barbarische Strafaktionen und waghalsige Manöver fallen ebenso in seine Regierungszeit wie außenpolitische Fortüne und ein stupender Instinkt für die Kunst des Möglichen, die Kraft visionären politischen Denkens und der ganze Kleinmut königlicher Rache, rhetorisches Genie und die Gabe der Selbstinszenierung, kaltblütiges Krisenmanagement und die Geste der großen Emphase.

Wird Mohamed VI. diesem politischen Erbe des Vaters jemals gerecht werden können? Fast muss man es Marokko wünschen, legt Verfassungsartikel 101 doch die monarchische Staatsform für alle Zukunft fest. Marokko – ein Königreich für immer?

Die letzte Instanz: König Hassan II. feiert sein 35. Thronjubiläum

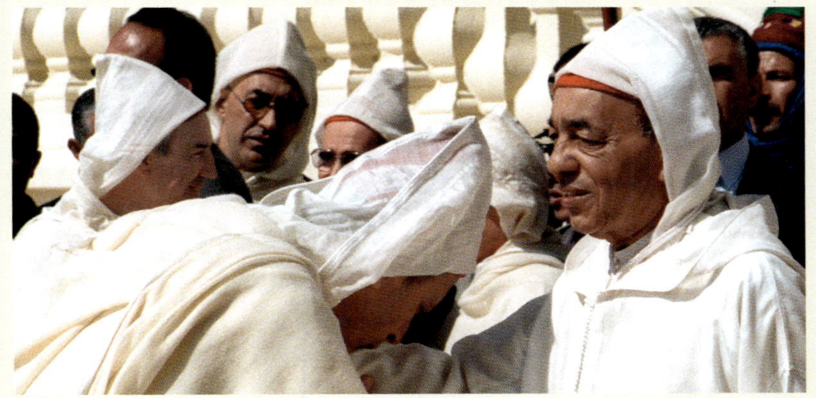

Zeittafel

Ab 2000 v. Chr.	Die Berber besiedeln Nordafrika.
Mitte 5. Jh. v. Chr.	Die Karthager (Punier) übernehmen die Stützpunkte der Phönizier an der marokkanischen Mittelmeer- und Atlantikküste.
25 v. Chr. – 23 n. Chr.	Verwaltung der römischen Nordafrika-Provinzen durch den Berberkönig Juba II.; Beginn der Romanisierung Marokkos.
42 n. Chr.	Errichtung der römischen Provinzen Mauretania Tingitana und Mauretania Caesariensis.
Ab 533	Nordmarokko gehört nominell zum Byzantinischen Reich.
Um 700	Arabische Eroberungen in Marokko. Beginn der Islamisierung der verschiedenen Berberstämme.
788	Moulay Idriss I. gründet das erste marokkanische Reich.
Ab 1061	Die Almoraviden gründen das erste marokkanische Großreich.
1070	Gründung von Marrakesch.
Ab 1140	Eroberung des almoravidischen Reiches durch die Almohaden.
1185–1199	Unter Yacoub El Mansour erreicht Marokko die größte Ausdehnung in seiner Geschichte.
1269	Die Meriniden beherrschen Marokko; neue Hauptstadt wird Fès.
Ab 1400	Spanische und portugiesische Eroberungen an Marokkos Küsten.
1548	Die Saadier übernehmen das Sultanat.
1578–1603	Regentschaft von Ahmed El Mansour: Höhepunkt saadischer Prachtentfaltung, Blütezeit des Gold- und Sklavenhandels.
1667	Die bis heute regierenden Alaouiten übernehmen die Regentschaft.
1672–1727	Unter Moulay Ismail wird Meknes Hauptstadt des Reiches.
1830	Beginn der französischen Besetzung Algeriens.

Die Spanier erobern Tetouan und setzen sich in der Region Sidi Ifni an der Atlantikküste fest.	**1859**
Auf der Konferenz von Algeciras sichern sich Frankreich und Spanien ihre Einflusssphären.	**1906**
Protektoratsverträge mit Frankreich und Spanien. Rabat wird neue Hauptstadt des Landes.	**1912**
Die Berberrevolten unter Abd El Krim können erst durch Bomberstaffeln und Giftgas niedergeschlagen werden.	**1921–1927**
Sultanat Mohameds V. (ab 1957 König)	**1927–1961**
Die Franzosen können selbst durch brutale Armeeeinsätze die Aufstände in der französischen Protektoratszone nicht unterbinden.	**1952–1955**
Marokko wird unabhängig.	**1956**
Tod Mohameds V., Hassan II. wird König von Marokko.	**1961**
Grüner Marsch: Annektierung der ehemaligen spanischen Kolonie Westsahara. Seit 1976 kämpft die marokkanische Armee gegen die Guerillaverbände der Polisario.	**1975**
Ein von der UN (Minurso) gefordertes Referendum in der Westsahara steht bis heute aus.	**Seit 1988**
Tod Hassans II., Mohamed VI. wird König von Marokko.	**1999**
Politik der *alternance* (Wechsel): Liberalisierung des Familienrechts, Entlassung des skandalumwitterten Innenministers Driss Basri, Amnestie für zahlreiche Regimekritiker.	**Seit 2000**
Nach dem Vorbild der Truth Commission in Südafrika sollen die Menschenrechtsverletzungen unter Hassan II. aufgearbeitet werden.	**2004/05**
Mohamed VI. erlaubt die Ausbildung von Frauen zu muslimischen Geistlichen (Imamen).	**2006**
Verhandlungen mit der EU um den Ausbau von Freihandelszonen.	**2007**

Gesellschaft und Alltagskultur

Die Berber waren die Ureinwohner Marokkos – und vielleicht gibt es bis heute ein ländlich-berberisches und ein urban-arabisches Marokko. Ein Schlüssel zum Verständnis des Landes ist zweifellos der Islam, der wie keine andere kulturelle Kraft bis heute Alltag, Identität und Mentalität der Marokkaner bestimmt.

Die Volksgruppen

Berber

In einem Land, in dem etwa die Hälfte der Bevölkerung berberischen Ursprungs ist, das aber durch Verfassung und (Schul-)Sprachenpolitik eindeutig als arabisch und arabophon definiert wird, finden sich die Berber nicht nur kulturell marginalisiert. Anders als etwa in Algerien ist in Marokko ein spezifisches Berberproblem jedoch nicht virulent – allerdings gibt es im Parlament zwei vorwiegend mit Berbervertretern besetzte Parteien. Zwar hatte Hassan II. Schulunterricht in den wichtigsten Berbersprachen für die Primarstufe und auch Nachrichtensendungen auf Berberisch in Aussicht gestellt, aber dies wird nichts daran ändern, dass die Machteliten in Marokko, von der Armee einmal abgesehen, wesentlich arabische Machteliten sind.

Seit den frühen 1980er-Jahren beginnt sich in Marokko ein neues berberisches Selbstbewusstsein zu formieren, das zum einen durchaus politische Implikationen hat und zum anderen die spezifisch berberischen Traditionen einer uralten Kultur zu dokumentieren versucht. Derartige Bemühungen um Überlieferung und Identität stoßen vornehmlich auf zwei Schwierigkeiten: Die Berbersprachen sind gesprochene, nicht schriftlich fixierte Sprachen (Ausnahme ist das Tifinar-Konsonantenalphabet der Tuareg); Begriffswelt und Wertekanon der Berber basieren ganz entscheidend auf dem Koran, also auf *der* arabischen Kultururkunde schlechthin, in der an keiner einzigen Stelle von den Berbern die Rede ist.

Wann die Berber den Maghreb besiedelt haben und woher sie kamen, ist in der Forschung umstritten. Sicher ist, dass sie lange vor den phönizischen Expeditionen das marokkanische Kernland besiedelten. Ihr Name geht auf den römischen Begriff *barbari* zurück, mit dem die römischen Kolonisatoren all diejenigen bezeichneten, die nicht des Lateinischen mächtig waren – und damit sozial stigmatisierten. Schon von *den* Berbern zu sprechen ist eigentlich unzulässig; sie haben, in rivalisierende Stämme zersplittert, in ihrer Geschichte weder einen eigenen Staat noch eine Nation gebildet.

In Marokko lassen sich drei große berberische Ethnien unterscheiden: die Chleuh (Nachfahren der Masmouda-Berber, Sprache: Tachelhait), die Beraber (Nachfahren der Sanhadja-Berber, Sprache: Tamazirht) und die Rifkabylen (Nachfahren der Zenata-Berber, Sprache: Tarifi). Die Chleuh, ganz überwiegend sesshafte Ackerbauern, leben im westlichen Hohen Atlas und Antiatlas, in der Sousebene und in den Tälern von Dra und Dades. Die Beraber besiedeln den östlichen Hohen und Mittleren Atlas; sie leben vorwiegend als schaf- und ziegenzüchtende Transhumanten (Teilnomaden) – im Winter haust der ganze Stamm im Tal, wo die Felder bestellt werden, im Sommer wandert ein Teil der Leute mit den Viehherden zu den Bergweiden. Die Rifkabylen leben im Rifgebirge überwiegend als sesshafte Bauern, die freilich auch Schaf- und Ziegenzucht betreiben. Viele Rifkabylen haben inzwischen ihre Obstbaumkulturen und den Getreideanbau zugunsten der Cannabisproduktion aufgegeben.

Generell lässt sich sagen, dass die Berber eher Land-, die Araber eher Stadtbewohner sind; die einzige marokkanische Großstadt mit einer berberischen Bevölkerungsmehrheit ist Marrakesch. Das vergleichsweise tauglichste Merkmal, Berber und Araber zu unterscheiden, ist die Sprache. Demnach wäre derjenige ein Berber, der eine berberische Muttersprache spricht. Allerdings ist auch dieses Unterscheidungsmerkmal nur ein Behelf, da etliche Berber inzwischen gänzlich arabisiert sind. Während auch die meisten anderen Berber das Arabische leidlich beherrschen, gibt es vergleichsweise wenige Araber, die eine Berbersprache sprechen.

Obschon die offizielle Politik seit jeher den arabischen Charakter des Landes betont und gefördert hat (vgl. etwa die Verfassungspräambel), ist vermutlich – dies lässt sich freilich nur schätzen – über die Hälfte der Bevölkerung berberischen Ursprungs. Die Dynastien der Almoraviden, Almohaden und Meriniden (auch der mit diesen verwandten Wattasiden) waren berberische Dynastien; Marokko ist der Maghrebstaat, in dem die Berber den mit Abstand größten Anteil an der Gesamtbevölkerung bilden.

Auch wenn die großen Berberstämme patriarchalisch und patrilinear organisiert sind, ist die Stellung der Frau bei den Berbern, die die Polygamie stets abgelehnt haben, eine relativ freiere als bei den Arabern. Typisch berberische Siedlungsformen in Südmarokko sind die wehrhaft befestigten Dörfer (*ksour*), die gemeinschaftlich genutzten Erntespeicher (*agadire*) sowie die trutzigen, hoch auf-

Weder Volk noch Nation: Berber in Marokko

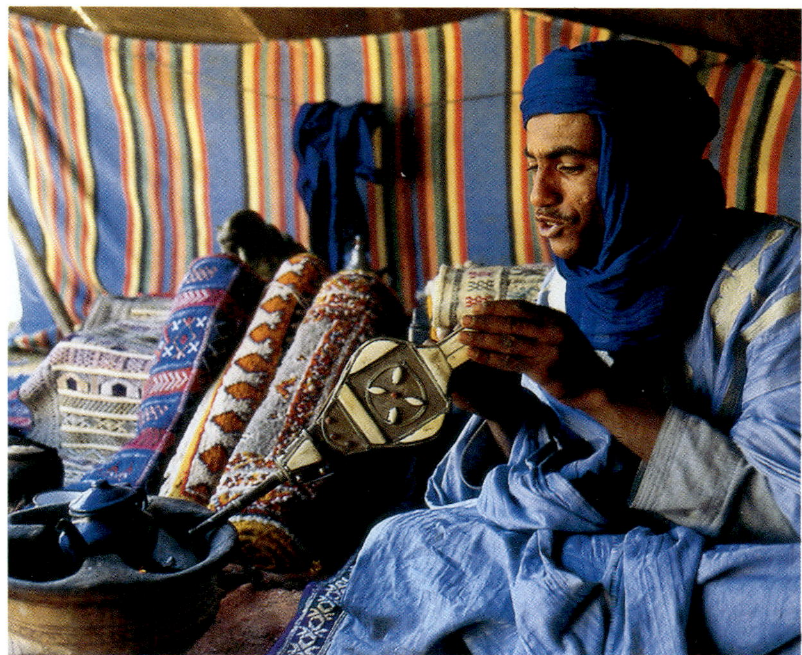

ragenden Wohnburgen (*kasbahs*). Der Zentralgewalt des Sultans weitgehend entzogen oder erfolgreich gegen sie rebellierend, regierten einige Berber-Caids (vor allem die mächtigen Glaoua) bis in die 1950er-Jahre hinein praktisch als autonome Potentaten. Die Berber selbst nennen sich *imazighen* (freie Menschen), verwenden aber häufiger ihre Stammesnamen, dem das Präfix *ait* (die Söhne von ...) vorangestellt wird. Es soll noch um die 300 Berberstämme in Marokko geben. Während die Islamisierung der Berber bereits im 8. Jh. vollzogen war, dauert ihre Arabisierung bis heute an.

Araber

Marokko definiert sich heute als arabischer Staat des Maghreb, Arabisch ist die Amtssprache des Landes. Die meisten Araber leben in den großen Städten, in der Zentralebene und in der Westsahara. Die wenigsten von ihnen sind rein arabischstämmig, zählen vielmehr auch Berber zu ihren Vorfahren. Wie die Berber bilden auch die Araber keine ethnisch homogene Gruppe; die sozialen Unterschiede etwa zwischen modernen arabischen Stadtbewohnern und den Kamelnomaden der Westsahara sind mindestens ebenso groß wie die zwischen Arabern und Berbern.

Die ersten Araber stießen im 7. und 8. Jh. als islamische Eroberer nach Marokko vor. Die meisten arabischen Heere zogen nach Spanien weiter, dennoch begann sich der Islam schon ab dem frühen 8. Jh. durchzusetzen. Wesentlich gestärkt wurde das arabische Element durch den Einfall der Beni-Hilal-Nomaden Mitte des 11. Jh. Durch andalusische Araber (von den Spaniern *moriscos*, Mauren, genannt), die in mehreren Fluchtwellen im 13. Jh., nach 1492, 1568–78 und 1609–14 vor der christlichen Reconquista zurückwichen, hat Marokko mehrfach in seiner Geschichte sowohl Phasen einer vitalen Arabisierung (ab 1548 regierte mit den Saadiern die erste arabische Dynastie in Marokko) als auch kultureller Blütezeiten erlebt.

Ursprünglich waren auch die Araber Nomaden. Ihre straff organisierten Stämme wurden patriarchalisch beherrscht von *caids* (Stammesführern) und *sheikhs* (Führern von Stammesfraktionen), deren Ämter innerhalb bestimmter Familien erblich waren. Das religiöse Gesetz der Scharia wurde streng befolgt. In manchen Regionen hielten die arabischen Nomaden Sklaven. Größere Stammesbünde bildeten sich nur sehr selten heraus, häufiger kam es dagegen zu religiösen Zusammenschlüssen. Von den europäisierten Stadtbewohnern einmal abgesehen, ist die Stellung der Frau bei den Arabern eine weitgehend rechtlose, in jedem Fall streng untergeordnete. Für die sesshaften Landbewohner hat die traditionelle Stammesorganisation der Araber inzwischen nur noch geringe, für die Stadtbevölkerung praktisch keine Bedeutung mehr.

Juden

In Marokko lebt heute die größte jüdische Gruppe innerhalb eines arabischen Landes, obschon viele Juden nach 1948 (Gründung des Staates Israel), nach 1956 (Unabhängigkeit Marokkos) und nach 1967 (Sechstagekrieg) das Land verlassen haben. Auf dem Wirtschaftsgipfel in Casablanca 1994 wurde sogar die Etablierung politischer Interessenvertretungen in Rabat und Tel Aviv vereinbart, was sich dann durch die Intifada aber wieder zerschlagen hat. Mit Serge Berdugo, der 2005 zum Präsidenten der Jüdischen Gemeinde in Marokko gewählt wurde, war im November 1993 sogar ein jüdisches Kabinettsmitglied – Berdugo war Tourismusminister – ernannt worden.

Die ersten Juden sollen bereits nach der Zerstörung Jerusalems 70 n. Chr. ins Land gekommen sein, weitere nach dem Eindringen der Araber in Palästina im 7. Jh. Die weitaus größte jüdische Gruppe kam erst zwischen dem 13. und 14. Jh. nach Marokko: andalusische Juden, Sephardim genannt, die ebenso wie die Muslime von den katholischen Spaniern vertrieben wurden. Sie siedelten sich fast ausschließlich in den Städten des Nordens an und waren überwiegend als Händler, Handwerker (vor allem Goldschmiede) oder Geldverleiher (der Koran untersagt den Muslimen den Geldverleih gegen Zinsen) tätig.

Schon im 13. Jh. wurden den Juden eigene Wohnviertel – die *mellahs* (*melha*, arab., Salz) – zugewiesen, wo sie eine gewisse Selbstverwaltung genossen, allerdings Sondersteuern und Kleiderordnungen unterworfen waren. Während der Protektoratszeit hoben die Franzosen, die auf die reichen jüdischen Bankiers und Händler angewiesen waren, die Beschränkungen für die Juden weitgehend auf – was den »Sabbatgesellen« (Koran, Sure 4, Vers 50) den Hass marokkanischer Nationalisten eintrug. Die mit Nazi-Deutschland kollaborierende Vichy-Regierung versuchte vergeblich, in Marokko antisemitische Rassengesetze einzuführen – Sultan Mohamed V. hat alle derartigen Pläne außerordentlich couragiert bekämpft. Trotzdem kam es am Ende der Kolonialzeit mehrfach zu Pogromen in jüdischen Vierteln.

Die jüdische Gemeinde in Marokko umfasst heute knapp 20 000 Menschen, die inzwischen nicht mehr an die Mellahs gebunden und äußerlich oft völlig europäisiert sind. Sie leben in den großen Städten, vor allem in Casablanca. Mohamed VI. versucht seit Jahren die jüdischen Fachkräfte im Lande zu halten bzw. ihre Reemigration zu fördern.

Haratin

Die Haratin sind Nachfahren jener schwarzen Sklaven, die die marokkanischen Sultane seit dem 16. Jh. (besonders unter Ahmed El Mansour und Moulay Ismail) in Westafrika zwangsrekrutierten und in ihre stehenden Heere pressten. Die meisten Haratin, die inzwischen stark mit Arabern und Berbern vermischt sind, leben in den Oasenregionen Südmarokkos, besonders im südlichen Dratal und im Tafilalet. Eigene Haratin-Stämme haben sich nicht ausgebildet; eine klare Abgrenzung zu den anderen Bevölkerungsgruppen ist ebenso wenig möglich wie eine verlässliche Angabe zu ihrer Zahl.

Obwohl schon lange keine Sklaven mehr, werden die Haratin bis heute von den übrigen Oasenbewohnern und den Nomaden gering geachtet, bisweilen schlägt ihnen sogar ein unverhohlener Rassismus entgegen. Sie mussten in der Vergangenheit, manchmal bis heute, schwere und niedere Arbeiten verrichten und verachtete Berufe wie Gerber oder Schmied ausüben. Entsprechend gehören die Haratin zu den ärmsten Bevölkerungsgruppen des Landes; andererseits spricht man ihnen magische oder heilende Kräfte zu. Häufig treten sie als Tänzer, Musiker, Gaukler oder Akrobaten in den Marktorten des Südens auf; die Spektakel auf der Place Djemaa El Fna in Marrakesch sind fest in der Hand der Haratin.

Sitten und Gebräuche

Die wichtigste Sozialeinheit ist nach wie vor die Großfamilie, die in den ländlichen Regionen häufig noch drei Generationen unter einem Dach vereint, in den Großstädten aber unübersehbare Auflösungserscheinungen offenbart. Von den Eltern des Brautpaares arrangierte Ehen werden zwar immer seltener, sind aber – wie auch das Aushandeln und Zahlen eines Brautpeises – auf dem Land durchaus noch üblich. Zwar gestattet der Islam einem Mann das Recht auf vier Ehefrauen, doch kaum ein Marokkaner ist in der Lage, mehrere Haushalte zu finanzieren; die Einehe ist längst die Regel, Polygamie die absolute Ausnahme. Anders als etwa in Tunesien, wo sie gesetzlich verboten ist, gehört die Verstoßung – wobei die Frau mit einer rituellen Formel (*talaq*) durch den Mann aus dem Haus gejagt wird – in Marokko, obschon de jure verboten, immer noch zu den praktizierten Gepflogenheiten. Verstoßene, geschiedene oder alleinlebende Frauen sind vielfältigen Formen sozialer Ächtung ausgesetzt; wenn sie nicht in den Schoß ihrer Familie zurückkehren können, droht ihnen zumeist bitterste Armut, viele stranden in der Prostitution.

Auch wenn die Geschlechter nach der Verfassung gleichberechtigt sind – die von islamischen Werten geprägten sozialen Realitäten sind oft weit davon entfernt. Umgekehrt ist es die Frau, ihre Herkunft, ihr Ansehen, ihre

Mourad, ein Schuhputzerjunge

Wenn es so richtig Bindfäden regnet, gießt und pladdert, hellt sich Mourads Miene gleich auf. Regenwetter, die Zeit, wenn der Regen nachlässt und dann aufhört – das ist allemal gut fürs Geschäft. Mourad gehört zu jenem Heer von kleinen Schuhputzerjungen, die überall in Marokko für ein paar Dirham ihre Dienste anbieten.

Die Utensilien, die er braucht – Schuhcreme in allen Farben, Wichse, Lappen, Bürsten, Schnürsenkel, ein Messerchen und Klebstoff für lose Sohlen – trägt er in einer Holzkiste mit sich herum, die den Kunden, während er seine Arbeit verrichtet, gleichzeitig als Fußstütze dient. Mourad, gerade mal acht Jahre alt, kennt die geheimen Rhythmen der Stadt Tanger – und ihre nachtdunklen, anrüchigen Quartiere.

Die *heure bleue*, die blaue Stunde zwischen Büroschluss und Abendbrot, wenn die Geschäftsleute und Angestellten in den Cafés sind, ist Mourads Stunde, dann wieselt er zwischen den Caféhausstühlen herum. Er kennt sie alle, die Anzugherren mit den eleganten Slippern aus feinem Leder, die Turnschuhjugendlichen, die Sandalentouristen, die Mädchen mit den Plateauabsätzen, die Stöckelpumpsdamen, die Knobelbechersoldaten, die Halbschuhmänner. Zwei, drei Dirham kassiert Mourad für Putzen, Fetten und Polieren, gelegentlich bekommt er eine Fünfdirhammünze. Manche beobachten seine Arbeit argwöhnisch, manche begutachten seine Verrichtungen am Schuhwerk mit herablassendem Dünkel, mit Gleichgültigkeit oder gönnerhaftem Interesse. Und der Uralttrick, den vereinbarten Preis nur für einen Schuh berechnen zu wollen und für das Paar nach getaner Arbeit dann das Doppelte zu verlangen – das zieht selbst bei Touristen fast nie.

Ein gutes Revier, erzählt Mourad, ist auch der Busbahnhof, das Neustadtzentrum in Reichweite der großen Hotels, die Strandzone, der Bahnhof. Die Konkurrenz ist hart, etliche der älteren Jungen lassen die Kleinen für sich arbeiten; Mourad ist bis spät nachts auf den Straßen von Tanger unterwegs, er hat die Fahrpläne im Kopf, er kennt die Öffnungszeiten der großen Discos, er kennt die spezifische Klientel der diversen Restaurants, er kennt die Kaschemmen und Spelunken dieser Stadt, die nie schläft.

In die Schule, so berichtet er, geht er nur sporadisch. Was er für seine Arbeit und zum Handeln braucht, hat er auf der Straße gelernt, Französisch, etwas Spanisch, ein paar Brocken Englisch, aufgeschnappte Fetzen Deutsch (»alles klar?«) – damit pflegt er die Konversation mit den Touristen einzuleiten, die er für Deutsche hält – und bei den Nationalitäten irrt er sich fast nie.

Zu Hause sind sie mit den Großeltern zwölf Personen – in einer Zweizimmerwohnung mit kleiner Küche. Mourads Verdienst, so gering er auch sein mag, ist für die Monatskalkulation der Familie eine unverzichtbare Größe. Die Kinder, die in Marokko im Handwerk, in den Teppichwebereien, in den Haushalten der Neureichen oder in allen möglichen Dienstleistungsbranchen einer unkalkulierbaren Schattenwirtschaft malochen, gehen in die Millionen. Kinderarbeit ist im gesamten Maghreb ein alltägliches Phänomen. Dass Kinder um ihre Jugend betrogen werden, verfängt nicht als Argument bei jenen Familien, die tagtäglich mit dem schieren Überleben

Thema

beschäftigt sind – angesichts sozialer Realitäten, die in Zukunft die weitere Verelendung großer Bevölkerungsteile vermuten lassen. Mourads Familie braucht den Lohn des Jungen, um Miete, Essen, Strom und Wasser bezahlen zu können. Da erübrigt sich jede Diskussion um Kinderschutz oder Kinderrechte – so einfach ist das.

Mourad treibt sich gerne am Hafen herum. An klaren Abenden zählt er die Lichter der spanischen Küste. Drüben, zum Greifen nahe, liegt das gelobte Land. Eines Tages, sagt er mit der ganzen Inbrunst eines Achtjährigen, wird er nach Europa gehen. Er hat mir Tanger gezeigt, seine Stadt, die für ihn und seinesgleichen nichts übrig hat.

Kinderarbeit im Handwerk: ein alltägliches Phänomen

Verschleierte Frauen: zwischen Tradition und Moderne

Ehre, ihr Leumund, die ganz entscheidend das Sozialprestige ihres Mannes bestimmen – schon deshalb kommt ihr, oft im Verborgenen, in den Bezirken des Privat-Familiären, erheblicher Einfluss zu, den sie durchaus zu nutzen weiß. Ältere Frauen, Frauen mit mehreren Söhnen genießen in den Familien hohes Ansehen. Der Schulbesuch für Mädchen ist in den Städten (freilich nicht auf dem Lande) inzwischen eine Selbstverständlichkeit. An einigen Fakultäten marokkanischer Universitäten studieren heute mehr junge Frauen als Männer; der Anteil berufstätiger Frauen ist vermutlich der höchste im Maghreb. Die einst sehr fest gefügten Geschlechterrollen sind durch ökonomische Zwänge, durch die Einflüsse der modernen Mediengesellschaft, durch Verstädterung und in den Metropolen einsetzende soziale Atomisierung in den letzten Jahren vehement in Bewegung geraten. Gleichwohl gilt gerade für die meisten Frauen die strikte Unterscheidung von öffentlicher und häuslicher Sphäre noch immer in hohem Maße. Junge Frauen im traditionellen *haik* (ein zumeist einfarbiges, überwurfartig geschnittenes Kleid mit Kapuze) Arm in Arm mit modisch-westlich gekleideten Freundinnen, die Jeans, Kostüm oder Mini favorisieren: in den Neustädten der Metropolen inzwischen ein völlig alltägliches Bild. Junge Marokkanerinnen, die durch ein Kopftuch zumindest äußerlich ein Einver-

ständnis mit islamischen Werten signalisieren, werden in der Öffentlichkeit zumeist sehr respektvoll behandelt; den Gesichtsschleier, der nur die Augenpartie freilässt, tragen in der Regel eher ältere Frauen (vgl. zum Thema Schleier besonders die Koranstellen Sure 24, Vers 31 und Sure 33, Vers 59).

Respekt vor älteren Menschen, besonders vor den eigenen Eltern und Großeltern, ist für alle Marokkaner eine Selbstverständlichkeit. Altersheime sind so gut wie unbekannt und die Berichte darüber, wie man in den europäischen Industriestaaten mit Senioren umgeht, haben für Marokkaner fast immer etwas zutiefst Schockierendes. Der Tod ist für den gläubigen Muslim (ähnlich wie in unserem Kulturkreis für den gläubigen Christen) keine ausschließlich traurige Erfahrung, da der Verstorbene heimkehrt zu Gott.

Unter der Oberfläche des offiziellen Islam haben sich vielfältige Formen einer Volksfrömmigkeit erhalten, die sich etwa in kultischen Praktiken, in Heiligen- und Reliquienverehrung, in magischen Initiationen oder auch in sektiererischen Zirkeln äußert. Besonders der *baraka* (Segen, heilige Kraft), die sich an Heiligengräbern oder besonderen Orten konzentriert, wird in verschiedener Form gehuldigt; auch bestimmte Pflanzen (etwa Henna) oder Amulette (etwa die Hand der Fatima) stehen im Ruf, die *baraka* an sich zu binden oder den bösen Blick abzuwehren.

Die wichtigsten Familienfeste sind Hochzeiten und die Beschneidungszeremonien, mit denen die Jungen (die Beschneidung soll etwa bis zum siebten Lebensjahr vorgenommen werden) in die Gemeinschaft der Gläubigen aufgenommen werden. Vor allem auf dem Land sind die Hochzeiten oft noch prächtige, von vielen Gästen besuchte mehrtägige Feste, für die sich manche Familien auf Jahre finanziell ruinieren.

Der Islam

Marokkanische Staatsreligion ist der Islam, eine streng monotheistische Weltreligion mit ca. 1,3 Mrd. Anhängern vor allem in Nordafrika und Vorderasien. Islam bedeutet sinngemäß Unterwerfung unter den Willen Gottes; die Gläubigen nennen sich Muslime, in den Stand des Heils Eingetretene.

Begründer des Islam ist der um 570 n. Chr. in Mekka geborene Mohammed. Als Kaufmann lernt er auf seinen Reisen die Religionen der verschiedenen arabischen Stämme, der Juden und der Christen kennen. Um 610 tritt er erstmals als Religionsprediger auf; den Auftrag dazu leitet er aus Visionen ab, in denen ihm der Engel Gabriel erschienen sei. In seiner Heimatstadt Mekka gewinnt er schnell viele Anhänger, wird aber schließlich von den herrschenden Familien vertrieben. Diese Flucht, *hidschra* genannt, fand 622 statt. Sie

Die fünf Säulen des Islam

Das wichtigste Gebot des Islam ist die Einhaltung der als »die fünf Säulen« bezeichneten Grundregeln. Diese Regeln beziehen sich nicht auf ein persönliches, gar mystisches Verhältnis zum Glauben, sondern sind geprägt durch einen festen Verhaltenskodex, den es öffentlich zu befolgen gilt.

1. *Sahada* (oder *schahada*), das Glaubensbekenntnis, bestehend aus der Formel: »Es gibt keinen Gott außer Allah und Mohammed ist sein Prophet.« Sie muss stets in Arabisch vorgetragen werden.

2. *Salat*, das Gebet, das der Gläubige fünfmal täglich in Richtung Mekka spricht. Die Zeiten (morgens, mittags, nachmittags, abends und nachts) werden durch den Ruf des Muezzin angekündigt. Eine Waschung von Füßen, Händen und Gesicht muss dem Gebet jeweils vorausgehen. Die Gebetsformeln und die Körperhaltungen (eine Folge von Stehen, Knien, Sichniederwerfen und Bodenberührungen mit der Stirn) folgen festen Regeln. Der Besuch einer Moschee ist nur für das Mittagsgebet am Freitag, dem Feiertag der Muslime, vorgeschrieben. Außerhalb der Moschee soll ein Gebetsteppich verwendet werden. Oft benutzen die Gläubigen auch Ketten mit 99 Perlen (für die 99 bekannten Namen Allahs), die sie während des Gebets durch die Finger gleiten lassen.

3. *Sakat,* die Pflicht, Almosen an Arme zu geben. Diese Abgabe wurde früher als Steuer erhoben, ist heute aber freiwillig.

4. *Saum,* das Fasten im Monat Ramadan, dem neunten Monat des arabischen Jahres, in dem Mohammed die Offenbarung erhielt. Während des Ramadan ist es dem Gläubigen zwischen Sonnenaufgang und Sonnenuntergang verboten zu essen, zu trinken, zu rauchen und Sex zu haben. Ausgenommen sind nur Alte, Kranke, Schwangere, Säuglinge und Reisende. Im Ramadan sind zusätzliche Gebete und Moscheebesuche obligatorisch; abends werden festliche Essen gegeben. Das Fastengebot wird in Marokko sehr streng eingehalten, eine Verletzung der Regel strafrechtlich verfolgt. Der Ramadan dauert 29 Tage, sein Beginn verschiebt sich wegen des kürzeren arabischen Mondjahres jährlich.

5. *Hadsch*, die Pilgerfahrt nach Mekka im zwölften Monat (*doul hidscha*) des islamischen Kalenders. Sie ist Pflicht für jeden Gläubigen, sofern er die Mittel dazu besitzt und seine Gesundheit es erlaubt. Da nur ein kleiner Teil der marokkanischen Muslime die lange Reise nach Arabien durchführen kann, wird ein siebenmaliger Besuch von Moulay Idris oft als Ersatz angesehen, gilt offiziell aber nur als *umra* (kleine Wallfahrt). Die gleiche Bezeichnung trägt eine Wallfahrt nach Mekka außerhalb des Pilgermonats.

Neben diesen fünf Grundregeln gibt es noch zahlreiche weitere Gebote und Verbote. Untersagt sind vor allem der Genuss von Alkohol und Schweinefleisch, das Glücksspiel und der Geldverleih gegen Zins. Die übrigen Regeln sind meist Vorschriften für das Verhalten in bestimmten Situationen. Auffallend ist dabei stets die untergeordnete Stellung der Frau. Der Koran verbietet zwar eine schlechte Behandlung der Frau, doch besitzt sie kaum Rechte und damit auch keine Möglichkeiten, sich gegen den Mann und etwaige Übergriffe zu behaupten. Die Heilige Schrift des Islam gestattet jedem Mann vier Ehefrauen und

Thema

eine unbegrenzte Zahl von Konkubinen; bis heute ist die Einehe gesetzlich nicht verankert, wird aber aus finanziellen Gründen weitgehend praktiziert. Rassische Vorurteile kennt der Islam nicht, alle Völker und Hautfarben werden als gleich angesehen – allerdings genießen Angehörige der ›Buchreligionen‹ (Juden, Christen) einen privilegierten Status. Auch Reichtum und Standesunterschiede gelten nicht als gottgewollt.

Über den *djihad*, den heiligen Krieg, gibt es widersprüchliche Aussagen: Früher nahm man bestimmte Koranpassagen als Auftrag, den Islam gewaltsam zu verbreiten. Die arabisch-islamische Expansion vor allem im 7. und 8. Jh. ist ohne das *djihad*-Konzept nicht denkbar. Seit langem wird es aber nur noch als Pflicht interpretiert, den Glauben gegen Angriffe zu verteidigen.

Der »unteilbare« Gott Allah gebietet nach islamischem Glauben über zahlreiche Engel, die als unsterblich und nichtmenschenähnlich gelten. Tiefer stehen menschenähnliche, oft als böse beschriebene Geister, die *djiins*. Auch der Teufel (*schaitan*) ist dem Islam geläufig. Im Volksislam werden werden Asketen, Wanderprediger (*sufis*), mächtige Glaubenskämpfer und vor allem der Prophet Mohammed verehrt.

Ein institutionalisierter Priesterstand ist unbekannt, die Imame, die Vorbeter in den Moscheen, sind lediglich besonders angesehene Gemeindemitglieder. Auch eine den christlichen Kirchen vergleichbare religiöse Organisation gibt es im Islam nicht. Hohe religiöse Würdenträger bekleiden stets zugleich hohe politische Ämter; Staat und Kirche bilden traditionell also immer eine untrennbare Einheit. Die *ulema*, die einflussreichen Gelehrten des islamischen Rechts, waren zugleich als Richter (*kadis*), hohe Staatsbeamte oder politische Berater des Sultans tätig. Auch im heutigen Marokko ist diese Einheit noch spürbar: Als *Amir El Mouminin* (Herr der Gläubigen) ist König Mohamed VI. der höchste politische und religiöse Würdenträger.

Für Nichtmuslime bleibt sie verschlossen: die Kairaouine-Moschee in Fès

markiert den Beginn der islamischen Zeitrechnung. In Yathrib, dem heutigen Medina, schart Mohammed zahlreiche Anhänger um sich, mit denen er 630 Mekka erobern kann. Bis zu seinem Tode (632) gelingt es ihm die ganze Arabische Halbinsel zu unterwerfen und den Islam zur Religion aller arabischen Stämme zu machen. Unter seinen Nachfolgern, den Kalifen, breiten sich die arabische Herrschaft und die neue Religion innerhalb weniger Generationen bis nach Spanien im Westen und Pakistan im Osten aus. Die ersten arabischen Heere erreichen Marokko 683, und zwischen 703 und 711 wird das Land schließlich unterworfen. Wenige Jahrzehnte später haben fast alle Stämme Marokkos den Islam angenommen.

Mohammed schuf keine völlig neue Religion, sondern entwickelte ursprünglich ein Reformkonzept für das Judentum, das auf der Arabischen Halbinsel bereits Einzug gehalten hatte. Dabei wurden Elemente der arabischen Stammesreligionen zusammen mit persischen und christlichen Überlieferungen als praktische Verhaltensregeln festgelegt.

Juden und Christen werden daher als Vorläufer des Islam anerkannt; Thora und Bibel gelten als heilige Bücher, zahlreiche biblische Stammväter und Propheten (darunter Abraham, Moses und Johannes der Täufer, aber auch Jesus, den der Islam als Prophet akzeptiert) werden als wichtige Wegbereiter Mohammeds angesehen. Den Christen hält der Islam vor allem vor, dass sie mit dem Dreifaltigkeitsglauben vom ursprünglichen Monotheismus abgewichen seien. Die Feindschaft gegen die Christen entstand in Marokko erst durch die Vertreibung der Muslime aus Spanien im Zuge der Reconquista; die feindselig-verächtliche Haltung gegenüber den Juden reicht bis ins 13. Jh. zurück, als die Sultane die oft als Händler, Goldschmiede und Geldverleiher tätigen und deshalb wohlhabenden Juden mit Sondersteuern und Beschränkungen belegten.

Grundlage des Islam ist der Glaube an den einzigen Gott, arabisch *allah*. Mohammed gilt als sein letzter und vollkommenster Prophet, wird aber ganz als Mensch, nicht etwa als Gottes Sohn gesehen. Allahs Wille bestimmt das Schicksal eines jeden Menschen, sein *mektoub* (besser bekannt unter der türkischen Bezeichnung *kismet*). Allerdings haben auch die Taten eines Menschen Einfluss darauf, ob er beim Jüngsten Gericht am Weltenende ins Paradies erhoben oder mit den Qualen der Hölle bestraft wird. Ob ein Mensch ein gutes oder schlechtes Leben führt, hängt von der Befolgung zahlreicher Gebote und Verbote ab. Diese Regeln umfassen alle Bereiche des privaten und öffentlichen Lebens und greifen in den Alltag eines Gläubigen viel stärker ein als etwa die Gebote des Christentums. Eine ausgebildete Mystik oder komplexe Kulthandlungen gibt es im Islam nicht, die Religion ist sehr nüchtern und auf praktische Bedürfnisse ausgerichtet. Ein mystischer Zug bestimmt jedoch die Glaubenswelt einiger islamischer Sekten.

Koran, Sunna und Scharia

Das Heilige Buch des Islam ist der Koran. Die in ihm enthaltenen Mitteilungen gelten als Offenbarungen Allahs, durch den Engel Gabriel an Mohammed weitergegeben. Mohammed diktierte diese Wahrheiten seinen Schreibern, gesammelt und zusammengestellt wurden sie aber erst nach seinem Tode. Die einzelnen Abschnitte, Suren genannt, wurden dabei der Länge nach geordnet; die Reihenfolge der insgesamt 114 Suren wirkt deshalb unsystematisch: Anrufungen und Lobpreisungen Allahs wechseln ab mit Regeln für das tägliche Leben, Schilderungen der Paradiesfreuden oder der Schrecken der Hölle, Beschreibungen der Visionen Mohammeds und Erzählungen aus seinem Leben. Volle Gültigkeit hat der Koran nur in arabischer Sprache, denn das Arabische ist die heilige Sprache, in der Allah sich mitteilte. Die erste Übersetzung in eine Berbersprache wurde Anfang des 12. Jh. von Ibn Toumert angefertigt.

Ergänzt wird der Koran durch die *Sunna* (von *sunna*, arab., Gewohnheiten [des Propheten]). Es handelt sich dabei um eine umfangreiche Sammlung von Aussprüchen Mohammeds und von Berichten über sein Leben, die zunächst in Form mündlicher Erzählungen (*haditha*) weitergegeben wurden. Ihre Niederschrift erfolgte erst im 9. Jh. Von der Sunna leitet die Mehrheit der Muslime, die Sunniten, ihren Namen ab. Die Schiiten (s. u.) lehnen die Sammlung ab.

Da Koran und Sunna wichtige Fragen offenlassen und gelegentlich auch widersprüchliche Aussagen enthalten, kommt den Auslegungen anerkannter Gelehrter, der *ulema*, zu den Grundlagen des Islam teilweise kanonische Bedeutung zu. Koran, Sunna und die zahlreichen Auslegungen bilden zusammen die *Scharia*, das religiöse Recht, von dem es vier verschiedene orthodoxe, in einigen Fragen voneinander abweichende Schulen gibt (die Marokkaner folgen dem relativ strengen malekitischen Ritus). Es umfasst alle Bereiche des privaten und öffentlichen Lebens. Teile der *Scharia* sind bis heute in Marokko Grundlage der Rechtsprechung.

Schon kurz nach Mohammeds Tod, im Jahre 656, kam es zu einer folgenschweren, bis heute andauernden Spaltung innerhalb des Islam. Grund war ein Machtkampf um das Amt des Kalifen, des Prophetennachfolgers. Der vierte Kalif Ali, Vetter und zugleich Schwiegersohn Mohammeds, bestand darauf, dass nur leibliche Verwandte des Propheten dieses Amt bekleiden dürften, und bestritt damit die Rechtmäßigkeit seiner drei Vorgänger. Die folgenden Auseinandersetzungen führten zur Ermordung Alis und zur Flucht seiner Anhänger, die sich Schiiten (von *schia*, Partei) nannten. Die Schiiten lehnen die Sunna ab, verehren ihre Imame (ihre höchsten Führer) wie Heilige und sind in ihrer religiösen Auffassung stark mystisch geprägt. In Marokko wurde die egalitär-puritanische Fraktion der sogenannten Kharedjiten vor allem zwischen dem 8. und 10. Jh. einflussreich. Moulay Idris, der Gründer des ersten marokkanischen Reiches, war ein Nachkomme und Anhänger Alis. Auch einige der kleinen unabhängigen Berberreiche dieser Zeit bekannten sich zu den Kharedjiten. Seither spielen die Schiiten in Marokko aber keine Rolle mehr. Heute gehören ihnen insgesamt 8 % aller Muslime an, vorwiegend im Iran und Irak.

Feste und Feiertage

Die mit der Hedschra, der Flucht des Propheten aus Mekka, im Jahre 622 n. Chr. einsetzende islamische Zeitrechnung, die in Marokko neben dem gregorianischen Kalender existiert, basiert auf den Mondphasen. Das islamische Kalenderjahr ist zehn oder elf Tage kürzer als das gregorianische, weshalb sich die religiösen Feste Jahr für Jahr entsprechend nach vorn verschieben. Die *ulema,* die korankundigen Rechtsgelehrten, bestimmen die exakten Festdaten Jahr für Jahr nach dem Mondstand.

Religiöse Feiertage

Achoura: Das Neujahrsfest des islamischen Kalenderjahres wird – häufig im Familienkreis – eher dezent als ausgelassen gefeiert. Man gibt Almosen, zuhause werden spezielle Gerichte zubereitet, eventuell werden die Gräber verstorbener Verwandter besucht. Das alltägliche Leben geht seinen Gang, offiziell ist für Achoura nur ein halber Feiertag vorgesehen (2007: 24. Januar, 2008: 14. Januar, 2009: 4. Januar).

Ramadan: Der islamische Fastenmonat beginnt 2007 am 16. September, 2008 am 6. September, 2009 am 27. August.

Mouloud: Der Geburtstag des Propheten ist ein landesweit begangener, ganztägiger Feiertag, an dem Geschäfte und Behörden geschlossen sind. In den Moscheen werden Kerzen angezündet und besondere Gesänge angestimmt, zuhause werden Spezialitäten (etwa köstliche Backwaren) serviert, häufig erneuern die Frauen ihre Hennabemalungen (2007: 4. April, 2008: 25. März, 2009: 15. März).

Aid Es Seghir oder **Ait El Fitr:** Das kleine Hammelfest (oder Zuckerfest) markiert das Ende des Ramadan. Im Kreis der Familie werden die Kinder mit Süßigkeiten und neuen Kleidern beschenkt, zuhause wird meist festlich getafelt (2007: 15. Oktober, 2008: 5. Oktober, 2009: 26. September).

Aid El Kebir oder **Aid El Idha:** Das große Hammelfest (oder Opferfest) ist das größte islamische Fest, das das ganze Land in einen kollektiven Ausnahmezustand versetzt. Während drei Tagen steht das öffentliche Leben still, Geschäfte, Behörden, Museen sind geschlossen. Da die meisten Marokkaner im Kreis ihrer Familien feiern und dafür auch längere Anfahrten in Kauf nehmen, sind die öffentlichen Verkehrsmittel in den Tagen zuvor in der Regel völlig überfüllt. Während der Festtage geht das öffentliche Verkehrsaufkommen dagegen spürbar zurück; Reisende tun gut daran, längere Überlandfahrten nicht ausgerechnet in diese Tage zu verlegen. Gefeiert wird mit köstlichen Festessen im Familienkreis; wer es sich leisten kann, schlachtet eine Ziege, ein Lamm oder gar einen Hammel. Es werden Geschenke überreicht und besondere Gebete gesprochen (2007: 4. Januar und 25. Dezember, 2008: 15. Dezember, 2009: 5. Dezember).

Feste

Die oft mit großen Jahrmärkten kombinierten *moussem* (religiöse Feste zu Ehren eines Lokalheiligen) und die Spektakel der *fantasia* (wilde Reiterspiele) gehören zu den beliebtesten Unterhaltungen.

Vermutlich gibt es über hundert verschiedene **Moussem**, die über das Jahr verteilt abgehalten werden, vor allem auf dem Land und im berberischen Milieu; häufig sind sie mit Erntedankfesten kombiniert. Bei großen Moussem werden in der Regel ganze Zeltstädte aufgebaut, zumeist in der Nähe einer *koubba,* dem Kuppelbau eines Marabout-Grabes. Für die Landbevölkerung sind die in der Regel mehrtägigen Moussem bis heute eine willkommene Unterbrechung in ihrem oft harten und monotonen Arbeitsalltag.

Die meisten Moussem stehen in einer spirituellen Tradition, die sich heute noch in gemeinsamen Gebeten, in geistlicher Musik, gelegentlich auch in Tranceséancen zeigt. Manche Marabout-Grabstätten liegen in der Nähe heiliger Quellen; die Pilger, die zu bestimmten Moussem regelrechte Wallfahrten unternehmen, glauben an die reinigende oder heilende Kraft dieser Quellen, trinken von diesem Wasser oder baden darin. Fast immer sind die Moussem mit großen Jahrmärkten

kombiniert, die für das regionale (Kunst-)Handwerk von erheblicher ökonomischer Bedeutung sind.

Für Touristen sind die genauen Daten der Moussem nicht ganz einfach herauszubekommen, etliche werden in zeitlicher Nähe zu den wichtigsten religiösen Feiertagen abgehalten, besonders in den Sommermonaten. Einige der Délégations du Tourisme (Touristenbüros) halten Listen mit den größten Moussem der Region bereit; hilfreich ist es ansonsten, Einheimische danach zu fragen. Der Besuch eines Moussem kann ein sehr eindrucksvolles Erlebnis sein, weil sich hier in großem Umfang eine höchst vitale Volksfrömmigkeit offenbart, die oft durchaus nicht im Einklang mit der islamischen Orthodoxie steht. Auf keinen Fall sollte man foto-

Gestreckter Galopp: die wilden Reiterspiele der Fantasia

grafieren, wenn man Zeuge von Gebeten, spirituellen Handlungen oder gar Trancezeremonien wird, denn dadurch wird im Verständnis der Gläubigen die Kraft der Zeremonie unwirksam. Bei größeren Moussem auf dem Lande kann es im Übrigen schwierig werden kurzfristig eine geeignete Hotelunterkunft zu finden.

Die bei den Moussem oft zelebrierten **Fantasia** sind wilde Reiterspiele, bei denen die Reiter in gestrecktem Galopp über den Parcours jagen; häufig werden dabei donnernde Salven aus alten Vorderladern abgefeuert, wobei die Reiterschützen in der Regel in den Steigbügeln stehen, oftmals ihre Flinten sogar nach hinten abfeuern! Vor allem für Kinder können die Fantasias ein grandioses Spektakel sein.

Staatliche Feiertage

1. 1. – Neujahr
11. 1. – Tag der Unabhängigkeitserklärung
1. 5. – Tag der Arbeit
14. 5. – Jahrestag der Gründung der Armee (Forces Armes Royales = F. A.R.)
23. 5. – Nationalfeiertag
30. 7. – Thronfest (Thronbesteigung Mohameds VI.)
20. 8. – Jahrestag der Revolution des Königs und des Volkes
21. 8. – Fest der Jugend anlässlich des Geburtstags Mohameds VI.
6. 11. – Jahrestag des Grünen Marsches
18. 11. – Fest der Unabhängigkeit, Tag der Rückkehr Mohameds V. aus dem Exil (1955)

Phantom Marokko

Im Frühjahr 1889 bricht der Franzose Pierre Loti (1850–1923), der empfindsame Reisende und Exotismusschwärmer, der mit bürgerlichem Namen Julien Viaud heißt, zu einer Expedition von Tanger über Ksar El Kebir nach Fès und Meknes auf.

Loti reist im Gefolge des französischen Gesandten in Tanger, der den marokkanischen Sultan um eine offizielle Audienz ersucht hatte – eine beschwerliche, weiland keineswegs ungefährliche Tour auf Maultieren, eine Reise durch ein wildes, von Stammesfehden zerrissenes Land, das trotz der Kolonisierung durch die Franzosen seine kulturellen Traditionen noch zäh verteidigt. Lotis Reisejournal erscheint unter dem Titel »Au Maroc« 1890 in Paris, die deutsche Erstausgabe 1922 in Dresden (1991 präsentierte der Bremer Manholt Verlag eine neu bearbeitete, mit zeitgenössischen Schwarzweißfotografien illustrierte Fassung unter dem Titel »Im Zeichen der Sahara«). Lotis Bericht, ein Klassiker der Reiseliteratur, ist impressionistisches, hemmungslos subjektives Reisetagebuch, ethnografisches Protokoll, philosophisches Brevier, romantisches Plädoyer für den Islam und reinste Deskription in einem – ein Fest der Sinne, der sprühenden Farben und betörenden Gerüche, »eine arabische Märchenszenerie in zauberhafter Beleuchtung«.

»Das Jenseits zu unserem Positivismus« vermeint Plerre Loti im arabisch-islamischen Maghreb zu erkennen, vorzüglich in der alten Königsstadt Fès, dem »steinernen, in Todesschlaf versunkenen Herz« des Maghreb. Loti erweist sich hier als ein eminent wacher, hellsichtiger Reisender, der – immer wieder fühlt man sich an Michel Leiris' bahnbrechenden Essay »Phantom Afrika« (Paris 1934) erinnert – die Dialektik von Fremd- und Eigenwahrnehmung thematisiert. Loti ahnt zutiefst, wenn er, »ganz Araber«, in Burnus und Kaftan die Labyrinthe der Medina durchstreift, dass er in diesen Verkleidungen sein europäisches Erbe keineswegs ablegt, dass noch die glühendste Emphase angesichts des Fremden die beflissene Projektion des fortschrittsmüden Zivilisationsflüchtlings ist. So ist Lotis Journal »Au Maroc« auch ein Dokument, das Reisen als Flucht und Illusion, Selbstanalyse als Utopie und deren Scheitern, das Verständnis des Fremden (und der Fremden) als Möglichkeit und deren Dementi ausweist.

Gegenüber den politischen und sozialen Realitäten des zeitgenössischen Marokko, gegenüber den Auswirkungen des Kolonialismus ist der französische Patriot Loti nahezu blind. In einer Notiz vom 20. April1889 ergeht er sich in den Reizen des arabischen Alltags, in dem er »etwas patriarchalisch Gemütliches« wähnt: drei Absätze weiter findet dieses patriarchalisch Gemütliche eine fast beiläufige Konkretion in einer Szene vom Sklavenmarkt in Fès, die mit dem Bescheid eingeleitet wird, dass »die Negerin dort im Winkel noch zu haben sei«!

Auch wenn es um die Schilderung realer Topografien, »jungfräulicher Landschaften«, verwunschener Oasen, heiliger Städte und Stätten geht: unter der Oberfläche konkreten Dekors ist Lotis Marokkoreise nicht zuletzt eine Zeitreise, »tiefes Untertauchen ins Mittelalter«. In der Beschwörung maghrebinischer Mysterien sind Loti, jenseits aller romantisierenden Verstiegenheiten, Passagen

Thema

gelungen, die an lyrischer Dichte wie stupender Beobachtungsgabe ihresgleichen suchen. Zu seiner Zeit haben sich nur wenige Morgenlandfahrer auf diesem Niveau der deprimierenden Einsicht gestellt, die in der Begegnung mit dem marokkanischen Sultan in die schlichte Formel gekleidet wird: »Wir sind nicht imstande, einander zu verstehen.«

Lotis Journal ist ein Muss für alle Marokkoreisenden, weil der Autor mit feinem Sensorium den Geheimnissen eines Landes auf der Spur ist, das sich ihm gleichzeitig öffnet und verweigert, nähert und entzieht. Freilich enthält »Au Maroc« Klischees und Stereotypen, in denen eher die Obsessionen des Autors als orientalische Realitäten kenntlich werden. »Eine arabische Märchenszenerie in zauberhafter Beleuchtung«, das ist eine fast klassische Formulierung, die beim Leser die gängige Staffage eines Fantasieorients abruft. Derartige Floskeln finden sich bis heute in zahlreichen Marokkoführern. Unausrottbar scheinen Formulierungen wie »orientalische Zeitlosigkeit«, »Gewimme in den labyrinthisch verschlungenen Souks«, »Märchenwelt aus Tausendundeiner Nacht«, »bunte Basare«, »morgenländisches Flair« und was dergleichen mehr ist …

Pierre Loti wusste um das Brüchig-Vorläufige aller Beschreibungsversuche, die dem Faszinosum Marokko gelten. Er war sich darüber im Klaren, dass die Geheimnisse Marokkos so billig nicht zu haben, nicht in Sprache zu bannen sind. Zu Unrecht hat Roland Barthes Loti als »Hippiedandy« verachtet. »Jedes Land«, schrieb Loti in »La mort de Philae«, »das sich dem Tourismus öffnet, gibt seine Würde auf«.

Dokumentarische Schärfe, poetisierender Blick: Pierre Loti (1850–1923)

Architektur und Kunst

Das für die islamische Baukunst geltende Verbot der figürlichen Abbildung hat zu einer ganz besonderen Formensprache abstrakten Dekors geführt, für die das Ornament, die Arabeske und die Kalligrafie wesentlich sind. Immer mehr Verlage widmen sich in ihren arabischen Programmen der marokkanischen Literatur – oft in hervorragenden Übersetzungen.

Islamische Architektur

Der Prophet hat die figürliche Darstellung von Lebewesen in den bildenden Künsten abgelehnt – dies ist in den Hadith-Sammlungen niedergelegt, im Koran finden sich dazu keine Belege. Nach der muslimischen Orthodoxie maßt sich ein Künstler, der in realistischer Manier Menschen oder Tiere darstellt, eine Wiederholung des göttlichen Schöpfungsprozesses an, ein Akt der Blasphemie. Dieses in der Fachwissenschaft viel diskutierte Bilderverbot in der islamischen Kunst hat seit den Tagen des Propheten zur Entfaltung einer spezifischen, abstrakt-geometrischen Formensprache geführt, deren wichtigste künstlerische Ausprägungen das Ornament, die Arabeske und die Kalligrafie sind.

Zwar dürfen die Moscheen in Marokko von Nichtmuslimen nicht betreten werden, aber auch eine Besichtigung der bedeutendsten Medersen vermag eine Ahnung von der zutiefst meditativen Wirkung zu geben, die von der vollendeten Ornamentkunst muslimischer Handwerker ausstrahlt. Fliesenmuster, stilisierte Schriftbänder mit Koransuren, in Gips geschnittene florale Motive, Stuckfriese, Schnitzereien in Zedernholz, alle diese Elemente der Ornamentkunst verlieren sich nicht ans Detail realistischer Abbildung, sondern sind darauf aus, die Welt in die Ordnung einer heiligen Geometrie zu transzendieren. Mit den Prinzipien von Wiederholung und Variation eröffnet sich dem muslimischen Künstler ein schier unerschöpfliches Formenreservoir, das durch unterschiedliche Farben und Materialien noch gesteigert werden kann. Es ist kein Zufall, dass fast alle bedeutenden Baudenkmäler in Marokko Sakralbauten sind: Die Religion ist die verbindliche Basis eines Kunst- und Formwillens, der nach Ausdruck drängt. Wer in den Museen die prachtvollen Koranhandschriften auf sich wirken lässt, kann ermessen, wie in diesen Juwelen der Kalligrafie das durch den Propheten offenbarte Wort Gottes in eine künstlerische Form gebannt ist.

Der klassische **Moscheebau** der maurischen Kunst, der in der Almohadenzeit seine Vollendung fand, geht auf das Vorbild der alten omajadischen Moscheen von Kairouan (Tunesien) und Córdoba (Andalusien) zurück. Um einen gefliesten oder mit Marmor ausgelegten Innenhof mit reich verziertem **Reinigungsbrunnen** gruppieren sich an allen vier Seiten mit grünen Dachziegeln gedeckte Säulenhallen. Die nach Mekka gerichtete Seite nimmt der Gebetssaal ein, der durch Säulenreihen in mehrere Schiffe unterteilt wird. Parallel zur **Qibla** – der nach Mekka ausgerichteten Gebetsmauer – verläuft ein von mehreren Kuppeln bekröntes Querschiff. Im rechten Winkel dazu erstrecken sich das erhöhte Mittelschiff und verschiedene Seitenschiffe. Die maurischen Moscheen erhalten so ihre typische T-Form.

Den Mittelpunkt der Qibla-Mauer bildet der **Mihrab**, die Gebetsnische. Sie ist von allen Teilen der Moschee am reichsten geschmückt. Bei Gemeinschaftsgebeten wendet sich der Imam, der Vorbeter, ihr zu, um durch den Widerhall der Nische seine Stimme zu verstärken. Rechts daneben erhebt sich der **Minbar**, die Gebetskanzel. Sie besteht meist aus Holz (gelegentlich auch aus Marmor) und ist oft mit bemerkenswert schönen Schnitzereien verziert.

An der Moscheeseite gegenüber der Qibla-Mauer ragt das **Minarett** empor. Der in der islamischen Architektur Marokkos quadratische Turm besteht aus einem massiven Unterbau und einem schlankeren Aufsatz, der von einer kleinen Kuppe abgeschlossen wird, noch überragt von einer Stange mit drei goldenen Kugeln. Fenster, Reliefs und farbige Fliesen gliedern die Fassaden des Minaretts. (Die Fahnen, die man gelegentlich an kleinen ›Galgen‹ auf der Minarettspitze gehisst sieht, dienen einem höchst profanen Zweck: Sie signalisieren den tauben Muslimen, die der Gebetsruf des Muezzin nicht erreicht, die Gebetsstunden.)

Weitere wichtige Sakralbauten sind die in ihrer Anlage den Moscheen verwandten **Medersen** (höhere Lehranstalt für Theologie und islamisches Recht), die **Koubba** (oder Mara-

Rituelle Waschung vor dem Gebet am Reinigungsbrunnen

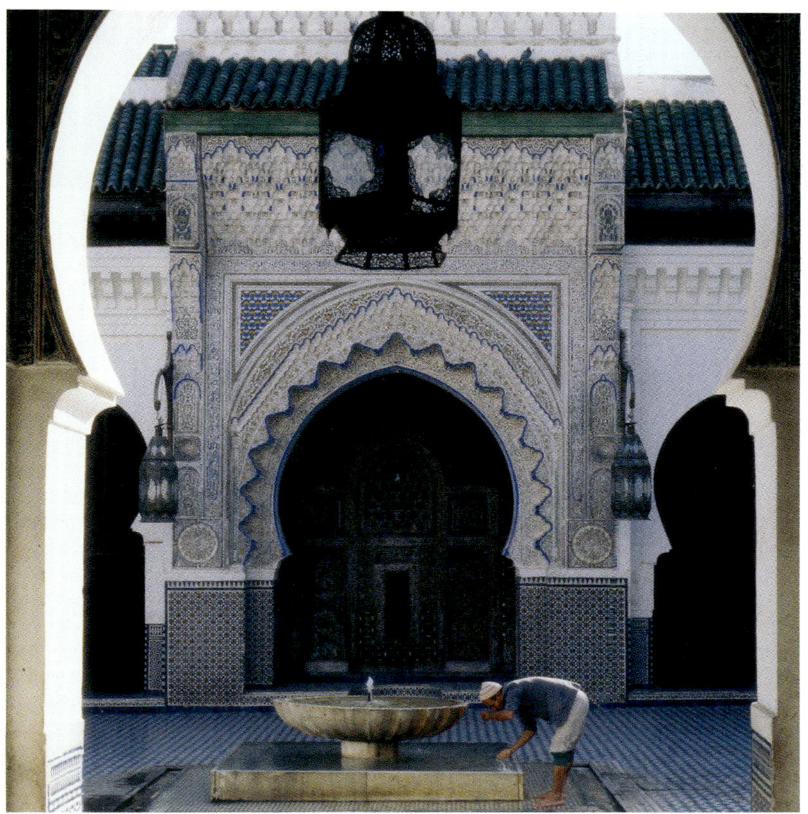

bout = Grabmal) und die **Zaouia** (Stammsitz einer religiösen Bruderschaft). Auf einem kubischen Unterbau erhebt sich über dem Grab das kuppel- oder pyramidenförmige Dach. Grabstätten und Zaouias, die oft miteinander kombiniert sind, bilden häufig zusammen mit einer Moschee eine Gesamtanlage.

Die prächtigsten unter den Profanbauten sind die **Palastanlagen**. Sie bestehen meist aus niedrigen Einzelgebäuden und Innenhöfen, die zu verschachtelten Komplexen ohne einheitlichen Gesamtplan zusammengewachsen sind. Verschiedene Funktionsbereiche sind indessen klar voneinander getrennt: Der **Mechouar** ist ein großer Hof für öffentliche Versammlungen und Gerichtsverhandlungen; der **Diwan** enthält den Thronsaal mit den Beratungsräumen; der **Harem** ist der Privatteil des Palastes mit Wohnräumen und Frauengemächern. Von den alten maurischen Palastanlagen sind nur sehr kleine Teile erhalten geblieben, neuere Paläste folgen aber den klassischen Vorbildern.

Zu den wichtigsten Profanbauten zählen in Marokko die wuchtigen **Befestigungsanlagen** mit ihren Stadtmauern und reich geschmückten Monumentaltoren, der **Fondouk** (Karawanserei), der **Hamam** (öffentliches Badehaus), die meist aufwendig verzierten **Brunnenanlagen** sowie die als Symbol des Paradieses verstandenen **Gärten und Parks** mit ihren kunstvollen Wasserspielen.

Literatur

Die frankophone Literatur des Maghreb – nicht die arabophone – wird seit den 1980er-Jahren im deutschen Sprachraum verstärkt wahrgenommen worden, einige couragierte Verlage (etwa Unionsverlag, Lenos, Eichborn, Rotbuch, Verlag Donata Kinzelbach, Edition Orient) haben vornehmlich marokkanische und algerische Autoren in guten Übersetzungen in ihrem Programm. Als Tahar Ben Jelloun (geb. 1944 in Fès), der meistübersetzte und prominenteste marokkanische Gegenwartsautor, 1987 mit dem Prix Goncourt ausgezeichnet wurde, hat dies der gesamten Maghrebliteratur einen Popularitätsschub beschert. Ein großer Teil von Ben Jellouns Romanwerk, das Lektüreexpeditionen wahrhaftig lohnt, liegt inzwischen auf Deutsch vor (etwa »Das Gebet an den Abwesenden«, »Der Gedächtnisbaum«, »Harrouda«, »Mit gesenktem Blick«, »Die Nacht der Unschuld«, »Sohn ihres Vaters«, »Tag der Stille in Tanger«, »Der öffentliche Schreiber«, »Der korrumpierte Mann«; sehr aufschlussreich auch der Reportageband »Die tiefste der Einsamkeiten«).

Ohne Anspruch auf Vollständigkeit seien wenigstens noch einige andere Titel erwähnt. Von Abdellatif Laâbi, der 1966 die Literaturzeitschrift »Souffles« gegründet hatte und von 1972–80 wegen regimekritischer Propaganda inhaftiert war, erschien 1990 der bewegende Roman »Kerkermeere«. Mohamed Choukris Roman »Das nackte Brot« ist eine anrührende proletarische Autobiografie, die die Zustände im Marokko der Kolonialzeit spiegelt; »Die Zi-

Der Kult um das Heiligengrab, der Marabout, zählt zu den Formen des Volksislam

vilisation, Mutter!«, Driss Chraibis (geb. 1926 in El Jadida) wunderbar ironisch gefärbter Kurzroman, skizziert die Anfänge der Frauenemanzipation in Marokko, sein Roman »Ermittlungen im Landesinnern« spitzt die Gegensätze zwischen Stadt und Land, zwischen arabischen Machteliten und den Widerständen eines störrischen Berberstammes im Atlas zur Farce zu. Über Jahre widmete sich Paul Bowles (1910–1999) dem fantastischen Geschichtenerzähler Mohamed Mrabet, von dem inzwischen etliche Bücher auf Deutsch vorliegen; marokkanische Realität, ins Medium der Literatur transponiert, findet sich auch in Driss Ben Hamed Charhadis »Ein Leben voller Fallgruben«, in Leila Houaris »Zeida«, in Mohammed Khair Eddines »Agadir« oder in »Kinder der engen Gassen« und »Messauda« von Abdelhak Serhane. Eine ausgezeichnete Übersicht über die zeitgenössische Prosa des Maghreb (mit etlichen marokkanischen Autoren) findet sich in der von Regina Keil herausgegebenen Anthologie »Hanîn« (Heidelberg 1989).

An den Korrekturen patriarchalischer Überlieferung, an einer Art weiblichen Lesart des Koran, an den verschütteten Traditionen einer feministischen Kultur arbeitet Buch um Buch die weltbekannte Rabater Soziologin und Unesco-Beraterin Fatima Mernissi (geb. 1940 in Fès). In diesem Zusammenhang sind besonders ihre große Untersuchung »Geschlecht, Ideologie, Islam«, die historische Abhandlung »Die Sultanin« über die politische Macht der Frauen in der Welt des Islam sowie die Studie »Der politische Harem« über den Propheten und die Frauen lesenswert; sehr aufschlussreich auch der von ihr herausgegebene Interviewband »Der Harem ist nicht die Welt. Elf Berichte aus dem Leben marokkanischer Frauen« (Luchterhand Verlag, Darmstadt 1987).

Laila Chaouni – eine Verlegerin in Marokko

Eine Topadresse, kein Zweifel; wer hier residiert, dem liegt Casablanca zu Füßen. Von ihren Bürofenstern im 14. Stockwerk eines Hochhauses am vornehmen Boulevard d'Anfa bietet sich den Mitarbeitern des Verlages Éditions Le Fennec ein atemberaubendes Panorama über die Skyline und den Hafen von Casa. Laila Chaouni, die den Verlag seit der Gründung 1987 leitet, arbeitet seit über 20 Jahren in der Branche – als einzige Frau in Marokko!

Der Fennek, der das Verlagslogo ziert und dem Unternehmen den Namen gegeben hat, ist ein im südlichen Maghreb beheimateter, großohriger Wüstenfuchs. Ein Symbol für Ausdauer, Zähigkeit, Widerstandsfähigkeit, erklärt Laila Chaouni im Gespräch.

Éditions Le Fennec ist der couragierteste, der aufregendste, wichtigste Verlag in Marokko. Hier finden sich, in programmatischer Konzentration, was so kein anderes Verlagshaus in Marokko anzubieten hat: moderne Literatur, politische Essays, soziologische Untersuchungen, juristische und wirtschaftliche Fachliteratur, medienpolitische Analysen und feministische Theorie. Erstaunlich genug, dass Laila Chaouni bisher kaum Probleme mit der staatlichen Zensur hatte, denn in ihrem Verlag erscheint, was in Marokko Skandale auslösen könnte: etwa eine knapp 400-seitige Untersuchung über eine von Arbeitslosigkeit bedrohte Jugend, die sich um ihre Zukunft betrogen fühlt, ein Sammelband über Frauen auf dem Lande, ein praktischer Ratgeber zum Thema Marokkanerinnen und Medien, eine Porträtsammlung marokkanischer Unternehmerinnen, eine schlicht »Algérie« betitelte Anthologie als Solidaritätsadresse mit dem geschundenen Volk im arabischen Nachbarland und und und …

In den Verlagsreihen Collection Visibilité des Femmes, Collection Aproches (von der Konrad-Adenauer-Stiftung unterstützt), Collection Marocaines – Citoyennes de demain (von der Friedrich-Ebert-Stiftung unterstützt), Collection Femmes Maghreb und anderen gibt sich unübersehbar ein Kernbereich der Verlagsarbeit, des verlegerischen Profils zu erkennen. Bis heute sind Frauen in Marokko, dies ist Laila Chaounis feste Überzeugung, sämtlichen Ausbildungskampagnen und allen Modernisierungstendenzen in Familie, Betrieben und Öffentlichkeit zum Trotz auf vielfältige Weise benachteiligt. In der Politik etwa ist die Marokkanerin eine Unbekannte, in den Führungsetagen der großen Unternehmen eine bestaunte Exotin. Bis heute, erklärt sie, gebe es einen enormen Unterschied im alltäglichen Leben der Frauen im ländlichen Raum, die sich mit Wasserholen und dem Beschaffen von Feuerholz abplacken, und den häufig gut ausgebildeten berufstätigen Städterinnen.

Die Institution der Polygamie, so Laila Chaouni, ist eine Attacke auf die Würde der Frau; das Familienrecht benachteiligt die Frau ganz eindeutig in allen Maghrebstaaten, am deutlichsten in Fragen des Scheidungs- und Erbrechts. Eine geschiedene oder verstoßene Frau bleibt in der Regel »ökonomisch völlig abhängig von ihrem Mann« – auch trotz der Familienrechtsänderung unter Mohamed VI. Ohne dass sich Éditions Le Fennec kurzerhand als feministischer Verlag etikettieren ließe, arbeitet das Unternehmen mit Elan und Ausdauer daran, dass Frauen in der Gesellschaft ernstgenommen werden; indem der Verlag entschieden für Frauenthemen ein Forum schafft, arbeitet er gleichzeitig am Aufbau einer glaubwürdigeren, demokratischeren Öffentlichkeit.

Bei Auflagenhöhen zwischen 2000 und 3000 Exemplaren – dies ist die Regel – bleiben die Gewinnspannen zumeist bescheiden; in den ersten Jahren nach der Verlagsgründung hat Laila Chaouni die gesamten Profite sofort in neue Projekte der Éditions reinvestiert. Inzwischen hat sie prominente HerausgeberInnen wie die Soziologin Fatima Mernissi gewinnen können und in der Belletristikabteilung locken große Namen wie Lotfi Akalay, Mahi Binebine, Paul Bowles, Abdellatif Laabi, Rachid Mimouni, Edmond Amran El Maleh (zweifellos der derzeit bedeutendste jüdische Autor Marokkos), Juan Goytisolo, Tahar Ben Jelloun und Assia Djebar. Von Anfang an hat der Verlag sein französisches Programm bewusst mit Titeln flankiert, die auf Arabisch erschienen sind. Im Internet findet man das Programm unter www.lefennec.com.

»Le Fennec«, heißt es im Verlagsprospekt, »existiert, weil die Leidenschaft existiert, die Leidenschaft zu lesen und der Wille, diese Leidenschaft zu verbreiten.«

Laila Chaouni, die bedeutendste Verlegerin in Marokko

Film

Anders als der tunesische oder algerische Film, der wenigstens in speziellen Programmkinos ein Nischendasein fristet, ist der marokkanische Film in Deutschland nahezu unbekannt. Weder von den nationalen Fernsehkanälen noch den staatlichen Filmförderungs-Institutionen (immerhin gibt es ein Centre cinématographique marocain) in nennenswertem Umfang unterstützt, ist das marokkanische Kino selbst im eigenen Land eine unbekannte Größe. In den Kinos der Großstädte dominieren die Mainstream-Produktionen aus Hollywood, billige Actionware und arabisch untertitelte indische Rührstücke. Wenigstens zwei marokkanische Regisseure haben zuletzt mit ihren jeweils auf Frauenschicksale konzentrierten Spielfilmen auf Festivals reüssiert: Mohamed Abderrahman Tazi mit »Badis« (1988, Koproduktion mit dem spanischen Fernsehen) und Jilali Ferhati mit »Der Strand der verlorenen Kinder« (marokkanischer Wettbewerbsbeitrag bei den Filmfestspielen in Venedig 1991).

Über couragierte Verleihfirmen haben es immerhin zwei marokkanische Regisseure mit ihren sehr sehenswerten Roadmovies in die deutschen Kinos geschafft: »Le cheval de vent«, 2002 von Daoud Aoulad Syad gedreht, schildert die zögerlich sich entwickelnde Freundschaft eines alten und eines jungen Mannes; »Die große Reise«, 2005 von Ismael Ferroukhi in Szene gesetzt, skizziert einen bewegenden Vater-Sohn-Konflikt, der während einer Pilgerreise nach Mekka eine gänzlich unerwartete Wendung nimmt.

Landesweite Bedeutung haben inzwischen die großen Filmstudios am Stadtrand von Ouarzazate (außerhalb der Drehzeiten können die Atlas-Filmstudios besichtigt werden) (s. S. 261), wo jüngst Regiegrößen wie Martin Scorsese und Bernardo Bertolucci gearbeitet haben. Mindestens in der französischen Presse immer mehr Beachtung findet das jährlich im November in Marrakesch organisierte Internationale Filmfestival; ein weiteres Filmfestival soll in Essaouira ausgerichtet werden.

Musik, Tanz, Theater

Die marokkanische Rockpoetin, Zeichnerin und Autorin Sapho hat spätestens mit ihrem von der Ägypterin Oum Kulthum inspirierten Gesangspoem »El Atlal« auch in Europa ihr Publikum gefunden. Unter dem Künstlerinnennamen Raissa Kelly ist die 1975 geborene Sängerin Karen Chaussard mit ihren Berberliedern zu einer Berühmtheit in Marokko aufgestiegen. Aus gutem Grund hat sich Marokko auf der Weltausstellung in Sevilla mit einer World-Music-Session präsentiert, bei der außer Sapho eine Gnaoua-Truppe auftrat: Die von den schwarzen Haratin inspirierte, oft mit akrobatischen Einlagen präsentierte Musik gehört zu den Folklorehöhepunkten des Landes. Eine Spezialität der Berber sind die zahlreichen Volkstänze, die freilich häufig als reine Touristenspektakel inszeniert werden; die berühmte *guedra* etwa, ein Schleiertanz der Sahararandzone, hat heute viel von ihrer Ursprünglichkeit verloren. Im kulturell wenig ausgeprägten marokkanischen Theater dominiert ein Klassikerrepertoire, häufig werden französische Dramatiker gespielt.

Sport

Ein unterschätztes kulturelles Phänomen ersten Ranges ist in Marokko der Sport. Als Marokko als Ausrichter der Fußballweltmeisterschaft 1998 Frankreich unterlag, wurde die Fifa-Entscheidung als nationale Katastrophe gewertet. Das Aus des marokkanischen Teams in der Qualifikation für die Weltmeisterschaft 2006 in Deutschland – ausgerechnet gegen den Erzrivalen Tunesien – versetzte das Land in eine kollektive Depression. Die Liga-Punktspiele an den Wochenenden sind ein riesiges Ereignis – und man kann, bei den Fernsehübertragungen und mehr noch in den Fußballstadien selbst, eine Menge lernen über marokkanische Mentalitäten. Goldmedaillengewinner bei Olympischen Spielen wie die Leichtathletikstars Said Aouita, Khalid Skah, Hicham El Guerrouj oder Nawal El Muttawakil sind Volkshelden, ein Leben lang.

Essen und Trinken

Nach den raffiniertesten Küchen dieser Welt befragt, nannte Paul Bocuse, zweifellos ein Meister seiner Zunft, die französische Küche, die chinesische – und die marokkanische. Feine Olivenöle und virtuos abgestimmte Gewürzmischungen verleihen marokkanischen Gerichten eine ganz eigene Note. In der Gastronomie des Landes finden sich, durchaus als Ausdruck seiner Geschichte und seiner ethnischen Zusammensetzung, arabisch-andalusische, jüdisch-berberische sowie westlich-französische Einflüsse wohlschmeckend vereint.

Kenner der gastronomischen Szene haben immer wieder darauf verwiesen, dass sich – ungeachtet eines zumeist hohen Standards in der À-la-carte-Gastronomie – kulinarische Offenbarungen eher bei privaten Einladungen ereignen als bei Restaurantbesuchen. Diese vermutlich zutreffende Einschätzung im Ohr, sollten Marokkoreisende, die eine Einladung zu einem (Abend-)Essen in ein Privathaus erhalten, nicht zögern die Offerte auch anzunehmen; dass man sich mit einigen kleinen Gastgeschenken revanchiert, versteht sich von selbst.

Die marokkanische Küche

Da der Koran den Muslimen den Genuss von Schweinefleisch untersagt, findet sich auf den **Speisekarten** Hammel-, Kalb-, Lamm- und Rindfleisch; außerdem wird häufig Geflügel zubereitet, gelegentlich auch Kamel- oder Gazellenfleisch. Die marokkanische Atlantikküste gehört – mit zunehmender Tendenz in Richtung Süden – zu den fischreichsten Gewässern der Welt, entsprechend reichhaltig ist das Angebot an frischem Seefisch, an Meeresfrüchten sowie Schalen- und Krustentieren, Hummern und Langusten. Austernliebhaber könnten bei der Planung ihrer Reise eventuell einen Abstecher nach Oualidia (s. S. 347) in Erwägung ziehen, wo eine landesweit renommierte Austernzucht aufgebaut wurde.

Auch Pauschalurlauber, die All-inclusive-Pakete gebucht haben, sollten wenigstens ab und zu der Restaurantküche in den Vier- und Fünfsternehäusern entsagen, vor allem auch gelegentlich die auf Dauer recht eintönigen und nicht immer frischen Buffetangebote meiden und sich ruhig mal in einfache Einheimischenlokale wagen, um zu prüfen, was dort auf den Tisch kommt. Die zumeist in Souk-Nähe improvisierten Garküchen mögen nicht jedermanns Sache sein, doch ihr hygienischer Standard ist ganz überwiegend ordentlich bis gut, das dort gereichte Essen in der Regel sehr schmackhaft. Die Essensstände etwa auf der Djemaa El Fna in Marrakesch unterliegen inzwischen strengen hygienischen wie veterinärärztlichen Kontrollen, es wird Frischware zubereitet, gut durchgebratenes Fleisch kann hier bedenkenlos verzehrt werden.

Es empfiehlt sich auch die Routine des Hotelfrühstücks bisweilen abzuschütteln, zumal Frühstück (*petit dejeuner*) in den Hotelrechnungen fast immer extra abgerechnet wird und gemessen an der Qualität oft verhältnismäßig recht teuer ist. Auch in einfachen Medina-Cafés wird in der Regel ausgezeichneter Milchkaffee (*café nous-nous*) gereicht, dazu kleine Pfannkuchen und köstlicher Yoghurt (*raibi*), außerdem Omeletts direkt aus der noch heißen Pfanne, die frischen Croissants oder Baguettes kommen meist vom Bäcker um die Ecke.

Das bei Halb- oder Vollpensionspaketen mit der Übernachtung kombinierte Hotelessen heißt bezeichnenderweise *menu touristique* – und so schmeckt es oft auch. Häufig wetteifern die Küchenbrigaden in einer gastronomischen Disziplin, in der nach Kräften versucht wird die französische Küche nachzukochen oder das, was man eben für französische Küche hält. Daneben variieren diese Menüs allerdings auch ad infinitum die stets gleichen Gastroklassiker, die zum ehernen Bestand der marokkanischen Küche zählen (s. S. 77).

Getränke

Das marokkanische Nationalgetränk ist der **Pfefferminztee**, *thé à la menthe* oder auch *whisky marocain* genannt, eine Kombination aus grünem chinesischen Tee mit frischer Minze (arab. *nana*), die zumeist stark gezuckert kredenzt wird. Wie in China oder Japan kennt auch Marokko eine traditionsreiche Teezeremonie, nach der drei kleine Gläschen verkostet werden; die Gläschen werden auf einem Silbertablett gereicht, nachdem sie aus großer Höhe und mit langem Strahl aus der Kanne gefüllt wurden. Gemeinsames Teetrinken hat überall in Marokko eine wichtige kommunikative Funktion. Ob ein Gast begrüßt oder ein Geschäftsabschluss besiegelt wird, ob ein Streit geschlichtet oder eine vertrauliche Unterredung geführt wird, die inten-

Rituale des Alltags: marokkanische Teezeremonie

siven Momente im Tagesablauf sind fast immer von einer bewusst ritualisierten Form des Teetrinkens begleitet; mag sein, dass es oft auch erst die marokkanische Teezeremonie selbst ist, die intensive Momente zu solchen erhebt.

Kaffee wird schwarz, *au lait* (mit Milch) oder als *Café nous-nous* (halb Kaffee, halb Milch) serviert. Als Erfrischungsgetränke empfehlen sich die köstlichen, überall an den Marktständen frisch gepressten **Fruchtsäfte** (man sollte freilich darauf achten, dass kein Wasser zugesetzt wird). Mineralwasser gibt es in stiller (*sidi harazem, sidi ali*) oder sprudelnder (*oulmès*) Version. Wer Wasser mit Kohlensäure möchte, bestellt es *avec gaz*.

Der Koran verbietet den Gläubigen den Genuss von **Alkohol**; der besonders auf die Region um Meknes konzentrierte Weinbau gilt denn auch vornehmlich dem Export. In den Touristenzentren, den großen Hotels und den gehobenen Restaurants gibt es alkoholische Getränke, außerdem in den Supermärkten der Villes nouvelles. Spirituosen werden importiert und sind entsprechend teuer. Marokkanische Rotweine sind nicht zu verachten, auf den Weinkarten finden sich am häufigsten die einheimischen Sorten Ksar, Cabernet und Guerrouane. In den zumeist im Zentrum der Villes nouvelles angesiedelten Bars, häufig Brasserie genannt, wird an Bieren vor allem Flag und Stork ausgeschenkt; das beliebteste Importbier ist offenbar Heineken. Die Brasserien – die Skala reicht vom edlen Etablissement bis zur abgewrackten Kaschemme – sind, zumal nach 21/22 Uhr, reine Männerdomänen. Eine Marokkanerin allein am Tresen: diese Szene, selten genug, hat etwas zutiefst Anrüchiges. Häufig sind diese einsamen Trinkerinnen örtliche Prostituierte.

Marokkanische Lokale

Die einfachen, spartanisch eingerichteten Kleinstrestaurants, Imbissstände und Garküchen (zumeist in Souk-Nähe, an den großen Medina-Toren und an den Busbahnhöfen gelegen) bieten bescheidene Gerichte, oft mit Salat und Pommes frites als Beilagen. Die Qualität des Essens ist allerdings in der Regel mindestens recht ordentlich, Gerichte kosten hier 30–50 DH.

Mittlere Restaurants (zumeist in den Villes nouvelles gelegen, bisweilen auch an den zentralen Plätzen der Medinas) präsentieren eine Speisekarte und in der Regel einfache, jedoch recht schmackhafte, dreigängige Menüs (etwa 40–70 DH).

Die teuren, im Preisniveau in etwa auf europäischem Standard liegenden À-la-carte-Restaurants (überwiegend in den Neustadtzentren, in gehobenen Hotels und in den Touristenzonen zu finden) servieren marokkanische sowie europäische Spezialitäten und haben fast immer alkoholische Getränke im Angebot. Ihre gastronomischen Offerten konzentrieren sich oft auf die aus Vorspeise, Hauptgericht und Dessertteller durchdeklinierten Varianten eines *menu touristique* (s. o.) – selten wirklich enttäuschend, selten grandios gelungen, mit ermüdender Regelmäßigkeit in einem soliden kulinarischen Mittelmaß angesiedelt.

Wenigstens gelegentlich sollten sich Marokkoreisende ein Abendessen, ach was: ein Gelage in einer jener zu Restaurants umgebauten Pascha- oder Wesirsresidenzen gönnen, die schon durch Dekor und Ambiente eine besondere atmosphärische Note setzen. Diwane, um niedrige Tischchen gruppiert, edle Teppiche, lauschige Innenhöfe mit Pflanzen und Springbrunnen, gedämpftes Licht aus bunt schimmernden Ampeln, Kellner in traditioneller Landestracht, Musikeinlagen und womöglich Bauchtanzvorführungen: eine Art Kontrastprogramm zur Verköstigung im Hotelspeisesaal. Ein Diner, das sich über etliche Gänge und mehrere Stunden hinziehen kann, ist für das Gebotene mit etwa 200 bis 300 DH nicht zu teuer; in ausgewiesenen Gourmettempeln wird auch deutlich mehr verlangt.

Cafés und Teestuben sind abseits der Großstädte bis heute fest in Männerhand. In diesem Bereich finden sich neben sehr schicken Lokalen (besonders in den Villes nouvelles der Königsstädte, in Casablanca und Agadir) auch einfache Buden ohne jede Atmosphäre, dafür mit Plastikmobiliar und ewig plärrendem Fernseher – Orte, die nicht unbedingt zu längerem Verweilen einladen.

Einfache Restaurants in der Medina schließen oft schon gegen 21 Uhr, nur die Lokale in unmittelbarer Nähe der Busbahnhöfe sind meist 24 Stunden durchgängig geöffnet. Mittlere Restaurants schließen in der Regel zwischen 22 und 23 Uhr, die À-la-carte-Restaurants spätestens gegen Mitternacht, die den Hotels angegliederten Restaurants auch früher. Nach der absurden Logik der Touristikindustrie sind Trinkgelder gerade in den einfachen Lokalen eher unüblich, wenn auch gerne gesehen; in besseren Restaurants sind etwa zehn Prozent des Rechnungsbetrages üblich (häufig empfiehlt sich eine Kontrolle der Rechnung; falls separate Steuersätze erhoben werden, muss dies im Prinzip auf der Speisekarte vermerkt sein). Wer deutlich weniger an Trinkgeld gibt, drückt damit sein Missfallen aus. Es versteht sich von selbst bei Besuchen in feinen Restaurants eine in etwa angemessene Garderobe zu wählen; ein absolutes Tabu sind hier Shorts, Sandalen oder gar Strandoutfit.

Esskultur und Tischsitten

Mahlzeiten in marokkanischen Privathäusern sind häufig um ein oder zwei üppig gefüllte Tajine-Tonschalen herum arrangiert. Dadurch können auch unangemeldet auftauchende Gäste zwanglos in die Runde der Esser integriert werden. Beim Eintritt in Privatwohnungen sollten Gäste ihre Straßenschuhe ausziehen; vor Beginn der Mahlzeit kreist eine Wasserkanne zum Waschen der Hände, sodann spricht der Hausherr die Bismillah-Formel, eine Art rituelles Tischgebet. Gegessen wird mit der rechten Hand – die linke darf nicht benutzt werden, sie ist ›unrein‹, da zur Reinigung auf der Toilette benutzt – zumeist aus einer gemeinsamen Schüssel, Gäste erhalten in der Regel ein Besteck. Häufig essen Männer und Frauen in getrennten Räumen; Debatten bei Tisch gelten als unfein, ein guter Esser genießt und schweigt – und pflegt erst nach Tisch den Dialog mit den Gastgebern.

Marokkanische Familien sind fast immer sehr aufmerksame Gastgeber und bemüht ihren Gästen besonders große Fleischstücke oder andere Köstlichkeiten zuzuschieben. Bei Couscous- oder *tajine*-Gerichten arbeitet man sich mit Löffel oder Gabel vom Schüsselrand allmählich bis zur Mitte vor. Die Mahlzeit wird zumeist mit Gebäck und/oder einem Obstteller abgerundet, sodann wird häufig Kaffee oder Mokka gereicht, eventuell auch die für die Teezeremonie obligatorischen drei Gläschen meist stark gesüßten Minztees.

In den Privathaushalten wird mittags meist nur ein leichtes, häufig fleischloses *déjeuner* eingenommen, etwa ein Salat, eine *harira* (Suppe mit Gemüse und evtl. Fleischeinlage)

Eintopfgeschirr und Gastro-Klassiker: die *tajine*

oder eine Eierspeise – für üppigeres Essen ist es schlicht zu heiß. Die Hauptmahlzeit im Familienkreis wird erst am Abend aufgetischt. Gemeinsames Essen hat in Marokko bis heute eine enorm wichtige soziale Funktion bewahrt – eine gute Gelegenheit für Gäste, mindestens eine Ahnung von marokkanischem Familiensinn und internen Familienstrukturen zu erhalten, von Geschlechterrollen und patriarchalischen Hierarchien.

Gesundheitsaspekte

Selbstversorger können sich in den Lebensmittelabteilungen der Supermärkte eindecken, die zumeist in den Neustadtzentren liegen, die riesigen Marjane-Supermärkte eher an wichtigen Ausfallstraßen an der Peripherie. Günstiger bekommt man Fleisch und Gemüse, Obst und Getränke jedoch in den lokalen Souks. Dort besteht fast überall die Möglichkeit, das eben gekaufte Fleisch an separaten Grillständen nach eigenem Gusto zubereiten zu lassen. Im Prinzip spricht nichts dagegen, in den einfachen Souk-Restaurants zu essen; da die marokkanische Küche auf wichtigen Gemüse- und Fischkomponenten basiert, findet der Käufer in den Souks ein entsprechend großes Angebot an Frischware. Fleisch sollte immer gut durchgebraten sein; Vorsicht ist gerade für Marokkoneulinge bei Salaten geboten, Obst sollte vor dem Verzehr geschält werden.

Schon um sich den Marokkoaufenthalt nicht durch ›Montezumas Rache‹ verderben zu lassen, empfiehlt es sich für Touristen, die nur kurze Zeit im Land sind, strikt auf Mineralwasser zurückzugreifen, das es in diversen Flaschengrößen sowie in stiller und mit Kohlensäure versetzter Variante noch in den abgelegensten Dörfern zu kaufen gibt. Im Prinzip ist die Wasserqualität in den Touristikzonen des Landes recht gut, allein: das Durchfallrisiko sollte man trotzdem nach Möglichkeit minimieren. Daneben sollte man jedoch auch den Genuss eiskalter Getränke eher vermeiden.

Kulinarisches Lexikon

Im Restaurant

Aschnu käyn …	Was haben Sie …
… fil-makla?	… zu essen?
… fil-maschruba?	… zu trinken?
Aschnu hada?	Was ist das?
Atini …	Geben Sie mir bitte …
… mus/	… ein Messer/
… furscheta/	… eine Gabel/
… malka/	… einen Löffel/
… tebsi/	… einen Teller/
… kass/	… ein Glas/
… l-fota?	… eine Serviette?
Schwiya/bila sukar	mit wenig/ohne Zucker
Bila lahem	ohne Fleisch
Hadi maschi hiya li tlubt!	Das habe ich nicht bestellt!
Hadi maschi tria/ n'qia!	Das ist nicht frisch/ sauber!
Hadi maschi mezyan!	Das ist (nicht) in Ordnung!
El-hesab minfadlik	Die Rechnung, bitte!
Minfadlik, uktubu li.	Schreiben Sie es bitte auf.

Grundbegriffe

arabisch	**französisch**	**deutsch**
khubz	pain	Brot
bayd	œufs	Eier
hut	poisson	Fisch
lahem	viande	Fleisch
zit	huile	Öl
lebzar	poivre	Pfeffer
schlata	salade	Salat
milha	sel	Salz
merga	sauce	Soße
sukar	sucre	Zucker
khudra	légumes	Gemüse
khel	vinaigre	Essig

Suppen, Salate und Gemüse

baisara	–	Erbsensuppe
harira	potage	dicke Suppe mit Gemüse oder Fleisch
schlata maghrebia	salade marocaine	gemischter Salat
batata	frites	Pommes frites
lubia	haricots	Bohnen
tomatim	tomates	Tomaten
salk	épinards	Spinat
basla	oignons	Zwiebeln

Hauptgerichte

tadjin lahem	tajine de viande	Fleisch-eintopf
tadjin el-hut	tajine des poissons	Fischeintopf
couscous baidawi	couscous (aux sept légumes)	Couscous (mit sieben Gemüsen)
–	poulet aux olives et citron	Huhn mit Oliven und Zitrone
djaja mahamara	–	Huhn gefüllt mit Mandeln, Grieß und Rosinen
kefta	boulettes de viande	Hackfleisch-bällchen
el-habra	bifteck	Steak
meschwi (mechoui)	agneau rôti	Lamm-Spießbraten
bastiya	pastilla	Tauben-pastete

Fleisch, Geflügel und Fisch

djaj	poulet	Huhn
el-hemama	pigeon	Taube
qniya	lapin	Kaninchen
el-huli	mouton	Hammel
sardin	sardines	Sardinen
mirla	merlan	Merlan
qambri	crevettes	Krabben
–	langouste	Languste

Süßspeisen und Obst

qorn al-ghazala	cornes de gazelles	Hörnchen mit Marzipan

emhanscha	–	mit Mandeln gefüllte Teigröllchen
–	briouates au miel	in Honig getauchte Teigröllchen
fekkas	–	süße Anisplätzchen
tamr	dattes	Datteln
kermus	figues	Feigen
lauz	amandes	Mandeln
banane	bananes	Bananen
frez	fraises	Erdbeeren
khaukh	pêches	Pfirsiche
laimun	oranges	Orangen
el-battikh	pastèque	Wassermelone

ainab	raisins	Weintrauben
tufah	pommes	Äpfel
mischmisch	abricots	Aprikosen
hendiya	figues de barbarie	Feigenkaktus

Getränke

el-ma (mazdini)	eau (minerale)	(Mineral-) Wasser
asir	jus	Saft
halib	lait	Milch
atay (dyäl nana)	thé (à la menthe)	Tee (mit Minze)
qahwa (hlib)	café (au lait)	Kaffee (mit Milch)
bira	bière	Bier
schrab	vin	Wein

Typische Gerichte

Couscous: Das marokkanische Nationalgericht aus Hirse- oder Hartweizengries wird mit einer reichhaltigen Palette an Gemüse- und/oder Fleischbeilagen serviert. Es gibt auch süße Varianten mit Rosinen, Zucker und Zimt.

Tajine: In Olivenöl geschmortes Eintopfgericht mit Fisch, Hammel- oder Rindfleisch; dazu oft diverse Gemüsebeilagen, sehr lecker auch mit Datteln, Pflaumen oder Mandeln. Die *tajine* selbst ist das oft lasierte Eintopfgeschirr: eine recht flache, runde Schüssel mit Rand, auf den ein nach oben spitz zulaufender Deckel aufgesetzt wird, der einige kleine Löcher aufweist, durch die der Dampf entweichen kann.

Kefta: Die marokkanische Frikadelle, zumeist in Olivenöl gebratene Hackfleischklößchen; wichtige Komponente der *tajine*-Gerichte, häufig mit harten Eiern kombiniert.

Mechoui: Gerösteter Hammel am Spieß, ein traditionelles Familienfestmahl. In Restaurants kann *mechoui* fast immer nur auf Vorbestellung geordert werden, zumeist muss die Bestellung mehrere Tage im voraus ergangen sein.

Kebab: An den Essensständen meist als *brochettes* angebotene Fleischspießchen, überwiegend Rind-, Lamm- oder Hammelfleisch; ein Gastroklassiker gerade in einfachen Lokalen oder in Open-Air-Garküchen, häufig mit Pommes frites und kleinen Salaten kombiniert.

Harira: Suppe mit Linsen, Bohnen oder Erbsen, gelegentlich auch mit Fleischeinlage, traditionelles Entrée zu einem Menü, ein Nationalgericht, oft während des Ramadan als erste Speise zum Fastenbrechen im Familienkreis serviert. Tipp: Gerade mit einer *harira* kann man häufig die Qualität eines Restaurants ganz gut einschätzen: Wenn die *harira* etwas taugt, kann die übrige Küche eigentlich nie völlig enttäuschen!

Merguez: Bratwürste aus Hammel- oder Rindfleisch, pikant gewürzt.

Raibi: Köstlicher frischer Joghurt, in einfachen Cafés in Trinkgläsern angeboten (für den in den Supermärkten angebotenen ›Chemiejoghurt‹ hat sich, bezeichnend genug, im Land das Synonym Danone durchgesetzt).

Rosenblüten, Rohstoff zur Parfümherstellung

Wissenswertes für die Reise

Marokko im Internet

Die meisten Websites zu Marokko unterliegen einem rasanten Wandel, sowohl was Qualität als auch was Gestaltung betrifft. Manche Internetseiten sind nichts anderes als Werbemittel für Hotelketten, Reiseveranstalter oder Riad-Besitzer – das kommerzielle Interesse dieser Seiten, die sich als Information tarnen, ist unübersehbar. Andere Websites sind Informationshalden, auf denen sich Privatpersonen als – oft recht zweifelhafte – Marokkoexperten gerieren und hemmungslos aus einschlägigen Publikationen abkupfern.

www.tourismus-in-marokko.de: Die offizielle Website des marokkanischen Fremdenverkehrsamts in Düsseldorf mit gründlichen Informationen über das Land.

www.marokko-ferien.de: Eine schier unübersehbare, nicht unbedingt aktuelle Vielfalt an Informationen zu Rund- und Städtereisen, Last-Minute-Flügen, Sportangeboten, Einkaufsmöglichkeiten etc. Die Website enthält zudem recht detaillierte Städteporträts, Hinweise zu Vorschriften bei der Ein- und Ausreise, zu Mietwagenangeboten sowie ein ausführliches, freilich nicht sonderlich aktuelles Hotelverzeichnis zu den wichtigsten Städten.

www.marokko.com: Brauchbare Städteinfos, Wirtschaftsforum, reichhaltiges Verzeichnis weiterführender Links. Das Diskussions- und Informationsforum ist eine Plattform, um Mitreisende zu suchen, gemeinsam Touren zu planen oder spezielle Infos auszutauschen.

www.tourisme-marocain.com: Französische Website mit recht guten Informationen zu einzelnen Städten, zu Sport- und Shoppingangeboten, Stränden, Museen, Nachtleben, Transport, Unterkünften und mit Hinweisen zu archäologisch interessanten Stätten.

www.mincom.gov.ma: Die offizielle Website des marokkanischen Informationsministeriums mit tagesaktuellen Nachrichten – gut geeignet, um sich über das Geschehen vor allem in Politik und Wirtschaft zu informieren.

www.oncf.ma: Offizielle Website der marokkanischen Eisenbahnen: alle Bahnstrecken und Tarife, Stadtplanquadrate mit Lageansicht der meisten Bahnhöfe u. v. m. Die professionell gestaltete Website ist eine Fundgrube an Informationen und für die Planung von Bahnreisen ungemein hilfreich.

www.ctm.co.ma: Die Website der staatlichen Busgesellschaft informiert eher über Interna aus dem Unternehmen, zur Planung von Busreisen taugt sie leider nur bedingt.

Brauchbare Websites zu einzelnen Städten mit oft detaillierten, allerdings nicht annähernd vollständigen Verweisen auf Hotels und Riads sind etwa:

www.tourisme-agadir.com, www.ilovemarrakesh.com, www.marrakech-info.com, www.casablanca.org.ma, www.essaouiranet.com, www.ouarzazate.com. Zumeist enthalten diese Seiten auch Informationen zum Umland der jeweiligen Städte.

Touristeninformation/ Fremdenverkehrsämter

Marokkanische Fremdenverkehrsämter

... in Deutschland
Graf-Adolf-Str. 59
40210 Düsseldorf
Tel. 0211-37 05 51/52, Fax 0211-37 40 48
marokkofva@aol.com

... in der Schweiz
Schifflände 5
8001 Zürich
Tel. 04 42 52 73 10, Fax 04 42 51 10 44
info@marokko.ch

... in Österreich
Kärtner Ring 17/2/23
1010 Wien
Tel. 01-512 53 26, Fax 01-512 39 73
Marokkotourismus@aon.at

Das Fremdenverkehrsamt in Düsseldorf, seit Jahren kompetent und engagiert geleitet, hat sich bei der Reisevorbereitung und -planung als nahezu unentbehrliche Informationsquelle etabliert. Man erhält hier Informationsbroschüren zu den vier Königsstädten, außerdem zu Casablanca, Tanger, Ouarzazate, Essaouira und Agadir, die recht brauchbare Stadtpläne zur ersten Übersicht enthalten; außerdem gibt es Broschüren zur Mittelmeerküste und zur Straße der Kasbahs. Das Angebot wird komplettiert durch ein ausführliches Heft mit Basisinformationen zum Land, eine Straßenkarte sowie Listen zu Hotels (sehr ausführlich), Riads (notgedrungen rudimentär, allein in Marrakesch gibt es inzwischen um die 1100 Riads, viele sind offiziell nicht gemeldet) und Campingplätzen. Sehr hilfreich sind zudem die speziellen Broschüren über die wichtigsten Museen und die Golfplätze im Land.

Fremdenverkehrsämter in Marokko

Die dem Tourismusministerium in Rabat unterstehenden, als Délégation du Tourisme firmierenden Fremdenverkehrsämter halten zumeist recht detaillierte Listen zu Hotels und klassifizierten Restaurants (manchmal auch zu Riads) bereit, außerdem Stadtpläne und Städtebroschüren.

In ihrem Material recht karg und nicht sonderlich hilfreich sind zumeist die sogenannten Syndicats d'Initiative.

Professionell in ihrem Marketing und oft hervorragend ausgestattet sind die unter dem Kürzel C.R.T. (Conseil regional du Tourisme) agierenden Dependancen des Dachverbandes, in dem sich marokkanische Hoteliers, Gastronomen und Tourismusunternehmer zusammengeschlossen haben. Wo die Filialen des C.R.T. bereits existieren und eine sinnvolle Alternative zu den Délégations du Tourisme darstellen, werden die entsprechenden Adressen in diesem Buch genannt. Gegenwärtig leisten besonders die C.R.T.-Büros in Casablanca und Agadir hervorragende Arbeit, die auch ratsuchenden Touristen zugutekommt.

Diplomatische Vertretungen Marokkos

In der Bundesrepublik Deutschland:

Niederwallstr. 39
10117 Berlin
Tel. 030-206 12 40, Fax 030-20 61 24 20
marokko-botschaft@t-online.de
www.maec.gov.ma/berlin

In der Schweiz:

Helvetiastr. 42
3005 Bern
Tel. 031-351 03 62/63, Fax 031-351 03 64

In Österreich:

Opernring 3–5
1010 Wien
Tel. 01-586 66 50, Fax 01-586 76 67

Diplomatische Vertretungen in Marokko

Deutschland:

7, Zankat Madnine
Postfach 235
10000 Rabat
Tel. 037-70 96 62/85/97
Fax 037-70 68 51
Amballma@mtds.com
www.rabat.diplo.de

Schweiz:

Square de Berkane
Postfach 169, Rabat
Tel. 037-70 69 74
Fax 037-70 57 49

Österreich:

2, Rue Tiddas, Rabat
Tel. 037-76 40 03, 037-76 16 98
Fax 037-76 54 25

Karten

Sorgfältig erarbeitete Marokkokarten liegen im RV Verlag (Maßstab 1:800000, mit fünf Cityplänen) als auch im kanadischen Verlag International Travel Maps ITM (Maßstab 1:900000) vor. Eine gute, detailreiche, gerade für Autofahrer (Pisten!) sehr geeignete Karte ist die Marokkokarte von Michelin (Nr. 742, aktuelle Aufl. 2006) im Maßstab 1:1000000 (Regionalkarten im Maßstab 1:600000); dabei sollte man unbedingt darauf achten, die neueste Auflage zu kaufen. Eine brauchbare in Marokko erhältliche Karte ist im in Tanger ansässigen Verlag Raissouni Image Raimage erschienen (»Maroc. Carte routière«, Maßstab 1:1,5 Mio.).

Landkarten, die eine Grenzlinie zwischen Marokko und den Westsaharaprovinzen aufweisen, können vom Zoll eingezogen werden.

Da in vielen älteren Marokkokarten noch die heute nicht mehr verwandten Straßenbezeichnungen enthalten sind, finden sich in diesem Buch sowohl die alten als auch die jetzt gültigen Nummerierungen. (Beispiel: Die alte P 8 ist inzwischen durch die N 1 ersetzt, im Buch findet sich der Verweis P 8/N 1).

Lesetipps

Literaturhinweise zur ins Deutsche übersetzter Belletristik finden sich auf S. 66 f.

Loti, Pierre: Im Zeichen der Sahara, Bremen 1991. Das Journal einer Marokkoreise, die den Autor 1889 von Tanger nach Fès führte, ist ein süffiges Lesevergnügen, reich an staunenswerten Einsichten und treffenden Beobachtungen (s. S. 62).

Canetti, Elias: Die Stimmen von Marrakesch, Frankfurt am Main 1992. Unerreicht in der poetischen Zartheit seiner Sprache, fasst Canetti unterschiedlichste Beobachtungen und Reflexionen, die auf einen Aufenthalt in Marrakesch im Jahre 1954 zurückgehen, in eine Serie hochkonzentrierter Prosaminiaturen, die innerhalb der deutschsprachigen Marokkoliteratur ihresgleichen suchen. Als Einstimmung und/oder Nachbereitung bestens geeignet.

Lewis, Bernard: Die politische Sprache des Islam, Berlin 1991. Die ausgezeichnete Studie zur Semantik von Macht und Herrschaft, Recht und Ordnung, Krieg und Frieden in muslimischen Zivilisationen stammt aus der Feder des Nestors der anglo-amerikanischen Islamwissenschaft.

Weiss, Walter M.: Im Labyrinth der Träume und Basare. Marokkanische Mosaiksteine, Wien 2004. Der Österreicher präsentiert einen Band mit lesenswerten Reportagen und Städteporträts, insgesamt reich an stimmigen Beschreibungen wie zutreffenden Befunden, gleichwohl keineswegs frei von Fehlern und sprachlich einem Grundton verbindlicher Gefälligkeit verpflichtet, der offenkundig journalistischer Routine geschuldet ist.

Perrault, Gilles: Unser Freund, der König von Marokko. Abgründe einer modernen Demokratie, Köln 1992. Als die französische Fassung dieser ausgezeichnet recherchierten Hassan II.-Biografie erschien, kam es zu einem Eklat, der selbst auf höchster diplomatischer Ebene das französisch-marokkanische Verhältnis auf Jahre belastete. Perraults exzellentes Buch ist sowohl eine Innenansicht der marokkanischen Monarchie als auch das Porträt eines Königs, der in seiner absolutistischen Machtfülle vor politischem Mord nicht zurückschreckte. Ein Buch, das Furore gemacht hat, nicht zuletzt deshalb, weil hier ein Autor an Tabus rührt, etwa indem er das berüchtigte Konzentrationslager in Tazmamart erwähnt.

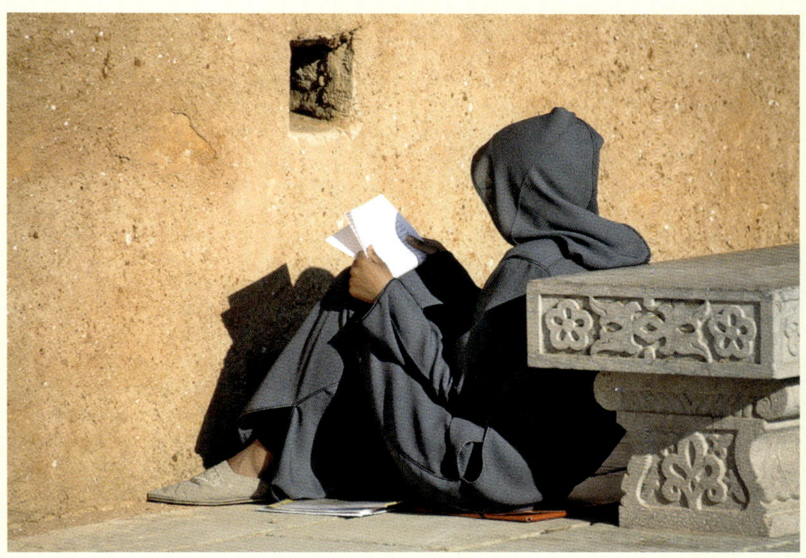

Lesender Student bei der Koutoubia in Marrakesch

Oufkir, Malika: Die Gefangene, Berlin 2001. Die Autobiografie der Tochter des 1972 unter nie geklärten Umständen ums Leben gekommenen Putschgenerals Mohamed Oufkir, die als Sühne für das dem Vater angelastete Verbrechen jahrzehntelang unter Hausarrest leben musste. Eine gut lesbare, erschütternde Lebensbeichte, die gespenstische Schlaglichter auf den Repressionsstaat unter Hassan II. wirft.

Faath, Sigrid, und **Mattes, Hanspeter** (Hg.)**:** Wuquf. Beiträge zur Entwicklung von Staat und Gesellschaft in Nordafrika, Hamburg 1991 und 1997. Die voluminösen Doppelbände 4/5 und 10/11 beschäftigen sich in etlichen wissenschaftlichen Fachaufsätzen mit Marokko und den anderen Maghrebstaaten. Manches ist nach wie vor aktuell, lesenswert ist es allemal – und einige Aufsätze, etwa zum politischen System der marokkanischen Monarchie und den Ritualen politischer Inszenierung auf der Grundlage des Islam, gehören zum Besten, was auf deutsch über Marokko publiziert wurde!

Kasri, Christin und **Kasri, Mohammad Ali:** Bismallah. Orientalische Köstlichkeiten aus Marokkos Küche, Neustadt 2005. Ausgezeichnet mit dem Gourmand World Cookbook Award 2006 als bestes deutsches mediterranes Kochbuch.

In Marokko einzigartig: Der vermutlich aufregendste, von Laila Chaouni geleitete Verlag sind die **Éditions Le Fennec** (s. S. 68), in denen Belletristik, Essays, soziologische, historische, psychoanalytische wie religionswissenschaftliche Sachbücher verlegt werden. Informationen unter www.lefennec.com.

Gut recherchierte Hintergrundberichte, Reportagen und Interviews zur aktuellen Lage in Marokko finden sich regelmäßig in der alle zwei Wochen erscheinenden, französischen Zeitschrift **»Jeune Afrique«**.

Marokko als Reiseland

Marokko ist auf dem deutschen Reisemarkt seit Jahrzehnten eine gut eingeführte Destination, ein klassisches Reiseland mit einer zwar Schwankungen unterworfenen, insgesamt aber relativ stabilen Klientel. Vielleicht lockt der schwer fassbare Zauber des Orients, dieser einzigartigen Schnittstelle zwischen Europa, Afrika und arabischem Maghreb. Ohne den Reisenden mit den Härten schwarzafrikanischer Urlaubsländer zu konfrontieren, verheißt Marokko den ganzen Zauber der Fremde, eine durchaus exotische Atmosphäre, die es so in Europa nicht gibt.

Der kunstgeschichtliche Reichtum an Baudenkmälern in den vier Königsstädten, eine schillernde Metropole wie Tanger, die Oasenketten und Dünenzüge im südöstlichen Marokko, die Straße der Kasbahs, das fashionable Agadir, ein Ensemble an spektakulären Landschaften zwischen Hochgebirge und Wüste, ein vielfach noch uralten Traditionen verpflichtetes Kunsthandwerk, hinreißende Strände und Buchten, der bis heute prägende Gegensatz von Großstadt und ländlicher Welt, von Berbern und Arabern, die Zeugnisse einer zutiefst islamischen Zivilisation: Man weiß kaum, wo beginnen und wo enden, wenn man das Faszinosum Marokko auch nur in Ansätzen skizzieren will.

Marokko bietet im afrikanischen Vergleich zweifellos touristische Infrastrukturen, die zu den besten des Kontinents gehören. Dies beginnt bei einem hervorragend ausgebauten Netz asphaltierter Straßen selbst in den entlegensten Regionen, dazu gehören fertig gestellte Autobahnteilstrecken, ein exzellent funktionierendes Bankenwesen, eine Kommunikationstechnologie, die auf mitteleuropäischem Standard anzusiedeln ist. Dazu gehört auch eine weit gefächerte Hotellerie, die von luxuriösen Fünfsternehäusern bis zu einfachen Herbergen für jeden Geldbeutel das passende Angebot bereithält.

Man sollte alle Schauermärchen, die gerade über Marokko kursieren, getrost ins Reich der Fabel verbannen: Marokko gehört unbedingt zu den vergleichsweise sicheren Reiseländern – was Attentate wie den Anschlag vom Juni 2003 in Casablanca nicht ausschließt, nicht ausschließen kann. Es gehört zu den durchaus zweischneidigen Konsequenzen einer regierenden absoluten Monarchie, dass die Geheim- und Sicherheitsdienste gerade in Marokko, auch die Tourismuspolizei, außerordentlich wachsam und effizient agieren.

Schließlich hat sich Marokko jüngst geradezu zu einem Eldorado für Sport- und Aktivurlauber entwickelt, die vor Ort einzigartige Bedingungen vorfinden. Golfer, Bergsteiger, Skifahrer, Surfer, Kanuten wie Segler schwärmen von Marokko in höchsten Tönen.

Marokko kann zu einer sinnlichen Sensation werden, für den, der ein Sensorium für diese Art Fremde aufzubauen vermag und sich ihr öffnen kann. Die Gleichzeitigkeit des Ungleichzeitigen mag es in Afrika vielfach geben – so wie in Marokko aber wird der Reisende ihr eher selten begegnen.

Die wichtigsten Sehenswürdigkeiten und sehenswerten Regionen

Die klassischen Sehenswürdigkeiten, also Paläste, Stadttore, Medersen, Moscheen, Fondouks, Brunnen- und Befestigungsanlagen findet man in der Medina der vier Königsstädte (Rabat, Meknes, Fès und Marrakesch), wobei vermutlich – aber schon hier gehen die Meinungen weit auseinander – Fès und Marrakesch die spektakulärsten sind. Eine so zauberhafte Stadt wie Essaouira eignet sich gerade für Marokkoneulinge vorzüglich als Einstieg in das Land, die Grande Mosquée Hassan II in Casablanca und die Kasbah in Tanger sollte man ebenfalls gesehen haben.

Asilah an der nördlichen Atlantikküste und Chefchaouen in der Rifregion sind zwar Kleinstädte ohne fest umrissenen Fundus architektonischer Sehenswürdigkeiten, sie lohnen aber durch ihre ganz besondere Atmosphäre einen Besuch. Ähnliches gilt für Taroudannt.

Um wenigstens einen Eindruck sowohl vom Hochgebirgs- wie auch vom Wüstenland Marokko zu bekommen, empfiehlt sich ein Abstecher von Marrakesch ins Ourikatal und ins Djebel-Toubkal-Massiv sowie eine Tour ins südöstliche Marokko, entweder von Ouarzazate ins Tafilalet (Straße der Kasbahs, Dades- und Todrhaschlucht, Region um Erfoud) oder von Ouarzazate, dem Lauf des Dra folgend, bis in die Region um Zagora (möglichst weiter bis Mhamid).

Südlich von Essaouira kann man in der Regel das ganze Jahr über baden, zwischen Essaouira und Agadir, aber auch um Sidi Ifni und an der Plage blanche nordöstlich von Tan Tan finden sich etliche hinreißende Strände und einsame Buchten.

Vorschläge für Rundreisen

2 Wochen: südliche Atlantikküste, Hoher Atlas und Südostmarokko

Die meisten deutschen Touristen reisen per Flugzeug an und landen auf dem internationalen Flughafen von Agadir. Daraus ergibt sich, dass man sinnvollerweise – eventuell nach ein paar Strandtagen – Agadir als Ausgangspunkt für Tagestouren nach Tiznit, Essaouira und Tafraoute nutzt, diese Touren werden von etlichen Anbietern in Agadir als organisierte Tagesausflüge angeboten. Von Agadir sollte man über Taroudannt den Gebirgspass des Tizi n'Test in Angriff nehmen und eventuell die historisch bedeutsame, inzwischen restaurierte Gedenkstätte von Tinmal besichtigen. Für Marrakesch sollte man mindestens drei bis vier Tage einplanen und von dort Tagesausflüge nach Oukaimeden (Skigebiet im Hohen Atlas) und nach Setti Fatma (Ourikatal) in Betracht ziehen.

Von Marrakesch reist man über den Tizi-n'Tichka-Pass (unbedingt den Abstecher zum Kasbah-Komplex von Ait Benhaddou einplanen, ohne eigenes Fahrzeug freilich nicht leicht zu erreichen) nach Ouarzazate, wo allenfalls die Kasbah von Taourirt die Besichtigung lohnt. Von Ouarzazate startet man, den Palmenhainen und Ksour am Draufer folgend, nach Zagora. Dort sind mindestens ein Dutzend klassifizierter Hotels angesiedelt. Man sollte die Tour jedoch unbedingt noch bis Mhamid ausdehnen, die N 9 ist bis Mhamid ausgezeichnet ausgebaut und komplett asphaltiert, außerdem lohnen die Dünen von Tinfou, das Dünengebiet der Erg Lihoudi sowie die Orte Tamegroute und Oulad Driss einen Besuch.

Um nicht dieselbe Strecke bis Ouarzazate zurückfahren zu müssen, empfiehlt sich als Abkürzung die Strecke über Tansikht (etwa 65 km nordwestlich von Zagora), Nekob, Tazzarine, Alnif und Rissani, eine Tour durch ein landschaftlich zwar recht ödes, aber sehr ursprüngliches Marokko. Es empfiehlt sich, in Erfoud Quartier zu machen und von dort das Dünengebiet des Erg Chebbi anzusteuern, die N 13 ist bis in den Grenzort Taouz komplett asphaltiert.

Da die Provinzhauptstadt Er Rachidia an sich nichts Sehenswertes zu bieten hat, sollte man von Erfoud über die R 702 nach Tinejdad fahren und von dort der Straße der Kasbahs (N 10) in westlicher Richtung folgen. Keinesfalls versäumen sollte man von Tinerhir einen Abstecher in die Todrhaschlucht zu unternehmen und von Boumalne du Dades einen Abstecher in die Dadesschlucht. Beide Touren führen in eine einzigartige Landschaft; die Todrhaschlucht ist bis Ait-Hani, die Dadesschlucht bis Msemrir komplett asphaltiert.

Nach Ouarzazate zurückgekehrt, folgt man der N 10 über Tazenakht, Taliouine, Aoulouz und Taroudannt, um wieder nach Agadir zurückzukommen. – Die hier skizzierte Rundreise lässt sich auch mit Bussen und Sammeltaxis bewältigen, einzig auf der Strecke zwischen Tansikht und Rissani muss mit einer sehr dünnen Bus- und Taxifrequenz gerechnet werden.

3 bis 4 Wochen: nördliche Atlantikküste, Rif, Mittlerer Atlas, Sousebene

Von Agadir startet man über die Küstenstraße N 1 nach Essaouira, wo man sich ein bis zwei Tage Zeit lassen sollte. Unterwegs nach Casablanca, kann man in Oualidia, El Jadida und/oder Azemmour kurze Zwischenstopps einlegen. Der Moloch Casablanca bietet touristisch recht wenig; selbst wenn man hier nicht verweilen will, sollte man – eventuell im Rahmen einer deutschsprachigen Führung – die Moschee Hassan II. besichtigen. Man muss sich dazu nicht einmal in das Verkehrschaos der Metropole stürzen: Die Moschee liegt, weithin sichtbar, an der Küstenstraße.

Für die Hauptstadt Rabat sollten zwei Tage genügen; auf dem Weg nach Tanger empfehlen sich Zwischenstopps in Larache und – vor allem – in Asilah. Von Tanger (um die zwei Tage) geht es weiter nach Tetouan und in das landschaftlich sehr schön gelegene Chefchaouen, eine Kleinstadt im westlichen Rif. Über Ouazzane führt die N 13 sodann nach Meknes; einen Besuch der sehenswerten Kapitale des Sultan Moulay Ismail sollte man unbedingt mit Tagesausflügen sowohl nach Moulay Idriss als auch nach Volubilis, der landesweit bedeutendsten antiken Ruinenstätte, verbinden (drei bis vier Tage).

Entdeckerglück: Felsgravuren im Dratal

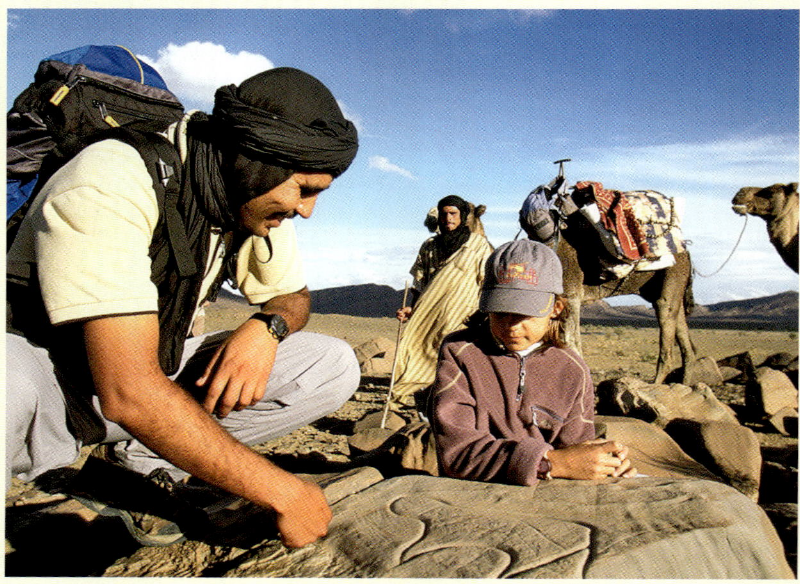

Die Königsstädte Meknes und Fès liegen gerade einmal 60 km voneinander entfernt. Für die Besichtigung von Fès, der ältesten der Königsstädte, sollte man drei Tage veranschlagen. Sowohl von Fès (über die N 8) als auch von Meknes (über die N 13) kann man sodann Azrou ansteuern, das einen kurzen Zwischenstopp lohnt. Wer will, kann sich noch die Wintersportorte Ifrane und Mischliffen anschauen. Die Tour durch den Mittleren Atlas nach Marrakesch (N 8) kann man bei Bedarf, etwa zum Übernachten, in Khenifra oder in Beni Mellal unterbrechen.

Für Marrakesch sollte man wieder mehrere Tage einplanen je nachdem, ob man von hier aus noch Tagesausflüge nach Oukaimeden (Hoher Atlas) und/oder nach Setti Fatma (Ourikatal) in Angriff nimmt. Von Marrakesch bietet sich – landschaftlich schöner als alle anderen Varianten – die Gebirgsstrecke über den Pass des Tizi n'Test an; mit Tinmal liegt eine historisch bedeutende Gedenkstätte direkt am Weg. Vor der Rückkehr nach Agadir empfiehlt sich ein etwa eintägiger Aufenthalt in Taroudannt, der überaus sehenswerten, traditionsreichen Hauptstadt der Sousregion. Wer noch Zeit hat, kann in der Region von Agadir, etwa in Taghazoute oder im Naturschutzgebiet an der Oued-Massa-Mündung (Sidi R'bat), einige Strandtage nachlegen. – Diese Rundreise kann man problemlos mit Bussen oder Sammeltaxis angehen.

Tipps für die Reiseorganisation

Pauschalarrangements

Fast alle großen in Deutschland tätigen Reiseveranstalter haben Marokko im Programm. Wer das Land noch gar nicht kennt, mit den Gepflogenheiten in arabischen Ländern (etwa beim Handeln oder beim Umgang mit den bisweilen sehr penetranten, selbst ernannten Fremdenführern) wenig vertraut ist, wer kaum oder gar kein Französisch spricht und wem die traditionellen Werte des Islam nicht geläufig sind, der ist vermutlich gut beraten, eine Pauschalreise zu buchen. Die meisten Pauschalarrangements kombinieren Strandurlaub, zumeist in Agadir, mit einer Rundreise, die häufig in die Königsstädte und/oder ins südöstliche Marokko (Hoher Atlas, Straße der Kasbahs, Dratal, Tafilalet) führt. Etliche Reiseveranstalter arbeiten mit marokkanischen Partnern zusammen, die sich – wie etwa das Unternehmen Globus Voyages Maroc – gerade auf die deutsche Klientel spezialisiert haben. Ausnahmen mögen die Regel bestätigen, nach der die marokkanischen Firmen zumeist durch zuverlässige Organisation, einen modernen Busfuhrpark und kompetente, fast immer exzellent deutsch sprechende Reiseleiter überzeugen.

Individualreisen

Marokko ist ein ideales Reiseland für Individualtouristen. Wer auch nur ein wenig Talent zum Improvisieren hat, wer sich etwas für Land und Leute interessiert und eine – womöglich bisher unentdeckte – Begabung für die oft fintenreichen Prozeduren beim Handeln entwickelt, wer sein vielleicht verschüttetes Schulfranzösisch zu aktivieren vermag und sich zutraut, eine Unterkunft auf eigene Faust zu suchen, kurz, wer Reisen auch als nicht vollkommen planbares Erlebnis und Abenteuer begreift, der sollte unbedingt als Individualtourist durch Marokko reisen.

Das vorzüglich ausgebaute Busnetz, eine weite Palette auch preisgünstiger Unterkünfte, die exzellenten Infrastrukturen und nicht zuletzt die zumal im ländlichen Milieu bis heute sehr ausgeprägte Gastfreundschaft der Marokkaner kommen gerade Individualtouristen mit eher kargem Budget sehr entgegen. Und wer sich bemüht, ein noch so rudimentäres Arabisch zu sprechen, für den werden sich, oft unverhofft, manche Türen öffnen.

Fremdenführer vor Ort

Mit Ausnahme von Fès El Bali und den Souks von Marrakesch sollte man überall in Marokko eigentlich auch ohne Fremdenführer zurechtkommen. Ein Fremdenführer ist dann zu empfehlen, wenn man für die Besichtigung einer größeren Stadt wenig Zeit hat und sich schnell und gezielt orientieren will. Die offiziellen, von den Délégation-du-Tourisme-Büros vermittelten Führer (*guides*) können sich durch Prüfungszertifikat und Plakette ausweisen; überwiegend kennen sie ›ihre‹ Stadt recht gut und sprechen mehrere Sprachen einigermaßen fließend.

Zu den größten Plagen Marokkos gehört das Heer der (speziell in Marrakesch) unerreicht hartnäckigen falschen Touristenführer (*guides noirs*), die mit etlichen Tricks und Ausreden auf Kundenfang gehen und ihre Klientel oftmals in irgendwelche Läden in den Souks lotsen, wo sie Provisionen kassieren, falls es dort zum Kauf kommt. Die Tourismuspolizei hat sich jüngst mit einigem Erfolg diesem Problem gestellt und die übelsten Auswüchse in diesem Gewerbe vereitelt.

Man sollte die Tarife für einen Fremdenführer (ca. 100 DH für einen halben, ca. 150 DH für einen ganzen Tag) eindeutig im Voraus aushandeln und im Nachhinein auf keinen Fall an diesen Abmachungen rütteln lassen. Wer in den Souks nichts kaufen will, sollte dies auch unmissverständlich klarmachen!

Für abgelegene Wüstenpisten sowie für Bergtouren in den Atlasmassiven (besonders im Winter) sind Fremdenführer unter Umständen unentbehrlich.

Reisen mit Kindern

Marokko ist ein wunderbar kinderfreundliches Land, niemand würde verstehen, dass man ohne seine Kinder dort Urlaub macht. Das ganze Land kann auch mit Kleinkindern problemlos bereist werden, am besten freilich im eigenen Fahrzeug, allenfalls Touren mit Säuglingen in abgelegenen Regionen im südlichen oder östlichen Marokko können aufgrund der hygienischen Verhältnisse etwas heikel sein.

Kinder sollten die üblichen Pflichtimpfungen absolviert haben, sie sollten, besonders zu Beginn einer Reise, kein Leitungswasser trinken und kein ungeschältes Obst sowie nur bedingt Salate und Speiseeis essen. Die meisten großen Hotels, vor allem an den Küsten, verfügen über Plantschbecken für die Kleinen und bieten Animationsprogramme für Kinder an, viele Hotels gewähren – oft erhebliche – Preisnachlässe für Kinder.

Die raue Brandung des Atlantik ist für Kleinkinder beim Baden gefährlich, auf keinen Fall sollte man sie beim Spielen im und am Wasser unbeaufsichtigt lassen; ebenfalls gefährlich ist die gerade bei einer frischen Brise am Meer oft unterschätzte, intensive Sonneneinstrahlung. Es versteht sich von selbst, (Klein-)Kinder nicht auf lange, anstrengende Sightseeingtouren, Busreisen oder Wüstenexpeditionen mitzuschleppen.

Reisenden mit Kindern erschließen sich überall im Land Möglichkeiten, Erfahrungen und Einsichten, die kinderlosen Reisenden verschlossen bleiben. Vielleicht am besten, wenn man sich schon vor der Reise gezielt um eine schöne, kindgerechte Unterkunft bemüht, dort einige Zeit verweilt und vor Ort kleinere Ausflüge mit den Kindern unternimmt. Wer in Marokko mal eine(n) Babysitter(in) braucht, wird keinerlei Probleme haben, sehr schnell jemanden zu finden, der sich zuverlässig um die Kleinen kümmert.

Kinder werden auf einer Marokkoreise sicherlich unvergesslich schöne Eindrücke gewinnen können; allerdings gibt es wohl auch Erlebnisse und Bilder, die kleinere Kinder erschrecken und verstören können, etwa zerlumpte Bettler, Krüppel oder die in den Metzgereien der Souks regelrecht aufgestapelten abgeschlagenen Tierköpfe. Eltern sollten sich dies vor Reiseantritt klarmachen.

Einreisebestimmungen

Für einen Marokkoaufenthalt bis zu drei Monaten genügt für Staatsbürger der Bundesrepublik Deutschland, Österreichs und der Schweiz ein Reisepass, der vom Tag der Einreise an noch mindestens weitere sechs Monate gültig sein muss. Für Teilnehmer an einer organisierten Gruppenreise genügt sogar der Personalausweis, allerdings wird bei Polizeikontrollen im Land fast immer der Reisepass verlangt – man sollte dieses Dokument daher auf jeden Fall mitführen.

Kinder unter 16 Jahren müssen entweder den Kinderausweis (ab dem dritten Lebensjahr mit Lichtbild!) oder den Kinderreisepass dabeihaben.

Bei der Einreise muss eine *carte d'embarcation* ausgefüllt werden, die u. a. die Angabe einer Adresse in Marokko verlangt – es reicht dabei, ein beliebiges Hotel zu nennen. In extremen Fällen ist Touristen, die der Zoll als Hippies, Punks, Skinheads oder Rocker einstuft, beim Verlassen der Fähre in Tanger oder Ceuta die Einreise verweigert worden. Die Kontrollen an den internationalen Flughäfen sind dagegen zumeist eher lax.

Zollvorschriften

Zollfrei nach Marokko eingeführt werden können Artikel des persönlichen Bedarfs einschließlich Camping- und Sportausrüstung, zwei Fotoapparate, ein Kofferradio oder Walkman oder ein tragbarer CD-/DVD-Player, ein Tonbandgerät, ein tragbares Fernsehgerät, außerdem 200 Zigaretten, 200 g Tabak, 2 l Wein und Reiseproviant.

Hochwertige Film-, Digital- und Videokameras sowie Notebooks werden in der Regel in den Pass eingetragen, um den Verkauf dieser Geräte zu unterbinden. Surfbretter, Mountainbikes und Boote müssen am Zoll angemeldet werden.

Tipp: Das mitunter strenge Gebaren und barsche Auftreten marokkanischer Zollbeamter sollte über eines nicht hinwegtäuschen: Entscheidend bei den ohnehin nur stichprobenartigen Zollkontrollen ist ein freundliches und seriöses Auftreten; wer bei der Prozedur völlig gelassen bleibt, vielleicht ein paar Begrüßungsworte auf Arabisch parat hat und den Aufforderungen ohne jede Diskussion Folge leistet, wird zumeist ohne viel Federlesen durchgewunken.

Zollfrei ausgeführt werden darf alles, was legal eingeführt wurde, zusätzlich Reiseandenken des Kunsthandwerks sowie zehn Fossilien. Die Ein- und Ausfuhr von Waffen (Sonderregelungen für Jagdwaffen), Funkgeräten und besonders Drogen ist streng verboten. Haustiere benötigen ein amtstierärztliches Gesundheitszeugnis sowie eine Impfbescheinigung gegen Tollwut.

Die Ausfuhr von Artikeln des persönlichen Bedarfs sowie von Souvenirs ist keinen Beschränkungen unterworfen, doch gilt es die europäischen Zollbestimmungen zu beachten. Danach liegt die Grenze für die zollfreie Einfuhr von Souvenirs in Deutschland bei 180 €, in Österreich bei 50 € und in der Schweiz bei 200 SFR. 200 Zigaretten, 1 l Spirituosen, 2 l Wein, 250 g Kaffee und 100 g Tee sind zollfrei.

Devisenvorschriften

Marokkanische Dirham dürfen – im Prinzip – weder ein- noch ausgeführt werden. Dagegen ist die Einfuhr von Devisen in im Prinzip unbegrenzter Höhe möglich, allerdings sollte bei Beträgen über etwa 1500 € eine Deklaration der mitgeführten Zahlungsmittel ausgefüllt werden. Diese Bescheinigung ist bei der Ausreise am Zoll wieder vorzulegen.

Überschüssige Landeswährung kann bis zur Hälfte der insgesamt gewechselten Summe zurückgetauscht werden. Die Vorlage der

Wechselquittungen ist erforderlich – daher sollte man unbedingt sämtliche Bescheinigungen aufbewahren! Dieser Rücktausch erfolgt zu extrem ungünstigen Kursen, weswegen man nur Summen in Dirham wechseln sollte, die man im Land auch wirklich ausgeben will.

Anreise

... mit dem Flugzeug

Deutsche Airlines fliegen derzeit die Flughäfen in Tanger, Casablanca, Marrakesch und Agadir an. Das Drehkreuz des internationalen Charterflugverkehrs ist der Flughafen Agadir-El Massira. Es empfiehlt sich, je nach Saison und Airline die Flugpreise gründlich zu vergleichen und insbesondere die Angebote von Billigflugspezialisten und Last-Minute-Agenturen einzuholen; Agadirflüge werden auf dem Last-Minute-Markt oder im Internet bisweilen schon für 100 bis 150 € angeboten.

Die LTU (www.ltu.de), Thomas Cook Airlines (www.thomascook.de) und die TUI (www.tui.de) fliegen von etlichen deutschen Flughäfen nach Agadir-El Massira. Die Royal Air Maroc (www.royalairmaroc.com; Kaiserstr. 12, 60311 Frankfurt am Main, Tel. 069–92 00 14 61) und die Deutsche Lufthansa (Informationen unter Tel. 01803-803 803) bieten Direktflüge von Frankfurt am Main nach Casablanca.

Für detailliertere Hinweise sowohl zu Flugverbindungen als auch zur Anbindung der jeweiligen Flughäfen an die Stadt sei auf die den Stadtkapiteln nachgestellten Informationsanhänge verwiesen.

... mit dem Auto

Zum südspanischen Fährhafen Algeciras führen zwei Autobahnstränge. Von Norddeutschland empfiehlt sich die Route über Liège, Paris, Tours, Bordeaux, Burgos, Madrid, Cordoba und Sevilla; von Süddeutschland sowie von der Schweiz und Österreich die Route über Lyon, Nîmes, Perpignan, Barcelona, Valencia, Alicante, Murcia, Granada und Malaga. Man muss etwa drei Tage Fahrtzeit einkalkulieren – und die Autobahngebühren in Frankreich und Spanien.

Die wichtigsten Fährverbindungen nach Marokko sind die Linien von Algeciras nach Tanger und – die kürzeste und billigste Verbindung – von Algeciras nach Ceuta, der spanischen Enklave. Eine Vorausbuchung ist in der Regel nicht nötig, freilich kann es selbst bei einer bis zum Stundentakt gesteigerten Frequenz der Fähren an den Wochenenden im Hochsommer in Algeciras zu längeren Wartezeiten kommen.

Der Fährhafen von Tanger liegt unterhalb der Kasbah der Stadt; Autofahrer verlassen die Fähre und fahren direkt über die Avenue d'Espagne und deren Verlängerung Avenue des F.A.R. in die Innenstadt. In Tanger kann man seine Reise entweder über Tetouan und das westliche Rif in Richtung Mittelmeerküste oder über Asilah und Larache in Richtung nördliche Atlantikküste beginnen lassen; beide Strecken sind gut ausgebaut und ausgeschildert.

... mit dem Bus

Von zwei Fahrern in fliegendem Wechsel gesteuerte Direktbusse der CTM-LN fahren etwa zweimal wöchentlich von Paris über Tours, Bordeaux, Burgos, Madrid, Algeciras, Tanger, Casablanca, Marrakesch, Agadir bis Tiznit. Die Fahrtzeit von Paris bis Agadir beträgt etwa zweieinhalb Tage. Auskunft und Buchung über Eurolines (www.eurolines.fr).

Etliche deutsche Großstädte sind über die zwei- bis dreimal wöchentlich verkehrenden Europabus-Linien etwa mit den Städten Tanger und Casablanca verbunden. Informationen und Reservierungen über die Deutsche Touring Gesellschaft (Am Römerhof 17, 60486 Frankfurt am Main, Tel. 069-790 30, www.touring.de).

... mit der Bahn

Von Paris (Gare d'Austerlitz) aus verkehren im Sommer täglich zwei Direktzüge bis zum spanischen Fährhafen Algeciras (über Bordeaux und Madrid). Die Fährverbindung nach Tanger, auf diesen Zug abgestimmt, hat direkten Bahnanschluss weiter nach Casablanca (Gare du Port). Die Fahrtzeit von Paris nach Tanger beträgt etwa 40 Stunden, bis Casablanca etwa 48 Stunden. Anschlüsse an diese Zugverbindung bestehen ab Frankfurt am Main (nach Paris Gare de l'Est) und ab Köln (nach Paris Gare du Nord).

Für Reisende unter 26 Jahren gibt es erhebliche Preisnachlässe.

Verkehrsmittel in Marokko

Inlandsflüge

Marokko verfügt über ein dichtes Inlandflugnetz, Zentrum der Inlandsverbindungen ist der Flughafen Casablanca-Mohamed V in Nouasseur. Selbst kleinere Städte, auch in der Westsahara, sind per Flugzeug erreichbar. Die meisten Inlamdverbindungen wickeln die Royal Air Maroc (Zentrale: 44, Av. des F.A.R., Casablanca, Tel. 022-31 41 41, www.royalairmaroc.com) und deren Tochtergesellschaft Royal Air Inter ab. Die Tarife sind moderat, für Kinder unter zwölf, Jugendliche unter 22 und Studenten unter 26 Jahren gibt es Sondertarife. Inlandsflüge empfehlen sich besonders für Reisende, deren Reisezeit beschränkt ist und die größere Distanzen schnell zurücklegen wollen.

Wer seinen Marokkoflug über die Royal Air Maroc gebucht hat, kann Anschlussflüge bereits in Deutschland mitbuchen. Schon um die grandiose Landschaft einmal aus der Vogelperspektive zu erleben, sollte man wenigstens einen Inlandsflug in Betracht ziehen und sei es eine Kurzstrecke über den Hohen Atlas von Marrakesch nach Ouarzazate.

Busse

Busfahren ist die ideale Art, in Marokko zu reisen: Zwischen den großen Städten bestehen häufige, zumeist pünktlich bediente Verbindungen, die Fahrer sind fast immer echte Könner am Lenkrad, selbst sehr abgelegene Regionen und kleine Orte sind über das Busnetz problemlos zu erreichen. Zwischen Tanger und Dakhla, zwischen Essaouira und Figuig kann man fast jeden Weiler, jedes Dorf, jede Oase per Bus ansteuern.

Die Tarife liegen, je nach Gesellschaft, um die 0,30 bis 0,40 DH pro km. Zahlreiche private Busgesellschaften konkurrieren mit der staatlichen CTM-LN (Compagnie de Transports marocaine – Lignes nationales, www.ctm.co.ma), die auf einigen Strecken in Südmarokko von der SATAS (Société anonyme des Transports automobiles du Souss) vertreten wird. Die in der Regel klimatisierten CTM-Busse übertreffen die Busse der Privatgesellschaften an Geschwindigkeit und Komfort. Grundsätzlich sollte man Langstrecken besser mit der CTM fahren: Die staatliche Gesellschaft nutzt die bereits fertiggestellten Autobahnteilstrecken, die Privatlinien haben bisweilen wenig vertrauenerweckende Veteranen im Einsatz, die zudem, zumal an Markttagen, häufig auf offener Strecke halten, was die Reisegeschwindigkeit drastisch reduziert.

Zumeist, aber eben keineswegs immer, steuern CTM und Privatgesellschaften den selben Busbahnhof an. Die Busbahnhöfe, die rund um die Uhr von fliegenden Händlern, Essensverkäufern, Musikanten und Bettlern umlagert sind (hier findet man auch einfache Restaurants und unklassifizierte Billighotels), liegen meist am Rand der Medinas oder im Zentrum bzw. an einer belebten Ausfallstraße der Neustadt. Die Fahrscheine können am Schalter, aber auch erst im Bus selbst gekauft werden; Vorausbuchungen sind in der Regel nur für wenig befahrene Langstrecken der CTM erforderlich. Auf Langstrecken werden alle paar Stunden einfache Restaurants angesteuert, wo man Proviant einkaufen und sich auf dem Souk erstandenes Fleisch grillen lassen kann.

Tipp: Die CTM-Busse haben keine Dachgepäckträger; wer Fahrräder transportieren will – in Marokko kein Problem – muss mit den Privatgesellschaften vorliebnehmen.

Züge

Das marokkanische Eisenbahnnetz – geplant ist u. a. eine Schienenverbindung von Marrakesch über Agadir bis Laayoune – umfasst derzeit etwa 2500 km. Vor allem in den nördlichen Landesteilen sind Züge eine wirkliche Alternative zum Busfahren. Marokkanische Züge sind sauber, zumeist auf die Minute pünktlich, die Schnellzüge (*rapids*) legen je nach Strecke 50–80 km/h zurück, der *ordinaire* freilich kommt bisweilen über 40 km/h nicht hinaus. Nachtzüge führen zuschlagpflichtige Liegewagen, Platzreservierungen sind möglich, an den Bahnhöfen gibt es Fahrplanbroschüren. Zumeist führen die Züge keine Speisewagen mit sich, es gibt aber Bahnangestellte, die mit Essenswägelchen (Snacks, Sandwiches, Getränke) durch die Abteile ziehen. Die marokkanische Eisenbahn (Office national du Chemins de Fer) ist ein Staatsunternehmen (www.oncf.ma).

Unschlagbar ist die in etwa im Stundentakt bediente Schnellzugverbindung Rabat–Casablanca (Fahrtzeit: 54 Minuten). Wichtige Nord-Süd-Verbindungen bestehen zwischen Tanger und Casablanca, Casablanca und Marrakesch, Tanger und Meknes, Oujda und Bouarfa; die wichtigen West-Ost-Verbindungen sind die Strecken Casablanca–Meknes und Meknes–Oujda. Der wichtigste Eisenbahnknotenpunkt und Umsteigebahnhof ist die Kleinstadt Sidi Kacem.

Die Tarife liegen in der ersten Klasse etwa bei 0,40 bis 0,50 DH pro km; für Schnellzüge wird ein geringer Zuschlag erhoben. Das Interrailticket für junge Leute unter 26 Jahren ist auch in Marokko gültig.

Eisenbahnfahren ist in Marokko eine gemächliche, stressfreie und sehr zuverlässige Variante des Fortkommens, gut geeignet etwa für ältere Reisende oder Familien mit (kleinen) Kindern.

Sammeltaxis

Eine wichtige Alternative zum Busnetz sind die überall in Marokko, vor allem zwischen den großen Städten, eingesetzten Sammeltaxis (*taxi collectif*), zumeist Mercedes-Diesel-Limousinen älterer Bauart. Die Standorte der Sammeltaxis sind in der Regel bestimmte Areale in oder vor den Busbahnhöfen, zentrale Marktplätze oder bestimmte, am Anfang wichtiger Ausfallstraßen gelegene Tankstellen. Sie starten erst, wenn sämtliche Plätze besetzt sind – oder wenn ein Fahrgast bereit ist, für die noch freien Plätze zu zahlen. Auf dem Beifahrersitz werden zwei, im Fond vier Passagiere untergebracht!

Als Faustregel bei den Tarifen gilt, etwa 35–40 DH pro 100 km zu kalkulieren, auf Gebirgsstrecken und Wüstenpisten auch etwas mehr. In Südmarokko, etwa südlich von Tan Tan, auf versandeten Wüstenpisten und schwierigen Gebirgsstrecken, werden häufig Landrover als Sammeltaxis eingesetzt.

Reisen im Sammeltaxi ist besonders auf häufig befahrenen (Lang-)Strecken eine zügige, wenn auch bisweilen nicht gerade komfortable Art, um von A nach B zu kommen.

Mietwagen

Kaum ein Markt in Marokko ist so umkämpft wie der Mietwagenmarkt, wo sich seriöse Anbieter zunächst kaum von zwielichtigen Geschäftsleuten unterscheiden lassen; die Preise für die gleichen Wagentypen differieren je nach Stadt, Region und Saison ganz erheblich.

In jedem Fall sollte man vor Abschluss des Mietvertrags eine kurze Probefahrt machen, den Zustand von Reifen und Ersatzreifen, das Bremssystem, die Schaltung, Lenkung und

Elektrik überprüfen und sich etwas Bordwerkzeug sowie einen Wagenheber mitgeben lassen.

Die Tarife sind in der Regel aus einer Tagespauschale sowie einer festen Summe pro Kilometer kombiniert. Dazu kommt eine Versicherungspauschale und, oft nur verschämt-unauffällig im Kleingedruckten ausgewiesen, ein Mehrwertsteuersatz von 19 % der Gesamtsumme. Gelegentlich wird eine Kaution verlangt; bei größeren Firmen besteht oft die Möglichkeit, den Wagen an einem anderen Ort als dem Mietort abzugeben – bisweilen werden dafür spezielle Gebühren berechnet.

Es empfiehlt sich, Dreitages- oder Wochenpauschalen ohne Kilometerbegrenzung auszuhandeln. Für Tagesausflüge ist es häufig günstiger, ein Sammeltaxi mit Fahrer zu einer festen Pauschale zu mieten, besonders dann, wenn man mit mehreren Personen unterwegs ist. Neben einer riesigen PKW-Palette, die vom Fiat Uno bis zur Mercedes-S-Klasse reicht, werden auch Minibusse und Landrover (vor allem in Ouarzazate, Er Rachidia, Erfoud und Zagora) sowie Motorräder (in Agadir und Marrakesch) angeboten.

Überall, wo die Konkurrenz besonders hart ist, spiegelt sich dies in der Preispolitik: In Casablanca sind die Tarife vergleichsweise günstig, in der Provinz vergleichsweise teuer. Gerade beim Abschluss eines Mietwagenvertrages sollte man überlegen, ob man ein Auto in Marokko oder bereits über einen international tätigen Anbieter in Deutschland anmietet. Wer sich zutraut, bei den Preisverhandlungen Härte zu zeigen, die Preise vor Ort auf eigene Faust vergleichen zu können und vor allem die Mehrwertsteuer anderweitig ›verrechnen‹ zu lassen – in Marokko ist alles möglich –, der sollte sich getrost ins Getümmel des Marktes begeben. Wer in der Nach- und Nebensaison antritt, etwa im Januar/Februar oder im Oktober/November, hat bei den Preisverhandlungen schon einmal recht gute Karten.

Autofahren

Straßenzustand

Das marokkanische Straßennetz gehört zu den dichtesten und besten in ganz Afrika. Geländegängige Fahrzeuge sind lediglich für abgelegene Gebirgsregionen, extreme Steigungen und einige Wüstenpisten erforderlich. Trotz des insgesamt hervorragenden Zustands der Asphaltstraßen kann es immer wieder zu Situationen kommen, in denen der Autofahrer auf gut ausgebauten Überlandstrecken urplötzlich auf ein kurzes, fürchterliches, von tiefen Schlaglöchern zerklüftetes Teilstück gerät, auf dem eine äußerst vorsichtige Fahrweise geboten ist.

Die wichtigen Passstraßen über den Tizi n'Test und den Tizi n'Tichka sind derzeit (2006) in gutem Zustand; bei einsetzendem Schneefall werden diese Strecken sehr zügig geräumt, Gleiches gilt für die N 13 durch den Mittleren Atlas.

Verkehrsregeln

Von wenigen Ausnahmen abgesehen (so gilt die Vorfahrtsregel rechts vor links auch im Kreisverkehr und für viele Nebenstraßen, Rechtsabbiegen ist auch bei roter Ampel möglich) entsprechen die Verkehrsregeln den mitteleuropäischen. Die Verkehrsschilder sind zumeist auf Arabisch und Französisch beschriftet. Die Beschilderung mag einem öfters etwas unorthodox vorkommen, ist aber zur Orientierung hinreichend eindeutig. Die Promillegrenze beträgt 0,0!

Marokkanische Autofahrer zeichnen sich nicht eben durch Umsicht und Rücksicht aus, ein defensiver Fahrstil ist dringend geboten. Unbeleuchtete Lastwagen, ungesicherte Baustellen, Schlaglöcher, sorglose Fußgänger und Radfahrer, Tiere auf der Straße, lebensmüde Dreiradchauffeure und schlingernde Eselskarren machen besonders längere Nachtfahrten sehr anstrengend.

Der Verkehr in Marokko folgt seinen eigenen Regeln

Sperrzonen

Wie die marokkanische Botschaft bestätigt, gibt es derzeit (Stand 2006) keine Sperrzonen im Land. Seit 1994 sind einige Grenzübergänge nach Algerien geschlossen; wer nach Algerien weiterreisen will (Visumpflicht!), sollte sich sowohl über die aktuelle Sicherheitslage als auch über die Situation an den Grenzposten bei der Botschaft oder, besser noch, bei den lokalen Polizei- und Militärdienststellen informieren.

Die Küstenstraße N 1 ist inzwischen fast bis in den Grenzort La Gouera asphaltiert. Eine Weiterreise auf dem Landweg nach Mauretanien ist, anders als früher, heute möglich. Zweimal wöchentlich (in der Regel Di und Fr) startet in Dakhla ein Fahrzeugkonvoi in die nordmauretanische Hafenstadt Nouadhibou. Der Konvoi wird bis zur Grenze von marokkanischem, dann von mauretanischem Militär begleitet. Für die stellenweise sehr schwierige Piste benötigt man in jedem Fall Wüstenausrüstung, Sandbleche und ausreichende Wasser- und Treibstoffvorräte. Man sollte, gerade in dem Streifen Niemandsland zwischen beiden Staaten, auf keinen Fall von der Piste abweichen: Das grenznahe Gelände in der Westsahara ist stellenweise vermint!

Bundesbürger benötigen für die Einreise nach Mauretanien ein Visum; in Nouadhibou ist mit längeren, intensiven Kontrollen zu rechnen. An der Atlantikküste führen zwei sehr schwierige Pisten von Nouadhibou in die mauretanische Hauptstadt Nouakchott. Ohne

Wüstenausrüstung und im Alleingang sollte man diese Tour auf keinen Fall in Angriff nehmen. Von Nouadhibou kann man auf Palettenwagen Fahrzeuge bis Choum per Zug transportieren, von dort führt eine gute Piste bis Atar, dann problemlose Weiterfahrt (ab Akjoujt Asphaltstraße) bis Nouakchott; Landrover-Sammeltaxis und LKW-Transfers von Nouadhibou nach Nouakchott.

Polizei

Für Verkehrsangelegenheiten ist die Gendarmerie royale zuständig, für Kriminalfälle die Sûreté. Bei Überlandfahrten muss besonders an großen Kreuzungen und wichtigen Ausfallstraßen mit Polizeikontrollen gerechnet werden; bisweilen werden Nagelgurte über die Straße gelegt! Man sollte bei allen Fahrten im Land außer den Wagenpapieren auch den Reisepass mitführen. Die marokkanische Polizei ist Einheimischen gegenüber nicht gerade zimperlich, zu Ausländern aber meist sehr korrekt. Falls man zu einer Kontrolle angehalten wird, sollte man den Anweisungen der Polizeibeamten strikt Folge leisten – und sich mit Diskussionen zurückhalten. (Notrufnummern: Polizei [in Städten]: 19, Gendarmerie [auf der Strecke]: 177.)

Autobahngebühren

Mautpflichtige Autobahnteilstrecken bestehen von Asilah bis Casablanca sowie von Fès (über Meknes) nach Rabat; die Verbindung Casablanca–Marrakesch ist bis Settat fertiggestellt. An Mautkosten sind um die 35 DH pro 100 km zu kalkulieren.

Parken

In den Innenstädten der Metropolen sind fast überall die aus Mitteleuropa vertrauten Parkuhren installiert; gegen Parksünder geht die Polizei, etwa in Casablanca und Marrakesch, recht rabiat mit Parkkrallen vor, die die Räder des Fahrzeugs blockieren. Geöffnet werden die Parkkrallen erst, wenn man seine Strafzettel bezahlt hat.

Ansonsten agiert in den Großstädten ein Heer von Parkplatzwächtern, die offiziellen sind am blauen Overall und einer Plakette kenntlich. Die Wächter weisen in freie Parkplätze ein, helfen beim Rangieren und wachen über die abgestellten Autos; beim Wegfahren zahlt man ihnen ein paar Dirham. Auch ›bessere‹ Hotels haben rund um die Uhr bewachte Parkplätze, den Wächtern sollte man einen Obolus für ihre Dienste geben. Selbst in abgelegenen Dörfern bieten sich oft kleine Jungen als Parkplatzwächter an; auch wenn eine Bewachung hier nicht unbedingt nötig ist, sollte man sich mit einem kleinen Geschenk (überaus beliebt sind zumeist Kugelschreiber) erkenntlich zeigen.

Tanken

Das Tankstellennetz in Städten, an Hauptstraßen und an der Atlantikküste ist recht dicht. In den Atlasregionen, im südlichen und östlichen Wüstenvorland sind Tankstellen recht dünn gesät, hier sollte man rechtzeitig volltanken und eventuell einen Reservekanister mitführen. Bleifreies Benzin (*sans plomb*) ist in Marokko inzwischen fast flächendeckend erhältlich. Die Spritpreise lagen 2006 etwa 30 % unter dem deutschen Preisniveau!

Reparaturen

Autoreparaturen sind wegen der niedrigen Löhne meist relativ billig. Die Suche nach Ersatzteilen für deutsche Marken kann recht schwierig sein. Allerdings verblüffen marokkanische Automechaniker immer wieder durch ein unglaubliches Improvisationstalent. Es empfiehlt sich, die gängigen Verschleißteile, ausreichendes Werkzeug sowie einen Reservekanister mitzunehmen.

Unfall

Bei einem Unfall sollte man auf einem möglichst französischsprachigen polizeilichen Unfallprotokoll bestehen. Marokkanische Autofahrer sind häufig gar nicht oder nur unzureichend versichert, weshalb sich der Abschluss eines Auslandsschutzbriefes und/oder einer Reisekaskoversicherung empfiehlt. Pannenhilfe leistet der Straßenhilfsdienst Amal Assistance in Kooperation mit dem Touring Club du Maroc (3, Av. des F.A.R., Casablanca, Tel. 022-36 44 36, 022-39 20 03). Notrufnummer, Unfallhilfe: 15.

Papiere

An Kraftfahrzeugpapieren sind Führerschein (ein internationaler Führerschein ist für Marokko nicht erforderlich, meistens auch nicht zum Mieten eines Autos), Kraftfahrzeugschein und die internationale grüne Versicherungskarte, die unbedingt für Marokko gültiggeschrieben sein muss, mitzuführen. Fahrzeuge werden bei der Einreise in den Pass eingetragen; für Wohnwagen, Anhänger und Motorboote ist ein *carnet de passage* vorgeschrieben, das bei den Automobilclubs erhältlich ist.

Nahverkehr

Taxen

Zu unterscheiden sind die mit Taxametern ausgestatteten, in jeder Stadt in einer anderen Farbe lackierten Stadttaxis (*petit taxi*) und die großen, als Sammeltaxi eingesetzten Mercedes-Limousinen, die die Überlandstrecken abfahren (*grand taxi*); ein *grand taxi* hat im Prinzip in der Innenstadt nichts zu suchen. Die Tarife sind, gemessen an europäischen Maßstäben, geradezu spottbillig. Wer sich in einer Stadt nicht auskennt, sollte den Fahrer auffordern, den Taxameter einzuschalten; wer das Gelände und die Preise kennt, kann versuchen, mit dem Fahrer einen Fixpreis auszuhandeln, dann bleibt der Taxameter ausgeschaltet. In einigen Kleinstädten, allerdings auch in der Großstadt Ouarzazate, gelten feste Pauschalen im Stadtgebiet. Nachts, oft schon ab 20 Uhr, gelten bis zu 50-prozentige Nachtzuschläge.

Stadtbusse

Der öffentliche Personennahverkehr wird in Marokko – U-Bahnen oder Straßenbahnen sind im Land unbekannt – mit Bussen abgewickelt, für den europäischen Tourist vielleicht zunächst recht gewöhnungsbedürftig, im afrikanischen Vergleich aber geradezu komfortabel.

Die städtischen Linienbusse, die zumeist nur bis etwa 21 Uhr verkehren, fahren die wichtigsten innerstädtischen Routen ab, sie sind während der Rushhour hoffnungslos überfüllt und halten sich kaum an feste Fahrpläne. – Im Zweifelsfall ist es wohl doch besser ein Stadttaxi zu nehmen.

Die in diesem Band genannten Doppelzimmerpreise beziehen sich immer, falls nicht anders angegeben, auf die Übernachtung ohne Frühstück.

Hotels

Das Tourismusministerium in Rabat bewertet in einem jährlich erscheinenden Prospekt die Hotels des Landes nach einer von eins bis fünf reichenden Sternchenklassifizierung, die freilich wenig hilfreich ist und europäischen Maßstäben in keiner Weise standhält: Gerade in der Viersternekategorie finden sich zuhauf abgewirtschaftete Traditionshäuser, die offenbar seit Jahren nicht mehr überprüft wurden. Umgekehrt gibt es entschieden sternchenverdächtige Neueröffnungen, die in dem Raster der Klassifizierung nicht einmal erwähnt werden. Im Ganzen taugt dieses Bewertungsschema also allenfalls als grobe, nicht jedoch als zuverlässige Voraborientierung.

Die Preise für Einzel- und Doppelzimmer, Suiten und Mahlzeiten müssen per Aushang an der Rezeption bekannt gegeben werden, hier liegt auch – im Prinzip – ein Beschwerdebuch aus, in das Reklamationen eingetragen werden können. Es ist durchaus üblich, selbst in ›besseren‹ Etablissements, beherzt nach einem *bon prix* zu fragen, nach Preisnachlässen, etwa in der Nebensaison oder für einen mehrtägigen Aufenthalt. Die Anbieter von Pauschalreisen, die mit ihren Gruppen freilich ganze Trakte oder Stockwerke größerer Hotels belegen, zahlen einen Bruchteil des an der Rezeption angezeigten Übernachtungspreises. Einzelzimmer sind, besonders in Etablissements gehobenen Standards, kaum günstiger als Doppelzimmer. Auf die Zimmerpreise wird eine geringe Kommunal- und Tourismussteuer aufgeschlagen, die fast immer separat ausgewiesen wird.

Hotelfrühstück (*petit dejeuner*) und Mittag- oder Abendessen (*menu touristique*) gehen fast immer extra – es sei denn, man hat in ein Halb- oder Vollpensionsangebot eingewilligt. Strandhotels sind in der Regel teurer als Innenstadthotels. Unter dem Etikett »Kasbahhotel« firmieren besonders im Südosten des Landes meist neuere Unterkünfte, die architektonisch den Kasbah-Stil mit seinen Ecktürmen, der Karreeform und den in erdigen Farbtönen gehaltenen Fassaden wieder aufleben lassen. Es finden sich potthässliche Neubauklötze aber auch ausgesprochen gelungene Exemplare in dieser Kategorie.

In der Einsterneklasse – gerade hier gibt es enorme Differenzen zwischen üblen Bruchbuden und sehr passablen Herbergen – sollte man mindestens eine saubere Bettstatt, eine funktionierende Dusche und ein Grundmobiliar vorfinden. In der Zweisterneklasse findet sich diese Ausstattung in der Regel in einer komfortableren Variante, eventuell mit eigenem Badezimmer, Fernseher und Telefon. Die Dreisterneklasse tummelt sich in einer gediegenen Mittelklasse, dem Hotel sind hier zumeist Restaurant, Café und Bar angegliedert, eventuell auch ein Pool. Die Viersternehäuser warten mit geräumigen Zimmern, edlem Mobiliar, Sport- und Wellnessangeboten, eventuell auch mit Hoteldisko und Läden auf. Die Fünfsterneetablissements, oft in üppig wuchernde tropische Gartenanlagen oder in Gipfellage mit Panoramaterrassen, verfügen meist noch über Saunen und Hamams, Konferenztechnik und Kongresssäle, exquisite À-la-carte-Gastronomie und angesagte Nachtklubs. In der Fünfsterne-de Luxe-Klasse schließlich rangieren jene Häuser, in denen der Jetset zu logieren beliebt und die vielleicht gar ein Spielcasino ihr Eigen nennen.

Riads

Ein Riad – die Definition ist nicht ganz leicht – ist ein der klassischen antiken Patioanlage nachempfundenes, in der Medina gelegenes, mehrgeschossiges historisches Haus mit Terrassen und Dachgarten, das auf einen meist gefliesten und bepflanzten, zentralen Innenhof hin ausgerichtet ist. *Riads* waren im 18., 19. und frühen 20. Jh. Patrizierhäuser, prunkvoll eingerichtet und kostbar möbliert, die Residenzen von Paschas und Wesiren, vermögenden Kaufleuten und bourgeoisen Honoratioren. Erwerb und oft aufwendige Restaurierung dieser Riads haben – besonders in Marrakesch, Fès und Essaouira – seit den 1990er-Jahren zu einem bemerkenswerten Hype auf dem marokkanischen Immobilienmarkt geführt. Es sind dabei weniger Spekulanten, die sich auf diesem Markt tummeln, als vielmehr Marokkokenner und -liebhaber wie der frühere deutsche Botschafter Herwig Bartels, die mit Sachverstand und dem nötigen Kleingeld darangehen, die oft verrottete Bausubstanz vor dem Verfall zu retten.

Häufig ohne Steuernummer und damit dem Zugriff des Fiskus entzogen, laufen etliche dieser Riads – allein in Marrakesch soll es um die 1100 geben – unter der Fiktion, dass hier ein privates Gästehaus betrieben wird. Die Riads haben sich längst zu einer echten Alternative gegenüber dem standardisierten Hotelkomfort der 500-Zimmer-Häuser entwickelt. Familiäre Atmosphäre, diskreter Luxus, stilvolles Ambiente, erhabene Stille sind die Trümpfe dieser Art des Wohnens, die inzwischen auch mehr und mehr den Individualtouristen mit geringem Budget offensteht. Was vor Jahren ein Privileg der Eingeweihten war, ist heute ein gängiges touristisches Angebot. Manche Riads, zumal in Marrakesch, fordern ausgesprochen moderate Preise.

Man muss die arabische Medina mögen, ihre verwinkelten Gassenlabyrinthe, ihre klaustrophobische Enge, ihr höhlenartiges Dunkel, wenn man mit Genuss in einem Riad logieren will. Ein echter Riad liegt immer in der Medina; oder umgekehrt, ein Riad in der Neustadt ist kein Riad, sondern ein Neubau, der sich so nennt. Man sollte daher Etiketten wie »Riad«, »Maison d'Hôtes«, »Hotel du Charme« u. ä. mit Misstrauen begegnen. Der bisweilen bemühte Begriff »Riad-Hotel« ist eigentlich nichts anderes als sein eigenes Dementi.

Die Riad-Zimmer öffnen sich auf einen zentralen Innenhof, der oft, nach oben offen, als arabischer Garten mit Springbrunnen angelegt ist; die Bewohner sind hier nicht anonyme Hotelgäste, sondern Mitglieder einer Hausgemeinschaft. Die Innenräume sind häufig stilvoll mit Antiquitäten möbliert, während die Badezimmer sich der Technik der Moderne öffnen. Zumeist speisen die Riad-Gäste im Haus, die Küche, oft von erfahrenen Expertinnen des Metiers betrieben, kann sich in der Regel sehen – und vor allem schmecken lassen.

Wohnen im Riad – dies ist eine urmarokkanische Variante der Unterkunft, die auch der einmal kennenlernen sollte, der sich eigentlich in der Medina nicht zuhause und wohlfühlt. Im Routenteil dieses Buches wird mehrfach detailliert auf Riad-Angebote verwiesen. Die wohl ergiebigste Website zum Reservieren und Buchen ist www.riadomaroc.com.

Apartments

Eine Alternative für Langzeittouristen, die besonders in Agadir und Marrakesch einen weitgefächerten Markt an *residences touristiques* vorfinden. Detailinformationen sind über die jeweilige Délégation du Tourisme oder über die C.R.T.-Filialen erhältlich.

Campingplätze

Etliche Campingplätze, vor allem an der Atlantikküste um Agadir, sind heute eher Stellplätze für Wohnmobile als klassische Campinganlagen. In Südmarokko gibt es hinreißend gelegene Campingplätze mit passablen

Riads: eine Alternative zum genormten Hotelkomfort

sanitären Anlagen. Da die Qualität erheblichen und abrupten Schwankungen unterworfen ist, sollten sich Camper und Touristen mit Wohnmobilen an die Büros der jeweiligen Délégation du Tourisme wenden. Gute Informationen zu Campingplätzen in der Region, auch in der Dades- und Todrhaschlucht, erhält man in Ouarzazate. Der Standard der marrokanischen Campingplätze hat sich im Dra- und Ziztal sowie an der Route des Kasbahs zuletzt deutlich verbessert. Dort gibt es die landschaftlich schönsten Plätze. (Detaillierte Angaben zu Campingplätzen s. Edith Kohlbach, »Campingführer Marokko«, 2006.)

Golf

Durch die Passion der Könige Hassan II. und Mohamed VI. sowie von dessen Bruder Moulay Rachid hat der Golfsport seit den 1990er-Jahren im Land einen ungemein rasanten Aufschwung erlebt. Die Royal Golfs, oft hinreißend gelegene und landschaftsgärtnerisch imposante Anlagen, sind öffentlich zugänglich, wobei Golfer einen Handicapnachweis erbringen müssen. Die Greenfees betragen um 500 DH, in den meisten Anlagen können Schläger, Caddies und Elektroautos gemietet werden. Häufig sind den Golfplätzen Royal-Golf-Hotels – zumeist vom Feinsten – angeschlossen.

Die größten und schönsten Golfplätze befinden sich in Agadir (Royal Golf, Golf Les Dunes, Golf du Soleil), Marrakesch (Royal Golf, Golf de la Palmeraie, Royal Golf d'Amelkis), Ouarzazate (Royal Golf), Tanger (Royal Golf) sowie in den Königsstädten Rabat (Royal Golf Dar Es-Salam), Meknes (Royal Golf) und Fès (Royal Golf). Informationen erteilt die Fédération royale marocaine de Golf in Rabat (Tel. 037-75 59 60 oder 037-75 56 36). Über das Marokkanische Fremdenverkehrsamt in Düsseldorf ist eine reich illustrierte Broschüre zu den Golfplätzen des Landes erhältlich.

Ski fahren

Die marokkanischen Wintersportzentren (Schlepp- und Sessellifte, diverse Abfahrt- und Langlaufmöglichkeiten) liegen um Oukaimeden (dort auch Verleih von Skiausrüstung) im Hohen sowie um Mischliffen im Mittleren Atlas. Je nach Schneeverhältnissen dauert der Liftbetrieb von November/Dezember bis März/April. Informationen, auch über Langlaufloipen, über die Fédération royale marocaine de Ski et Montagne (Parc de la Ligue Arabe, Casablanca, Tel. 022-20 37 98, Fax 022-47 49 79, frmsm@iam.net.ma).

Trekking/Bergsteigen

Trekkingtouren zu Fuß oder auf Skiern, Maultierexkursionen, Kletterpartien, für derlei Aktivitäten bieten sich die landschaftlich überwältigenden Atlasmassive an. Ein guter Ausgangsort für Touren in den Hohen Atlas ist Marrakesch, dort hat sich das direkt an der Djemaa El Fna gelegene Hotel Ali als Kontaktbörse etabliert, wo man Bergführer aus der Region treffen und Details einer geplanten Wanderung absprechen kann. In jedem Fall empfiehlt es sich, im Winter Informationen über die aktuellen Wetterverhältnisse einzuholen sowie schwierige Parcours nur in Begleitung eines Bergführers anzugehen.

Eine Menge hilfreicher Informationen, Adressen, Telefonnummern und E-Mail-Verbindungen finden sich in der Broschüre »Ma-

Genuss pur: Golfen in Marokko

roc. Tourisme de montagne et du desert« (zuletzt 2004/05 neu aufgelegt, derzeit nur auf französisch erhältlich), die vom Tourismusministerium in Rabat vertrieben wird und nach den Regionen Toubkal, Mgoun, Haut Atlas oriental, Saghro, Sirwa, Antiatlas, Mittlerer Atlas und Rif aufgefächert ist.

Thalassotherapie

In Casablanca, Tanger, Essaouira (Sofitel Mogador) und Agadir bestehen Luxushotelkomplexe, in denen verschiedene Formen von Thalassotherapie angeboten werden. In Moulay Yacoub, etwa 20 km nordwestlich von Fès gelegen, ist eine landesweit berühmte Thermalstation mit medizinischer Versorgung an einen Hotelkomplex angegliedert (s. S. 198).

Wassersport

Gute Surfmöglichkeiten bestehen in Essaouira, in Sidi Kaouki, Agadir, um Taghazoute und an den Stränden der Plage blanche südwestlich von Sidi Ifni; Surfschulen gibt es in Essaouira und Agadir. Möglichkeiten zum Wasserskifahren, Segeln und Gleitschirmfliegen werden hauptsächlich in der Strandzone von Agadir angeboten. Informationen für Surfer unter www.windsurfing-morocco.com.

Kajak-, Kanu, je nach Wasserstand auch Wildwasserfahrten sind in Abschnitten des Dades, des Draa, des Oued Tensift und des Oued Ourika möglich aber auch auf den Wildbächen des Hohen Atlas. Der Oum-Er-Rbia bietet eine Raftingstrecke von 60 km.

Infos über Segelreviere: Marokkanischer Segelverband, Rabat, Tel. 037-67 09 56.

Die nach Branchen gegliederten marokkanischen Souks präsentieren ein schier unübersehbares Warenangebot, in dem man nach Herzenslust stöbern kann. Marokkoneulinge tun gut daran, vor größeren Einkäufen ein Ensemble artisanal aufzusuchen; in den staatlichen Kunsthandwerks-Kooperativen sind die Waren mit Fixpreisen ausgezeichnet – eine gute Gelegenheit, sich über ein halbwegs realistisches Preisniveau zu informieren, bevor man auf den Basaren in konkrete Kaufverhandlungen eintritt.

Auch wenn auf den Märkten immer mehr Ramsch verhökert wird – im traditionellen marokkanischen Kunsthandwerk werden in Handarbeit bis heute wunderschöne Unikate gefertigt. Teppiche, Keramik, Metallwaren, Lederarbeiten, Holzschnitzereien, Gewürze, Lebensmittel sind die dominierenden Produkte, die in den Souks gehandelt werden; in den Königsstädten sind diesen Warengruppen spezielle Souks zugeordnet. Die Kissaria ist der Sektor der Souks, in dem wertvolle Textilien (aufwendig verarbeitete und verzierte Kaftane, Djellabahs und Burnusse) sowie besonders Gold- und Silberschmuck gehandelt werden.

Typische Mitbringsel/ Souvenirs

Die spitz zulaufenden marokkanischen Lederpantoffeln (*babouches*), Ledertaschen und -koffer, Lampen (Pergament oder fein gegerbtes Ziegenleder wird auf ein Metallgestänge gespannt, die Elektrik wird oft separat erworben), kleinere Möbelstücke (beliebt und gut geeignet für den Transport im Flugzeug sind aus getriebenen Kupferplatten und einem holzgeschnitzten, zusammenlegbaren Untergestell kombinierte Tische), Versteinerungen (besonders in der Region um Erfoud werden Fossilien angeboten, auch geschliffene runde Tischplatten, oft sehr schöne Muschel- und Schneckenversteinerungen), Keramik und Holzeinlegearbeiten (Essaouira etwa ist berühmt für Intarsien aus poliertem Thuya- und hellem Zitronenbaumwurzelholz) gehören zu den beliebtesten Souvenirs aus Marokko.

Teppichkauf ist eine Wissenschaft für sich. Interessenten sollten sich zumindest ein wenig mit dem Metier vertraut machen, um bei den Preisverhandlungen einen leidlich ebenbürtigen Part zu spielen. Man sollte sich mindestens nach der Herkunft eines Teppichs erkundigen, nach Verarbeitungsart, Wollsorten, Knüpftechnik und der Zahl der Knoten pro Quadratmeter fragen. Kennerschaft ist auch beim Kauf hochwertiger Designermode und bei Keramik gefordert.

Detaillierte Hinweise zu Einkaufsmöglichkeiten finden sich im Routenteil dieses Buches.

Besonders preiswerte Waren

Zollfrei einkaufen kann man in den spanischen Enklaven Ceuta und Melilla sowie in Laayoune in der Westsahara. In Marokko herrscht allgemein ein günstigeres, für etliche Warengruppen sogar erheblich günstigeres Preisniveau als in Deutschland, ohne dass sich dies exakt spezifizieren lässt. Entscheidend ist zweifellos, wie präzise Reisende über landesübliche Preise informiert sind – und welches Geschick, auch welche Hartnäckigkeit man beim Handeln und Feilschen entwickelt.

Wer größere Einkäufe tätigen will, sollte eventuell zuverlässige einheimische Freunde zu den Preisverhandlungen mitnehmen oder sich gezielt nach aktuell geltenden Preisen erkundigen. Recht aufschlussreich kann auch ein Besuch in einem der riesigen, meist an die Peripherie der Großstädte ausgelagerten Marjane-Supermärkte sein.

Nachtleben

Vom Ramadan, der seine ganz eigenen Zeitrhythmen hat, einmal abgesehen, erlischt ein öffentliches Nachtleben in den kleineren Städten und auf dem Land in der Regel gegen 22 Uhr. Einfache Restaurants in den Altstädten und abseits der Hotelzonen schließen zumeist zwischen 22 und 23 Uhr. Selbst in größeren Städten wie etwa Tetouan, Essaouira, Er Rachidia, Laayoune oder Ouarzazate konzentriert sich so etwas wie Nachtleben nur auf ein paar Hotelbars, die meist gegen Mitternacht dichtmachen. In Rabat, Meknes und Fès gibt es hingegen einige einschlägig bekannte Trinkerkneipen (besonders in Meknes) sowie die ein oder andere angesagte Hoteldisko.

Diskogänger finden allenfalls in Tanger, Casablanca (Ain Diab), Marrakesch und Agadir ein veritables, schillerndes Nachtleben; hier kann sich, wer will, die Nacht bis zum Morgengrauen um die Ohren schlagen. Marokkanische Diskotheken sind fast immer ein räumlich separates Anhängsel großer Hotels. Gesichtskontrolle durch Türsteher, oft vergleichsweise hohe Eintrittsgebühren, gute Soundsysteme, bisweilen Lasershows, teure Preise für importierte Spirituosen, ein im Wesentlichen westlich-europäischen Gepflogenheiten verpflichtetes Beschallungsprogramm, seltene Liveauftritte von Bands, manchmal internationale DJ's, dies sind ein paar Stichworte zur Diskoszene.

In Diskotheken wie Hotelrestaurants wird Alkohol ausgeschenkt (hier existieren oft imponierend bestückte Bars bzw. reichhaltige Weinkarten), nicht aber in einfachen Restaurants in der Medina und oft auch nicht in den Riads.

Unter dem Etikett »Cabaret oriental« werden in den Großstädten Bauchtanzvorführungen dargeboten – ein häufig ausschließlich für Touristen arrangiertes, arg auf Folklore getrimmtes Spektakel. Vor der Ära des Tourismus war der Bauchtanz in Marokko weitgehend unbekannt und als öffentliches Ereignis geradezu verpönt.

Eine Theaterszene ist im Land fast unbekannt, renommierte Konzertsäle sind eine Rarität, selbst ausgewiesene Landeskenner wüssten vermutlich kein einziges Opernhaus von Rang zu nennen, Kinos sind oft von Hollywoodmainstream oder Bollywoodkitsch blockiert. Kurz, ausgehen beschränkt sich zumeist auf einen Restaurant-, Kneipen- oder Diskothekenbesuch, es sei denn, in der Stadt findet gerade ein Musik- oder Folklorefestival statt.

Les filles qui travaillent

Wer will, kann sich in Agadir die Nächte um die Ohren schlagen – und sollte wissen, was ohnehin unübersehbar ist: Die marokkanischen Schönheiten – nicht umsonst *les filles qui travaillent* genannt – sind nicht unbedingt zu ihrem Vergnügen in den Etablissements. Im Klartext: Prostitution in Marokko ist illegal und sozial geächtet; sie wird, besonders wenn Minderjährige betroffen sind, streng geahndet.

Und: Es gibt zwischen den Damen des Gewerbes (in Agadir zumeist aus anderen Regionen des Landes zugereiste Prostituierte) und der örtlichen Polizei mehr geheime Verbindungen, als Sie ahnen! Wer als Freier Kontakte ins Milieu riskiert, bleibt unter keinen Umständen unbeobachtet und beschwört eventuell massive Konflikte herauf. Die Tourismuspolizei, effizient, überaus wachsam und diskret im Hintergrund agierend, ist über ›Unregelmäßigkeiten‹ in der Regel bestens informiert – und schreitet, wenn es die Situation gebietet, unnachsichtig ein: Die jüngst in der einschlägig bekannten Residence Karam vorgenommene Razzia mit den anschließenden Verhaftungen hat in Agadir mächtig für Skandal gesorgt.

Alkohol

Der Koran untersagt den Muslimen den Genuss alkoholischer Getränke. Für den Alkoholausschank ist eine spezielle Lizenz erforderlich. In den großen Hotels und Restaurants der Touristikzentren wird überall Alkohol ausgeschenkt, in den Supermärkten der Neustädte gibt es regalmeterweise Spirituosen. Besonders in der Region um Meknes wird Wein angebaut; einheimische Rot- und Weissweine sind oft vorzüglich, ein Verkosten lohnt allemal.

Bakschisch (Trinkgeld)

Für Dienstleistungen aller Art, auch für kleine Gefälligkeiten wird – zumal in den Tourismushochburgen – ein Entgelt erwartet, das entweder barsch oder dezent eingefordert wird. Marokko ist ein vergleichsweise armes Land, in dem Touristen vielfach als unermesslich reich gelten.

Behinderte

Marokkoreisen sind grundsätzlich auch für Behinderte möglich, bedürfen aber einer gründlichen Vorbereitung und präzisen Planung. Manche Hotels, besonders in der Vier- und Fünfsternekategorie, sind behindertengerecht konzipierte Anlagen mit Rampen für Rollstuhlfahrer, geräumigen Lifts und entsprechend ausgestatteten Sanitäranlagen. Derartige Details sollte man freilich vor Reiseantritt über die Hotelrezeptionen klären und sich gegebenenfalls bestätigen lassen.

Auf den internationalen Flughäfen stehen für behinderte Passagiere Rollstühle bereit; es empfiehlt sich, auch dies vorab zu klären und zu organisieren. Sowohl in Hotels oder Restaurants als auch in der Öffentlichkeit können Behinderte in Marokko mit sehr viel Verständnis und vor allem mit einer großen, spontanen Hilfsbereitschaft rechnen.

Benimmregeln

Man sollte sich stets vergegenwärtigen, dass man Besucher eines islamischen Landes ist, dessen Moral- und Wertevorstellungen stark von europäischen Normen abweichen. Man sollte auch nicht vorschnell verurteilen, was einem zunächst widersinnig oder unverständlich vorkommt. Als Mann sollte man das in islamischen Zivilisationen geltende Prinzip der Geschlechtertrennung achten und grundsätzlich Distanz zu einer unbekannten Frau wahren, besonders dann, wenn sie verschleiert ist. Als Frau empfiehlt es sich die Garderobe wenigstens ansatzweise den islamischen Vorstellungen von Schicklichkeit anzupassen.

Alte Menschen werden stets besonders respektvoll behandelt, für die innerhalb der sozialen Codes enorm wichtigen Begrüßungsrituale sollte man sich ruhig einmal ein paar Minuten Zeit nehmen. In der Öffentlichkeit ausgetauschte Zärtlichkeiten gelten als geschmacklos; wer während des Ramadan tagsüber demonstrativ in der Öffentlichkeit nicht isst, nicht trinkt und nicht raucht, hat etliche Sympathiepunkte gemacht, ebenso werden selbst die geringsten Versuche, ein paar Worte Arabisch zu sprechen, gebührend honoriert.

Bettler

In einem Land, das weder eine gut ausgebaute Sozialfürsorge noch ein solide finanziertes Rentensystem kennt, müssen vor allem Alte und Kranke, besonders in den Großstädten, von Almosen leben. Bettler sehr verschiedener Couleur, durchaus auch dreiste Schnorrer, werden dem Reisenden überall in Marokko begegnen. Das Almosengeben ist in muslimischen Gesellschaften eher soziale Verpflichtung als gönnerhafte Herablassung. Auch Touristen sollten, wo die Bedürftigkeit offensichtlich ist, ihr Scherflein geben. Bettelnden Kindern dagegen sollte man kein Geld geben; wer einem Kind wirklich helfen will, sollte eher überlegen, dies im Sinne einer langfristigen Perspektive zu tun, etwa in der Übernahme einer Schulpatenschaft.

Dresscode

Marokkaner haben zumeist einen sehr feinen Instinkt für alle möglichen sozialen Schattierungen, wie sie sich – auch – in der Demonstration von Statussymbolen offenbaren. Für alle auch nur im Mindestens offiziellen Anlässe sollte man immer die beste Garderobe wählen, besonders wenn es sich um Geschäftskontakte oder Behördengänge handelt. Man ist im Übrigen gut beraten das Strandoutfit wirklich nur am Strand zu tragen; Frauen, die in Bikinis, oder Männer, die in Shorts und mit entblößter Brust durch eine Fussgängerzone flanieren, sind für Marokkaner – bestenfalls – lächerliche Figuren.

Drogen

Der Cannabisanbau in der Rifregion ist längst zu einem ökonomischen Faktor ersten Ranges geworden. Besonders Tanger, Tetouan und Chefchaouen sind inzwischen die Hauptumschlagplätze für Haschisch und Kif. Berüchtigt, weil hier die lokale Polizei mit den Dealern oft gemeinsame Sache macht, ist die Region um Ketama, wo mit allen möglichen Tricks Touristenautos zum Anhalten und die Insassen zum Kauf gezwungen werden.

Drogenbesitz, auch kleinster Mengen, ist in Marokko illegal und wird im Extremfall mit langjährigen Haftstrafen geahndet. Man sollte sich auf keinen Fall in irgendwelche Geschäfte mit Dealern verwickeln lassen, auch nicht für vermeintlich harmlose Kurierfahrten. Auch sollte man unbedingt vermeiden, dass das Auto, etwa bei Reparaturen oder ungeplanten Zwischenstopps, ›präpariert‹ werden kann. Es gilt zu bedenken, dass auch die Botschaften in Drogendelikte verwickelte Touristen diplomatisch nicht herauspauken können – und dass Bestechungsversuche zwar oft, aber keineswegs immer wirken!

Elektrizität

Die Netzspannung beträgt in neueren Gebäuden – und in fast allen Hotels – 220 Volt Wechselstrom, in alten Gebäuden gelegentlich noch 110 Volt. Die Steckdosen sind nach französischem Vorbild; deutsche Stecker passen nicht immer in die marokkanischen Steckdosen, Zwischenstecker sind im Fachhandel erhältlich.

Fotografieren

Filme und Batterien sind in Marokko relativ teuer, bisweilen sind die Verfallsdaten überschritten. Man sollte bedenken, dass in einem islamischen Land das Abbild des Menschen mit einem Tabu belegt ist. Bei Personenaufnahmen – dies gilt besonders für ländliche Gegenden, wo Frauen oft extrem fotoscheu sind – sollte man stets die Erlaubnis zum Fotografieren einholen. Oft erwarten die Porträtierten ein Trinkgeld. In unklaren Situationen sollte grundsätzlich die Devise gelten, auf ein Foto eher zu verzichten.

Betende Muslime sollte man auf keinen Fall aufnehmen, ebenso wenig alles, was auch nur im Entferntesten als militärisches Objekt gelten könnte (etwa Häfen, Brücken, Flughäfen, Camps). Auch wenn es offiziell keine Einschränkungen gibt: Es empfiehlt sich, in der Westsahara, vor allem im Großraum Laayoune, eher zurückhaltend zu fotografieren.

FKK

Nirgendwo in Marokko, auch nicht in einsamen Buchten, wo man sich unbeobachtet glaubt, sollte man nackt baden. Unbeobachtet ist man in Marokko oft gerade dann nicht, wenn man es sicher annimmt. Die Zurschaustellung des nackten Körpers ist in muslimischen Zivilisationen, gerade für ältere Menschen, eine ungeheure Provokation – und Blasphemie.

Frauen unterwegs

Anders als viele schwarzafrikanische Staaten ist Marokko für allein reisende Frauen ein vergleichsweise schwieriges und mitunter sehr anstrengendes Terrain. Marokko ist in vielen Kernbereichen des Alltags durchaus eine Männerwelt, in der ein ganz eigener, auf die Dauer sehr enervierender arabischer Machismo dominiert – was keineswegs ausschließt, dass Frauen im Land ihre spezifischen Bereiche, Einflusssphären und Kommunikationsstrukturen entwickelt haben.

Im schlimmsten Fall kann eine rüde Anmache in regelrechten Pöbeleien gipfeln; dann allerdings sollte sich eine allein reisende Frau nicht scheuen, resolut aufzutreten und zu versuchen, derartiges Treiben lautstark zu unterbinden. Fast immer wird in der Öffentlichkeit bei heiklen Situationen sehr schnell Hilfe angeboten. Wer sich verfolgt fühlt, sollte unverzüglich die Touristenpolizei einschalten. Es empfiehlt sich unbedingt, die eigene Garderobe, insbesondere das Strandoutfit, nicht allzu gewagt zu wählen. Auf dem Land haben allein reisende Frauen so gut wie nie eine ungewollte Anmache zu befürchten.

Gastgeschenke

Wer, etwa zu einem Abendessen, bei einer marokkanischen Familie eingeladen ist, sollte sich mit einigen kleinen Gastgeschenken revanchieren; dies gehört zum guten Ton – und wird unausgesprochen auch erwartet. Zumeist liegt man mit hochwertigen Rauchwaren oder Parfüms nicht daneben, Kinder brauchen immer Kugelschreiber und Hefte. Wer es etwas aufwendiger will, sollte wissen, dass Markentextilien oder Elektrokleingeräte (Radios, Walkmen, Kassettenrecorder, CD-Player) in der Regel hochwillkommen sind.

Handeln und Feilschen

Es ist in Marokko üblich, sich im Gespräch über die Preise für Waren und Dienstleistungen zu einigen. Fixpreise gelten etwa für Fahrkarten, in den Supermärkten oder in den modernen Geschäften der Großstädte, nicht aber in den Souks. Auch wenn einem das Feilschen eigentlich nicht liegt, sollte man – und sei es gegen innere Widerstände – sich in der Kunst des Handelns üben. Erfahrene Traveller, die mit den Tricks und Feinheiten dieser Prozedur vertraut sind, vermögen oft erstaunlich günstige Preise zu erzielen. Man sollte freilich nur um Objekte handeln, an denen man wirklich interessiert ist, und den ersten genannten Preis, der nicht mehr unterboten werden kann, einigermaßen realistisch wählen.

Handeln hat in Marokko nichts Anrüchiges, sondern ist alltäglich gelebte Realität. Man sollte, zumal in der Nebensaison, durchaus auch in ›besseren‹ Hotels beherzt nach einem Preisnachlass fragen.

Hartes Verhandeln ist auch bei Mietwagenfirmen durchaus vonnöten. In den Souks der Tourismuszentren wird oft ein unverschämt hoher Preis als Ausgangspreis genannt. Auf welches Niveau man derartige Offerten drücken sollte, kann nur im Einzelfall entschieden werden. Als Ausländer sollte man aber in den Tourismushochburgen auf die Häfte, eher auf ein Drittel des zuerst genannten Preises kommen.

Moscheen

Marokkanische Moscheen (dies gilt nicht für die Medersen) dürfen von Nichtmuslimen nicht betreten werden. Ausnahmen im Land sind etwa die Grande Mosquée Hassan II in Casablanca oder die Grabmoschee des Moulay Ismail in Meknes.

Namen und Adressen

Wer in Marokko Post verschickt, sollte, wie im Land üblich, erst den Nachnamen und dann, durch Komma getrennt, den Vornamen nennen. Die Hausnummer wird, ebenfalls durch Komma getrennt, vor den Straßennamen gesetzt. Ein Postleitzahlensystem ist im Aufbau; wo es Postleitzahlen gibt (und wenn man sie kennt), sollte man sie auch benutzen. Wer postlagernde Sendungen abholen will, sollte sich erkundigen, ob Post eventuell unter dem Vornamen (den Postbeamte manchmal für den Nachnamen halten) eingeordnet wurde. Es kann vorkommen, dass Post sogar unter der Anrede einsortiert wird!

Öffnungszeiten

Achtung: Während des Ramadan gelten erheblich eingeschränkte Öffnungszeiten!

Banken: Mo–Fr 8.30 oder 9–12 und 14 oder 14.30–16.30 Uhr, Sa und So in der Regel nur an internationalen Flughäfen und an den Landesgrenzen geöffnet.

Behörden und Fremdenverkehrsämter: Mo–Fr 8.30–12 und 14.30–16.30 Uhr; in den Sommermonaten wird die Mittagspause länger ausgedehnt, dafür bleiben offizielle Dienststellen nachmittags oft bis etwa 17.30 Uhr geöffnet.

Geschäfte: Es gibt kein landeseinheitliches Ladenschlussgesetz, so dass die Öffnungszeiten erheblich schwanken. Geschäfte in der Neustadt sind meist Mo–Fr 9–12 und 14.30 oder 15–20 oder 21 Uhr geöffnet; Sa 9–13 Uhr (manche auch nachmittags). Die Läden in den Souks legen meist eine längere Mittagspause ein, sind abends dafür bis gegen 22 Uhr geöffnet. Freitags bleiben viele Marktgeschäfte geschlossen.

Museen: Tgl. außer Di 9–12 und 14–18 Uhr; manche schließen etwas früher. Präzise Öffnungszeiten einzelner Museen finden sich im Routenteil dieses Buches. Es gibt wenige Ausnahmen vom Dienstag als landesüblichem Schließtag, einige wenige Museen haben über Mittag geöffnet.

Post: Im Allgemeinen Mo–Fr etwa 8.30–12 und 14.30 oder 15–18.30 Uhr, Sa etwa 8.30–12 Uhr; in den größeren Städten sind die Telefonzentralen meist von 8–21 Uhr geöffnet, auch an den Wochenenden.

Tabus

Tabus im Land sind alle privaten Interna aus der königlichen Familie, die Religion im weitesten Sinne – insbesondere die Doktrin, nach der die marokkanischen Sultane/Könige in direkter Linie vom Propheten Mohammed abstammen – und sämtliche Details der Westsaharapolitik.

Man tut gut daran, sich in Gesprächen zu diesen Themen nur äußerst zurückhaltend oder, besser noch, überhaupt nicht zu äußern, besonders dann, wenn man seine Gesprächspartner nicht gut kennt. Strikte Zurückhaltung bei diesen Themen sollte man sich auch auf Reisen durch die Westsahara auferlegen.

Geld, Währung, Geldbeschaffung

Die Landeswährung ist der marokkanische Dirham (DH), der in 100 Centimes unterteilt ist. Im Umlauf sind Münzen zu 5 (selten), 10, 20 und 50 Centimes sowie zu 1, 5 und 10 DH. Banknoten gibt es zu 10, 50 100 und 200 DH. Die offiziell genannte jährliche Inflationsrate lag 2006 bei 2,7 %, in der Realität dürfte sie deutlich darüber gelegen haben.

Fast überall im Land gibt es Banken, die Reiseschecks akzeptieren. Lediglich in sehr abgelegenen Regionen kann es damit zu Schwierigkeiten kommen. Außerhalb der Geschäftszeiten kann man Devisen (manchmal nur Bargeld) auch in größeren Hotels sowie in privaten Wechselstuben umtauschen. Der Wechselkurs ist überall gleich, beim Umtausch von Bargeld wird eine geringe Gebühr erhoben, Gleiches gilt (ca. 10 DH pro Scheck) beim Eintauschen von Reiseschecks. Nur die Filialen der marokkanischen Zentralbank Banque Al Maghrib erheben beim Eintauschen von Reiseschecks keine Bankgebühr. Auf Geschäfte mit Schwarzhändlern sollte man sich auf keinen Fall einlassen.

In allen größeren Städten kann man an Bankautomaten mit Bank- oder Kreditkarten Bargeld abheben. Die Akzeptanz von Kreditkarten steigt stetig, sie werden zumeist in ›besseren‹ Hotels, großen Geschäften, gehobenen Restaurants sowie bei den meisten Autovermietern angenommen. Bisweilen werden sogar Reiseschecks als Zahlungsmittel akzeptiert. Es gibt um die 200 Geldautomaten zum Abheben von Bargeld mit der ec- bzw. Maestro-Karte; die in Marokko gängigste Kreditkarte ist die Visa-Card.

Da Wechselgeld oft knapp ist, sollte man beim Wechseln auch um kleinere Scheine und Münzen bitten. Überweisungen an marokkanische Geldinstitute aus dem Ausland – der Betrag wird in der Regel nur in Landeswährung ausgezahlt – können mehrere Tage dauern. Man kann die Prozedur beschleunigen, indem man das überweisende Geldinstitut beauftragt, die Einzahlung mit Namensnennung durch ein Fax an die marokkanische Partnerbank zu bestätigen. Man sollte sämtliche Wechselquittungen aufbewahren; wer Dirham in Devisen zurücktauschen will, benötigt diese Quittungen unbedingt. Da dieser Rücktausch zu einem miserablen Kurs erfolgt, sollte man sich nur im Rahmen seines tatsächlichen Bedarfs mit Dirham versorgen.

Wechselkurs (Stand November 2006)
1 € = 11,10 DH
1 DH = 0,09 €

Preisniveau, Eintrittsgebühren, Trinkgeld

Wer mit öffentlichen Verkehrsmitteln unterwegs ist, in einfachen, eventuell nicht klassifizierten Unterkünften nächtigt und sich in den Souks oder in Einheimischenrestaurants verköstigt, kann als Spartaner in Marokko mit einem Tagessatz um 25 € über die Runden kommen. Mit dem doppelten Tagesbudget, 50 €, lässt sich im Land schon leidlich komfortabel reisen. Vergleichsweise fürstlich wird

Sperrung von EC- und Kreditkarten
Bei Verlust oder Diebstahl von EC- und Kreditkarten können Sie die 2005 eingerichtete **Zentrale Sperr-Telefonnummer** anrufen:

0049-116 116

Sperrnummer für Kreditkarte

____

Sperrnummer für Mobiltelefon

____

es, wenn man einen noch höheren Tagessatz berappen kann.

Einfache Hotelzimmer (oft mit Etagenduschen) sind um 100 DH zu haben, ein einfaches *menu touristique* schlägt mit 50–60 DH zu Buche, Bus- und Zugfahren sind in Marokko extrem billig, für 35–40 DH kann man 100 (!) km im Sammeltaxi zurücklegen. Der Stand in der Reisekasse richtet sich bei Individualreisenden entscheidend danach, ob und wie sehr man Geschick beim Handeln entwickelt.

Die Eintrittsgebühren sind im Land fast immer für Einheimische und Touristen gestaffelt. Ausländische Touristen zahlen für den Eintritt in Museen, Medersen, Palastanlagen oder andere historische Baudenkmäler nicht mehr als 10 bis maximal 20 DH. Studenten sollten einen Internationalen Studentenausweis mitführen, der zu etlichen Preisnachlässen berechtigt.

Es gehört zur absurden Logik der Tourismusindustrie, dass gerade in einfachen Restaurants und Cafés Trinkgelder eher unüblich, wenn auch gerne gesehen sind. In mittleren und teuren Restaurants sind etwa 10 % des Rechnungsbetrages üblich. Fast immer sind Steuern und Service im Rechnungsbetrag enthalten; wird anders verfahren, so muss dies – im Prinzip – auf der Speisekarte vermerkt sein. In jedem Fall empfiehlt sich eine Überprüfung der Rechnung.

Pilger spendet für das Mausoleum des Moulay Idriss II. in Fès El Bali

Klima und Reisezeit

Marokkoreisen können das ganze Jahr über unternommen werden, Frühjahr und Herbst sind besonders günstige Reisezeiten. Für Touren in den Süden empfehlen sich die Wintermonate; die Passstraßen über den Tizi n'Test (Agadir–Taroudannt–Marrakesch) und den Tizi n'Tichka (Marrakesch–Ouarzazate) können Dezember bis März tief eingeschneit sein, zumeist werden diese lebenswichtigen Verkehrsadern zügig geräumt. Aktuelle Wetterberichte mit Temperaturangaben sind unter www.marocmeteo.com abrufbar.

Während der Weihnachtsferien und um Ostern und während der marokkanischen Sommerferien (Ende Juni bis Anfang September) herrscht Hochsaison, dann sind die Küstenorte am Atlantik, vor allem Essaouira und Agadir, überbucht. Südlich von Essaouira kann in der Regel das ganze Jahr über gebadet werden, die Hochsaison an der marokkanischen Mittelmeerküste geht etwa von Mai bis Oktober; im Winter sind dort manche Hotels geschlossen.

Klimadaten Agadir

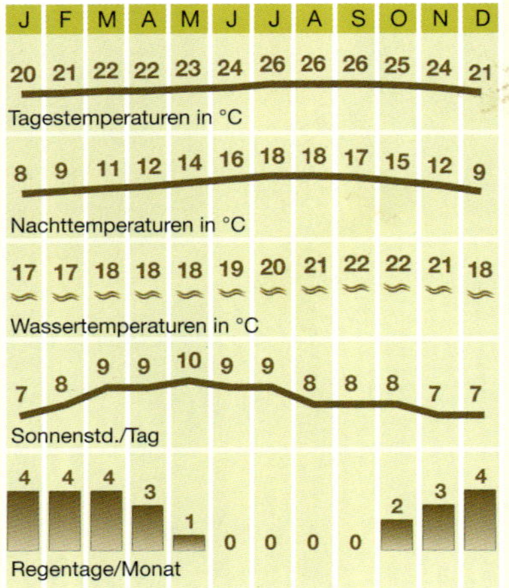

Bei einer Marokkoreise während des Ramadan sollte man wissen, dass der Fastenmonat das Land in eine Art kollektiven Ausnahmezustand versetzt, in dem man viel über Mentalität, Religiosität und Familiensinn der Marokkaner lernen kann. Das vibrierende Nachtleben ist so rege, die nächtlichen Festessen so köstlich, die Geselligkeit so ausgelassen wie sonst nie während des Jahres. Umgekehrt gelten im Ramadan rigide eingeschränkte Öffnungszeiten, viele öffentliche Einrichtungen sind ganz geschlossen, es herrscht ein mitunter sehr nachlässiger Hotelservice – und auch der nichtmuslimische Tourist sollte sich tagsüber, wenigstens in der Öffentlichkeit, nicht den Bauch vollschlagen!

Ausrüstung

Was man an Kleidung nach Marokko mitnimmt, hängt davon ab, was man wann und wo im Land zu unternehmen gedenkt. Am sinnvollsten dürfte eine strapazierfähige Baumwoll- oder Leinenausstattung sein, die sich je nach den klimatischen Gegebenheiten leicht variieren lässt. Für offizielle Anlässe oder vornehme Diners in gehobenen Hotels kann man einen besseren Ausgehdress mitführen. Wichtiger ist vermutlich ein solider Regenschutz, bei Bedarf gut eingelaufene Wanderschuhe sowie warme Sachen, mindestens ein Pullover oder Anorak mit Kapuze. Auch Wüstennächte können empfindlich kalt werden, die einfachen Hotels im südöstlichen Marokko (Ouarzazate liegt auf 1160 m Höhe, ähnliches gilt für die Orte entlang der Route des Kasbahs) haben keine Heizungen – und die Winternächte in der Region sind frostig.

Individualreisende, die mit Bussen und Sammeltaxis unterwegs sind, sollten ihr Gepäck auf das unbedingt Notwendige beschränken. Für diese Reisenden eignen sich Rucksäcke oder Reisetaschen mit separat verschliessbaren Fächern und Schultergurt.

Vorsorge, Reiseapotheke, Versicherungsschutz

Für die Einreise nach Marokko bestehen für Staatsbürger aus Deutschland, der Schweiz und Österreich keinerlei Pflichtimpfungen. Empfehlenswert sind gegebenenfalls Schutzimpfungen gegen Typhus/Paratyphus, Tetanus, Polio und Hepatitis A.

Vereinzelt wurde über Cholerafälle in Marokko berichtet, Informationen über eventuell betroffene Regionen erteilen die Gesundheitsämter. Eine Malariaprophylaxe ist für Marokko derzeit nicht erforderlich, aber auch hier sollte man sich über den aktuellen Sachstand beim Gesundheitsamt oder bei einem Tropenmediziner erkundigen.

Die Reiseapotheke sollte Medikamente gegen Durchfallerkrankungen (Kohletabletten, Imodium; bewährt und in Marokko rezeptfrei erhältlich ist das Präparat Intetrix) und Magenverstimmungen enthalten, außerdem Schmerz- und Grippemittel.

Empfehlenswert sind ein Antiallergikum gegen Insektenstiche und Ausschläge, gutes Sonnenöl mit hohem Lichtschutzfaktor, eine Jodtinktur, eine antibiotische Wundsalbe und eventuell ein Breitbandantibiotikum gegen schwere Infektionen.

Eine Behandlung im Krankenhaus erfolgt im Prinzip kostenlos. Dagegen werden Arztkonsultationen nach der Gebührenordnung abgerechnet und sind in der Regel sofort in bar zu begleichen – weshalb sich, zumal bei längeren Aufenthalten, eine Auslandskrankenversicherung dringend empfiehlt. Man sollte sich in jedem Fall (dies gilt auch für Medikamente, deren Kosten man vorstrecken muss) eine detaillierte Rechnung mit Unterschrift und Stempel des behandelnden Arztes bzw. der ausgebenden Apotheke ausstellen lassen.

Der Krankenversicherungsschutz sollte für den Extremfall einen Rücktransport im Ambulanzjet in die Heimat beinhalten.

Vorsichtsmaßnahmen, Gesundheitsgefahren

Die gesundheitlichen Risiken einer Marokkoreise sind vergleichsweise äußerst gering. Eine gewisse Vorsicht ist beim Verzehr von ungeschältem Obst, von Salaten, Speiseeis, unzureichend gebratenem Fleisch und Muscheln angebracht; in abgelegenen Regionen, besonders im Süden des Landes, sollte man kein Leitungswasser trinken. Die Gefahr einer Bilharziose besteht beim Baden in stehenden Gewässern. Geschlechtskrankheiten sind sehr verbreitet, die – offiziell geleugneten – Aidsraten in den Prostitutionszentren Tanger, Casablanca, Marrakesch und Agadir sind alarmierend.

Die intensive Sonneneinstrahlung wird häufig, vor allem wenn eine kühlende Meeresbrise weht, unterschätzt. Bei starken Temperaturschwankungen (klimatisierte Hotelzimmer, Übernachtungen in der Wüste) drohen Erkältungen. Wunden sollten sofort desinfiziert werden, bei Tierbissen sollte man möglichst umgehend einen Arzt aufsuchen (Tollwutgefahr).

Medizinische Versorgung

Arztpraxen (*cabinet docteur*) finden sich am ehesten in den Neustädten der marokkanischen Großstädte, die ärztliche Versorgung auf dem Land ist nach wie vor unzureichend. In der Regel wird das Spezialgebiet der praktizierenden Ärzte auf einem großen Messingschild ausgewiesen. Fast alle in Marokko niedergelassenen Ärzte sprechen fließend französisch, viele auch englisch, einige deutsch. In einigen Büros der Délégation du Tourisme (etwa in Agadir) gibt es Listen mit deutschsprachigen Ärzten.

Der medizintechnische Standard von Krankenhäusern und Polikliniken ist in den Großstädten im Allgemeinen gut (hervorra-

Nicht bohren, ziehen ist hier die Devise

gend etwa in den Privatkliniken von Casablanca, Agadir und Marrakesch), auf dem Land, im Süden (Ausnahme ist Laayoune) und Südosten allerdings mangelhaft.

Marokkanische Apotheken (*pharmacie*), in den Großstädten fast immer und auf dem Land häufig gut bestückt und sortiert, sind an einem weißen Kreuz mit grüner Umrandung kenntlich. Sie finden sich zumeist an den Hauptverkehrsadern und großen Kreuzungen der Villes nouvelles. Die Medikamente, oft westeuropäische, besonders französische Präparate, werden in der Regel rezeptfrei abgegeben; sie sind häufig erheblich billiger als in Westeuropa.

Apotheken sowie Drogerien führen auch die gängigen Hygieneartikel. In den größeren Städten existiert in der Regel ein Nacht- und Sonntagsdienst, über den ein Aushang informiert. Die Öffnungszeiten sind im Allgemeinen Mo–Fr 9–12 oder 13 Uhr und 14.30 oder 15–20 Uhr; Sa meist 9–12 oder 13 Uhr.

Marokkanische Toiletten, besonders in einfachen Lokalen und nicht klassifizierten Hotels, sind häufig weder mit Toilettenschüssel noch Klopapier ausgestattet, manche fallen in die Kategorie unzumutbar.

Wer, zumal bei einem Kurzbesuch im Land, gesundheitlich auf Nummer sicher gehen will, sollte kein Leitungswasser trinken und selbst zum Zähneputzen Mineralwasser benutzen. Mineralwasser mit oder ohne Kohlensäure ist selbst in den entlegensten Dörfern und Oasen erhältlich.

Sicherheit

Die über Marokko verbreiteten Schauermärchen kann und soll man komplett vergessen. Zu den Konsequenzen des politischen Systems einer absoluten Monarchie gehören die überaus wachsamen und effizienten Geheim- und Sicherheitsdienste einschließlich einer professionell agierenden Tourismuspolizei. Delikte von Gewaltkriminalität sind selbst in den Metropolen des Landes wesentlich seltener als in Westeuropa. Die wenigen radikalen Islamistenzirkel sind im Visier der Sicherheitsorgane, die Grenzen werden sorgfältig überwacht. Auch wenn nach dem Anschlag in Casablanca im Jahr 2003 und nach den Ermittlungen zum Anschlag in Madrid (2005, angeblich aus Marokko stammende Hintermänner) in den deutschen Medien ein anderer Eindruck entstand – Marokko gehört zu den sichersten Reiseländern innerhalb der arabischen Welt und auf dem afrikanischen Kontinent.

Wirklich aufpassen sollte man bei ausgedehnten nächtlichen Alleingängen in Tanger (Hafenviertel, Grand und Petit Socco), in Marrakesch (Medina und Souk-Gelände), in Tetouan (Neustadtzentrum), in Casablanca (Ain Diab, Medina, Gare du Port) und in Agadir (Busbahnhof, Strandhotels). Erhöhte Wachsamkeit ist auch in einigen Billigquartieren gefordert, in denen sich bisweilen recht zweifelhafte Zeitgenossen herumdrücken. Allein reisende Frauen sollten alle Formen von Anmache möglichst schon in der Entstehung resolut unterbinden; fast immer findet man in der Öffentlichkeit schnell Unterstützung.

Diebstahldelikte sind besonders in den Metropolen und Tourismuszentren inzwischen recht häufig, allerdings werden sie oftmals durch bodenlosen Leichtsinn auch provoziert. Gelegenheit macht Diebe – auch in Marokko. Man sollte Wertgegenstände nach Möglichkeit im Hotelsafe deponieren (oder Wertgegenstände erst gar nicht auf eine Reise mitnehmen), auf keinen Fall mit größeren Geldbeträgen oder gar ganzen Bündeln von Dirham-Hundertern in der Öffentlichkeit hantieren und ein wachsames Auge auf die Kameraausrüstung haben. Taschendiebe agieren, oft zu mehreren, gerne in überfüllten Verkehrsmitteln, in engen Souk-Gassen und im Gewusel an den Busbahnhöfen. Bargeld, Reisepass und Flugticket sollten in einem Brustbeutel und/oder Geldgürtel verwahrt werden. Empfehlenswert ist auch, immer genügend Kleingeld in einer separaten Geldbörse bereitzuhalten.

Autos, vor allem Nobellimousinen mit ausländischem Kennzeichen, werden häufig aufgebrochen; in allen größeren Städten achten Parkwächter für ein paar Dirham auf Ihren Wagen.

Die Grenzen zwischen Übervorteilung und Betrug sind beim Handeln orientalisch fließend. Man sollte die Preise für alle Arten von Dienstleistungen im Voraus unmissverständlich aushandeln und an diesen Abmachungen im Nachhinein auf keinen Fall mehr rütteln lassen – derartige Versuche würde sich auch kein Marokkaner bieten lassen!

Man muss vielleicht nicht so weit gehen wie der ADAC, der »vom Besuch des marokkanischen Rifgebirges und seiner näheren Umgebung« abrät; allerdings ist für Touristenfahrzeuge, die auf der N 2 von Chefchaouen über Ketama nach Al Hoceima unterwegs sind oder von Ketama auf der R 509 Fès ansteuern, Vorsicht geboten.

Notrufnummern

Unfallhilfe, Krankentransport: Tel. 15
Polizei (in Städten): Tel. 19
Gendarmerie (auf der Strecke): Tel. 177

Internetcafés

Marokko hat den Ausbau moderner Kommunikationstechnologie unter Mohamed VI. forciert, in der Internetnutzung dürfte das Land führend auf dem gesamten Kontinent sein. Unter dem Etikett »Cybercafé« finden sich oftmals in den abgelegensten Dörfern emsig genutzte Internetcafés, wo man im Netz surfen, E-Mails senden und empfangen, bisweilen auch im Internet telefonieren kann. Die computertechnische Ausstattung dieser Cafés ist in den Metropolen in der Regel hervorragend, auf dem Land immerhin ausreichend.

Mit dem Laptop unterwegs

Laptops werden bei der Einreise zumeist in den Pass eingetragen, um ihren Verkauf im Land zu unterbinden. Die Netzspannung beträgt fast überall 220 Volt Wechselstrom, eventuell ist ein Zwischenstecker erforderlich. In abgelegenen Regionen kann für kurze Zeit der Strom ausfallen. Wichtig ist, das Gerät in einer gut gepolsterten Tasche zu transportieren – und es vor Diebstahl zu sichern.

Post

Postämter sind durch ein markantes Logo und die Aufschrift PTT (Poste, Télégraphe, Téléphone), die gelben Briefkästen durch den Vermerk »Postes« gekennzeichnet.

Am besten verschickt man seine Sendungen nach Europa per Luftpost (*par avion*; Achtung: die großen Postämter haben spezielle Briefkästen nur für Luftpost). Briefmarken sind auch in Tabak- und Schreibwarenläden sowie in den großen Hotels erhältlich. Am zuverlässigsten ist es, wenn man seine Post selbst aufgibt und vor seinen Augen abstempeln lässt. Die marokkanische Post arbeitet im Allgemeinen zuverlässig und zügig. Den größeren Postämtern sind zumeist Telefonzentralen angeschlossen; bei Bedarf werden auch Auslandsgespräche vermittelt.

Radio und Fernsehen

Die elektronischen Medien unterliegen der staatlichen Aufsicht der Radiodiffusion Télévision marocain (RTM). Die Deutsche Welle kann man in Marokko auf mehreren Kurzwellenfrequenzen empfangen (u. a. tagsüber auf 31 m, 9545 kHz, abends auf 49 m, 6075 kHz).

Der erste Fernsehkanal sendet täglich um 19.15 Uhr Nachrichten auf Französisch. Das Programm wird überwiegend mit französisch synchronisierten oder französisch untertitelten Spielfilmen bestritten. Beliebt sind neben Fußballübertragungen besonders arabische Familienserien und Bollywoodmelodramen.

Telefonieren

Am sinnvollsten ist das Telefonieren mit einer Telefonkarte, die in diversen Guthabenkategorien in Postämtern oder Teleboutiquen erhältlich ist. Die neunstelligen Telefonnummern müssen auch bei Ortsgesprächen komplett gewählt werden. Es gibt nur noch vier Regionalzonen: 02, 03, 04 und 05; Mobiltelefonnummern beginnen mit 06. Etliche Vorwahlen wurden im Frühjahr 2006 geändert; die Notrufnummern blieben unverändert.

Fern- und Auslandsgespräche lassen sich in den Großstädten per Direktwahl herstellen, ansonsten werden sie von Postämtern vermittelt. Man sollte nach Möglichkeit nicht vom Hotel Auslandsgespräche führen – die Rezeptionen verlangen dafür oft unverschämt hohe Zuschläge. Von Sa 14 bis Mo 7 Uhr gelten um etwa 40 % reduzierte Tarife, an Werktagen von 0 bis 7 Uhr. Zwischen 22 und 24 Uhr telefoniert man um 20 % billiger.

Teleboutiquen gibt es noch in der entlegensten Provinz

Die Vorwahl für Deutschland ist 0049, für die Schweiz 0041, für Österreich 0043 (danach die Null der Stadtvorwahl weglassen). Die Vorwahl für Marokko ist 00212, gefolgt von der Ortskennzahl ohne die Null und der Teilnehmernummer.

Zeitungen

Ohne dass sie einer direkten Zensur unterlägen, sind die großen französischsprachigen marokkanischen Tageszeitungen im redaktionellen Teil nach den Diktaten des Makhzen, der königliche Zentralgewalt, gefiltert. So sucht man kritische Hintergrundberichte, kompetente Auslands- und Wirtschaftsteile, analytische Reportagen, meinungsfreudige Leitartikel oder etwa polarisierende Kommentare in den marokkanischen Gazetten meist vergeblich. Das Nachrichtenmaterial wird fast ausschliesslich über die staatliche Agentur Maghreb Arab Press (MAP) bezogen.

Marokkos auflagenstärksten Zeitungen sind »Le Matin du Sahara«, »Maroc soir«, »Al Maghrib«, »L'Opinion«, »Libération« und »Al Baayane«. Gut aufgemacht und vergleichsweise kritisch ist das Wochenmagazin »Le Temps du Maroc«, das von der Maroc-Soir-Gruppe herausgegeben wird. »Jeune Afrique«, eine exzellente französische Zeitschrift, ist immer dann in Marokko nicht erhältlich, wenn die Redaktion wieder mal marokkokritische Reportagen veröffentlicht hat.

Deutsche Zeitungen und Zeitschriften sind, manchmal schon am Abend des Erscheinungstages, vor allem in den Städten Tanger, Casablanca und Agadir erhältlich. Das Goethe-Institut in Casablanca hält die wichtigsten deutschen Tageszeitungen bereit.

Sprachführer

Französischkenntnisse reichen für eine Verständigung in Marokko völlig aus. Es wird aber stets einen guten Eindruck machen, wenn man einige arabische Worte – etwa die gängigen Grußformeln – beherrscht.

Die Transkription des Arabischen in die lateinische Schrift wird verschieden gehandhabt. Die hier gewählte Schreibweise entspricht der französischen Umschrift, da diese auch in Marokko verwendet wird (allerdings in verschiedenen Varianten). Im Norden des Landes wird gelegentlich noch die spanische Umschrift gebraucht.

Aussprache

sch entspricht dem deutschen sch
dh entspricht dem englischen th
e am Ende wird nicht gesprochen
eu entspricht dem deutschen ö
gue und **gui** werden ge bzw. gi gesprochen
h ist ein stark gehauchtes h, wird immer ausgesprochen
j und **dj** werden wie in Journalist ausgesprochen
kh wird etwa wie ch in Nacht ausgesprochen, nur stärker (ähnlich dem spanischen j)
ou entspricht dem deutschen u
q tief in der Kehle gesprochenes k
rh oder **gh** wird als Zäpfchen-r gesprochen
r ist ein Zungenspitzen-r
s gesprochen als stimmloses s (wie in Essen)
w entspricht dem englischen w
y entspricht dem deutschen i
z gesprochen als stimmhaftes s (wie in Süden)

Begrüßung und wichtige Redewendungen

Guten Tag, willkommen	marhaba
Gruß für alle Gelegenheiten (Friede):	salam
förmlicher:	assalam-eleikum
Guten Morgen	sebah el kheir
Guten Abend	msa el kheir
Gute Nacht	lila saida
Auf Wiedersehen	besslama
bitte	afak
danke	chukran
förmlich: (Allah segne dich)	barak allahu fik
Verzeihung	sahmani
Guten Appetit (im Namen Allahs)	bismillah
Herzlichen Glückwunsch	mabruk
Mein Name ist …	Ismi …
Wie heißt Du?	Smitik?
ja	na'am
nein	la
Achtung	balek
Entschiedene Verneinung:	makash
gut	uakha
schön	mezian
schlecht	duni
Wie viel?	Ash-hal?
viel	ktir
zu viel	bezzaid
wenig	djuya
genug	barka oder ikfi
Geld	flus
Geh weg	sir
(sehr grob)	barra
Komm her	iallah oder aji
Herr	sidi
Frau	lalla
Deutscher	Almani
Österreicher	Nimsaoui
Schweizer	Swissri

Im Maghreb verwendet man – auch in arabischen Texten – meist die europäischen Ziffern (die wir als ›arabische‹ bezeichnen, da sie von diesen abgeleitet sind). Man muss sich die folgende Liste also nicht unbedingt einprägen!

Zahlen

1	wahed
2	tnin (Hocharabisch) sus/schusch (Umgangssprache)
3	tiata
4	arba
5	khamsa
6	setta
7	seba
8	tmenia
9	tse'ud
10	achra
11	hadach
12	etnach
13	tiatach
14	arbatach
15	khamstach
16	settach
17	sebatach
18	tmentach
19	tsatach
20	achrin
21	wahed u achrin
22	tnin u achrin
30	tiatin
40	arbain
50	khamsin
60	settin
70	sebain
80	tmanin
90	tsa'in
100	mia
200	mitin
300	tiata mia
400	arba mia
1000	alef

Zeit

Abend/Morgen	achiya/sebah
Nacht	lil
Stunde	sa'a
heute/gestern	el yum/elbarah
gestern abend	yamess
morgen	ghedda
jetzt	daba
Sonntag	el had
Montag	el tnin
Dienstag	el tlata
Mittwoch	el arba
Donnerstag	el khemis
Freitag	el djemaa (Versammlungstag)
Samstag	es sebt

Unterwegs/Übernachten

Tankstelle	mahal lisence
Werkstatt	mahal mechanik
Landstraße	triq
Stadtstraße	derb, zankat
Eisenbahn	sekka
Hafen	marsa
Auto	tomobil
Bus	tobus
Polizei	poliss
einfaches Hotel	fondouk
besseres Hotel	hotel
Zimmer	bit
Doppelzimmer	oda bisriren
Gepäck	huaij
Wo?	feen?
Ist das der Weg nach …?	hadi trek …?
hier	hena
weit	ba'id
rechts/links	limin/lechmal
groß/klein	kebir/seghir

Im Notfall

Bauch	kirsch
Behandlung	â asch
Durchfall	z izra
Fieber	schana
Hilfe!	an-nadschda!
Krankenhaus	mustaschfa
Krankheit	mard
Magen	maâda
Medikament	dua
Schmerz	wuschuâ
verletzt	maschruh
Verletzung	scharha

Regionalspezifische Begriffe von A–Z

Adrar	Gebirge
Agadir	Speicherburg
Agdal	Obstgarten
Aguelmane	Bergsee
Ait	Die Söhne von … (bei Berbern dem Stammesnamen vorangestellt)
Bab	Tor
Babouches	Pantoffelartige Schuhe
Bahr	Meer
Bajoud	Palmenkrankheit, Schlauchpilzbefall
Baraka	Heilige Kraft
Beni	Die Söhne von … (wird bei Arabern dem Stammesnamen vorangestellt)
Bidonville	Slums (frz. für ›Kanisterstadt‹)
Bled	Land (im Gegensatz zur Stadt)
Borj	Festung
Burnus (selham)	Weites, schweres Übergewand
Cadi	Richter, Beamter
Caid	Stammesführer
Chech	Turban
Cheikh	Führer einer Stammesfraktion
Chergui	Heißer Wind aus der Sahara
Dahir	Erlass
Daiet	See
Dar	Haus
Djebel	Berg
Djellabah	Langer Kapuzenmantel
Djihad	Heiliger Krieg (wörtl.: sich einsetzen auf dem rechten Weg)
Djiin	Geist
Djemaa	Versammlung, auch Name für Freitag und die Freitagsmoschee
Douar	Zeltlager, Dorf
Dra	Weites Übergewand der Saharouis
Dragoman	Fremdenführer, Dolmetscher (türkisch)
Erg	Sandwüste
Fantasia	Reiterspiel
Fellah	Bauer
Foggara	Unterirdischer Bewässerungskanal
Fondouk	Herberge, einfaches Hotel
Foum	Enges Tal
Guedra	Frauentanz im Süden
Hadith	Überlieferte Worte oder Handlungen Mohameds
Hadj	Pilgerfahrt nach Mekka
Haik	Weites Frauengewand
Hammada	Geröllwüste
Hamam	Dampfbad (›türkisches Bad‹)
Haratin	Schwarze Oasenbewohner
Harem	Frauengemächer
Harira	Linseneintopf
Igouramen	Heilige Person bei Berbern
Imam	Vorbeter in der Moschee

Kaftan	Besticktes, wertvolles Kleid
Kasbah	Burg, auch Altstadtviertel arab. Städte
Khaima	Nomadenzelt
Khammes	Pächter, Kleinbauer ohne eigenes Land
Khamsa	Fünf, auch Bezeichnung für Silberamulett (›Hand der Fatima‹)
Koubba	Grabstätte
Koumiat	Krummdolch
Ksar (Pl.: ksour)	Befestigtes Dorf
Lalla	Anrede für ein weibliches Mitglied der königlichen Familie
Makhzen	Regierung
Mahdi	Gottgesandter Glaubenskämpfer, Erlöser
Marabout	Heilige Person, auch Heiligengrab
Mechouar	Versammlungsort, Paradeplatz
Mechra	Furt
Medersa	Theologische Hochschule, Religionsschule
Medina	Altstadt
Mellah	Judenviertel
Mesdjid	Moschee
Mihrab	Gebetsnische
Minarett	Moscheeturm
Minbar	Gebetskanzel
Moulay	Titel für hochstehende Personen (besonders Angehörige des Königshauses)
Moussem	Fest für einen Lokalheiligen
Muezzin	Gebetsausrufer
Nouala	Rohr- und Strohhütte
Oued	Fluss, Flussbett
Qibla	Gebetsmauer, nach Mekka gerichtet
Ramadan	Islamischer Fastenmonat
Razu	Raubzug der Nomaden (davon abgeleitet ist unser Begriff ›Razzia‹)
Riad	Innenhof
Ribat	befestigtes Kloster
Scharia	Das aus dem Koran abstrahierte religiöse Recht islamischer Staaten
Scherif (Pl.: Schorfa)	Leiblicher Nachkomme des Propheten Mohamed
Sebkhah	Talsenke, oft ausgetrockneter Salzsee
Sidi	Herr (Anrede)
Souk	Markt, Marktstraße
Tadellakt	traditioneller Verputz
Takia	Baumwoll- oder Leinenkäppchen
Tajine	Schmorgericht, im Tontopf gegart
Talibes	Koranschüler
Tighremt	Speicherburg
Tizi	Bergpass
Transhumanten	Teilnomaden
Ulema (Sing.: Alem)	Islamische Rechtsgelehrte
Zaouia	Sitz einer religiösen Bruderschaft, auch Bezeichnung für Sekte

Marokko: im Spannungsfeld zwischen Orient und Okzident, zwischen islamischer Tradition und den Diktaten des 21. Jahrhunderts

Unterwegs in Marokko

In der Medina von Chefchaouen

Kapitel 1

Mittelmeerküste, Rif und Nordosten

Auf einen Blick: Mittelmeerküste, Rif und Nordosten

Besänftigtes Rebellenland

Das nordöstliche Marokko liegt, sowohl die touristische Nutzung des Gebietes als auch den Ausbau der Infrastruktur betreffend, bis heute unverkennbar im Windschatten anderer Regionen. Obschon die marokkanische Mittelmeerküste mit ihren vorgelagerten Inseln, mit etlichen Kaps und schönen Badebuchten zweifellos ihre landschaftlichen Reize hat, wird sie gerade von den deutschen Urlaubern häufig zugunsten der Badeorte am Atlantik gemieden. Am besten erschlossen ist der Küstensaum zwischen Smir Restinga, Martil und Al Hoceima. Das karstig zerklüftete Rif, als traditionell aufrührerische Berberregion unter Mohamed V. und Hassan II. über Jahrzehnte in der nationalen Investitionspolitik sowie sämtlichen regionalen Fördermaßnahmen sträflich vernachlässigt, zählt bis heute zu den strukturschwächsten Regionen des Landes. Erst mit Beginn der Regentschaft Mohameds VI. sind Korrekturen in dieser Strukturpolitik erkennbar.

Heikel sind nach wie vor Touren mit dem Mietwagen im Großraum Ketama. Der Cannabisanbau in der Rifregion ist ein Wirtschaftsfaktor ersten Ranges, ganze Dörfer leben hier vom Drogenanbau und Drogenvertrieb. Man sollte um Ketama keine Zwischenstopps einlegen, sich auf keinerlei Geplänkel oder irgendein dubioses Business einlassen und sich auf keinen Fall vermeintlich harmlose Kurierfahrten aufschwatzen lassen.

Als Einstieg empfiehlt sich eine Visite in Tanger, eventuell auch ein Abstecher in das gerade hier pulsierende, oft recht schillernde Nachtleben. Tetouan (Medina, Souks, Archäologisches Museum) und Al Hoceima sollte man auf keinen Fall links liegen lassen, während Nador als Industriestandort und die Metropole Oujda als Grenzübergang nach Algerien von touristisch nur mäßigem Reiz sind.

Highlight

1 **Chefchaouen** gilt wegen seiner vollständig erhaltenen Medina und aufgrund seiner landschaftlich überwältigenden, exponierten Lage auf einem 600 m hohen Plateau zwischen zwei Berggipfeln als schönster Ort im westlichen Rif (s. S. 148).

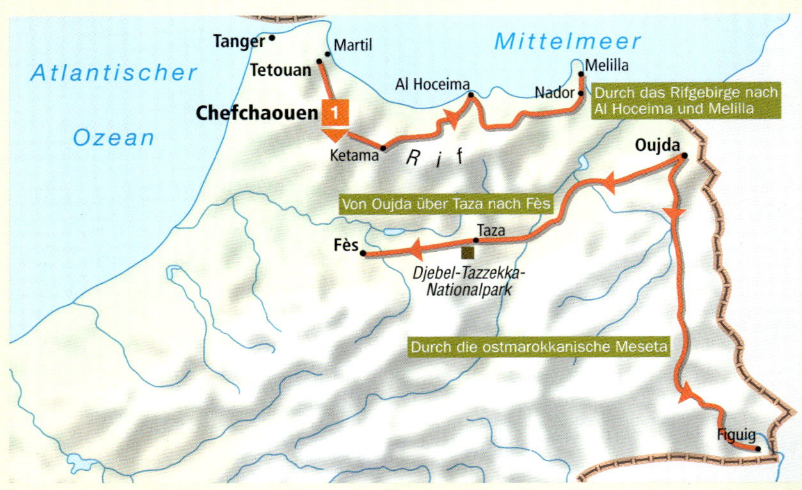

Empfehlenswerte Routen

Durch das Rifgebirge nach Al Hoceima und Melilla

Die N 2 zwischen Tetouan und Al Hoceima ist abschnittsweise extrem kurvenreich, allerdings hervorragend ausgebaut – mit Ausnahme der Region Ketama, wo katastrophal schlechte Teilstücke besonders Nachtfahrten zu einem Albtraum machen. Selbstfahrer sollten daher ein üppig bemessenes Zeitpolster einplanen (s. S. 142).

Durch die ostmarokkanische Meseta

Die Tour führt durch die touristisch noch gänzlich unerschlossene ostmarokkanische Meseta bis in die weit abgelegene, aber außerordentlich eindrucksvolle Oasenstadt Figuig. Reisende, die ein Sensorium für Oasenromantik mitbringen oder die sich für Probleme der Landwirtschaft interessieren, Systeme künstlicher Bewässerung und die unterirdischen Labyrinthe der *foggara*, sollten die – freilich etwas strapaziöse – Expedition in Betracht ziehen (s. S. 166).

Von Oujda über Taza nach Fès

Die Route führt entlang der N 6 zwischen den Südostausläufern des Rif und den Nordwesthängen des Mittleren Atlas durch die sogenannte Pforte von Taza nach Fès, der ältesten der Königsstädte. Nicht versäumen sollte man einen Besuch des von Bergseen, Grotten und Tropfsteinhöhlen geprägten Djebel-Tazzekka-Nationalparks (s. S. 170).

Reise- und Zeitplanung

Für Reisen an die marokkanische Mittelmeerküste empfehlen sich die Monate Mai– Sept./Okt., wenn es tagsüber angenehm warm ist und man im Meer baden kann. Zahlreiche Hotelanlagen, selbst in den touristischen Hauptorten am Cabo Negro, in Al Hoceima oder in Saidia, sind während der Wintermonate (Nov.–April) geschlossen. In der Region um Tanger kann es im – vergleichsweise angenehm temperierten – Winter öfter zu längeren Regenperioden kommen. Baden ist im Mittelmeer von Nov.–April selbst für abgehärtete Kandidaten kaum möglich.

Wer den recht abenteuerlichen, aber lohnenden Trip in die Oasenregion um Figuig plant, muss wissen, dass es im Hochsommer (Juni–Aug.) in der ostmarokkanischen Meseta zu Spitzentemperaturen deutlich über 40 °C kommen kann und dass hier drastische Temperaturunterschiede zwischen Tag und Nacht die Regel sind; die touristische Infrastruktur ist eher bescheiden. Man sollte diese Tour am besten im Frühjahr (Feb.–April) oder im Spätherbst (Okt./Nov.) angehen.

Richtig Reisen-Tipps

Tangers letzter Tycoon

Malcolm Forbes Partys sind bis heute legendär, seine ehemalige Villa ist eine der prunkvollsten Residenzen der Stadt: Bis zu seinem Tod 1990 wohnte der amerikanische Medienmogul in einem schneeweißen Palast über den Klippen der Bucht von Tanger (s. S. 129).

Anders wohnen in Al Hoceima

Eine wirkliche Alternative zum üblichen Hotelstandard ist der weitläufige Bungalowkomplex Chafarina's Beach: Apartments in Hanglage, einige sogar mit separaten Panoramaterrassen und Blick über die Bucht der Plage Tala Youssef, eine kleine Welt für sich und doch nur wenige Kilometer vom Stadtzentrum entfernt (s. S. 158).

Der Nationalpark Djebel Tazzeka

Südwestlich von Taza erstreckt sich der Nationalpark Djebel Tazzeka. Dort lädt die Gouffre du Friouato zu Expeditionen ins Innere der Erde ein. Das Labyrinth des bis in 200 m Tiefe erkundeten Höhlenkomplexes gilt als einzigartig in Nordafrika. Eine Wanderung auf den 1980 m hohen Djebel Tazzeka präsentiert ein überwältigendes Panorama (s. S. 173).

Tanger

Cityplan S. 132

Die Stadt in einer einst landschaftlich hinreißenden Bucht an der Straße von Gibraltar soll zu einem der größten Touristenzentren des Landes und zu einem international bedeutenden Börsen- und Finanzplatz ausgebaut werden. Sehenswert ist besonders die Medina mit der Kasbah.

Tanger

Reiseatlas: S. 2, D 1
Die Provinzhauptstadt mit etwa 750 000 Einwohnern gehört zu den bedeutendsten Hafen- und Handelsorten Marokkos. Während der Protektoratszeit unterstand Tanger 1923–1956 einem Internationalen Statut. Tanger, für viele europäische Autoreisende der erste Kontakt mit Marokko, gehört zu den vergleichsweise ›schwierigen‹ Metropolen des Landes. Drogengeld wird hier in beträchtlichen Mengen gewaschen, die Stadt ist immer noch eine Hochburg des internationalen Schmuggels, die Kriminalitätsraten gehören zu den höchsten des Landes.

Geschichte

Tanger ist der älteste ununterbrochen besiedelte Ort Marokkos: Erste Siedlungsspuren datieren aus der Altsteinzeit, eine feste Niederlassung existierte vermutlich bereits um 1600 v. Chr. Die Siedlung diente als phönizischer und karthagischer Stützpunkt. 38 v. Chr. wurde sie in die römische Provinz Hispania (Spanien) eingegliedert. Die römische Mythologie berichtet von der Stadtgründung durch den Riesen Antäus, Neptuns Sohn, den Herkules bei Larache getötet haben soll. Ab etwa 40 n. Chr. stieg der Ort zum Handelszentrum der von den Römern verwalteten neuen Provinz Mauretania Tingitana auf. 429 eroberten die Vandalen die Stadt, 533 die Byzantiner. Nach ihrer Einnahme durch die Araber im Jahr 705 avancierte die Stadt zum Brückenkopf für die islamischen Vorstöße nach Spanien. In den folgenden Jahrhunderten war sie umkämpft zwischen spanischen Omajaden, ägyptischen Fatimiden und Berberstämmen der Umgebung. Ende des 10. Jh. nahmen die Omajaden die Stadt ein, im 11. Jh. die Almoraviden.

Im Jahr 1471 wurde die Stadt portugiesische Kolonie, 1661 kam sie in englischen Besitz. Ab 1678 belagerten die Truppen Moulay Ismails Tanger, zwangen die Engländer 1684 schließlich zum Abzug und schleiften die Befestigungsanlagen. Tanger versank in relative Bedeutungslosigkeit.

Erst um 1800 begann mit der zunehmenden Wertschätzung durch ausländische Händler und Diplomaten jenes ›offene Tanger‹ Konturen anzunehmen, als das die Stadt in der Moderne berühmt werden sollte. Die Kontrolle der sultanischen Zentralgewalt über die Stadt nahm rapide ab, der europäische Einfluss wuchs beständig. 1892 wurden Bereiche der lokalen Verwaltung einer internationalen Kommission unterstellt. Und 1912 sahen die Protektoratsverträge einen Sonderstatus für Tanger vor, der dann 1923 im Statut von Tanger geregelt wurde: Die Stadt war fortan internationale Zone.

Die Oberhoheit des Sultans blieb zwar formell bestehen, die Stadtverwaltung aber unterstand einer internationalen gesetzgebenden Versammlung (21 Europäer verschiedener Nationen, neun Marokkaner). Eingeführt wurde die militärische Neutralisierung, die Handelsfreiheit aller Nationen sowie die Steuerfreiheit. Offizielle Sprachen wurden Arabisch, Französisch und Spanisch.

Tanger entwickelte sich zum bedeutenden internationalen Handels- und Finanzzentrum und war der wichtigste Hafen der spanischen Zone. Im Zweiten Weltkrieg besetzten die Spanier die Stadt. Nach dem Krieg stieg sie zu einem internationalen Zentrum des Rauschgift-, Waffen-, Gold- und Devisenschmuggels auf; damals war Tanger eine der berüchtigsten Hafenstädte der Welt. Wirtschaftlich und politisch dominierten in dieser Zeit die Franzosen, den größten ausländischen Bevölkerungsanteil stellten dennoch die Spanier; einflussreich war nicht zuletzt auch die britische Kolonie. 1956 lebten über 50000 europäische Bewohner in der Stadt.

Nach der Unabhängigkeit (1956) wurde das Internationale Statut aufgehoben, die Steuerprivilegien galten teilweise noch bis 1961, danach wurde Tanger völlig in den marokkanischen Staats- und Verwaltungsverband integriert. Die Bedeutung als internationales Kapital- und Marktzentrum ging verloren, die Stadtentwicklung stagnierte – bis in die 1980er-Jahre, als Tanger erneut ein stürmisches Wachstum erlebte.

Schließlich haben die nach 2000 verabschiedeten Investitionspläne diesen geradezu rasanten (Wirtschafts-)Aufschwung durch den Neubau eines riesigen Container-Tiefseehafens, durch verbesserte Flugverbindungen nach Spanien und Frankreich sowie durch die neu konzipierte touristische Erschließung der Region um das Cap Malabata noch einmal beschleunigt.

Mit dem Autor unterwegs

Unbedingt sehenswert

Die Medina von Tanger mit Grand und Petit Socco sollte man mit reichlich bemessener Zeit zum Flanieren erkunden und die Exkursion mit einem Besuch der Kasbah, insbesondere der im Dar El Makhzen untergebrachten Museen, abrunden (s. S. 127).

Scharnier zwischen Europa und Afrika

Das Café-Restaurant Le Detroit mag als Touristenfalle verschrien sein, von der Dachterrasse bietet sich freilich ein einzigartiges Panorama, eine Ansicht Tangers in seiner exponierten Lage zwischen zwei Kontinenten und zwischen zwei Meeren (s. S. 138).

Strände

Die Strandzone von Tanger beginnt in der Nähe des Bahnhofs und erstreckt sich in östlicher Richtung bis zum Cap Malabata. Der breite, stellenweise ziemlich stark verschmutzte und im Hochsommer in Innenstadtnähe stark frequentierte Strand wird von zahlreichen Restaurants gesäumt. Jenseits der Uferstraße liegen eine Reihe mittlerer bis besserer Hotels. Zum Baden fährt man besser mit einem Stadttaxi zum Cap Malabata oder Cap Spartel (s. S. 139).

Die Medina

Die Medina von Tanger liegt auf einem Hügel, der den Hafen beherrscht; die Spitze dieses Hügels nimmt die Kasbah ein. Um die Medina herum erstreckt sich die Neustadt, an die sich im Nordwesten der Villenvorort Montagne und im Südosten das Badezentrum von Malabata anschließen.

Der **Grand Socco** **1** markiert die Nahtstelle zwischen Medina und Neustadt. *Socco* ist die spanische Form von Souk; der Grand Socco firmiert auch unter dem Namen Place du 9 Avril 1947, in Erinnerung an die Solidaritätsadresse Mohameds V. für die politischen Ziele der Istiklalpartei. Den zentralen Platz von Tanger umgeben Cafés, Restaurants und Billighotels, hier fahren die Stadtbusse ab, vormittags ist er die Arena eines umtriebigen Lebensmittelmarkts. Donnerstags und sonntags kommen zahlreiche Berber aus der Umgebung zum großen Wochenmarkt, dann sind die Berberfrauen mit ihren breitkrempigen Strohhüten ein beliebtes Fotomotiv.

Die den Grand Socco überragende Moschee wurde im Jahre 1917 fertiggestellt. Das Tor am Anfang der in westlicher Richtung vom Grand Socco wegführenden Rue Bouarrakia markiert den Zugang zum schön angelegten Mendoubia-Park.

Die kleine, verwinkelte Medina von Tanger weist zwar keine herausragenden Baudenkmäler auf, ist aber in ihrer Gesamtheit durchaus sehenswert. Das Herz der Medina, der **Petit Socco** 2 (span.: Socco Chico), ist vom Grand Socco durch das Bab Fahs und die anschließende Rue Es Siaghin zu erreichen. Um den spanisch geprägten Petit Socco – während des Internationalen Statuts Schaltstelle der Schieber und Schmuggler – gruppieren sich die Souks von Tanger, in deren Souvenirläden allerlei Ramsch zu oft unverschämten Preisen verscherbelt wird: eine Reaktion nicht zuletzt auf die einfallenden spanischen Tagestouristen. Unmittelbar beim Petit Socco, erreichbar über die Rue de la Marine, liegt die **Grande Mosquée** 3, eine Gründung aus dem17. Jh., deren jetzige Gestalt auf einen Umbau von 1815 zurückgeht.

Die Museen in der Kasbah

Die sehr sehenswerte **Kasbah** 4 von Tanger dominiert die Nordwestecke der Medina; man erreicht sie am besten, indem man vom Petit Socco der Rue des Almohades folgt und dann nach links in die Rue Ben Raisouli abbiegt. Hinter dem Haupttor zur Kasbah, dem Bab El Aissa, liegt der Mechouar (Versammlungsplatz), der vom **Dar El Makhzen** 5 beherrscht wird. Dieser im 17. Jh. erbaute und später mehrfach erweiterte ehemalige Sultanspalast beherbergt heute die Museen von Tanger. Das Musée d'Art marocain (tgl. außer Di 9–12 und 15–18 Uhr) präsentiert Teppiche, Schmuck, Holzschnitzereien und Keramik, das Musée des Antiquités (tgl. außer Di 9–12 und 15–18 Uhr) wartet mit prähistorischen und römischen Funden aus der Umgebung auf, außerdem finden sich hier Kopien von Bronzestatuen aus Volubilis, eine Bilderserie mit Stadtansichten von Tanger sowie einige Gemälde von Eugène Delacroix.

Neben dem Dar El Makhzen liegen das ehemalige Gerichtsgebäude und das Bit El Ma, die ehemalige Schatzkammer aus dem 17. Jh. An den Platz mit allen diesen Bauten schließt sich eine kleine Terrasse an, von der aus sich ein überwältigendes Panorama auf die Bucht von Tanger mit dem gegenüberliegenden Cap Malabata (s. S. 139), auf die Hafenmolen und die nur 14 km entfernte spanische Küste bietet.

Der Hafen und das Marshan-Viertel

Vom Petit Socco gelangt man über die Rue des Postes zur Rückseite der Grande Mosquée; von dort führen Treppen aus der Medina hinunter Richtung Avenue d'Espagne, wo sich die großen Hafeneingänge und der **Bahnhof** 6 (derzeit geschlossen) befinden. Ein überaus lohnender Spaziergang führt von der Kasbah (der Rue Assad Ibn El Fassat und

Richtig Reisen-Tipp: Das Museum Forbes

Es mag seine eigenen Reize haben, sich in die bizarren Spleens des amerikanischen Zeitungsmagnaten und Milliardärs Malcolm Forbes zu verlieren – allein das würde den Besuch des Museums schon lohnen.

Forbes residierte in Tanger im Palais des ehemaligen Mendoub, des Sultansvertreters während der Epoche des Internationalen Statuts. Hoch über der Steilküste gelegen und ein fantastisches Panorama gewährend, gehört die in üppige Gartenanlagen gebettete Villa Forbes zweifellos zu den hinreißendsten Häusern in Tanger. Kein Zufall, dass das weitläufige schneeweiße Anwesen bereits als Filmkulisse eines James-Bond-Abenteuers (›Der Hauch des Todes‹) diente; die Villa Forbes (Tel. 039-93 36 06) ist der Architektur gewordene Traum vom Luxusleben der Superreichen. Das Palais beherbergte bis vor kurzem eine Sammlung von angeblich rund 115 000 Zinnsoldaten, die Forbes teils aufgekauft, teils aber auch nach eigenen Angaben hat fertigen lassen. Die Zinnsoldatensammlung ist derzeit (Sommer 2006) – für einen längerfristigen Zeitraum – in den Pariser Louvre ausgelagert worden.

Blick über die Kasbah von Tanger

Mythos Tanger

»Die Topographie dieser Stadt war reich an prototypischen Szenen: überdachte Straßen, von denen wie von Korridoren Türen zu Räumen auf beiden Seiten abgingen, versteckte Terrassen hoch über dem Meer, Straßen, die eine einzige Treppe waren, dunkle Sackgassen, kleine, auf abschüssigem Gelände angelegte Plätze, die wie aus falscher Perspektive gemalte Ballettkulissen wirkten, mit Gässchen, die nach verschiedenen Richtungen wegführten, aber auch klassisches Traumzubehör: Tunnel, Mauern, Ruinen, Kerker und Klippen.« (Paul Bowles: »Without Stopping«, 1972; deutsch 1990, © Goldmann Verlag, München)

In Marokkoreportagen und den Porträts der Reiseseiten deutscher Zeitungen zieht keine Stadt mehr Aufmerksamkeit auf sich als Tanger. Vielleicht weil die Stadt an der Nahtstelle zwischen Europa und Afrika, zwischen christlichem Abendland und arabischem Maghreb, für Hunderttausende von Reisenden das klassische Entrée ist, nach dem Verlassen der Fähre der erste Eindruck von Marokko, von Afrika, vom Orient. Vielleicht auch weil sich die geschichtlichen Ursprünge dieser Stadt im Mythos verlieren – nach der Sintflut soll die Arche Noah in Tanger angelandet sein –, weil sie die Legende einer Stadt ist, gelegen an den Gestaden der Zeit.

Von 1923 bis 1956/57 (manche Steuerprivilegien galten bis 1960) unterlag Tanger den Diktaten eines Internationalen Statuts, die Stadt war Freihandelszone – und Steuerparadies. Tanger galt in dieser Ära als ein Eldorado der Glücksritter und Spekulanten, die Stadt war Bühne und Tummelplatz für Waffenschieber und Agenten, für Drogenkuriere und Menschenhändler. Ein Ort, wo in schwindelerregendem Tempo Vermögen gemacht und verspielt wurden – während des Internationalen Statuts waren etwa 2500 Holdinggesellschaften internationaler Firmen in Tanger registriert. Ein Ort, an dem sich eine morbide Prostitution zentrierte, ein Hort auch für alle möglichen Branchen von Kriminalität, ein Fluchtpunkt schließlich für zivilisationsmüde Künstler und Intellektuelle.

Dazu ein Magnet für Exzentriker aller Art: Die mondänen Feste der Woolworth-Erbin Barbara Hutton sind inzwischen Legende, der märchenhafte Palast des amerikanischen Milliardärs (und Medienmoguls) Malcolm Forbes beherbergt ein riesiges Zinnsoldatenmuseum. Nicht nur für die Beatniks der ersten Generation, wie William S. Burroughs (Eingeweihte berichten, er habe im Hotel Muniria, Zimmer 9, seinen Roman ›Naked Lunch‹ aufs Papier gekippt), Jack Kerouac, Allen Ginsberg, Christopher Isherwood oder Truman Capote, war Tanger für die Jahre ihres Aufenthalts eine einzige riesige Projektionsfläche, Dekor und Staffage eines – häufig idealisierten, oft missverstandenen – Fantasieorients. Auch deutsche Autoren haben die Komparserie ihrer Werke immer wieder in Tanger angesiedelt – von Joseph Kessel (»Au grand Socco«) bis zu Ludwig Fels (»Bleeding Heart«).

Tanger scheint ein geeigneter Ort für Geschichten und Träume zu sein, für glasignüchterne Verzweiflung ebenso wie für zarte Melancholie – doch warum?

Thema

Paul Bowles, der seit den 1940er-Jahren hier gelebt hat, skizzierte Tanger immer wieder als seine Traumstadt , wohl wissend, dass die Zumutungen dessen, was er auch als prosaisch-banale Moderne beschreiben sollte (und, in den Roman transponiert, womöglich bereits in »The Sheltering Sky« beschrieben hat), früher oder später auch Tanger heimsuchen würden. Jahrzehntelang hatte die Stadt, hatten die hier gestrandeten, störrischen Veteranen der Vorunabhängigkeitsepoche die Aura des Schillernd-Mondänen, des Skandalös-Anrüchigen konserviert und verklärt. In Wirklichkeit sehen die Fünfjahrespläne, mit denen die politische Zentrale in Rabat die Zukunft des Landes zu gestalten sucht, für Tanger ein rasantes wirtschaftliches Wachstum vor: An exponierter Lage soll hier ein neuer internationaler Finanzplatz entstehen, ein Banken- und Börsenzentrum, außerdem soll die Tourismusindustrie mit Hotel- und Apartmentkomplexen ausgebaut werden. Bisher waren es vor allem die Tagestouristen, die, ein bisschen Afrika schnuppernd, in Tanger ihr Geld gelassen haben.

In Guitta's Restaurant, im Café de Paris, an der Hotelbar des El Minzah sind sie noch zu besichtigen, jene routinierten Melancholiker, die hier – Geld spielt offenbar keine Rolle – ihren ›Tangerine Dream‹ träumen, die lästigen Händel der Welt mit souveräner Verachtung strafend und in zeitlosen Ritualen der Moderne trotzend. Tanger muss einmal eine Heimat, eine Verheißung gewesen sein für die Snobs der westlichen Welt; heute konservieren sie, in plüschigen Interieurs beheimatet, ein unwiederbringlich verlorenes Einst. Für diesen Kult scheint gerade Tanger ein bergendes Gehäuse abzugeben, an dem die Gezeiten der Jahre und Jahrzehnte scheinbar spurlos verebben.

Vielleicht hat niemand so genau wie Paul Bowles, der sich auf seine Art in Tanger aus der Zeit verabschiedet hat, gewittert, dass die Traumstadt Tanger porös geworden ist, durchlässig für Veränderungen. ›Le Grand Réveil‹, das große Erwachen, hat Tahar Ben Jelloun einen Tangeressay überschrieben. Das Erwachen wird die Nachtseiten dieser Stadt, ihr schillerndes Dunkel, nicht verscheuchen können, wohl aber die letzten Fossile dieses alten, köstlichen ›Tangerine Dream‹ ...

Tanger also erwacht, obschon Kenner behaupten, dass diese Stadt niemals schläft. Der Grand Socco wird auf Geheiß von Mohamed VI. derzeit umgestaltet und, wenn nicht alles täuscht, wird dieses Herz der Stadt an Betonmoderne, an urbaner Glätte gewinnen, was es an schäbiger Unverwechselbarkeit, an lärmig-chaotischem Charme einbüßt. An der Strecke nach Ceuta entsteht der Med-Port, der größte Tiefseehafen am Mittelmeer, ein Projekt im Investitionsvolumen von mehreren Mrd. Euro. Der alte Hafen von Tanger, heute noch ein vor Geschäftigkeit vibrierendes Umschlagzentrum, wird dann ein reiner Jachthafen sein, Anlegestelle für einen maritimen Jetset. Im Marshan-Viertel kauft und baut, wer es sich leisten kann, die Hälfte der Kasbah, des alten Palastbezirkes in der Nordwestecke der Medina, soll in der Hand ausländischer Investoren sein, in Richtung Cap Malabata ist ein neuer, gigantischer Tourismuskomplex geplant. Tanger erwacht aus einem Alptraum, aus einer wollüstigen Fantasie, aus dem Tiefschlaf der Lethargie oder aus dem flachen Halbschlaf des Dämmerns – wer weiß? Zerstoben ist der ›Tangerine Dream‹ noch nicht – solange diese Stadt sich noch wohlig räkelt, wie eine Schönheit mit halb geöffneten Lidern.

Tanger: Cityplan

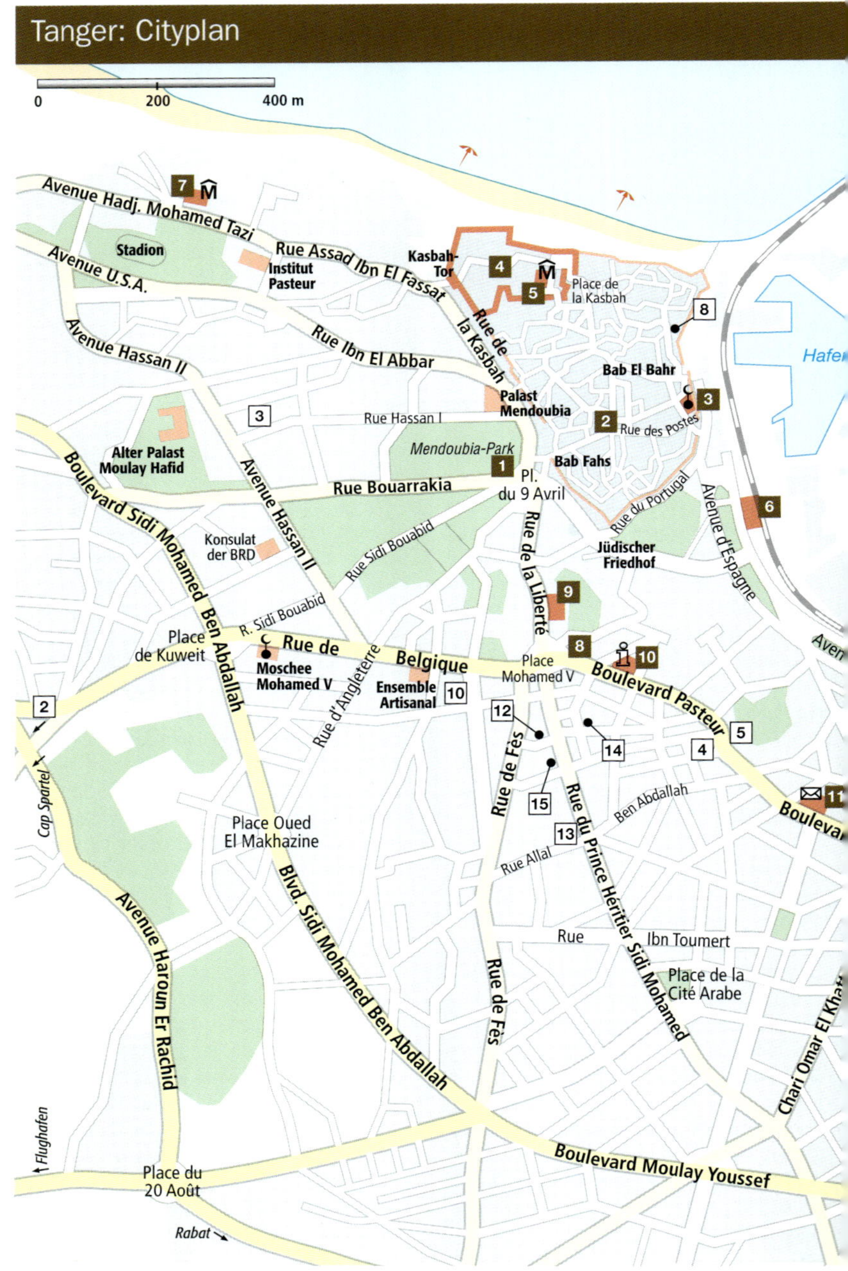
0
200
400 m
Avenue Hadj. Mohamed Tazi
Stadion
Avenue U.S.A.
Rue Assad Ibn El Fassat
Institut Pasteur
Kasbah-Tor
Place de la Kasbah
Rue de la Kasbah
Rue Ibn El Abbar
Avenue Hassan II
Hafen
Bab El Bahr
Palast Mendoubia
Rue Hassan I
Rue des Postes
Mendoubia-Park
Bab Fahs
Alter Palast Moulay Hafid
Rue Bouarrakia
Pl. du 9 Avril
Rue du Portugal
Avenue d'Espagne
Boulevard Sidi Mohamed Ben Abdallah
Konsulat der BRD
Avenue Hassan II
Rue Sidi Bouabid
Jüdischer Friedhof
Rue de la Liberté
R. Sidi Bouabid
Place de Kuweit
Rue de Belgique
Moschee Mohamed V
Ensemble Artisanal
Place Mohamed V
Boulevard Pasteur
Rue d'Angleterre
Cap Spartel
Rue de Fès
Ben Abdallah
Place Oued El Makhazine
Rue Allal
Rue du Prince Héritier Sidi Mohamed
Avenue Haroun Er Rachid
Blvd. Sidi Mohamed Ben Abdallah
Rue Ibn Toumert
Place de la Cité Arabe
Chari Omar El Khat
Flughafen
Place du 20 Août
Boulevard Moulay Youssef
Rabat

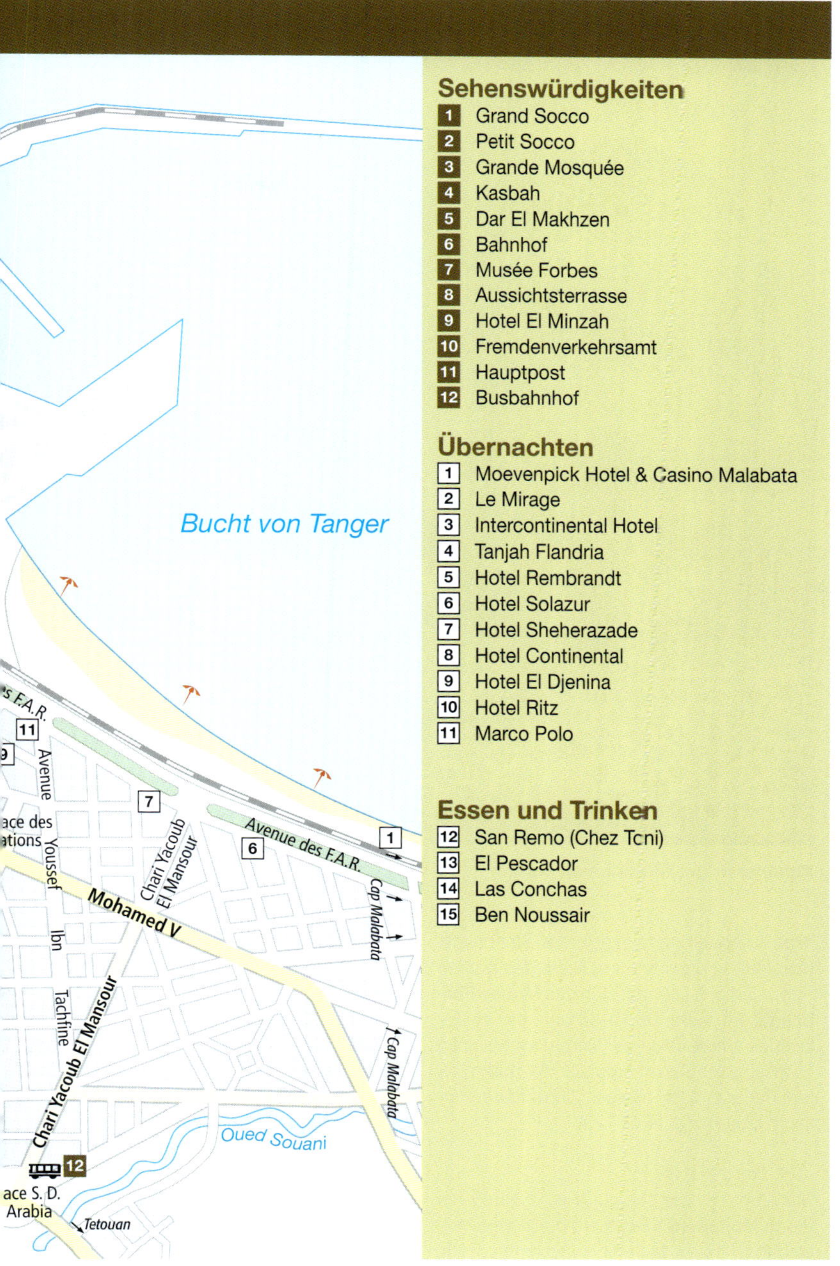
Sehenswürdigkeiten
1 Grand Socco
2 Petit Socco
3 Grande Mosquée
4 Kasbah
5 Dar El Makhzen
6 Bahnhof
7 Musée Forbes
8 Aussichtsterrasse
9 Hotel El Minzah
10 Fremdenverkehrsamt
11 Hauptpost
12 Busbahnhof
Übernachten
1 Moevenpick Hotel & Casino Malabata
2 Le Mirage
3 Intercontinental Hotel
4 Tanjah Flandria
5 Hotel Rembrandt
6 Hotel Solazur
7 Hotel Sheherazade
8 Hotel Continental
9 Hotel El Djenina
10 Hotel Ritz
11 Marco Polo
Essen und Trinken
12 San Remo (Chez Toni)
13 El Pescador
14 Las Conchas
15 Ben Noussair
Bucht von Tanger
Avenue des F.A.R.
Avenue Youssef Ibn Tachfine
Chari Yacoub El Mansour
Mohamed V
Cap Malabata
Oued Souani
Tetouan

Musiker in der Medina von Tanger

ihrer Verlängerung folgen) in das Stadtviertel Marshan; in unmittelbarer Nähe des großen Sportstadions befindet sich das **Musée Forbes** 7 (tgl. außer Do 10–17 Uhr), das im Palais des amerikanischen Milliardärs Malcolm Forbes, einer Luxusimmobilie mit traumhaftem Panorama, ein riesiges Zinnsoldatenmuseum beherbergt (s. S. 129).

Die Neustadt

Das Zentrum der Neustadt wird durch die **Place Mohamed V** markiert; die großen Verbindungsstraßen laufen hier zusammen. Die Hauptgeschäftsstraße Tangers, der Boulevard Pasteur mit seinen Boutiquen, Reisebüros, Restaurants und Cafés, nimmt hier seinen Anfang. Von der großen, mit vier auf Lafetten montierten Kanonen gezierten **Aussichtsterrasse** 8 bietet sich ein schöner Blick auf den Hafen; nach Einfall der Dämmerung ist diese Terrasse das Ziel von fliegenden Händlern, von allerlei Schleppern, Strichern und Streunern. Am Boulevard Pasteur, mehr noch in seinen Nebenstraßen, spielt sich ein für Marokko unverhältnismäßig reges Nachtleben ab. Die Skala der Etablissements

reicht von fashionablen Nachklubs über zweifelhafte Hoteldiskotheken bis hin zu schmierigen Absteigen.

An der Verbindungsstraße zwischen Place Mohamed V und Grand Socco, der Rue de la Liberté, liegt das weltberühmte **Hotel El Minzah** 9, wo der internationale Jetset abzusteigen beliebt. Das Hotel steht im Prinzip auch jenen offen, die nicht hier logieren, und eine Visite durch die mit alten Stilmöbeln geschmackvoll dekorierten Zimmerfluchten oder ein Innehalten zum Minztee in den Gartenanlagen ist durchaus zu empfehlen.

Das **Fremdenverkehrsamt (O.N.M.T.)** 10 befindet sich am Boulevard Pasteur; seine Verlängerung, der Boulevard Mohamed V – gleich an seinem Anfang (Nr. 33) liegt die **Hauptpost** 11 – führt in südöstlicher Straßenführung Richtung Cap Malabata. Vom Boulevard Mohamed V führen etliche abschüssige Seitenstraßen auf die Avenue des Forces armées royales (F.A.R.), die mit ihren großen Hotelkomplexen auf die vorgelagerte Strandpromenade blickt. Über die großen Ausfallstraßen Avenue Youssef Ibn Tachfine oder Chari Yacoub El Mansour erreicht man die Place de la Ligue Arabe (bekannter unter dem Namen Place Sahat El Djamia El Arabia), wo sich der **Busbahnhof** 12 befindet.

Délégation du Tourisme: 29, Bd. Pasteur, Tel. 039-94 80 50, Fax 039-94 86 61, dttanger@menara.ma, dttanger@yahoo.fr. **C.R.T.:** Rue de Beethoven, Tel. 039-94 18 37.

Die meisten Luxus- und Mittelklassehotels liegen im Stadtzentrum, an der Avenue d'Espagne und der Avenue des F.A.R. Die Investitionspläne der großen Tourismusveranstalter sehen den Neubau von etwa einem Dutzend (!) hochpreisiger Hotels in Richtung Cap Malabata vor – das Hotelzentrum wird dadurch aus der Kernstadt etliche Kilometer an die südöstliche Peripherie verlegt. Billighotels, die hier häufig als Pensionen ausgewiesen sind, befinden sich besonders in der Medina (legendär etwa die Pension Fuentes, Tel. 039 93 46 69), etliche etwa in der Rue des Postes.

Moevenpick Hotel & Casino Malabata 1: Route de Malabata, etwa 3 km stadtauswärts Richtung Südosten, Tel. 039-32 93 00 50, Fax 039-94 19 09, www.moevenpick-hotels.com:80/hotels/tangier. Der auf Geschäftsreisende zugeschnittene 240-Zimmer-Komplex ist mit mehreren Restaurants, Bars, einem großen Schwimmbad, Business- und Fitnesscenter sowie einem eigenen Spielcasino ausgestattet. DZ 2400–2800 DH.

Hotel El Minzah 9: 85, Rue de la Liberté, Tel. 039-93 58 85, 039-93 87 87, Fax 039-93 45 46, www.elminzah.com. Ein 140-Zimmer-

Traditionshaus aus dem Jahre 1930 in stilvollem Ambiente. Eingebettet in eine gepflegte Gartenanlage bietet es exzellente À-la-carte-Gastronomie. DZ 1500–1900 DH (Nebensaison), 1900–2200 DH (Hochsaison).

Le Mirage [2]: In unmittelbarer Nähe der Herkules-Grotte, 14 km südwestlich vom Stadtzentrum, Tel. 039-33 34 90/91, Fax 039-33 34 92, www.lemirage-tanger.com. Herrlich gelegene Appartmentanlage mit Privatstrand. DZ 1400–1800 DH (Nebensaison), 1800–2400 DH (Hochsaison).

Intercontinental Hotel [3]: Bd. de Paris, Tel. 039-93 60 53 57, Fax 039-93 01 51, www.intercontinental-tangier.com. Insgesamt recht steriles Etablissement mit üblichem Standard. Um 1000 DH.

Tanjah Flandria [4]: 6, Bd. Mohamed V, Tel. 039-93 30 00, Fax 039-93 43 47. Etwas überteuertes Mittelklassehotel im Zentrum, stark frequentierte Disco. DZ um 725 DH.

Hotel Rembrandt [5]: Bd. Mohamed V, Tel. 039-33 33 14 16, Fax 039-93 04 43, www.hotel-rembrandt.com, rembrandt@menara.ma. Zentrales 60-Zimmer-Haus mit Restaurant und Pool. DZ um 630 DH (100 DH Panoramaaufschlag).

Hotel Solazur [6]: Av. des F.A.R., Tel. 039-32 07 59 68, Fax 039-94 52 86. 360-Zimmer-Hotel mit diversen Restaurants, Bars und Disco. DZ um 520 DH.

Hotel Sheherazade [7]: Av. des F.A.R., Tel. 039-34 18 21, 039-94 08 03, Fax 039-94 08 01. Eher gesichtsloser 150-Zimmer-Komplex. DZ um 500 DH.

Hotel Continental [8]: 36, Dar Baroud (Medina), Tel. 039-93 10 24, 039-37 58 51, Fax 039-93 11 43, hcontinental@iam.net.ma. Eine Adresse für Nostalgiker, deren verwitterter Charme noch jeder Renovierung standgehalten hat; Balkone mit Panorama über die Bucht, Privatparkplatz. DZ um 400 DH.

Hotel El Djenina [9]: 8, Rue el Antaki (Zentrum), Tel. 039-94 22 44, Fax 039-94 22 46, eldjenina@menara.ma. Kleines Hotel mit Restaurant. DZ 240 DH.

Hotel Ritz [10]: 1, Rue Sorella, Tel. 039-32 24 45, Fax 039-94 10 02. Mit Restaurant. DZ um 200 DH.

Marco Polo [11]: 2, Rue El Antaki, Tel. 039-94 11 24, Fax 039-94 22 76. Üblicherweise fest in deutscher Hand; Neueröffnung nach Renovierung im Herbst 2006. Das Terrassenrestaurant hat sich jüngst Meriten erworben.

Camping Miramonte: westlich des Stadtviertels Marshan, etwa 3 km vom Stadtzentrum.

Camping Robinson Plage: bei den Herkulesgrotten, direkt am Strand.

Camping Tingis: östlich von Tanger, an der Küstenstraße zum Cap Malabata.

Das Herz von Tangers Medina: der Petit Socco

Etliche Restaurants unterschiedlicher Preis- und Qualitätskategorien, zumeist auf Fischgerichte spezialisiert, befinden sich an der Av. des F.A.R. (Miami Beach, Golden Beach, Flandria Beach); die Billigrestaurants mit Gerichten um die 50 DH konzentrieren sich in der Nähe des alten Bahnhofs sowie um den Grand und Petit Socco.

San Remo (Chez Toni) 12: 15, Rue Ahmed Chaouki, Tel. 039-93 84 51. Mediterrane Küche, bekannt wegen ihrer Fischspezialitäten. 150–250 DH.

El Pescador 13: 35, Rue Allal Ben Abdallah, Tel. 039-94 15 94. Wie der Name schon sagt, ist das Lokal auf Fischgerichte und Meeresfrüchte spezialisiert. Um 200 DH.

Las Conchas 14: 30, Rue Ahmed Chaouki, Tel. 039-93 16 43. Italienische Küche. 100–150 DH.

Ben Noussair 15: 39–41, Rue Moussa Ben Noussair (Zentrum). Marokkanische Gerichte, recht spartanisches, dafür von keinerlei Anbiederungen an den Touristengeschmack verfälschtes Ambiente. 50–80 DH.

Das Café-Restaurant Le Detroit
Es hat den Charme eines Bahnhofbuffets, und als Touristenfalle gilt es noch dazu, nicht zu Unrecht. In unmittelbarer Nähe des Dar El Makhzen, auf einer Dachterrasse hoch über der nördlichen Umfassungsmauer der Kasbah, markiert das Café-Restaurant Le Detroit (Tel. 039-93 80 80, Fax 039-33 33 51) einen Aussichtspunkt par excellence.

Wer ein Faible für das von Malern immer wieder beschworene einzigartige Licht von Tanger hat, mediterrane Abendstimmungen schätzt, atmosphärische Weite und das Schimmern ferner Horizonte, der sollte hier auf ein Getränk verweilen – und die Küche des Hauses ignorieren.

Tanger hat anders als andere marokkanische Großstädte keine ausgewiesene Shoppingmall. Supermärkte, moderne Läden und Boutiquen sind fast ausnahmslos im Neustadtzentrum angesiedelt.

In den Souks dominiert – nicht zuletzt eine Reaktion auf die Heerscharen der Tagestouristen im Sommer – eher zweifelhafter Tinnef denn handwerkliche Qualität. Es empfiehlt sich für Souvenireinkäufe auf die Königsstädte auszuweichen.

Die meisten Diskotheken, Bars und Nachtklubs liegen im Zentrum der Neustadt Tangers sowie entlang des Hotelgürtels an der Avenue d'Espagne und der Avenue des F.A.R. Die Stadt hält neben Casablanca und Agadir, das schillerndste und reichhaltigste Nachtleben Marokkos bereit. Die Skala der Etablissements reicht von der fashionablen Hoteldisco bis zur schmierigen Kaschemme. Etliche der großen Diskotheken im Zentrum sind allnächtlich Anlaufstellen und Kontaktbörsen der örtlichen Prostituierten (s. S. 103). Man sollte nach Möglichkeit nächtliche Alleingänge durch die Medina und um das Hafengelände vermeiden.

Royal Golf Club: 8 km außerhalb Richtung Cap Spartel, ausgeschildert, Tel. 039-93 89 25. Der 18-Loch-Golfplatz ist in eine weitläufige Parkanlage gebettet.

Flugzeug: Der internationale Flughafen von Tanger Ibn Batouta (Boukhalef-Souahel, Tel. 039-39 41 29, 039-39 47 17) liegt etwa 15 km südwestlich der Stadt; kein direkter Buszubringer, Taxitarife in die Stadt ca. 150 DH. Inlandsflüge (über Casablanca-Mohamed V.) etwa nach Agadir, Fès, Marrakesch, Ouarzazate, Oujda. Direktflug nach Al Hoceima. Derzeit keine Direktflüge von/nach Deutschland. Sämtliche Büros der Airlines (auch Lufthansa) im Zentrum der Neustadt. Royal Air Maroc: Place de France, Tel. 039-37 95 03/04.

Bahn: Der alte Bahnhof am Hafen ist seit Jahren geschlossen, womit ein entscheidender Vorteil für Bahnreisende – die Ankunft im Stadtzentrum und die kurzen Distanzen zu den Hotels – entfällt. Der neue Bahnhof liegt etwa 3 km südöstlich des Zentrums in der Nähe der Ausfallstraße nach Tetouan. Bei der Ankunft der Züge warten zuverlässig Stadttaxis am Bahnhof. Tägliche Verbindungen nach Souk El Arba, Kenitra, Rabat, Casablanca, Marrakesch, Meknes, Fès, Taza, Oujda (umsteigen in Sidi Kacem).

Bus: Der sowohl von der CTM-LN als auch von den Privatlinien angefahrene Busbahnhof liegt an der Place Sahat El Djamia El Arabia (Place de la Ligue arabe), etwa 2 km südöstlich des Stadtzentrums. Mehrere tägliche Verbindungen in nahezu alle größeren Städte. Großer Sammeltaxistand (Ferntaxis) vor dem Busbahnhof. Die CTM unterhält einen Schalter direkt am Hafeneingang, von dort auch Start einiger CTM-Linienbusse.

Das Busnetz des öffentlichen Nahverkehrs ist oft überlastet, Fahrpläne existieren nicht; es ist entschieden stressfreier, auf die kostengünstigen **Stadttaxis** auszuweichen.

Fähre: Je nach Saison tgl. etwa 7–10 Fährverbindungen zwischen Tanger und dem südspanischen Algeciras.

Mietwagen: Die Agenturen der großen Mietwagenfirmen finden sich fast ausnahmslos im Zentrum (vor allem am Bd. Mohamed V und am Bd. Pasteur) sowie am Flughafen.

Die Strände in der Umgebung

Cap Spartel

Die S 701/R 416 führt zum 14 km von Tanger entfernten Cap Spartel; der nordwestlichste Punkt Afrikas empfiehlt sich wie das Cap Malabata als schöner Aussichtspunkt. Weiter auf der S 701/R 416 erreicht man nach weiteren 4 km die **Grottes d'Hercule** (Herkulesgrotten), am Meer gelegene Kalksteinhöhlen, die zur Besichtigung freigegeben sind. Interessant sind die Spuren des Kalksteinabbaus aus prähistorischer Zeit. Eine Besichtigung der spärlichen Ruinen der Römersiedlung **Cotta** (1 km südöstlich der Herkulesgrotten) lohnt sich nur für archäologisch besonders interessierte Reisende.

Cap Malabata

Über die S 704/R 416 Richtung Ceuta gelangt man zum 11 km vom Stadtzentrum gelegenen Cap Malabata, das die Bucht von Tanger im Osten begrenzt. Zwischen der Stadt und dem Cap liegt ein exklusives Hotel- und Bungalowzentrum (u. a. Club Mediterranée); der Ausbau des Badezentrums am Cap Malabata (geplant sind etwa 30000 Hotelbetten, das Investitionsvolumen für die gesamten Baumaßnahmen und touristischen Infrastrukturen beläuft sich auf umgerechnet 1 Mrd. €!) gehört zu den landesweit aufwändigsten Förderprojekten für die Regionen. Am Cap Malabata selbst sind die Ruinen des portugiesischen Leuchtturms El Menar und das Chateau Malabata, die Anfang des 20. Jahrhunderts errichtete Kopie einer mittelalterlichen Burg, sehenswert.

Ksar Es Seghir

Weiter auf der Küstenstraße S 704/R 416 Richtung Ceuta passiert man den kleinen Fischerort Ksar Es Seghir mit einem schönen Strand. Im Ort finden sich Reste einer almohadischen Festung und einer portugiesischen Zitadelle.

Am Cap Malabata östlich von Tanger

Mittelmeerküste und Rif

Karte S. 152

Vor oder nach den marokkanischen Sommerferien findet man am Mittelmeer noch verlassene Strandabschnitte und einige abgeschiedene Badebuchten, besonders an der westlichen Mittelmeerküste zwischen Smir Restinga und El Djebha. Die Touren ins Hinterland des Rif führen in ein gebirgig zerklüftetes, karges Gelände, ins Kernland der berberischen Ethnien der Rifkabylen.

Ceuta

Reiseatlas: S. 2, E 1

Ceuta (arab.: Sebta), neben Tanger und Melilla der bedeutendste Fährhafen Nordmarokkos, ist für viele Autoreisende die erste Station im Land und auf dem afrikanischen Kontinent.

Geschichte

In der Antike war **Ceuta** zunächst eine karthagische, dann eine römische Siedlung. 428 eroberten die Vandalen den Ort, 618 die Byzantiner. Anfang des 8. Jh. war er von den Arabern besetzt und im 10. Jh. zwischen Omajaden und Fatimiden heftig umkämpft. Danach stieg er zu einem wichtigen Hafen auf und erlebte seine Blütezeit im 13. und 14. Jh. unter den Meriniden. 1415 erfolgte die Besetzung durch die Portugiesen, Ceuta wurde zum ersten europäischen Besitz in Marokko. 1580 wurde die Stadt durch die Angliederung Portugals an Spanien spanisches Territorium. Trotz häufiger Belagerungen (etwa durch die Truppen Moulay Ismails) blieb sie ununterbrochen in spanischem Besitz. Der letzte arabische Angriff datiert aus dem Jahre 1860.

Vom 19. bis zum Anfang des 20. Jh. war die Stadt, damals eine der verrufensten am Mittelmeer, spanische Sträflingskolonie. Ab 1912 erlebt sie einen Aufschwung zum Haupthafen des spanischen Nordmarokko, doch 1956 setzte wegen Verlust des Hinterlandes der allmähliche Niedergang ein. Durch wachsenden Tourismus und Ausflugsverkehr (besonders viele spanische Kurzausflügler und Einkaufstouristen, die von etlichen zollfreien Waren profitieren wollen) gewinnt Ceuta in jüngster Zeit wieder größere Bedeutung. Bis heute stellt es einen wichtigen spanischen Militärstützpunkt dar.

Stadtrundgang

Das Stadtbild ist weitgehend spanisch geprägt, fast alle maurischen Bauten wurden von den Kolonialherren abgerissen. Ceuta ist im Wesentlichen eine moderne Stadt, besitzt aber einige sehenswerte Bauten aus dem Spätbarock und den einen oder anderen durchaus reizvollen Winkel.

Zentrum von Ceuta ist der Straßenzug Calle Real–Camoens–Paseo del Revellin, um den sich zahlreiche Cafés, Restaurants und Geschäfte gruppieren. Der Paseo del Revellin, von dem aus man zu dem malerischen Marktplatz **Plaza Vieja** gelangt, trifft bei der Plaza de la Constitución auf die Uferstraße Paseo de las Palmeras. Bevor diese auf das Hafengelände mündet, öffnet sich links die parkartig gestaltete Plaza de Africa, an der die Kathedrale, die Kirche **Nuestra Señora de Africa** und das Rathaus liegen. Diese Bauten stammen aus dem Spätbarock (18. Jh.).

Ein Stück hinter der Plaza de Africa erheben sich die Mauern der **Festung El Candelero**, die von einem tiefen Wassergraben durchschnitten werden. Die Fundamente der Festung wurden von den Portugiesen um 1530 gelegt, Verstärkungen stammen aus dem 17. und 18. Jh.

Umgebung

Unbedingt lohnend ist ein Ausflug zum etwa 4 km vom Zentrum entfernten **Monte Hacho** (200 m hoch). Bereits von der Zufahrtsstraße Recinto Sur aus bieten sich prachtvolle Ausblicke auf das marokkanische Cabo Negro, die Hausberge von Tetouan und das zentrale Rifgebirge sowie – jenseits der Meerenge – auf die südspanische Küste mit dem Felsen von Gibraltar, der in der Antike als zweite Säule des Herkules galt.

Im Stadtzentrum befinden sich etliche *pensiones* und einige einfache Hotels.
Hotel La Muralla: Plaza Nuestra Señora de Africa, 15, Tel. 0034-956-51 49 40, www.parador.es. DZ 90–110 €.
Residencia Africa: Tel. 0034-956-50 94 67.

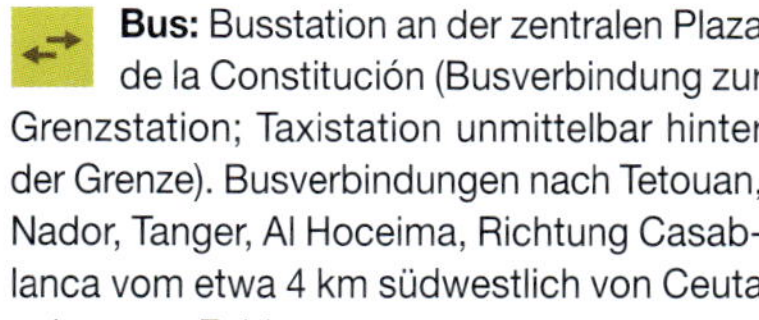

Bus: Busstation an der zentralen Plaza de la Constitución (Busverbindung zur Grenzstation; Taxistation unmittelbar hinter der Grenze). Busverbindungen nach Tetouan, Nador, Tanger, Al Hoceima, Richtung Casablanca vom etwa 4 km südwestlich von Ceuta gelegenen Fnideq.
Fähre: Die Fährtickets nach Algeciras (Transmediterranea unterhält ein Büro in der Uferstraße Paseo de las Palmeras) sind in etlichen Reisebüros in der Nähe des Hafens erhältlich. In der Hochsaison etwa stündliche Fährverbindungen nach Algeciras, während der europäischen Sommerferien trotzdem oft mehrstündige Wartezeiten.

Zollfrei einkaufen

Ceuta eignet sich zum günstigen zollfreien Einkauf, etwa von Alkoholika, Kameras und Elektrogeräten. Aber Achtung: Etliche ›Markenfabrikate‹ sind Fälschungen aus Fernost! Benzin ist in Ceuta erheblich billiger als in Marokko.

Mit dem Autor unterwegs

Grenzübergang Ceuta–Marokko

Ceuta, als spanisches Territorium zu Europa und zur Eurozone gehörend, ist eine reine Transitstation, für die von den Autofähren aus Algeciras ins Land strömenden Neuankömmlinge freilich so etwas wie der erste Eindruck von ›Marokko‹ (s. S. 140).

An der marokkanischen Grenzstation Bab Sebta wird man – ein erster Härtetest – oft sofort von Heerscharen meist sehr aufdringlicher ›Helfer‹ belagert. Man sollte versuchen, gelassen zu reagieren und sich nicht kopfscheu machen zu lassen: Weder für die Einreise- noch für die Zollformalitäten benötigt man fremde Hilfe, im schlimmsten Fall dauern die entsprechenden Prozeduren etwas länger.

Tetouan

Die Medina von Tetouan ist eine der schönsten Altstädte Marokkos – und eine Reise wert. Doch Vorsicht: Der Drogenhandel in der Stadt ist lebhaft, auch Diebstähle und Betrügereien sind relativ häufig. Marokkoneulinge, die über Ceuta eingereist sind, tun gut daran, in Tetouan gegenüber den Annäherungsversuchen und psychologischen Tricks der Dealer und Schlepper äußerste Vorsicht walten zu lassen (s. S. 143).

Entlang der Küste

Die Strandabschnitte um **Smir Restinga**, **Cabo Negro**, **Martil** und **Cap Mazari** bieten etliche feinsandige Refugien für Badetouristen, im Sommer sind sie ein beliebtes Ferienziel für marokkanische Familien. Zwischen dem Cap Mazari und **Oued Laou** beginnt allmählich der Anstieg der Küstenstraße in die Ausläufer des Rifgebirges; die Strände im Mündungsgebiet des Oued Laou – der Ort selbst wirkt nicht übermäßig einladend – sind noch alles andere als überlaufen und vergleichsweise angenehm.

Die Küstenstraße zwischen Oued Laou und El Djebha (R 414) ist durchgängig geteert, allerdings ist die Busfrequenz gerade auf diesem Abschnitt sehr dürftig.

Durch das Rifgebirge nach Al Hoceima und Melilla

Karte: S. 152

Von Tanger aus Richtung Oujda führt die Route zunächst entlang der Küstenstraße S 704/R 416 nach Ceuta (arab.: Sebta), neben Tanger und Melilla der bedeutendste Fährhafen Nordmarokkos und für viele Autoreisende die erste Station im Land und auf dem afrikanischen Kontinent. Über die N 13 und die P 28/N 2 geht es dann über Tetouan, der einstigen Hauptstadt der spanischen Protektoratszone, in das landschaftlich hinreißend gelegene Chefchaouen; von dort die P 39/N 2 entlang über das durch den florierenden Drogenhandel übel beleumundete Ketama in den internationalen Badeort Al Hoceima. Die Strecke führt dann weiter in den modernen Industriestandort Nador, von wo sich ein Abstecher nach Melilla empfiehlt, mit Ceuta die einzige noch verbliebene spanische Enklave in Marokko. Die P 27/N 2 führt weiter ins Landesinnere über Berkane in die moderne Großstadt Oujda (s. S. 164), ein Handelszentrum und eine wichtige Durchgangsstation vor der algerischen Grenze.

Über die Küstenstraße nach Tetouan

Die N 13 von Ceuta nach Süden führt an den Orten Smir Restinga, Mdiq, Cabo Negro und Martil vorbei, wo an hervorragenden Stränden derzeit mehrere Touristenzentren gebaut werden. Die modernen, weit auseinandergezogenen Hotel- und Bungalowsiedlungen eignen sich (noch) für Urlauber, die eine ge-

Rifberberinnen in Tetouan beim Verkauf von Feigen und Kaktusfeigen

wisse Abgeschiedenheit suchen. Wassersport und andere Sportarten (Tennis, Reiten) kann man in allen Orten betreiben. Die Orte sind durch gute Busverbindungen (etwa stündlich) von Tetouan aus zu erreichen.

Tetouan

Cityplan: S. 144

Tetouan 1, auf einem zum Djebel Dersa gehörenden Plateau an den nordwestlichen Ausläufern des Rif gelegen, ist ein bedeutendes Handelszentrum Nordmarokkos. Besonders die ausgedehnte Medina, die quirligen Souks und die Museen für Volkskunst sowie für Archäologie machen die Provinzhauptstadt (rund 400 000 Einwohner) sehenswert.

Geschichte

1306 als merinidische Festung gegründet, wurde Tetouan im Jahre 1399 von den Spaniern geschleift. Flüchtlinge aus Andalusien gründeten die Siedlung Ende des 15./Anfang des 16. Jh. neu. Der Hafen der Stadt, inzwischen zu einem Zentrum der Piraterie avanciert, wurde 1565 durch die Spanier zerstört. Im frühen 17. Jh. zogen schließlich weitere muslimische Flüchtlinge aus Spanien zu; um die Wende zum 18. Jh erlebte die Stadt eine Blütezeit, ausgedehnte Handelskontakte nach Europa garantierten wirtschaftliche Prosperität. Im 18. Jh. war Tetouan Sitz etlicher europäischer Gesandtschaften, die allerdings 1770 ausgewiesen wurden. Auch danach blieb die Stadt ein wichtiges Handelszentrum. Die Piraterie hielt sich noch bis zum Beginn des 19. Jh. Während des spanisch-marokkanischen Krieges (1859/60) besetzten die Spanier die Stadt (bis 1862), 1903 wurde sie fast ein Jahr lang durch rebellische Rifberber belagert und 1912 der spanischen Zone in Marokko zugeteilt, deren Hauptstadt sie 1913 wurde. Im Rifkabylenkrieg (1921–25)

Tetouan: Cityplan

Sehenswürdigkeiten

1 Place Hassan II
2 Spanische Generalkonsulat (Königspalast)
3 Palast des Khalifa
4 Mellah
5 Bab Er Rouah
6 Große Moschee
7 Kasbah
8 Museum für marokkanische Volkskunst
9 Archäologisches Museum
10 Délégation du Tourisme

Übernachten

1 Hotel Cham's
2 El Yacouta
3 Hotel Panorama
4 Hotel Paris
5 Hotel Oumaima

Essen und Trinken

6 Palace Bouhlal
7 Le Restinga

belagerten Rebellen Tetouan, im spanischen Bürgerkrieg wurde es durch republikanische Flugzeuge bombardiert.

Wirtschaft und Kultur

Heute ist Tetouan vor allem eine Handelsstadt für die Produkte des westlichen Rifgebirges. Daneben gibt es Zement- und Papierfabriken. Tetouan gilt nicht zuletzt auch als Heimat der besten marokkanischen Musikanten, die die klassische andalusische Musik am getreuesten bewahrt haben.

Die Medina der Stadt zählt zu den ausgedehntesten Marokkos, und die Souks sind

nach denen der Königsstädte Marrakesch, Fès und Meknes die größten des Landes. Wegen der Nähe zu den Fährhäfen Tanger und Ceuta sowie zu den Badezentren der nördlichen Rifküste wird Tetouan von vielen Touristen besucht, darunter zahlreichen Kurzausflüglern aus Spanien.

Stadtanlage

Tetouan gliedert sich in eine weitläufige, von Mauern umgebene Medina und die westlich daran anschließende Neustadt. Im Unterschied zu den meisten Städten der ehemaligen französischen Zone wurde hier die Neustadt nicht deutlich von der Medina getrennt, sondern unmittelbar an diese angrenzend errichtet. Wegen der relativ geringen Entfernungen eignen sich alle zentral gelegenen Hotels der Neustadt und der Medina gut für eine Stadtbesichtigung.

Das Zentrum

Das Zentrum von Tetouan ist die zwischen Medina und Neustadt gelegene **Place Hassan II** 1, die von zahlreichen Cafés und Restaurants gesäumt wird. Zur Medinaseite hin begrenzen zwei große Gebäude den Platz: das frühere **spanische Generalkonsulat (Königspalast)** 2, bis 1956 Sitz der spanischen Verwaltung, und der **Palast des Khalifa** 3, des Sultansvertreters in der spanischen Zone.

Gleich rechts neben dem ehemaligen spanischen Generalkonsulat befinden sich die beiden Zugänge zur **Medina**. In Planung ist, das Konsulat und den Khalifa-Palast zu einer neuen Residenz des Königs umzugestalten; mit der Place Hassan II und den Medinaeingänge wird sich das Herzstück von Tetouan künftig somit gründlich verändern. Die Medina stammt in ihrer heutigen Gestalt im Wesentlichen vom Ende des 17. und Anfang des 18. Jh. Sie ist noch an drei Seiten von einer Mauer umgeben, die von sieben Toren durchbrochen wird. Die Medina weist etwa 70 Moscheen auf und wird von einer Kasbah überragt.

Architektonisch sensationelle Baudenkmäler finden sich hier nicht, die Ausdehnung und das gut erhaltene Gesamtbild machen die Medina von Tetouan aber zu einer der schönsten Altstädte Marokkos.

Die Mellah

Der rechte der beiden Medinaeingänge an der Place Hassan II führt in die **Mellah** 4, die alte Judenstadt. Sie wurde im Jahr 1807 angelegt; eine Besonderheit stellt das rechtwinklige Straßengitter dar. Sehenswert sind die teilweise überwölbten Seitengassen und die kunstvollen schmiedeeisernen Fenstergitter, die deutlich andalusischen Einfluss zeigen. Einige Synagogen können besichtigt werden.

Nördlicher Teil der Medina

Der größere der beiden Eingänge an der Place Hassan II, das direkt neben dem spanischen Generalkonsulat gelegene **Bab Er Rouah** 5 (unscheinbarer Torbogen), führt ins Zentrum der Medina. Hinter dem Tor beginnt die Rue Terrafin mit dem Souk der Textilhändler; sie mündet auf den halblinks gelegenen **Souk El Houts**, den Fisch- und Lebensmittelmarkt. Hier befindet man sich schon im Zentrum der vornehmlich von Rifberbern besuchten Souks, deren bekannteste Gewerbe die Textil- und Lederverarbeitung sowie die Schuhherstellung und Töpferkunst sind.

Unmittelbar beim Souk El Houts befindet sich der **Souk Gherz El Kebira**, der Mittelpunkt des Basarviertels. Weiter in nordwestlicher Richtung liegt der **Souk El Fouki**, der Brot- und Gewürzmarkt und Standort der Korb- und Flechtwarenhändler. Rechter Hand gelangt man zu der schönen kleinen **Place Ouassa**; ein paar Schritte in östlicher Richtung befindet sich die **Große Moschee** 6 aus dem 18. Jh., ein Fondouk (Anfang des 19. Jh.) und eine Zaouia (1760).

Die Kasbah

Über die steile, mehrfach gewundene Rue de Tala (unweit des Bab Sebta, des Nordausgangs der Medina; jenseits des Bab Sebta liegt der muslimische Friedhof) gelangt man zur **Kasbah** 7. Die Anlage (Anfang des 17. Jh.) selbst kann nicht betreten werden, von einer Terrasse in einem vorgelagerten kleinen Park aus hat man aber einen herrlichen Ausblick auf die Stadt.

Westlich vom Souk El Fouki nimmt die Rue de Fès ihren Anfang; die belebte Markstraße führt entlang etlicher Restaurants bis zum Bab Fès im Nordwesten der Neustadt.

Östlicher und südlicher Teil der Medina

Geht man unweit vom Haupteingang der Medina von der Rue Terrafin nicht halblinks zum Souk El Houts, sondern rechts in die Rue des Postes, so gelangt man zum Bab Okla (Ostausgang der Medina). Hier liegt das sehenswerte, in einem Palast untergebrachte **Mu-**

seum für marokkanische Volkskunst 8 (Musée ethnographique de Tétouan, Tel. 039-97 05 05; Mo–Fr 8.30–12.30 und 14.30–18.30 Uhr, Sa und So geschl.). Die Exponate umfassen Lederarbeiten, regionale Keramik, Möbel, Textilkunst, mit Stickereien verzierte Prunkkaftane sowie eine *salle tétouanaise*, ein prunkvoll ausgestattetes Brautgemach.

Die Avenue Hassan II, die vom Bab Okla außerhalb der Stadtmauer zur Neustadt führt, passiert den **Jardin du Consul Cajigas**, einen schönen kleinen Park im Süden der Stadt.

Die Neustadt

Die Hauptachse der von den Spaniern angelegten Neustadt ist die Avenue Mohamed V, die von der Place Hassan II gegenüber dem Haupteingang zur Medina abgeht. Zum Neustadtzentrum zählen auch die Parallel- und Seitenstraßen der Avenue Mohamed V und der Boulevard du 10 Mai, der sich an die Place Moulay El Mehdi am Ende der Avenue Mohamed V anschließt. In diesen Straßen liegen die modernen Geschäfte, zahlreiche Cafés, Restaurants und Hotels. Viele Gebäude der Neustadt besitzen spanischen Charakter; besonders an der Place Hassan II und der Place Moulay El Mehdi. Der spanische Einfluss in Tetouan zeigt sich auch daran, dass Spanisch als Fremdsprache stärker verbreitet ist als das sonst in Marokko dominierende Französisch.

Sehenswert ist in der Neustadt vor allem das **Archäologische Museum** 9 (Tel. 039-96 71 03, Mo–Fr 8.30–16.30 Uhr, Sa und So geschl.) an der Place Aljala, zwischen der Rue du Prince Sidi Mohamed und der Avenue Mohamed V. Die Museumsbestände präsentieren Exponate aus der karthagischen und römischen Epoche, Funde aus Lixus und der 5 km entfernten Römersiedlung Tamuda; einige Mosaiken aus Lixus sind an der Fassade des Museums angebracht.

Délégation du Tourisme 10: 30, Av. Mohamed V, Tel. 039-96 19 15/16, Fax 039-96 19 14, dttetouan@menara.ma; Mo–Fr 8.30–16.30 Uhr.

Hotel Cham's 1: Av. Abdelkhalak Torres (etwa 3 km außerhalb des Zentrums an der Straße nach Martil), Tel. 039-99 09 01, Fax 039-99 09 07. 80-Zimmer-Neubau, mit vier Suiten. Restaurant, Pool, Privatparkplatz. DZ 650/530 DH.
El Yacouta 2: Hjar Arroussa, etwa 2 km außerhalb des Zentrums an der Ausfallstraße nach Ceuta, in der Nähe des Marjane-Supermarktes, Tel. 039-99 69 78/79, Fax 039-99 69 73. Neubau, mit Restaurant, Pizzeria und Café. DZ 420 DH.
Hotel Panorama 3: Av. Moulay Abbas (Nähe Busbahnhof), Tel. 039-96 49 68/70, Fax 039-96 49 69, www.panoramavista.com. 60-Zimmer-Neubau, die Zimmer zur Hauptstraße sind allerdings recht laut. DZ 400 DH.
Hotel Paris 4: 31, Rue Chakib Arsalane, Tel. 039-96 67 50. Im Neustadtzentrum, passable Zimmer, einige davon jedoch recht laut. DZ 250 DH.
Hotel Oumaima 5: Bd. du 10 Mai, Tel. 039-96 34 73. Haus im Neustadtzentrum mit gutem Preis-Leistungs-Verhältnis, Café im Erdgeschoss. DZ 250 DH.
Weitere einfache Hotels befinden sich in der Neustadt:
Hotel Malaga: 34, Al Massira, Tel. 039-99 51 51. DZ 200 DH.
Hotel Regina: 8, Rue Sidi Mandri, Tel. 039-96 21 13/73. DZ 130 DH.
Hotel Principe: 20, Bd. Youssef Ibn Tachfine, Tel. 039-96 27 95. DZ 100 DH.

Palace Bouhlal 6: Jamaa Kebir, Nordostsektor der Medina, neben der Großen Moschee, Tel. 039-99 87 97. In orientalischem Ambiente werden marokkanische Spezialitäten serviert. 150–200 DH.
Le Restinga 7: 21, Av. Mohamed V (Nähe Délégation du Tourisme). Reichhaltige marokkanische Gerichte. Um 100 DH.

Flugzeug: Der Flughafen Saniat R'Mel (Tel. 039-97 12 33) liegt etwa 5 km Richtung Ceuta, kein Zubringerbus. Derzeit nur saisonal Inlandsflüge nach Casablanca. Royal-Air-Maroc-Büro: 5, Av. Mohamed V, Tel. 039-96 16 10.

Bus: Der sowohl von der CTM-LN als auch von den Privatlinien angefahrene Busbahnhof liegt im Süden der Neustadt an der Ecke Bd. Sidi Mandri/Av. du Général Orgaz. Abfahrt der Busse im Tiefgeschoss des Gebäudes. Häufige Verbindungen nach Ceuta und Tanger, außerdem nach Rabat–Casablanca, Al Hoceima, Nador, Oujda, Asilah, Chefchaouen, Fés–Meknes; weitere Verbindungen zu den Badeorten der nördlichen Rifküste.

Entlang der Rifküste

Karte: S. 152
Von Tetouan lohnt ein Ausflug über die landschaftlich besonders schöne Küstenstraße R 414 entlang der Rifküste, die zwischen Martil und Al Hoceima touristisch bisher noch wenig erschlossen ist; die zahlreichen schönen Strände an der eindrucksvollen Steilküste sind noch recht einsam.

Südöstlich von Tetouan passiert die R 414 die kleinen Fischerorte **Oued Laou**, **Targha** mit einer verfallenen Kasbah am Strand und **Bou Ahmed**. Bei **El Djebha**, einem malerischen kleinen Fischerdorf an einer geschützten Bucht der Rifküste (erreichbar auch über die S 8500, die östlich von Ketama von der P 39/N 2 abzweigt), endet die Ausbaustrecke; die Fortführung bis Al Hoceima ist jedoch in Planung.

1 Chefchaouen

Chefchaouen, in rund 600 m Höhe zwischen den Gipfeln des Djebel Kalaa (2050 m) und des Djebel Meggou (2123 m) hinreißend schön gelegen, ist das Marktzentrum für das westliche Rif (Souk: montags und donnerstags). Der Ort mit ca. 40 000 Einwohnern gilt wegen seiner herrlichen, exponierten Lage und der vollständig erhaltenen Medina als einer der schönsten Marokkos. Besonders im Sommer wird Chefchaouen häufig von Touristen besucht; der lokale Kleinhandel ist besonders während der Saison stark vom Haschischverkauf geprägt.

Geschichte

Im Jahre 1471 als Zufluchtsort für muslimische Flüchtlinge aus Andalusien gegründet, beherrschte der Ort bald den Handel zwischen Tetouan und Fès und gelangte dadurch zu Wohlstand. Um die Wende zum 20. Jh. sammelte sich in Chefchaouen der Widerstand gegen die eindringenden Europäer; bis 1920 galt der Ort als eine für Nichtmoslems verbotene Stadt (der französische Missionar Charles de Foucaud ist vermutlich der einzige

Das beste Geschenk:
Abreißen, loslassen
Ein Kalender von Diogenes

Beim Reisen wechselt man seine Meinungen und Vorurteile.

Anatole France

Montag, 13. Januar

Europäer, der vor 1920 den Ort besucht hat). 1920 eroberten die Spanier die Stadt, die Abd El Krim, *der* Held im Befreiungskampf gegen die Protektoratsmächte (s. S. 160), jedoch kurz darauf zurückgewann. Während des Rifkabylenaufstands blieb der Ort, mehrfach von den Spaniern bombardiert, bis 1926 in der Hand der Rebellen; erst 1927 geriet er unter spanische Kontrolle. Chefchaouen ist damit diejenige Stadt Marokkos, die sich am längsten dem europäischen Einfluss entzog.

Die Neustadt

Chefchaouen besteht aus einer am Hang gelegenen und von einer Mauer umgebenen Medina sowie einer kleinen Neustadt. Zentrum der Neustadt ist die mit ihrer angrenzenden Architektur spanisch wirkende **Place Mohamed V** mit der Avenue Hassan II, die zur Medina führt. Gleich unterhalb dieser Straße liegt der arkadengesäumte Marktplatz mit der Busstation und unweit oberhalb ein kleiner **Park** mit der Grabmoschee des Stadt-

In der Medina von Chefchaouen mit ihren typischen blau getünchten Fassaden

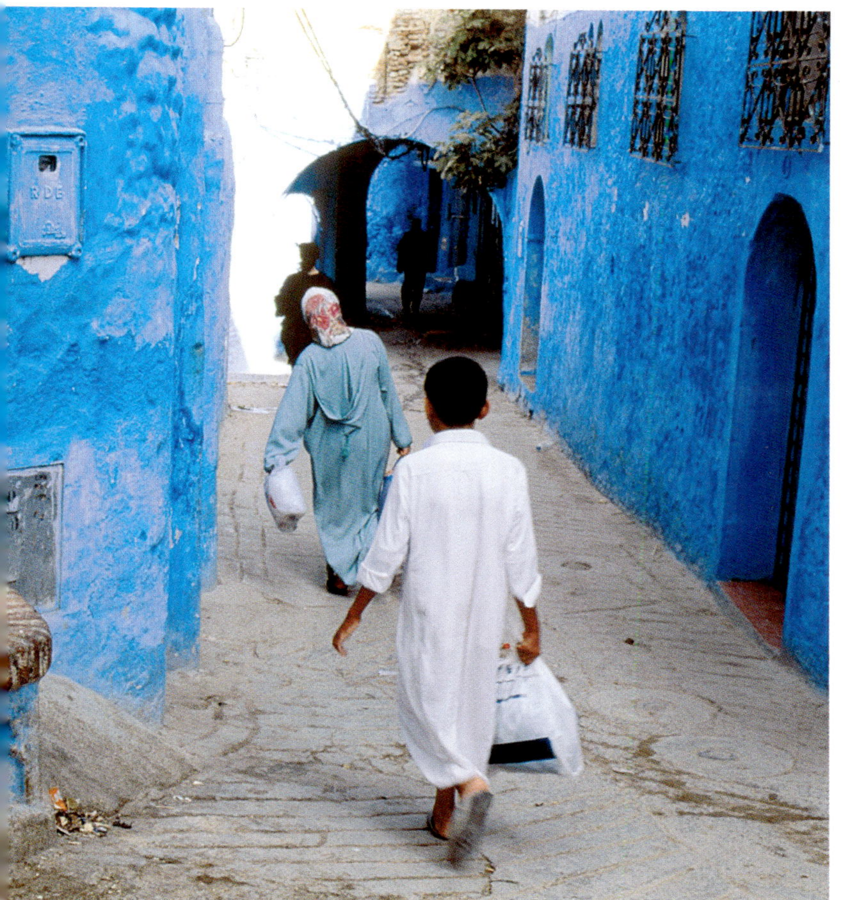

gründers Moulay Ali Ben Rachid, die bis heute ein bedeutendes Wallfahrtsziel ist.

An der Avenue Hassan II liegt schräg gegenüber von Post und Hotel Magou das **Bab El Ain**, das Haupttor der Medina. Die relativ große Altstadt stammt noch weitgehend vom Ende des 15. Jh.; die weiß oder blassblau getünchten Giebelhäuser mit ihren Ziegeldächern wirken andalusisch. Diese für Marokko einmalige Bauweise macht die Medina zu einer der schönsten des Landes.

Die Medina

Die gleich hinter dem Bab El Ain rechts beginnende Hauptstraße mit unzähligen Läden steigt in mehreren Windungen zum Zentrum der Altstadt empor, der **Place Outa El Hammam** mit vielen Cafés und Restaurants. Dort befindet sich rechter Hand die Große Moschee und der Zugang zur **Kasbah** mit ihrem üppigen Garten und einem lohnenden Museum für marokkanische Volkskunst (u. a. Holzinstrumente und Hochzeitssänften). Die Kasbah-Mauern sind begehbar und bieten eindruckvolle Ausblicke auf Stadt und Umgebung. An die Place Outa El Hammam schließt sich nahtlos die **Place El Makhzen** an, um die sich die Souks gruppieren. Chefchaouen ist bekannt für Lederwaren, Keramik, Kupferarbeiten, Djellabahs und Teppiche. Die rechte Seite der Place El Makhzen nimmt das Hotel Parador ein, zu dem man auch gelangt, wenn man der Verlängerung der Avenue Hassan II folgt, der Medina-Umgehung Rue Tarik Ibn Ziad.

Umgebung

Ein unbedingt lohnender Ausflug führt vom Ort zu der herrlich gelegenen **Quelle Ras El Ma** mit einem schönen Café-Restaurant. Autofahrer gelangen dorthin über die Ausfallstraße nach Ouezzane und einen von dort links abzweigenden, beschilderten Weg (insgesamt ca. 3 km). Zu Fuß kann man abkürzen, indem man der Rue Tarik Ibn Ziad folgt und kurz hinter dem Hotel Salam den zum Oued hin abfallenden Weg nimmt. Überquert man die kleine Steinbrücke und hält sich rechts, so gelangt man durch das Bab Mukaddam auf den erwähnten Weg. Von Ras El Ma lassen sich verschiedene schöne Wanderungen unternehmen, etwa zu der weithin sichtbaren, auf einer Hügelspitze gelegenen **Moschee Djamaa Bouzafar**. Als Rückweg von Ras El Ma zum Ortszentrum empfiehlt sich der Gang durch den wenig besuchten Ostteil der Medina (Zugang durch das Bab Onsar gleich bei der Quelle).

Hotel Atlas Chaouen: Rue Sidi Abdelhamid, Tel. 039-98 97 65, Fax 039-98 71 58, www.hotelsatlas.com. Das 75-Zimmer-Hotel, auf einer Anhöhe in der Nähe des Campingplatzes gelegen, wurde nach einer Komplettrenovierung 2006 neu eröffnet und

Kernland der Berber: das karstig zerklüftete Rifgebirge

ist sicherlich nun das beste Haus vor Ort. Panoramaterrasse, Restaurant, Bar, Hamam, Massagen, Fitness, Schwimmbad, Nachtklub. DZ um 800 DH.

Hotel Parador: Place El Makhzine, Tel. 039-98 61 36, Fax 039-98 70 33, parador@iam.net.ma. Etwas in die Jahre gekommenes Haus am Südrand der Medina mit bewachtem Parkplatz. DZ 400–500 DH.

Hotel Madrid: Av. Hassan II, Tel. 039-98 74 96/97, Fax 039-98 74 98, hotelmadrid@menara.ma. Zwischen Neustadt und Medina, Panoramaterrasse. DZ 275 DH.

Hotel Rif: Av. Hassan II, Tel./Fax 039-98 69 82, hotelrif@caramail.com. Organisation von Wanderungen in der Rifregion. DZ 240 DH.

Hotel Marrakech: 41, Av. Hassan II, Tel. 039-98 77 74. DZ 200 DH.

Hotel Salam: 39, Av. Hassan II, Tel. 039-98 62 39. DZ 120 DH.

Hotel Zouar: Calle Al Wahda Ain Haouzi, Richtung Campingplatz, Tel. 039-98 66 70. DZ 120 DH.

Hotel Bab El Ain: 77, Rue Lalla Houra, beim gleichnamigen Stadttor, Tel. 039-98 69 35. DZ 65 DH.

Casa Hassan: 22, Rue Targhi, Tel. 039-98 61 53. Kleines Gästehaus in der Medina.

Camping: Tel. 039-98 69 79; ganzjährig geöffnet. Der örtliche Campingplatz liegt sehr idyllisch in einem Pinienhain auf einer Anhöhe in der Nähe des Hotels Atlas Chaouen.

Durch das Rifgebirge nach Al Hoceima und Melilla

1001 Nacht

Wer in Chefchaouen abseits des standardisierten Hotelkomforts eine Unterkunft von ganz eigenem Charme sucht, sollte im Restaurant Casa Aladin (Rue Ibn Askar, an der Place Outa El Hammam) nach dem gleichnamigen Hotel fragen – und sich nach Möglichkeit den Weg durch das Altstadtgassengewirr dorthin zeigen lassen. Die Unterkunft präsentiert sich als familiäres 7-Zimmer-Hotel im maurisch-andalusischen Stil; wer Glück hat, bekommt womöglich das Dachzimmer mit eingezogener Galerie, einen überwältigenden Panoramarundblick inklusive. Casa Aladin, Tel./Fax 039-98 90 71. DZ mit Frühstück 450 DH, DZ mit Vollpension 700 DH.

Casa Aladin: Rue Ibn Askar, Tel./Fax 039-98 90 71. Im Hotel Casa Aladin. Authentische marokkanische Gerichte, mit einer schönen Terrasse auf die Place Outa El Hammam. Um 100 DH.

Einen guten Überblick über das Warenangebot aus der Region sowie über die handelsüblichen Preise kann man sich im Ensemble artisanal (neben dem Hotel Parador) verschaffen. Montags und donnerstags Souk.

Bus: Der Busbahnhof (CTM-Schalter) liegt am Rande des Marktplatzes in der Neustadt. Gute Verbindungen nach Tetouan, Tanger, Al Hoceima, Ouezzane, Meknes– Fès.

Durch das Rifgebirge

Die Route von **Tetouan** nach **Chefchaouen** erstreckt sich über 60 km in einer landschaftlich reizvollen, waldreichen Gebirgsregion. Der weitere Weg nach Ketama (105 km) führt, bisweilen auf Höhen zwischen 1200–1600 m, durch ein von Eichen- und Zedernwäldern bestandenes Gebiet; häufig passiert man Nussbaum- und Olivenhaine. Interessant sind die traditionellen, von Eseln bewegten Ölmühlen. Zwischen den Orten Bab Berret (im Westen), Targuist (im Osten) und Taounate El Kchour (im Süden) liegt das größte Anbaugebiet von indischem Hanf (*cannabis sativa*) in Nordafrika. Aus dem Hanf werden Haschisch und der marihuanaähnliche Kif gewonnen. Die sogenannte Haschischroute zwischen Chefchaouen und Al Hoceima sollte nach Möglichkeit nur im Konvoi befahren werden; immer wieder versuchen skrupellose Drogendealer, ausländische Fahrzeuge mit Straßensperren, Verfolgungsjagden oder Steinwürfen zum Halten zu zwingen. Der Hanfanbau ist zwar legal und im Anbaugebiet selbst werden selten Kontrollen vorgenommen, dafür werden an den drei Ausfallstraßen aus Ketama umso gründlicher die ausländischen Fahrzeuge von der Polizei gecheckt.

Ketama

Ketama 2, in 1600 m Höhe in einem Hochtal zwischen Wäldern und Bachläufen hübsch gelegen, ist die Drehscheibe für einen Dro-

Drogen in der Rifregion

An Warnungen vor Touren in die nordmarokkanische Rifregion hat es in den vergangenen Jahren nicht gefehlt, vom Auswärtigen Amt über den ADAC bis zu großen Reiseveranstaltern. Auch wenn sich gelegentlich schrille Töne und Horrorszenarien in diesen Warnungen finden, aus der Luft gegriffen waren und sind sie nicht, ganz im Gegenteil.

Tatsache ist, dass die strukturschwache, in der Investitionspolitik der Rabater Regierung seit Jahrzehnten vernachlässigte Rifregion die landesweit größten Anbauflächen von indischem Hanf (Cannabis) aufweist. Eine Studie des französischen Instituts Observatoire géopolitique des Drogues (OGD) schätzte die Cannabisanbauflächen im Rif schon in den 1990er-Jahren auf rund 65 000 ha; die Studie kam zu dem Schluss, dass Marokko weltweit der führende Exporteur von Haschisch ist.

Haschisch, *kif* in der Sprache der Einheimischen, ist in der gesamten arabischen Welt eine uralte Kulturdroge. In Marokko wird es mit Tabak versetzt geraucht, Wasserpfeifen werden damit angereichert, gelegentlich wird es sogar in Plätzchen eingebacken (*majoun*). Hanf ist eine vergleichsweise anspruchslose Pflanze, was den Bauern auf den kargen Böden im Rif sehr zupasskommt – sie sind es leid, sich hier mit kapital- (Dünger und Insektizide) und arbeitsintensiven Kulturen wie Tomaten oder Frühgemüse abzuplacken. Und außerdem: Seit den Zeiten der Hippiegeneration der 1970er-Jahre sind die Kunden zu den Produzenten gekommen und der Absatzmarkt für Haschisch expandiert mit schöner Zuverlässigkeit.

Es ist in Marokko ein offenes Geheimnis, dass die Polizei, wenn sie sich überhaupt noch in der Region sehen lässt, mit den Drogendealern gemeinsame Sache macht. Und gerade in Ketama ist oft schon, wenn es ums Ausnehmen ahnungsloser Touristen ging, mit besonders üblen Tricks gearbeitet worden. Es ist ebenfalls ein offenes Geheimnis, dass bei Kommunal- sowie bei den Parlamentswahlen mit Drogengeldern Stimmen gekauft werden: Das *kif* ist nicht nur ökonomisch von enormer Bedeutung für die Region, sondern auch ein politischer Faktor ersten Ranges.

Die Verfilzung der Drogenbarone mit den engsten Zirkeln der politischen Macht, mit den Spitzen der Zollverwaltungen sowie der hohen Ministerialbürokratie, ist immer wieder behauptet worden. Es spricht Bände, dass bereits 1993 einer der Chefermittler gegen den organisierten Drogenhandel, Miloud Hamdouchi, sein Amt niederlegte, weil die Drahtzieher ganz offensichtlich von höchsten Stellen protegiert wurden.

Mit den Drogen- und Schmuggelkartellen im Rif ist längst eine Art Parallelwirtschaft mit eigenen Syndikaten, eigenen Märkten und Abhängigkeitsverhältnissen entstanden, die sich der politischen Zentrale in Rabat immer mehr zu entziehen scheint. Schon 1992 hatte Hassan II. eine Koordinationszentrale gegen den Drogenhandel (abgekürzt UCLAD) ins Leben gerufen, die freilich an den herrschenden Zuständen kaum etwas zu ändern vermochte. Inzwischen sieht sich auch Mohamed VI. zum Handeln genötigt, denn sowohl die Weltbank als auch die Europäische Union haben die Gewährung von Finanzhilfen unüberhörbar an die Bedingung gekoppelt, dass gegen die ›Kifökonomie‹ im Rif endlich etwas unternommen wird. Weit mehr als eine

Thema

Personalie, eher ein Bruch mit der Vergangenheit war in diesem Zusammenhang die im September 2006 verfügte Degradierung von General Hamidou Laanigri. Laanigri, unter Hassan II. Auslandsspionagechef, agierte seit 1999 als Chef des gefürchteten Inlandsnachrichtendienstes und nach dem Anschlag von Casablanca 2003 als Boss der Geheimdienste und der Polizei. Die von Mohamed VI. befohlene Entfernung von Laanigri aus dem Machtzentrum der Sicherheitsapparate und seine Ersetzung durch einen Zivilisten muss als Indiz gewertet werden, im Durchgreifen gegen die Drogenmafia mehr als lediglich Symbolpolitik zu betreiben. Laanigris Günstlingen wurde aus Kreisen der Drogenkartelle von Tanger vorgeworfen, in die Geschäfte der Drogenmafia verwickelt zu sein. Dass Mohamed VI. nicht nur Laanigri selbst, sondern, wie »Der Spiegel« im Herbst 2006 (Nr. 38) berichtete, gleich auch noch »13 Polizeichefs aus dem Norden« gefeuert hat, kommt dem Beginn einer neuen Ära gleich: Handeln statt Ignorieren, Verändern statt Aussitzen.

Dies ist die eine Seite der Medaille. Die andere: Der Cannabisanbau sowie der Drogenhandel und -schmuggel ernähren im Rif ganze Familien, ja selbst verzweigte Clans und verschworene Dorfgemeinschaften. Die Profite aus dieser jeder staatlichen Kontrolle spottenden Schattenwirtschaft werden auf annähernd 1 Mrd. US-$ geschätzt! Seit den späten 1990er-Jahren haben marokkanische Kabinettsmitglieder – seinerzeit auch der bis November 1999 amtierende Innenminister Driss Basri – den Kampf gegen Schmuggel und Drogenhandel offiziell immer wieder zur Chefsache erklärt. Es ist zu vermuten, dass damit eher Aktionismus gegenüber den internationalen Geldgebern vorgetäuscht wird, als dass die Regierung tatsächlich versucht den Drogenbaronen, die die OGD-Studie namentlich nennt, das Handwerk zu legen. Solange die Rifregionen nicht in den Genuss staatlicher Fördermittel kommen, wird für einen Bauern in Ketama der Cannabisanbau immer die lohnendste aller denkbaren Alternativen bleiben.

Cannabis: in der Rifregion ein wichtiger Wirtschaftsfaktor

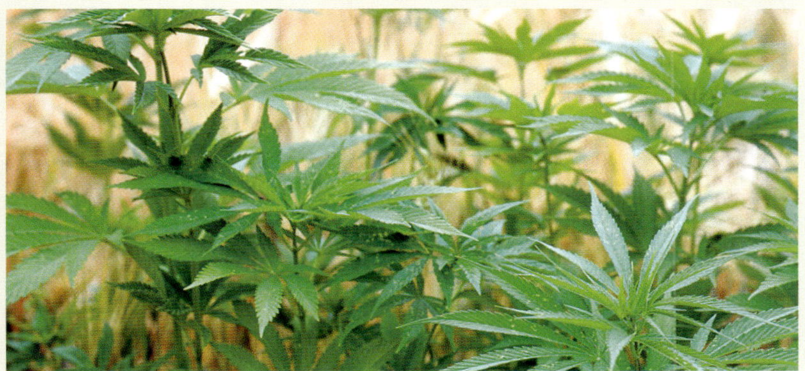

genhandel und -schmuggel großen Stils. Der Ort bietet keine nennenswerten Sehenswürdigkeiten. Das Dorf eignet sich allerdings hervorragend als Standort für Wanderungen in die zahlreichen Seitentäler mit ihren Zedernwäldern (etwa das südlich gelegene Tal des Oued Sra zwischen Tleta Ketama und Souk El Had de Ikauen). Am Djebel Tidiquin, dem mit 2448 m höchsten Berg des Rif, kann man im Winter Ski laufen. Lifte gibt es allerdings nicht, nur markierte Aufstiegspfade.

In Ketama beginnt die Route de l'Unité (S 302/R 509) Richtung Fès; diese nach 1956 von über 11 000 Freiwilligen angelegte Straße stellte die erste große Verbindung durch das Rif dar.

Abstecher zur Rifküste

Karte: S. 152

Auf der Weiterfahrt nach Targuist kann man zweimal einen Abstecher an die Rifküste machen. Dort gibt es schöne, recht einsame Strände an der eindrucksvollen Steilküste. Die A 8500 führt ca. 12 km hinter Ketama zum malerischen Fischerdorf **El Djebha**. Kurz vor Targuist biegt die A 8501 nach **Torres de Alcala** bzw. **Kalah Iris** ab. Der herrliche Strand ist ein noch recht stilles Baderevier, die küstennahen Gewässer eignen sich gut zum Tauchen. Die Hauptroute führt über den Marktort **Targuist**, wo eine von deutscher Entwicklungshilfe getragene Pflanzenschutz-

Badezentrum am Mittelmeer: Bucht bei Al Hoceima

station besteht, sowie über die Orte Beni Hadifa und Ait Kamara in die Hafen- und Provinzhauptstadt Al Hoceima.

Al Hoceima

Al Hoceima 3, an einer weiten Bucht der Rifküste mit zahlreichen kleinen Stränden gelegen, gehört zu den bedeutendsten Badeorten Marokkos. Die Stadt, heute mit etwa 70000 Einwohnern, wurde erst 1925 durch die Spanier gegründet; sie diente als Militärstützpunkt gegen die Rebellenarmeen Abd El Krims (s. S. 160). Danach entwickelte sie sich zu einem kleinen Fischerort; bis zum Ende der Protektoratszeit war hier eine überwiegend spanische Bevölkerung ansässig. Seit den frühen 1980er-Jahren stieg sie zum wichtigsten Badeort an der marokkanischen Mittelmeerküste auf. Während der Saison (etwa von Mai bis Oktober) ist sie zeitweise von Touristen und Badegästen überlaufen.

Das Stadtzentrum

Al Hoceima besitzt keinerlei alte Bauten. Das in spanischem Stil errichtete Ortszentrum ist aber dennoch reizvoll, ebenso die landschaftliche Lage an einem zur Küste abfallenden Plateauberg und die durch einzelne Felsen getrennten dunklen Strände. Ein Besuch der Stadt – besonders außerhalb der Hochsaison – empfiehlt sich daher durchaus. Zentrum von Al Hoceima ist die **Place du Rif** mit Busbahnhof, Cafés, Restaurants sowie mehreren kleinen und mittleren Hotels. In der Nähe befindet sich ein kleiner Markt und ein **Garten**, der eine herrliche Aussicht auf die tiefer gelegene Bucht bietet. Von der nahen Place Hassan II führt eine Straße talwärts zu einer kleinen Badebucht und dem Fischereihafen. Der **Hafen** ist besonders am frühen Morgen sehenswert, wenn die Fischer zurückkehren.

Umgebung

Von Al Hoceima aus empfehlen sich Ausflüge etwa in das 8 km südöstlich gelegene Dorf **Ajdir** mit kilometerlangem Sandstrand. Ajdir war ab 1921 Hauptstützpunkt von Abd El Krim, mit der Landung der Spanier 1925 begann hier die Rückeroberung des Rif. Oder in das knapp 70 km östlich gelegene Dorf Annoual, wo die spanische Armee unter General Silvestre eine vernichtende Niederlage gegen Abd El Krim erlitt. Die kleine, Al Hoceima östlich vorgelagerte Insel Peñon de Alhucemas, im 19. Jh. als Sträflingskolonie genutzt, ist bis heute in spanischer Hand; ein Besuch der Enklave ist für Touristen nicht möglich.

i **Délégation du Tourisme:** Rue Al Hamra, Quartier Cala Bonita (gegenüber der Kreisverwaltung), Tel. 039-98 11 85, Fax 039-98 54 76, dtalhoceima@menara.ma; Mo–Fr 8.30–16.30 Uhr.

Richtig Reisen-Tipp: Plage Tala Youssef und die Bungalowanlage Chafarina's Beach

Man lasse sich von der holprigen, etwa 7 km langen Piste nicht abschrecken – das Ziel entschädigt allemal für die strapaziöse Anfahrt. Die Plage Tala Youssef zählt zu den schönsten Stränden in der Umgebung von Al Hoceima – und hier könnte man auch einen längeren Strandurlaub einlegen. Chafarina's Beach an der Plage Tala Youssef (Tel. 039-84 16 01 04, chafarinas.beach@menara.ma) ist ein wuchtiger, dennoch nicht klotzig wirkender, gleichsam über mehrere Galerien in die Steilküste hineingebauter 20-Bungalow-Komplex. Wer in einem der oberen Bungalows mit herrlichem Panorama residiert und sich mehrfach am Tag zum Strand begibt, sollte über eine gute Kondition zum Treppensteigen verfügen ...

Die Bungalows (*suites normales* oder *suites royales*) bestehen aus Schlafzimmer, geräumigem Wohnzimmer, Kitchenette, Bad und Balkonen. Die Anlage präsentiert ein Restaurant (auch deutsche Küche), einen Pool, Bar, Nachtklub, einen Fitnessbereich, einen Spielplatz sowie einen bewachten Parkplatz – und deutschsprachiges Personal. Ein Refugium auch und gerade für Familien mit (kleinen) Kindern. Bei Bedarf kann der Transfer aus der bzw. in die Stadt organisiert werden. (*Suites normales* 600 DH, Halbpension 900 DH, Vollpension 1200 DH, *suites royales* 800 DH, Halbpension 1100 DH, Vollpension 1400 DH; reduzierte Kindertarife; in der Hochsaison von Juni bis August um etwa 20 % erhöhtes Preisniveau).

Hotel Quemado: Plage Quemado, Tel. 039-98 23 71, 039-98 33 15/16. 2006 komplett renoviert. Schöne Lage am Strand. Zimmer und Bungalows, Restaurant.

Hotel Mohamed V: Place de la Marche Verte, Tel. 039-98 22 33/34, Fax 039-98 33 14. Ordentliches 40-Zimmer-Mittelklassehotel. DZ 480 DH.

El Maghreb El Jadid: 56, Av. Mohamed V, Tel. 039-98 25 04, Fax 039-98 11 23. Zentral gelegen, mit Restaurant und Bar. DZ 330 DH.

Hotel Al Khouzama: Ecke Rue Mouahedine/ Rue Al Andalouss, Tel. 039-98 56 69/81, Fax 039-98 56 96. Modernes Hotel, Zimmer mit Bad. DZ 650 DH.

Hotel National: 23, Rue Tetouan, Tel. 039-98 26 41. DZ um 200 DH

Hotel Marrakech: 2, Rue Abdallah Hammou, Tel. 039-98 30 50. DZ um 150 DH.

Hotel Karim: 27, Av. Hassan II, Tel. 039-98 21 84.

Camping Cala Bonita: Plage El Jamil, 1 km vor Al Hoceima, im Sommer oft überlaufen.

Mandelfest: Findet zumeist Anfang August statt.

Wer den im Sommer oft überlaufenen öffentlichen Stränden von Al Hoceima entfliehen will, sollte auf die Strände etwa in Sfiha, Souani, Tala Youssef (s. o.) oder Sabadia ausweichen. In der näheren Umgebung von Al Hoceima liegen mehrere kleine Badebuchten, zum Teil mit Hotel- und Bungalowanlagen, gelegentlich aber auch noch recht einsam. Sie eignen sich hervorragend zum Tauchen; die Taucherausrüstung kann im Ortszentrum geliehen werden. Außerdem bieten sich Möglichkeiten zum Wasserskifahren.

Flugzeug: Der Flughafen (Tel. 039-98 20 63) liegt etwa 15 km außerhalb an der Straße nach Oujda. Inlandsflüge über Casablanca, Auslandsflüge nach Spanien, keine Direktverbindungen von/nach Deutschland. Royal-Air-Maroc-Schalter im Flughafen.

Bus: CTM-LN und Privatlinien starten vom Busbahnhof an der zentralen Place du Rif. Verbindungen nach Targuist, Chefchaouen, Tetouan, Nador und Oujda, Fès, Casablanca. Lange Fahrtzeiten müssen wegen der Bergstrecken einkalkuliert werden: bis Tetouan etwa 8 Stunden!

Nador

Von Al Hoceima nach **Nador** 4 führt über insgesamt rund 170 km eine gut ausgebaute Landstraße (P 39/N 2) durch karg bewachsenes Bergland; die Straße geht bis Telat Azlaf zeitweise steil bergan, dann über den Ort Midar bis Selouane durch hügeliges, landschaftlich eher eintöniges Gelände. In Selouane zweigt die P 27/N 2 rechts nach Berkane und Oujda ab; die weitere Strecke nach Nador und Melilla ist ab Selouane autobahnartig ausgebaut.

Nador, am Ufer der Lagune Sebkha Bou Areq gelegen, ist eine stark expandierende Provinzhauptstadt mit wohl schon um die 200 000 Einwohnern. Bedeutsam ist sie in erster Linie als Handelszentrum und Industriestandort. Das hier ansässige Stahlwerk, seit Jahren in der Verlustzone, ist gleichwohl eines der Zentren der marokkanischen Schwerindustrie; verarbeitet werden hier Eisenerze aus dem Abbaugebiet von Djerada.

Die Stadt – eine modern-gesichtslose Anlage mit breiten, regelmäßigen Straßenzügen – wurde erst in der Protektoratszeit von den Spaniern gegründet. Nador bietet keine nennenswerten Sehenswürdigkeiten, der schöne Lagunenstrand ist leider stark verschmutzt. Die Stadt ist ein wichtiges Handelszentrum für das östliche Rif und für den Warenverkehr zwischen Melilla und Marokko; ihr Hafen zählt zu den größten des Landes.

i **Délégation du Tourisme:** 80, Bd. Ibn Rochd, Tel. 036-33 03 48, Fax 036-33 54 52.

Hotel Rif: 1, Av. Youssef Ben Tachfine, Tel. 036-60 65 35, Fax 036-33 33 84, lerif@sogatour.ma. Viersternehaus an der Uferstraße. DZ um 800 DH.
Hotel Ryad: Av. Mohamed V, Tel. 036-60 77 15 18, Fax 036-60 77 19. 60-Zimmer-Haus mit Restaurant und Bar. DZ um 600 DH.
Hotel Babel: Bd. Prince Sidi Mohamed, Tel. 036-60 69 01/02, Fax 036-60 67 07. Ordentliches Mittelklassehotel mit bewachtem Parkplatz. DZ um 450 DH.

Bus: Ab Stadtzentrum Regionalbusse zur Grenze nach Melilla; Fernbusse nach Fès, Oujda, Al Hoceima, Tetouan, Casablanca; Bahnbusse bis Taourirt, Anschluss an die Bahnstrecke Oujda–Fès–Rabat.

Melilla

Von Nador kommend, passiert man nach 9 km bei Beni Enzar (hier halten die Busse von/nach Nador) die Grenze. Nach weiteren 3 km erreicht man die spanische Enklave **Melilla** 5, die als Hafen- und Garnisonsstadt von Bedeutung ist. Der Ort mit etwa 100 000 Einwohnern liegt an der Ostseite der ins Mittelmeer ragenden Halbinsel Guelaia.

Geschichte

Das heutige Melilla wurde als Rusadir von den Phöniziern gegründet; neben Lixus ist es die älteste phönizische Siedlung in Marokko. Danach geriet der Ort in karthagischen, römischen, vandalischen und byzantinischen Besitz. Der Zerstörung durch die Araber im Jahre 705 folgte der Neuaufbau im 10. Jh. Unter den Meriniden seit Ende des 13. Jh. stieg Melilla zu einem der wichtigsten Häfen des Mittelmeers auf. 1497 erfolgte die Eroberung durch die Spanier, seither trotz häufiger Angriffe ununterbrochen in spanischer Hand. Die Spanier bauten den Ort zu einer starken Festung und zum wichtigen Hafen aus. Bis 1907 war Melilla Sträflingskolonie. Den letzten Eroberungsversuch führte Abd El Krim 1921 an. Am 17. Juli 1936 rebellierte die hiesige Garnison unter General Franco gegen die spanische Zentralregierung, ein Ereignis, das den Spanischen Bürgerkrieg auslöste. Mit der Unabhängigkeit Marokkos 1956 verlor die Stadt ihr Hinterland und ein allmählicher Niedergang setzte ein, forciert noch durch die algerische Unabhängigkeit 1962. Melilla war bis dahin ein beliebtes Ausflugsziel der Algerienfranzosen.

Die spanische Enklave

Inzwischen hat der Hafen von Melilla durch den Touristenfährverkehr und den Export von

Abd El Krim – der Löwe des Rif

Eine Vita, die nach Legendenbildung schreit, eine Biografie, die zum Mythos geronnen ist. Mohamed Ben Abd El Krim El Khatabi (1880–1963), ein Rifberber vom Stamm der Beni Ouriagel, gilt in Marokko bis heute als *der* Held im Befreiungskampf gegen die Protektoratsmächte.

Abd El Krim hat zwischen 1921 und 1926 den zuvor auf etliche Stammesfraktionen zersplitterten Widerstand der Berber geeint, in der politischen Zielsetzung zentralisiert und militärisch koordiniert. Er war, spätestens nach der Gefangennahme seines Widersachers El Raisouli im Januar 1925, der nun unumschränkte Führer der Rebellion in ganz Nordmarokko. Er war es, der den Spaniern am 21. Juli 1921 in der Schlacht von Annoual eine ihrer demütigendsten Niederlagen überhaupt beigebracht hat, der am 1. Februar 1923 die islamische Rifrepublik als unabhängigen Staat proklamierte: ein Alarmsignal für die Protektoratsmächte Spanien und Frankreich.

Am 27. Mai 1926 ergab er sich einer etwa vierzigfachen militärischen Übermacht; sein Andenken gehört in Marokko bis heute zum kollektiven Gedächtnis, sein Ruhm ist ungebrochen.

Erst das im April 1925 vereinbarte Paktieren von Spanien und Frankreich, erst der massive Einsatz von Kriegsschiffen, Panzern und Flugzeugen, vor allem aber der aller einschlägigen Konventionen (u. a. des Genfer Protokolls von 1925) spottende Einsatz von Giftgas (Lost) aus der Luft vermochte den Aufstand der Rifkabylen zu brechen. Wie die Militärhistoriker Rudibert Kunz und Rolf-Dieter Müller in der Dokumentation »Giftgas gegen Abd El Krim« (Freiburg 1990) nachgewiesen haben, war der Krieg in Spanisch Marokko »der erste aerochemische Krieg der Geschichte«. Mit Duldung, ja mit Forcierung der deutschen Reichswehr hat der Hamburger Chemiefabrikant Dr. Hugo Stoltzenberg – wahrhaft ein »furchtbarer Chemiker« – die spanische Armee mit Giftgas und Chemietechnik beliefert. 1923 wurde in Melilla eine Fabrikationsstätte und Füllanlage für das Kampfgift Lost aufgebaut; seit Juni 1924 setzte die spanische Luftwaffe gezielt Lost-Bomben und Giftgasgranaten zur Bombardierung ziviler Ziele im Rif ein. Die Zahl der Opfer lässt sich nicht einmal ansatzweise schätzen; alle Appelle Abd El Krims an das Internationale Komitee des Roten Kreuzes um Hilfe für die Opfer des Gasbombenkrieges im Rif verhallten ungehört. »Der Rifkrieg«, so lautet ein Fazit aus der Studie von Kunz und Müller, »war die erste militärische Auseinandersetzung, die durch den Einsatz von Giftgas entschieden wurde«.

Abd El Krim hat in Spanisch Marokko eine Rebellion gegen die Protektoratsmächte entfesselt, die in den antikolonialen Befreiungskriegen ohne Beispiel war. Nachdem er sich den Franzosen ergeben hatte, wurde er am 2. September 1926 auf die Insel Réunion im Indischen Ozean verbannt. 1947 gelang ihm die Flucht nach Ägypten, in Kairo arbeitete er eine Zeit lang als Leiter der Maghrebabteilung der Arabischen Liga, 1963 starb er im Alter von 83 Jahren.

Im Frühjahr 1958 geisterten Schlagzeilen durch die internationale Presse, nach denen Abd El Krim seine Rückkehr aus dem Kairoer Exil nach Marokko vorbereite oder gar bereits in Marokko eingetroffen sei – Meldungen, die sich im Nachhinein als Zeitungsente erwiesen. War Abd El Krim auf Réunion, unter französischer Bewachung, zu politischer Abstinenz verurteilt gewesen, so nahm er während seiner rund 15 Jahre in Ägypten die politische Agitation in aller Schärfe wieder auf. Ende 1947 gründete er ein Komitee für die Befreiung Nordafrikas, zu dessen Erstem Vorsitzenden er gewählt wurde. Er nahm Kontakte zur marokkanischen Istiklal-Partei auf, dem Sammelbecken der nationalistischen bürgerlichen Rechten.

Den antikolonialen Befreiungskampf in Marokko, Algerien und Tunesien hat Abd El Krim in ganzen Serien von Zeitungsinterviews aufs Leidenschaftlichste kommentiert. Dort erwähnt er nicht zuletzt eine gegen Frankreich gerichtete Defensivallianz der arabischen Maghrebstaaten, solidarisiert sich mit den politischen Positionen des nach Madagaskar exilierten Sultans Mohamed V. und unterstellt der französischen Diplomatie, ihn als Werkzeug gegen den marokkanischen Sultan zu verwenden. »Nordafrika ist ein Pulverfass«, erklärt er 1948, »zwei Jahre lang habe ich mich bemüht, meine Leute im Zaum zu halten, aber jetzt scheint der einzige Ausweg die Revolution zu sein«. Weiter deutet er an, dass er zwar kein Kommunist sei, aber gegebenenfalls auch Hilfe von Moskau annehmen würde.

Es fällt schwer, sich aus den Quellen ein Bild über Abd El Krims Kairoer Exil zu machen. Zwischen geschickt kalkuliertem Opportunismus, echter Parteinahme für die als gerecht empfundene Sache des Befreiungskampfes, taktischen Planspielen, politischen Visionen und rhetorischem Getöse ist da kaum zu unterscheiden, oft genug geht dies alles eine krude, verwirrende Mischung ein. Abd El Krim hat während des Zweiten Weltkriegs – kaum glaubhaft bei einem Mann mit dieser Biografie – mehrfach bis ins Devote gehende Loyalitätserklärungen gegenüber Frankreich formuliert. Im Frühjahr 1947 planten die Franzosen, ihn auf einen Altersruhesitz an der Riviera zu verfrachten. Abd El Krim willigte ein, bestieg mit seiner Entourage ein griechisches Frachtschiff, ging in Port Said von Bord, floh im Taxi nach Kairo und bat hier König Faruk um politisches Asyl, das ihm prompt gewährt wurde – ein geradezu filmreifer Coup, vermutlich von langer Hand geplant. Das französische Außenministerium schäumte vor Wut und warf den ägyptischen Hafen- und Polizeibehörden vor, Abd El Krims Flucht geduldet, wenn nicht sogar ins Werk gesetzt zu haben. Das laue ägyptische Dementi lässt durchaus vermuten, dass die französischen Vorwürfe der Realität recht nahe kamen. Abd El Krims Vita, ohnehin reich an dramatischen Zäsuren, war um eine Peripetie reicher – die internationale Presse hatte ihr Thema. Am 6. Februar 1963 ist Abd El Krim in Kairo gestorben.

Abd El Krim ist nicht nur bis heute ein Symbol des Widerstands, er hatte auch, am deutlichsten in der Vision eines unabhängigen Rifstaates, gegen das Politikmonopol, gegen die Zentralgewalt des marokkanischen Sultans Front gemacht. Dieser durchaus antiroyalistische Aspekt seines politischen Konzepts hat die Abd-El-Krim-Rezeption in Marokko bis heute beeinflusst. Das Rif ist aus der Perspektive Rabats immer eine unbotmäßige Region gewesen; in den späten 1950er-Jahren hat Hassan II., damals noch Kronprinz, Aufstände im Rif mit militärischer Gewalt niedergeschlagen. Und es ist alles andere als ein Zufall, dass das Rif, von etlichen Subventionen aus Rabat nahezu abgekoppelt, bis heute zu den strukturschwächsten Regionen des Landes zählt.

Eisen aus Nador wieder an Bedeutung gewonnen; auch beherbergt die Stadt eine wichtige Militärgarnison. Melilla gehört als *presidio* zur spanischen Provinz Malaga, wird aber von Marokko beansprucht. Spanische Architektur prägt das Stadtbild und auch die Bevölkerung besteht mehrheitlich aus Spaniern. Der marokkanische Bevölkerungsanteil (knapp 50 %) fühlt sich seit Jahren diskriminiert; sein wachsender Unmut hat sich seit den späten 1980er-Jahren mehrfach in gewaltsamen Ausschreitungen entladen. Melilla, zu Europa und zur Eurozone gehörend, ist ein Magnet für immer mehr Flüchtlinge aus Schwarzafrika, besonders aus der Sahelzone; an den Hochsicherheits-Grenzzäunen ist es zuletzt 2005/06 wieder zu entsetzlichen Szenen gekommen, was die spanische Enklave in den Brennpunkt weltweiten Medieninteresses rückte.

Stadtrundgang

Sehenswert ist in Melilla allenfalls die kleine Altstadt. Das Hauptgeschäftszentrum wird von der **Avenue de Juan Carlos** und ihren Parallelstraßen markiert. Von der zentral gelegenen **Plaza de España** (hier auch die Busstation) zieht sich der Paseo del General Macias am Hafen entlang. Am Ende des Paseo führen Treppen hinauf zur kleinen **Altstadt** von Melilla, Medina Sidonia oder Akropolis genannt, die auf einer felsigen, steil zum Meer abfallenden Halbinsel liegt. Sie stammt teilweise noch aus dem 16. Jh. und besteht vorwiegend aus mächtigen Festungsanlagen; von verschiedenen Stellen bieten sich schöne Ausblicke. Das kleine **Stadtmuseum** (Museo Municipal) am Nordrand der Altstadt zeigt einige prähistorische, punische und römische Funde. An der Plaza de España befindet sich auch der Zugang zu dem schön angelegten **Parque Hernandez**.

Ausflug zum Kap

Ein lohnender Ausflug führt von Melilla zum **Cap des Trois Fourches** (span.: Cabo de Tres Forcas). Das Kap, über eine 33 km lange, schlechte Straße erreichbar, bildet mit seinen 400 m hohen Klippen den nördlichsten Punkt der Halbinsel und gehört wieder zum marokkanischen Staatsgebiet.

Hotel Parador de Melilla: Avenida de Candido Lobera (ca. 1 km vom Zentrum an der Parque Lobera). Gediegenes 40-Zimmer-Haus mit Panorama über die Stadt.
Hotel Avenida: Avenida Juan Carlos I Rey 24, Tel. 034-52 68 49 49. Etwas in die Jahre gekommenes Anwesen, Zimmer mit Bad.
Hotel Amphora: Calle Pablo Vallesca 16 (nahe der Plaza d'Espana), Tel. 034-52 68 33 40. Zweisternehaus, Bar, Café, Restaurant.

Melilla ist Freihandelszone und eignet sich zum zollfreien Einkauf. Außerdem gibt es günstigere Spritpreise als in Marokko.

Bus: Von der Plaza de Espana Bustransfer zur Grenze; Regionalbusse (auch Sammeltaxis) nach Nador.
Fähre: Die Anlegestation der Fähren (Estación Maritima) erreicht man über den Paseo del General Macias. Die Transmediterranea verkehrt 2–3 mal wöchentlich zwischen Melilla und Almeria bzw. Malaga. In der Hochsaison zwischen Juli und September tägliche Fährverbindungen.

Fährwege

In der ersten Septemberwoche, während der großen Fiesta in Melilla, sind die Fährbüros in der Stadt zumeist geschlossen, die Hafenbüros öffnen erst unmittelbar vor dem Ablegen der Fähre. Man sollte das dann herrschende unbeschreibliche Gedränge vermeiden; es empfiehlt sich, während der Hochsaison die Tickets bereits in Deutschland vorzubuchen. Eine Schiffspassage von Almeria oder Malaga nach Melilla sollte man dann in Betracht ziehen, wenn man einerseits die strapaziöse Landpartie durch Spanien abkürzen will und andererseits an einer guten und schnellen Straßenverbindung ins südliche Marokko interessiert ist (Autobahn Fès–Meknes–Rabat–Casablanca), mit der man die heikle Tour durch die Rifregion vermeidet.

Vom Nordosten ins Landesinnere

Karten S. 153, 167, 170

Eine Expedition in eine der einsamsten Regionen des Landes, durch karge, von Halfagras bewachsene Hochsteppen, entlang der Höhenzüge vereinzelter Tafelberge: strapaziös, aber unvergesslich. Das Ziel der Tour markiert die Oasensiedlung Figuig, ein Ensemble von Wehrdörfern (arab.: *ksar*, Pl.: *ksour*) inmitten eines riesigen Hains aus Dattelpalmen. Wer bereit ist, eine Zeit lang auf Touristenkomfort zu verzichten, wird durch ein ursprüngliches, gänzlich unverfälschtes Marokko reichlich entschädigt!

Nach Süden zur Oasenstadt Figuig

Reiseatlas: S. 4 und 10

Die Strecke von Melilla nach Oujda (156 km) führt über die P 39 zurück bis Selouane, von dort die P 27/N 2 entlang über Berkane bis Oujda. Wer mit dem eigenen Wagen unterwegs ist, kann über die Stichstraße 8101 einen Abstecher zum Küstenort **Ras El Ma** (auch Ras El Qebdane oder Ras Kebdana genannt) mit den vorgelagerten **Islas Chafarinas** (seit 1847 in spanischem Besitz) unternehmen. Ras El Ma präsentiert sich als – noch – recht beschauliche Kombination aus Bade- und Fischerort. Der Campingplatz Camping Ras El Ma verfügt über einen Laden und hat – im Prinzip – ganzjährig geöffnet. Im Ort existieren einige kleine Cafés und Straßenläden, auch ein paar Imbissbuden, wo man sich verköstigen und Fleisch zubereiten lassen kann.

Östlich des Dorfes erstrecken sich fast unberührte Dünenzüge bis zur algerischen Grenze. Die im Mündungsgebiet des Oued Moulouya gelegenen Süßwasserlagunen, etwa 10 km östlich von Ras El Ma, sind als Revier von Grau- und Silberreihern, von Seeschwalben und Eisvögeln ein ergiebiges Terrain für Ornithologen. Spanische Ökologen bemühen sich derzeit, auf den Islas Chafarinas einen Naturpark einzurichten; auf den drei winzigen Inseln befinden sich ausgedehnte Nistplätze etlicher Seevögelkolonien.

Ins Beni-Snassen-Massiv

Mit dem eigenen Fahrzeug kann man auch in das südlich von Berkane gelegene **Beni-Snassen-Massiv** fahren, eine der schönsten Gebirgslandschaften Marokkos; sehenswert sind dort die Tropfsteinhöhlen, Schluchten und Grotten. Etwa 10 km westlich von Berkane zweigt die Stichstraße S 403 in das 10 km südlich gelegene Bergdorf Taforalt ab. Besonders sehenswert ist die 8 km östlich von Taforalt gelegene **Grotte du Chameau**, eine Tropfsteinhöhle, die ihren Namen einem riesigen Stalaktiten in Form eines Kamels verdankt.

Unmittelbar hinter der Grotte beginnen die Gorges du Zegzel, ein System von mehreren Kalksteinschluchten in den Bergen von Beni Snassen, den östlichen Ausläufern des Rif. Der Oued Zegzel, ein Nebenfluss des Oued Moulouya, hat südlich von Berkane mehrere Schluchten in den Untergrund gefräst; die Schluchten sind terrassiert, kleinere Parzellen von Obstbaumkulturen bestimmen eine landschaftlich eindrucksvolle Szenerie.

Wer ohne eigenes Fahrzeug unterwegs ist, sollte die Exkursion lieber als Rundkurs von Berkane aus starten: von Berkane ein *grand*

Mit dem Autor unterwegs

Dünenzüge und Tropfsteinhöhlen

Östlich des Küstenortes Ras El Ma erstrecken sich unberührte Dünenzüge bis zur algerischen Grenze. Südlich von Berkane lohnt ein Abstecher in das Beni-Snassen-Massiv mit seinen Tropfsteinhöhlen – von bizarrem Reiz ist besonders die Grotte du Chameau (s. S. 163).

Wasser – überlebenswichtig

In der Oasensiedlung Figuig kann man sich mit einem System der Bewässerung vertraut machen, das die lebensspendende Ressource über ein Netzwerk unterirdischer Kanäle (arab. *foggaras* oder *khettaras*) verteilt. Wasser wurde früher von Wasserwärtern nach Mengen- oder Zeiteinheiten verteilt, die Verteilung von Boden- und Wasserrechten folgt oft einer komplizierten Überlieferung. Ein Anschauungsunterricht zur bäuerlichen Sozialordnung in den marokkanischen Oasensiedlungen (s. S. 168).

taxi bis zum Abzweig nach Taforalt oder besser noch gleich bis Taforalt nehmen; in Taforalt versuchen, eine Transportmöglichkeit zu den Grotten und den Gorges du Zegzel zu organisieren, dann über die Stichstraße 5306 zurück nach Berkane. – Für die Erkundung der Höhlen braucht man unbedingt eine lichtstarke Taschenlampe!

Oujda

Reiseatlas: S. 4, E 3; **Karte:** S. 167

Oujda, 1 inzwischen eine 900 000-Einwohner-Metropole, ist sicherlich das wichtigste Handelszentrum Ostmarokkos und als Grenzstadt ein bedeutender Knotenpunkt (sowie veritables Schmuggelzentrum!) für den Verkehr nach Algerien. Die Provinzhauptstadt liegt in 500 m Höhe in einer ausgedehnten Ebene. Oujda ist eine überwiegend moderne Stadt mit einer kleinen Medina, allerdings ohne besondere Sehenswürdigkeiten.

Geschichte

Die Stadt wurde Ende des 10. Jh. als Zentrum eines Reiches der Zenata-Berber gegründet. 1206 bauten die Almohaden sie zu einer Festung aus, die in den folgenden Jahrhunderten ständig zwischen marokkanischen und algerischen Herrschern umstritten war. Mehrfach fiel sie in algerische Hand. Oujda galt bis in die Moderne als meistumkämpfte Stadt Marokkos. Im 17. Jh. wurde es von den in Algerien herrschenden Türken erobert, 1692 durch die Truppen von Moulay Ismail zurückgewonnen. Anfang des 18. Jh. befand sich Oujda erneut in der Hand der Türken, die erst 1795 endgültig vertrieben wurden.

1844 besetzten die Franzosen den Ort, weil der Sultan den auf marokkanisches Gebiet geflohenen algerischen Rebellen Abd El Kader unterstützt hatte. Kurz darauf brachten die Besatzer der marokkanischen Armee bei Isly in der Nähe von Oujda eine vernichtende Niederlage bei. 1845 räumten die Franzosen den Ort, besetzten ihn aber 1857 vorübergehend wieder. 1907 löste ein erneuter Einmarsch französischer Truppen die Erhebung der Berber im nahen Beni-Snassen-Massiv aus. In der Zeit des Protektorats gab es in Oujda eine ebenso wichtige wie berüchtigte Garnison der Fremdenlegion. Der Ort zog im Algerienkrieg (1954–1962) viele Flüchtlinge an, und bis heute gibt es hier einen hohen algerischen Bevölkerungsanteil (etwa 50 000, die Frauen erkennbar an einem Schleier, der den ganzen Körper verhüllt und nur ein Auge freilässt).

Die moderne Stadt

Oujda ist heute vor allem bedeutend als Zentrum des Handels zwischen Marokko und Algerien sowie als Verkehrs- und Verwaltungsmittelpunkt Ostmarokkos. Südlich der Stadt liegt ein wichtiges Bergbaugebiet (Kohle in Djerada, Blei und Zink bei Bou Beker und Touissit). Für Reisende hat Oujda lediglich Bedeutung als Durchgangsort auf dem Weg nach Algerien.

Anders als in den übrigen Städten der ehemaligen französischen Zone rissen die Franzosen in Oujda die Medina großenteils nieder. Die moderne Neustadt wurde so angelegt, dass sie den verbliebenen Rest der Altstadt vollständig umschließt.

Das Zentrum von Oujda bildet die **Place du 16 Août** mit Rathaus, Fremdenverkehrsbüro und Busbahnhof. Hauptgeschäftsstraße ist der diesen Platz kreuzende Boulevard Mohamed V mit seinen Seitenstraßen. In diesem Gebiet liegen die meisten modernen Geschäfte, Reisebüros, Banken, Cafés und Restaurants.

Die Medina

Nahe der Place du 16 Août gelangt man in den verbliebenen Teil der Medina. Die belebtesten Altstadtstraßen sind die Rue de Marrakech und die Rue El Mazouzi/Rue des Marchés. Die **Rue de Marrakech** mit ihren vielen Cafés und kleinen Hotels beginnt am Ostende der Place du 16 Août, verläuft entlang des Nordrandes der Medina und mündet in den **Bab Sidi Abd El Ouahab**. Dieses bereits im 13. Jh. erbaute Tor ist der schönste verbliebene Bau der Medina. Früher wurden hier die Köpfe der Hingerichteten zur Schau gestellt.

Die **Rue El Mazouzi** erreicht man über die Rue d'Isly, die vom Südostende der Place de 16 Août abzweigt. Sie führt zur **Place du Souk El Ma**, dem einstigen Wassermarkt, mit einer Moschee. Dahinter beginnt die Rue des Marchés, die die Souks durchzieht. Schönster Teil des Basarviertels ist die **Kissaria** mit den Läden der Stoff-, Teppich und Lederhändler. Die Rue des Marchés endet ebenfalls beim Bab Sidi Abd El Ouahab. Im Südteil der Medina liegen die **Große Moschee** (Kern aus dem 13. Jh.), die Kasbah und das Bab Sidi Aissa, das zweite erhaltene Medinator. Zwischen Bab Sidi Aissa und Bab Sidi Abd El Ouahab erstreckt sich entlang der Stadtmauer der schöne **Park Lalla Aicha**.

Délégation du Tourisme: Place du 16 Août, Tel. 036-68 56 31, Fax 036-68 90 89.

Hotel Terminus: Place de l'Unité africaine, Tel. 036-63 32 11/12. In der Nähe des Bahnhofs gelegenes Dreisternehaus mit Schwimmbad. DZ um 750 DH.
Hotel Al Massira Salam: Bd. Maghreb El Arabi, Tel. 036-68 53 00, Fax 036-68 04 77. Schwimmbad. DZ um 500 DH.
Hotel Des Lilas: Rue Jamal Eddine El Afghani, Tel./Fax 036-68 08 40. DZ um 350 DH.
Etliche weitere Hotels am Bd. Mohamed V: **Hotel Concorde:** Tel. 036-68 23 28, **Green Palace:** Tel. 036-68 06 19, **Hotel Oran:** Tel. 036-70 10 01/03, **Hotel Oujda:** Tel. 036-68 50 63, **Hotel Rais:** Tel. 036-68 62 13, **Hotel Mounir:** Tel. 036-68 03 39/40.

Oujda lebt – als Grenzstadt zu Algerien – nicht zuletzt vom Schmuggel und vom Handel mit gefälschten Markenprodukten; bei Einkäufen in den Souks sollte man entsprechende Vorsicht walten lassen.

Achtung Autofahrer!
Auf keinen Fall sollte man sich darauf einlassen, Treibstoff in Kanistern zu kaufen – in der Regel handelt es sich um gepanschtes Benzin aus Algerien, womit man im schlimmsten Fall einen Motorschaden riskiert.

Etliche *moussems* (religiöse Feste zu Ehren eines Lokalheiligen) in Oujda und Umgebung, vor allem im Hochsommer.

Flugzeug: Der Flughafen Oujda-Angads (Tel. 036-68 32 61) liegt ca. 15 km nordwestlich der Stadt. Inlandsflüge nach Fès, alle anderen Destinationen über Casablanca. Royal-Air-Maroc-Büro: Bd. Mohamed V, Tel. 036-68 39 63/64.
Bahn: Der Bahnhof liegt an der Place de l'Unité africaine im Westen der Stadt. Mehrere tägliche Zugverbindungen auf der Ost-West-Trasse nach Taza, Fès–Meknes, außerdem nach Rabat–Casablanca sowie Schnellzugverbindung nach Oran–Algier–Tunis.
Bus: Der Busbahnhof liegt an der Rue Sidi Brahim (im Zentrum nahe der Place du 16

Août). Busverbindungen nach Taza, Fès–Meknes und Rabat–Casablanca; Regionalbusse nach Berkane, Saidia, Nador und Melilla; selten nach Bouarfa und Figuig.

Ausflüge von Oujda

Lohnende Ausflüge in die Umgebung von Oujda führen nach **Sidi Yahia**, einer kleinen Oase 6 km südöstlich von Oujda mit mehreren Heiligengräbern und der Grotte der Huris, nach **Saidia**, einem kleinen Badeort mit kilometerlangem Sandstrand, der zu den schönsten an der Mittelmeerküste zählt und im Sommer entsprechend stark überlaufen ist (60 km von Oujda) oder nach **Ahfir**, einem modernen Marktort und Grenzübergang nach Algerien auf der P 27/N 2 nach Berkane.

Einreise nach Algerien
Wer von Oujda eine Weiterreise nach Algerien plant, sollte sich möglichst bei der algerischen Botschaft in Rabat über die aktuell geltenden Grenzformalitäten erkundigen. Offiziell sind die Grenzübergänge in der Region Oujda derzeit für Marokkaner geschlossen. In Oujda befindet sich in der Rue Ben Anzaram ein algerisches Konsulat (Tel. 036-68 36 76), das – theoretisch – algerische Visa für deutsche Staatsbürger ausstellt. Besser ist es allerdings, sich das Visum bereits in Deutschland zu besorgen. Man sollte in jedem Fall versuchen, sich vor der Einreise zuverlässige Informationen über die aktuelle Sicherheitslage in Algerien zu beschaffen!

Durch die ostmarokkanische Meseta

Karte: S. 167
Die Tour von Oujda durch die touristisch noch gänzlich unerschlossene ostmarokkanische Meseta führt bis in die weit abgelegene, aber außerordentlich eindrucksvolle Oasenstadt Figuig.

Von Oujda führt die asphaltierte, relativ gut ausgebaute P 19/N 17 bis Figuig. Südlich des 1150 m hohen Col de Djerada (47 km südlich von Oujda) beginnt die ostmarokkanische Steppenlandschaft. Dieses karge, dünn besiedelte, von Hochplateaus gekennzeichnete Gelände, Meseta genannt, erstreckt sich von den Ausläufern des Mittleren Atlas und des Rif bis zur algerischen Grenze. Saharisches Klima prägt die extrem niederschlagsarme Region; die spärliche Vegetation wird von Halfagras dominiert, das in der Papierherstellung und als Flechtmaterial Verwendung findet. Das durchschnittlich etwa 1300 m hohe Terrain ist überwiegend flach, besonders im Norden steigen aber zahlreiche Tafelberge (*gour*) auf.

In dieser recht eintönigen Landschaft leben überwiegend Viehzüchter (vor allem Schafzucht) arabischer und berberischer Herkunft. Der wichtigste Stamm sind die Beni Guil im Süden. Ein Teil der Nomaden verdingt sich als Saisonarbeiter bei der Halfagrasernte.

Der Verlauf der marokkanisch-algerischen Grenze ist in einigen Abschnitten umstritten: Marokko beansprucht Teile des algerischen Hochplateaus, besonders das rohstoffreiche Gebiet von Colomb Béchar. Aufgrund der seit 1994 wieder verschärften Spannungen ist der Grenzübergang Figuig–Beni Ounif derzeit für Marokkaner und Algerier gesperrt.

83 km südlich von Oujda passiert man den Ort **Ain Benimathar** 2, der alle Versorgungsmöglichkeiten bietet und in dem montags Markt ist. In der Umgebung finden sich mehrere Kasbahs, die Ras El Ain-Quellen sowie ein 1500 m hoher Tafelberg. Durch Halfagrassteppen führt die Strecke über den Ort **Tendrara** 3 (donnerstags Markt, Tankstelle) weiter durch leicht hügelige Steppen bis in den etwa 1200 m hoch gelegenen Bergbauort **Bouarfa** 4.

In Bouarfa zweigt die P 32/N 10 in westlicher Richtung ab, die über Boudenib nach Er Rachidia führt. In der Region des Djebel Bouarfa (1872 m) liegen mehrere Manganminen. In Bouarfa (etwa 25 000 Einwohner) finden sich gute Versorgungsmöglichkeiten; einfa-

Durch die ostmarokkanische Meseta

che Unterkünfte vor Ort, Busverbindungen nach Oujda, Figuig und Boudenib/Er Rachidia. Bis Figuig sind es dann noch einmal 108 km. Die Teerstraße, die etwa nach der Hälfte der Strecke rechts abzweigt (P 19 A), mündet in Mengoub; derzeit ist die Verbindung, obschon offenbar fast fertiggestellt, noch gesperrt.

Figuig

Figuig 5 ist eine Großoase mit einem modernen Verwaltungszentrum und einem Ensemble aus sieben *ksour* (befestigte Wehrdörfer; Sing.: *ksar*).

Geschichte

Der Ort, heute stark von Abwanderung bedroht (Mitte der 1980er-Jahre lebten hier etwa 15 000 Menschen), war im 17. Jh. ein wichtiges Karawanenzentrum. 1875 wurde eine Festung errichtet. Figuig stand jahrhundertelang abwechselnd unter marokkanischem und algerischem Einfluss. 1901 kam es endgültig unter marokkanische Herrschaft, 1902/03 wurde es von einer Strafexpedition durch die Franzosen heimgesucht. 1963 gab es heftige Gefechte zwischen Marokko und Algerien, ausgelöst durch marokkanische Ansprüche auf Colomb Béchar. 1964 und 1970 wurde in Grenzabkommen die Zugehörigkeit von Figuig zu Marokko bestätigt.

Oasenwirtschaft

In Figuig wird Oasenfeldbau betrieben (Obst- und Gemüsekulturen, über 200 000 Dattelpalmen), der durch den natürlichen Wasseraustritt aus etwa 30 artesischen Quellen möglich ist. Die Bewässerung erfolgt teilweise durch *foggara*, ein System unterirdischer Kanäle, die über Schächte zugänglich sind. In Figuig kann man sich ganz konkret über die Probleme von Wassergewinnung, -verteilung und -speicherung informieren. Da Wasser- und Bodenrecht oft verworrenen Überlieferungen folgen, kann es vorkommen, dass ein Bauer Wasserrechte auf einem Terrain hat, das ihm gar nicht gehört – oder dass er eine bestimmte Parzelle Land erbt, für die er die Wasserrechte erst erwerben muss. Früher sorgten – sehr angesehene – Wasserwächter für die Einhaltung der Wasserrechte, die zumeist in Mengen- oder in Zeiteinheiten (Wasserumlauf) angegeben wurden. Regelung und Organisation der Wasserverteilung waren zugleich Ausdruck der bäuerlichen Sozialordnung in den Oasen; noch im 20. Jh. soll es zwischen einzelnen Ksour zu regelrechten Wasserkriegen gekommen sein. Ein scheinbar simpler Vorgang – die gerechte Verteilung einer Ressource – erweist sich in diesem Kontext als unendlich komplizierte Prozedur, von deren Gelingen das Überleben abhängen

Die Tazasenke zwischen Rifgebirge und Mittlerem Atlas

kann. – Außer in Figuig lässt sich das System der *foggara*-Bewässerung derart eindrucksvoll nur noch im Tafilalet studieren.

Ksour-Anlage

Ein Fußweg führt zur **Plateforme de Figuig**, einer Aussichtsterrasse auf dem Djebel El Djorf. Südlich des Zentrums liegt der **Ksar Zenaga**, der größte der Oase (etwa 7000 Einwohner), sehenswert wegen seiner überdachten Gassen. Schön ist auch der **Ksar El Maiz** unmittelbar nördlich des Zentrums. Der **Palmenhain** von Figuig bietet zahlreiche Möglichkeiten zu schönen Spaziergängen. Prähistorische Felszeichnungen aus der Epoche des Neolithikums (Menschen- und Tierdarstellungen) finden sich bei den Felsen **Hadj Mimoun** und, auf algerischer Seite, an der Ostflanke des Gebirgszuges des Djebel Zenaga. Vom algerischen Grenzort Beni Ounif führt die P 6/N 6 nach Béchar (114 km).

Es gibt hier keine klassifizierten Hotels, nur einige wenige eher bescheidene Unterkünfte im Ort, etwa das **Hotel Municipal**, das **Hotel Sahara**, das **Hotel Meliasse** und das **Hotel Touriste**.

Bus: Busse nach Bouarfa, mehrmals wöchentlich auch nach Oujda.

Weiterreise nach Algerien
Versäumen Sie nicht, sich vor einer eventuellen Weiterreise nach Algerien bei der Polizei (Sureté) in Figuig abzumelden und sich dabei einen Stempel fürs Fahrzeug in den Pass geben zu lassen. Der algerische Grenzposten Beni Ounif liegt etwa 5 km von Figuig entfernt. Informieren Sie sich vor dem Grenzübertritt über die aktuell geltenden Modalitäten (die Grenze wird bei Spannungen häufig kurzfristig und ohne jegliche Vorwarnung geschlossen) und besonders über die aktuelle Sicherheitslage in Algerien! In Beni Ounif gibt es einen Schalter für Geldwechsel.

Von Oujda über Taza nach Fès

Karte: S. 170
Die Route über insgesamt 343 km führt, immer entlang der gut ausgebauten P 1/N 6, bis Taza durch die überwiegend recht eintönige nordostmarokkanische Hochebene; westlich von Taza führt die Strecke am Nationalpark Djebel Tazzeka vorbei und gelangt nach Fès, der ältesten der marokkanischen Königsstädte. Von hier aus empfehlen sich Ausflüge an den Nordrand des Mittleren Atlas (s. S. 199). Von Fès fahren die meisten Reisenden weiter nach Meknes (s. S. 202), der monumentalen Hauptstadt des Jahrhundertsultans Moulay Ismail (1672–1727).

Oujda 1 in westlicher Richtung über die P 1/N 6 verlassend, passiert man die nicht sonderlich sehenswerten Durchgangsorte **El Aioun** 2 mit einer Kasbah aus dem 17./18. Jh., dann **Taourirt** 3, dem einst wichtigen Karawanenzentrum mit großem Sonntagsmarkt. 15 km nordwestlich des Ortes trifft man auf die Wasserfälle des Oued Za, 15 km südöstlich liegt die Oued-Za-Schlucht mit Manganbergwerk. Richtung Taza erreicht man die einst große Festung **Guercif** 4 mit mehreren einfachen Hotels im Zentrum; im Oktober wird hier ein Olivenfest gefeiert.

Von Melilla kommend, erreicht man Guercif, indem man zunächst das über Nador führende Autobahnteilstück bis Selouane nimmt, dann geht es auf der N 2 etwa 20 km in südwestlicher Richtung bis zum Abzweig auf die N 15, die in zunächst südwestlicher, dann in südlicher Richtung führt und in Guercif auf die P 1/N 6 stößt.

Taza

65 km westlich von Guercif gelangt man in die Provinzhauptstadt **Taza** 5, die sich in strategisch wichtiger Lage auf zwei Plateaus in der Tazasenke erstreckt.

Geschichte

Gerade diese Lage in der Taza-Senke, die zwischen Rif und Mittlerem Atlas die einzige natürliche Ost-West-Passage durch das Gebirge bildet, hat die Geschichte der Stadt jahrhundertelang geprägt. In römischer Zeit befand sich in der Region Taza ein Legionärslager, die eigentliche Stadtgründung erfolgte um 700 durch eine Festungsanlage der Meknassa-Berber. Im 11. Jh. eroberten die Almoraviden, um 1135 die Almohaden die Anlage; in dieser Zeit wurde sie zur stärksten Festung Marokkos ausgebaut. War im 13. Jh. der Ort zwischen Almohaden und Meriniden heftig umkämpft, so erfolgte im 15. Jh. sein Niedergang durch Kriege und Seuchen. Während der alaouitischen Eroberungen war Taza Mitte des 17. Jh. kurz alaouitische Residenz. Moulay Ismail (1672–1727) ließ die Festung weiter ausbauen.

Um die Wende zum 20. Jh. erhielt Taza neue Bedeutung, als der Rebell Bou Hamara die Bergstämme der Region um sich scharte und gegen die Truppen des Sultans zu Felde zog. 1902 ließ er sich in Taza zum Gegensultan ausrufen. 1903 eroberten Sultanstruppen die Stadt, deren Mellah sie zerstörten. Bou Hamara konnte Taza kurz darauf zurückerobern, die Stadt war bis 1908 in seiner Gewalt. Weiterhin nahm er Oujda ein und bedrohte zeitweise sogar Fès. Als er den Kolo-

nialmächten Minenrechte im Rif zuerkannte, begehrten die Rifstämme gegen ihn auf. Bou Hamara wurde 1909 von Sultanstruppen gefangen genommen und in Fès hingerichtet.

1914 wurde Taza von den Franzosen besetzt, danach war die Stadt das logistische Zentrum bei der Unterwerfung der rebellischen Stämme des Rif und des Mittleren Atlas. Bis 1926 währte die sogenannte Befriedung im nördlichen Mittleren Atlas und Taza war mit einer Garnison der Fremdenlegion belegt.

Die Stadtanlage

Bis heute ist Taza mit derzeit etwa 150000 Einwohnern vor allem eine Militär- und Garnisonsstadt geblieben, daneben aber auch eines der wichtigsten Handelszentren Ostmarokkos. In der landschaftlich schön gelegenen Medina haben sich zahlreiche alte Bauten erhalten, die Taza, obschon etwas abseits des touristischen Interesses gelegen, zu einer durchaus sehenswerten Stadt machen.

Taza zerfällt in zwei Stadtteile. Die Neustadt Taza Ville nimmt ein etwa 450 m hohes Plateau ein; 2 km südwestlich davon liegt auf einem etwas höheren zweiten Plateau die befestigte Medina, Taza Haut genannt. Zentrum von Taza Ville, der seit 1920 angelegten Neustadt, ist die **Place de l'Indépendance**. In ihrer Nähe verlaufen die Hauptgeschäftsstraßen Avenue Mohamed V, Rue Allal Ben Abdallah und die Avenue de la Gare. Am Nordrand der Neustadt liegt, über die Avenue de la Gare mit dem Zentrum verbunden, der Bahnhof mit dem kleinen Industrieviertel. Im Süden und Südwesten bildet eine große Kasernenanlage den Abschluss von Taza Ville. Vom Zentrum führt die Avenue de la Gare in südlicher Richtung zur Medina.

Die Medina

Die Medina Taza Haut wird noch teilweise von einem etwa 3 km langen Mauerring umgeben. Er geht auf das 12. Jh. zurück, wurde aber später mehrfach umgebaut und verstärkt. Das Haupttor der Medina, das **Bab El Guebor**, befindet sich auf der der Neustadt abgewandten Seite. Unterhalb findet montags und donnerstags ein großer Markt statt. Rechts des Tores erhebt sich die Kasbah, deren sehenswertester und am stärksten armierter Teil die dem Tor zugewandte **Festung Bestioun** aus dem 16. Jh. ist. Ihre Mauern kann man besteigen, oben bietet sich eine lohnende Aussicht von der Zinnenterrasse. In der heute stark verfallenen Höhle **Kifan El Ghomari** nahe der Bestioun wurden 1916 menschliche Skelettreste aus dem Paläolithikum (etwa 25000 Jahre alt) gefunden.

Jenseits des Bab El Guebor erreicht man, geradeaus gehend, die **Place El Aharrach**, den zentralen Platz der Medina, in dessen Nähe die **Andalusiermoschee** (Minarett noch aus dem 12. Jh.), die einstige **Residenz des Bou Hamara** (erbaut im 17./18. Jh.) und eine inzwischen als Volkskunstmuseum genutzte **merinidische Medersa** liegen. Bei der Place El Aharrach beginnen die **Souks**, die besonders für Teppiche und Lederwaren bekannt sind. Am Ende der Souk-Hauptstraße erhebt sich die **Große Moschee**. Sie wurde bereits im 12. Jh. unter den Almohaden errichtet, unter den Meriniden aber von Grund auf umgestaltet. Hinter der Moschee liegen die Ruinen des **Dar El Makhzen**, eines Sultanspalastes aus dem 17. Jh. Das **Bab Er Rih** bildet dann den nordwestlichen Abschluss der Medina. Vom Tor bietet sich ein schöner Blick auf die Neustadt und die Umgebung.

Das Bab Er Rih und die Mauerteile westlich davon bis zum Bab Tit stammen vollständig aus der Zeit der Almohaden (12. Jh.). Bemerkenswert ist hier vor allem die **Tour Sarrasine** (Sarazenenturm) am Westrand der Medina. Sein Sockel ist eckig, der Aufbau jedoch rund. Am Nordostrand der Medina, rechts der Großen Moschee, liegen die Ruinen der 1903 zerstörten Mellah. Beim Bab Djemaa führt ein Zugang hinunter zur Straße in Richtung Neustadt.

i **Syndicat d'Initiative:** Chambre de Commerce, Tel. 035-67 35 83.

Hotel Friouato Salam: zwischen Medina und Neustadt, Tel. 035-67 25 93, Fax 035-67 22 44. Ruhig gelegenes, etwas

Richtig Reisen-Tipp: Nationalpark Djebel Tazzeka

Wer mit dem eigenen Auto unterwegs ist, sollte unbedingt einen Abstecher durch das landschaftlich überwältigende Naturschutzgebiet um den 1980 m hohen **Djebel Tazzeka** 6 in Erwägung ziehen. Die Tour führt ab Taza über die S 311 an den Cascades de Ras El Oued entlang, eine Reihe kleinerer Wasserfälle, die im Hochsommer zu einem schmalen Rinnsal verkümmern können. Nachdem man eine erste Passhöhe (1198 m) überwunden hat, gelangt man zum auf dem Chikerplateau gelegenen Bergsee Daiet Chiker, der sich in regen- und schneereichen Jahren als seichte Wasserfläche, in trockenen Jahren jedoch als fruchtbare Senke präsentiert.

In der Nähe des Sees liegen die Tropfsteinhöhlen Gouffre du Friouato, ein Höhlenkomplex, der über einen riesigen, geröllbedeckten Trichter zugänglich ist. Vom Grund des Trichters führt ein Eingang in ein Labyrinth von Höhlengängen, die sich immer tiefer ins Erdinnere verzweigen. Die Gouffre du Friouato, bis etwa 200 m Tiefe erkundet, soll zu den tiefsten Höhlenkomplexen Nordafrikas zählen. Wer eine Expedition ins Erdinnere plant, sollte mit robustem Schuhwerk, einem warmen Anorak und einer guten Taschenlampe ausgerüstet sein. Über den Eingang zur Höhle wacht ein Aufseher, der einen Obulus erhält. Einige weitere Tropfsteinhöhlen befinden sich in den **Grottes du Chiker**. Hinter dem winzigen Ort **Bab Bou Idir** (Büro des Nationalparks Djebel Tazzeka) gilt es, einen 1540 m hohen Pass zu überwinden; nach etwa 10 km zweigt ein Pfad nach rechts von der S 311 ab, der nach 9 km zum Gipfelmassiv des Djebel Tazzeka (1980 m) führt. Vom Gipfel hat man zumeist eine überwältigende Fernsicht auf das Rif, auf den nordöstlichen Mittleren Atlas sowie auf die Hochebenen östlich von Fès.

Über den Ort **Bab Azhar**, in der Nähe der grandiosen Schlucht des Oued Zireg, gelangt man durch ausgedehnte Korkeichenwälder bei Sidi Abdallah des Rhiata wieder auf die P 1/N 6. Zurück nach Taza sind es etwa 35 km; die Gesamtlänge des Parcours beträgt rund 110 km). Im ganzen Nationalpark Djebel Tazzeka sind schöne Wanderungen möglich. Auch Ornithologen kommen hier auf ihre Kosten – so kann man etwa Kleiber, diverse Tauben- und Meisenarten, Wiedehöpfe, Rotkopfwürger und Racken beobachten. Außerdem wird der Nationalpark von verschiedenen Eidechsen-, Schmetterlings- und Insektenarten bevölkert. – Vom Südrand des Tazzekamassivs führt eine sehr schlechte, 80 km lange Piste (S 4822) zum Djebel-Bou-Iblane-Massiv im Mittleren Atlas.

in die Jahre gekommenes 60-Zimmer-Haus mit Pool. DZ 370 DH.

Hotel La Tour Eiffel: Route de Fès (von Fès kommend, am Ortseingang rechts), Tel. 035-67 15 62, Fax 035-67 15 63. 30-Zimmer-Neubau mit Restaurant. DZ 350 DH.

Hotel Dauphine: Place de l'Independance, Tel. 035-67 35 67, Fax 035-67 00 05. 26-Zimmer-Haus, dessen früherer Art-déco-Charme sich inzwischen doch verflüchtigt hat, geräumige Zimmer, manche mit Bad. DZ 165 DH.

Einfache Hotels befinden sich in Bahnhofsnähe, etwa das **Hotel de la Gare**.

Mehrere große *moussems* in der Region, zumeist in der Zeit von Ende Sept bis Anfang Oktober.

Bahn: Der Bahnhof liegt nördlich der Neustadt an der Route de Fès. Mehrere Verbindungen tgl. nach Oujda sowie nach Fès–Meknes, außerdem nach Rabat–Casablanca.

Bus: Der Busbahnhof liegt an der Place de l'Independance. Verbindungen nach Fès–Meknes, Oujda, Nador–Al Hoceima sowie 1 x tgl. nach Casablanca.

Blick durch das Bab Boujeloud auf Fès El Bali

Kapitel 2

Der Mittlere Atlas

Auf einen Blick: Der Mittlere Atlas

Königsstädte und Berberland

An der Nordwestflanke des Mittleren Atlas liegen, nur 60 km voneinander entfernt, mit den Königsstädten Fès und Meknes zwei Juwele arabischer Stadtkultur – und zugleich zwei Metropolen, die in ihrem urbanen Charakter unterschiedlicher kaum sein könnten.

Einen Aufenthalt in Meknes sollte man unbedingt mit einer Tagestour nach Moulay Idriss, dem bedeutendsten Wallfahrtszentrum des Landes sowie nach Volubilis, der spektakulärsten antiken Ruinenstätte Marokkos, verbinden.

Eine Art St. Moritz in Marokko markiert der mondäne Wintersportort Ifrane, sehenswert und als Ausgangspunkt für Wanderungen hervorragend geeignet sind die Berberorte Sefrou und Azrou; berühmt sind die ausgedehnten Zedernwälder in der Region von Azrou.

Das östliche Hinterland des Mittleren Atlas ist von kargen, kaum beregneten Hochplateaus mit Höhen etwa zwischen 1200 m und 1900 m sowie geringer Siedlungsdichte geprägt – ein urwüchsiges Kernland der Berber, die als Ackerbauern und Viehzüchter ein häufig äußerst karges Dasein fristen.

Highlights

2 **Fès:** Bis heute ist Fès, eine Stadtgründung aus dem frühen 9. Jh. und Sitz einer der ältesten Universitäten der Welt, das intellektuelle Zentrum sowie das spirituelle Herz des Landes. Keine der Königsstädte präsentiert einen derart spektakulären Fundus an klassischen Sehenswürdigkeiten wie

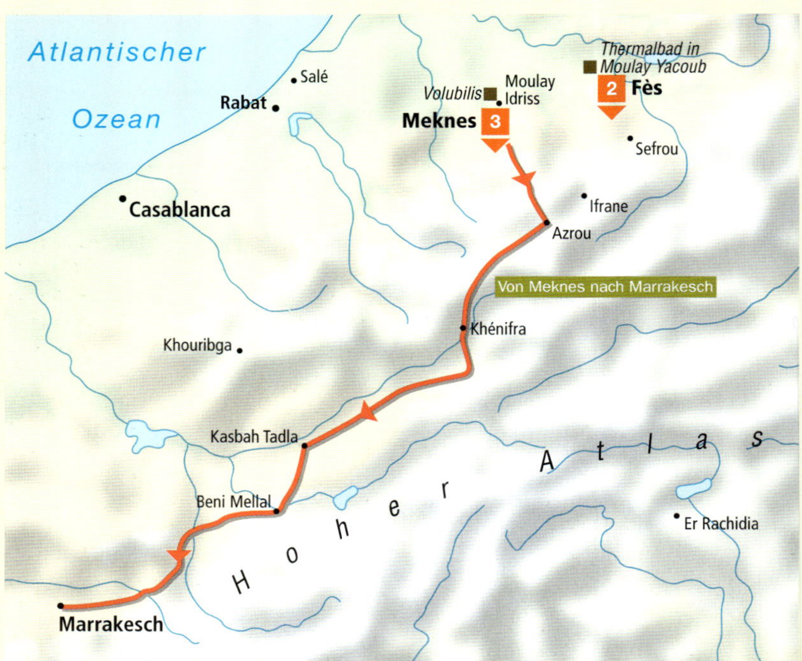

gerade Fès. Die Kairaouine, theologische Lehranstalt und zugleich westliches Zentrum des Islam, hat über Jahrhunderte hinweg auf die gesamte muslimische Zivilisation ausgestrahlt. Die Medina von Fès El Bali kann mit gutem Grund als Inbegriff der arabischen Stadt gelten (s. S. 178).

3 **Meknes:** Vielleicht ist keine Stadt Marokkos so eng mit einer einzigen Herrscherpersönlichkeit verwoben wie Meknes mit dem zweiten Alaouitensultan Moulay Ismail, der, eine Art marokkanischer Sonnenkönig, in den Jahren 1672–1727 als Autokrat und Despot regierte. Die in gigantischen Dimensionen geplante Ville impériale illustriert bis heute die Ära eines marokkanischen Absolutismus, dessen reinste Verkörperung Moulay Ismail war. Meknes – ein Architektur gewordener (Alp-)Traum von politischer Macht (s. S. 202).

Empfehlenswerte Route

Von Meknes nach Marrakesch

Die Tour führt zunächst entlang der N 13 in den Berberort Azrou, dann entlang der N 8 an den Westflanken des Mittleren Atlas vorbei durch die Städte Khenifra, Kasba Tadla und Beni Mellal in die Metropole Marrakesch, für viele Marokkokenner die schönste der vier Königsstädte (s. S. 221).

Reise- und Zeitplanung

Für die Stadtbesichtigung von Meknes und die unbedingt zu empfehlenden Ausflüge zum Wallfahrtsort Moulay Idriss und der antiken Ruinenstätte Volubilis sollten Sie zwei bis drei Tage einkalkulieren.

Mindestens drei Tage sollten auch für Fès eingeplant sein; wer in Fès dazuhin ausgiebig auf Einkaufstour gehen oder etwa ein Museum gründlich in Augenschein nehmen möchte, sollte ruhig ein paar Tage mehr veranschlagen.

Reisende, die beide Königsstädte besichtigen und danach noch Wintersport in der Region von Ifrane oder Mischliffen betreiben und/oder Wanderungen im Mittleren Atlas unternehmen wollen, sollten für die gesamten Unternehmungen mindestens eineinhalb bis zwei Wochen einplanen.

Fès und Meknes kann man das ganze Jahr über besuchen, klimatisch am angenehmsten sind zumeist die Frühlings- und Herbstmonate. Der Mittlere Atlas kann im Winter tief verschneit sein; Schneeverwehungen, auch heftige Schneestürme sind nicht auszuschließen. Die Hauptverkehrsadern, vor allem die N 13 mit Passhöhen von knapp 2000 m (!), werden zwar meist sehr zügig geräumt; es hat freilich auch schon dramatische Situationen gegeben, als festgefahrene Wohnmobile und quergestellte LKW die N 13 blockierten und verzweifelte Autofahrer per Helikopter versorgt werden mussten! Wer als Selbstfahrer im Winter in der Region unterwegs ist, tut gut daran, zuverlässige Wetterdaten abzurufen – und ausreichend Proviant und Decken mitzunehmen.

Richtig Reisen-Tipp

Das Thermalbad in Moulay Yacoub

Ein in ganz Marokko bekanntes Thermalbad befindet sich in der etwa 25 km nordwestlich von Fès gelegenen Kleinstadt Moulay Yacoub. In Moulay Yacoub, nach dem Grab des gleichnamigen Heiligen benannt, finden sich etliche Quellen heißen, schwefelhaltigen Wassers.

Das Thermalbad im neomaurischen Stil ist ein gediegenes Ambiente, um in die Welt des *hamam*, des arabischen Badehauses, einzutauchen. Es bietet eine gute Gelegenheit, die Gepflogenheiten einer uralten arabischen Bäderkultur kennen zu lernen, am besten einschließlich Dampfbad und Massage. Wer einige Tage verweilen möchte, kann vor Ort in dem Viersternehotel Moulay Yacoub logieren (s. S. 198).

2 Fès und Umgebung

Citypläne S. 182, 186, 194

Inzwischen vermutlich eine Millionenmetropole, ist Fès die älteste und an Kunstschätzen wie auch Baudenkmälern reichste der vier marokkanischen Königsstädte. Auf den Hügeln und Hängen des Oued-Fès-Tales in eine geradezu bukolische Landschaft gebettet, war Fès einst das geistige und politische Zentrum des westlichen Islam und bis 1912 Landeshauptstadt. Bis heute ist die Stadt das spirituelle Herz des Landes geblieben, Mittelpunkt von Kunst, Handwerk und traditioneller Wissenschaft.

Stadtgeschichte

Reiseatlas: S. 2, E3
Die Provinzhauptstadt ist ein wichtiges Handelszentrum und Standort von Textil- und Nahrungsmittelindustrie. Die bedeutendsten Sehenswürdigkeiten von Fès sind: die Medersen Bou Inania und Attarine, die Moscheen El Kairaouine und El Andalous, die Zaouia Moulay Idriss II., das Museum im Dar Batha, die Souks mit der Place Nejjarin sowie die Befestigungsanlagen.

Stadtgründung

Die Gründung der Stadt verliert sich im Mythos, nachweislich erfolgte sie durch Idris II. im Jahre 807. Die Siedler des frühen 9. Jh. stammten aus dem tunesischen Kairouan, die die Niederlassung Aduat El Kairouan gründeten, und aus Andalusien, die Aduat El Andalous hinterließen. Die voneinander unabhängigen Siedlungen waren die Zentren des Idrissidenreiches. Um 860 wurde die Hochschule Kairaouine gegründet. Nach dem Zerfall des Idrissidenreiches war Fès lange Zeit zwischen Omajaden und Fatimiden umkämpft. In das Jahr 1067 fiel die Eroberung durch die Almoraviden, die die Stadtmauer zwischen den beiden Siedlungen einrissen und sie so zu einer Stadt, nun Fès genannt, vereinigten.

Blütezeit

In der Folgezeit wuchs die Stadt durch andalusische Zuwanderer stark an und stieg nach der Einnahme durch die Almohaden (1145) zu einem bedeutenden Handelszentrum auf. Seine größte Blütezeit erlebte Fès ab 1248 unter den Meriniden, die es zur Hauptstadt ihres Reiches machten. In diese Epoche fiel die Anlage des neuen Stadtteils Fès El Djedid und zahlreicher prachtvoller Bauten, besonders der Medersen. Fès löste Córdoba als Zentrum des westlichen Islam ab. Im 13. und 14. Jh. soll Fès, das bis nach Europa für seinen Reichtum berühmt war, über 200000 Einwohner gezählt und 785 Moscheen, 200 Fondouks (Karawansereien/Herbergen) und mehrere tausend Läden besessen haben. Die Hochschule wurde von 8000 Studenten besucht, kostenlose Speisehäuser versorgten die Armen.

Politische und wirtschaftliche Einbußen

In der Zeit der Saadier, die Marrakesch zu ihrer Hauptstadt erhoben, verlor Fès an Bedeutung. Nach 1610 und dem Zerfall des Saadierreiches wurde es aber Hauptstadt des nördlichen Reichsteiles. Ab 1666 war Fès Residenz der Alaouiten und sollte es – mit Ausnahme der Regierungszeit von Moulay Ismail (1672–1727), der Meknes zur Hauptstadt seines Reiches machte – bis zum Jahr 1912 bleiben. Im 18. Jh. gab es wiederholt Aufstände der *fassi* gegen den Sultan. 1799 brach eine katastrophale Pestepidemie aus.

Bis zum Beginn des 20. Jh. blieb Fès die größte Stadt Marokkos. 1911 führte ein Aufstand gegen den Sultan zur Besetzung durch die Franzosen. Mit dem Aufstieg von Rabat zur Hauptstadt und von Casablanca zum Wirtschaftszentrum verlor Fès immer mehr an Bedeutung und verarmte allmählich; freilich stellen die einflussreichen Handelsfamilien aus Fès bis heute überwiegend die politische, wirtschaftliche und intellektuelle Elite des Landes. In der Protektoratszeit gehörte die Stadt zu den Zentren der Widerstandsbewegung gegen die Franzosen, immer wieder gab es blutige Unruhen und Besetzungen durch die Armee.

Gegenwart und Zukunft

Bis heute ist Fès das Kunst- und Handwerkszentrum Marokkos geblieben und auch ihre traditionelle Rolle als geistig-religiöses Zentrum hat die Stadt behalten. Der Reichtum an Kunstschätzen und Baudenkmälern macht Fès zu einem der am meisten besuchten touristischen Ziele des Landes. Seit 1980 fördert die Unesco, die die Altstadt von Fès in die Liste des kulturellen Welterbes aufgenommen hat, die umfassende Restaurierung der alten Stadtviertel (geplant sind Gesamtinvestitionen von 550 Millionen US-$). Vorgesehen sind u. a. die Reduzierung der Besiedlungsdichte in der Medina (dort leben um die 400 000 Menschen, geplant sind Umsiedlungen in beträchtlichem Ausmaß), die Verbesserung der kommunalen Infrastrukturen (Elektrizität und Wasserversorgung, Abwasserklärung), die Wiederherstellung der alten Quartierzentren, die Belebung der traditionellen Handwerksbranchen, ein Kongress- und Bibliothekszentrum sowie die Anlage eines Parks mit künstlichem See am Oued Fès. Die Planungen der Unesco, die in Abstimmung mit den marokkanischen Ministerien erfolgen, sehen die Revitalisierung eines Juwels der arabisch-muslimischen Stadtkultur vor. Fès, insbesondere Fès El Bali, soll als eine Art urbanes Gesamtkunstwerk wiedererstehen; ob dieses ehrgeizige Ziel zu realisieren ist (oder ob das Ganze nicht doch in die gerade nicht gewollte Musealisierung umschlägt), wird erst die Zukunft zeigen.

Mit dem Autor unterwegs

Annäherung an Fès

Als erste Orientierung empfiehlt sich ein Rundkurs um die Stadt auf der Tour du Fès, der etwa 16 km langen Umgehungsstraße, die etliche schöne Panoramaausblicke auf Stadt und Umgebung bietet. Sehenswert auf dieser Strecke sind die **Merinidennekropole** aus dem 14. Jh. sowie die Festungsanlagen von **Borj Nord** mit einer großen Waffensammlung und **Borj Sud,** beide aus dem 16. Jh.

Panoramablick über die Stadt

Um wenigstens einen Blick in den – überwältigend schönen – gefliesten Innenhof der Kairaouine-Moschee zu erhaschen (der Sakralbau bleibt wie alle marokkanischen Moscheen für Nichtmuslime verschlossen), sollte man sich auf die Dachterrasse der nahen Medersa Attarine begeben. Mag sein, dass der Gardien zunächst behauptet, das Dachgeschoss sei nicht zugänglich; um das wirklich einzigartige Panorama nicht nur über den Kairaouine-Komplex, sondern über ganz Fès El Bali und die angrenzenden Stadtteile auf sich wirken zu lassen, sollte man seine ganze Überzeugungskraft aufbieten – und dem Anliegen eventuell mit einigen Dirham Nachdruck verleihen. Es ist eine Investition, die sich lohnt (s. S. 190).

Anlage der Stadt

Es lassen sich in Fès vier deutlich voneinander getrennte Stadtteile unterscheiden. Fès El Bali, der alte Kern der Stadt, liegt im Tal und an den Hängen des Oued Fès, der die Viertel El Kairaouine und El Andalous trennt. In Fès El Bali finden sich die meisten bedeutenden Baudenkmäler, der größte Teil der Souks, die meisten Billighotels und die beiden Busbahnhöfe für Privatlinien. Fès El Djedid liegt auf einem Plateau oberhalb von Fès El Bali, durch ausgedehnte Festungsanlagen und einen Park vom alten Stadtkern getrennt. Das von den Meriniden als Residenz gegründete Quartier mit dem Sultanspalast, der Mellah und einem kleineren Souk-Viertel verfügt über einige kleine Hotels.

Die Ville Nouvelle wurde ab 1916 von den Franzosen auf einem Plateau südwestlich von Fès El Djedid angelegt. Seit 1960 gibt es oberhalb der Merinidennekropole einen vierten Stadtteil, gegründet von Flüchtlingen aus Agadir nach dem verheerenden Erdbeben vom Februar 1960. Infolge der Landflucht hat sich dieser Stadtteil inzwischen stark vergrößert.

Touristische Infrastruktur

Die günstigsten Standorte für eine Stadtbesichtigung sind die Hotels in Fès El Djedid und am Bab Boujeloud, dem Hauptzugang zur Medina von Fès El Bali; die besseren Häuser liegen jedoch fast ausnahmslos in der Ville Nouvelle.

Die moderne Neustadt von Fès bietet zwar keinerlei Sehenswürdigkeiten, konzentriert aber, außer den Hotels, die wichtigsten touristischen Versorgungsmöglichkeiten wie Restaurants, Banken, Informationsstellen, Hauptpost, Leihwagenfirmen, Verkehrsverbindungen (Bahnhof und CTM-Busbahnhof). Das Stadtzentrum bildet die Avenue Mohamed V, vor allem im Gebiet ihrer Kreuzung mit der Avenue Mohammed Slaoui. Die Avenue Mohamed V führt zur breiten, palmenbestandenen Avenue Hassan II, von der halblinks die Avenue Moulay Youssef abzweigt und auf die Place des Alaouites in Fès El Djedid mündet. Von der Avenue Hassan II fahren Busse zur Place des Alaouites, zum Bab Boujeloud und zum Bab Ftouh.

Fès El Djedid

Cityplan: S. 182

Fès El Djedid (der Name bedeutet »das neue Fès«), der 1276 als neue Residenz der Merinidensultane gegründete Stadtteil, liegt auf einem Plateau zwischen Neustadt und der Medina von Fès El Bali. Von der Neustadt kommend, erreicht man zunächst die neue, repräsentativ angelegte Place des Alaouites mit Blick auf die imposante Fassade des **Sul-**

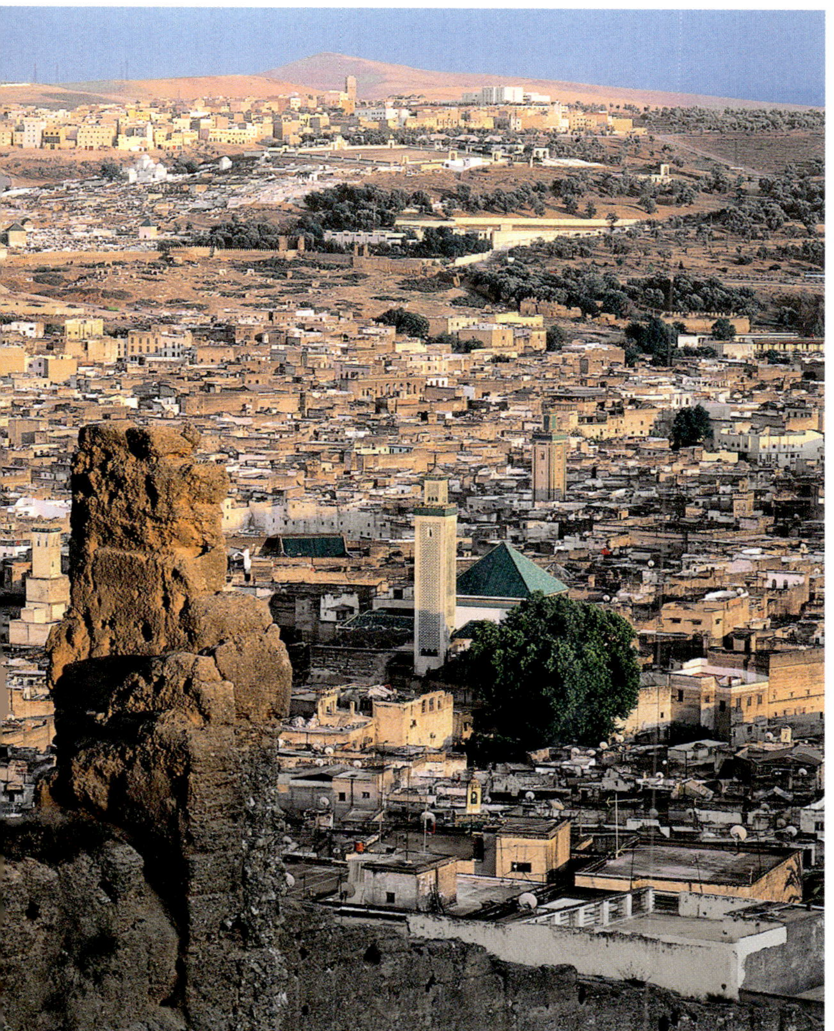

Panorama über Fès El Bali, eine der schönsten Städte der arabischen Welt

tanspalastes (Dar El Makhzen). Der älteste Teil der Anlage, die mit etwa 80 ha Ausdehnung den größten Teil von Fès El Djedid einnimmt, wurde unter den Meriniden errichtet (bedeutend vor allem die Medersa von 1320), zahlreiche Neu- und Umbauten erweiterten sie bis ins 20. Jh. hinein. Bei Aufenthalten in Fès residiert der König noch heute hier – eine Besichtigung des Palastes ist nicht möglich.

Unterhalb der Place des Alaouites liegt die von einigen Cafés und einfachen Hotels gesäumte Place du Commerce, von wo aus man Fès El Djedid auf zwei Wegen durchqueren kann: Die Hauptstraße Rue Bou Khessissat (Verlängerung der von der Neustadt kommenden Straße) führt direkt zum Bab Semmarine; die unterhalb davon (hinter dem Hotel du Commerce) beginnende Grande Rue des Merinides, eine sehr belebte Marktstraße, verläuft durch die Mellah, um dann – hinter einem schönen geknickten Tordurchgang – ebenfalls beim Bab Semmarine zu münden.

Die **Mellah** wurde seit Beginn des 14. Jh. in der Nähe des Palastbezirkes errichtet, da die Juden damals direkte Schutzbefohlene des Sultans waren – wofür sie allerdings auch mit einer hohen Kopfsteuer belegt wurden. Die Mellah, bis 1912 das Judenghetto, besaß eine eingeschränkte Selbstverwaltung sowie ein eigenes Gericht mit drei Rabbinern. Ein besonderes Kennzeichen des Viertels sind die relativ hohen Häuser, deren Fenster und

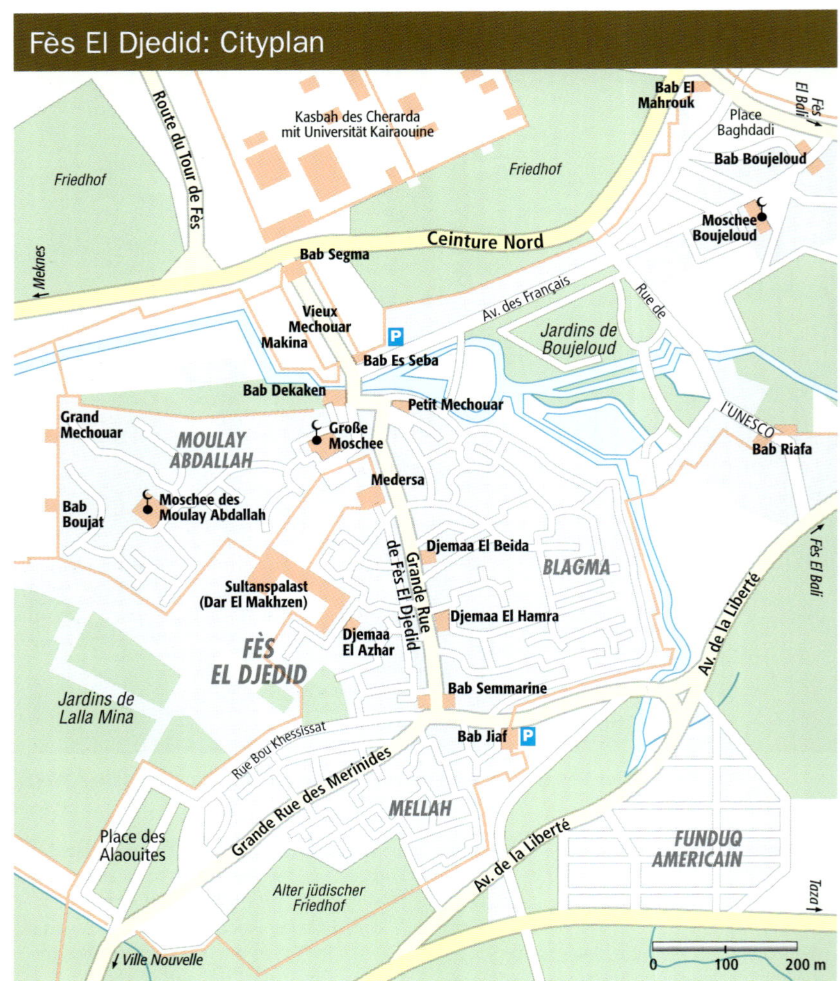

Türen im Gegensatz zu den Häusern der Muslime zur Straße gerichtet sind. Viele Fassaden wirken mit ihren schmiedeeisernen Gittern sehr eindrucksvoll. Von den einst zwölf Synagogen der Mellah bestehen heute noch zwei. Südlich der Grande Rue liegt der alte jüdische Friedhof.

Hinter dem mächtigen Tor Bab Semmarine beginnt die **Grande Rue de Fès El Djedid**, eine belebte Souk-Straße mit einem großen Lebensmittelmarkt und vielen kleinen Restaurants. Sie ist die eigentliche Schlagader des Stadtteils. An der Straße liegen die Moscheen **Djemaa El Hamra** (›die Rote‹, 1339 erbaut) und **Djemaa El Beida** (›die Weiße‹); eine kleine Seitenstraße (vom Bab Semmarine aus gesehen links abzweigend) führt zur kleinen **Djemaa El Azhar** mit einer reizvoll verzierten Pforte (1375).

Der Weg von Fès El Djedid nach Fès El Bali führt über die Grande Rue du Fès El Djedid. Die Straße stößt an dem Ende, das dem Bab Semmarine entgegengesetzt ist, nach einem leichten Knick nach links auf ein Doppeltor. Davor liegt rechter Hand ein kleines Portal, hinter dem eine kleine Treppe hinunter in einen Park führt, die schön angelegten **Jardins du Boujeloud** mit mehreren Teichen, einem Bambushain und einer alten Noria (Wasserschöpfrad). In dem Park wird das Wasser der Bäche Oued Zitoun und Oued Fès in zahlreiche Kanäle verteilt, die die Stadt und ihre Umgebung bewässern.

Betritt man am Ende der Grande Rue de Fès El Djedid nicht den Park, sondern durchquert das halblinks gelegene Doppeltor, so gelangt man auf einen von mächtigen Mauern umgebenen Platz mit vier weiteren Toren. Das linker Hand gelegene prachtvolle **Bab Dekaken** (1276) bildet einen Zugang zum Palastbezirk, die kleine Pforte geradeaus führt in das Viertel Moulay Abdallah, das mächtige Dreifachtor **Bab Es Seba**, das die rechte Platzseite einnimmt, mündet auf den Vieux Mechouar. Die Straße nach Fès El Bali, die Avenue des Français, beginnt hinter dem schlichteren Doppeltor, das gleich rechts von dem Tor liegt, durch das man den Platz betreten hat (im selben Mauerabschnitt). Achtung, man kann an dieser Stelle leicht in die Irre gehen, da das gewaltige Bab Es Seba eher als der Hauptzugang nach Fès El Bali erscheint. Die unscheinbare Avenue des Français ist aber leicht daran zu erkennen, dass sie am Boujeloud-Park vorbeiführt.

Guides noirs auf Touristenfang

Es wird Individualreisenden in Fès vermutlich kaum gelingen, die illegalen falschen Führer abzuschütteln, die mit allerhand Tricks auf Kundenfang gehen. Sie schonen Ihre Nerven, wenn Sie entweder über die Fremdenverkehrsämter von vornherein einen offiziellen Führer anheuern – oder sich mit einem der falschen Führer auf einen klaren Deal einigen, d. h. unmissverständlich Preis und Besichtigungsprogramm absprechen. Im Prinzip brauchen Sie selbst in einer derart labyrinthischen Stadt wie Fès kein en Führer – aber um dann auf Alleingängen durch die Medina die *guides noirs*, die Ihnen folgen wie die Katze dem Fischwagen, abzuhängen und unbehelligt etwas zu besichtigen, dazu müssen Sie schon etwas Arabisch können und enormes Stehvermögen mitbringen!

Vieux Mechouar

Vor dem Gang nach Fès El Bali sollten Sie kurz das erwähnte Bab Es Seba aus dem 15. Jh. durchschreiten. Es führt zum **Vieux Mechouar**, einem von hohen Mauern umgebenen, im Jahre 1873 angelegten Platz. Der Mechouar dient heute als Platz für Feste und Großveranstaltungen und nachmittags finden sich hier oft zahlreiche Gaukler und Akrobaten ein.

An dem Platz liegt die **Makina** (1886), das einstige Waffenarsenal, das heute eine Teppichweberschule beherbergt. Den Ausgang des Mechouar bildet das Bab Segma (1315), donnerstags Schauplatz eines sehenswerten Viehmarktes. Dahinter erstreckt sich die **Kasbah des Cherarda** (1670), eine mächtige Festung, die heute ein Hospital und einen neuen Teil der ausgelagerten Kairaouine-Universität beherbergt.

Moulay Abdallah

Lohnend ist auch ein kurzer Spaziergang durch das Viertel Moulay Abdallah (kleine Pforte gegenüber dem von Fès El Djedid kommenden Durchgang). An der Hauptgasse (knickt gleich hinter dem Eingang nach links ab) liegen die 1276 erbaute **Große Moschee** von Fès El Djedid, eine der bedeutendsten merinidischen Moscheen des Landes, daneben das Grab des Merinidensultans Abu Inan und am Ende der Straße die **Moschee des Moulay Abdallah** mit mehreren Gräbern von Angehörigen der Königsfamilie.

Wenn Sie von Fès El Djedid nach Fès El Bali gehen, halten Sie sich dort, wo sich die Avenue des Français gabelt, rechts. Sie durchqueren ein kleines Handwerkerviertel mit einem ausgedehnten Busparkplatz und stehen dann vor dem Bab Boujeloud.

Fès El Bali

Cityplan: S. 186

Fès El Bali, die eigentliche Medina von Fès, ist der älteste und sehenswerteste Teil der Stadt. Die vom Oued Fès getrennten Viertel El Kairaouine und El Andalous umfassen insgesamt 20 Quartiere, von denen jedes eigene lokale Infrastrukturen (Moschee, Koranschule, Märkte, Hamam) besitzt. Diesen alten Stadtteilen gelten die Restaurierungsbemühungen der Unesco im Besonderen. Ein von zahlreichen Stadttoren durchbrochener Mauergürtel mit Ursprüngen aus dem 12. Jh. umgibt Fès El Bali.

Neben der Medina von Marrakesch ist Fès El Bali die ausgedehnteste marokkanische Altstadt. Ihre heutige Gestalt erhielt sie weitgehend schon in der Zeit der Meriniden und viele Bauten aus dieser Blütezeit der Stadt, aber auch zahlreiche Baudenkmäler anderer Epochen machen Fès El Bali geradezu zu einem historischen Freilichtmuseum.

Da in den engen Gassen für Autos kein Durchkommen ist (das Lasttaxi in Fès El Bali ist bis heute der Esel), hat die Altstadt ihren mittelalterlichen Charakter fast unverändert bewahren können. Das Gassengewirr ist übersichtlicher als in jeder anderen Medina des Landes. Trotzdem sollte man sich auch hier ohne Führer zurechtfinden können, wenn man folgendes beachtet: Von dem Haupttor Bab Boujeloud durchziehen zwei parallele Hauptadern die Medina, die Talaa Kebira (Rue du Grand Tala) und die Talaa Seghira (Rue du Petit Tala). Die Talaa Seghira (auch Rue Ben Safi) mündet in die Talaa Kebira, die Talaa Kebira (in der Verlängerung auch Souk El Attarine genannt) stößt auf die Moschee El

Schönster Platz der Medina: Place Nejjarin in Fès El Bali

Kairaouine. Die wichtigsten Souks und die meisten Baudenkmäler liegen an den beiden Hauptadern und zwischen der Kairaouine und dem Fluss. Besonders unübersichtlich ist das Gebiet um die Kairaouine, Sie können sich aber daran orientieren, dass die talwärts führenden Gassen am Fluss und alle ansteigenden bei der Talaa Kebira oder der Kairaouine enden. Die Kairaouine ist außerdem von zahlreichen Punkten der Altstadt aus sichtbar. Sollten Sie sich in ein abgelegenes Viertel verirrt haben, fragen Sie sich zum nächstgelegenen Stadttor (*bab*) durch; an allen Toren warten *petits taxis.*

Das Bab Boujeloud und das Batha-Museum

Der Hauptzugang nach Fès El Bali liegt an der belebten Place Boujeloud; der Platz wird beherrscht vom **Bab Boujeloud** 1, einem auf einer Seite mit grünen, auf der anderen Seite mit blauen Fayencen reich geschmückten

Fès El Bali: Cityplan

Tor. Erst 1913 erbaut, folgt es in seiner Gestaltung eng älteren Vorbildern. Der Blick durch das Doppeltor ist ein überaus beliebtes Fotomotiv, das in keinem Marokkobildband fehlt. Zur Linken sieht man die Mauern der Kasbah des Filalas (Festungsanlage aus dem 18. Jh.; das Bab El Mahrouk stammt aber schon aus dem frühen 13. Jh.). Hinter dem Bab Boujeloud beginnen die beiden Hauptstraßen von Fès El Bali, die Talaa Kebira (unscheinbarer Zugang: gleich hinter dem Tor links, dann sofort wieder rechts) und die Talaa Seghira (hinter dem Tor geradeaus gehen, dann rechts und gleich darauf links; kleiner Torbogen). Ein Heer von Fremdenführern bietet hier hartnäckig seine Dienste an.

Die bedeutendsten Bauten der Medina sind um die Talaa Kebira verstreut. Bevor Sie diesen Weg einschlagen, lohnt unbedingt ein Abstecher zum Museum für marokkanische Volkskunst – erreichbar über die Gasse, die unmittelbar vor Beginn der Talaa Seghira (vor dem kleinen Torbogen) nach rechts abzweigt. Das Museum ist im **Dar Batha** 2, einem

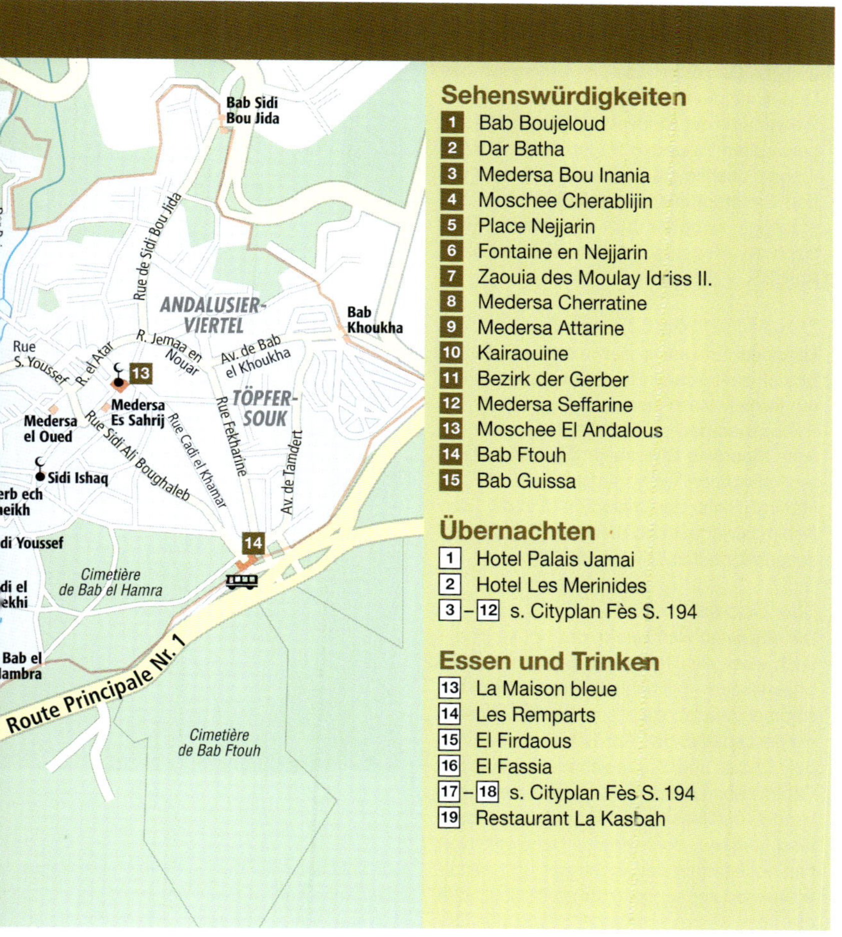

ehemaligen Wesirspalast aus der zweiten Hälfte des 19. Jh., untergebracht (großes Gebäude neben der Post; Eingang nicht vom Platz aus, sondern an der nach rechts abbiegenden Seitengasse). Das Museum gilt als eines der reichhaltigsten seiner Art in Marokko und präsentiert hervorragende Beispiele arabischer Kalligrafie, außerdem Sakralkunst, Holzschnitzereien, Teppiche, Keramik, Waffen, Schmuck sowie archäologische Exponate (Tel. 035-63 41 16; tgl. außer Di 9–12 und 15–18 Uhr).

Medersa Bou Inania

Am Anfang der Talaa Kebira liegt rechter Hand der Eingang zur **Medersa Bou Inania** 3 (tgl. 9–13 und 14.30–17.30 Uhr), der schönsten Medersa von Fès. Sie wurde zwischen 1350 und 1357 als letzte der großen Meriniden-Medersen erbaut. Wie die meisten anderen Religionsschulen des Landes wird sie heute nicht mehr benutzt und kann deshalb besichtigt werden. Die Bou Inania zeigt die für alle Medersen typische Anlage: Um einen rechteckigen, marmorgepflasterten Innenhof gruppieren sich die Gebäude. Der Hauptbau enthält den großen Gebetssaal, die anderen Gebäude haben im Untergeschoss Unterrichtsräume, im oberen Stockwerk die Wohnräume der Studenten. Die dem Hof zugewandten Fassaden tragen reiche Verzierungen, ebenso die Decken der Unterrichts- und Gebetsräume. Bemerkenswert ist das mächtige Haupttor aus Zedernholz. Vom Dach der Medersa hat man einen schönen Ausblick.

Die Moschee Cherablijin

Hinter der Bou Inania zieht sich die Talaa Kebira an zahlreichen Geschäften und mehreren kleinen Moscheen vorbei zum Souk der Babouchenmacher. Dort liegt die merinidische **Moschee Cherablijin** 4, deren Minarett allerdings vom Anfang des 19. Jh. stammt. Hinter der Cherablijin führt die Talaa Kebira talwärts in das Herz der Souks, in den sehenswertesten Teil von Fès El Bali.

Die Souks

Die einzelnen Handwerke der Souks sind – auch wenn sich Touristenläden immer mehr breitmachen – bis heute in Gilden (*hiraf*) zusammengefasst, von denen die wichtigsten die der Lederhandwerker, Schuhmacher, Weber, Färber und Kupferschmiede sind. Die Gilden haben durch die Zunahme des Großhandels und Massenimporte zwar an Bedeutung verloren, doch ist das Handwerk von Fès noch immer das wichtigste und vielfältigste des Landes. Der erste große Souk, den die Talaa Kebira schneidet, gehört den Babouchenherstellern. Es folgt der Lederwarensouk. Dahinter mündet von rechts die Talaa Seghira in die Talaa Kebira ein. Angekündigt durch einen Querbalken über der Straße, beginnt nun der Souk El Attarine, der Basar der Gewürzhändler. Links schließen sich die Souks für Salz, Fisch und Eier und der Souk El Ghezel, der ehemalige Sklavenmarkt (heute Woll- und Getreidemarkt) an. Die Gasse gleich links vor dem Souk El Attarine führt zum Bab Guissa.

Unmittelbar vor dem Souk El Attarine zweigt rechts eine Gasse ab, die zum sicherlich schönsten Teil der Souks führt. Die Gasse passiert zunächst den linker Hand an einem schönen Platz gelegenen Henna-Souk, wo auch Töpfereiwaren verkauft werden.

Place Nejjarin

Danach folgt mit der **Place Nejjarin** 5 (rechts, von der Gasse aus sichtbar) der schönste und auch meistfotografierte Platz der Medina. Der Souk der Tischler ist hier beheimatet. Besondere Beachtung verdienen ein um das Jahr 1700 erbauter *fondouk* (Handelslager, zugleich Herberge für Kaufleute) und der mit Mosaiken und einem Zedernholzdach geschmückte Brunnen **Fontaine en Nejjarin** 6.

In den Souks von Fès El Bali herrscht emsiges Treiben bis in den späten Abend

Die Grabstätte von Moulay Idriss II., die Medersen Cherratine und Attarine

Kurz nach Verlassen der Place Nejjarin sehen Sie links eine kleine, durch einen Querbalken abgetrennte überwölbte Gasse. Der Balken markiert den Anfang des *horm*, des heiligen Bezirks, der die Grabstätte des Stadtgründers Idriss II. umgibt. Der *horm* gilt als unverletzlicher Zufluchtsort für Verfolgte. Gehen Sie in die Gasse hinein, stehen Sie gleich vor dem prachtvollen Portal der **Zaouia des Moulay Idriss II.** **7**, des Grabbaues im Zentrum des *horms*. Die Zaouia wurde in ihrer heutigen Form 1457 errichtet. Sie ist der bedeutendste marokkanische Wallfahrtsort nach Moulay Idriss und gehört zu den wichtigsten Baudenkmälern der Stadt. Zahlreiche Pilger, Bettler und Kerzenverkäufer umlagern die Zaouia und viele Souvenirgeschäfte warten in der Umgebung auf Käufer. Der Zutritt zur Zaouia ist Nichtmuslimen verboten und Sie sollten hier auch nur äußerst zurückhaltend fotografieren. Die reich verzierten Holzportale können aber von außen betrachtet werden (am besten links um den Bau herumgehen; Sie gelangen dann zum Souk El Attarine zurück).

Auch ein Blick in den mit Hunderten von Lampen und einem prächtigen Zedernholzbaldachin geschmückten Vorraum der Frauen ist möglich (selbst Muslima dürfen

Im Gerberviertel am Oued Fès in Fès El Bali werden Naturfarben angerührt

den inneren Raum der Zaouia mit dem Sarkophag Idris' II. nicht betreten). Interessant ist auch eine an der Außenwand angebrachte sternförmige Kupferplatte. Die vorbeiziehenden Pilger stecken verdeckt Geld in eine Öffnung der Platte, um in den Genuss der *baraka*, der heiligen Kraft Idris' II., zu gelangen. Im August findet im Gebiet um die Zaouia ein großer *moussem* statt.

An der Rückseite der Zaouia (rechts um den Bau herumgehen) beginnt die Rue Cherratine, die hinunter zum Fluss führt. An dieser Straße liegt die **Medersa Cherratine** **8**, die größte der Stadt (Besichtigung möglich). Anders als die übrigen Medersen von Fès ist sie nicht merinidisch, sondern wurde erst 1670 erbaut. Zwischen der Zaouia und dem Souk El Attarine erstreckt sich die Kissaria. In diesem Kerngebiet der Souks, dessen Tore nachts verschlossen werden, lagern besonders kostbare Waren wie Stoffe, Stickereien und Schmuck. Die heutige Kissaria wurde erst nach 1954 rechtwinklig angelegt, da die alte abgebrannt war.

Am Ende der Kissaria stößt der Souk El Attarine, die Verlängerung der Talaa Kebira, auf das Portal der **Medersa Attarine** **9**. In den Jahren 1323–1325 erbaut, weist sie neben der Bou Inania den reichsten Schmuck aller Medersen der Stadt auf.

Stehen Sie vor dem Portal der Medersa, führt die nach links abzweigende Gasse zur Zaouia des Sidi Ahmed Tijani. Der mit kunstvoll verzierten Portalen versehene Bau aus dem späten 18. Jh. ist Sitz des einflussreichen Tijani-Ordens.

Der Kairaouine-Komplex

Im weiteren Verlauf des Souk El Attarine passiert man mehrere Eingänge zur **Kairaouine** **10**, dem bedeutendsten Bau und Mittelpunkt von Fès El Bali, einer Kombination aus Moschee und islamischer Universität. Sie wurde bereits 859/60 gegründet und ist damit neben der Al Azhar in Kairo und der Zitouna von Tunis die älteste islamische Hochschule. Ihre heutige Form stammt aus dem 12. Jh., Anbauten wurden bis ins 17. Jh. hinzugefügt; das schlichte Minarett stammt noch aus dem 10. Jh. Die Kairaouine ist mit einer Grundfläche von 16 000 m^2 der größte Sakralbau Marokkos (die neue Grande Mosquée Hassan II in Casablanca nicht gerechnet); von 270 Säulen getragen und mit 14 Haupttoren versehen, fasst sie 22 000 Gläubige.

In ihrer Blüte zur Zeit der Meriniden im 13. und 14. Jh. wurde die Kairaouine von 8000 Studenten besucht, die in den umliegenden Medersen lebten. Gelehrt wurden vor allem Theologie und islamisches Recht, Mathematik, Astronomie und Heilkunst. Manche Schüler verbrachten hier bis zu 30 Jahre (ein berühmter Student war Papst Silvester II., 940–1003). Jahrhundertelang war die Kairaouine das geistige Zentrum des westlichen Islam. Heute ist ihre alte Bedeutung fast völlig geschwunden; zwar dient sie nach wie vor als Hauptmoschee von Fès und als Treffpunkt der *ulema,* der Rechtsgelehrten, doch hat sie ihren Status als maßgebende Hochschule seit 1960 verloren, da ihre Fakultäten, außer Theologie und islamischem Recht, seither in der Kasbah des Cherarda untergebracht sind und inzwischen im Südosten der Neustadt die Universität Sidi Mohammed Ben Abdallah gegründet wurde.

Das Gerberviertel

Der Kairaouine gegenüber liegt am Ende des Souk El Attarine die merinidische Medersa Misbahija (keine Besichtigung möglich). Am Ende der Nordostfassade der Kairaouine gabelt sich die Gasse unter einem Durchgang. Geht man hier nach links, gelangt man zum Viertel Blida, dem **Bezirk der Gerber** **11**. Hier werden in riesigen Bottichen Naturfarben gemischt, Häute zum Trocknen aufgespannt und Tierfelle bearbeitet.

Medersa Seffarine

Biegt man vor dem Gerberviertel dagegen die Gasse nach rechts ab, so trifft man auf die Place Es Seffarine, den Souk der Kupferschmiede. Hier liegt die **Medersa Seffarine** **12**, die um 1280 gegründete älteste Medersa der Stadt. Ihr Inneres ist schlichter als das ihrer Nachfolgerinnen, lohnend aber der Blick vom Dach. Erwähnenswert an der Place Es Seffarine sind außerdem noch ein großes Hamam (Dampfbad) und der Eingang zur Bibliothek der Kairaouine, die über eine große Sammlung alter Handschriften verfügt. Zwischen dem Platz und dem nahe gelegenen Bach Oued Fès (den Platz überqueren) haben verschiedene Metallverarbeiter ihre Werkstätten eingerichtet. Am Fluss selbst zieht sich die Straße der Färber hin. Hier mündet auch die Rue Cherratine, die von der Zaouia des Moulay Idriss II. herkommt.

Die Moschee El Andalous

Über den Oued Fès führen zwei kleine Brücken nach El Andalous am jenseitigen Ufer, das einen mehr ländlichen Charakter besitzt als der Stadtteil El Kairaouine. Die Hauptstraße von El Andalous (nicht zu verfehlen, wenn man über die zweite, überdachte Brücke geht) führt in mehreren Biegungen zunächst ebenerdig, dann schließlich steil bergauf zu einem Marktplatz, wo neben ländlichen Produkten auch Musikinstrumente gehandelt werden. Den Platz beherrscht die **Moschee El Andalous** 13, die im 9. Jh. noch vor der Kairaouine gegründet wurde und im 13. Jh. ihre heutige Gestalt erhielt. Im Unterschied zu den meisten anderen Moscheen des Landes ist sie außen reich geschmückt; besonders das Hauptportal ist eindrucksvoll. In der Nähe der Moschee, um die im Frühjahr die Fête du Sultan du Tolbas stattfindet, liegen die merinidischen Medersen Es Sahrij und Sebbaine.

Die Stadttore Bab Ftouh und Bab Guissa

Hinter der Moschee steigt die Hauptstraße weiter an. Nach einigen hundert Metern mündet sie auf den Vorplatz des **Bab Ftouh** 14 (jenseits des Tores ein ausgedehnter Friedhof), eines im 16. Jh. errichteten und im 18. Jh. umgebauten Stadttores. Hier befindet sich der Busbahnhof für die Linien nach Osten und auch die Stadtbusse nach Fès El Djedid und zur Neustadt halten hier.

Fès El Bali hat dem Besucher über den beschriebenen Weg hinaus, der die bedeutendsten Baudenkmäler und Souk-Gebiete berührt, noch andere interessante Bezirke und Sehenswürdigkeiten zu bieten. Lohnend ist vor allem der Weg zum **Bab Guissa** 15, dem vom Anfang des 13. Jh. stammenden ältesten Tor der Stadt. Die Straße dorthin zweigt links vor dem Beginn des Souk El Attarine ab (gegenüber der Gasse zur Place Nejjarin) und passiert – ansteigend – einen ausgedehnten Lebensmittelmarkt mit zahlreichen kleinen Restaurants (mehrere Biegungen; immer eher links halten). Beim Bab Guissa liegt heute das Luxushotel Palais Dar Jamai. Von hier führt eine Straße außerhalb der Stadtmauer zum Bab Boujeloud und zur Merinidennekropole. Für einen der Wege vom Bab Boujeloud ins Zentrum von Fès El Bali sollten Sie auch die Talaa Seghira wählen. Sie ist weniger belebt als die Talaa Kebira, auf die sie kurz vor dem Souk El Attarine stößt, besitzt aber wie diese zahlreiche Läden.

i **Délégation du Tourisme:** Place de la Résistance, Immeuble Bennani, Tel. 035-62 34 60, Fax 035-65 43 70, dtfes@menara.ma.

C.R.T.: 89, Av. Allal Ben Abdallah, Tel. 035-94 24 92, Fax 035-65 01 88.

Der regionale Tourismusverband **GRIT** (9, Rue de la Turquie, Tel. 035-65 28 17) vertreibt eine exzellente Fès-Informationsbroschüre – eine aktualisierte Auflage vorausgesetzt.

Die Délégation du Tourisme hält eine freilich nur rudimentäre Liste von Riads und Gästehäusern (*maisons d'hôtes*) bereit. Bei den klassifizierten Riads werden nur zwei Kategorien unterschieden und selbst innerhalb dieser differieren die Preise ganz erheblich; je nach Größe und Komfort lassen sich Kosten auf 500–2000 DH kalkulieren.

Riad Fès: Derb Ben Slimane, Tel. 035-94 76 10, Fax 035-74 11 43, www.riadfes.com, contact@riadfes.com, riad.fes@iam.net.ma. Dachterrasse, Restaurant, Bar. Verschiedene Kategorien: Standard bis Royal Suite, DZ 1700–6000 DH.

La Maison bleue: 2, Place de L'Istiqlal, Batha, Tel. 035-63 60 52, www.lamaison bleue.com, resa@maisonbleue.com. Dachterrasse, Restaurant, Spa. DZ 1700–2800 DH.

Wasserverkäufer in traditioneller Tracht: heute ein beliebtes Fotomotiv

Fès: Cityplan

Riad El Kadi: Derb Mitter Tallâ, Tel. 035-74 18 73, lamaisonbleue@menara.ma.

Dar El Ghalia: Nahe dem Place Er Cif, Tel. 035-63 41 67, 035-74 15 74, Fax 035-63 63 93, darelghalia@hotmail.com. Prinzenpalast aus dem 18. Jh, Hamam. DZ ab 1300 DH.

Riad Sheherazad: 23, Arsat Bennis Douh, Tel. 035-74 16 42, Fax 035-74 16 45, www.sheheraz.com, sheheraz@iam.net.ma. Garten, Pool, Hamam, Sauna, Gourmetrestaurant, Café. Verschiedene Kategorien: Standard bis Royal Suite, 1200–5000 DH.

Übernachten

1 – 2 s. Cityplan Fès El Bali S. 186
3 Hotel Jnan Palace Fès
4 Hotel Crown Palace
5 Royal Mirage Fès Hotel
6 Hotel Volubilis
7 Hotel Ibis Moussafir
8 Hotel Perla
9 Hotel de la Paix
10 Hotel Splendid
11 Hotel Olympic
12 Hotel Amor

Essen und Trinken

17 Chez Vittorio
18 Restaurant Zagora
13 – 16, 19 s. Cityplan Fès El Bali S. 186

Riad Andalouss, 14, Derb Bennani Douh Batha, Tel. 035-74 07 00, Andalouss@menara.ma.

Riad Mabrouka: 25, Derb El Miter, Tel.035-63 63 45, Fax 035-63 63 10, www.ryadmabrouka.com, ryadmabrouka@iam.net.ma. Dachterrasse, Pool. DZ 900–2000 DH.

Riad Arabesque: Am Nordrand von Fès El Bali (nahe Hotel Palais Jamai), Tel. 035-63 53 21, Fax 035-63 45 90, arabesque@iam.net.ma. Haus im maurisch-andalusischen Stil. Sieben unterschiedliche Suiten in traditionell marokkanischem Stil. Garten, Hamam, Dachterrasse, zwei Restaurants.

Riad Zamane: 12, Derb Skallia Douh, Tel. 035-74 04 40, Fax 035-74 04 41, www.riadzamane.com, contact@riadzamane.com. Dachterrasse, Patio. Fünf Suiten, ein DZ, 1200–1500 DH.

Riad El Pacha: 7, Derb El Miter, Tel. 035-63 66 06, Fax 035-63 89 00, www.riadpacha.com, riadpacha@menara.ma. Dachterrasse. 8 Suiten, 80–150 €.

Hotel Palais Jamai 1: Bab Guissa (am Nordrand von Fès El Bali), Tel. 035-63 43 31/35, Fax 035-63 50 96, www.accorhotels.com, www.sofitel.com. Luxushotel in einem Palais aus dem 18. Jh., renommierte Gastronomie, weitläufige Gartenanlage. DZ 2700–3200 DH, Suiten 6000–18 000 DH.

Hotel Les Merinides 2: Av. Borj Nord , Tel. 035-64 52 26, Fax 035-64 52 25, www.lesmerinides.com, merinides@menara.ma. Der große Trumpf dieses Luxushotels mit insgesamt 106 Zimmern, Pool und Restaurants ist das einzigartige Panorama, etwas überteuert. DZ 2500 DH.

Hotel Jnan Palace Fès 3: Av. Ahmed Chaouki, Tel. 035-65 22 30, Fax 035-65 19 17, www.sogatour.ma/jnanpalace.html. 240-Zimmer-Komplex im Neustadtzentrum, großes Schwimmbad. DZ 2300 DH.

Hotel Crown Palace 4: 85, Av. des F.A.R., Tel. 035-94 80 00, Fax 035-94 25 04, www.crownpalace.ma. Fünfsternehaus mit Sauna und Hamam, Fitnesscenter, Massagen, Restaurants. DZ 1900 DH, Suiten 4500–8500 DH.

Royal Mirage Fès Hotel 5: Av. des F.A.R., Tel. 035-93 09 09, Fax 035-62 04 86, www.royalmiragehotels.com, reservations.fes@royalmiragehotel.ma. Auch unter dem neuen Management ist das frühere Sheraton ein im Ganzen recht nüchterner 275-Zimmer-Koloss geblieben. DZ 1800 DH.

Hotel Volubilis 6: Av. Allal Ben Abdallah, Tel. 035-65 44 84/85, Fax 035-62 11 25, volubilis.fram@iam.net.ma. Gediegenes Mittelklassehotel, Garten und Pool. DZ 850 DH.

Hotel Ibis Moussafir 7: Av. des Almohades (direkt beim Hauptbahnhof), Tel. 035-65 19 02/05, Fax 035-65 19 09, www.ibishotel.com. Gutes Preis-Leistungs-Verhältnis. DZ 550 DH.

Hotel Perla 8: 15, Rue de la Jordanie, Tel. 035-94 36 41/42, Fax 035-94 36 44, www.hotelperlamaroc.com. Angenehmes, neues 27-Zimmer-Haus in Bahnhofsnähe. DZ 380 DH.

Hotel de la Paix 9: 44, Av. Hassan II, Tel. 035-62 50 72, Fax 035-62 68 80, hoteldelapaix@menara.ma. Restaurant im Souterrain, Bar. DZ 380 DH.

Zerbrechliches in Blau und Weiß: Keramik aus Fès

Hotel Splendid 10: 9, Rue Abdelkrim El Khatabi, Tel. 035-62 21 48, Fax 035-65 48 92, splendid@menara.ma. Ordentliches 70-Zimmer-Haus, kleiner Pool. DZ 350 DH.

Hotel Olympic 11: Av. Mohamed V, Tel. 035-93 26 82, Fax 035-93 26 65. Die Zimmer zur Straße sind recht laut, angenehmer sind die Räume zum Innenhof. DZ 300 DH.

Hotel Amor 12: 31, Rue Arabie Saoudite, Tel. 035-62 27 24. 35-Zimmer-Haus mit kleinem Innenhof. DZ 200 DH.

Camping Diamant vert: Ain Chkef, etwa 6 km vom Neustadtzentrum, Av. Mohamed V stadtauswärts, Tel. 035-60 83 68/69. Schön gelegen, mit großen Schatten spendenden Bäumen. Während des Sommers häufig überlaufen; Restaurant, Schwimmbad.

Camping international: Route de Sefrou, Tel. 035-61 80 61. 24-Hektar-Gelände, Restaurant, Pool.

La Maison bleue 13: 2, Place de l'Istiqlal, nahe Dar Batha, Tel. 035-74 18 43, etwa 19–24 Uhr. Es werden marokkanische Spezialitäten gereicht; außerdem regelmäßig Darbietungen orientalischen Tanzes. 300–500 DH.

Les Remparts 14: Bab Guissa, Fès El Bali, Tel. 035-63 74 15, Mo geschl. Große Auswahl an marokkanischen Spezialitäten; häufig Folkloreaufführungen (Musik, Bauchtanz). 200–400 DH.

El Firdaous 15: Bab Guissa, Fès El Bali, Tel. 035-63 43 43. Exquisite *tajines* und *brochet-*

tes, große Salatauswahl, *harira* mit Datteln. Um 200–400 DH.

El Fassia 16: 21, Rue Salaj Batha, Fès El Bali, Tel. 035-63 73 14. Marokkanische Spezialitäten. Um 200 DH.

Chez Vittorio 17: 21, Rue Brahim Roudani (Neustadtzentrum), Tel. 035-62 47 30, während des Ramadan meist geschl. Italienische Küche, u. a. große Auswahl an Pizzen. 150–200 DH.

Restaurant Zagora 18: 5, Av. Mohamed V (Neustadtzentrum), Tel. 035-94 06 86. Marokkanische Gerichte. 100–150 DH.

Restaurant La Kasbah 19: direkt am Bab Boujeloud, Tel. 035-74 15 33. Einfache marokkanische Gerichte, schöne Panoramaterrasse. 50–80 DH.

Fès ist ein traditionsreiches Zentrum des marokkanischen Handwerks. In den mehr oder weniger nach Branchen gegliederten, riesigen Souks finden sich spezielle Märkte etwa für Hennaprodukte, für *babouches* (pantoffelartige Schuhe), für Parfüms, Öle etc.

Fès ist etwa für seine in Blau- und Weißtönen gearbeitete **Keramik** berühmt; schon deshalb lohnt sich ein Abstecher zur Coopérative Poterie Ain Noukbi (in der Nähe des Bab Ftouh, Südostausgang von Fès El Bali).

Bei **Teppichen** sind Berberteppiche und *tapis citadins* zu unterscheiden; die Unterschiede betreffen geometrisches Dekor, Farben, Verarbeitung, Wollsorten und Knotenzahl. Berberteppiche weisen in der Regel etwa 50000 Knoten pro Quadratmeter auf und sind zumeist nicht mit Borten gesäumt; die Preise – die Preisskala ist freilich gewaltig – liegen zwischen 500 bis 1500 DH pro Quadratmeter, Teppiche aus Regionen des Hohen Atlas können fast doppelt so teuer sein wie Produkte aus Regionen des Mittleren Atlas. Bei den *tapis citadins* werden je nach Knotenzahl drei Qualitätsstufen unterschieden: *courante* (um 800 DH pro Quadratmeter), *supérieure* (1200 DH), *extra-supérieure* (um 2000 DH, bis zu 160000 Knoten pro Quadratmeter).

Teppichproduktion und Teppichhandel sind, gerade in Fès, eine Wissenschaft für sich. Wer in diesem Metier nicht beschlagen ist, aber trotzdem einkaufen möchte, muss bei den Kaufverhandlungen mindestens versuchen, einen leidlich ebenbürtigen Part zu spielen, sollte sich etwas in die Materie einarbeiten und, so gut es geht, Kennerschaft vortäuschen.

Nächtliches Entertainment findet sich allenfalls in den Hoteldiskotheken der Vier- und Fünfsternehäuser (s. Unterkunft).

Festival des Musiques sacrées du Monde: Meist Ende Juni, das Festival der religiös-spirituellen Musik hat im Zuge des Weltmusikbooms zuletzt auch immer mehr internationales Interesse gefunden.

Richtig Reisen-Tipp: Der Hamam – arabische Bäderkultur in Marokko

Auf Anlage und Funktion der römischen Thermen aufbauend, haben die Araber, seit sie Marokko eroberten und besiedelten, eine raffinierte Bäderkultur entwickelt, die die zeitgenössischen hygienischen Standards im mittelalterlichen Europa, primitiv wie sie waren, weit hinter sich ließ. Die Berichte, die der große Forschungsreisende Ibn Batouta im 14. Jh. verfasste, sind ein beredtes Zeugnis über den erbärmlichen Zustand eines Hygiene- und Bäderwesens, das, verglichen mit dem zivilisatorischen Niveau in den Städten Marokkos, eine einzige Katastrophe war.

Das arabische Badehaus, der *hamam*, war seit jeher ein Ort der Reinigung wie der inneren Sammlung; er stand stets in einem fast spirituellen Kontext, da der Koran die Gläubigen dazu verpflichtet, vor dem Gebet, insbesondere natürlich vor dem Freitagsgebet, bestimmte rituelle Waschungen vorzunehmen. Der Besuch des Hamam dient, früher zweifellos stärker als heute, wo der profane Akt des Säuberns (viele marokkanische Wohnungen verfügen über kein eigenes Badezimmer) in den Vordergrund getreten ist, der Vorbereitung auf den Austausch mit Allah im Gebet.

Gleichzeitig war der Hamam auch Kommunikationsforum und Klatschbörse, Treffpunkt und nachgerade ein soziales Zentrum innerhalb des jeweiligen Stadtviertels. Bis in die Gegenwart ist der Hamam einer der wenigen Orte, an dem sich Frauen außerhalb des eigenen häuslichen Bezirkes vergleichsweise frei bewegen können, ein Ort weiblicher Geselligkeit in ungezwungener Runde, ohne männliche Aufsicht, ein Ort auch, an dem Intrigen gesponnen und Klatschgeschichten aus der Nachbarschaft ausgetauscht werden, an dem Ehen eingefädelt und Schwiegertöchter in spe in Augenschein genommen werden …

Der Hamam verfügt über Dusch-, Wannen- und Dampfbäder, es gibt die unterschiedlichsten Anwendungen mit heißem und kaltem Wasser; meist verfügt er über mehrere Ruhe- und Massageräume, Schwimmbecken und Reinigungsbrunnen; entweder sind Frauen- und Männerbereich in separaten Gebäudetrakten streng getrennt oder es gelten für die Geschlechter bestimmte separate Besuchstage.

In der Regel wird der Besuch eines Hamam mit einer Massage kombiniert, die zumeist mit einem speziellen Massagehandschuh und mit speziellen Ölen, etwa dem besonders wertvollen marrokanischen Arganöl, vorgenommen wird.

Man sollte während einer Marokkoreise alle Schwellenängste ablegen und sich ruhig einmal in einen arabischen Hamam hineinwagen. Eine Gelegenheit hierzu bietet sich in dem etwa 25 km nordwestlich von Fès gelegenen **Moulay Yacoub**, ein landesweit bekanntes Thermalbad mit den wichtigsten Heilquellen Marokkos, das in den 1930er-Jahren schon André Gide und Henry de Montherlant aufgesucht haben.

Vor Ort gibt es etliche Schwefelquellen, die aus einer Tiefe von bis zu 1500 m hevorsprudeln. Die Anwendungen mit dem etwa 60 °C heißen, schwefelhaltigen Wasser dienen der Behandlung vor allem bei rheumatischen Beschwerden, helfen bei Erkrankungen der Atemwege sowie bei Hautproblemen. Das heutige **Thermalbad Sothermy**, 1983 eröffnet und architektonisch im neomaurischen Stil gehalten, vermittelt eine konkrete Anschauung von der Kultur des traditionellen arabischen Badehauses (Tel. 035-69 40 64/65/66).

In der Nähe von Moulay Yacoub liegt das Grab des gleichnamigen Heiligen. Im Ort, der ansonsten nichts Spektakuläres aufweist, gibt es ein Viersternehotel (**Hotel Moulay Yacoub:** Tel. 035-69 40 35, Fax 035-69 40 12, moulayyacoub@sogatour.ma. 52 Zimmer und 82 Bungalows).

Moussem zu Ehren von Moulay Idriss II.: September, große Prozession am Grabmal des Stadtgründers von Fès in der Nähe des Kairaouine-Komplexes, begleitet von Koranrezitationen und religiösen Gesängen.

Flugzeug: Der Flughafen Fès-Sais (Tel. 035-62 48 00) liegt etwa 15 km südöstlich der Neustadt. Inlandsflüge zumeist über Casablanca, derzeit keine Direktverbindungen von/nach Deutschland. Royal Air Maroc: 52, Av. Hassan II, Tel. 035-62 55 16/17.
Bahn: Der Hauptbahnhof (Tel. 035-93 03 33) liegt an der Av. des Almohades an der Nahtstelle zwischen Neustadt und Fès El Djedid. Tgl. mehrere Verbindungen nach Meknes, Rabat–Casablanca, Marrakesch, Taza–Oujda und Tanger.
Bus: Der CTM-Busbahnhof (Tel. 035-73 29 92) liegt im Neustadtzentrum an der Av. Mohamed V; gute Verbindungen in die Großstädte. Die meisten Privatlinien starten vom Busbahnhof am Bab Guissa (Nordrand von Fès El Bali); gute Verbindungen nach Rabat–Casablanca, Agadir, Marrakesch, Tanger, Tetouan, Oujda und Al Hoceima.
Taxi: Großer Sammeltaxistand am Vorplatz des Hauptbahnhofs; etwa nach Meknes (60 km, dichte Frequenz).

Die Umgebung von Fès

Reiseatlas: S. 2, E 4

Sefrou

Von Fès aus empfehlen sich mehrere Ausflüge an den Nordwestrand des landschaftlich schönen Mittleren Atlas.

Über die R 503 erreicht man nach gut 28 km den inmitten von ausgedehnten Obstplantagen und in einer Höhe von etwa 900 m gelegenen Handelsort **Sefrou**. Die Medina von Sefrou ist von Mauern aus dem 19. Jh. umschlossen; im Zentrum liegt die große Mellah mit hohen Häusern und geraden Straßen. Innerhalb der Medina befinden sich die Souks, die für die Herstellung von Teppichen, Holz- und Kunstschmiedearbeiten bekannt sind. Der Medina vorgelagert ist eine kleine Neustadt, am Platz dazwischen gibt es einen Bushaltepunkt und findet ein Donnerstagsmarkt statt. Oberhalb der Medina liegt die Schlucht des Oued Aggai mit ihren Wasserfällen und Höhlen.

Hotel Sidi Lahcen Lyoussi: Route de Sidi Ali Boussarghine, Tel. 035-66 04 97. Pool. DZ um 250 DH.
Hotel des Cerises: Bd. Mohamed V. Recht spartanische Unterkunft. Um 70 DH.
Camping: Etwa 1 km vom Ortszentrum, ausgeschildert, hübsch gelegen.

Kirschenfest: Ende Juni, in der Region berühmtes Fest mit Umzügen, Wahl einer Kirschenkönigin, großem Markt, Sportwettbewerben und sehenswerten *fantasias*.

Bus: Abfahrt vom zentralen Platz zwischen Neustadt und Medina. Verbindungen nach Fès (häufig) und Midelt.

Ifrane und Mischliffen

Über die P 24/N 8 erreicht man den 63 km von Fès entfernten mondänen Wintersportort **Ifrane**. Der meistbesuchte (und entsprechend teure) Erholungsort des Mittleren Atlas liegt in 1650 m Höhe im Herzen eines bewaldeten Bergmassivs. Hassan II. unterhielt in Ifrane eine Residenz im Stil einer mitteleuropäischen Burg. Modernes Stadtbild, Golfplatz und Schwimmbad, schöne Parkanlagen – ein exklusiver Kurort, der europäischen Gebirgsorten ähnelt.

18 km südlich von Ifrane liegt das Wintersportzentrum **Mischliffen** (zwei Skilifts bis 2200 m, Eislaufbahn, Sprungschanze).

Délégation du Tourisme: Place du Syndicat, Tel. 035-56 68 21, Fax 035-56 68 22.

Hotel Michlifen: Route de Fès, Tel. 035-56 66 14/16/18, Fax 035-56 66 23. Viersterneluxus als Wintermärchen in idyllischer Lage, erstklassige Einrichtungen. DZ um 1200–1800 DH.

Hotel Perce Neige: Rue des Asphodeles, Tel. 035-56 62 10, Fax 035-56 71 16. 30-Zimmer-Haus mit Restaurant, behagliche Zimmer, einige mit Terrasse, gemütliche Bar. DZ um 700 DH.

Grand Hotel: Av. de la Marche verte, Tel. 035-56 62 03, Fax 035-56 64 07. Einfaches Mittelklassehotel.

Chalet du Lac: Dait Oua (nahe Ifrane in Richtung Fès), Tel. 035-66 32 77, Fax 035-66 31 97. Schön gelegene, einfache Unterkunft mit Restaurant. Während Ramadan und Sept.–Juni Mo–Do geschlossen.

Camping: 1 km vom Zentrum in Richtung Meknes. Sauberes Gelände, im Hochsommer oft überlaufen.

Es bieten sich **Wanderungen** etwa in das Val d'Ifrane an, zu den Vittel-Quellen, zum Wasserfall Cascade des Vierges oder zur Zaouia d'Ifrane (Höhlenwohnungen); weitere ausgeschilderte Wanderwege ab Schwimmbad oder Zeltplatz.

Bus: Verbindungen nach Fès, Azrou und Mischliffen.

Azrou

Nach weiteren 17 km (von Ifrane) auf der P 24/N 8 gelangt man auf 1250 m Höhe in die in einem Talkessel gelegene Berberstadt **Azrou**. Der Ort eignet sich hervorragend als Ausgangsquartier für Touren im nördlichen Mittleren Atlas.

Das Zentrum von Azrou bildet die Place Mohamed V mit den angrenzenden Souks (Teppiche, Zedernholzarbeiten), mit etlichen kleinen Cafés und Restaurants sowie einigen einfachen Hotels. Hinter den Souks liegt am Berghang das alte Berberdorf mit einer 1684 unter Moulay Ismail angelegten Kasbah. Gegenüber den Souks breitet sich jenseits des Hauptplatzes die Neustadt aus. Eine Besonderheit von Azrou sind die grünen Dachziegel der Häuser, die in Marokko sonst sakralen oder wichtigen staatlichen Bauten vorbehalten sind. Dienstags wird in Azrou ein großer Berbermarkt abgehalten, im August findet ein lokaler *moussem* statt.

Hotel Amros: An der N 13, 5 km in Richtung Meknes, Tel. 035-56 36 63, Fax 035-56 36 80. Recht exklusives Ambiente, Restaurant, Bar, je nach Saison auch Pool und Tennisplätze. DZ um 350 DH.

Hotel Panorama: Am Ortsrand, Hinweisschilder, Tel. 035-56 20 15, Fax 035-56 18 04, panorama@extra.net.ma. Ruhig gelegen, Restaurant. DZ um 340 DH.

Azrou Hotel: Route de Khenifra, Tel. 035-56 21 16, Fax 035-56 42 73. Um 160 DH.

Weitere einfache Hotels sind um die Place Mohamed V verteilt, etwa:
Hotel des Cedres: Tel. 035-56 23 26, Restaurant, saubere Zimmer. Um 100 DH.

Sehr zu empfehlen sind **Wanderungen** in die Zedernwälder der Umgebung (die Cèdre Gouraud, 11 km von Azrou entfernt, ist ca. 40 m hoch, Umfang ca. 9 m); Ausflüge zum Djebel Hebri (2104 m, 15 km von Azrou in Richtung Midelt; mit Skilifts, Skihütte und Restaurant) oder zum Balcon d'Ito (1451 m hoch gelegener Aussichtspunkt, am Rand eines Vulkankratergebiets, 14 km von Azrou an der N 13 nach Meknes), der eine herrliche Aussicht bietet.

Bus: Der Busbahnhof liegt am Ortseingang an der Durchgangsstraße. Verbindungen nach Meknes, Fès, Midelt–Er Rachidia sowie Khenifra–Marrakesch und Beni Mellal.

Festungsanlage (Borj) oberhalb von Fès

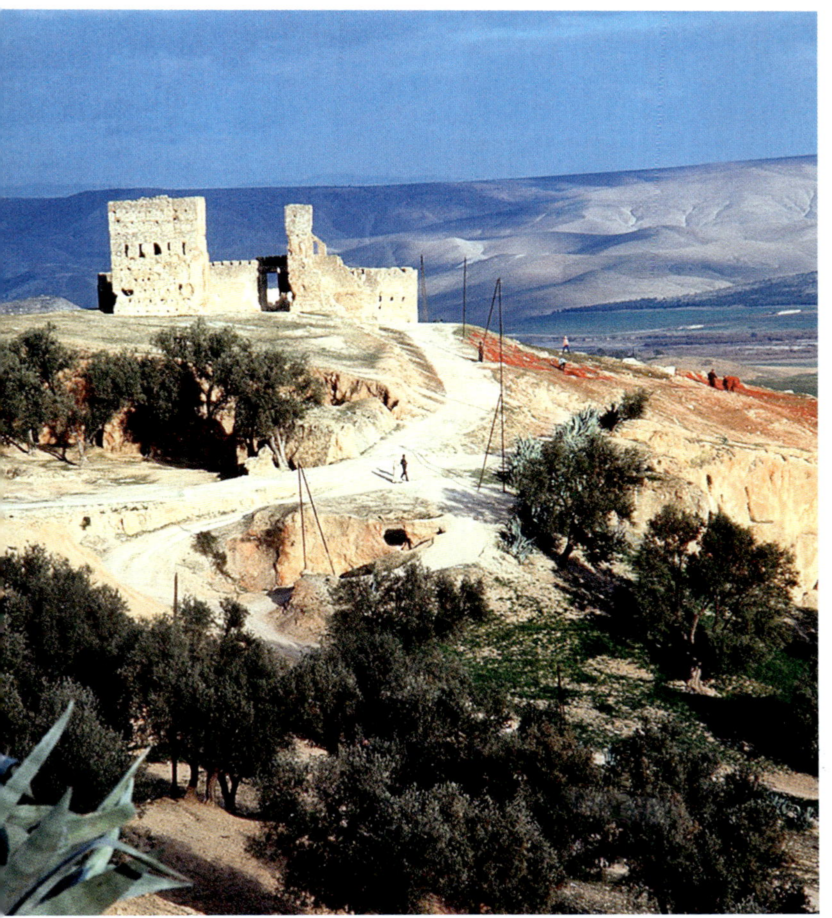

3 Meknes und Umgebung

Karten S. 206, 222

Eine wuchtige Palast- und Festungsarchitektur in geradezu furchteinflößendem Maßstab: dies wird vermutlich häufig der erste Eindruck von der Kapitale des Sultans Moulay Ismail sein. Doch Meknes hat viele Facetten: so ist die Stadt ein wichtiges Handelszentrum für Berberteppiche, in der Region werden hervorragende Rotweine angebaut, das Bab El Mansour gilt als prächtigstes Stadttor des Landes, die Neustadt hat zuletzt unverkennbar ein eigenes urbanes Flair entwickelt.

Das mächtige Stadttor Bab El Mansour an der Place El Hedim

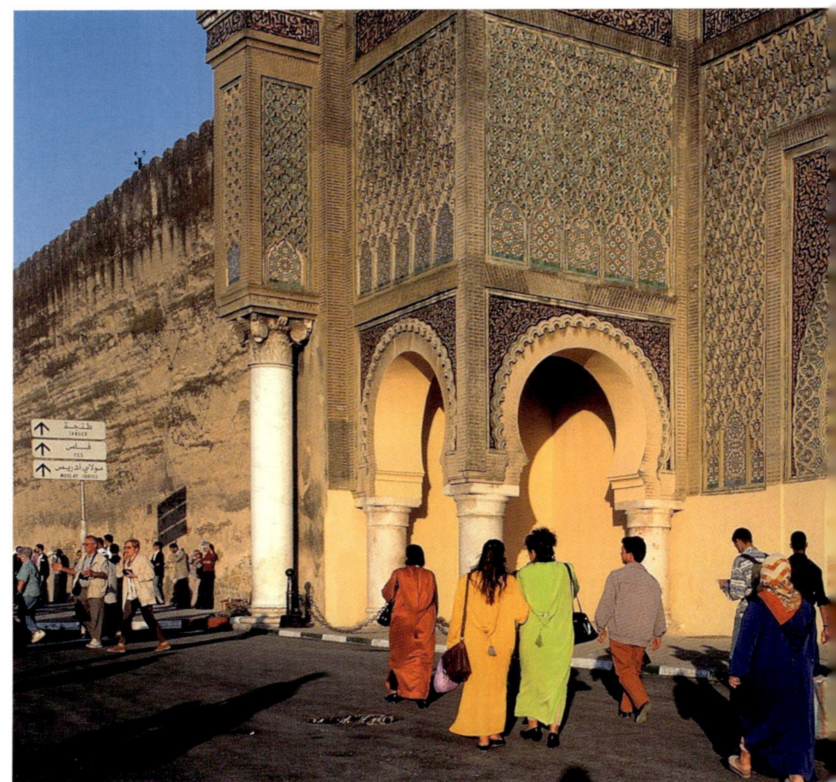

Meknes

Reiseatlas: S. 2, D 4

Meknes, Provinzhauptstadt mit heute immerhin knapp 700 000 Einwohnern, bedeutend als Handels- und Handwerkszentrum sowie als Standort der Nahrungsmittelindustrie, gehört als eine der vier Königsstädte zu den sehenswertesten Orten Marokkos. Meknes, etwa 550 m hoch in der fruchtbaren Hügellandschaft Plaine du Sais vor den Nordausläufern des Mittleren Atlas gelegen, wird vom Oued Boufekrane in zwei gänzlich verschiedene Hälften geteilt. Östlich des Flusses liegt auf einem Plateau die Neustadt, westlich des Flusses die Medina, an die sich im Süden die ausgedehnten Ruinen der Ville impériale, der einstigen Residenz von Moulay Ismail, anschließen.

> **Mit dem Autor unterwegs**
>
> **Das Mausoleum Moulay Ismail**
>
> Zwar darf der Grabraum mit den Sarkophagen nicht betreten werden, der Raum ist aber gut einsehbar und vermittelt einen starken Eindruck einer Architektur, die keinerlei figürliches Dekor kennt.
>
> Das Mausoleum ist während der Mittagszeit zumeist geschlossen, die Wächter mit den Schlüsseln angeblich nicht auffindbar; ein Bakschisch wirkt in der Regel als Sesam-öffne-dich (s. S. 210).

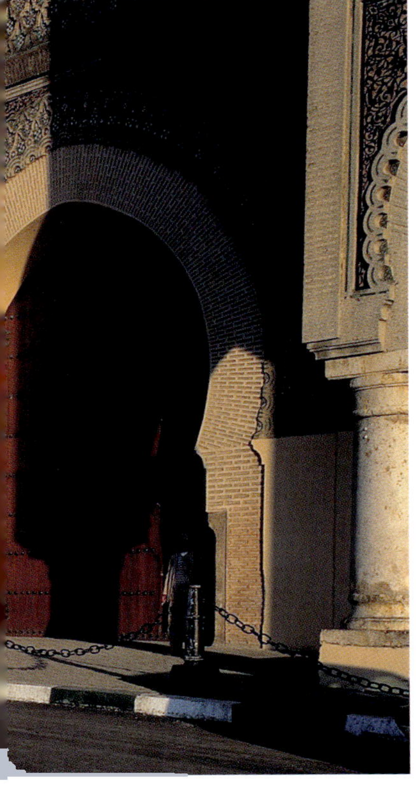

Geschichte

Der Name der Stadt ist von dem Berberstamm der Meknassa abgeleitet, die seit dem 10. Jh. in der Region siedelten. Die eigentliche Stadtgründung als almoravidische Festung datiert aus dem Jahr 1063. Im späten 12. Jh. stieg sie zu einem wichtigen Handelsort auf, im 13. Jh. aber folgte der Niedergang aufgrund der Kämpfe zwischen den Dynastien der Almohaden und Meriniden und durch den Aufstieg von Fès. Mehrfache Rebellionen und Plünderungen im Lauf des 15. Jh. beschleunigten den Verfall und bis ins 17. Jh. blieb die Stadt unbedeutend.

Moulay Ismail

Mit dem Regierungsantritt von Moulay Ismail, des zweiten Alaouitensultans, im Jahre 1672 erlebte Meknes einen rasanten Aufstieg. Vermutlich, weil die Fassi immer wieder Aufstände gegen die Zentralmacht des Sultans angezettelt hatten und weil er als Bauherr mit seinen ehrgeizigen Projekten eine völlig neue Stadt schaffen wollte, verlegte der Jahrhundertsultan Moulay Ismail seine neue Residenz 1672 nach Meknes. Kilometerlange Sichtachsen, eine monumentale Palastarchitektur und nicht zuletzt die gigantische Speicherstadt: Meknes ist Moulay Ismails Stadt, ein Stein gewordener Traum von Macht, so wie Versailles mit seiner Herrschaftsarchitektur das absolutistische Selbstverständnis Ludwigs XIV. spiegelt. Kein Zufall, dass Moulay Ismail immer wieder mit dem französischen Sonnenkönig (zu dem er Handelsbeziehungen aufbaute und um dessen Tochter Anne-Marie de Bourbon, Prinzessin de Conti, er anhalten ließ) verglichen wird.

In den 55 Jahren seiner Herrschaft festigte dieser grausamste Regent der marokkanischen Geschichte, gestützt auf ein aus schwarzen Sklaven zwangsrekrutiertes, etwa 150 000 Mann umfassendes stehendes Heer, gestützt auf skrupellose Diplomatie, barbarische Steuergesetzgebung sowie ein groß angelegtes Festungssystem, die politische Zentralmacht des Makhzen wie kein Sultan vor ihm – und wie nur wenige nach ihm. Meknes wurde mit 30 000 Sklaven, darunter etwa 3000 gefangene Christen, zu einer monumentalen Residenz ausgebaut. Volubilis und der El Badi-Palast in Marrakesch dienten dabei als Steinbrüche.

Von zahlreichen Legenden überwuchert ist das Privatleben Moulay Ismails (er soll um die 1000 Söhne gezeugt haben; sein Harem, berichten zeitgenössische Chronisten, sei von mehr als 500 Frauen bevölkert gewesen), prunkvoll seine Hofhaltung, herablassend sein Gebaren, grausam sein Herz (so soll er bei Folterungen sogar selbst mit Hand angelegt haben).

Nach dem Tod Moulay Ismails im Jahre 1727 wurde die Residenz wieder nach Fès verlegt, das Reich zerbrach unter Diadochenkämpfen, die Palastanlagen von Meknes wurden weitgehend zerstört. Weiteren Verfall brachte der Stadt das verheerende Erdbeben von 1755. Meknes blieb bis 1912 unbedeutend; danach stieg es zum bedeutenden Handelszentrum für landwirtschaftliche Produkte auf. Heute zählt Meknes zu den wichtigsten Handelsstädten Marokkos. Es beherbergt die Nationale Landwirtschaftsschule und ist Standort einer bedeutenden Nahrungsmittelindustrie (Obst- und Gemüsekonserven, Weinanbau für den Export überwiegend nach Frankreich).

Die Medina

Das Zentrum der Medina ist die quirlige **Place El Hedim** 1. Dieser ca. 200 x 100 m große, inzwischen geschmackvoll umgestaltete Platz wird von zahlreichen Händlern belebt. Daran angrenzend liegen die meisten kleinen, sehr einfachen Medina-Hotels, die sich als bester Standort für einen Meknesbesuch anbieten. Außerdem finden sich hier zahlreiche Cafés und Restaurants sowie die Zugänge zu den Souks und zur Ville impériale. Auch die Zufahrtsstraße zur Neustadt beginnt hier. Südlich des Platzes liegt der Busbahnhof für die städtischen und einige private Linien.

Die Südostseite der Place El Hedim wird beherrscht vom **Bab El Mansour** 2, dem mächtigsten Tor der Stadt. Die dem Platz zugewandte Fassade des dreibogigen, 1732 vollendeten Tores trägt reiche Relief- und Keramikfliesenverzierungen. Wegen des prachtvollen Schmucks wird das Tor, früher Schauplatz öffentlicher Gerichtsverhandlungen und Hinrichtungen, öfters als das schönste des Landes bezeichnet. Es bildet den Zugang zur Ville impériale.

Das Dar Jamai

Auf der gegenüberliegenden Seite der Place El Hedim liegt das **Dar Jamai** 3, ein Ende des 19. Jh. errichteter Wesirspalast. Das Palais – besonders schön sind die geschmückten Innenräume und der Garten im Hof – beherbergt heute ein Museum für marokkanische Volkskunst (Dar Jamai Museum, Tel. 035-53 08 63; tgl. außer Di 9–12 und 15–18 Uhr; Teppiche, Trachten, Waffen, Keramik-, Metall- und Holzarbeiten).

Die Souks

Links vom Museum bildet ein Portal den Zugang zu den **Souks** 4. Um in ihr Zentrum zu gelangen, muss man bis zur Rückseite des Palastes gehen und dort links in die belebte Marktstraße einbiegen. Diese trifft kurz darauf auf die Hauptachse der Souks, den Straßenzug Souk En Nejjarin/Souk Es Sebbat. (Betritt man die Medina durch den mit »Kissariat Fath de Bijoux« beschilderten Eingang rechts

In den Souks von Meknes werden die Produkte des Umlands gehandelt

vor dem Museum und hält sich links, stößt man direkt auf die Medersa Bou Inania). Die Souks von Meknes gehören zu den größten und sehenswertesten Marokkos. Gehandelt werden hier vor allem Produkte des Umlandes wie Teppiche, Töpferwaren und Metallgefäße. Besonders lohnend ist der Lebensmittelmarkt, der links an der Place El Hedim liegt. Er berückt durch seine kunstvoll aufgetürmten und verzierten Oliven- und Zitrusfruchtberge, sein vielfältiges Gemüsesortiment und die betörend duftenden Gewürze. Freilich ist auch das Handwerk von Meknes nicht unbedeutend.

Vom Museum aus gesehen, ist der links gelegene Teil der Souk-Hauptachse der Souk En Nejjarin mit dem Tischler-Souk und der Moschee Nejjarin (gegründet im 12. Jh., im 18. Jh. aber stark umgebaut). Rechts erstreckt sich der Souk Es Sebbat mit den Läden der Stoff-, Kleider-, Souvenir- und *babouche*-Händler.

Meknes: Cityplan

0
250
500 m
Sidi Kacem, Moulay Idris, Volubilis
Rue Meriniyines
Rue al Alaouyne
R. Al Mokhtar as Souissi
Bab Berdain
Place Berdain
Friedhof
Moschee el Berdaine
Bab Tizimi
Oued Boufekrane
Boulevard Circulaire
Rue Moussa
Boulevard El Haboul
Jardin Haboul
Schwimmbad
Carrefour Bou Ameir
Avenue M. Isma
Bab El Djedid
MEDINA
Rue des Serairia
Rue du Souk Bezzarin
Souk Es Sebbat
Rue Akba Ziadin
Friedhof
Souk En Nejjarin
Rue Dar Semen
Rue Rouamzine
Bab Bou Ameir
Bab Berrima
Rue Sekakine
Place Lalla Aouda
Avenue du Mellah
ALTE MELLAH
Friedhof Sidi Amar
Rabat
Bab El Khemis
Place Lalla Aouda
Boulevard Es Salam
SIDI AMAR
NEUE MELLAH
Route Nr. 314
VILLE
Bab Er Rih
Königlicher Golfplatz
IMPERIALE
Bab El Kari
Park
En Nouar
BENI M'HAMED
Agourai

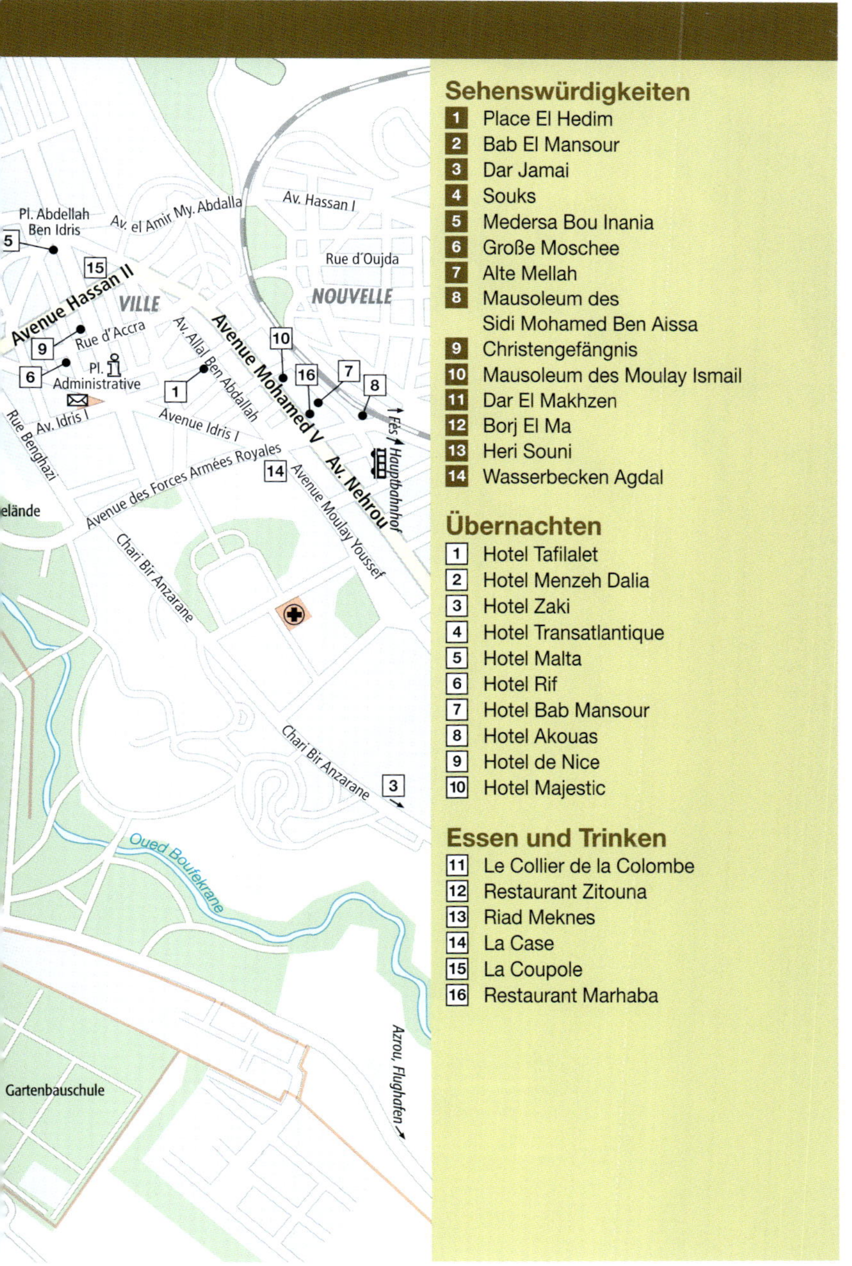

Sehenswürdigkeiten

1 Place El Hedim
2 Bab El Mansour
3 Dar Jamai
4 Souks
5 Medersa Bou Inania
6 Große Moschee
7 Alte Mellah
8 Mausoleum des Sidi Mohamed Ben Aissa
9 Christengefängnis
10 Mausoleum des Moulay Ismail
11 Dar El Makhzen
12 Borj El Ma
13 Heri Souni
14 Wasserbecken Agdal

Übernachten

1 Hotel Tafilalet
2 Hotel Menzeh Dalia
3 Hotel Zaki
4 Hotel Transatlantique
5 Hotel Malta
6 Hotel Rif
7 Hotel Bab Mansour
8 Hotel Akouas
9 Hotel de Nice
10 Hotel Majestic

Essen und Trinken

11 Le Collier de la Colombe
12 Restaurant Zitouna
13 Riad Meknes
14 La Case
15 La Coupole
16 Restaurant Marhaba

Die Medersa Bou Inania

Unter einem kunstvollen alten Gewölbe liegt links (wenn man den Souk Es Sebbat in östlicher Richtung passiert) der Eingang zur **Medersa Bou Inania** 5, dem bedeutendsten Bau der Medina. Die Medersa wurde um die Mitte des 14. Jh. – zur gleichen Zeit wie der gleichnamige Bau in Fès – errichtet. Auch im Inneren entspricht die Anlage den merinidischen Medersen von Fès. Eine Besichtigung der reich geschmückten Innenräume ist möglich. Versäumen Sie, wenn es der Stand der Renovierungsarbeiten zulässt, nicht den Blick vom Dach! Folgt man der Gasse, die unmittelbar gegenüber dem Medersa-Eingang beginnt, gelangt man direkt zur Place El Hedim zurück.

Die Große Moschee

Schräg gegenüber der Medersa liegt die **Große Moschee** 6, von deren Äußerem jedoch nur wenig sichtbar ist. Die Verlängerung des Souk Es Sebbat bildet nach einer kleinen Biegung die Kissaria, der Souk der Stoff- und Teppichhändler. Im Südosten wird die Medina vom Straßenzug Rue Rouamzine/Rue Dar Semen begrenzt; hier liegen die meisten kleinen Hotels, Cafés und Restaurants der Medina.

Die alte Mellah und der Nordwestteil der Medina

Haben Sie mehr Zeit zur Verfügung, lässt sich die Besichtigung der Altstadt leichterdings ausdehnen: An der Seite der Place El Hedim, an der auch das Museum für marokkanische Volkskunst Dar Jamai liegt, zweigt links die sehr belebte Rue Sekakine vor allem mit Haushalts- und Metallläden ab. Sie mündet auf einen großen Platz mit dem Tor Bab Berrima (18. Jh.). Von hier zweigen mehrere Straßen ab; links führt die Avenue du Mellah zur **alten Mellah** 7 mit ihren mehrstöckigen Judenhäusern und dem Bab El Khemis (Ende des 17. Jh.).

Die einstigen Getreidespeicher (Heri Souni) in der Ville impériale

Geradeaus verläuft entlang der Stadtmauer die Rue du Souk Bezzarin mit den Läden der Stoff- und Korbmacher. Sie endet beim nächsten Stadttor, dem Bab El Djedid, vor dem ein großer, belebter Platz liegt. Hier finden sich verschiedene Warenlager sowie die Werkstätten der Sattler und Eisenschmiede. Jenseits des Platzes liegt ein großer muslimischer Friedhof mit dem außen reich verzierten **Mausoleum des Sidi Mohamed Ben Aissa** 8 (18. Jh.). Der Heilige war Gründer der Aissaoua-Sekte, deren Mitglieder als Schlangenbeschwörer, Märchenerzähler und Gaukler in ganz Marokko berühmt sind. Um das Mausoleum findet am Mouloud-Tag ein großer *moussem* der Sekte statt.

Vom Bab El Djedid führt auf der Innenseite der Stadtmauer die Rue des Serairia mit Läden der Waffenschmiede, Sattler, Tischler und Metallverarbeiter zurück zum Bab Berrima. Kurz vor dem Tor nimmt links der Souk En Nejjarin seinen Anfang.

Eindrucksvoll sind noch die wuchtigen Tore Bab Berdain (Ende des 17. Jh., Nordausgang der Medina, von wo aus man einen schönen Panoramablick hat) und Bab Tizimi (Nordostausgang der Medina, Mittelpunkt des Töpferviertels). Vom Boulevard El Haboul, der Osteinfassung der Medina, öffnen sich mehrere Eingänge zum Jardin Haboul, einem schön angelegten Park.

Die Ville impériale

Bei der Ville impériale, der Kaiserstadt südlich der Medina, handelt es sich um die ehemalige Residenz von Moulay Ismail. Von den riesigen Anlagen sind allerdings nur noch Ruinen erhalten, die dennoch einen guten Eindruck von den Ausmaßen der Palaststadt vermitteln. Drei Mauerringe, die insgesamt 40 km lang waren, umschlossen einst die Ville impériale und die angrenzende Medina; von diesen Wällen, den bei weitem größten des Landes, ist noch ein Großteil erhalten. Ihre Ausdehnung zeigt, dass die Palaststadt noch weiter ausgebaut werden sollte. Der Tod Moulay Ismails im Jahre 1727 und die Rückverlegung der Residenz nach Fès beendeten jedoch die Arbeiten.

Den Zugang zur Ville impériale bildet das an der Place El Hedim gelegene Bab El Mansour. Hinter dem Tor passiert man die weitläufige Place Lalla Aouda. Südöstlich dieses Platzes lag einst der Dar Kebira, der nicht mehr erhaltene Hauptpalast des Moulay Ismail, der mehr als 24 Pavillons umfasst haben soll. Das eigentliche Ruinengelände beginnt hinter dem Mauerdurchbruch (vom Bab El Mansour aus gesehen am rechten Ende der Place Lalla Aouda). Der Pavillon Koubbat El Khijatine auf dem dahinter folgenden Platz (rechts, in der Gartenanlage) diente früher dem Empfang ausländischer Gesandter.

Christengefängnis und Mausoleum Moulay Ismails

Rechts davon (vor der Mauer) befindet sich ein unscheinbarer Zugang zu den unterirdischen Verliesen des **Christengefängnisses 9**, dessen Besuch schon deshalb lohnt, weil es eine konkrete Vorstellung von den Nachtseiten der glanzvollen Ära des Moulay Ismail vermittelt (Besichtigung mit Führer möglich). Jenseits der Place Lalla Aouda bildet das halblinks gelegene Dreifachtor Bab Moulay Ismail den Zugang zu einem zweiten Platz. Links sieht man hier die Pforte zum **Mausoleum des Moulay Ismail 10**, einem der bedeutendsten Bauwerke der Stadt. Die im Inneren reich geschmückte Grabstätte – ein weitläufiger, mehrere Vorhallen umfassender Komplex – kann besichtigt werden (Schuhe ausziehen; der Mausoleumssaal mit den vier Sarkophagen ist gut einzusehen, darf aber nur von Muslimen betreten werden). Die beiden großen, in den hinteren Raumecken aufgestellten Standuhren – ein Geschenk von Ludwig XIV. – schaffen in diesem dem Zeitlichen entrückten Grabraum einen ganz eigenen Effekt, indem sie an die Unerbittlichkeit der vergehenden Zeit gemahnen.

Sultansresidenz und Wasserfestung

Am gegenüberliegenden Ende des Platzes beginnt hinter einem weiteren Tor, dem mächtigen Bab Er Rih (Tor des Windes), eine kilometerlange, von gewaltigen Mauern gesäumte Straße. Die rechts gelegenen Mauern begrenzen den **Dar El Makhzen 11**, den umfangreichsten Teil der alten Sultansresidenz (im späten 18. und im 19. Jh. erweitert), die derzeit teilweise restauriert und mit einem Pavillon für den König versehen wird. Die mauergesäumte Straße stößt auf das **Borj El Ma 12**, die Wasserfestung (so genannt wegen ihrer Nähe zum Fluss), und knickt dort nach rechts ab. Von dem linker Hand gelegenen Tor bietet sich ein schöner Blick auf die gegenüberliegende Neustadt. Verlässt man die Ville impériale hier und wendet sich nach links, gelangt man zur Verbindungsstraße zwischen Medina und Neustadt.

Das Mausoleum des Moulay Ismail in Meknes

Die Getreidespeicher und das Agdal-Bassin

Vom Borj El Ma ziehen sich die Mauern nach rechts zum Mechouar, dem ehemaligen Versammlungsplatz des Palastbezirkes. Das Tor Bab En Nouara markiert den Anfang einer weiteren mauergesäumten Straße, die durch das Gelände der Gartenbauschule (hier lag einst der Sultanspark) führt. Kurz vor dem Ende der Wallstraße liegt links der Eingang zum Campingplatz. Die Straße endet bei den mächtigen **Heri Souni** **13**, einem ehemaligen Getreidespeicher mit angegliedertem Wasserhaus (Dar El Ma). Bemerkenswert sind hier die riesigen Vorratsgewölbe und der schöne Ausblick vom Dach, auf dem ein kleiner Park angelegt wurde. Neben dem Speicher sieht man das ca. 4 ha große, künstlich angelegte **Wasserbecken Agdal** **14**, das früher der Bewässerung der Parkanlagen diente und heute an den Wochenenden ein beliebtes Ausflugsziel für Familien ist.

Innerhalb der Ville impériale sind noch die imposante Anlage des Dar El Beida (Palast aus dem späten 18. Jh., gehört heute zur Militärakademie) sowie die gewaltigen Ruinen des Rouah (auch Heri El Mansour genannt, in dem früheren Marstall Moulay Ismails sollen 12 000 Pferde und Maultiere untergebracht gewesen sein) von Interesse.

Wollspindeln, mit Naturfarben bearbeitet

Die Neustadt

Das Zentrum der modern-gesichtslosen Neustadt, die zuletzt freilich doch einiges an urbanem Flair hinzugewonnen hat, ist das Gebiet zwischen der Avenue Hassan II, Avenue Mohamed V und der Place Administrative. Hier liegen neben zahlreichen Cafés, Restaurants, Hotels, Bars, Geschäften und Banken auch die Hauptpost, das Fremdenverkehrsamt (Délégation du Tourisme) und der CTM-Busbahnhof. Die Entfernung zur Place El Hedim (etliche Stadtbuslinien) beträgt etwa 1,5 km. Zur Neustadt gelangt man von der Place El Hedim über die Rue Dar Semen und die bei der Medina-Post talwärts abknickende Rue Rouamzine. Diese mündet in eine Brücke, die über den Oued Boufekrane führt. Auf der Neustadtseite steigt die Straße an zum Carrefour Bou Ameir. Rechts von diesem Platz liegt das Messegelände (Esplanade de Foire). Von hier hat man eine herrliche Aussicht auf die Altstadt (gegenüber der Park des Centre culturel français). Die geradeaus weiter ansteigende Avenue Moulay Ismail führt zur Avenue Hassan II, dem Beginn des Neustadtzentrums.

i **Délégation du Tourisme:** 27, Place Administrative (in der Neustadt, gegenüber der Hauptpost), Tel. 035-52 44 26, 035-51 60 22, Fax 035-51 60 46; Sa und So geschlossen.

C.R.T.: Esplanade de la Foire, 11, Rue de Ghana, Tel. 035-40 04 68, Fax 035-40 14 31.

Hotel Tafilalet 1: Ecke Rue Mouahidine/Rue Zellaka. 160-Zimmer-Neubau (18 Suiten) mit 11 Etagen, Eröffnung für 2007/08 geplant. Wird nach Inbetriebnahme *das* Luxushotel im Herzen der Neustadt sein.

Hotel Menzeh Dalia 2: Domaine Izmar, 5 km außerhalb des Zentrums, an der N 6 Richtung Rabat, direkt beim Marjane-Supermarkt, Tel. 035-46 85 78, 035-46 85 95, Fax 035 46 86 34, hotel_menzeh_dalia@menara.ma. Luxuriöses 150-Zimmer-Haus, 2 Restaurants, Disco, Schwimmbad, Sauna, Hamam, Tennis. 710–1030 DH.

Hotel Zaki 3: Bd. El Massira, 3 km südöstlich außerhalb des Zentrums, Tel. 035-51 41 46/49, Fax 035-52 48 36, www.hotelzaki.ma, hotelzaki@iam.net.ma. Etwas in die Jahre gekommenes Viersternehaus, an den Wochenenden stark frequentierte Hoteldisco. Restaurant, Café, Bar, Hamam, Pool. DZ je nach Standard und Saison 800–1350 DH.

Hotel Transatlantique [4]: Rue El Meriniyines, Tel. 035-52 50 50/51, Fax 035-52 00 57. In die Jahre gekommenes Traditionshaus mit schönem Panorama über die Medina. DZ um 730 DH.

Hotel Malta [5]: 3, Rue Charif El Idrissi, Tel. 035-51 50 20/21, Fax 035-51 50 18, hotelmalta@menara.ma. 60-Zimmer-Neubau im Zentrum der Neustadt, 2 Suiten mit atemraubendem Balkonausblick auf die Medina (850 DH), gutes Preis-Leistungs-Verhältnis. DZ um 580 DH.

Hotel Rif [6]: 10, Rue d'Accra, Tel. 035-52 25 91/94, Fax 035-52 44 28, hotel_rif@menara.ma. 120-Zimmer-Haus mit kleinem Pool und Nachtklub. DZ 500 DH.

Hotel Bab Mansour [7]: 38, Rue Emir Abdelkader, Tel. 035-52 52 39/40, Fax 035-51 07 41, hotel_bab_mansour@menara.ma. Häufig von Reisegruppen belegtes 80-Zimmer-Haus in der Nähe des Stadtbahnhofs, gutes Preis-Leistungs-Verhältnis. DZ 375 DH.

Hotel Akouas [8]: 27, Rue Emir Abdelkader, Tel. 035-51 59 67, Fax 035-51 59 94, www.hotelakouas.com. Gutes Mittelklassehotel mit kleinem Pool, Restaurant und Disothek. DZ 375 DH.

Hotel de Nice [9]: Ecke Rue d'Accra/Rue d'Antisirabé, Tel. 035-52 03 18, Fax 035-40 21 04, www.hoteldenice-meknes.com. Seit der Komplettrenovierung 2005 eine starke Alternative im Mittelklassesegment. Restaurant, Bar. DZ 300–500 DH.

Hotel Majestic [10]: 19, Av. Mohamed V, Tel. 035-52 20 35, Fax 035-52 74 27. Gut geführt, ausgezeichnetes Preis-Leistungs-Verhältnis, bei den einfachen Hotels vermutlich die beste Adresse in Meknes. DZ 230–270 DH.

Etliche einfache Hotels an der Av. des F.A.R.:

Hotel Volubilis: Tel. 035-52 50 82; 250 DH.

Hotel Continental: Tel. 035-52 54 71; DZ 160 DH.

Hotel Excelsior: Tel. 035-52 19 00; in plüschiger Würde verwittert; DZ 140 DH.

Camping municipal: Jnane Benhalima, Agdal.

Camping Bellevue: Route de Meknes, Oualili.

Le Collier de la Colombe [11]: 67, Rue Driba (an der Place Lalla Aouda), Tel. 035-55 50 41. Französische und marokkanische Küche. Panorama über die Medina. 150–250 DH.

Restaurant Zitouna [12]: 44, Jamaa Zitouna, nahe Bab Tizimi, Tel. 035-53 02 81. In einem ehemaligen Wesirspalais. Marokkanische Gerichte, kein Alkohol, mittags manchmal von Reisegruppen belegt. 150–200DH.

Riad Meknes [13]: 79, Ksar Chaacha, Dar Lakbira, Tel. 035-53 05 42 Fax 035-53 13 20, www.riadmeknes.com. Speisen im gediegenen Ambiente eines aufwendig restaurierten Riads (auch Gästehaus) in der Ville impériale. Um 200 DH.

La Case [14]: 8, Av. Moulay Youssef, Tel. 035-52 40 19; Mo geschl. Französische Küche. Um 150 DH.

La Coupole [15]: 2, Av. Hassan II, Tel. 035-52 24 83. Großes Pizzasortiment, marokkanische Gerichte. 80–100 DH.

Restaurant Marhaba [16]: 23, Av. Mohamed V; schließt bereits gegen 20 Uhr, während des Ramadan geschl. Gute *harira*, zumeist exzellente *brochettes*, kein Alkohol. 30–50 DH.

Töpferwaren und **Keramik** sollte man direkt im Töpferviertel erstehen: Die Medina durch das Bab Tizimi verlassen, die meisten Werkstätten liegen jenseits des Oued Boufekrane.

Meknes ist ein Zentrum der **Teppichproduktion**. Wer in den Souks in Kaufverhandlungen um Berberteppiche einsteigt, sollte ein wenig vom Metier verstehen (Verarbeitungsvarianten, Dekorkunst, verschiedene Arten von Wolle, Zahl der Knoten pro Quadratmeter etc.) sowie mit den Gepflogenheiten beim Handeln vertraut sein.

Moderne Geschäfte, einige Boutiquen, große Supermärkte finden sich im Neustadtzentrum, besonders in der kleinen Fußgängerzone. Die Region Meknes ist für ausgezeichnete **Rotweine** bekannt: Verkosten in einem der besseren Restaurants lohnt sich!

›Angesagt‹ sind derzeit wohl nur die Hoteldiscotheken im Zaki und im Menzeh Dalia, einige einschlägige Neustadtlokale (etwa das Metropol, 12, Av. Hassan II) sowie die Kneipen und Bars im Kreuzungsbereich von Av. Mohamed V/Av. des F.A.R. (etwa das Tresor), in denen sich allabendlich ein offensichtlich trinkfestes, zuweilen auch recht dubioses Publikum tummelt.

***Moussem* des Sidi Mohamed Ben Aissa:** August, eines der landesweit größten Feste vor den Befestigungsanlagen der Ville impériale, religiöse Zeremonien, gelegentlich auch Tranceseancen, spektakuläre *fantasias* zu Ehren des Sektengründers der Aissaoua.
***Moussem* des Moulay Idriss I.:** im September, in Moulay Idriss abgehaltener großer *moussem* zu Ehren des Gründers des ersten marokkanischen Großreichs im späten 8. Jh.

Bahn: Meknes hat zwei Bahnhöfe – Gare Emir Abdelkader (Tel. 035-52 27 63, im Neustadtzentrum, etliche Hotels in unmittelbarer Nähe) und Gare Centrale (Tel. 035-52 06 89, an der Av. des F.A.R., Ausfallstraße nach Fès, rund 1 km vom Neustadtzentrum). Tgl. Verbindungen über Fès–Taza–Taourirt nach Oujda, nach Tanger, Marrakesch und Kenitra–Rabat (umsteigen in Sidi Kacem).
Bus: Der CTM-Busbahnhof liegt an der Av. des F.A.R. in der Nähe des Hauptbahnhofs (Tel. 035-52 25 85); moderne Schalterhalle, perfekter Service, Verbindungen zu allen Großstädten und nach Al Hoceima, Nador und Oujda, außerdem über Er Rachidia nach Rissani. Ein weiterer großer Busbahnhof liegt am Bab El Khemis westlich der Medina; von hier Verbindungen in alle Regionen des Landes. Einige Privatlinien starten vom Busbahnhof am Bab Zein el Abidin in der Nähe der Place El Hedim.
Taxi: Sammeltaxis nach Fès (dichte Frequenz) starten vom CTM-Busbahnhof. Zwischen Medina und Neustadt mehrere Buslinien. Leihwagenfirmen im Neustadtzentrum oder über die Luxushotels.

Ausflüge von Meknes

Reiseatlas: S. 2, D 3

Moulay Idriss

Moulay Idriss (etwa 10 000 Einwohner), landschaftlich herrlich zwischen zwei Berggipfeln am Westhang des Zerhoun-Massivs gelegen, gilt als die heilige Stadt Marokkos und stellt gleichzeitig das bedeutendste Wallfahrtszentrum des Landes dar. Im August/September jeden Jahres feiern die Marokkaner hier zu Ehren des Reichsgründers Idris I. den größten *moussem* des Landes. Über 100 000 Pilger lagern dann in einer Zeltstadt, die vor den Toren der Stadt errichtet wird. Das Fest umfasst religiöse Zeremonien, prachtvolle Reiterspiele und einen großen Markt .

Die heilige Stadt

Moulay Idriss wurde um 788 durch Moulay Idriss I., den Ahnherrn des ersten marokkanischen Reiches, gegründet. Idris, ein direkter Nachkomme des Propheten Mohamed, bekehrte die in der Region ansässigen Berberstämme zum Islam, wurde zu ihrem Anführer gewählt und einigte schließlich ganz Nordmarokko. Zu seiner Hauptstadt erhebt er das neugegründete Moulay Idriss. Um 792 wurde Idris I. im Auftrag des Abbasidenkalifen Harun El Rachid vergiftet. Sein Sohn und Nachfolger Idris II. verlegte die Residenz nach Fès, Moulay Idriss blieb aber als Grabstätte Idris I. die heilige Stadt und der wichtigste Wallfahrtsort des Landes, von Pilgern aus dem ganzen Maghreb besucht. Bis heute versuchen viele marokkanische Muslime, die extrem teure obligatorische Pilgerfahrt nach Mekka (*hadsch*) durch sieben Wallfahrten nach Moulay Idriss zu ersetzen.

Bis 1917 durfte die heilige Stadt von keinem Nichtmuslim betreten werden, und bis vor wenigen Jahren noch war es ›Ungläubigen‹ verboten hier zu übernachten. Aufgrund dieser Einschränkung konnte Moulay Idriss seinen traditionellen Charakter stärker als vielleicht jeder andere Ort des Landes bewahren. Das vollständig erhaltene alte Stadtbild und die hinreißende landschaftliche Lage machen Moulay Idriss zu einer besonders

Moulay Idriss: Keimzelle der marokkanischen Monarchie

sehenswerten Stadt in Marokko. Mann sollte jedoch, gerade auch beim Fotografieren, besondere Zurückhaltung beachten und unbedingt den abgesperrten Bezirk um die Zaouia respektieren; in den frei zugänglichen Gassen sollte man sich aber andererseits nicht durch Kinder irritieren lassen, die womöglich den Weg versperren.

Stadtrundgang

Moulay Idriss gliedert sich in den höher gelegenen Stadtteil Khiber und das tiefer gelegene Viertel Tasga. Zwischen beiden liegt der heilige Bezirk mit dem Idris-Grab. Ausgangspunkt einer Stadtbesichtigung ist der lang gestreckte Hauptplatz hinter dem Eingangstor **Bab El Djedid** am Fuß der Stadt. Mehrere

Dschahilija – die Antike in Marokko

Das Haus des Orpheus ist verwaist, das Haus der Venus ohne Hüter. Ein Seepferd zieht einen Wagen. Hylas wird von Nymphen entführt, Herakles verrichtet titanische Arbeit. Epheben und Nereiden in selbstvergessenen Posen, ein Wagenrennen in rasender Fahrt …

Es sind diese atemberaubend schönen Fußbodenmosaiken in der römischen Ruinenstätte Volubilis, die von den zivilisatorischen Selbstverständlichkeiten jener Epoche künden, als Nordmarokko römische Provinz und Kornkammer des Imperium Romanum war. Forum, Kapitol, Basilika und Thermen sind in Volubilis, diesem grandiosen Antikenmuseum unter freiem Himmel, stumme Zeugen einer glanzvollen Ära.

Nach der Zerstörung Karthagos am Ende des Dritten Punischen Krieges (146 v. Chr.) durch römische Truppen begann in Nordafrika eine Jahrhunderte währende Romanisierung, die der Imperator Augustus (31. v. Chr. bis 14. n. Chr.) erstmals staatsrechtlich sanktionierte. Gegliedert in die Provinzen Mauretania Caesariensis (algerische Mittelmeerküste und Hinterland) sowie – ab 42 n. Chr. – Mauretania Tingitana (Nordmarokko bis etwa zu einer Linie Salé–Volubilis mit dem Hauptort Tingis, dem damaligen Tanger), waren Teile des Maghreb bis etwa 285 n. Chr. in das System der römischen Provinzialverwaltung eingebunden und damit vollständig integrierte Territorien der mediterranen Weltmacht. Volubilis, die an Kunstschätzen sicherlich reichste antike Ruinenstätte in Marokko, genoss römisches Stadtrecht und war Residenz des römischen Provinzprokurators. Als Hassan II. 1992 eine marokkanische Antikenausstellung in Rom eröffnete, verwies er in seiner Ansprache auf das historische Erbe einer Ära, in der Marokko gleichsam schon einmal mit Europa assoziiert war.

Moulay Ismail (1672–1727) nutzte Volubilis, als er das nur etwa 30 km entfernte Meknes zu einer prachtvollen Residenz ausbaute, als Steinbruch. Das ehrfürchtige Erschauern vor den steinernen Zeugnissen der Antike, mit dem französische Archäologen bei ihren ersten Grabungen im Jahre 1874 dem Ruinenfeld begegneten, hätte Moulay Ismail und seine Nachfolger vermutlich mit heiligem Zorn erfüllt. Für die kulturelle Überlieferung der abendländischen Geschichte ist die klassische, griechisch-römische Antike eine die Moderne konstituierende Epoche geworden; nach islamischer Geschichtsphilosophie markiert sie hingegen eine geradezu ahistorische Vorzeit, wenn nicht Unzeit. Die Antike gilt als dunkle Periode der *dschahilija,* ein Begriff, der am ehesten mit ›Zeit der Unwissenheit‹ zu übersetzen ist.

Die Geschichte beginnt – und diese Zeitrechnung legt ein für alle Mal einen heilsgeschichtlichen Kontext fest – im Jahre 622 der christlichen Jahreszählung. Die *hedschra,* der Auszug Mohammeds aus Mekka, fixiert die Stunde Null der islamischen Zeitrechnung – die Geburt einer neuen Religion und der Beginn einer historischen Zeit fallen in eins. Was vor den Offenbarungen des Propheten lag, galt und gilt den Muslimen als gottferne Vorzeit, als Periode heilloser Unwissenheit. Die Antike ist nach diesem Geschichtsverständnis nicht einmal eine zwar heidnische, aber dennoch kulturell wertvolle Epoche – sie existiert gar nicht. Ihre Hinterlassenschaften sind ein Steinbruch, kein kulturelles Erbe …

Thema

Dass der marokkanische Philosoph, Koranexeget und Mediziner Averroes (1126–1198) mit seinen bahnbrechenden Aristoteles-Kommentaren der Rezeption antiker Philosophie in der abendländischen Scholastik entscheidende Impulse gegeben hat, ändert nichts an dem Befund, dass die Antike bis weit in das 20. Jh. hinein als *dschahilija* historisch ignoriert wurde. Es ist kein Zufall, dass der ägyptische Islamideologe Sayyid Qutb (1906–1966) in seinem Hauptwerk »Wegzeichen« gerade den *dschahilija*-Begriff zur demagogischen Formel aufgeladen hat. In den »dschahilitischen« Gesellschaften der Moderne greift Qutb alle Formen gottloser, unislamischer politischer Herrschaft an – von dem Präsidialregime Nassers über die demokratisch-laizistischen Staatsmodelle des Westens bis hin zur kommunistischen Option der damaligen Sowjetunion. *Dschahilija* als Ruchlosigkeit, als Form menschlicher Hybris, die Gott leugnet.

Antike Mosaiken in Volubilis

Cafés und Geschäfte säumen den Platz. In der Nähe – vom Bab El Djedid aus gesehen links des Platzes – liegt der Grabbezirk. Der weitläufige Komplex der **Zaouia** stammt in seiner heutigen Form aus der Zeit um 1700. Um die zentral gelegene **Koubba**, die eigentliche Grabstätte, gruppieren sich mehrere Innenhöfe mit einer Freitagsmoschee, einigen Koranschulen und Nebengebäuden. Die Zaouia darf von Nichtmuslimen nicht betreten werden, und auch einige der umliegenden Gassen sind durch Balken versperrt. Es ist aber möglich, den Bezirk zu umschreiten und dabei einige Blicke in das Innere zu werfen. Besonders eindrucksvoll wirkt der reich geschmückte Haupteingang in Richtung des Hauptplatzes. Die Zaouia wird ständig von zahlreichen Bettlern und Pilgern umlagert. – Lohnend ist auch ein Besuch der nahe gelegenen Souks.

Als Höhepunkt der Stadtbesichtigung kann die prachtvolle Aussicht von der im oberen Stadtteil **Khiber** gelegenen Terrasse (einfach Terrace genannt) gelten, die man erreicht, indem man direkt beim Eingangstor Bab El Djedid der größeren Straße folgt, die bergauf führt, und dann in die zweite Gasse rechts einbiegt. Man passiert eine Moschee mit dem einzigen runden Minarett Marokkos (erst 1939 erbaut) und gelangt zu einem Brunnen. Dort muss man sich wieder rechts halten, bis man auf die **Moschee Sidi Abdallah** stößt, die man erst links, dann rechts umgeht. Die kleine Aussichtsterrasse liegt jetzt direkt vor Ihnen. Sie überschauen von hier den Grabbezirk, die Unterstadt **Tasga** und die umliegenden Berge. Von der Terrasse führt eine Treppe in die Nähe des Grabbezirks. Zum Hauptplatz gelangt man zurück, wenn man sich am Fuß der Treppe rechts hält.

Über die P 6/N 13 verlässt man Meknes in Richtung Sidi Kacem, nach 11 km rechts auf die P 28/N 13 abbiegen (Richtung Col du Zeggata); nach 27 km ist Moulay Idriss, nach 31 km Volubilis erreicht (von Meknes gute Bus- und Taxiverbindungen bis Moulay Idriss). Sammeltaxis für Tagesausflüge nach Moulay Idriss und/oder Volubilis starten am Südwestende der Av. Hassan II.

Volubilis

Nach Volubilis gelangt man, indem man auf der von Meknes kommenden Straße den Berg hinuntergeht und sich am Fuß des Berges rechts hält. Die P 28/N 13 führt nach Volubilis, das Ruinenfeld links der Straße ist von weitem sichtbar. Ein schönerer Spaziergang (etwa 45 Minuten) führt über einen Feldweg (zweigt einige hundert Meter hinter dem Orts-

ausgang links von der P 28/N 13 ab und verläuft zunächst unterhalb der Straße) durch Olivenhaine direkt auf das Ruinengelände. Volubilis, ein einzigartiges Freilichtmuseum der Antike, ist die mit Abstand bedeutendste römische Ruinenstätte in Marokko, eine der eindrucksvollsten in ganz Nordafrika. Ein sehr lohnenswerter Besuch vor allem wegen der gut erhaltenen Fußbodenmosaiken, der hinreißenden landschaftlichen Lage, aber auch weil das gesamte architektonische Ensemble von Volubilis eine sehr konkrete Vorstellung vom Leben in einer antiken Stadt vermittelt.

Die früheste Besiedlung des Platzes datiert aus dem Neolithikum, später ist hier ein großes Berberdorf unter punischem Einfluss bezeugt. Während der Berberaufstände gegen die Römer um 40 n. Chr. beherbergte Volubilis eine wichtige römische Garnison; aus Dank für die den Besatzern gewährte Unterstützung erhielt es römisches Stadtrecht. Neben Tingis (Tanger) avancierte der Stützpunkt zum wichtigsten Ort der römischen Provinz Mauretania Tingitana. Hier residierten die römischen Provinzprokuratoren (Gouverneure). Als bedeutender Handelsort (Olivenölherstel-

Dem Verfall preisgegeben: die Ruine der römischen Basilika in Volubilis

lung und Export von Löwen und Leoparden aus dem nahen Zerhoun-Gebirge für die römischen Zirkusarenen) erlebte Volubilis im 2. und 3. Jh. n. Chr. seine Blütezeit. Mit dem Rückzug der Römer auf das strategisch wichtige Tingis begann im späten 3. Jh. der allmähliche Niedergang von Volubilis.

Noch bis ins 8. Jh. von christianisierten Berbern bewohnt, war der Ort ohne Bedeutung. Nach der Gründung von Moulay Idriss und Fès wurde Volubilis aufgegeben und zerfiel; weitere Zerstörungen folgten um 1700, als Moulay Ismail die antiken Ruinen als Steinbruch für seine Palastanlagen benutzte und durch das schwere Erdbeben von 1755. Französische Archäologen nahmen 1874 die ersten Ausgrabungen vor; zwischen 1887 und 1892 sowie – unter Beteiligung deutscher Kriegsgefangener – ab 1915 folgten weitere Ausgrabungen.

Freigelegt wurde dabei ein etwa 40 ha umfassendes Ruinengelände, das ursprünglich von einer 2500 m langen Mauer mit acht Toren umgeben war. Die bedeutendsten Reste der in ihrer Blütezeit von etwa 10000–20000 Menschen bewohnten Stadt sind die Fußbodenmosaiken und die Ruinen des Kapitols, einer Basilika und eines Triumphbogens. Die in Volubilis gefundenen Bronzestatuen befinden sich im Archäologischen Museum von Rabat. – Das Ruinengelände ist täglich vom frühen Morgen bis zur Abenddämmerung geöffnet (20 DH Eintritt). Am Eingang erhält man eine Broschüre mit einer detaillierten Beschreibung der Ruinen; der Rundgang selbst (*chemin des visiteurs*) ist durch rote Pfeile gekennzeichnet.

Bei der Olivenölmühle in der Nähe des Eingangs beginnt rechts ein gepflasterter Weg, an dem links das **Haus des Orpheus** liegt, wie viele andere Bauten des Ruinengeländes nach den Motiven der jeweiligen Fußbodenmosaiken benannt. Außer der Hauptkomposition mit der Darstellung der Orpheus-Sage birgt das Haus noch ein zweites Mosaik (Wagen, von einem Seepferd gezogen). Neben dem Haus des Orpheus sind die Grundmauern der **Gallienus-Thermen**, der früheren Bäder von Volubilis, zu erkennen. Dahinter erstreckt sich das **Forum** (Marktplatz), dessen rechte Seite vom **Kapitol** (hier stand ein Jupiter, Juno und Minerva geweihter Tempel) und der **Basilika** (hier fanden die Gerichtsversammlungen statt) eingenommen wird. Von dem erhöht gelegenen Kapitol, dessen Säulen wiederaufgestellt wurden, bietet sich ein schöner Blick auf das gesamte Ruinengelände.

Hinter dem Forum liegt auf der linken Seite das **Haus des Desultors** (Mosaik eines Athleten, der bei Pferde- und Wagenrennen akrobatische Kunststücke darbietet); nahebei befindet sich der gut erhaltene **Triumphbogen des Caracalla** (217 n. Chr.) und dahinter das **Haus des Epheben** (Mosaik mit der Darstellung des Bacchus in einem Wagen). Vor dem Triumphbogen beginnt der Decumanus Maximus, die breite Hauptstraße von Volubilis. An der linken Seite dieser Straße liegen das **Haus der Säulen** (Mosaik mit Dionysos, Eros und Ariadne), das **Haus der Arbeiten des Herkules** (Mosaik mit der Darstellung der zwölf Arbeiten des Herkules), das **Haus des Dionysos** (Mosaik mit einer allegorischen Darstellung der vier Jahreszeiten) und das **Haus des Nymphenbades** (Mosaik, das Nymphen im Bade zeigt). Den beiden letztgenannten Häusern gegenüber liegt das **Haus der Nereiden** (Meernymphenmosaik am Rand eines Beckens).

Auf der linken Straßenseite folgt nun eine Säulenreihe; dahinter liegen die Reste des **Gordianus-Palastes**, der ehemaligen Residenz der römischen Prokuratoren (238–244 erbaut). Vom **Tanger-Tor** am Ende des Decumanus Maximus hat man einen guten Überblick über das gesamte Ruinengelände. Für den Rückweg zum Eingang sollten Sie die parallel zum Decumanus Maximus verlaufende Straße wählen, um von dort etwa in Höhe der Säulen vor dem Gordianus-Palast das **Haus der Venus** zu besuchen, in dem Sie die schönsten Mosaiken von Volubilis finden: Zu sehen sind ein Wagenrennen, Bacchus und die vier Jahreszeiten, Diana mit drei badenden Nymphen und die Entführung des Hylas durch die Nymphen. – Vom Haus der Venus führt ein Weg zurück zum Eingang.

Lohnenswerte Zeitreise
Es ist schon erstaunlich, dass die Ruinen von Volubilis, immerhin eine der bedeutendsten Ausgrabungsstätten aus der römischen Antike in ganz Nordafrika und nicht umsonst auf der Unesco-Welterbeliste, von der Kommune Meknes derart unzureichend ›vermarktet‹ werden. Schon die Anfahrt dorthin ist nicht ausgeschildert, der Ort (von Meknes nach Moulay Idriss gibt es immerhin Busverbindungen) ist für nicht motorisierte Individualreisende verkehrstechnisch nur schwer zu erreichen, da er an das öffentliche Verkehrsnetz von Meknes nicht angebunden ist. Individualreisenden bleibt nur, von Moulay Idriss zu Fuß zu marschieren oder – am besten zu mehreren – von Meknes aus ein Sammeltaxi zu nehmen.

Ins Bild passt da leider (Stand: Sommer 2006) ein ziemlich miserabler Empfang: Kein Wechselgeld am Ticketschalter, kein Café, das gerade hier zum Verweilen einladen könnte und sollte, keinerlei Informationsmaterial, dafür etliche dubiose ›Führer‹, die schon am Eingang recht penetrant auf Kundenfang gehen. Volubilis ist ein touristischer Trumpf ersten Ranges und der Besucher sollte sich von derlei Widrigkeiten nicht abhalten lassen die antike Ruinenstätte zu besuchen, man kann hier mit Gewinn einige Stunden auf Zeitreise zubringen. Die professionelle ›Vermarktung‹ eines derart spektakulären Geländes sähe freilich anders aus; dies kann nur besser werden.

Von Meknes nach Marrakesch

Karte: S. 222
Die Route mit einer Gesamtlänge von 452 km führt in südöstlicher Richtung auf der P 21/N 13 von Meknes bis Azrou (s. S. 200), dann immer auf der gut ausgebauten P 24/N 8 in südwestlicher Richtung bis in die alte Königsstadt Marrakesch (s. S. 230). Bis auf 1250 m ansteigend, windet sich die Straße durch die Mittelgebirge des westlichen Mittleren Atlas, die durch dichten Waldbestand (Zedernwälder), Seen und Bachläufe sowie hügeliges, fruchtbares Weideland geprägt sind. Der Teilnomadismus der meist Schafe und Ziegen züchtenden Berberstämme der Region ist inzwischen im Rückgang begriffen; die meisten Berber leben heute in Dörfern, nur noch wenige in den *khaimas* genannten schwarzen Ziegenhaarzelten, wie früher zu *douars* (Zeltlagern) zusammengestellt wurden.

Von Meknes führt die Route zunächst über den kleinen Marktort **El Hajeb** 1 und die Berberstadt **Azrou** 2 in die Provinzhauptstadt **Khenifra**.

Ein lohnender Abstecher führt über die Stichstraße S 303 zum Berberdorf **Ain Leuh**. Von dort führt eine etwa 45 km lange schlechte Straße zu den landschaftlich herrlich gelegenen Quellen des **Oum Er Rbia**. Etwa 15 km südlich kann man im von Steineichen umgebenen See **Aguelmame Azigza** Baden, Bootfahren und Angeln.

Khenifra

Khenifra 3, in 830 m Höhe am Westrand des Mittleren Atlas an den Ufern des Oum Er Rbia gelegen, ist das Landwirtschafts- und Handelszentrum der Region. Der Ort mit 50 000 Einwohnern ist für die regionale Holzverarbeitung von Bedeutung, sehenswert ist allenfalls die Medina.

Ende des 18. Jh. wurde der Ort unter Moulay Ismail als Festung gegen die rebellischen Bergstämme gegründet; im ausgehenden 19. Jh. war es Sitz von Moha Ou Hammou, dem Caid der Zaiane-Berber, unter dem es zu einem wichtigen Marktort aufstieg. Der zunächst sultanstreue Moha Ou Hammou rebellierte bald gegen die Zentralmacht, unternahm Raubzüge bis in die Region von Meknes und bekämpfte die Franzosen. Im Jahr 1914 marschierten 20 000 französische Soldaten ein; Moha Ou Hammou floh, schlug aber kurz darauf bei El Herri (12 km südlich von Khenifra) die Kolonialtruppen vernichtend (mit über 650 Toten aufseiten der Franzosen eine ihrer verlustreichsten ›Befriedungsaktionen‹). Die

Kämpfe um Khenifra dauerten bis 1921, dem Jahr, in dem Moha Ou Hammou fiel.

Khenifra liegt beiderseits des Oum Er Rbia. Das rechte Flussufer nimmt die kleine Medina mit ihren lebhaften Souks ein, in denen ein großer Mittwochs- und Sonntagsmarkt stattfindet. Die Pont Portugais genannte, aber unter Moulay Ismail errichtete Steinbrücke verbindet sie mit der verfallenen Kasbah des Moha Ou Hammou auf der gegenüberliegenden Flussseite. Eine zweite, moderne Brücke führt zur Neustadt.

Zwischen Mittlerem und Hohem Atlas

Der Südwestrand des Mittleren Atlas wird von der fruchtbaren Tadlahochebene eingenommen. Sie reicht vom Gebiet südlich Khenifras bis nach Beni Mellal, ihr Zentrum ist Kasbah Tadla. Als Übergangsgebiet zwischen Mittlerem Atlas und der Zentralmeseta war die Hochebene stets Schauplatz heftiger Kämpfe zwischen den Bergstämmen und den Sultanstruppen. Die Franzosen verloren hier über 4400 Soldaten. Das östlich angrenzende Bergland ähnelt zunächst dem nordwestlichen Mittleren Atlas und geht dann in das vegetationsarme Hochgebirge über. Attraktion ist dort der weithin bekannte Heiratsmarkt von Imilchil (s. S. 288).

Kasbah Tadla

Kasbah Tadla 4, in 725 m Höhe am Oum Er Rbia gelegen, ist als Marktort, Landwirtschafts- (Getreidefelder und Obstplantagen) und Schafzuchtzentrum von Bedeutung. Der Ort zählt etwa 40 000 Einwohner, sehenswert ist die wuchtige Kasbah. 1687 gründete Moulay Ismail den Ort als Festung (nach 1700 verstärkt) gegen die Bergstämme des Mittleren Atlas. Ende des 19. Jh. verlor der Sultan wiederholt die Kontrolle über den Posten. 1913 wurde er nach erbitterten Kämpfen von den Franzosen erobert. In der Umgebung hielt der Widerstand bis 1933 an.

In der Nähe des von den Souks umgebenen Hauptplatzes thront hoch über der Stadt

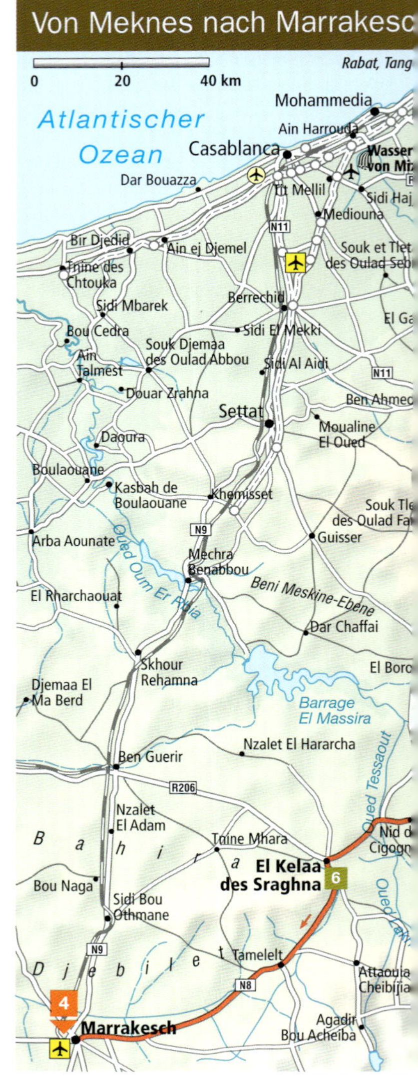

die **Kasbah**. Der prächtig gelegene Bau mit seinen ca. 300 m Seitenlänge zählt zu den eindrucksvollsten Festungsanlagen Marokkos. Eine mächtige Außenmauer mit mehreren Bastionen umschließt die Kasbah. Eine zweite Mauer umgibt das Innere mit zwei Mo-

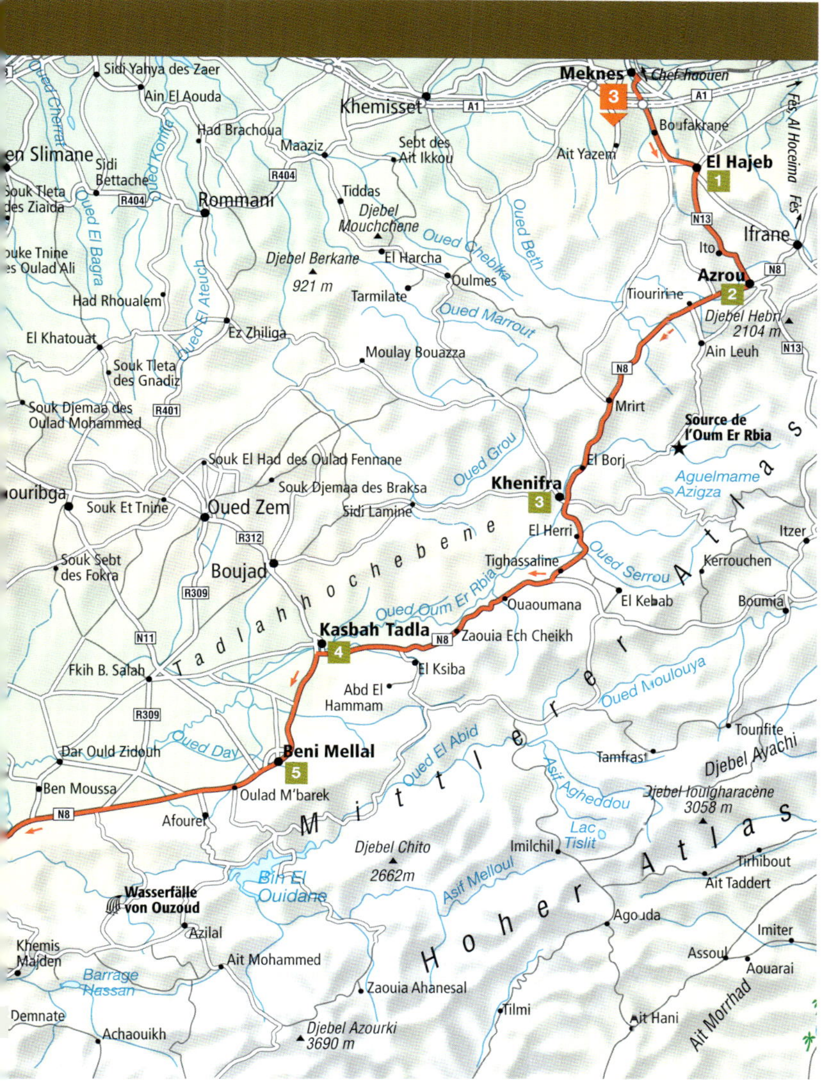

scheen, dem Dar El Makhzen (ehemaliger Gouverneurspalast) und einer Aussichtsterrasse. Von der Medina führt eine zehnbogige Steinbrücke über den Oum Er Rbia. Sie wird – obwohl erst um 1700 erbaut – wie in Khenifra Pont Portugais genannt.

Beni Mellal

Die P 24/N 8 führt nun 30 km in südlicher Richtung zur Provinzhauptstadt 5 **Beni Mellal**. Die 120 000-Einwohner-Stadt liegt, von ausgedehnten Obst- und Gemüseplantagen umgeben, in 625 m Höhe am Westrand des Mittleren Atlas. Sie ist ein bedeutendes Handelszentrum, von wirtschaftlichem Belang sind die Zuckerfabriken der Stadt.

Beni Mellal wurde 1688 unter Moulay Ismail als Festung gegründet. Seit der Eröffnung des nahen Bin-El-Ouidane-Stausees, der seit Mitte der 1950er-Jahre die Plantagenkulturen bewässert, hat die Stadt ein rasches Wachstum und eine gewisse wirtschaftliche Prosperität erlebt. Die überwiegend moderne Stadt bietet keine herausragenden Sehenswürdigkeiten, doch eignet sie sich gut als Standort für Ausflüge zum Bin El Ouidane und zu den Ouzoud-Kaskaden. Im Zentrum der Stadt liegt der große Marktplatz (Freitagsmarkt) mit Busbahnhof, Hotels und Restaurants. In der Nähe befinden sich die für ihre aus bunt gefärbter Schafswolle gewebten Decken bekannten Souks. Hauptattraktion von Beni Mellal ist die auf einem weithin sichtbaren Hügel gelegene **Kasbah Ait Asserdoune** mit ausgedehnten Gärten, die einen schönen Blick bietet. Von hier führt ein 6 km langer Rundweg durch Obstplantagen rings um die Stadt. In den Plantagen liegt die Zaouia Sidi Ahmed Bel Kacem mit einem almoravidischen Minarett.

i **Délégation du Tourisme:** Av. Hassan II, Immeuble Chichaoui, Tel. 023-48 78 29, Fax 023-48 87 27.

Hotel Chems: 2 km stadtauswärts an der N 8 nach Marrakesch gelegen, Tel. 023-48 34 60, Fax 023-48 39 87. DZ um die 800 DH.
Hotel Ouzoud: Km 3, Route de Marrakech, Tel. 023-48 37 52, Fax 023-48 85 30, ouzoud@sogatour.ma. DZ um 700 DH.
Al Bassatine: Quartier Oulad Hamdane, Tel. 023-48 22 47, Fax 023-48 88 06. Um 500 DH.
Hotel Atlas: Av. Hassan II/Rue Chawki, Tel. 023-48 92 11. DZ um 350 DH.
Mehrere einfache Hotels an der Av. des F.A.R.:
Hotel Zidania: Tel. 023-48 18 98.
Hotel Charaf: Tel. 023-48 43 59.
Hotel Ain Asserdoun: Tel. 023-48 34 93.
Hotel Kamal: Tel. 023-48 69 41.

Bus: Ab Marktplatz/Route de Marrakech tägliche Verbindungen u. a. nach Marrakesch, Khenifra–Azrou–Meknes–Fès, Kasbah Tadla–Oued Zem–Khouribga–Casablanca und Bin El Ouidane.

Bin El Ouidane

19 km südwestlich von Beni Mellal zweigt die S 508/R 304 von der P 24/N 8 ab; sie führt zu einem der größten Stauseen Marokkos, dem zwischen 1948 und 1955 von den Franzosen erbauten **Stausee Bin El Ouidane** mit einer 300 m langen und 150 m hohen Staumauer. Die Talsperre versorgt eines der größten Elektrizitätswerke des Landes und bewässert über 1000 km² Land.

Hier bieten sich etliche gute Möglichkeiten für Wanderungen sowie zum Baden, Angeln und Bootfahren.

Cascades d'Ouzoud

46 km südwestlich von Beni Mellal zweigt die schmale 1811 von der P 24/N 8 ab; sie führt nach 46 km zu den etwa 100 m hohen, in mehreren Stufen herabstürzenden **Wasserfällen von Ouzoud**. Der Ausflug führt in eine herrliche Urlandschaft mit dichter Vegetation, im Hochsommer sind die Wasserfälle von zahlreichen Campern umlagert.

El Kelaa des Sraghna

Durch die allmählich in eine Hochebene übergehenden südwestlichen Ausläufer des Mittleren Atlas führt die P 24/N 8 über den kleinen Marktort **El Kelaa des Sraghna** 6, der freitags Markt hält, in die von da an noch 84 km entfernte, alte Königsstadt Marrakesch (s. S. 230).

Der Stausee Bin El Ouidane: ein gigantisches Wasserreservoir in beeindruckender Urlandschaft

Hoher Atlas bei Oukaimeden

Kapitel 3

Marrakesch und der Hohe Atlas

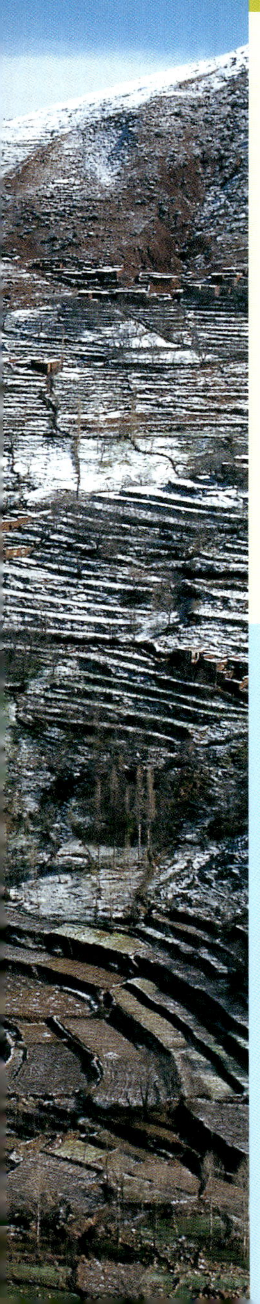

Auf einen Blick: Marrakesch und der Hohe Atlas

Oasenstadt und Hochgebirge

Es gibt Städte, in denen nur sich aufzuhalten schon ein Erlebnis ersten Ranges ist – Marrakesch gehört zu diesen Städten. Der Name Marokko leitet sich etymologisch von der arabischen Form *marrakch* ab, ein Indiz für die gewaltige Ausstrahlung dieser Metropole, die seit dem 11. Jh. mehrfach die Hauptstadt des Reiches war. Die in eine riesige *palmeraie* eingebettete Provinzhauptstadt, inzwischen fast eine Millionenkapitale, hat seit jeher gerade auf Künstler und Intellektuelle, auf Schriftsteller und Designer, auf Filmstars und Staatsmänner eine magische Anziehung ausgeübt. Elias Canettis Prosaband »Die Stimmen von Marrakesch«, der in eine betörende Sprache gefasste poetische Reflex auf einen Aufenthalt im Jahre 1954, ist bis heute eine vorzügliche Leseeinstimmung; Canettis »Aufzeichnungen nach einer Reise«, so der Untertitel, spiegeln Atmosphäre und Charakter dieser einzigartigen Stadt in der dramatisch aufgeladenen Umbruchsituation unmittelbar vor der Unabhängigkeit. Hofmannsthal hat von Marrakesch als dem »Paris der Sahara« geschwärmt – eine romantische Emphase zwar, die aber auf eine sehr nachvollziehbare Faszination zielt, nach der Marrakesch der Inbegriff von zugleich Weltstadt und Süden ist.

Wer von Marrakesch die Route über den Tizi n'Test nach Agadir nimmt, sollte in Taroudannt einen Zwischenstopp einlegen – und sei es, um zu prüfen, ob die Stadt ihr Etikett Kleinmarrakesch wirklich verdient. Die Passstraße über den Tizi n'Tichka von Marrakesch nach Ouarzazate führt durch die grandiosen Panoramen des Hohen Atlas in das Stammland der Glaoua-Berber, die die Region von ihren wuchtigen Kasbahs aus bis in die 1950er-Jahre hinein beherrschten.

Highlights

4 **Marrakesch:** Eine der an Sehenswürdigkeiten (Koutoubia-Moschee, Place Djemaa El Fna, Souks, Museum Dar Si Said, Saadiergräber, Medersa Ben Youssef, Bahia-

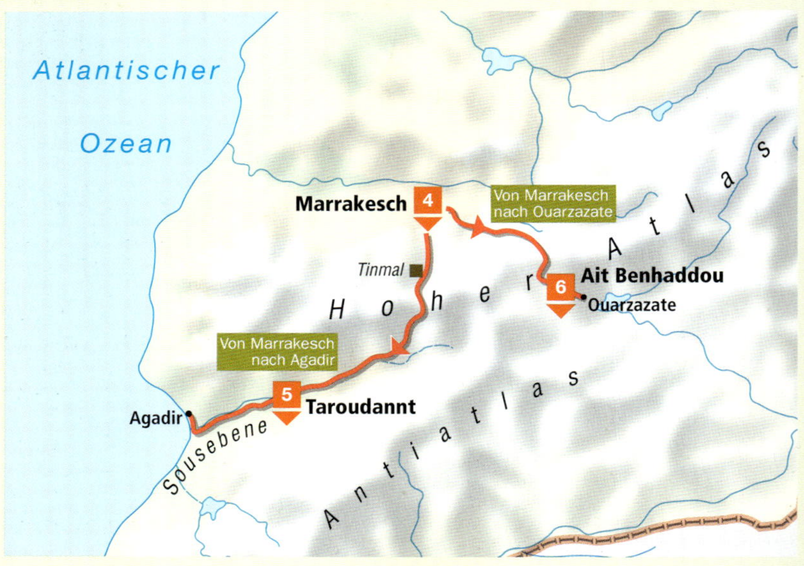

und El-Badi-Palast) reichsten Königsstädte und zugleich eine pulsierende moderne Metropole (s. S. 230).

5 **Taroudannt:** Die alte Hauptstadt der Sous-Region ist mit ihrer überschaubaren, gut erhaltenen Medina ein vorzüglicher Einstieg für Marokkoneulinge (s. S. 253).

6 **Ait Benhaddou:** Der imposanteste Kasbah-Komplex im südlichen Marokko, von der Unesco auf die Liste des schützenswerten Weltkulturerbes gesetzt (s. S. 259).

Empfehlenswerte Routen

Von Marrakesch nach Agadir

Die Route führt auf der R 203 an der Ruinenstätte Tin Mal vorbei über den 2092 m hohen Tizi-n'Test-Pass, dann auf der N 10 nach Taroudannt, in die alte Hauptstadt der Sous-Region, und schließlich nach Agadir, Touristenmagnet und an internationaler Beliebtheit in Marokko konkurrenzloses Seebad (s. S. 252).

Von Marrakesch nach Ouarzazate

Die Strecke führt auf der N 9 über den Tizi-n' Tichka-Pass (2260 m) durch den Hohen Atlas in das expandierende Ouarzazate. Wer im eigenen Auto unterwegs ist, sollte unbedingt die Kasbah Telouet ansteuern, Stammsitz der mächtigen Caids der Glaoua-Berber. Als Tagesausflug von Ouarzazate leicht zu organisieren ist ein Besuch von Ait Benhaddou, dem vielleicht beeindruckendsten Kasbah-Komplex von ganz Marokko (s. S. 257).

Reise- und Zeitplanung

Marrakesch ist im Winter ein wunderbares Ziel für europäische Kälteflüchtlinge; tagsüber herrschen Temperaturen über 20 °C, die Nächte können freilich frostig werden. Im Hochsommer werden häufig Temperaturen um 40 °C erreicht. Für einen Marrakeschaufenthalt sollte man mehrere Tage einplanen; wer Ausflüge in die Umgebung starten will, sollte sich eine Woche Zeit nehmen.

Die Passstraßen über den Tizi n'Test (2092 m) und den Tizi n'Tichka (2260 m) sind im Winter häufig tief verschneit, werden aber zumeist recht zügig geräumt. Beide Pässe, die auch von Bussen befahren werden, sind gut ausgebaut (Halte- und Ausweichbuchten) und sollten geübte Wohnmobilfahrer vor keine allzu großen Probleme stellen. Wer von Marrakesch auf der N 9 nach Ouarzazate reist und dann von Ouarzazate die N 10 nach Taroudannt/Agadir nimmt, sollte sich für diesen Parcours zwischen einer Woche (eilige Variante mit gedrängtem Besichtigungsprogramm) und zwei Wochen (gemächliche Variante mit ausführlichem Besichtigungsprogramm und Tagesausflügen von Marrakesch aus) Zeit nehmen.

Richtig Reisen-Tipps

Der Basar Dar Si Aissa

Nur wenige 100 m nördlich der Djemaa El Fna gelegen, präsentiert sich das Dar Si Aissa in Marrakesch als weitläufiges Kontor, wo man sein Talent fürs Handeln erproben kann (s. S. 238).

Das Hotel Mamounia

Vermutlich das berühmteste Hotel Marokkos: das Mamounia in Marrakesch gibt die Bühne ab für ein Stelldichein der Schönen und Reichen. Das nötige Kleingeld vorausgesetzt, kann man es sich hier für eine befristete Zeit richtig gut gehen lassen (s. S. 247).

Die Kasbah Dar Daif

Eine besonders angenehme Unterkunft von ganz eigenem Charme ist in Ouarzazate die um- und ausgebaute Kasbah Dar Daif. Die Betreiber – sie: marokkanische Berberin, er: Franzose – sind intime Kenner der Region, die verschiedene Expeditionen anbieten, bemüht, den Teilnehmern die Traditionen der Berber und die Geheimnisse der Wüste zu vermitteln (s. S. 267).

4 Marrakesch

Cityplan S. 236

Marrakesch, in einer Oase der Haouzebene vor der Kulisse des nur 60 km entfernten Hohen Atlas gelegen, ist nach Fès die bedeutendste der vier Königsstädte – und eine der sehenswertesten und faszinierendsten des ganzen Landes. Bis zu Beginn des 20. Jh. war sie das traditionelle Zentrum des marokkanischen Südens und wichtigste Drehscheibe des Handels zwischen Nordmarokko und der Sahara.

Reiseatlas: S. 6, E/F 3; S. 7, A 3

Geschichte

Ins Jahr 1062 datiert die Stadtgründung als befestigtes Heerlager der Almoraviden, ab 1070 stieg sie unter Youssouf Ben Tachfine zur Hauptstadt der Almoraviden und zum wichtigen Handelszentrum auf. In dieser Zeit kultureller Blüte entstanden zahlreiche prächtige Bauten. 1147 eroberten die Almohaden die Stadt und zerstörten die almoravidischen Bauwerke. Als almohadische Hauptstadt wurde Marrakesch neu aufgebaut. Nach einer katastrophalen Pestepidemie (1176) erlebte die Stadt eine neue Blütezeit unter der Regentschaft von Yacoub El Mansour (1185–1199). Anfang des 13. Jh. erschütterten im Zusammenhang mit dem Niedergang der Almohaden Bürgerkriege die Stadt.

1269 eroberten die Meriniden Marrakesch und riefen Fès zur neuen Reichshauptstadt aus. Mehrfach rebellierte Marrakesch gegen die merinidische Zentralregierung, zeitweise war es unabhängig. Die Saadier nahmen die Stadt 1521 ein und machten sie 1554 zur Hauptstadt ihres Reiches. Es folgte eine erneute Blütezeit, vor allem durch den lukrativen Gold- und Sklavenhandel mit Timbuktu (Nordmali) und Westafrika. Große und prunkvolle Bauten entstanden. 1666 verlegten die Alaouiten die Residenz wieder nach Fès. Moulay Ismail (1672–1727) ließ die saadischen Paläste zerstören; in den folgenden Jahrhunderten diente Marrakesch gelegentlich noch als Residenz, stand an Bedeutung aber hinter Fès zurück.

Anfang des 20. Jh. war Marrakesch Regierungssitz von Moulay Hafid, der sich 1907 zum Gegensultan ausrufen ließ und 1908 die Sultanswürde eroberte. Unterstützt wurde er von El Glaoui (1875–1956), dem legendären Pascha von Marrakesch, der als Gegenleistung zahlreiche Privilegien erhielt. 1912 eroberte der Rebell El Hiba die Stadt, die mit Unterstützung des Kollaborateurs El Glaoui von den Franzosen besetzt wurde. El Glaoui stellte seine Berbertruppen den Franzosen zur Verfügung, um die rebellischen Bergstämme der Region zu unterwerfen. Nach Abschluss dieser Befriedungsaktionen stieg er in den 1930er-Jahren zum unumschränkten Herrscher des Südens auf und regierte bis 1955 als selbstherrlicher Despot, gestützt auf ein Heer von Leibeigenen. 1955 wurde er als Verräter gebrandmarkt, das märchenhafte Vermögen der Glaoua-Sippe eingezogen.

In der Protektoratszeit nutzten die Franzosen die fruchtbare Haouzebene, das Umland von Marrakesch, als eines ihrer Hauptsiedlungsgebiete. Die alte Rivalität zwischen Marrakesch und Fès um den Rang der wichtigsten Stadt des Landes (s. S. 242) ist bis heute spürbar, auch wenn beide Städte längst von Rabat und Casablanca überflügelt wurden.

Oasenstadt und Hochgebirge: Marrakesch vor den Panoramen des Hohen Atlas

Marrakesch erreichte nie die auf den ganzen Maghreb ausstrahlende politische und kulturelle Bedeutung von Fès, war aber traditionell die heimliche Hauptstadt des marokkanischen Südens und die führende Handelsstadt des Landes, da der gesamte Warenverkehr zwischen den Städten des Nordens und der Sahara über Marrakesch abgewickelt wurde. Auch wenn die Ära des Karawanenhandels unwiederbringlich dahin ist: Marrakesch ist bis heute eine ökonomische Kapitale, die Stadt beherbergt die größten Souks des Landes, sie ist nach wie vor ein Magnet für die Nomaden des Umlandes.

Marrakesch heute

Die quirligen Souks, die Lage in einer ausgedehnten Palmenoase und die roten Lehmmauern verleihen Marrakesch den Charakter einer Wüstenstadt. Dies und die Nähe zum Badezentrum Agadir hat die Stadt zum beliebtesten Touristenziel unter den Königsstädten gemacht. Jährlich kommen, saisonal schwankend, insgesamt knapp eine Million Touristen in die Stadt – auch von den Kanaren werden Urlauber zu Kurzausflügen eingeflogen. Außer Tanger und Agadir wird keine marokkanische Großstadt so sehr vom Mas-

Das Wahrzeichen von Marrakesch: das Minarett der Koutoubia-Moschee

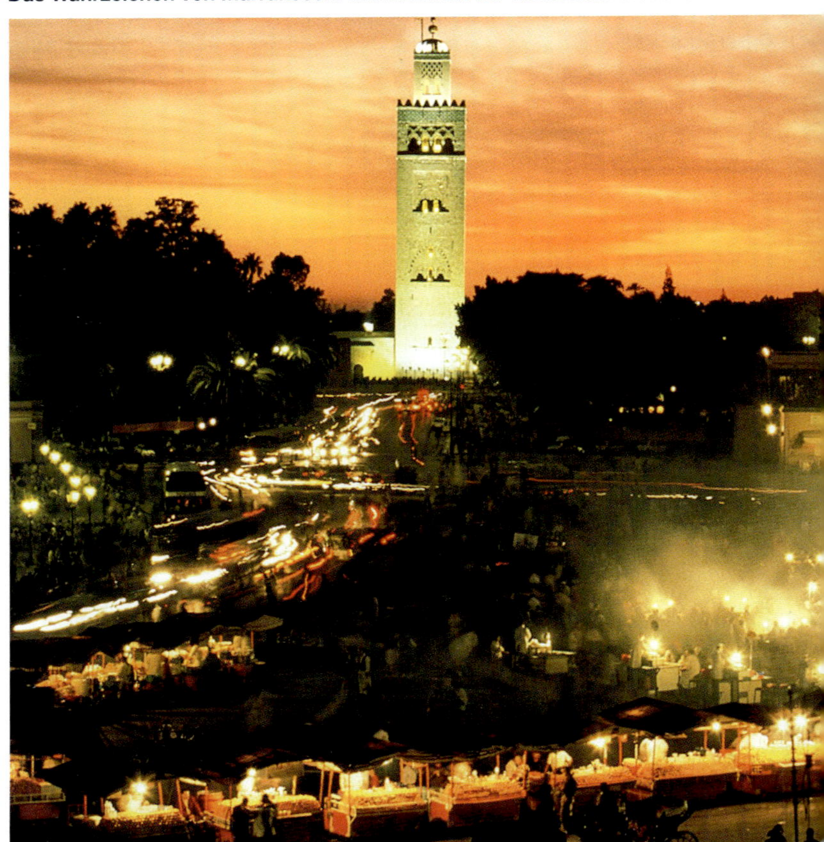

sentourismus heimgesucht wie Marrakesch. Entsprechend verbreitet sind Diebstahls- und Betrugsdelikte, eine wirkliche Plage sind inzwischen die Heerscharen der *guides noirs*, der falschen Touristenführer.

Marrakesch hat zudem einen rasanten Aufschwung als international bedeutende Kongress- und Konferenzstadt genommen, die Kapitale erlebt derzeit einen Bauboom ohnegleichen. Auch als Destination für Golfer sowie Kurz- und Wochenendurlauber hat sich gerade Marrakesch auf den Tourismusmärkten etabliert. Ungebrochen scheint auch der Run auf die Riads (renovierte oder umgebaute Stadtpalais, häufig in der Medina gelegen) in Marrakesch, immer mehr auch deutsche Investoren tummeln sich auf diesem Markt, die Immobilienpreise speziell der Riads sind in astronomische Höhen geklettert. Wenn derzeit irgendeine marokkanische Großstadt einen Hype von ebenso imponierenden wie beängstigenden Dimensionen auf sich zieht, so ist dies zweifellos Marrakesch.

Mit dem Autor unterwegs

Afrikas berühmtester Platz

Inzwischen sind die Stände der Orangensaftverkäufer durchnummeriert, das Gelände ist gepflastert und auch die Müllabfuhr funktioniert ... Mag sein, dass die legendäre **Djemaa El Fna** an diszipliniertem Regelwerk gewonnen hat, was sie an anarchischer Heiterkeit einbüßte. Dennoch ist dieser verwinkelte und in seinen Dimensionen wohl nie ganz zu fassende Platz eine grandiose Hommage ans Leben. Hier sollte man sich treiben lassen, Auge und Ohr sein. Wer will, kann sich die Zukunft wahrsagen lassen oder sich mit Aphrodisiaka *viagra touareg* eindecken, ins Metier der Pflanzenheilkunde eintauchen, sich Zähne ziehen oder sich mit Schlangen fotografieren lassen ... (s. S. 234).

Wohnen im Riad

Riads muss man mögen. Wer im engen Gassengewirr der arabischen Medina klaustrophobische Anwandlungen hat, wird sich schwerlich im Riad wohlfühlen, diesen in der Altstadt gelegenen, bisweilen etwas düsteren Wohnhöhlen aus urmarokkanischer Behaglichkeit. Wer eine Alternative zum normierten Hotelkomfort sucht, ist in einem Riad vielleicht gut aufgehoben. Das Riad-Angebot in Marrakesch ist inzwischen unübersehbar, die Fremdenverkehrsämter halten spezielle Informationen bereit. Eine gute Adresse ist der unter deutsch-marokkanischer Regie betriebene Riad Bordj Dar Lamane an der Place Ben Salah, etwa 500 m nordöstlich der Djemaa El Fna (www.marokko-exklusiv.de).

Stadtrundgang

Die Medina

Das Zentrum der Medina – sie ist mit der Altstadt von Fès die größte des Landes – ist die stets belebte **Place Djemaa El Fna** 1. Der Name bedeutet übertragen Versammlungsplatz der Getöteten und weist darauf hin, dass der Platz einst als Richtstätte diente, wo auch die aufgespießten Köpfe der Hingerichteten zur Schau gestellt wurden. Hier säumen zahlreiche kleine Hotels, Cafés, Restaurants und Souvenirgeschäfte den Platz. Vormittags wird auf ihm Markt abgehalten, nachmittags wird er zu einer großen Unterhaltungsbühne mit Feuerschluckern, Affendresseuren, Schlangenbeschwörern, Akrobaten, Märchenerzählern, Tänzern, Musikanten und anderen Unterhaltungskünstlern. Viele dieser Gaukler gehören religiösen Sekten an, die bekanntesten Tänzer und Musiker sind die Gnaoua, die Nachkommen schwarzer Sklaven. Das tägliche Freiluftspektakel ist inzwischen deutlich für die touristische Klientel inszeniert – Fotografieren ohne Bakschisch ist hier längst unmöglich. Mit Einfall der Dämmerung wird der Platz zur gigantischen Volksküche, wenn allmählich die von Gaslampen spärlich illuminierten Essensstände aufgebaut werden.

Wegen der zentralen Lage stellt die Djemaa El Fna den Ausgangspunkt für alle weiteren Besichtigungen dar. Die Sehenswürdigkeiten in der Medina lassen sich leicht finden, wenn man erst einmal eine Übersicht über den verwinkelten Platz gewonnen hat. Am leichtesten verschafft man sich die Orientierung auf der Dachterrasse der Brasserie du Glacier (neben dem alten CTM-Gebäude) oder auf der des Café du France (Nähe Moschee). Auf der Seite des Platzes, die dem CTM-Gebäude gegenüberliegt, gehen jenseits eines Markthallenkomplexes drei Straßen ab, die in das Zentrum bzw. in die Nebenstraßen der Souks führen.

Auf der Straße, die beim Café du France einbiegt, gelangt man zur Mellah, zum Museum Dar Si Said und zum El-Bahia-Palast. Die Straße zwischen dem CTM-Gebäude und dem Café du France (beginnt hinter dem Torbogen) mündet auf die Place des Ferblantiers. In der kleinen Gasse direkt neben der Brasserie du Glacier liegen etliche kleine Hotels. Die Straße zwischen der Brasserie du Glacier und der Banque du Maroc führt zum Bab Agnaou und zu den Saadiergräbern. Die Straßen beiderseits der Polizeistation ziehen sich zur Neustadt und zur Koutoubia hin, die von der Djemaa El Fna aus gut sichtbar ist.

Das Labyrinth der Souks

Die ausgdehnten **Souks von Marrakesch** 2 erstrecken sich nördlich der Place Djemaa El Fna. Ihr Haupteingang, vom Platz selbst aus nicht sichtbar, liegt auf der nördlichen Stirnseite des Platzes hinter einem verschachtelten Markthallenkomplex, genau gegenüber dem Café du France. Passiert man dort eine Reihe von Töpferläden und den Souk für Trockenfrüchte und Flechtwaren, so erblickt man das reich geschmückte Hauptportal zu den Souks. Die Souks von Marrakesch sind sehr verwinkelt, dennoch ist eine Orientierung auch ohne Führer möglich (der permanenten Belästigung durch die *guides noirs* können Sie nur entgehen, wenn Sie sich einen offiziellen Führer nehmen). Die Hauptachse der Souks ist die am Hauptportal beginnende Rue Souk Smarine. Nach einigen 100 m gabelt sie sich Y-förmig in die Straßen Souk Attarine (links) und Souk El Kebir (rechts), die untereinander durch Querstraßen verbunden sind. Zu beiden Seiten dieser Hauptadern liegen weitere Souks, doch wenn man nach deren Besuch immer wieder auf die Hauptstraßen zurückkehrt, sollte man sich eigentlich einigermaßen zuverlässig orientieren können.

Am Beginn der Rue Souk Smarine liegen Textilgeschäfte; dahinter folgen rechts zwei Zugänge zur Place Rahba Kedima, dem Gewürzmarkt; kurz hinter diesen Zugängen gabelt sich die Rue Souk Smarine. Die halblinks verlaufende Straße Souk Attarine führt in die Souks der Kupferschmiede, der Färber und

Gefiltertes Licht, sprühende Farben: Souks in Marrakesch

Marrakesch: Cityplan

Sehenswürdigkeiten

1 Place Djemaa El Fna
2 Souks
3 Moschee El Mouassine
4 Moschee Ben Youssef
5 Medersa Ben Youssef
6 Zaouia des Sidi Ben Slimane
7 Zaouia des Sidi Bel Abbes
8 Dar El Glaoui
9 Koutoubia-Moschee
10 Mellah
11 Museum Dar Si Said
12 Palais de la Bahia
13 El-Badi-Palast
14 Dar El Makhzen
15 Gartenanlage Agdal
16 Bab Agnaou
17 Bab Er Robb
18 Kasbah-Moschee
19 Saadiergräber
20 Villenviertel Hivernage
21 Bassin La Menara
22 Jardin Majorelle

Übernachten

1 La Mamounia
2 Kempinski Hotel Mansour Eddahbi
3 Les Jardins de la Koutoubia
4 Hotel Meridien N'Fis
5 Royal Mirage Hotel
6 Hotel Atlas Marrakech
7 Hotel Nassim
8 Hotel Le Marrakech
9 Hotel La Menara
10 Hotel Gallia
11 Hotel Islane
12 Grand Hotel Tazi
13 Hotel De Foucauld
14 Hotel Ali
15 Hotel CTM

Essen und Trinken

16 Dar Moha
17 Stylia
18 Al Fassia
19 Le Marrakchi
20 Le Pavillon
21 Le Jardin des Arts

Fès, Ouarzazate
0
750
1500 m
Bab er Rharaza
Souk
El Khemis
Friedhof
Sidi Ahmed
Es Zaouia
Route des Remparts
Friedhof
Sidi Bel
Abbes
Bab
Kbour
Chou
Bab El Arset
Ben Brahim
Moschee
Sidi Bel Abbes
Bab El
Khemis
Oued Issil
Krankenhaus
El Antaki
Rue Bin Lamaâssar
Bab El
Fakharine
Rue de Bab Tarhzout
Rue Assouel
Rue de Bab El Khemis
Toudgha Bab Debbagh
Bab ed
Debbarh
Friedhof
Sidi Mahta
Ben Salal
Rue El Gza
MEDINA
Rue de Bab Debbarh
GERBER-
VIERTEL
Bab er
Rachidia
Rue de Bab Doukkala
Rue Dar El Gla
Fatima
Rue Sidi El Yamani
SOUKS
Rue Issebtiyne
Pl. Ben
Salah
Bab
Ailen
Pl. de
Sisi Youb
Rue de Bab Alien
Av. Mohamed V
Zohra
Pl. Bab
Fteuh
R. Rhab
El Biadyne
R. Riad
Rue Dabachi
R. Douar Graoua
Rue de Bab Arhmad
Rue El Mouahidine
R. Riad Zitoun El Kedim
Zitoun El Djedid
Bab Arhmad
Av. Houman El Fetouaki
Pl. Youssef
Ben Tachfine
Av. Houman El Fetouaki
Rue Ibn Rachid
Pl. des
Ferblantiers
Jüdischer
Friedhof
Friedhof
Bab
Rhemat
Krankenhaus
Avenzoar
Rue Essaadiyne
MELLAH
Rue Bélaid
Friedhof
Sidi Es Soheili
KASBAH
Bab Ahmar
R. de Bab Ahmar
Bab Bou
Oukkaz
Bab
Ksiba
Bab El
Arhdar
Taroudannt
Oukaimeden

Richtig Reisen-Tipp: Der Basar Dar Si Aissa

Eine große Auswahl in nahezu allen klassischen Sparten des marokkanischen Kunsthandwerks in hervorragender Verarbeitung findet man im Dar Si Aissa (37, Rue Sidi El Yamani, in der Nähe der Djemaa El Fna, Tel. 044-44 19 04, 044-44 02 27, Fax 044-44 36 99). Das weitläufige Palais, auch als gastronomische Adresse zu empfehlen, birgt in seinen Gelassen (keinesfalls sollte man den atemraubenden Blick von der Dachterrasse versäumen) ganze Schatzkammern.

Qualitätsware hat ihren Preis: Wer das Dar Si Aissa aufsuchen will, sollte mit den Feinheiten des Handelns bereits etwas vertraut sein; man sollte sich nötigenfalls ein paar Stunden Zeit nehmen und geduldig handeln, hart und fair. Egal, welche Sprache man beim Handeln favorisiert, hier wird in wirklich sämtlichen Idiomen flüssig parliert, selbstredend auch auf Deutsch!

Holzschnitzer, der *babouches*-Hersteller und Eisenschmiede; die halbrechts abführende Straße Souk El Kebir wird von den Teppich- (auch über die Place Rahba Kedima zugänglich) und Schmuck-Souks gesäumt, die Verlängerung der Straße Souk El Kebir mündet in den Lederwaren-Souk (Souk Cherratine). Zwischen Souk Attarine und Souk El Kebir liegen die überwiegend kostbaren Textilien vorbehaltenen Läden der Kissaria.

In unmittelbarer Nähe des Kupferschmiede-Souks liegt die 1570 erbaute **Moschee El Mouassine** 3, daneben die Fontaine El Mouassine (spätes 16. Jh.), ein reich verzierter Brunnen, der das ganze Viertel mit Wasser versorgt.

Moschee und Medersa Ben Youssef

Hinter dem Souk Cherratine stößt man auf eine Kreuzung; wenn man dort der halblinks weiterführenden Straße folgt, passiert man rechter Hand eine kleine Sackgasse. An ihrem Ende liegt die Koubba Bardijin (durch ein Schild »Koubba des Almoravides« gekennzeichnet), deren Kuppelkonstruktion sehenswert ist. Die Koubba (um 1100) gehört zu den wenigen erhaltenen almoravidischen Bauten.

Etwas weiter die Straße hinunter erhebt sich an einem kleinen Platz die **Moschee Ben Youssef** 4. Ihre Grundmauern datieren noch in die Almoravidenzeit, die heutige Gestalt stammt aber im Wesentlichen aus dem 16. Jh. und von einem umfassenden Umbau im 19. Jh. Kurz vor der Moschee zweigt rechts eine Gasse ab. Sie führt zur **Medersa Ben Youssef** 5 (tgl. außer Di 8–12 und 14.30–18 Uhr), der einst größten Koranschule des Maghreb. Der 1565 errichtete Bau erinnert in Anlage und Innenschmuck an die älteren merinidischen Medersen von Fès. Ein Marmorbrunnen gleich hinter dem Eingang weist Tierdarstellungen auf – die einzigen, die in einem marokkanischen Sakralbau zu finden sind!

Nordwestlich der Medersa Ben Youssef (über die Rue de Bab Tarhzout erreichbar) befinden sich die **Zaouia des Ṣidi Ben Slimane** 6 (16. Jh.) und die **Zaouia des Sidi Bel Abbes** 7 (1605 errichtetes Grabmal eines seit dem 12. Jh. verehrten Ordensgründers, eine der wichtigsten Wallfahrtsstätten der Stadt).

Folgt man der an Moschee und Fontaine El Mouassine entlangführenden Rue Mouassine und zweigt nach links in die (zum Bab Doukkala und Busbahnhof führende) Rue de Bab Doukkala ab, so gelangt man nach etwa 300 m zum **Dar El Glaoui** 8, dem Palast des einstigen Paschas von Marrakesch. Ironie der Geschichte, dass einige Trakte der prunkvollen Anlage heute ausgerechnet von der U.M.T.-Gewerkschaft genutzt werden. Der Dar El Glaoui – in dem Stadtviertel wurden 1956 Anhänger des mit den Franzosen kollaborierenden Paschas bei lebendigem Leib verbrannt! – kann nicht besichtigt werden.

Das Wahrzeichen der Stadt – die Koutoubia

An der Nahtstelle von Medina und Neustadt, die Place Djemaa El Fna beherrschend, liegt die **Koutoubia-Moschee** 9, deren Minarett

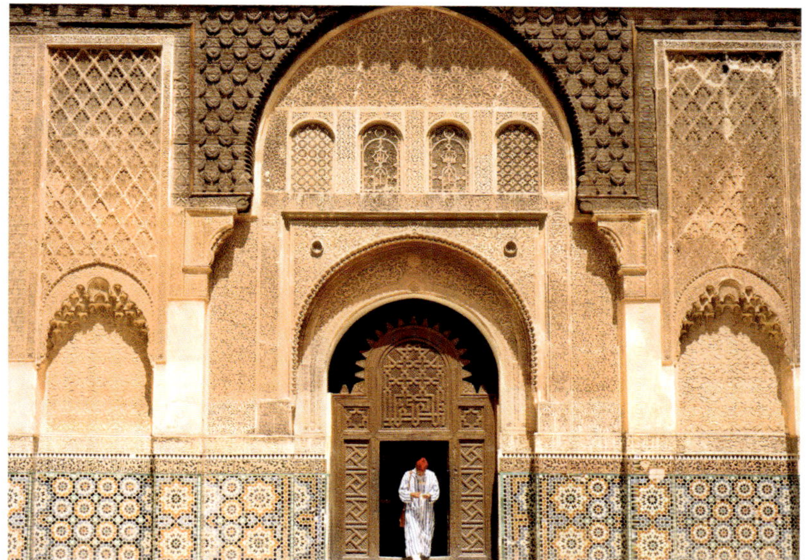

Sakrale Geometrie: die Medersa Ben Youssef

das architektonische Wahrzeichen von Marrakesch ist. Die Moschee hat ihren Namen vom Souk El Koutoubijn, dem Souk der Buchhändler, der einst hier seinen Platz hatte. 1158 wurde sie anstelle einer almoravidischen Moschee erbaut (Reste davon wurden freigelegt); das Minarett datiert allerdings erst vom Ende des 12. Jh. Die Koutoubia misst 90 x 60 m, ihre von 112 Pfeilern gestützten 17 Schiffe zeigen die für maurische Moscheen typische Anlage.

Eine herausragende Bedeutung kommt dem Bau vor allem wegen seines Minaretts zu: Es ist das einzige vollendete der Almohadenzeit. Zusammen mit der Giralda von Sevilla und dem Hassan-Turm von Rabat, die beide aus der gleichen Zeit stammen, ist es bis zum heutigen Tage das Vorbild marokkanischer Minarette. Steinornamente, an jeder Seite anders gestaltet, zieren die Außenseiten des Turms, der sich mit sechs übereinanderliegenden Sälen bis auf eine Höhe von 69 m erhebt, mit dem Kugelschaft an der Spitze sogar bis auf 77 m.

Die Mellah

An der Ostseite der Place Djemaa El Fna nehmen zwei Straßen ihren Anfang, um sich durch die **Mellah** 10 zu ziehen. Im 16. Jh. gegründet und im 19. Jh. erweitert, war sie bis ins 20. Jh. hinein die größte Judenstadt Marokkos, ehe sie dann von der Casablancas überflügelt wurde. Die meisten Juden sind inzwischen ausgewandert, aber noch immer findet man in dem Viertel zahlreiche Gold- und Silberschmiedeläden. Die zwischen Café du France und CTM-Gebäude beginnende Rue Riad Zitoun El Kecim führt zum Hauptplatz der Mellah, der Place des Ferblantiers. Bei diesem Platz liegt der sehenswerte Souk der Mellah.

Museum Dar Si Said und Palais de la Bahia

Die zweite Straße, die durch die Mellah verläuft, die Rue Riad Zitoun El Djedid, erreicht man über die Rue de Banques, die neben dem Café du France anfängt. Sie mündet ebenfalls bei der Place des Ferblantiers, passiert aber vorher zwei bedeutende Sehenswürdigkeiten: Die dritte Gasse, die von der Rue Riad Zitoun El Djedid nach Verlassen der Djemaa El Fna links abzweigt (Torbogen kurz vor der Moschee), und eine von dieser gleich rechts abknickende verwinkelte Stichstraße führen zum **Museum Dar Si Said** **11** (Tel. 024-38 95 64; tgl. außer Di 9–12 und 15–18 Uhr, Teppiche, Trachten, Holzschnitzereien, Silberschmuck, Keramik, Waffen). Dieses Museum für marokkanische Volkskunst, in einem Palast aus dem späten 19. Jh. untergebracht, gibt von allen Folkloremuseen Marokkos die beste Übersicht über das Kunsthandwerk der Berber. Dort, wo die Rue Riad Zitoun El Djedid an einem belebten Platz plötzlich nach rechts abknickt, ist linker Hand das mächtige Portal des **Palais de la Bahia** **12** zu sehen (tgl. außer Di 8.45–11.45 und 14.45–17.45 Uhr). Der um 1900 erbaute Palast mit mehreren Gebäuden und Gärten war Sitz des Großwesirs Bou Ahmed, der um die Jahrhundertwende an Stelle des jungen Sultans Abd El Aziz regierte. Später residierte hier kurz El Glaoui und auch die französische Verwaltung war zeitweise im Bahia-Palast zu Hause. Die reich geschmückten Innenräume demonstrieren die orientalische Prachtentfaltung jener Zeit. Führungen durch den Palast finden in verschiedenen Sprachen statt.

El-Badi-Palast und Dar El Makhzen

Der Straßenzug mündet schließlich auf die Place des Ferblantiers. Etwas südlich davon erheben sich – deutlich sichtbar – die mächtigen Ruinen des **El-Badi-Palastes** **13** (tgl. von 8–12 und 14.30–18 Uhr), der zwischen 1578 und 1603 als Residenz des Saadiersultans Ahmed El Mansour erbaut wurde und die größte und schönste Palastanlage des ganzen Maghreb gewesen sein soll. Der große Innenhof war nach dem Vorbild des berühmten Löwenhofs der Alhambra von Granada gestaltet. Um 1700 ließ Moulay Ismail den Palast zerstören, ein Teil des Baumaterials wurde nach Meknes gebracht und für die Erweiterung der dortigen Königsstadt verwendet. Erhalten haben sich nur die Außenmauern, die aber immerhin noch einen guten Eindruck von der einstigen Ausdehnung des El Badi geben. Im Sommer sind die Ruinen Schauplatz eines nationalen Folklorefestivals.

An den El Badi-Palast schließt sich südlich der neuere Komplex des **Dar El Makhzen** **14** an. Dieser nach Herrschaftsantritt der Alaouitendynastie errichtete Palast kann nicht besichtigt werden: Er dient dem König bei Aufenthalten in Marrakesch noch heute als Residenz. Kurze Zeit lebte hier auch der letzte Schah von Persien im Exil. Die südliche Begrenzung des Dar El Makhzen bildet der dreiteilige Mechouar (Versammlungshof); daran grenzt die 3 km lange **Gartenanlage Agdal** **15**, die in ihrer jetzigen Form aus dem 19. Jh. stammt und vor allem Obstbäume umfasst.

Die Kasbah-Moschee und die Saadiergräber

Das **Bab Agnaou** 16 und das benachbarte **Bab Er Robb** 17 (beide aus dem 12. Jh.), etwa 300 m westlich des El-Badi-Palastes gelegen, markieren die Zugänge zum Kasbah-Viertel, dem Gebiet der einstigen Almohadenstadt. Die unweit der Tore gelegene **Kasbah-Moschee** 18 geht noch auf diese Zeit zurück. Sie wurde zwar in späteren Jahrhunderten mehrfach verändert – besonders nach einem Brand im Jahre 1569 –, hat aber ihren Grundplan vom Ende des 12. Jh. bewahrt. Von besonderer Bedeutung war das alte Minarett der Moschee, dessen reiche Außenverzierungen zum Vorbild späterer Minarettornamentik wurden.

Unmittelbar neben der Moschee, erkennbar an zahlreichen vorgelagerten Souvenirgeschäften, führt ein Tor zu den **Saadiergräbern** 19 (Tombeaux des Saadiens, tgl. außer Fr 8.30–12 und 14–18 Uhr), die zu den bedeutendsten Baudenkmälern der Stadt zählen. Die Nekropole wurde zwischen 1590 und 1600 angelegt und später unter Moulay Ismail, der alle Erinnerungen an die Saadierdynastie tilgen wollte, mit einer Mauer verschlossen. Erst 1917 wurden die Gräber wiederentdeckt. Die Anlage besteht aus zwei Mausoleen, deren Innenräume mit prachtvollem Mosaik-, Stuck- und Zedernholzschmuck ausgestattet sind. Das schönste Grab im größeren der beiden Mausoleen ist das von Ahmed El Mansour, dem berühmtes-

Aura des Zerfalls: der El-Badi-Palast

Die Seele der Medina – Marrakesch versus Fès

Die Rivalität der beiden Königsstädte Marrakesch und Fès ist in Marokko sprichwörtlich, ihre Bewohner – *marrakchi* und *fassi* – pflegen eine Art hingebungsvolle Verachtung füreinander. Woher kommt diese innige Feindschaft? Beide Städte gelten mit gleichem Recht als die schönsten des Landes, beide waren die Hauptstädte regierender Dynastien, beide sind reich an Kunstschätzen, an imponierender Historie, an städtischer Kultur im weitesten Sinne.

In einem Kapitel seines Buches »Le Maroc a nu« (Paris 1989) hat Michel van der Yeught versucht, die Topografie beider Städte, die Linien ihrer Avenuen, Straßen und Wahrzeichen, das Weichbild ihrer Viertel, Souks und Medinas, kurz, ihre urbane Struktur zu entziffern wie die Lettern einer verborgenen Schrift. In der Gewissheit, dass Städte – und die arabische Medina zumal – eine Seele haben, soll dieser Ansatz hier übernommen und ausgebaut werden. Ein Versuch, die Topografien einer Stadt zu ›lesen‹.

1. Marrakesch ist eine simple, Fès eine komplexe Stadt. Die kilometerlange Avenue Mohamed V ist das urbane Rückgrat Marrakeschs, die gliedernde Sichtachse von Neustadt und Medina (die Avenue de la Menara sowie die von ihr rechtwinklig abzweigenden Avenues du Président Kennedy und Mohamed VI strukturieren in ähnlicher Weise das Hotel- und Villenviertel Hivernage). Marrakesch hat ein weithin sichtbares Wahrzeichen, das Minarett der Koutoubia, sowie ein unbestrittenes städtisches Zentrum, das Herz der Place Djemaa El Fna. Die Medina ist von einer etwa 12 km langen Stadtmauer eingefasst, eine Grenzziehung als markante Lineatur. – Fès ist als urbanes Gesamtkunstwerk ein labyrinthisch zerklüftetes Gelände, das in die Viertel Fès El Bali, Fès El Djedid, die Neustadt sowie die seit 1960 unkontrolliert wuchernden Ansiedlungen oberhalb der Merinidennekropole zerfällt. Auch wenn die Talaa Kebira sowie die Talaa Seghira als in etwa parallele Straßenzüge Fès El Bali durchziehen: Fès kennt keine so eindeutig dominierende Hauptader wie die Avenue Mohamed V in Marrakesch, kein so konkurrenzlos aufragendes Wahrzeichen wie die Koutoubia, keinen die städtischen Rhythmen so unangefochten bestimmenden Zentralplatz wie die Djemaa El Fna.

2. Marrakesch ist eine profane Stadt, Fès eine spirituelle. Marrakesch ist eine Stadt der Zahlen, des Handels, vom Charakter her eine Oasen- und Wüstenstadt mit überwiegend berberischer Bevölkerung. Fès ist das arabische Herz des Landes, Kultur- und Kunststadt ersten Ranges, eine Stadt der Buchstaben, des intellektuellen Disputs, Sitz einer der ältesten Universitäten der Welt, Zentrum legendärer Bibliotheken und umtriebiger religiöser Bruderschaften. Marrakesch, einst Knotenpunkt der großen Karawanenrouten, verdankte seinen Reichtum dem Gold- und Sklavenhandel mit Timbuktu (Mali) und den westafrikanischen Königreichen. Fès verdankte seinen Reichtum jahrhundertelang eher dem Geschick seiner Handwerker und dem intellektuell-kreativen Kapital seiner Eliten.

3. Marrakesch ist eine vollkommen ebene Stadt, hingelagert vor die grandiosen Panora-

Thema

men des Hohen Atlas, Fès eine auf hügeligen Untergrund gebettete Stadt in bukolischer Landschaft. Hier ist immer noch der Esel das gebräuchlichste (Last-)Taxi, anders wäre ein Durchkommen durch Gassen und Gässchen auch gar nicht möglich. Die Medina von Fès hat sich gegen die Zumutungen der technischen Moderne weitgehend abgeschottet – sozusagen eingewecktes Mittelalter. Die Medina von Marrakesch ist teilweise für den motorisierten Durchgangsverkehr geöffnet, die Mofafahrer sind hier Legion. Eselsschreie und die »Balek«(Achtung)-Rufe der Treiber sind *das* Geräusch in der Medina von Fès, in Marrakesch sind es die ewig knarzenden Mofahupen – ein lärmiges Gehaste. Marrakesch ist eine moderne, schnelle Stadt; Fès ist die kontemplativere, gemessenere von beiden.

4. Marrakesch ist die Stadt der Datteln, Fès die der Oliven. Marrakesch ist mit seinem Umland, vor allem mit der südlich gelegenen, landwirtschaftlich intensiv genutzten Haouzebene, osmotisch verwoben. Jene bäuerliche Komponente, die in Marrakesch unübersehbar ist, tritt in Fès kaum in Erscheinung. *Marrakchi* und *fassi* sind einander durchaus unähnlich – bis in Haltungen der Körpersprache hinein, bis in Feinheiten des Habitus, bis in die das Stadtbild prägenden Hautschattierungen. Marrakesch ist eine ›afrikanische‹ Stadt, Fès eine zutiefst ›arabische‹. Nicht umsonst ironisieren die *marrakchi* die *fassi* häufig als »poules blanches«, was am ehesten als bleiche Stubenhocker zu übersetzen ist. In der Tat haben die meisten *fassi* für Ackerbau allenfalls Geringschätzung, wenn nicht Verachtung übrig. Ein *marrakchi* hat sich in der Regel ein feines Sensorium, wenn nicht deutliche Wertschätzung für das bäuerliche Element in seiner Umgebung bewahrt. Marrakesch ist Stoff, Fès ist Geist …

5. Beide, *marrakchi* wie *fassi*, sind absolut sicher, in der schönsten und bedeutendsten Stadt Marokkos zu leben. Nicht was die Schönheit der Städte angeht – die lässt sich nicht messen, der Wettstreit nicht entscheiden –, wohl aber was ihre behauptete Wichtigkeit angeht, befinden sich *marrakchi* wie *fassi* wohl im Irrtum. Ihre politische Bedeutung haben Marrakesch und Fès längst an Rabat verloren – ihre wirtschaftliche an Casablanca.

Volksküche und Open-Air-Spektakel: die Djemaa El Fna in Marrakesch

ten Saadiersultan. Insgesamt sind sieben Sultane und 62 Angehörige der Sultansfamilien in den beiden Grabmalen bestattet; etwa hundert weitere Gräber liegen im Freien.

Die Ville nouvelle

Die Neustadt von Marrakesch, Ville nouvelle oder Guéliz genannt, wurde seit 1916 von den Franzosen angelegt. Die Verbindungsstraße zwischen der Medina und der Neustadt ist die Avenue Mohamed V, die Hauptachse der Stadt, die vor der Koutoubia ihren Anfang nimmt. Das Geschäftszentrum stellt der Abschnitt zwischen der Place du 16 Novembre, wo sich auch die Hauptpost befindet, und der Place Abd El Moumen Ben Ali mit den umliegenden Seitenstraßen dar. In diesem Gebiet, das etwa 1500 m von der Place Djemaa El Fna entfernt ist, liegen viele Straßencafés, Bars, Restaurants, mittlere und größere Hotels, moderne Geschäfte, Banken, die beiden Fremdenverkehrsämter und ein Lebensmittelmarkt. Südlich des Geschäftszentrums finden sich im **Villenviertel Hivernage** 20 die meisten der Luxushotels, das Spielcasino, mondäne Nachtclubs und der Campingplatz.

Südwestlich des Hivernage-Viertels liegen die ausgedehnten Menara-Gärten, eine Obstplantage aus dem 19. Jh., mit dem großen, berühmten Wasserbecken **Bassin La Menara** 21 und einem Palais. Das Bassin La Menara vor der Kulisse der schneebedeckten Atlasgipfel ist eines der beliebtesten Fotomotive des marokkanischen Tourismusmarketings.

Im Norden der Neustadt, etwa 800 m nördlich des Bab Doukkala (bei der Avenue Yacoub El Mansour), liegt der reizvolle botanische Garten **Jardin Majorelle** 22 (täglich bis 18 Uhr geöffnet).

i **Délégation du Tourisme:** Place Abdelmoumen Ben Ali, Tel. 024-43 62 39, Fax 024-43 60 57, Mo–Fr 8.30–16.30, Sa 9–12 und 15–18 Uhr. Auf Nachfrage (!) detaillierte Informationen und aktuelle Listen zu Riads, Clubhotels, *residences touristiques* und Apartmentanlagen.

C.R.T.: Place Youssef Ben Tachfine, Tel. 024-38 52 61, Fax 024-38 52 49, crtmarrakech@menara.ma, tourismemarrakech@iam.net.ma.

Das Einfärben von Stoffbahnen ist häufig anstrengende Handarbeit

Rechtzeitig buchen!

Marrakesch ist längst zu einer international bedeutenden Konferenz- und Kongressstadt avanciert; während derartiger Ereignisse und auch zwischen Weihnachten und Neujahr ist die Stadt besonders überlaufen – wer im Hotel seiner Wahl logieren möchte, sollte sich um rechtzeitige Zimmerreservierung kümmern.

Nachfolgend eine notwendig subjektive und unvollständige Auswahl von Riads, die derzeit unter deutschsprachigem Management laufen:

Riad Bordj Dar Lamane: Medina, an der Place Ben Salah, Tel. 024-37 85 41, www.marokko-exklusiv.de. Mit türkischem Bad, Hamam, Dachterrasse. Suiten für zwei Personen mit Frühstück um 1500 DH.

Dar Achaiah: M'hammdia, 12 km außerhalb Richtung Fès, Tel. 024-32 97 63, Fax 024-32 97 64, www.darachaiah.net. Hamam, Pool, Garten. DZ 220–320 €.

Dar El Assafir: 24 bis, Arset El Hamed, Nähe Bab Doukkala, Tel. 024-38 73 77, Fax 024-38 68 48. Traditionshaus mit 6 Zimmern und schönem Innenhof. DZ um 1000 DH.

Dar El Siam: Medina, Sektor Dabachi, Tel./Fax 024-38 45 50, www.darelsiam.com, contact@darelsiam.com. 3 Suiten, 4 DZ, Patio. DZ 100–150 €.

Dar Nejma: Medina, Tel. 024-37 73 79, www.darnejma.com. 6 Zimmer, Dachterrasse, Patio. DZ 80–100 €.

Riad Abbassia: 2, Derb El Khettara, Medina, Tel. 024-38 57 18, Fax 024-43 66 87, www.riad-abbassia.ma, riadabbassia@menara.ma. 4 Suiten, 2 DZ, Patio, Dachterrasse. DZ 80–200 €.

Riad Enija: 9, Derb Mesfioui, Tel. 024-44 09 26, Fax 024-44 27 00, www.riadenija.com, riadenija@riadenija.com. 280 Jahre alter Stadtpalast mit 7 Suiten, 5 Zimmern. Massage, orientalische Gesichtspflege; Exkursionen, Wüstentrips, Stadttouren.
Riad Noga: Medina, 78, Derb Idid, Tel. 024-38 52 46/47, Fax 024-38 90 46, www.riadnoga.com, riadnoga@iam.net.ma. Dachterrasse, Pool, Patio. DZ 1400–2000 DH.
Riad El Cadi: Medina, Sektor Dabachi, Tel. 024-37 86 55, www.riyadelcadi.com. Eher ein Museum als ein Riad, vom früheren deutschen Botschafter als ein Traum von Wohnen und Wohlfühlen in Szene gesetzt. 12 Suiten, 1200–3000 DH.
Weitere Informationen zu Riads unter: www.riadomaroc.com, www.morocco-travel.com, www.marrakech-riads.net.

La Mamounia [1]: Av. Bab Djedid, Tel. 024-44 44 09, Fax 024-44 49 10, www.mamounia.com. Ein Luxusklassiker mit allem, was dazugehört, bis hin zum hoteleigenen Spielcasino. DZ 3000–8000 DH, »Themensuiten« bis 30000 DH (s. S. 247).
Kempinski Hotel Mansour Eddahbi [2]: Av. Mohamed VI, Tel. 024-33 91 00, Fax 024-33 91 10/11, www.hotel-mansoureddahbi.com. 440-Zimmer-Haus in Hivernage, diverse Restaurants, 3 Pools, Disco, Fitnesscenter, Bars, Ladenpassagen etc. DZ 3200 DH, Suiten 4000–16000 DH.
Les Jardins de la Koutoubia [3]: 26, Rue de la Koutoubia, Tel. 024-38 88 00, Fax 024-44 22 22, www.lesjardinsdelakoutoubia.com. Architektonisch sehr gelungene Anlage nahe der Place Djemaa el Fna, Luxusstandard. DZ 2100–2700 DH, Suiten 4500–10000 DH.
Hotel Meridien N'Fis [4]: Av. Mohamed VI, Tel. 024-33 94 00, Fax 024-33 94 05, www.lemeridien-marrakech.com. 300-Zimmer-Komplex in Hivernage, Pauschaltarife oder Mehrtagesarrangements. DZ 1850 DH.
Royal Mirage Hotel (früher Sheraton) [5]: Av. de la Menara, Tel. 024-44 89 98, Fax 024-43 78 43, www.royalmiragehotels.com. Spezielle Sauna-, Hamam- und Massageangebote. DZ 1350 DH.
Hotel Atlas Marrakech [6]: Av. Mohamed VI, Tel 024-33 99 00, Fax 024-43 33 08, Viersternehaus im Hivernage-Viertel. DZ 1150 DH.
Hotel Nassim [7]: 115, Av. Mohamed V, Tel. 024-44 64 01, Fax 024-43 67 10, www.cybernet.net.ma/nassim Etwas steriles Etablissement im Neustadtzentrum. DZ 800 DH.
Hotel Le Marrakech [8]: Place de la Liberté, Tel. 024-43 43 51, Fax 024-43 49 80. 350-Zimmer-Komplex an der Nahtstelle zwischen Medina und Neustadt. DZ 700 DH.
Hotel La Menara [9]: Av. des Remparts, Tel. 024-43 64 78, Fax 024-44 73 86. Nahe der Place de la Liberté, Mittelklassehotel mit gutem Preis-Leistungs-Verhältnis. DZ 480 DH.
Hotel Gallia [10]: 30, Rue de la Recette, Tel. 024-44 59 13, Fax 024-44 48 53. 20 Zimmer, lauschiger Innenhof. DZ 450 DH.
Hotel Islane [11]: 279, Av. Mohamed V, Tel. 024-44 00 81, Fax 024-44 00 85, www.hotelislane.com. Unmittelbar an der Koutoubia gelegenes Haus mit günstigem Restaurant. DZ 380 DH.
Grand Hotel Tazi [12]: Rue El Mouahidine, Tel. 024-44 27 87, Fax 024-44 21 52. Klassisches Traveller-Hotel mit Restaurant; die Zimmer zur Straße sind recht laut. DZ 360 DH.
Hotel De Foucauld [13]: Rue El Mouahidine, Tel. 024-44 54 99, Fax 024-44 13 44. Adresse für Backpacker direkt an der Djemaa El Fna. DZ 290 DH.
Hotel Ali [14]: Rue Moulay Ismail, Tel. 024-44 49 79, Fax 024-44 05 22, hotelali@hotmail.com. In dieser Preiskategorie seit Jahren unschlagbar, Vermittlung von Bergführern, Abendbüffet auf der Dachterrasse, angeschlossenes Internetcafé, Vermietung von Mountainbikes, freundliches Personal; Reservierung empfohlen. DZ 250 DH.
Hotel CTM [15]: Place Djemaa El Fna, Tel. 024-44 23 25. Für Spartaner, doch mit überwältigendem Panorama von der Dachterrasse. DZ 160 DH.

Dar Moha [16]: 81, Rue Dar El Bacha (Nähe Koutoubia-Moschee), Tel. 024-38 64 00, www.darmoha.com. *Nouvelle cuisine marocaine*, *grillades*, großes Sortiment an *tajines*, Salate. 300–450 DH.

Richtig Reisen-Tipp: Das Hotel Mamounia

Churchill pflegte hier zu residieren, Orson Welles und Yves Montand gaben sich die Ehre, Rita Hayworth und Catherine Deneuve – und jüngst Sylvester Stallone: Das Hotel Mamounia in Marrakesch, direkt am Bab El Djedid gelegen, ist *das* Prunk- und Traumhotel schlechthin in Marokko, eine erste Adresse des internationalen Jetset, der Creme aus Hochadel, Hochfinanz, Politprominenz und Filmglamour.

Über Geld spricht man hier nicht, man hat es. Zwischen 17500 und 25000 DH – um die Indiskretion dennoch zu begehen – kosten die 540-Quadratmeter-›Villen‹, – pro Tag wohlgemerkt! Wenn die Gäste in den hoteleigenen weißen Bademänteln durch die Parkanlagen lustwandeln, wenn abends in der Pianobar aufgespielt wird und die Croupiers im hauseigenen Spielcasino ihr »Rien ne va plus!« hauchen – dann weht momentweise eine ganz eigene, in einen Fantasieorient versetzte ›Zauberberg-Atmosphäre‹ durch die heiligen Hallen.

Kein Zufall, dass das Mamounia immer wieder als Filmkulisse diente, ist es doch selbst eine schöne Fantasmagorie, aller elenden Realität entrückt. Angeblich 70 Gärtner sind hier in Lohn und Brot, damit beauftragt, den 5 ha großen Park, eine Sammlung botanischer Raritäten, zu hegen und zu pflegen. Auch den Nichthotelgästen, dezentes Outfit vorausgesetzt, wird von den Portiers eine Visite des Hotelgeländes gewährt – es sei denn, im Mamounia logieren gerade Exzellenzen, denen der Anblick von gemeinem Volk schlicht nicht zuzumuten ist.

Haute Cuisine in Vollendung, ein perfektgeräuschloser Service, Verführung pur und der Dispens vom Alltag – das Mamounia ist eine Oase des märchenhaften Luxus.

Das Mamounia: wohl das berühmteste Hotel Marokkos

Essen auf die Hand
Man sollte sich vom ersten Augenschein, der nicht unbedingt hygienische Unbedenklichkeit verheißt, nicht täuschen lassen. Die zahlreichen Essensstände, die, spärlich illuminiert, bei Einfall der Dämmerung auf der Djemaa El Fna aufgebaut werden, unterliegen inzwischen einer strengen Hygienekontrolle durch die marokkanischen Behörden. Schon weil die abendliche Atmosphäre gerade hier ganz unvergleichlich ist, sollte man die regionale Küche getrost versuchen; die Produkte sind frisch vom Tage, gekonnt zubereitet und beim Fleisch au point gegart. Was hier allabendlich stattfindet, ist eine Art marokkanische Volksküche, das deftig-rustikale Gegenteil zu allen Allüren einer internationalen Designerküche. Man sitzt auf Holzbänken, Papier statt Tischtuch, kurzzeitige Ausfälle der Stromaggregate werden mit kollektivem Aufstöhnen quittiert (so wie der wieder in Gang gebrachten Beleuchtung dann applaudiert wird). Das Speisensortiment ist ein kompakter Grundkurs in marokkanischer Gastronomie: *harira*, *brochettes*, Grillfisch, *kefta* mit Beilagen, Geflügel, Salate, Muscheln …

Stylia 17: 34, Rue Ksour (Nähe Place Djemaa El Fna), Tel. 024-44 35 87. Andalusisches Dekor, Spezialitäten sind Lamm und Hühnchen. 250–450 DH.

Al Fassia 18: 232, Av. Mohamed V. (Nähe Place du 16 Novembre), Tel. 024-43 40 60. Marokkanische Gastroklassiker. 200–300 DH.

Le Marrakchi 19: 52, Rue de Banques (direkt an der Djemaa El Fna), Tel. 024-44 33 77. Marokkanische Gerichte, Speisesaal mit überwältigendem Panorama, Mittag- und Abendtisch. 150–300 DH.

Le Pavillon 20: 47, Derb Zaouia (beim Bab Doukkala), Tel. 024-38 70 40;y ab etwa 19 Uhr geöffnet, Di geschl. Michelinsterngekürter Chefkoch, Leberspezialitäten, große Dessertauswahl, Karte französischer Weine. 150–300 DH.

Le Jardin des Arts 21: 6,7 Rue Sakia El Hamra (Quartier Semlalia, etwa 3 km von der Djemaa El Fna), Tel. 024-44 66 34; Mo mittags geschl. In sehr gepflegte Gartenanlage gebettet, Fleisch- und Fischgerichte. Sechsgängiges *Menu surprise* 450 DH, Hauptgerichte 150–200 DH.

Im Zuge des aktuellen Marrakesch-Booms haben sich inzwischen etliche teure Boutiquen, Läden für Lederwaren (empfehlenswert ist hierfür die Galerie Birkemeyer, 165–167, Rue Mohamed El Bequal, Tel. 024-44 69 63, www.galerie-birkemeyer.com), Designerklamotten, Teppiche, Schmuck und Antiquitäten, Lampen, Pflegeöle, Parfüms, Möbel, Keramik und Kaftane sowie etliche Kunstgalerien in der Neustadt angesiedelt (besonders im Stadtteil Guéliz an der Av. Mohamed V nordwestlich der Place de le Liberté sowie in den großen Querstraßen der Av. Mohamed V).

Das Warenangebot ist derart riesig und die Preisspannen für Marokkoneulinge sind derart unüberschaubar, dass sich in Marrakesch inzwischen der Job eines »personal shopper« etabliert hat, Experten der Szene, die Marrakeschtouristen beim Shopping führen und begleiten sowie bei den Preisverhandlungen assistieren – das Ganze zu Tagessalären ab 100 €!

Empfehlenswert ist durchaus ein Besuch im **Ensemble artisanal** (Av. Mohamed V, neben dem Rathaus, Tel. 024-38 66 74). Hier werden Waren des marokkanischen Kunsthandwerks zu Fixpreisen angeboten, eine gute Gelegenheit, sich vor Einkäufen in den Souks über ein leidlich realistisches Preisniveau ins Bild zu setzen.

Nichts ändert sich schneller als die Vorliebe für sogenannte angesagte Diskotheken. Derzeit scheinen für Nachtschwärmer besonders die folgenden Etablissements (mit Eintrittspreisen zwischen 100–300 DH) interessante und beliebte Adressen zu sein:

Pacha: Av. Mohamed VI. Restaurant, Lounge, Pool.

Paradise: Hoteldisco des Kempinski. Hip-Hop und House.

Theatro: Hoteldisco des Es-Saadi. Internationale DJ's,
Cotton Club: Im Quartier Semlalia. Orientpop und internationaler Beat.
New Feeling: Hoteldisco von Les Jardins de la Palmeraie. Sehr edel gestylt, entsprechend die Schickeriaklientel.
Diamant Noir: Hoteldisco vom Le Marrakech. Charts und Elektro, recht heterogene Klientel.

Théâtre royal: Av. Mohamed VI, Tel. 024-43 56 68.
Kino **Colisée**: Bd. Zerktouni, nahe Place Abd El Moumen Ben Ali, Tel. 024-44 88 93. Verfügt über eine moderne Projektions- und Tonanlage, präsentiert exzellente 35-mm-Kopien und ist – durchaus eine Seltenheit selbst in marokkanischen Großstädten – nicht auf den gängigen cineastischen Mainstream fixiert.

Feste/Veranstaltungen:
Internationales Filmfestival: Besteht seit 2001, zumeist im November.
Internationaler Marathonlauf: Meist Mitte Januar.
Folklorefestival: Juni, in den Ruinen des El-Badi-Palastes. Hier erhält man einen guten Überblick über die sehr unterschiedlichen Musik- und Tanztraditionen des Landes – ein Augen- und Ohrenschmaus. Außerdem Trancetänze von Gnaoua-Musikern.

Als erste Orientierung, aber auch, um eine Ahnung von der Weitläufigkeit und den verschiedenen Vierteln der Stadt zu bekommen, kann man eine Rundfahrt mit den für Marrakesch typischen Pferdekutschen unternehmen (großer Standplatz beim Club Med). Fahrrad-, Mountainbike- und Mofavermieter finden sich besonders in den Sektoren Kennaria und Dabachi östlich und südöstlich der Djemaa El Fna.

Die großen Gartenanlagen (Agdal, Menara, Jardin Majorelle) sowie die riesige Palmeraie im Norden der Stadt eignen sich vorzüglich zu Spaziergängen und zum Verschnaufen, wenn man dem hektischen Getriebe der Me-

Gnaoua-Musiker auf der Djemaa El Fna

tropole mal entkommen will. Als Ziele von Tagesausflügen empfehlen sich besonders das Ourikatal und Oukaimeden (s. S. 251). Wer ausgedehnte Bergwanderungen oder anspruchsvolle Klettertouren im Hohen Atlas unternehmen will, kann sich über die Délégation du Tourisme eine Liste erprobter Bergführer geben lassen oder im Hotel Ali nachfragen. Besonders im Winter sollte man derartige Touren nicht ohne ortskundige Führer angehen.

Flugzeug: Der internationale Flughafen Marrakesch-Menara (Tel. 024-44 78 65/79) liegt etwa 6 km südwestlich des Zentrums, keine direkten Zubringerbusse. Inlandsflüge von Marrakesch via Casablanca (Royal Air Maroc: 197, Av. Mohamed V, Tel. 024-42 55 00/01); die TUI-Tochter Hapag Fly fliegt zweimal wöchentlich von Stuttgart, Frankfurt am Main und München nach Marrakesch; die 2004 gegründete schweizerische Fluggesellschaft Hello Airline fliegt Sa von Basel und Mulhouse nach Marrakesch; die Ryan Air plant eine Verbindung von Karlsruhe/Baden-Baden nach Marrakesch. Das Engagement der Airlines bestätigt, dass gerade Marrakesch derzeit besonders im Trend liegt – was sich mittelfristig auch wieder ändern kann (Stand der Angaben zu Flugverbindungen: Herbst 2006).
Bahn: Der Hauptbahnhof (Tel. 024-44 65 69) liegt an der Av. Hassan II (zweigt an der Place du 16 Novembre von der Av. Mohamed V ab) im Westen der Neustadt. Tgl. Verbindungen nach Casablanca, Rabat, Tanger, Meknes–Fès (umsteigen in Sidi Kacem). Marrakesch ist der südlichste Punkt des marokkanischen Eisenbahnnetzes.
Bus: Der moderne, sowohl von der CTM als auch von den Privatlinien angefahrene Busbahnhof (Tel. 024-43 39 33) liegt an der Place El Mourabiten beim Bab Doukkala am Nordwestrand der Medina; von hier ausgezeichnete tägliche Verbindungen in alle Großstädte des Landes; für Touren an den Nordrand des Hohen Atlas (Amizmiz, Asni, Ourikatal, Setti Fatma) besser vom Bab Er Robb (Südweststrand der Medina) starten.
Die Stadtbusse verkehren nur bis etwa 21 Uhr; zentrale Haltestelle an der Rue Moulay Ismail (Nähe Hotel Ali); die meisten Linien fahren zunächst über die Av. Mohamed V Richtung Neustadt.
Taxi: Langstrecken-Sammeltaxis nach Agadir, Casablanca oder Ouarzazate starten vom Vorplatz des Bab Doukkala unmittelbar beim Busbahnhof (Gare routière). Stadttaxistände an den großen Toren der Medina, am Bahnhof und Busbahnhof sowie an den Eingängen der Luxushotels; in Marrakesch gilt keine Pauschale, sondern der Taxameterpreis.
Mietfahrzeug: Die meisten Agenturen befinden sich an der Av. Mohamed V, am Bd. Zerktouni und am Bd. El Mansour Eddahbi im Stadtteil Guéliz, außerdem gibt es Vertretungen am Flughafen sowie an den Rezeptionen der Luxushotels.

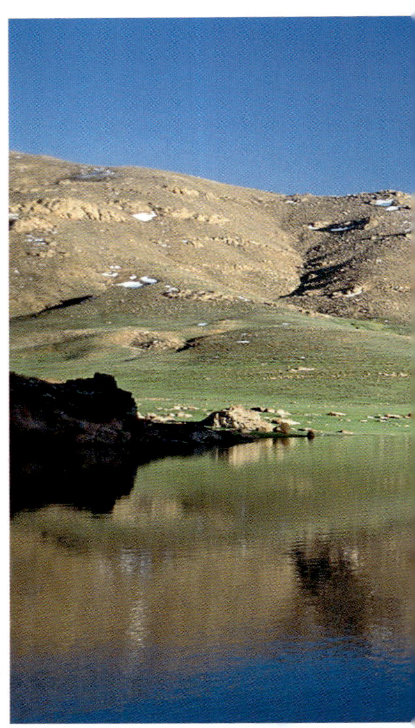

Ausflüge in die Umgebung

Ein schöner Ausflug führt über die S 513 in das landschaftlich hinreißende **Ourikatal**, das etwa 45 km südöstlich von Marrakesch beginnt. Die Straße führt bis in das 1500 m hoch gelegene **Setti Fatma** am Nordrand des Hohen Atlas. Der Ort nahe den sehr sehenswerten Ourikawasserfällen eignet sich gut als Ausgangslager für Bergtouren in den Atlas. In Setti Fatma kann man Bergführer anheuern, außerdem werden Maultiere für Ausritte verschiedener Schwierigkeitsgrade vermietet. Größere Expeditionen ins Hochgebirge sollten Sie, vor allem im Winter, allerdings nur mit einem Führer angehen.

In 2650 m Höhe gelegen, ist der mondäne Wintersportort **Oukaimeden** (Skilifte, Skischule, Verleih von Wintersportausrüstung) eine Art marokkanisches Sankt Moritz. Über die S 513/P 2017 fährt man bis Arhbalou, dann rechts abbiegen auf die Route Nr. 6035 A, nach einem etwa 30 km langen Serpentinenanstieg ist Oukaimeden erreicht (72 km von Marrakesch). Allein die grandiosen Atlaspanoramen (Djebel Oukaimeden 3273 m) lohnen diesen Tagesausflug von Marrakesch. In Oukaimeden finden sich die am leichtesten zugänglichen jungsteinzeitlichen Felszeichnungen Marokkos. Im Sommer eignet sich der Ort als Basis für Wanderungen ins **Toubkalmassiv**, die als mehrtägige Exkursionen mit Übernachtungen in Schutzhütten (Informationen über die Fremdenverkehrsämter in Marrakesch) angeboten werden. Der Liftbetrieb dauert, je nach Schneeverhältnissen, etwa von Dezember bis März/April.

Saisonal ein Wintermärchen: Oukaimeden im Hohen Atlas

An den Atlantik und in den Hohen Atlas

Karten S. 256, 266

Hochgebirgspanoramen, Schneegipfel, mächtige Kasbah-Komplexe, Geröllplateaus, die vergleichsweise liebliche Sousebene: Sowohl die Tour über den Tizi n'Test an den Atlantik als auch die Tour über den Tizi n'Tichka an die Südostflanke des Hohen Atlas gehören zu den spektakulärsten Routen in Marokko.

Von Marrakesch nach Agadir

Karte: S. 256

Die Route (306 km) führt zunächst auf der S 501/R 203 in den Marktort Asni, dann entlang des Oued Nfiss über die Ruinenstätte von Tin Mal und den 2092 m hohen Pass Tizi n'Test auf die gut ausgebaute P 32/N 10. Weiter in südwestlicher Richtung erreicht man Taroudannt, das sehenswerte Handelszentrum der Sousregion, bevor man über Oulad Teima und Ait Melloul ins Bade- und Touristenzentrum von Agadir kommt.

Eine kürzere (262 km), von den meisten Buslinien favorisierte, aber landschaftlich weit weniger spektakuläre Strecke führt von Marrakesch über die P 10/N 8 nach Chichaoua (Marktort am Rande der Haouzebene, lokale Teppichproduktion), dann über die P 40/N 8 nach Imi n'Tanoute und in südwestlicher Richtung nach Agadir.

Nach Asni und Moulay Brahim

Marrakesch in südlicher Richtung auf der S 501/R 203 verlassend, gelangt man hinter dem Marktflecken Tahanaoute auf eine landschaftlich überaus reizvolle Strecke. Inmitten ausgedehnter Obstplantagen und in eine grandiose Landschaft mit einem tief eingeschnittenen Ouedtal gebettet, liegt der Berberort **Asni** 1, der sich hervorragend als Ausgangspunkt diverser Bergwanderungen und Touren ins Toubkalmassiv eignet. Der 1150 m hoch gelegene, von einer Kasbah beherrschte Ort ist ein beliebtes Ausflugsziel der *marrakchi*, Marrakeschs Stadtbewohner; hinreißend das Panorama des zentralen Hohen Atlas, überaus lohnend ein Abstecher in den nahen, 1500 m hoch gelegenen Wallfahrtsort **Moulay Brahim** 2!

Tin Mal

Südlich von Ouirgane führt die Strecke parallel zum Flusslauf des Oued Nfiss, wenige Kilometer hinter dem Marktflecken Ijoukak liegt rechts der Straße, auf einer Anhöhe gut sichtbar, das Ruinengelände der berühmten Moschee von **Tin Mal** 3.

Tin Mal gilt als die Keimzelle des Almohadenreiches: Der von seinen Anhängern als Mahdi (gottgesandter Glaubenskämpfer) verehrte Ibn Toumert floh um 1120 hierher, verfolgt von den Almoraviden, gegen die er zum Heiligen Krieg aufgerufen hatte. Er islamisierte die in der Region ansässigen Masmouda-Berber und übersetzte den Koran in ihre Sprache, das Tachelhait. Um 1125 gründete er einen *ribat* (befestigtes Kloster) und unterwarf die Berberstämme einer straffen militärischen Organisation. Die Mitglieder des *ribat* nannten sich Al Muwahidun (Verfechter der Einheit), woraus später der Name Almohaden entstand.

Nach dem Tod von Ibn Toumert eroberte der Almohadensultan Abd El Moumen in einem siebenjährigen Kriegszug (1140–1147)

Mit dem Autor unterwegs

Wandern auf dem Kikplateau

Moulay Brahim, wenige Kilometer von Asni (s. S. 252) entfernt, ist ein malerisches Dorf und ein beliebtes (Wochenend-)Ausflugsziel der *marrakchi*. Der Ort (es gibt mehrere einfache Unterkünfte) eignet sich hervorragend als Ausgangspunkt für Wanderungen in die Kalksteinformationen des oberhalb gelegenen Kikplateaus. Das Plateaugelände birgt einen großen Pflanzenreichtum und präsentiert überwältigende Panoramen in Richtung Toubkalmassiv. Vor allem im Frühling, zur Blütezeit der Hochgebirgsblumen, sind Wanderungen in diesem Gelände ein pures Vergnügen. Einmal im Jahr, zumeist zwei Wochen nach *mouloud*, findet in Moulay Brahim ein regional berühmter *moussem* statt.

Tin Mal – Wiege der Almohaden

Tin Mal, etwa 20 km von der Tizi-n'Test-Passhöhe entfernt, war historisch zugleich der Ursprungs- wie der letzte Zufluchtsort der im 12./13. Jh. regierenden Almohadendynastie. Von dieser Stätte, an der sich marokkanische Geschichte in besonderer Weise konzentriert hat, ist nur noch das imponierende Ruinengelände der Almohadenmoschee übrig geblieben. Die Restaurierungsarbeiten an diesem architekturgeschichtlich bedeutenden Bauwerk sind weitgehend abgeschlossen. Eine Besichtigung vermittelt einen guten Eindruck von der typischen Anlage maurischer Moscheen; überwältigend ist das Panorama vom Dach des Minaretts (s. S. 252).

Telouet – Aura des Verfalls

Wie so oft in Marokko ein grandioses Etappenziel nach mühsamer Anfahrt: Telouet, auf 1800 m Höhe rund 20 km östlich des Tizi n'Tichka gelegen, ist eine der beeindruckendsten Glaoua-Kasbahs im südlichen Marokko. Die bröckelnden Fassaden lassen den Prunk in den Innenräumen nicht vermuten; eine ganz eigene Aura des Verfalls verleiht diesem Mahnmal der Despotie einen Zug ins Unwirkliche.

Von Telouet aus beherrschten die autonomen Caids der Glaoua den marokkanischen Süden, noch in den 1950er-Jahren residierte hier zeitweise El Glaoui, ein Potentat, der noch Leibeigene hielt! Eine Besichtigung des weitläufigen Kasbah-Inneren ist auch im Rahmen einer Führung möglich und lohnend. Im Dorf Telouet gibt es eine recht spartanische Unterkunft (s. S. 258).

Marokko und führte das Reich zur größten Ausdehnung seiner Geschichte. Nach der Einnahme von Marrakesch im Jahr 1146 verlegte er seine Hauptstadt von Tin Mal dorthin; Tin Mal wurde aber weiter als heilige Stadt verehrt. 1230 begann die Eroberung des Almohadenreiches durch die Meriniden; Tin Mal wurde letzter almohadischer Zufluchtsort. Erst 1276 eroberten und zerstörten die Meriniden die Stadt.

Erhalten hat sich bis heute die Ruine der massigen, festungsartig wirkenden Moschee. Das niedrige Minarett und Teile des Gebetssaals mit *mihrab* (Gebetsnische) und *minbar* (Gebetskanzel) sind noch in gutem Zustand. Eine Besichtigung (möglich außer Freitag) ist deshalb empfehlenswert, weil der Bau – nebst einem überwältigenden Blick vom Dach des Minaretts – einen hervorragenden Eindruck von der typischen Anlage maurischer Moscheen vermittelt.

Die Moschee von Tin Mal wurde 1153/54 unter Abd El Moumen (er war bis 1163 Sultan) erbaut und war damit die erste der klassischen almohadischen Moscheen, die später in der Koutoubia von Marrakesch ihre Vollendung fanden und bis heute Vorbild des Moscheebaus in Marokko geblieben sind. Neun Längsschiffe und ein Querschiff waren in der typischen T-Form angeordnet und von drei Kuppeln gekrönt. Auffällig ist hier die Position des Minaretts: Es befindet sich an der

Seite der Qibla, der nach Mekka ausgerichteten Gebetsmauer. Bei allen anderen Moscheen des Landes erhebt es sich an der gegenüberliegenden Seite. Die Ornamente sind schlichter als bei späteren Bauten.

5 Taroudannt

Nachdem man den **Tizi-n'Test-Pass** 4 mit seinem beeindruckenden Panorama von der Passhöhe aus hinter sich gelassen hat, gelangt man über die gut ausgebaute Ost-West-Verbindungsstraße P 32/N 10 in die sehenswerte Stadt **Taroudannt**. In der Nähe des Oued Sous vor der imposanten Kulisse des Hohen Atlas gelegen, ist Taroudannt die alte, traditionsreiche Hauptstadt der Sousregion und bis heute als Handels- und Handwerkszentrum von Bedeutung. Der Ort mit seinen etwa 60 000 Einwohnern, von Oliven- und Orangenplantagen umgeben, ist wegen seiner gut erhaltenen Medina und der landschaftlich schönen Lage die sehenswerteste Stadt im Sous und Antiatlas, außerdem ein beliebtes Ziel von Tagesausflüglern aus dem nahen Agadir (80 km). Ein wenn auch kurzer Besuch von Taroudannt sollte Teil jeder Reise in den marokkanischen Süden sein.

Geschichte

Die Gründungszeit des Ortes ist unbekannt, 1030–1056 war er Hauptstadt eines kleinen Schiitenreiches; auch in der Zeit der Almohaden konnte er sich weitgehend unabhängig halten. Um 1306 zerstörten die Meriniden die Stadt, doch bald darauf stieg sie wieder zum Zentrum des Sous auf. Sie war Stammort der Saadier und deren erste Residenz. Zwischen 1520 und 1540 wurde die Stadt aufwendig ausgebaut; ihre Blütezeit hielt auch nach der Verlegung der Hauptstadt nach Marrakesch weiter an. Zu größtem Wohlstand kam der Ort vom Ende des 16. Jh. an, als nach der Eroberung von Timbuktu (Nordmali) ein schwunghafter Gold- und Sklavenhandel einsetzte. Taroudannt wurde eine der größten und reichsten Städte Marokkos und wichtigstes Karawanenzentrum des Landes. 1687 ließ Moulay Ismail einen Großteil der Bewohner töten, weil diese sich mit seinem rivalisierenden Neffen verbündet hatten. Der Niedergang setzte sich fort durch die Abnahme des Zuckerexports im 18. Jh. und durch die Schließung des Hafens von Agadir 1765. Aber noch um 1800 war Taroudannt – nach Fès, Marrakesch und Meknes – die viertgrößte Stadt Marokkos. Im 19. Jh. verfiel die Stadt weiter.

Zu Beginn des 20. Jh. dann war sie für kurze Zeit wieder als Sitz des aus Tindouf (Algerien) stammenden Rebellen El Hiba von Bedeutung, der von hier aus gegen die Franzosen kämpfte, 1912 Marrakesch eroberte und sich schließlich zum Sultan ausrufen ließ. 1913 wurde El Hiba geschlagen, Berbertruppen der Glaoua, Goundafa und Mtougui aus dem Hohen Atlas besetzten Taroudannt. 1917 wurde die Stadt von den Franzosen erobert.

Die Bedeutung der Stadt hat durch den Aufstieg von Agadir in den letzten Jahrzehnten weiter nachgelassen. Noch immer aber ist Taroudannt ein bedeutendes Handelszentrum, ein wichtiger Handwerksort (vor allem Waffen, Schmuck, Lederwaren) und nach Agadir, die Westsaharametropole Laayoune nicht gerechnet, die größte marokkanische Stadt südlich des Hohen Atlas.

›Kleinmarrakesch‹: die Medina von Taroudannt

Stadtanlage

Taroudannt ist fast vollständig von einer 8 km langen und 6–8 m hohen Lehmmauer umgeben. Sie stammt aus dem frühen 18. Jh. und weist neben zahlreichen Türmen und Befestigungsanlagen fünf Tore auf. Außerhalb der Stadtmauern liegen nur wenige moderne Gebäude. Um die Stadt dehnen sich Obstplantagen aus, die Kulisse bilden die meist schneebedeckten Gipfel des Hohen Atlas. Dieses sehr reizvolle Gesamtbild erinnert an die Szenerie von Marrakesch – nicht zu Unrecht wird Taroudannt liebevoll Kleinmarrakesch genannt.

Das Zentrum

Zentrum von Taroudannt ist die **Place Assarag** (offiziell: Place El Alayouine), ein schöner,

Von Marrakesch nach Agadir

z. T. arkadenumsäumter Platz mit vielen Cafés, Hotels und dem Busbahnhof. Neben der Moschee zweigt die Hauptstraße der Stadt ab, links davon liegt der kleine Zugang zu den verwinkelten **Souks**. Sie sind berühmt für Waffen, Silberschmuck, Leder- und Kupferschmiedearbeiten.

Die Hauptstraße von Taroudannt zieht sich unmittelbar hinter der Place Assarag über einen zweiten Platz (Place Talmoklate), an dem die CTM- und einige Privatlinienbusse halten, und biegt dann nach links ab, wo die von der Place Assarag kommenden Souk-Straßen einmünden. Auf dem Gang die Straße hinunter passiert man die Läden von Kalksteinbildhauern und den **Dar El Baroud** (Palast aus dem frühen 20. Jh., nicht zu besichtigen), bis man schließlich ein mächtiges **Doppeltor** erreicht, den Haupteingang der Stadt. Links davon liegt, von einer eigenen Mauer umgeben, die **Kasbah**. Von der Straße, die sich von hier entlang der ganzen Stadtmauer hinzieht, kann man schön durch die Obstplantagen wandern.

La Gazelle d'Or: Ca. 2 km vom Stadtzentrum entfernt gelegen, ausgeschildert, Tel. 028-85 20 48/39, Fax 028-85 27 37, www.gazelledor.com; Mitte Juli–Ende Aug./Anfang Sept. geschlossen. Als Wohlfühloase gepriesen und seit Jahrzehnten eine Hotellegende in Marokko, Fünfsterneluxus vom Feinsten, im englischen Cottagestil konzipierte, exquisite Bungalowanlage (mit Privatterrassen) in üppig blühender Gartenlandschaft, renommierte Haute cuisine, Pool, Fitnessangebote, Hamam, Massage, Tennis, Reitangebote. Nach Ausstattung und Größe der »Pavillons« gestaffelte Preise inkl. Halbpension für 2 Personen zwischen 5000 und 5800 DH, Suiten 8200–14200 DH, Vollpension möglich.

Hotel Palais Salam: An der Ostseite der Kasbah, Einfahrt Av. Hassan II, Tel 028-85 21 30, Fax 028-85 26 54, www.groupesalam.com. Gediegenes, in eine alte Pascharesidenz integriertes Hotel, auch Suiten und Apartments, zwei Schwimmbäder, Hamam, Sauna, gutes Restaurant. Je nach Komfort drei Preiskategorien: 935, 1385, 1785 DH.

Hotel Saadiens: Borj Annassim (in der Medina), Tel. 028-85 25 89, Fax 028-85 21 18. Gutes Mittelklassehotel mit Restaurant, klei-

nem Pool, Sonnenterrasse, bewachtem Parkplatz, die angenehmsten Zimmer sind die zum Innenhof. DZ um 400 DH.
Hotel Taroudannt: Place Assarag (Medinazentrum), Tel. 028-85 24 16, Fax 028-85 15 53. Stilvoll verwittertes Traditionshaus, schöner Innenhof mit Palmengarten, Restaurant. DZ 180 DH.
Hotel Tiout: Av. Prince Sidi Mohamed, etwa 300 m östlich der Place Assarag, Tel. 028-85 03 41, Fax 028-85 44 80. Zimmer mit Dusche, Restaurant. DZ 150 DH.
Etwa ein Dutzend unklassifizierter Billighotels an der Place Assarag sowie an der Place Talmoklate.

Bus: Der Busbahnhof liegt auf dem Gelände westlich des Bab Zorgane. Gute Busverbindungen nach Agadir, Marrakesch, Aoulouz–Taliouine–Tazenakht–Ouarzazate–Tafraoute.
Taxi: Sammeltaxis, etwa nach Agadir, starten vom Bab Zorgane (Südausgang der Medina) an der N 10 nach Agadir.

An den Atlantik

Der P 32/N 10 immer in westlicher Richtung folgend, erreicht man zunächst den Marktort **Oulad Teima** 5, eine expandierende Kleinstadt, die mit den für Touristen wichtigsten Versorgungsmöglichkeiten (Läden, Tankstelle, bescheidene Unterkunft, einfache Café-Restaurants) aufwartet.

Etwa 30 km westlich von Oulad Teima passiert man die in ihrem Zentrum quirlig-chaotische Kleinstadt **Ait Melloul** 6. Im Ort, unmittelbar am Oued Sous und in direkter Nähe von Agadirs internationalem Flughafen Al Massira gelegen, kreuzen sich die N 10 (Taroudannt–Agadir), die N 1 (Essaouira–Agadir–Tiznit) und die N 8 (von Marrakesch via Chichaoua und Imi n'Tanoute Richtung Agadir). Entsprechend nervenaufreibend kann das Verkehrsaufkommen vor allem während der Rushhour werden, zumal auch etliche Pendler, die in Agadir arbeiten und in Ait Melloul wohnen, täglich morgens und abends die Hauptstraßen verstopfen. Ait Melloul wirkt wie ein überdimensioniertes Straßendorf mit langen Fluchten von Arkadenläden entlang der Durchgangsstraßen.

Über die Vororte Inezgane und Ben Sergao erreicht man schließlich das moderne Seebad Agadir 7 (s. S. 360), das Zentrum der marokkanischen Tourismusindustrie.

Von Marrakesch nach Ouarzazate

Karte: S. 266
Die Strecke (insgesamt 204 km) folgt der P 31/N 9 in südöstlicher Richtung, passiert den 2260 m hohen Tizi n'Tichka (unbedingt zu empfehlen: der Abstecher in die Glaoua-Kasbah Telouet) und führt dann über den Marktflecken Amerzgane in die stark expandierende Provinzhauptstadt Ouarzazate. Die Strecke gehört zu den landschaftlich überwältigendsten Touren in ganz Marokko, auf keinen Fall sollten Sie den Abstecher zu einem der imponierendsten Kasbah-Komplexe des Landes, Ait Benhaddou, versäumen. Die Passstraße ist gut ausgebaut, kann aber zwischen Dezember und März/April nach heftigen Schneefällen kurzfristig gesperrt sein; als Hauptverbindungsstraße über den Hohen Atlas wird sie zumeist recht schnell geräumt.

Über den Tizi n'Tichka

Man verlässt **Marrakesch** über die P 31/N 9 in südöstlicher Richtung und passiert die kleinen Marktorte Ait Ourir, Ait Barka und Taddert, das bereits 1650 m hoch gelegen ist und mit zahlreichen Verkäufern von Halbedelsteinen aufwartet. Nun beginnt der Anstieg auf die Passhöhe (2260 m) des **Tizi n'Tichka** 1. Es empfiehlt sich, auf der landschaftlich grandiosen Passhöhe einen Halt einzulegen. Inmitten der Hochgebirgspanoramen kann man in einem Café-Restaurant einkehren, Souvenirstände mit Fossilien, Amethysten, und Halbedelsteinen säumen den Platz.

4 km südlich der Passhöhe zweigt die Stichstraße 6802 nach links von der P 31/N 9 ab; nach 21 km einer schlechten, aber auch ohne geländegängige Fahrzeuge zu meisternden Piste erreicht man die imponie-

Grandioses Panorama an der Passstraße des Tizi n'Tichka

rende Glaoua-Kasbah von Telouet. Südlich von Telouet wird die Piste (6803), die nach Ait Benhaddou weiterführt, immer schwieriger; ob man dann ohne Allradantrieb durchkommt, hängt vom Wasserstand des Asif Ounila ab. Unbedingte Vorsicht ist bei mehreren tückischen Furten und schwierigen, steinigen Anstiegen geboten!

Kasbah Telouet

Die **Kasbah Telouet** 2, in 1800 m Höhe in der Nähe des gleichnamigen Dorfes gelegen, ist als einstiger Hauptsitz der Glaoua-Berber eine der größten und schönsten des Landes. Von hier aus beherrschten die mächtigen Caids den Tizi-n'Tichka-Pass, paktierte der zum Pascha von Marrakesch aufgestiegene El Glaoui mit den französischen Kolonisatoren. Noch in den 1950er-Jahren soll die Kasbah von Telouet über 1000 Personen, darunter viele Leibeigene, beherbergt haben. Der um eine Moschee und eine Palastanlage erweiterte Kasbah-Komplex ist inzwischen unbewohnt und allmählichem Verfall anheimgegeben. Eine Besichtigung der Innenräume (Führung) ist möglich und überaus lohnend – vom Dach bietet sich ein grandioses Panorama über den Hohen Atlas.

6 Ait Benhaddou

15 km südöstlich des Dorfes Amerzgane biegt die Stichstraße 6803 nach links von der P 31/N 9 ab; nach ca. 10 km erreicht man die jenseits des Asif Mellah bei dem gleichnamigen Weiler gelegene Kasbah-Stadt **Ait Benhaddou**. Der von der Unesco auf die Liste des Weltkulturerbes gesetzte und damit hoffentlich dem drohenden Verfall entrissene Kasbah-Komplex ist das vermutlich imponierendste Zeugnis der für den Süden Marokkos typischen Kasbah-Architektur.

In Ait Benhaddou sind an einem Hügel gleich sechs dieser Kasbahs zu einer trutzig aufragenden Wohnburg verschmolzen. Während die Kasbah der arabischen Stadt eine reine Festungsanlage ist, hat die Berber-Kasbah im südlichen Marokko mehrere Funktionen: Sie ist Fluchtburg und Herrensitz, Festung und Gemeinschaftsspeicher, Sippenwohnung und Clanmachtzentrum. Um einen mehrstöckigen Zentralbau gruppieren sich vier hohe Ecktürme, in der Regel umgibt eine mächtige Mauer den Bau. Auffällig ist der reiche Ornamentschmuck an den Außenfassaden, der durch Einritzungen oder durch Lehmziegelkombinationen gebildet wird. Das Baumaterial der Kasbahs, Stampflehm und Lehmziegel, ist äußerst witterungsanfällig: Nach heftigen Platzregen fallen ganze Mauerkonstruktionen in schlammigen Placken auseinander. Der Kern der ältesten südmarokkanischen Kasbah-Anlagen ist vermutlich über 400 Jahre alt; die einzigartige, bereits für die vorrömische Zeit belegte Kasbah-Architektur findet sich außer in Südmarokko nur noch in einzelnen Regionen des Jemen. Gerade der Komplex Ait Benhaddou, der besichtigt werden kann, vermittelt eine besonders konkrete Anschauung dieser typisch berberischen Wohnburgen.

Complexe touristique La Kasbah: Tel. 024-89 03 02/08. Restaurant, Panoramaterrasse. DZ 280–400 DH.

Auberge La Rose du Sable: Tel. 024-89 00 22. Restaurant, Zimmer mit Dusche, Exkursionsangebote. DZ um 100 DH.

Ohne Auto nach Ait Behaddou

Unbedingt einplanen sollte man einen Tagesausflug zum Kasbahkomplex von Ait Benhaddou; wer ohne eigenes Fahrzeug reist und sich das Gefeilsche mit den Taxifahrern ersparen will (oft horrende Preise!), kann in Ouazazate in jeden beliebigen Fernbus Richtung Agadir oder Marrakesch einsteigen und bis zur entsprechenden Abzweigung von der P31/N 9 fahren (etwa 25 km) und von dort die restlichen 10 km trampen – eine Mitfahrgelegenheit findet sich dort fast immer.

Ouarzazate

Cityplan: S. 262

Südlich von Amerzgane stoßen die Ost-West-Verbindung P 32/N 10 die Nord-Süd-Verbindung P 31/N 9 aufeinander; über die Orte Tazenakht, ein bekanntes Zentrum der Teppichweberei, Taliouine (Safrananbau, ehemalige Glaoua-Kasbah) und Aoulouz (Mittwochsmarkt) führt die P 32/N 10 weiter nach Taroudannt und Agadir (s. S. 360). 20 km südöstlich des Abzweigs nach Ait Benhaddou gelangt man auf der P 31/N 9 in die überaus moderne Provinzhauptstadt **Ouarzazate** 3.

Der 1160 m hoch und verkehrstechnisch außerordentlich günstig gelegene Ort mit etwa 150 000 Einwohnern hat in den vergangenen Jahren ein geradezu rasantes Wachstum erlebt. Inzwischen kann die nahe beim Zusammenfluss von Dra und Dades gelegene Stadt als Touristenzentrum der Region gelten. Imposante, fast protzige Hotelkomplexe sind hier entstanden, die großen Reiseveranstalter nutzen Ouarzazate als Ausgangspunkt für Touren in den Hohen Atlas und in den Antiatlas, ins Wüstenvorland und in die Sousebene. Das Markt- und Handelszentrum ist neben Er

Vermutlich die imponierendste Kasbah des Landes: Ait Benhaddou

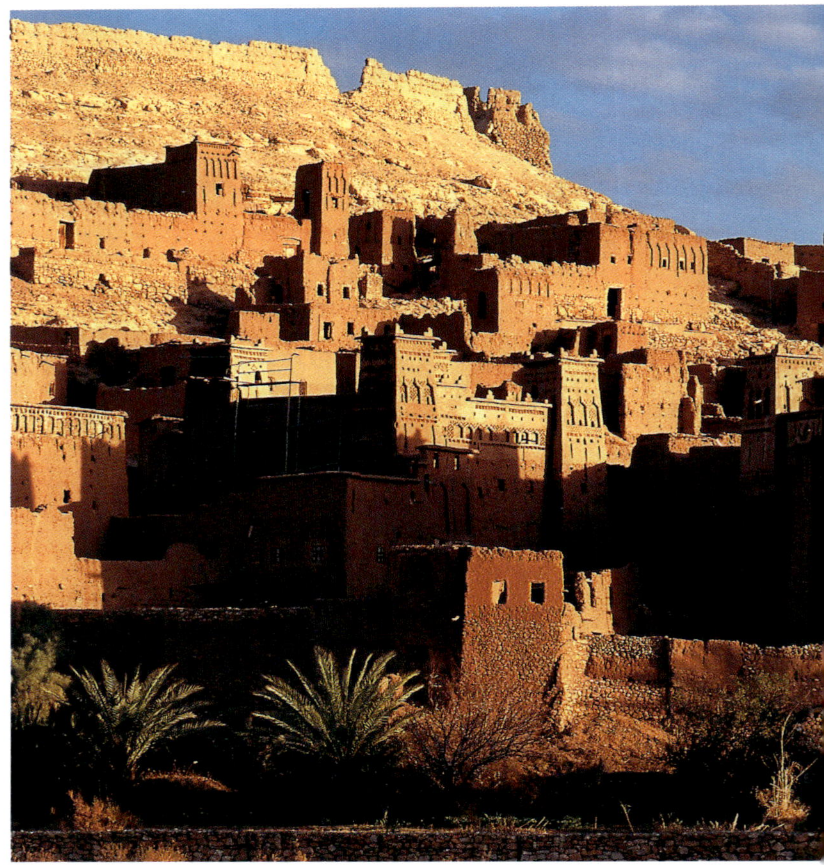

Rachidia der bedeutendste Ort der vorsaharischen Oasenketten. Die Stadt wurde 1928 als wichtige Garnison der französischen Fremdenlegion gegründet. Ökonomisch relevant ist besonders die Produktion von Teppichen, Töpferwaren und Schmuck, außerdem die Versorgung der nördlich gelegenen Manganminen. Ouarzazate wird als Verkehrsknotenpunkt zwischen Dra, Dades, der Tichka-Passstraße und der Route nach Agadir von Saharatouristen häufig besucht.

Der moderne, rasch wachsende Ortskern von Ouarzazate bietet keine nennenswerten Sehenswürdigkeiten. Bei speziellem Interesse empfiehlt sich allerdings ein Besuch der am Stadteingang linker Hand (von Marrakesch kommend) gelegenen Atlas-Filmstudios **1**. Die Region um Ouarzazate ist seit den 1990er-Jahren zu einem äußerst beliebten Zentrum internationaler Filmproduktionen geworden, etliche Regiegrößen haben zuletzt hier gearbeitet. Die Studios können, wenn nicht gerade gedreht wird, besichtigt werden.

Lohnend ist gleichfalls ein Ausflug zu der 10 km westlich von Ouarzazate gelegenen **Kasbah Tiffoultoute** **4**.

Kasbah Taourirt

Eine Attraktion ist die von Ouarzazate aus etwa 1,5 km östlich an der Straße nach Er Rachidia gelegene **Kasbah Taourirt** **2** **5**, einer der größten und schönsten Wohnburgkomplexe des Landes (Besichtigung eines Wohntraktes möglich, tgl. 8–17 Uhr; 10 DH). Neben verschiedenen, teilweise noch bewohnten Sippenburgen umfasst sie eine abgeteilte Mellah und eine ehemalige Residenz des El Glaoui. Der Kasbah Taourirt gegenüber befindet sich ein stark touristisch geprägter Souk. Auf dem Hügelzug zwischen der Kasbah und dem Ortskern ist eine neue Touristenstadt mit Luxushotels und Souvenirläden entstanden.

i **Délégation du Tourisme:** Av. Mohamed V (Nähe Hauptpost), Tel. 024-88 24 85, Fax 024-88 52 90, dtouarzazate@yahoo.fr. Reichhaltiges, aktuelles Informationsmaterial zu Hotels, Restaurants, Campingplätzen, aktueller Stadtplan; seit Jahren eines der besten Fremdenverkehrsämter.

Conseil provincial de Tourisme C.P.T.: Quartier Mansour Eddahbi, Tel. 024-88 78 75, Fax 024-88 78 76, cpt.ouarzazate@menara.ma.

Weitere Informationen auch unter www.ouarzazate.com.

Hotel Berbere Palace [1]: Al Mansour Eddahbi, Tel. 024-88 31 05, Fax 024-88 30 71, www.ouarzazate.com/leberberepalace. 230-Zimmer-Komplex im Kasbah-Stil,

Ouarzazate: Cityplan

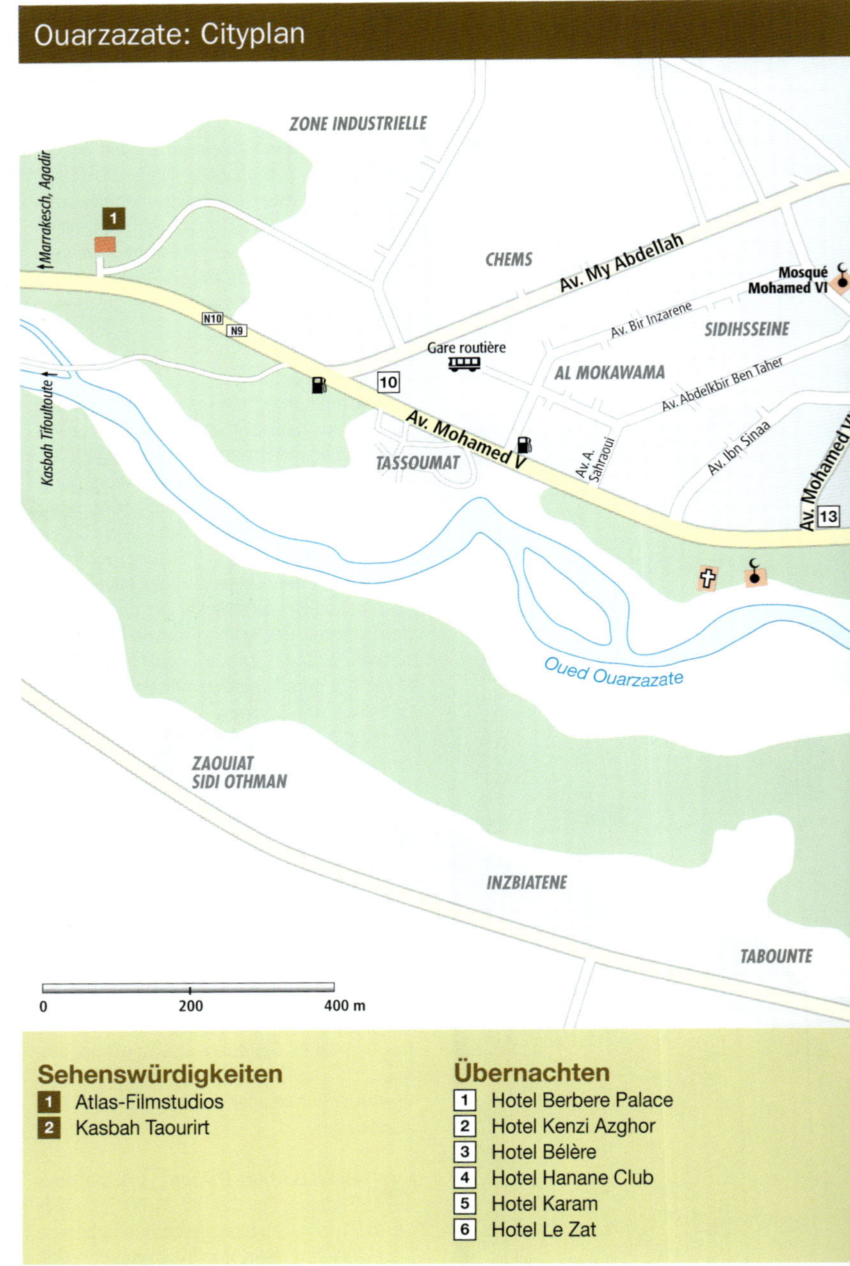
ZONE INDUSTRIELLE
Marrakesch, Agadir
CHEMS
Av. My Abdellah
Mosqué Mohamed VI
Av. Bir Inzarene
SIDIHSSEINE
N10
N9
Gare routière
10
AL MOKAWAMA
Av. Abdelkbir Ben Taher
Kasbah Tifoultoute
Av. Mohamed V
TASSOUMAT
Av. A. Sahraoui
Av. Ibn Sinaa
Av. Mohamed VI
13
Oued Ouarzazate
ZAOUIAT SIDI OTHMAN
INZBIATENE
TABOUNTE
0
200
400 m
Sehenswürdigkeiten
1 Atlas-Filmstudios
2 Kasbah Taourirt
Übernachten
1 Hotel Berbere Palace
2 Hotel Kenzi Azghor
3 Hotel Bélère
4 Hotel Hanane Club
5 Hotel Karam
6 Hotel Le Zat

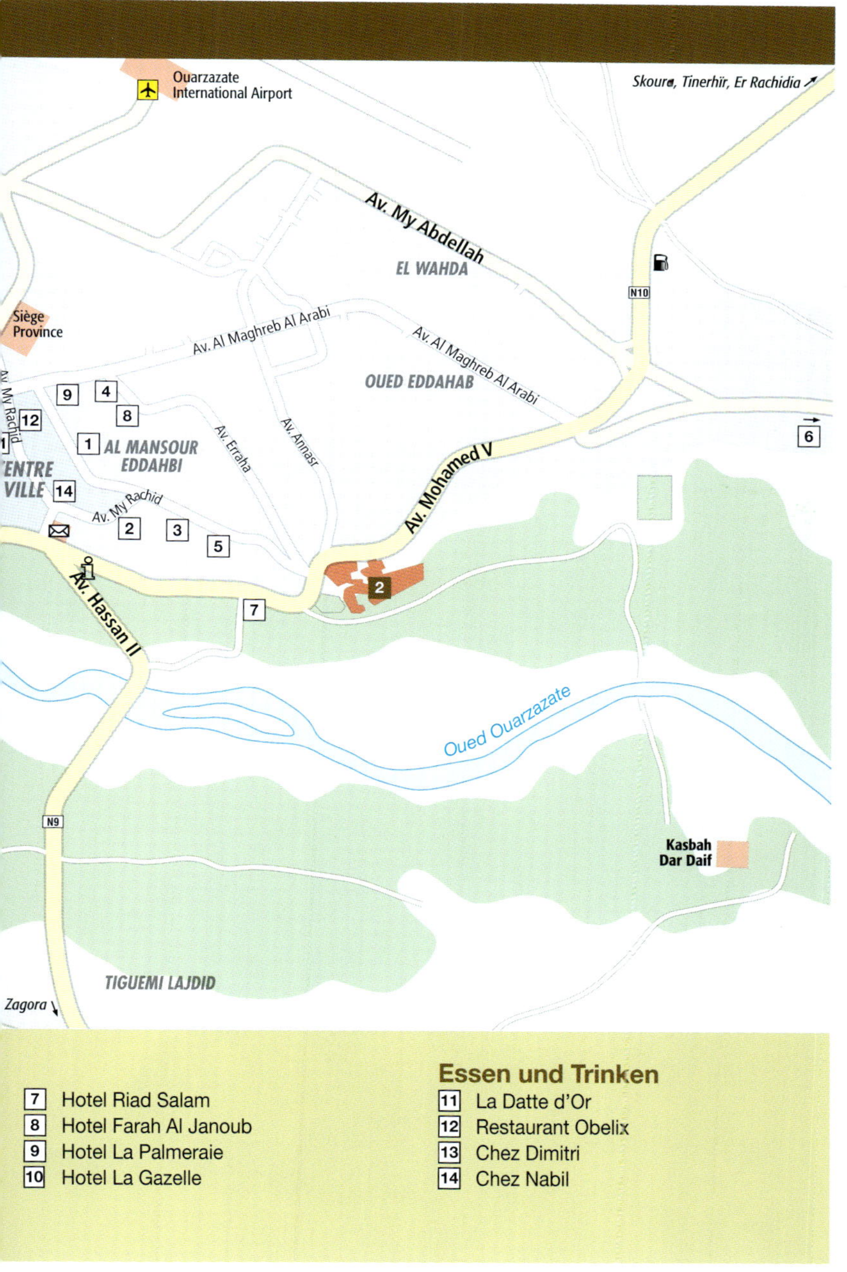

7 Hotel Riad Salam
8 Hotel Farah Al Janoub
9 Hotel La Palmeraie
10 Hotel La Gazelle

Essen und Trinken

11 La Datte d'Or
12 Restaurant Obelix
13 Chez Dimitri
14 Chez Nabil

Schwimmbad, Sauna, Hamam, diverse Spezialitätenrestaurants, Konferenzzentrum, Discotheko. DZ 2000 DH.

Hotel Kenzi Azghor 2: Av. Moulay Rachid, Tel. 024-88 65 01/05, Fax 024-88 63 53, www.kenzi-hotels.com. 110 Zimmer mit Viersternekomfort, Restaurants und Bars, Fitnesszentrum, Mini-Club. 800–950 DH.

Hotel Bélère 3: 22, Av. Moulay Rachid, Tel. 024-88 28 03, Fax 024-88 31 45, www.belerehotels.ma. Um den Pool gruppierte 260-Zimmer-Anlage. 920 DH.

Hotel Hanane Club 4: Av. Erraha, Tel. 024-88 25 55, Fax 024-88 57 37, www.clubhanane.menara.ma. Gediegenes Clubhotel, Pizzeria, Pool, Disco. DZ 920 DH.

Hotel Karam 5: Av. Moulay Rachid, Tel. 024-88 25 22, Fax 024-88 26 42, framissima_karam@iam.net.ma. Eine architektonisch recht gelungene Anlage, Viersternestandard. DZ 725–850 DH.

Hotel Le Zat 6: Quartier Ait Gdif (N 10 Richtung Er Rachidia, etwa 2 km hinter der Kasbah Taourirt rechts abbiegen), Tel. 024-88 25

Verkehrsknotenpunkt auf 1160 m Höhe: Ouarzazate

21, Fax 024-88 25 58, www.sogatour.ma. Behindertengerechte 58-Zimmer-Anlage, Restaurant, Bar, Schwimmbad, ausgezeichnetes Preis-Leistungs-Verhältnis. DZ 650–750 DH.

Hotel Riad Salam 7: Av. Mohamed V, Tel. 024-88 33 35, Fax 024-88 27 66, riadsalamozte@menara.ma. Ruhig gelegenes Mittelklassehotel, Pool. DZ 700–900 DH.

Hotel Farah Al Janoub 8: Av. Erraha (neben dem Hanane Club), Tel. 024-88 48 88, Fax 024-88 52 24, farahot@iam.net.ma. Viel Komfort zu einem fairen Preis. DZ 580 DH.

Hotel La Palmeraie 9: Av. Al Maghreb Al Arabi, Tel. 024-88 57 70, Fax 024-88 57 49, palmeraie@menara.ma. In mehrere seperate Kasbah-Komplexe gegliederte Anlage. DZ 500 DH, Bungalow 1050 DH.

Weitere Mittelklassehotels im Preissegment zwischen 300–500 DH südlich des Oued Ouarzazate in den Quartieren Tabounte und Tiguemi Lajdid an der N 9 Richtung Zagora (etwa Hotel Nadia, Hotel Zaghro, Hotel Mabrouka, Hotel Dra).

Hotel La Gazelle 10: Av. Mohamed V, von Marrakesch kommend, gleich links am Ortseingang, Tel. 024-88 21 51, Fax 024-88 47 27. Motelähnliche Anlage. DZ 160 DH.

Mindestens ein Dutzend nicht klassifizierter Hotels im Preissegment zwischen 100–200 DH liegen im Stadtzentrum.

Einfache ordentliche Hotels sind etwa:

Hotel L'Oasis: Av. Al Maghreb Al Arabi, schräg gegenüber vom Hotel La Palmeraie, Tel. 024-88 66 56.

Hotel Zahir: Av. Al Mouahidine, Tel. 024-88 57 40.

Hotel Bab Sahara: Place Al Mouahidine, Stadtzentrum, Tel. 024-88 47 22. Bietet möblierte Zwei- und Drei-Zimmer-Apartments mit Küche und Bad für 300–400 DH pro Tag, um 1200 DH pro Woche – eine Alternative für Selbstversorger und Familien mit (kleinen) Kindern.

Camping municipal: Etwa 4 km außerhalb des Zentrums, hinter der Kasbah Taourirt in Richtung Tinerhir/Er Rachidia, beim Hotel Le Zat, Tel. 024-88 40 26.

La Datte d'Or 11: Av. Moulay Rachid, Tel. 024-88 17 17. Geflügel, *tajines*, *brochettes*, Couscous. Menüs 100–160 DH.

Restaurant Obelix 12: Av. Moulay Rachid, Tel. 024-88 28 29. Salate, Pizza, Lasagne, *tajine* mit Lamm- oder Kalbfleisch, Pastilla, *brochettes*. 70–120 DH.

Chez Dimitri 13: 22, Av. Mohamed V, Tel. 024 88 73 46. 1928 gegründetes Traditionsrestaurant, Salate, *grillades tajines*. 60–90 DH.

Chez Nabil 14: Av. Moulay Rachid (gegenüber Banque populaire), Tel. 024-88 45 45. Lammkoteletts, *brochettes*. 40–60 DH.

Der Supermarkt Dimitri (Av. Mohamed V, gegenüber dem Restaurant Chez Dimitri) mit großem Warensortiment und imponierendem Alkohollager eignet sich hervorragend als Versorgungsstation vor längeren Touren ins Umland, wichtig etwa für Wohnmobiltouristen.

Ouarzazate, bedeutsam vor allem als Ausgangspunkt für organisierte Exkursionen sowie als Basislager für internationale Filmteams, die in der Region drehen, verzeichnet in Ansätzen durchaus so etwas wie ein Nachtleben, das freilich auf die Diskotheken und Bars der ansäßigen großen Luxushotels beschränkt ist.

Flugzeug: Der Flughafen (Tel. 024-88 23 83) liegt etwa 3 km außerhalb des Zentrums (erreichbar über die Av. Mohamed VI). Inlandsflüge nach Marrakesch (überwältigendes Panorama bei klarer Sicht!), Agadir, und Casablanca; derzeit keine Direktflüge von/nach Deutschland.

Royal Air Maroc: Ecke Av. Mohamed V/Av. Mohamed VI, Tel. 024-88 51 02.

Bus: Der Busbahnhof liegt etwa 1,5 km westlich des Zentrums im Stadtteil Douar Chems in der Nähe des Kongresspalastes. Tgl. Verbindungen nach Marrakesch, Tinerhir–Er Rachidia; außerdem gute Verbindungen nach Tazenakht–Taroudannt–Agadir, nach Zagora (CTM-Bus bis Mhamid) und nach Marrakesch–Casablanca. Die CTM unterhält Ticketschalter sowohl am Busbahnhof als auch im Stadtzentrum (Av. Mohamed V, nahe Hauptpost).

Taxi: Sammeltaxis nach Marrakesch, Zagora und Richtung Er Rachidia starten vom großen Platz hinter dem Busbahnhof. Der Tarif für die Stadttaxis beträgt tagsüber 4, nachts 5 DH (keine Taxameter).

Mietfahrzeug: Etliche Agenturen vor allem an der Av. Mohamed V und an der Place du 3 Mars im Zentrum. Die gerade in Ouarzazate harte Konkurrenz vor Ort sollte man, zumal in der Nebensaison, bei den Preisverhandlungen unbedingt ausnutzen.

Von Marrakesch nach Ouarzazate

Richtig Reisen-Tipp: Die Kasbah Dar Daif

Wie so oft in Marokko lohnt das Ziel eine etwas beschwerliche Anfahrt. Das Kasbah-Hotel Dar Daif in Ouarzazates Stadtteil Talmasla erreicht, wer zunächst der N 9 Richtung Zagora folgt, die Brücke über den Oued Ouarzazate überquert, sich dann links hält, etwa 400 m hinter den Hotels Mabrouka und Draa von der Ausfallstraße nach links abzweigt und dann einer holprigen Piste und den Hinweistafeln folgt.

Dar Daif entpuppt sich als verschachtelter, zum Hotel aus- und umgebauter Kasbah-Komplex mit Zimmern und Suiten, Terrassen und Gärten, Schwimmbad und Hamam, exzellenter Küche, familiärer Atmosphäre und dem Charme aufrichtiger Herzlichkeit. Zineb und Jean-Pierre Datcharry, die Inhaber, sind Kenner und Liebhaber der Region und ihrer Traditionen. Die von ihnen organisierten Exkursionen (Informationen unter www.desert-montagne.ma) haken nicht Sehenswürdigkeiten ab, sondern sind Erkundungen ins Herz eines berberisch geprägten, traditionellen Südmarokko – und damit immer auch Begegnungen mit sich selbst.

Kasbah Dar Daif: Tel. 024-85 42 32, Fax 024-85 49 48, www.dardaif.ma. DZ 370–680 DH; Suiten 1000–1400 DH, Diner 180 DH.

Patio im Kasbah-Hotel Dar Daif in Ouarzazate

Die Wüste lebt: Dünenkämme bei Merzouga

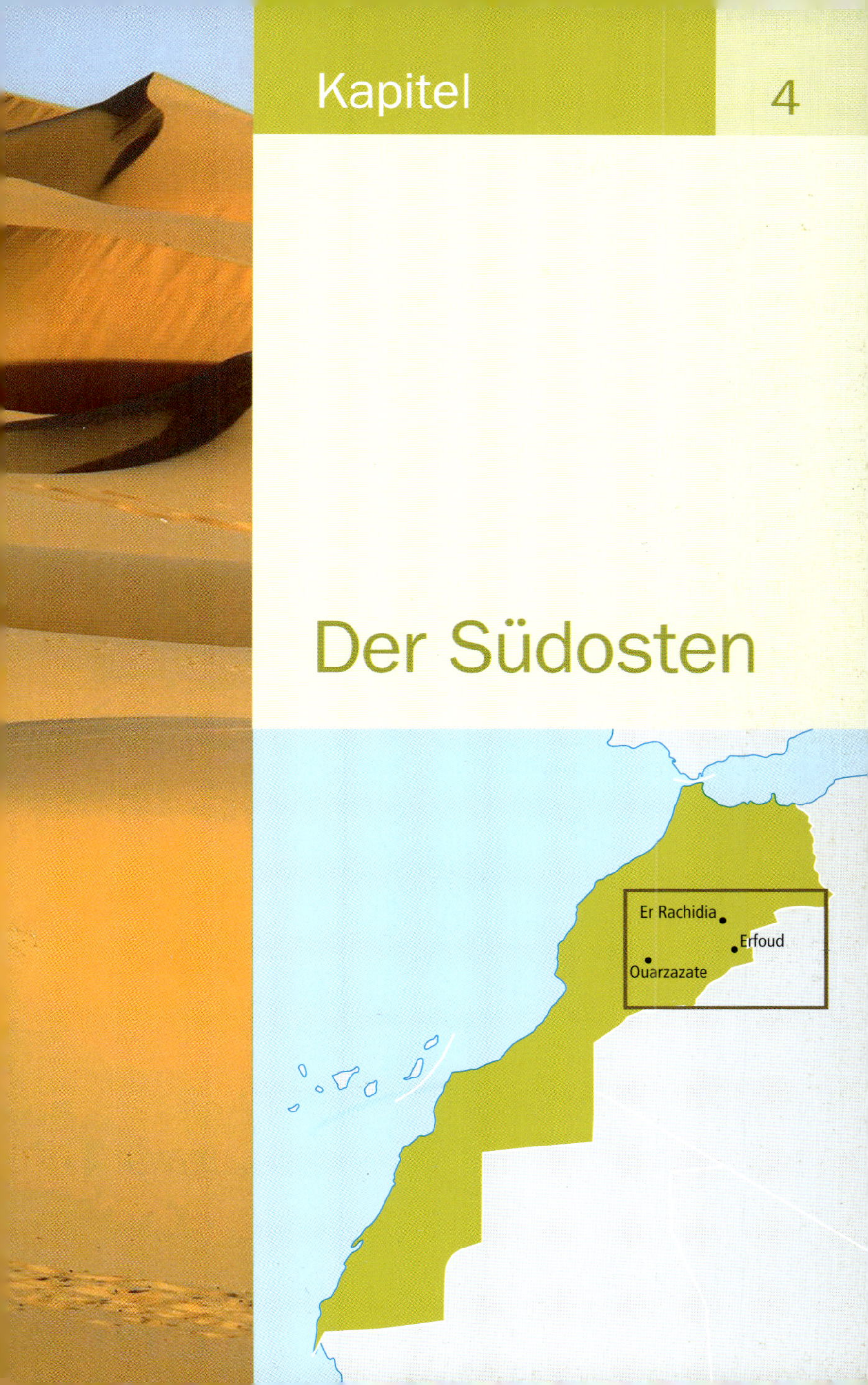

Kapitel 4

Der Südosten

Auf einen Blick: Der Südosten

Palmenhaine, Oasen, Dünenkämme

Kaum eine landschaftliche Szenerie füllt die mit Marokko verwobenen Orient- und Wüstenassoziationen derart mit konkreter Anschauung wie gerade der Südosten des Landes. Die Region – ländlich geprägt (die einzige wirkliche Großstadt ist Ouarzazate) und überwiegend von Berbern besiedelt – hat jüngst ein bemerkenswertes touristisches Interesse auf sich gezogen. Bei aller Vorsicht mit Etikettierungen: Wenn die klassische Tour durch die Königsstädte eine spezifische Gruppe der Kultur- und Bildungsreisenden anzieht und die einschlägig bekannten Destinationen an der Mittelmeer- wie Atlantikküste das Refugium des Strand- und Badetourismus sind, so kann das südöstliche Marokko als Eldorado für einen Landschafts-, Outdoor- oder Aktivurlaub gelten.

Wüstenexkursionen und Kameltrekking, Klettern und Gleitschirmfliegen werden vor Ort angeboten, in Tamegroute besteht eine landesweit bekannte Wallfahrtsstätte, in Rissani liegt die Wiege der Alaouitendynastie und wer es schafft, sich bis Imilchil durchzuschlagen, kann im September Augenzeuge beim Heiratsmarkt der Ait-Hadiddou-Berber werden.

Landschaftlich besonders eindrucksvoll sind das dem Flusslauf des Dra folgende Palmenband zwischen Agdz und Zagora, die Dades- und die Todrhaschlucht sowie das Dünengebiet des Erg Chebbi.

Die Infrastruktur im südöstlichen Marokko ist inzwischen vorzüglich ausgebaut. Ouarzazate, Zagora und Erfoud verfügen über beträchtliche Hotelkapazitäten, die Streckenverbindungen in Richtung Algerien sind bis in die Grenzorte Mhamid und Taouz durchgängig asphaltiert, in die Dadesschlucht kann man bis Msemrir, in die Todrhaschlucht bis Ait Hani auf asphaltierter Straße einfahren.

Highlights

7 Dratal: Zwischen Agdz und Zagora verläuft die N 9 in südöstlicher Richtung parallel zum Flusslauf des Dra, der eine ganze

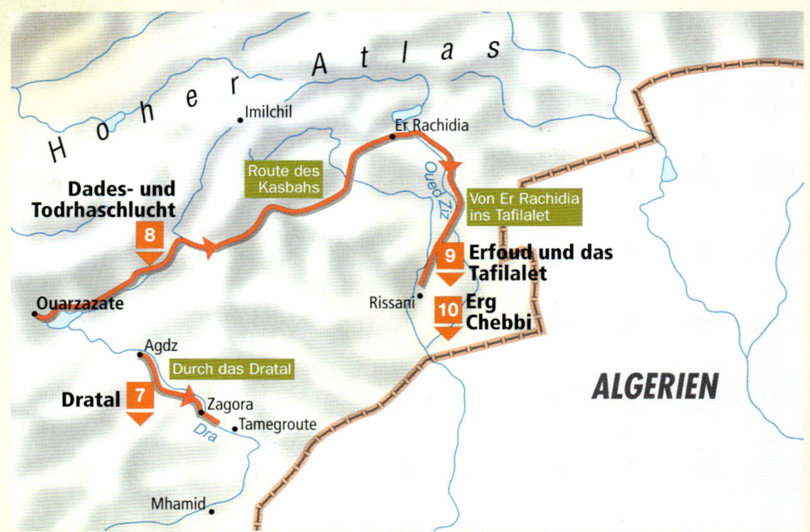

Kette von Palmenoasen bewässert. Hier finden sich etliche besonders beeindruckende *ksour* (befestigte Dörfer) sowie Dutzende mächtiger Kasbahs (s. S. 273).

8 **Dades- und Todrhaschlucht:** In seinem Oberlauf hat sich der Dades ein landschaftlich grandioses Flussbett durch die Südhänge des Hohen Atlas gegraben. Die Todrhaschlucht ist eine schroff zerklüftete Urlandschaft und ein Kletterparadies für Schwindelfreie – kaum 10 m breit zwischen den rötlich schimmernden, fast 300 m senkrecht abfallenden Felswänden (s. S. 286).

9 **Erfoud** und das **Tafilalet**: Inmitten einer riesigen *palmeraie* gelegen, eignet sich Erfoud vorzüglich als Ausgangspunkt für Exkursionen. Im Tafilalet, dem Stammland der Alaouiten, lohnen die historischen Stätten bei Rissani einen Besuch (s. S. 294).

10 **Erg Chebbi:** Hier – und vielleicht nur hier – präsentiert sich Marokko tatsächlich als Wüstenland. Bis zu 150 m hohe Dünenkämme bei Sonnenaufgang: glücklich, wer das für sich allein erleben kann, unbehelligt von den Touristenpulks aus Erfoud (s. S. 300).

Empfehlenswerte Routen

Durch das Dratal: Diese Route führt in eine betörende, märchenhaft schöne Landschaft: Südöstlich der Kleinstadt Agdz bewässert der Dra nach seinem Durchbruch aus dem Gebirgsmassiv des Djebel Sarhro auf einer Strecke von knapp 100 km, bis südlich von Zagora, eine dichte Kette von Dattelpalmenoasen (s. S. 272).

Route des Kasbahs: Die zwischen Ouarzazate und Er Rachidia vorzüglich ausgebaute Ost-West-Verbindungsstraße P 32/N 10 (die östlich von Er Rachidia über Boudenib noch bis Bouarfa führt) ist als Route des Kasbahs ein touristischer Höhepunkt Südmarokkos – und wird entsprechend häufig von Bussen (mehrmals täglich, Fahrtzeit um die sieben Stunden) und innerhalb organisierter Rundreisen abgefahren. Natürlich kann man sie auch auf eigene Faust mit dem Auto unternehmen (s. S. 282).

Von Er Rachidia ins Tafilalet: Von Er Rachidia führt die N 13 zunächst parallel zum Flusslauf des Oued Ziz bis Erfoud, an der Strecke imponieren die Panoramen über das palmenbestandene Tal, die Kasbahs sowie die aus Lehm errichteten *ksour* (Wehrdörfer). Bei Merzouga, im Erg Chebbi, finden sich die größten Dünen Marokkos (s. S. 294).

Richtig Reisen-Tipps

Sternegucken in der Wüste
Einzigartig in Marokko: Bei den Dünen von Tinfou, im Kasbahhotel Porte au Sahara, hat ein deutscher Unternehmer ein privates Observatorium aufgebaut (s. S. 277).

Schnuppertour in die Wüste Erg Lihoudi
Wüsten-Feeling für Marokkoneulinge: Die Dünenkämme der Erg Lihoudi vermitteln eine erste Ahnung von Wüste – und liegen so nahe an der asphaltierten N 9, dass man sich auch ohne Führer hineinwagen kann (s. S. 281).

Reise- und Zeitplanung

Vergleichsweise kurze Distanzen, gut ausgebaute Überlandstrecken: Wer alle drei der hier skizzierten Routen in Angriff nehmen will, sollte etwa sieben bis zehn Tage für die gesamte Unternehmung veranschlagen. Bei längerem Verweilen an einem Ort oder ausführlicher Erkundung der Dades- und Todrhaschlucht ist von zwei Wochen auszugehen. Die Region sollte man im Winter ansteuern, wenn die Tagestemperaturen um die 20 °C erreichen (Achtung, die Nächte können sehr frostig sein); im Hochsommer liegen die Tagestemperaturen in Ouarzazate, Zagora und Er Rachidia bisweilen deutlich über 40 °C, unerträglich für die meisten Reisenden, gefährlich sogar für ältere Touristen.

Durch das Dratal

Karte S. 273

Auf der 252 km langen Strecke von Ouarzazate nach Mhamid erlebt man einen landschaftlichen Höhepunkt Südmarokkos: Auf einer Distanz von 100 km zwischen Agdz und Zagora reihen sich im Tal des Dra Dattelpalmenoasen und Kasbahs wie Perlen an einer Schnur aneinander. Sehr eindrucksvoll sind die befestigten Berberdörfer (*ksour*) in der Region von Oulad Driss.

Der mäandernde Flusslauf des Oued Dra zieht sich mal durch enge Schluchten, mal durch sich weitende Hochebenen hin. Wie an einer Perlenschnur aufgereiht, folgt Kasbah auf Kasbah, und eine imposanter als die andere: so etwa Tamnougalt, Tansikht, Dar Caid El Arabi, Timasla, Tinzouline, Benizouli und Asrir, um nur einige wenige herauszugreifen. Typisch für diese Region ist die spezifische Siedlungsform der *ksour* (Sing.: *ksar*), der befestigten Wehrdörfer der Berberstämme, und die aus Stampflehm errichteten und zu kleinen Weilern zusammengeschlossenen Häuser am Flussufer inmitten dichter, grüner Palmenhaine.

Gerade den Dratalabschnitt zwischen den Ortschaften Agdz und Zagora, inzwischen auch ein auf organisierten Rundreisen häufig präsentiertes touristisches Highlight, sollten Sie gemächlich, ja geradezu genießerisch durchreisen. Die gut ausgebaute P 31/N 9 führt bis zum Marktort Zagora; weiter Richtung Südosten erreicht man den Wallfahrtsort Tamegroute sowie die Ortschaften Tagounite und Mhamid, die den Südrand der Draoasen markieren.

Südlich von Tamegroute tauchen bereits die ersten Dünen entlang der Strecke auf (Les Dunes de Tinfou). In Mhamid, das schon im unmittelbaren Grenzgebiet zu Algerien liegt, endet die ausgebaute Straße, doch ist eine Ausnahmegenehmigung für diese Strecke nicht mehr erforderlich.

Agdz

Man verlässt **Ouarzazate** 1 (s. S. 260) in südöstlicher Richtung und erreicht nach 68 km auf der P 31/N 9 die Kleinstadt **Agdz** 2. Der frühere französische Garnisonsort (heute etwa 10 000 Einwohner), vom 1531 m hohen Djebel Kissane überragt, hat sich zu einem malerischen Marktstädtchen entwickelt. Ein sehenswerter Souk findet donnerstags statt und etliche Souvenirgeschäfte bieten Webteppiche und Halbedelsteine an. Agdz, wiewohl ohne besondere Sehenswürdigkeiten, eignet sich gut als Zufluchtsort, um dem Rummel im saisonal überlaufenen Ouarzazate zu entgehen. Sehr lohnend ist ein Besuch der etwa 5 km östlich des Ortszentrums gelegenen Kasbah Tamnougalt.

Hotel Kissane: Av. Mohamed V, von Ouarzazate kommend am Ortseingang rechts, Tel. 024-84 30 44, Fax 024-84 32 58. Gut geführtes Haus, klimatisierte Zimmer, Restaurant, Schwimmbad, exzellentes Preis-Leistungs-Verhältnis. DZ 230 DH, Halbpension 250 DH pro Person.
Weitere unklassifizierte Hotels in der Ortsmitte: **Hotel Dra** und **Hotel Les Palmiers**.
Casbah de la Palmeraie: Campingplatz ca. 2 km vom Ortszentrum (Hinweisschilder), Tel. 024-84 36 40. Sehr schön in einem Palmenhain gelegen, unmittelbar bei der Kasbah Asslim.

Von Ouarzazate nach Mhamid

Bus: Tgl. mehrere Verbindungen vom Hauptplatz in der Ortsmitte nach Ouarzazate und Zagora. Die Busse, die in Agdz halten, sind häufig bis zum letzten Platz besetzt – gegebenenfalls auf eines der Sammeltaxis ausweichen, die wie die Busse vom Hauptplatz starten.

7 Dratal

Das **Dratal** zwischen Agdz und Zagora (96 km auf der N 9) gehört zu den eindrucksvollsten Landschaften Marokkos. Die trutzig aufragenden Kasbah-Komplexe, das Palmenband und die kleinen Obstplantagen am Draufer, die ockerfarbenen Gehöfte und abgeschlossen wirkenden Ksour; das alles fügt sich fast zu einer Art Morgenlandfantasie, der Zeit entrückt. In jedem Fall: Diese Tour sollte unbedingt Teil einer Reise in den Süden Marokkos sein.

Zagora

Das Hinweisschild »Timbuktu 52 Tage« am Ortsausgang von **Zagora** 3 verweist auf die exponierte Lage der Stadt mit um die 30 000 Einwohnern: Zagora ist vornehmlich ein – auch militärisch wichtiger – Siedlungsvorposten vor der Geröll- und Sandwüste. Früher ein Stützpunkt der Fremdenlegion – es gibt im Ort eine Festung im Stil einer traditionellen

Das Dratal: die fruchtbare Ebene zwischen Agdz und Zagora

Kasbah –, stellt Zagora heute für die Region einen bedeutenden Marktort (mittwochs und sonntags) dar, ebenso ein wichtiges Produktionszentrum für Töpferwaren und Keramik. Auffällig ist der hohe Bevölkerungsanteil schwarzer Einwohner in Zagora, auch die dicht, häufig bis auf ein Guckloch verschleierten Frauen.

Seit 1998 ist Zagora Provinzhauptstadt – und damit von den Direktiven aus Ouarzazate relativ unabhängig; die mächtigen Verwaltungsneubauten im Kasbah-Stil künden von einem neu gewonnenen Selbstbewusstsein. Wenn der Eindruck nicht völlig täuscht, bestätigt sich damit auf der administrativen Ebene, was sich auf der touristischen seit langem andeutet: Die Zeiten, als Zagora ein selten besuchter Wüstenvorposten war, sind unverkennbar passé. Fast verhält es sich inzwischen umgekehrt: Zagora ist zu einem viel besuchten Ausgangspunkt für Reisende geworden, die hier ein Kameltrekking starten, auf Wüstentour in die Dünengebiete der Region (Dunes de Tinfou, Erg Lihoudi, Erg Chagaga) gehen, die Pisten in Richtung Foum Zguid auf Landrovern erkunden oder – auch

Mit dem Autor unterwegs

Kostbare Koranhandschriften

In Tamegroute ist die einer Zaouia des Nassirya-Ordens angegliederte Bibliothek einen Besuch wert, sehenswert auch die Marabout-Gräber vor Ort, eine bis heute bedeutende Pilgerstätte (s. S. 278).

La Maison traditionelle

Ein kleines Museum in der Einöde: die Maison traditionelle in Oulad Driss informiert anschaulich über Tradition, bäuerliche Sozialordnung und Alltagskultur der Berber in der Region (s. S. 280).

dies gibt es – vor Ort astronomischen Beobachtungen nachgehen. Die touristische Infrastruktur ist in den vergangenen Jahren enorm ausgebaut und verbessert worden, selbst der Riad-Boom ist in Zagora, ja selbst im Grenzort Mhamid angekommen.

Das Ortszentrum mit den üblichen Hauptstraßen Avenue Mohamed V und Avenue Hassan II bietet nichts Besonderes, sehr schön ist dafür ein Spaziergang durch die Palmenhaine, Oasengärten und Obstplantagen direkt am Flussufer. Lohnend sind Exkursionen zum gegenüberliegenden Draufer, zum 974 m hohen Djebel Zagora (Ruinen einer almoravidischen Festung, schönes Panorama) und in den Ksar Amezrou (Silberschmuckherstellung).

C.P.T.: Tel. 024-84 70 79. Weitere Infos unter www.zagora-maroc.com.

Riad Marrat: Amezrou, Tel./Fax 024-84 67 66, www.boutiqueaccom.com. Mit asiatischen Möbeln ausgestattet. DZ 650 DH, Suite 850 DH, Diner 120 DH.

Villa Zagora: In der Palmeraie von Amezrou, Tel. 024-84 60 93, www.mavillaausahara.com. Ein Riad mit 5 klimatisierten Zimmern, Gartenanlage, Pool. DZ 500–600 DH, Halbpension 800 DH.

Riad Lamane: Amezrou, Nähe Hotel La Fibule, Tel. 024-84 83 88, Fax 024-84 83 89, www.riadlamane.com. 14 Zimmer, 7 farblich abgestimmte Bungalows, Terrassen, Gartenanlage, Pool. Zimmer mit Halbpension 500 DH pro Person, Bungalow mit Halbpension 600 DH pro Person.

Dar Raha: Amezrou, Tel. 024-84 69 93, Fax 024-84 61 80, http://darraha.free.fr. Verfügt über ein Restaurant mit traditioneller marrokanischer Küche. DZ 410 DH, Halbpension 300 DH pro Person.

Palais Asmaa: Amezrou, Tel. 024-84 74 91, Fax 024-84 75 16, www.palais-asmaa.

Entfernungen – in Tagen und nicht in Kilometern gemessen …

com. 90 Zimmer in einem recht protzigen Kasbah-Neubau, Viersternestandard, Folkloreabende. DZ um 920 DH.

Grand Hotel Tinsouline: Av. Hassan II, Tel. 024-84 72 52, Fax 024-84 70 42, tinsouli@menara.ma. 1948 erbautes Traditionshotel von verblichenem Charme, geräumige Zimmer, Restaurant, Pool. Die Hotelbar ist ein beliebter Treffpunkt der Honoratioren der Stadt. DZ 650 DH.

Hotel Riad Salam: Av. Mohamed V, von Agdz kommend am Ortseingang linker Hand, Tel. 024-84 74 00, Fax 024-84 75 51, riadzag@menara.ma. 120-Zimmer-Haus mit Restaurant, Pool, Solarium, Sauna und Läden. DZ 550 DH.

La Fibule du Dra: etwa 600 m hinter der Drabrücke rechter Hand, Tel. 024-84 73 18, Fax 024-84 72 71, fibule@menara.ma. 24 Zimmer um einen palmengesäumten Innenhof, Pool, gutes Restaurant, kompetente Beratung für Exkursionen. DZ 500–600 DH.

Kasbah Asmaa: etwa 300 m hinter der Drabrücke linker Hand, Tel. 024-84 72 41, Fax 024-84 75 27, kasbaasmaa@menara.ma. Architektonisch sehr gelungenes 35-Zimmer-Hotel in großer Gartenanlage mit Nomadenzelten, Pavillon und Pool, , gutes Restaurant, Exkursionsangebote. 450 DH.

Hotel Sirocco: Amezrou, neben dem Palais Asmaa, Tel. 024-84 61 25, Fax 024-84 61 26, www.kasbah-sirocco.com. 20-Zimmer-Hotel im Kasbahstil mit Restaurant und Pool. DZ 420 DH.

Kasbah Tifawte: Hay El Mansour Dahbi, von Agdz kommend vor den Torbögen am Ortseingang nach etwa 200 m links, Tel. 024-84 88 43, Fax 024-84 88 42, www.tifawte.com. 6-Zimmer-Haus, Küche mit regionalen Spezialitäten, gute Exkursionsangebote. DZ mit Halbpension (obligatorisch) 350–400 DH.

Hotel La Perle du Dra: Etwa 5 km außerhalb in Richtung Tamegroute, Tel. 024-84 62 10, Fax 024-84 62 09, www.perledudra.ma. 35-Zimmer-Hotel im Kasbah-Stil, Restaurant, Pool, Exkursionsangebote. 380 DH.

Hotel Ternata: Av. Mohamed V (in der Nähe des Riad Salam); Tel. 024-84 69 69, Fax 024-84 69 66, ternata_zagora@yahoo.fr. 40-Zimmer-Haus mit Restaurant, Panoramaterrasse, Pool, die Bar ist ein eher dubioser Trinkertreff. DZ 220 DH.

Hotel La Palmeraie: Av. Mohamed V, direkt beim Timbuktuschild; Tel. 024-84 70 08, Fax

Richtig Reisen-Tipp: Sterneguсken in der Wüste

Mindestens eine Ahnung von Wüstenlandschaften lässt sich gewinnen, wenn man über die gut ausgebaute N 9 von Zagora aus weiter in südöstlicher Richtung vorstößt. Etwa 7 km hinter Tamegroute, taucht linker Hand ein erster Dünenzug auf, die sogenannten Dunes de Tinfou.

Hier hat jemand mit Instinkt für die exponierte Lage das richtige Hotel am richtigen Ort aufgebaut: Das Kasbah-Hotel Porte au Sahara liegt in Sichtweite der Dünen von Tinfou, eine der ganz wenigen Adressen in Marokko, die das Etikett Wüstenhotel wirklich verdienen. An den Außenmauern des Kasbah-Gevierts türmt sich der Sand und wer will, kann im Zelt in den Dünen campieren. Das unter deutscher Regie betriebene Hotel vermittelt eine erste Ahnung vom Faszinosum Wüste – und bietet zugleich, etwa nach schweißtreibender Exkursion in den Rieselsand der Düne, den Rückzug in ein bergendes Gehäuse mit seinem Komfort. Von den Balkons und der Dachterrasse lässt sich eine einzigartige Natur in ihrer ganzen majestätischen Erhabenheit erleben. Doch damit nicht genug: Der Hotelinhaber Fritz Gerd Koring hat auf der Dachterrasse mehrere hochauflösende Meade-Teleskope installiert – und auch damit sicheren Instinkt für die Magie des Ortes bewiesen. Wo, wenn nicht in der beginnenden Wüste, lassen sich die Sterne besser beobachten – ohne Streulicht, ohne den Film aus verschmutzter Luft, wie er in Europa überall anzutreffen ist, mithin in einer Klarheit und Helligkeit, die sich der Reisende fast nicht mehr vorstellen kann? Das hier eingerichtete private Observatorium (www.saharasky.com), vermutlich in ganz Marokko einmalig, kann in einer einzigen sternenklaren Nacht völlig neue Dimensionen erschließen. Die Premiere – ein mehrtägiges internationales Treffen von Astronomen – war jedenfalls ein voller Erfolg, aber auch dem ›normalen‹ Hotelgast steht die 400 m² große Dachterrasse (mit Teleskopbenutzung) offen.

Inzwischen haben auch Gleitschirmflieger die Adresse entdeckt; der Plateauabbruch des Djebel Tadrart in unmittelbarer Nähe bietet ideale Bedingungen.

Porte au Sahara: Tel 024-84 85 62, www.hotel-sahara.com. DZ 440 DH, mit Halbpension 660 DH.

024-84 78 78, palmeraie_zagora@menara.ma. Ausgezeichnetes Restaurant, Bar, Pool, bei den einfachen Hotels das beste Preis-Leistungs-Verhältnis in Zagora. Angebot von Wüstenexkursionen. 150–200 DH, Halbpension 170 DH pro Person.
Hotel Reda Zagora: 150-Zimmer-Hotel, das ausschließlich mit der französischen Fram-Gruppe zusammenarbeitet.

Hotels im Preissegment von 70–120 DH:
Hotel des Amis: Av. Mohamed V.
Hotel Vallée du Draa: Av. Mohamed V.
La Rose des Sables: Av. Allal Ben Abdallah, in der Nähe vom Hotel Tinsouline, mit Restaurant.
Caravane du Sud: Amezrou, gegenüber vom Hotel La Fibule du Dra.

Camping Sindibad: Eingang rechts vom Hotel Tinsouline, in einem Palmenhain am Draufer, Tel. 024-84 75 53.
Camping Les Jardins de Zagora: Eingang links vom Hotel Tinsouline.
Camping d'Amezrou: Eingang hinter dem Hotel La Fibule du Dra.
Camping La Montagne: Am Fuß des Djebel Zagora, etwa 3 km vom Ortszentrum, hinter dem Hotel La Fibule du Dra nach links. Kleiner Pool, Kamelausritte.

Amezrou ist für seinen Silberschmuck, Tamegroute für seine Keramik bekannt.

Bus: Busbahnhof und Sammeltaxistand liegen in einem ummauerten Areal beim Souk (von Agdz kommend, am Ortseingang rechter Hand). Tgl. mehrere Verbindungen nach Agdz und Ouarzazate, einige Busse weiter bis Marrakesch oder Agadir; CTM-Bus bis nach Mhamid (CTM-Schalter an der Av. Mohamed V in der Nähe der Post), sehr seltene Busverbindung auf der komplett asphaltierten N 12 und N 13 von Zagora nach Er Rachidia über Tazzarine, Alnif, Rissani und Erfoud. Die Strecke Zagora–Tagounite–Mhamid wird tagsüber in hoher Frequenz von Sammeltaxis befahren.

Tamegroute

20 km südöstlich von Zagora (die asphaltierte Route 6958/N 9 wird von Kleinbussen und Sammeltaxis befahren) liegt der traditionsreiche Wallfahrtsort **Tamegroute** 4. Im Ort, bekannt auch für seine Töpferwaren, lohnt die aus dem 16. Jh. stammende Zaouia des Nassirya-Ordens einen Besuch. Der Orden, nach dem islamischen Gelehrten Abu Abdallah Mohammed Abu Nasr benannt, hatte einst im Dra- und Dadestal, zeitweise sogar

Khaimas: aus schwarzem Ziegenhaar gefertigte Berberzelte

bis in die Regionen von Sousebene und Antiatlas, einen herausragenden Einfluss. Die Zaouia kann besichtigt werden, bedeutend ist die angegliederte Bibliothek mit ihren kostbaren arabischen (Koran-)Handschriften, die ältesten Pergamente datieren aus dem späten 12. Jh. Das Heiligtum von Tamegroute (Gräber von sieben männlichen und einem weiblichen Marabout) strahlte einst weit über die Region hinaus aus, es ist bis heute eine bedeutende, von zahlreichen Pilgern besuchte Wallfahrtsstätte.

Jnane-Dar Diafa: Direkt bei der Zaouia, Tel. 024-84 06 22, Fax 024-84 05 68, www.jnanedar.ch. Auberge mit Restaurant unter schweizerisch-marokkanischer Leitung, Exkursionsangebote. 150–300 DH.

Tagounite

Entlang an den ersten Dünenzügen, an Geröllplateaus und ausgedehnten Palmenhainen führt die Strecke zunächst in die Ksour-

Siedlung **Tagounite** 5. 54 km von Zagora entfernt, ist Tagounite heute ein von Versandung bedrohter kleiner Marktflecken.

Camping Ait Isfoul: etwa 5 km vor Tagounite, in der Nähe einer Kasbah sehr schön gelegen, ausgeschildert.

Ausflüge in die Wüste
Das Interesse an Kameltrekking und/oder Wüstenexpeditionen in der Region hat in den vergangenen Jahren enorm zugenommen, der Markt boomt zeitweise und so kann es nicht verwundern, dass sich auf diesem Gebiet neben seriösen Anbietern auch immer mehr dubiose Amateure, ja ausgemachte Scharlatane tummeln. Zuverlässige Unternehmer auf diesem Markt und ausgewiesene Kenner der Region sind nach den Erfahrungen des Autors die Brüder Tizliouine (Kontakt über die Hotels Tinsouline, Tel. 024-84 72 52, und La Fibule du Dra, Zagora, Tel. 024-84 73 18), Fritz Gerd Koring (Kontakt über das Hotel Porte au Sahara, Tinfou, Tel. 024-84 85 62, www.hotel-sahara.com) und Doris Paulus (Kontakt über das Hotel Jnane-Dar, Tamegroute, Tel. 024-84 06 22, www.jnanedar.ch).

Oulad Driss

Besonders eindrucksvoll ist die etwa 7 km vor Mhamid gelegene Ksour-Siedlung **Oulad Driss** 6. Kaum zu glauben und doch wahr: An einem derart abgelegenen Ort findet sich ein kleines Museum (La Maison traditionelle, Hinweisschild in der Ortsmitte, unweit der Hauptstraße, Tel. 024-84 86 91), von Brüdern aus der Region in einer Kasbah aus dem späten 17./frühen 18. Jh. eingerichtet. Die Besucher können sich vor Ort anhand von Ackergeräten, Hausrat, Trachten, Musikintrumenten, Stoffen, Schmuck und Waffen über die Sozial-, Kultur- und Alltagsgeschichte der Berberstämme informieren. Die liebevoll arrangierten Exponate – selbst eine Babywiege und ein Laufstall sind zu bestaunen – werden erläutert. Ein Museum an abgelegenem Ort im Wüstenvorland, dessen Besuch man auf keinen Fall versäumen sollte.

Chez Le Pacha: Ksar Bouneau, Tel. 024-84 86 96, Fax 024-84 86 95, www.jnane-lepacha.com. Zelte mit separater Terrasse 600 DH, Suiten 1300 DH, jeweils zwar mit Halbpension, gleichwohl überteuert.
Dar Azawad: Tel./Fax 024-84 87 30, www.darazawad.com. Weitläufige Bungalowanlage mit Pool, geschmackvoll eingerichtetes Interieur, Oasengarten, französische Leitung. Nomadenzelte (*khaimas*) auf Lehmsockel 350 DH pro Person mit Halbpension, DZ mit Halbpension 1000 DH, Suite junior 700 DH pro Person.
Dar Paru: Ksar Bouneau, Tel. 062-29 88 45, www.das-zelt.de. Zwei Berberzelte, drei Zimmer mit Bad in traditionellem Haus mit großem Oasengarten, deutsche Eigentümerin, auch Exkursionsangebote.

Mhamid

Mhamid 7, 88 km von Zagora entfernt, war im 16./17.Jh. ein wichtiges Karawanenzentrum (Ruine des Ksebt El Aloui, einer Festung aus dieser Zeit). Der Markt am Montag wird gelegentlich noch von Nomaden der Region besucht. Auch Mhamid ist inzwischen stark von Versandung bedroht.

Südwestlich von Mhamid führt der Dra nur nach sehr starken Regenfällen noch Wasser, meistens verliert sich sein Lauf in den Dünen; nur ganz selten erreicht der Fluss sein nördlich von Tan Tan Plage gelegenes Mündungsgebiet mit immerhin geringer Wasserführung. Mhamid markiert den südlichen Endpunkt der asphaltierten N 9; wer im eigenen Wagen in den Ort einfährt, sollte sich von den Rudeln Jugendlicher nicht kopfscheu machen lassen, die wild gestikulierend alle möglichen Wüstentouren anzubieten versuchen oder im Extremfall nicht davor zurückschrecken, sich auf die Motorhaube zu werfen.

Wer von hier die Pisten in Richtung Foum-Zguid, Tata oder Akka in Angriff nehmen will

Richtig Reisen-Tipp: Schnuppertour in die Wüste Erg Lihoudi

Etwa 2 km vor Tagounite (von Zagora kommend) mahnt ein auf Französisch (»proteger le desert«) und englisch beschriftetes Schild, das ökologisch sensible Landschaftssystem der Wüste zu schützen.

Wer an dieser Stelle die asphaltierte N 9 verlässt und eine rechter Hand abführende Piste nimmt, gelangt nach etwa 7 km – der Verlauf der recht guten, nur abschnittsweise versandeten Piste ist deutlich erkennbar – zu den ersten Dünenzügen der Erg Lihoudi, eines kleineren Wüstenareals, das sich südlich der Djebel-Bani-Gebirgsketten erstreckt. Vor Ort sind etliche *khaimas* zu sehen, jene markanten, aus schwarzem Ziegenhaar gefertigten Nomadenzelte (s. S. 279).

Gerade weil diese Tour, von Zagora aus häufig als Biwakexkursion angeboten, die sichere Hauptstraße nur einige wenige Kilometer verlässt, sollte und kann man sie sich auch ohne Führung und teures Spezialfahrzeug ruhig zutrauen; selbst schwere Wohnmobile werden auf diesem Kurztrip schwerlich einsanden.

Auch wenn man nur kurze Zeit verweilt: als erste Anschauung der Dünen, als erstes ›Schnuppern‹ an der Wüste, die wie keine andere Landschaft unsere Zeit- und Raumwahrnehmungen außer Kraft setzt, als erste Ahnung von der Lautlosigkeit der Wüste und ihrer oft barbarischen Schönheit, taugt dieser Abstecher allemal.

oder zum – fast immer ausgetrockneten – Lac Iriqui aufbrechen will, braucht ein allradbetriebenes, geländetaugliches Fahrzeug, gutes Kartenmaterial sowie ausreichende Sprit- und Wasserreserven.

Die Zeiten, als der Ort ein geradezu trostloser Endpunkt ohne jegliche touristische Infrastruktur war, sind auch in Mhamid unübersehbar vorbei.

Hotel Kasbah Azalay: Am Draufer, linker Hand des Ortszentrums, Tel. 024-84 80 96, Fax 024-84 80 85, www.azalay.com. Geräumige klimatisierte Zimmer, eine für diese Einöde geradezu sensationelle Küche. DZ 630 DH, mit Halbpension 1000, mit Vollpension 1250 DH.
Hotel Iriqui: Am Ortseingang, Tel. 024-84 80 23. Einfache Zimmer mit Dusche, dazu ein spartanisches Restaurant. DZ um 150 DH.
Camping Paradise Garden: etwa 4 km vor Mhamid, ›Nomadotel‹ mit Berberzelten, Pool, Restaurant.

Kamelausritte, Exkursionen zum Lac Iriqui oder in die Erg Chagaga bietet das Hotel Kasbah Azalay an (s. o.).

CTM-Bus nach Zagora und Ouarzazate; Sammeltaxis nach Tagounite, Tamegroute und Zagora (außer an Markttagen eher selten, nur bis zum Einfall der Dämmerung).

Varianten für die Weiter- oder Rückfahrt

Wer keine Lust hat, die gesamte Tour von Mhamid bis Ouarzazate wieder zurückzufahren, kann abkürzen, indem er die N 9 bis Tansikht (etwa 25 km östlich von Agdz) zurückfährt und von Tansikht die komplett asphaltierte N 12 über Nekob, Tazzarine und Alnif bis nach Rissani nimmt.

Eine noch geeignetere Variante besteht darin, in Amezrou (am östlichen Draufer, Zagora gegenüber) die Piste 3454 über den Tizi n'Tafilalet zu nehmen, die etwa 8 km vor Tazzarine auf die Verbindung von Tansikht nach Rissani (s. o.) stößt. Es empfiehlt sich, Informationen zum Zustand der Piste 3454 in Zagora einzuholen.

Für beide Abkürzungen benötigt man ein eigenes Fahrzeug; nur auf Teilstrecken der Route von Tansikht nach Rissani und Erfoud besteht ein sporadischer Busverkehr.

Route des Kasbahs

Karte S. 286

Der wohl spektakulärste Abschnitt dieser Strecke ist das Teilstück, das in etwa parallel zum Lauf des Dades führt, also der Abschnitt zwischen Skoura und Boumalne du Dades. Hier finden sich besonders imponierende Kasbah-Komplexe, oft in Palmenhainen versteckt und nur wenige Kilometer abseits der N 10.

Von Ouarzazate nach Er Rachidia

Die Route des Kasbahs (305 km) zwischen Ouarzazate und Er Rachidia auf der P32/ N 10, die östlich von Er Rachidia über Boudenib noch bis Bouarfa führt, gilt als ein touristisches Highlight im südlichen Marokko.

Die an der Strecke liegenden Orte bieten selbst keine größeren Sehenswürdigkeiten, die imponierenden Kasbah-Komplexe – die größten und schönsten liegen zwischen Skoura und Goulmima –, die zahlreichen Oasen und vor allem die grandiosen Landschaften in der Dades- und Todrhaschlucht zählen aber zweifellos zu den eindrucksvollen Höhepunkten einer Reise nach Südmarokko. Die Route führt, immer der P 32/N 10 folgend, in nordöstlicher Richtung den Südostausläufern des Hohen Atlas und den Nordwestflanken des Djebel Sarhro und des Djebel Ougnat entlang.

Stausee El Mansour Eddahbi

Gleich hinter dem Ortsausgang von **Ouarzazate** 1 passiert man den rechter Hand der Straße gelegenen **Stausee El Mansour Eddahbi**: Der lang gestreckte Stausee, landesweit einer der größten, hat eine West-Ost-Ausdehnung von etwa 20 km, wird vom Oued Dades gespeist und ist von der N 10 aus gut sichtbar.

Les Tourmalines: Etwa 20 km nordöstlich von Ouarzazate (nahe Royal Golf Ouarzazate), Tel. 024-88 71 07, Fax 024-88 71 08, www.lestourmalines.net. Direkt am Seeufer hinreißend gelegenes Kasbah-Hotel, 13 geräumige, komfortabel ausgestattete, klimatisierte Zimmer mit eigener Terrasse, Pool; eine gute Adresse für Familien, die nicht in Ouarzazate logieren wollen. DZ 1000 DH, Halbpension 650 DH pro Person.

Skoura

Die erste Etappe der Strecke ist mit der Großoase **Skoura** 2 erreicht. Im Ort (Souk montags) selbst und in der Umgegend liegen zahlreiche gut erhaltene Kasbahs, die teilweise früher den Glaoua gehörten; auffällig die unregelmäßig hohen Ecktürme mancher Anlagen. Skoura ist ein wichtiger Herstellungsort von Rosenöl. Lohnend sind Abstecher zu den Kasbahs Amerhidil (einige Kilometer vor Skoura) und Toundout (über die Stichstraße 6831).

El Kelaa des Mgouna

Auch **El Kelaa des Mgouna** 3, von einer ehemaligen Glaoua-Kasbah überragt, ist eine Oasensiedlung inmitten von etwa einem Dutzend Kasbahs in der näheren Umgebung. In 1467 m Höhe am Ufer des Asif Mgoun gelegen, ist der Ort von ausgedehnten Obstplantagen und Rosenkulturen geprägt. Wie in Skoura wird auch in Kelaa Rosenöl zur Parfümherstellung gewonnen, das Rosenfest ist in der ganzen Region berühmt. Lohnende Wanderungen führen zu den Berberdörfern im Tal des Asif Mgoun. Viele der Ksour und Kasbahs sind nur über Maultierpfade erreichbar. Markttag ist Mittwoch.

Hotel Rose Mgouna: Auf einer Anhöhe über dem Ort, Tel. 024-83 63 36, Fax 024-83 60 07. Dreisternehaus, 100 Zimmer, Restaurant, Pool, Nachtklub. DZ 320 DH.

Moussem de la rose: Mitte/Ende Mai; der Ort ist das Zentrum der Rosenwasserdestillation, was jedes Jahr mit einem großen, inzwischen sehr touristisch geprägten *moussem* während drei Tagen ausgiebig gefeiert wird.

Boumalne du Dades

In 1586 m Höhe malerisch gelegen, stellt der moderne Verwaltungs- und Marktort (mittwochs Souk) **Boumalne du Dades** 4 den besten Ausgangspunkt für Touren in die Dadesschlucht dar.

Im Ort selbst und im nahen Umland liegen etliche schöne Kasbahs, teils noch als Speicherburgen genutzt. Obst- und Gemüsekulturen sowie Getreideanbau prägen das Bild; an den Flussläufen betreiben die Bauern Terrassenfeldbau, öfter sieht man auch Bewässerung durch kleine Feldkanäle.

Hotel El Madayeq: Derzeit geschlossen, Neueröffnung noch ungewiss. Tel. 024-83 40 31, Fax 024-83 07 67.
Kasbah-Hotel Tizzarouine: Auf einer Anhöhe über dem Ort, ausgeschildert, Tel. 024-83 06 90/91, Fax 024-83 02 56, kasbah.tizzarouine@menara.ma. Kasbah-Hotel mit ›normalen‹ sowie in die Felswand eingelassenen Höhlenzimmern (*chambres troglodytes*), ausgezeichnetes Restaurant, Panoramaterrasse, Pool, auch Nomadenzelte, insgesamt sehr empfehlenswert. DZ mit Halbpension 350 DH pro Person, Höhlenzimmer mit Halbpension 400 DH pro Person.
Hotel Vallée des Oiseaux: Av. de Prince Héritier Sidi Mohamed, am Ortsausgang an der N 10 Richtung Tinerhir linker Hand, nahe der Shell-Station gelegen, Tel./Fax 024-83 07 64, hotelrestau_valleedesoiseaux@yahoo.com. Angenehmes und äußerst professionell geführtes 12-Zimmer-Hotel mit gutem Restaurant. DZ 120 DH.
Hotel Chems: Tel. 024-83 00 41, einfaches Hotel mit schöner Panoramaterrasse.

Bus: Tgl. mehrere Verbindungen nach Ouarzazate und Er Rachidia; Sammeltaxis auf der N 10 Richtung Ouarzazate oder Er Rachidia; selten Sammeltaxis in die Dadesschlucht. Auf der Ladefläche von Lastwagen oder Pickups kann man gelegentlich bis nach Imilchil mitfahren.

Mit dem Autor unterwegs

Die Düfte der Rose
Wer in der zweiten Maihälfte auf der Route des Kasbahs unterwegs ist, sollte sich nach dem exakten Datum des Moussem de la rose erkundigen, der alljährlich in El Kelaa des Mgouna abgehalten wird. Der Ort ist berühmt für seine Rosenkulturen – das Rosenöl ist eine wichtige Essenz zur Parfumherstellung, eine lokale Spezialität (s. S. 282).

Für Höhlenbewohner
»Chambres troglodytes« steht auf den Schildern, die in Boumalne du Dades den Weg zum Kasbah-Hotel Tizzarouine weisen. Höhlenzimmer sind gemeint, in die Felswand hoch über dem Flusslauf des Dades in den Berg gegraben und, durchaus behaglich, mit Dreisternekomfort ausgestattet. Wer hier klaustrophobische Anwandlungen verspürt, kann in die normalen Zimmer ausweichen, die in den Gebäudetrakten des Kasbah-Gevierts untergebracht sind. – Immerhin eine besonders urige Variante des Wohnens (s. S. 283).

Mandelblüte im Dadestal im frühen Frühjahr

8 Dades- und Todrhaschlucht

Dadesschlucht

In Boumalne du Dades zweigt die Route 6901 von der P 32/N 10 ab. Der Dades hat sich in seinem Oberlauf ein landschaftlich grandioses, wild zerklüftetes Flussbett durch die Südhänge des Hohen Atlas gegraben; ein Abstecher in die Dadesschlucht sollte Teil jeder Südmarokkoreise sein.

Hinreißend sind die **Kasbahs Ait Youli** und **Ait Arbi** eingangs der Schlucht. Die Strecke führt in Serpentinen auf halber Höhe in die Schlucht hinein, bei Imdiazen beginnt das steilste Stück der Tour, besonders eindrucksvoll ist der Ort **Msemrir** mit mehreren Kasbahs. Am Ende der Schlucht führen recht schlechte Pisten weiter nach Imilchil (Piste 6905 über Agoudal; Imilchil ist bekannt für seinen im September stattfindenden Heiratsmarkt der Ait-Hadiddou-Berber) und zur Todrhaschlucht (Piste 3444 nach Ait Hani).

Wie weit Sie in die Dadesschlucht einfahren können, hängt von den Witterungsbedingungen und vom Wasserstand des Dades ab. Die Strecke ist inzwischen bis Msemrir (63 km) komplett asphaltiert, wobei der Straßenzustand sogar umso besser wird, je weiter man in die Schlucht hineinfährt, sodass der Anstieg bei normalen Bedingungen auch ohne geländegängiges Fahrzeug zu schaffen ist. Die spektakulärsten Kasbah-Komplexe,

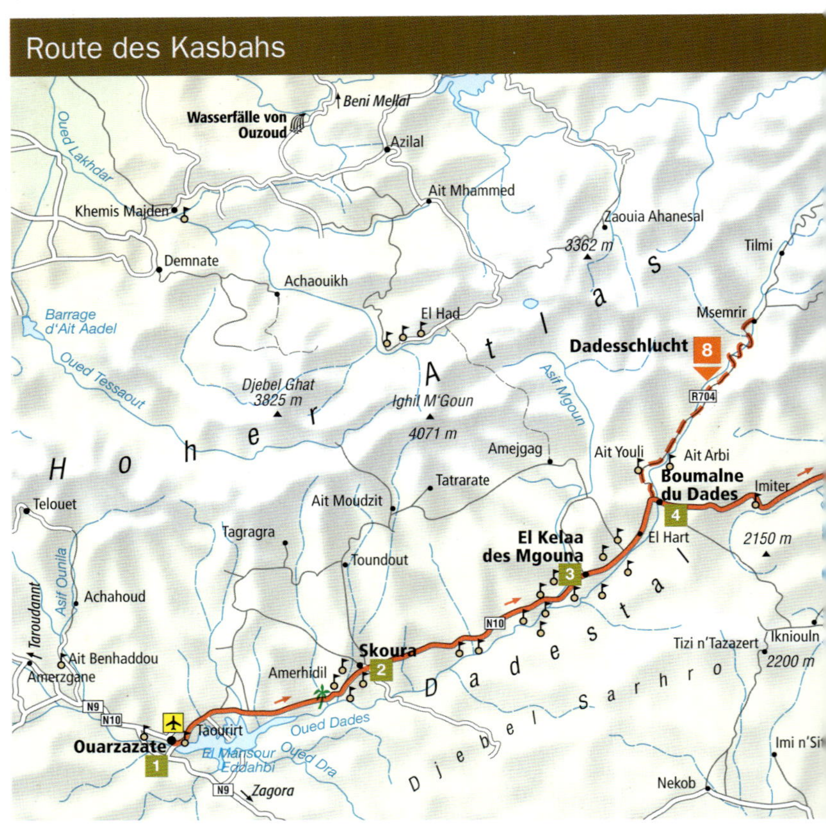

die schönsten Panoramaausblicke auf die terrassierten Felder und die zerklüfteten Gebirgsformationen finden sich bereits auf den ersten 35 km der Strecke. Wer im Winter bis Msemrir weiterfahren will, sollte sich vor der Tour über Schneehöhen und Schmelzwasserstände informieren – mit guten Reifen (Winterreifen sind im Land eine Rarität!) sollte sich der Parcours aber bis zum Ende der Asphaltstraße schaffen lassen.

Tinerhir

Hinter Boumalne du Dades verlässt die P 32/ N 10 das Tal des Dades; die Kasbahs werden nun seltener. Eindrucksvoll ist die **Kasbah Imiter** auf dem Weg nach Tinerhir. Die Route des Kasbahs führt aber noch weiter bis Goulmima. Auf einem 1342 m hohen Plateau gelegen, ist **Tinerhir** 5 einer der bedeutendsten Marktorte (Souk montags) und eine der schönsten Oasen der Region. Das moderne Ortszentrum wird vom Marktplatz beherrscht, über der Oase thront eine mächtige Kasbah, die einst dem Pascha El Glaoui gehörte. In der Ebene liegen zahlreiche weitere Kasbahs. Wegen der schönen und verkehrsgünstigen Lage (Standort für den Ausflug in die Todrhaschlucht, zudem etwa halbwegs auf der Strecke Ouarzazate–Er Rachidia gelegen) wird Tinerhir relativ häufig besucht. Die meisten Einwohner leben vom traditionellen Oasenfeldbau, wunderschön ist ein Spaziergang durch die ausgedehnte *palmeraie*, besonders in der Abendstimmung.

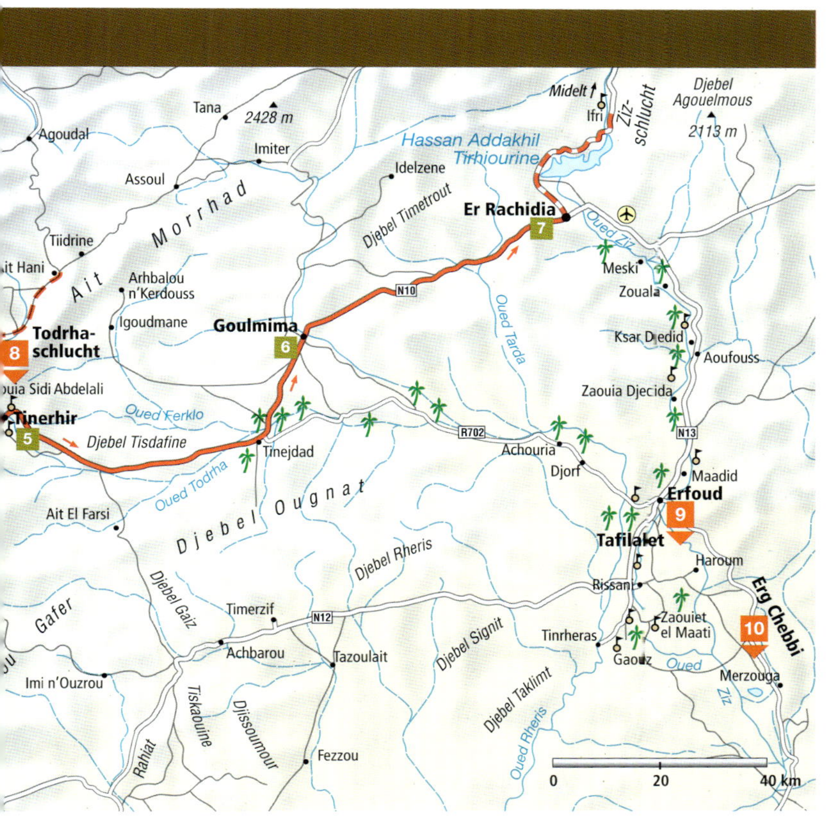

Heiratsmarkt in Imilchil

Was alljährlich im September in Imilchil im Hohen Atlas stattfindet, ist ein Heiratsmarkt und gleichzeitig etwas ganz anderes, als der Begriff beschwört: Touristenattraktion und großer Moussem, Verkaufsmesse und Kennenlernbörse, Fest und Familientag, Clanversammlung der Ait-Haddidou-Berber und, auch dies, ein regional berühmter Heiratsmarkt.

Schon wahr, es gibt von den Vätern der Brautleute arrangierte Ehen, bei denen 15- bis 16-jährige Mädchen ihrem zukünftigen Gemahl, den sie oft noch nie gesehen haben, zugeführt werden. Die Familie des Bräutigams zahlt einen Brautpreis für die junge Frau, ein Ehevertrag wird aufgesetzt und in Anwesenheit eines Cadi unterzeichnet. Damit ist die Ehe rechtsgültig. Eine Braut wird also erschachert, so nimmt sich die Prozedur an der Oberfläche aus, ein scheinbar skandalös kommerzieller Vorgang, der freilich nur einen Teil der sozialen Realität spiegelt.

Ehen können bei den Ait Haddidou ohne viel Federlesen geschlossen, aber auch wieder aufgelöst werden. Und eine geschiedene Frau kann sich nach einer ersten, bisweilen von einem Vormund für sie angebahnten Ehe dann ihre weiteren Ehepartner selbst aussuchen. Von diesem Recht machen die Berberinnen der Region einen so regen Gebrauch, dass man sich fragt, ob nicht manche auf dem Heiratsmarkt von Imilchil eingegangene Erstehe eine Art Arrangement ist, damit die Frau nach einer Scheidung in der Wahl ihrer zukünftigen Partner garantiert freie Hand hat.

Marokko präsentiert sich vielleicht nirgendwo so stark von einer Gleichzeitigkeit des Ungleichzeitigen geprägt wie gerade im Bereich des Familienrechts. Auch nach der von Mohamed VI. in den Jahren 2003/04 gegen erbitterten Widerstand aus den Kreisen der konservativen Geistlichkeit forcierten Liberalisierung des Familienrechts gilt: Die Polygamie ist nicht abgeschafft, sondern erschwert, indem sie an Bedingungen geknüpft ist; die Verstoßung der Frau durch den Mann soll in einem juristisch klar fixierten Scheidungsverfahren aufgehoben werden und ist dennoch bis heute soziale Realität; die Verheiratung Minderjähriger durch einen Vormund ist nach dem Gesetz nicht mehr erlaubt und gleichwohl, zumal im ländlichen Milieu, gang und gäbe; in einem Scheidungsverfahren sollen Unterhaltsansprüche und Sorgerechtsfragen geklärt werden – ein auf dem Papier verbrieftes Recht, das Frauen selten einklagen können, schon deshalb, weil es in Marokko kaum Familienrichterinnen gibt.

Diese Diskrepanz offenbart sich auch auf anderen Ebenen. In den Großstädten ist der Schulbesuch für Mädchen eine Selbstverständlichkeit, in etlichen Studiengängen sind heute mehr Studentinnen eingeschrieben als Studenten, die Rate der in den Arbeitsmarkt integrierten Frauen ist im afrikanischen Vergleich hoch, den akademisch ausgebildeten Marokkanerinnen steht im Prinzip jede Berufssparte offen. Die Kehrseite dieser Moderne zeigt sich häufig in abgeschiedenen ländlichen Regionen, wo die weibliche Analphabetenrate extrem hoch ist, wo Mädchen nicht zur Schule gehen dürfen, wo bisweilen 5- oder 6-jährige Mädchen als Haushaltshilfe, als *bonne*, in die Großstadt verkauft werden.

Verkaufte Braut? – nicht bei den Ait-Haddidou-Berbern

YASMINA
HOTEL

Hotel Sargho: Auf einem Hügel über der Stadt mit Blick auf die Kasbah, Tel. 024-83 41 81, Fax 024-83 43 52, www.kenzi-hotels.net. Etwas klotziges 70-Zimmer-Haus mit Restaurant und Pool, überwältigendes Panorama. DZ 550 DH.

Hotel Kenzi Bougafer: Av. Mohamed V, von Boumalne kommend am Ortseingang linker Hand, Tel. 024-83 32 00, Fax 024-83 32 82, bougafer@menara.ma. 114 Zimmer in einem Kasbah-Hotel, Restaurants, Panoramaterrasse, Pool. DZ 550 DH.

Kasbah-Hotel Lamrani: Zone touristique, Tel. 024-83 50 17, Fax 024-83 50 27, www.kasbahlamrani.com. 22 klimatisierte Zimmer, Restaurants, Pool, Exkursionen. DZ 475 DH, mit Halbpension 775 DH.

Hotel La Kasbah: 69, Av. Mohamed V, Tel./Fax 024-83 44 71. DZ 400 DH mit Halbpension, 300 DH mit Frühstück.

Hotel Todrha: Av. Hassan II, am Hauptplatz, Tel. 024-83 42 49, Fax 024-83 45 65. In die Jahre gekommenes Traditionshaus, Restaurant, Pool. DZ 260 DH.

Camping Ourti und **Camping Almou** am Ortseingang.

Bus: Tgl. mehrere Verbindungen vom Hauptplatz in der Ortsmitte (hier auch der CTM-Schalter) nach Ouarzazate und nach Er Rachidia; direkte Busverbindung ins Tafilalet über die Strecke Tinejdad–Erfoud (R 702, komplett asphaltiert). Sammeltaxis auf der N 10 Richtung Ouarzazate oder Er Rachidia sowie in die Todrhaschlucht. An den Markttagen Mitfahrgelegenheit auf Bedford- oder Peugeot-Lieferwagen nach Ait Hani–Agoudal–Imilchil.

Todrhaschlucht

Von Tinerhir zweigt die Route 6902 in die Todrhaschlucht ab; am Südhang des Hohen Atlas hat sich der Oued Todrha ein bizarr zerklüftetes, canyonartiges und bis zu 300 m tief eingeschnittenes Tal durch das Gebirgsmassiv gegraben. Die Todrhaschlucht, ein weiterer landschaftlicher Höhepunkt dieser Tour, ist mit ihren steil abfallenden, rötlichen Felswänden eine schroff zerklüftete Urlandschaft, wilder, abweisender auch als die Dadesschlucht, aber mindestens ebenso eindrucksvoll wie diese. Ganz anders als in der Dadesschlucht (Serpentinen), führt die Exkursion auf der Talsohle des Oued Todrha entlang; die Kasbahs sind hier seltener als in der Dadesschlucht und die landschaftliche Szenerie ist von einer ausgedehnten *palmeraie* geprägt.

Ein Kletterparadies für Schwindelfreie: die Todrha-Schlucht

Hinter der Zaouia Sidi Abdelali beträgt der Abstand zwischen den fast 300 m senkrecht abfallenden Felswänden kaum 10 m, selten genug fällt Sonnenlicht in diesen Canyon. Etwa 10 km vor **Ait Hani** führt die Tour schließlich über ein karges Hochplateau; die ersten 20 km sind sicherlich die spektakulärsten dieses Abstechers. Besonders eindrucksvoll ist das 5 km lange Teilstück hinter der Zaouia Sidi Abdelali. Die Strecke in die Todrhaschlucht ist inzwischen bis Ait Hani (52 km) komplett asphaltiert. Bis hierhin sollte man mit guten Reifen auch im Winter durchkommen. Freilich gilt, was auch für die Dadesschlucht gilt: Es empfiehlt sich in jedem Fall, im Winter vorab Informationen über Schneeverhältnisse (Ait Hani liegt immerhin auf einer Höhe von etwa 2600 m) und Schmelzwasserstände einzuholen.

Die weiterführenden Pisten 3444 in die Dadesschlucht bzw. nach Assoul sowie 3483 und 3445 nach Imilchil sind auf alle Fälle nur mit Geländefahrzeugen zu bewältigen.

Hotel-Restaurant Kasbah Essalam: Im 33 km von Tinerhir entfernten Dorf Tamtattouchte gelegen, Tel./Fax 024-83 58 43. Empfehlenswertes einfaches Hotel. DZ 150–300 DH.

Hotel El Mansour: Am Eingang der Todrhaschlucht gelegenes einfaches, empfehlenswertes Hotel mit Restaurant.

Hotel Yasmina: Am Eingang der Todrhaschlucht gelegen, Tel. 024-83 42 07. Einfaches, empfehlenswertes Hotel mit Restaurant, häufig von Reisegruppen besucht.

Hotel Les Roches: Am Eingang der Todrhaschlucht gelegen, Tel. 024-83 48 14. Einfaches, empfehlenswertes Hotel.
Camping Atlas, Camping du Lac, Camping de la Source des Poissons sacrés: Sehr schön gelegene Campingplätze am Anfang der Schlucht.

Goulmima

Wer, von Tinerhir kommend, direkt ins Tafilalet weiterreisen und sich einen Aufenthalt im eher öden Er Rachidia sparen will, kann ab Tinejdad über die asphaltierte Straße 3451/R 702 direkt nach Erfoud fahren. 80 km nordöstlich von Tinerhir erreicht man den Marktort **Goulmima** 6; die aus zahlreichen Ksour gebildete Großoase am Oued Rheris markiert mit ihren etwa 20 Kasbahs die östlichste der großen Kasbah-Gruppen. Bemerkenswert sind die besonders hohen Türme der Wohnburgen. Das Ortszentrum bietet nichts Nennenswertes, sehr zu empfehlen ist aber ein Abstecher in den alten Ksar Goulmima (am Ortsausgang rechts, etwa 3 km auf der Piste 3453 in Richtung Erfoud). Der aus etwa 500 Häusern bestehende, noch komplett bewohnte Ksar vermittelt ein besonders lebendiges Bild dieser für Südmarokko typischen Siedlungsform. Lohnend auch ein Abstecher zu der sehenswerten Kasbah Imiter (über die Piste 3447, etwa 60 km nördlich von Goulmima).

Hotel Gheris: Av. Hassan II, dem Souk gegenüber, Tel. 035-78 31 67. Mit Restaurant. DZ um 150 DH.

Bus: Tgl. mehrere Verbindungen auf der N 10 nach Er Rachidia oder Richtung Ouarzazate.

Er Rachidia

Mit **Er Rachidia** 7, in 1060 m Höhe in einer Oase des Oued Ziz gelegen, ist die Provinzhauptstadt mit ihren um die 70000 Einwohnern und zugleich das Marktzentrum der Region (Haupt-Souk sonntags, im Ortskern dienstags und donnerstags) erreicht. Die Stadt ist neben Ouarzazate der Hauptort der vorsaharischen Oasenketten und ein überregional wichtiger Verkehrsknotenpunkt zwischen Tafilalet, Dadestal und der Route von Meknes/Fès – daher auch für den Tourismus von Bedeutung. In der Oase mit fünf älteren Ksour und einer Mellah wurde 1916 eine französische Garnison einquartiert und bis 1956 war die Stadt ein ebenso wichtiger wie berüchtigter Stützpunkt der Fremdenlegion. Inzwischen ist der Dattel- und Getreideanbau das wirtschaftliche Fundament des Ortes. Das moderne Zentrum um den Marktplatz und die ehemalige französische Kaserne bietet nichts Besonderes, hübsch aber die Oase und die umliegenden alten Ksour.

Délégation du Tourisme: 44, Bd. Prince Moulay Abdallah Bou Talamine, nordwestlich des Zentrums, Tel. 035-57 09 44, Fax 035-57 09 43.

Hotel Kenzi Rissani: Route d'Erfoud, jenseits der Brücke über den Oued Ziz, Tel. 035-57 21 86, Fax 035-57 25 85, www.kenzi-hotels.com. Erstes Haus am Platz, 60 klimatisierte Zimmer, behindertengerecht konzipierte Anlage, Restaurant, Pool, Panoramaterrasse. DZ 600–750 DH.
Hotel Errachidia: 31, Rue Ibn Battouta, Tel./Fax 035-57 04 53, hotelerrachidia@yahoo.fr. Hotelneubau mit 21 Zimmern, Restaurant und Café. DZ 320 DH.
Hotel M'Daghra: Etwa 200 m südwestlich des Busbahnhofs, Tel. 035-57 40 47, Fax 035-57 40 49. Gut geführtes 26-Zimmer-Haus. DZ 180 DH.
Hotel Oasis: Rue Sidi Abou Abdallah, parallel zur Av. Moulay Ali Cherif, Tel. 035-57 25 19, Fax 035-57 01 26. Restaurant. DZ 150 DH.
Nicht klassifizierte Hotels im Stadtzentrum, an der Av. Moulay Ali Cherif: La Renaissance, Le Royal, Les Oliviers, Marhaba, Zitouna.
Camping de la Source Bleue de Meski: an der N 13, etwa 20 km südöstlich von Er Rachidia.

Kapriolen der Natur: Ziegen im Geäst eines Arganienbaums

Einfache Restaurants an der Av. Moulay Ali Cherif, ansonsten in den Hotelrestaurants.

Bus: Busbahnhof (hier auch der CTM-Schalter) an der Av. Moulay Ali Cherif im Stadtzentrum. Fernverbindungen nach Ouarzazate, Marrakesch–Fès–Meknes, Rich–Midelt–Azrou, Rabat und Casablanca; selten nach Boudenib, Bouarfa und Figuig; häufig nach Erfoud und Rissani.

Taxi: Der Sammeltaxistand mit Taxis etwa nach Meknes, Ouarzazate und Erfoud liegt etwa 500 m südöstlich des Hotels M'Daghra.

Schlucht des Oued Ziz

Die P 21/N 13 verbindet Er Rachidia (über die Ortschaften Rich und Midelt) Richtung Norden mit Meknes bzw. Fès. Einen Abstecher lohnt in jedem Fall die etwa 40 km nördlich von Er Rachidia beginnende Schlucht des Oued Ziz.

Von Er Rachidia nach Taouz

Karte S. 302

Dem Lauf des Oued Ziz folgend, erreicht man mit Erfoud eine Oasenstadt, die, obschon ohne markante Sehenswürdigkeiten, unverkennbar die Atmosphäre einer Wüstensiedlung aufweist. Wüste pur ist im Dünengebiet des Erg Chebbi zu erleben – eine erstarrte Dünung aus Sand mit bis zu 150 m hohen Kämmen.

Von Er Rachidia ins Tafilalet

Die Route von Er Rachidia nach Taouz (157 km) führt in das Herz des Tafilalet, der größten zusammenhängenden Dattelpalmenoase Marokkos. Das Tafilalet, ein Gebiet von etwa 250 km^2, dehnt sich um die Hauptorte Erfoud und Rissani etwa 30 km in Nord-Süd-Richtung und 5–15 km in Ost-West-Richtung aus. Die Dattelpalmenkulturen werden von den Flüssen Oued Ziz und Oued Rheris bewässert. Dürreperioden, sinkender Grundwasserspiegel, Heuschreckenplagen, der verheerende Bajoud (ein Schlauchpilzbefall, der die Dattelpalmen binnen kurzer Zeit zerstört), das alles hat der Region, die stark von Abwanderung bedroht ist, in den vergangenen Jahren enorm zugesetzt.

Geschichte

Das Tafilalet zählt zu den historisch bedeutsamsten Regionen Marokkos: Im 8. Jh. wurde in der Nähe des heutigen Rissani die alte Hauptstadt Sijilmassa gegründet, die, einst eine der Metropolen des Reiches, zwischen dem 11. und 14./15. Jh. zu den wichtigsten Zentren des Transsaharahandels gehörte. Im 17. Jh. setzten die bis heute regierenden Alaouiten von ihrem Kernland, dem Tafilalet, zur Eroberung von ganz Marokko an. Mit dem Niedergang des Karawanenhandels verlor das Tafilalet allerdings an Bedeutung. Um die Jahrhundertwende bekämpfte der 1910 verstorbene legendäre Scheich Ma El Ainin vom Tafilalet aus die Franzosen, die die Region jedoch erst 1932 vollständig unterwerfen konnten.

Die Route

Die Tour führt in jene Region, in der Marokko ein echtes Wüstenland ist; besonders eindrucksvoll ist das große Dünengebiet im Erg Chebbi.

Man verlässt **Er Rachidia** 1 über die P 21/N 13 in südöstlicher Richtung und gelangt nach etwa 20 km zu einem Palmenhain mit einer eingefassten natürlichen Quelle, der **Source bleue de Meski** 2, in der Mitte. Diese liegt oberhalb des Oued Ziz und wird als Schwimmbad genutzt. (Der Camping de la Source bleue ist im Hochsommer heillos überlaufen!) Südlich des Dorfes Aoufouss bietet die parallel zum Oued Ziz führende P 21/N 13 überwältigende Panoramen über das palmenbestandene Flusstal. Zwischen Meski und Erfoud finden sich auch etliche, sehr schön gelegene Ksour. Besonders eindrucksvoll bietet sich nur wenige Kilometer vor Erfoud Maadid dar.

9 Erfoud und das Tafilalet

Erfoud liegt in 802 m Höhe am Djebel Erfoud und ist mit etwa 20000 Einwohnern die Hauptsiedlung des Tafilalet und der wichtigste Marktort der Region (Samstag/Sonntag Wochenmarkt, bekannte Lederwarenherstellung). Der von ocker und rosa getünchten Flachbauten bestimmte Ort bietet keine bedeutenden Sehenswürdigkeiten, in der Nähe liegen jedoch der reizvolle Palmenhain von Tizimi und der Djebel Erfoud (935 m, auf der Kuppe liegt das Fort Borj Est).

Erfoud wurde 1917 von den Franzosen als Garnisonsstadt gegründet. Hübsch sind die arkadenbestandenen Souks in der Ortsmitte. Als günstigster Ausgangspunkt für Expeditionen ins Tafilalet hat Erfoud in den 1990er-Jahren eine gewisse touristische Bedeutung gewonnen.

Dieser Trend hat angehalten und sich jüngst sogar noch deutlich verstärkt. Ähnlich wie die Region Zagora (s. S. 273) hat auch das Tafilalet mit Erfoud als Hauptort zuletzt ein starkes touristisches Interesse auf sich gezogen. Erfoud verfügt inzwischen über eine exzellente touristische Infrastruktur mit etlichen großen Viersternehotels, die ersten Riads haben ihren Betrieb aufgenommen. Es sind zumeist junge, aus der Region stammende Unternehmer, die die Zeichen der Zeit erkannt haben und sich in ihren Investitionen nicht scheuen, oft erhebliche ökonomische Risiken einzugehen.

Zweifellos hat gerade Erfoud (und nicht Rissani mit seiner rudimentären Infrastruktur, auch nicht Merzouga mit seinen Dutzenden spartanischer *auberges*) davon profitiert, dass die N 13 inzwischen bis in den marokkanisch-algerischen Grenzort Taouz komplett asphaltiert ist. Die Touristen, die in das Dünengelände des Erg Chebbi fahren (inzwischen auch Japaner, Chinesen und Taiwanesen), starten ihre Exkursionen regelmäßig von Erfoud – offenbar wissen sie die Kombination aus gediegenem Hotelkomfort und Wüstenerlebnis durchaus zu schätzen. Sollte Erfoud sich in der Zukunft auch administrativ immer mehr von der Provinzmetropole Er Rachidia emanzipieren – auch hier erinnert die aktuelle Entwicklung an die Vorgänge im Raum Zagora –, sollte gar ein projektierter Flugplatz gebaut werden, so könnte der rasante Aufschwung freilich auch gravierende ökologi-

Mit dem Autor unterwegs

Exkursionen ins Tafilalet

Der Trip von Erfoud zu den Dünen des Erg Chebbi ist fester Programmpunkt aller Pauschalreisen in der Region. Da die N 13 inzwischen bis in den Grenzort Taouz vorzüglich ausgebaut ist, kann man auch auf eigene Faust im Sammeltaxi zum Erg Chebbi gelangen – empfehlenswert schon deshalb, weil das Dünengelände zu einem viel bevölkerten Disneyland wird, wenn zum Sonnenaufgang ganze Busladungen von Touristen angekarrt werden. – Die Wüste erschließt sich nur dem, der allein in diesem Terrain unterwegs ist – oder sie erschließt sich gar nicht (s. S. 300).

Der Eselsmarkt in Rissani

Auch wenn man hier nicht unbedingt kaufen will: der zumeist donnerstags abgehaltene große Viehmarkt in Rissani ist ein Erlebnis ganz eigener Art, besonders der spezielle Eselsmarkt bietet manche Einsichten in die Kunst des Feilschens (s. S. 298).

Der Ksar Moulay Ismail

Eine Welt für sich ist der Ksar Moulay Ismail in Rissani, zu betreten nur durch das mächtige Portal am Hauptplatz, der einzige Ein- und Ausgang. Wie kaum ein anderer vermittelt gerade dieser Ksar einen guten Eindruck von der für die Berber der Region typischen dörflichen Siedlungsform (s. S. 298).

Das *foggara*-System in Merzouga

In Sichtweite der Dünen wird in Merzouga Obst und Gemüse angebaut; die landwirtschaftliche Nutzung ist möglich über ein System unterirdischer (*foggara*) wie überirdischer (*khettaras*) kleiner Bewässerungskanäle. Die Wasserzuteilung ist an komplexe soziale Regelungen geknüpft. Außer in Merzouga kann man sich nur in der Oasenstadt Figuig so konkret ein Bild von den traditionellen Bewässerungstechniken machen (s. S. 301).

Kasbahhotel bei Erfoud

sche Herausforderungen in sich bergen. Schon jetzt zeigt sich, dass auch die offenbar unvermeidlichen *faux guides* an diesem touristischen Boom teilhaben wollen – jene Schlepper, die oft recht penetrant Wüstenexkursionen, Landroverfahrten oder Kameltrekking anbieten.

Hotel Salam: Av. Moulay Ismail/Route de Rissani, Tel. 035-57 64 24, Fax 035-57 64 26. 160 Zimmer, Pool, Restaurant, Bar, etwas in die Jahre gekommen. DZ 800 DH.
Hotel Belère: Route de Rissani, Tel. 035-57 81 91, Fax 035-57 81 92, www.belerehotels.ma. Bungalowanlage mit 150 Zimmern, behindertengerecht, mehrere Restaurants, großer Pool, auch Halbpension. DZ 710 DH.
Kasbah-Hotel Xaluca: Route d'Errachidia, an der N 13 etwa 5 km in Richtung Er Rachidia, Tel. 035-57 84 50-52, Fax 035-57 84 49, www.xaluca.com. Weitläufiger, 104 geräumige Zimmer umfassender Hotelkomplex im Kasbah-Stil, mit Pool, Hamam, Restaurant, Bar und Quadvermietung, auf eine spanische Klientel spezialisiert. DZ 710 DH, Suiten 1200–2900 DH.
Hotel El Ati: Route de Rissani, Tel. 035-57 73 73, Fax 035-57 70 86, www.hotel-elati.ma. 170-Zimmer-Haus, großer Pool, Bar, Restaurants, Exkursionsangebote. DZ 670 DH.

Palm's Hotel-Club: Route de Rissani, Tel. 035-57 61 44/45, Fax 035-57 61 70, www.palmotel.com. 100-Zimmer-Anlage, großer Pool, Restaurant, Bar, Disco. DZ 600 DH.
Kasbah-Hotel Said: 19 km südöstlich von Erfoud (gute Piste!), Tel. 035-57 71 54 (Kontakt über das Restaurant du Sud, 19, Av. Mohamed V), www.kasbah-hotel-said.biz. 17 Zimmer, Restaurant, Pool, Nomadenzelte, Wüstenfeeling garantiert. DZ mit Halbpension 600 DH.
Hotel Tafilalet: Av. Moulay Ismail (Richtung Er Rachidia), Tel. 035-57 65 35, Fax 035-57 60 36. 50-Zimmer-Haus mit Restaurant, Pool und Bar. DZ 450 DH.
Kasbah Tizimi: Route de Jorf, an der Piste 3451 etwa 2 km außerhalb des Zentrums, Tel. 035-57 61 79, Fax 035-57 73 75, www.kasbah-tizimi.com. Sehr schönes Kasbah-Hotel mit Restaurant und Pool. DZ 400 DH, 750 DH mit Halbpension.
Auberge Riad Nour: Route d'Errachidia, an der N 13 bei Maadid, etwa 4 km vom Ortszentrum, Tel./Fax 035-57 77 48, www.riad-nour.ifrance.com. 12 Zimmer, sehr geschmackvolle Einrichtung, Garten, Restaurant. DZ 360 DH, mit Halbpension 600 DH.
Hotel El Farah Zouar: Av. Moulay Ismail, schräg gegenüber vom Hotel Salam, Tel. 035-57 62 30. 30-Zimmer-Haus mit Restaurant, einige Zimmer klimatisiert. DZ 200 DH.
Hotel Cannes: 85, Av. Hassan II, Tel. 035-57 86 95, Fax 035-57 86 96. Gut geführtes kleines Hotel mit klimatisierten Zimmern, Restaurant und Café. DZ 170 DH.
Hotel Lahmada: Av. Moulay Ismail, Tel. 035-57 69 80. Bescheidener Komfort. DZ 140 DH.
Hotel Les Palmiers: 36, Av. Mohamed V, gegenüber vom Restaurant du Sud, Tel. 035-57 88 94. Für Low-Budget-Reisende vermutlich die beste Adresse in Erfoud, Zimmer mit Dusche, Dachterrasse. Der junge Inhaber, ein Kenner von Fossilien, vermittelt Kontakte, um Touren in den Erg Chebbi zu organisieren. DZ 80 DH.

Das immense Hotellerieangebot in Erfoud hat in der gastronomischen Szene bisher keine Entsprechung gefunden; allenfalls lässt sich auf die – einer internationalen oder marokkanischen Küche verpflichteten – Restaurants der großen Hotels ausweichen.

Das Tafilalet ist bekannt für seine reichhaltigen Fundstätten an Fossilien – in den Souvenirläden dominieren Schnecken- und Muschelversteinerungen sowie geschliffene runde Tischplatten das Sortiment. Die Preise (oft Fantasiepreise als Ausgangspunkt beim Handeln!) richten sich nach Größe und Schönheit der Objekte; hartes Verhandeln ist hier dringend geboten – ein wenig Kennerschaft im Metier auch.

Allenfalls in der Hoteldiskothek des Palm's Club und in der Bar im Untergeschoss des Hotels Tafilalet (nicht zu verwechseln mit der Hotelbar selbst) ist derzeit so etwas wie ein Nachtleben auszumachen.

Dattelfest: Zweite Oktoberhälfte, landesweit berühmtes Fest anlässlich der Dattelernte mit der Wahl einer Dattelkönigin.

Bus/Taxi: Busbahnhof und Sammeltaxistand liegen an der Place des F.A.R. (Südende der Av. Mohamed V, dem Soukgelände gegenüber). Häufige Verbindungen (auch Sammeltaxis) nach Er Rachidia und Rissani; CTM-Busse nach Ouarzazate, Meknes und Fès. Für die Direktverbindung über die R 702 zur Route des Kasbahs (über Tinejdad) besser auf Sammeltaxis ausweichen. Landrover-Sammeltaxis nach Merzouga und zum Erg Chebbi.

Rissani

Die asphaltierte P 21/N 13 führt weiter in den 22 km südlich von Erfoud gelegenen Marktort **Rissani** 3. Die Kleinstadt mit rund 15 000 Einwohnern ist als Herstellungsort von Töpferwaren, Keramik und Lederartikeln bekannt. Für die Nomaden im Einzugsgebiet ist der Markt (der Haupt-Souk findet sonntags statt, weitere Markttage sind Dienstag und Donnerstag) noch immer von erheblicher Bedeutung. Ein kurioses Schauspiel bietet der spezielle Eselsmarkt; dort sind kleinere Esel bereits für um die 300 DH zu haben.

Das Ortszentrum mit dem quadratischen Hauptplatz bietet nichts Besonderes, aber der mitten in Rissani gelegene **Ksar Moulay Ismail** lohnt den Besuch. Dieser Ksar ist durch ein einziges Hauptportal zugänglich, seine Gassen sind zum Schutz vor der Sonne überdacht, wodurch sich ein völlig abgeschlossenes Labyrinth bildet, das eine gute Vorstellung von der Siedlungsform der südmarokkanischen Ksour vermittelt.

Nach der Zerstörung von Sijilmassa war Rissani lange Zeit als Hauptort des Tafilalet von Bedeutung, eine Funktion, die inzwischen jedoch auf Erfoud übergegangen ist.

Umgebung

2 km in Richtung Erfoud befinden sich die spärlichen Ruinen der einstigen Tafilalethauptstadt **Sijilmassa**, die nach mehrfachen Zerstörungen durch Nomaden seit dem frühen 19. Jh. verlassen liegt – ein eher trostloses Gelände.

1 km südöstlich von Rissani gelangt man zur 1955 teilweise neu erbauten **Zaouia des**

Lasttier gefällig? – der Eselsmarkt in Rissani

Moulay Ali Cherif, des Begründers der Alaouitendynastie. In unmittelbarer Nähe finden sich die Mauerreste des **Ksar d'Abbar** aus dem frühen 19. Jh. Einst Palast und Schatzkammer der Alaouiten, ist der Ksar heute leider recht verfallen.

Nur etwa 2 km weiter liegt der **Ksar Oulad Abd El Hadim** mit einer um 1900 als Gouverneursresidenz erbauten Kasbah, die mit ornamentverzierten Wehrtürmen und einem schönen Dekor an Torbögen und Holzdecken aufwartet.

Hotel Kasbah Asmaa: an der N 13, von Erfoud kommend etwa 5 km vor Rissani rechter Hand, Tel. 035-77 40 83, Fax 035-57 54 94, asmaariss@hotmail.com. Kasbah-Hotel in gepflegter Gartenanlage, mit insges. 33 klimatisierten Zimmern, Restaurant, Bar und Pool, seriöse Exkursionsangebote, im Raum Rissani die mit Abstand beste Unterkunft. DZ um 350 DH, mit Halbpension 575 DH.

Hotel Sijilmassa: Place Massira Khadra, Tel. 035-57 50 42. Zimmer mit Duschen, Verleih

Berbernomade mit selbst gebauter Flöte

von Mountainbikes. Verschiedene Preiskategorien: DZ 120, 170 oder 240 DH.

Busbahnhof und Sammeltaxistand liegen an der Place Centrale vor dem Hotel El Filalia. Häufige Verbindungen (Busse und Taxis) nach Erfoud und Er Rachidia; CTM-Nachtbus nach Meknes; Landrover nach Merzouga (es empfiehlt sich, die Rückfahrt von Merzouga – eventuell mit demselben Fahrzeug – gleich mit zu organisieren).

10 Erg Chebbi

Von Rissani führt die inzwischen bis zum Grenzort Taouz asphaltierte und ausgezeichnet ausgebaute N 13 an den **Erg Chebbi** heran, das immerhin größte zusammenhängende Sandwüstengebiet Marokkos mit bis zu 100 m hohen Dünenkämmen.

Organisierte Landrovertouren in die Dünen, vornehmlich zum Sonnenaufgang und verbunden etwa mit einem kurzen Kamel-

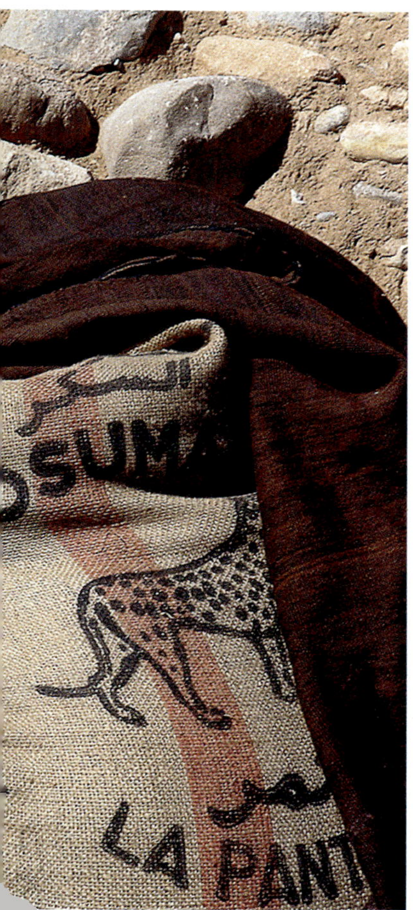

Am Fuße der Dünenkämme des Erg Chebbi haben sich inzwischen etliche Herbergen breitgemacht, die Skala reicht von Nomadenzelten, Cafés-Auberges, Hotels de Charme und Campingplätzen bis zu *tentes berberes* – allesamt spartanische Nachtlager, zumeist ohne jeden Komfort und mit oft bedenklichen sanitären Einrichtungen.

Auberge Derkaoua: Von Erfoud aus Richtung Erg Chebbi nach ca. 23 km, Tel. 035-57 71 40; im August geschlossen. Sehr schönes 10-Zimmer-Hotel unter französischer Leitung, Pool. Halbpension um 400 DH p. P.

Achtung! Hinweisschilder in Rissani

Es muss wohl zu den unvermeidlichen Ausgeburten des Tourismusbusiness gehören, dass überall dort, wo das Geschäft anzieht, flugs die *faux guides* zur Stelle sind, jene Nepper und Schlepper, die mit allerlei Tricks und dubiosen Methoden auf Kundenfang gehen. So ist es ein Ärgernis, dass die Wegweiser, die auf die Ausfallstraße N 13 nach Merzouga und zum Erg Chebbi verweisen, in Rissani entweder in die falsche Richtung gedreht oder komplett überpinselt sind. Der unsicher gewordene Autofahrer findet sich alsbald von jugendlichen Mofafahrern eskortiert, die ihm alles Mögliche aufschwatzen wollen. Man sollte in dieser Situation kühlen Kopf bewahren, alle ›Hilfsangebote‹ ablehnen und sich bei Einheimischen, am besten älteren Leuten, nach dem Streckenverlauf erkundigen. Einmal den richtigen Abzweig gefunden, ist die Route völlig problemlos: Die N 13 führt von Rissani einige Kilometer schnurgerade nach Osten und knickt dann in südöstlicher Richtung nach Merzouga ab.

ausritt als Dreingabe, sind inzwischen fast schon zu einem touristischen Muss in der Region avanciert.

Von Erfoud führt die auf den ersten 16 km geteerte Route 3461 vorbei am Borj Est und einem linker Hand gelegenen Fossiliensteinbruch zum Erg Chebbi. Man kann sich am Ende der Teerstraße an den weißen Pfosten, dann an den Telegraphenstangen orientieren. In der Nähe der Dünen gibt es mehrere Cafés, die auch Zimmer anbieten.

Merzouga

Merzouga 4 liegt sehr malerisch am Rande der Dünen, ein kleiner Obst- und Gemüsegarten im Angesicht des drohenden großen Sandes. Ockerfarbene Häuserwürfel, eine kleine Moschee, eine Oase ... Sehr interessant ist hier das teils unterirdische (*foggaras*), teils

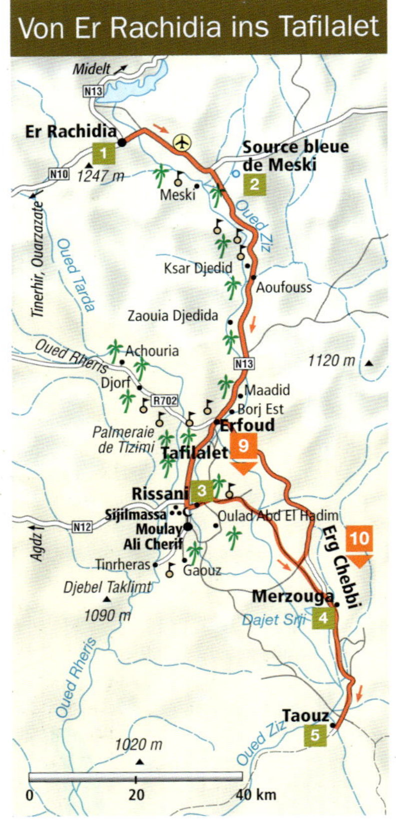

überirdische Kanalsystem zur Bewässerung der Obst- und Gemüsekulturen. Über Schieber, Wehre und kleine Staubecken wird der Wasserzufluss gesteuert – ein scheinbar einfaches System, das aber mit sehr komplexen sozialen Regelungen einhergeht. Dieses *foggara*-System ist so anschaulich nur noch in der Oase Figuig (s. S. 168) zu bewundern.

In Merzouga selbst findet sich inzwischen geradezu eine Unzahl an Unterkünften; bisweilen werden bis ans Unverschämte grenzende Preise verlangt, oft als Paket für Übernachtung, Halb- oder Vollpension und Kamelausritt in die Dünen offeriert. Merzouga ist überschaubar genug, um den Ort einmal zu Fuß zu durchstreifen und sich selbst, ohne die Hilfe der oft recht penetranten *guides*, ein Bild der Lage zu verschaffen.

Chez Julia: Hinter der Moschee, Tel. 035-57 31 82. Sehr angenehmes, von einer Österreicherin geführtes kleines Hotel mit 6 Zimmern, insbesondere wunderschönem Dachzimmer und Garten. DZ 150–200 DH.

Riad Maria: Beschilderter Abzweig an der N 13, etwa 20 km südöstlich von Rissani; von hier aus weitere 10 km, Tel. 035-57 65 60, Fax 035-57 65 60, www.riadmaria.com, raidmaria@yahoo.it. Schöne Anlage mit 20 Zimmern und zwei Suiten unter italienischer Leitung. Pool, Hamam und Massage. Halbpension im DZ 60 €, in der Suite 140 € pro Person.

Von Merzouga Sammeltaxis nach Rissani, seltener nach Taouz.

Taouz

Von Merzouga führt die Asphaltstraße N 13 bis in den Grenzort **Taouz** 5. Am Ortseingang muss man sich beim örtlichen Militärposten melden – Taouz liegt unmittelbar im Grenzgebiet zu Algerien, der Grenzverlauf ist nicht eindeutig festgelegt und zwischen den Nachbarstaaten umstritten. In den 1990er-Jahren war die damalige Piste nach Taouz häufig gesperrt, inzwischen kann die Strecke ohne Ausnahmegenehmigung befahren werden. Von Interesse sind die prähistorischen Felszeichnungen in der Nähe der Oase. Die Militärs vermitteln Führer, meist Jugendliche, dorthin – ohne Führer sind die Felszeichnungen kaum zu finden. In Taouz gibt es keine Übernachtungsmöglichkeit!

Um zu vermeiden, in Taouz zu stranden, sollte man die Tour in den Grenzort nur dann angehen, wenn man in Merzouga, in Rissani oder in Erfoud eine feste Unterkunft hat. Es empfiehlt sich für Individualreisende auch, schon bei der Anreise nach Taouz den Rücktransport mit zu organisieren. In Taouz endet die Asphaltstraße; für weitere Touren im südöstlichen Marokko muss man mindestens bis Rissani zurückfahren.

Das Quad – eine Polemik Thema

Machen Sie die Probe aufs Exempel, schließen Sie für einen Moment die Augen und sprechen Sie das Wort Quad aus. Könnte es sein, dass schon dieses misstönende Stummelunwort Quad auf das Ärgernis der Sache verweist, die es bezeichnet?

Zu Unrecht als Outdoorsportart gepriesen, ist Quadfahren eine unsinnige Ausgeburt der Eventindustrie, häufig gefährlich und ökologisch offensichtlich schädlich. Die Rillen, Furchen und Schneisen, die die breiten Profilreifen der Quads in die Dünen wühlen, verändern die Flugbahnen des feinen Treibsandes, den die bodennahen Winde mit sich führen. Und wo Treibsand mit kleinen Zäunen aus Palmwedeln fixiert wurde, hinterlassen die Pulks der Quads oft ein Schlachtfeld der Verwüstung und zerstören auf Dauer nicht nur das sensible Ökosystem der Wüstendünen, sondern auch jede Anschauung und Wahrnehmung dessen, was Wüste überhaupt ist.

Die vierrädrigem Vehikel werden auch im südlichen Marokko immer häufiger vermietet. In der Provinz Zagora sind die Ungetüme noch verboten; ob dies ihre epidemische Vermehrung verhindern kann, steht dahin ... Mit erhöhtem Funfaktor sinnlos durch die Wüste brettern: Es besteht, gar kein Zweifel, eine enorme Nachfrage nach Quads und wo Geschäft mit – durchaus zweifelhaftem – Entertainment zu verbinden ist, sind die Profiteure der Branche sofort zur Stelle, um den Markt zu bedienen. Wer jemals die riesigen Fahrzeugparks von Quads gesehen hat, die etwa in Erfoud, bald wohl auch in Merzouga die Eingänge zu den Hotels zustellen, ahnt, wohin die Quadreise führt.

Und wer, in die Betrachtung der Wüste versunken, von ihrer Lautlosigkeit eingenommen, jemals von einem Rudel wildgewordener Quadfahrer fast über den Haufen gefahren wurde, kann dieses unsinnige Event der Tourismusindustrie nur herzhaft verfluchen. Was hiermit geschehen ist.

Schwachsinn mit Methode: Quadfahren in den Dünen

Etwas für Kenner: Teppichmärkte sind eine Wissenschaft für sich

Kapitel 5

Die Atlantikküste und der große Süden

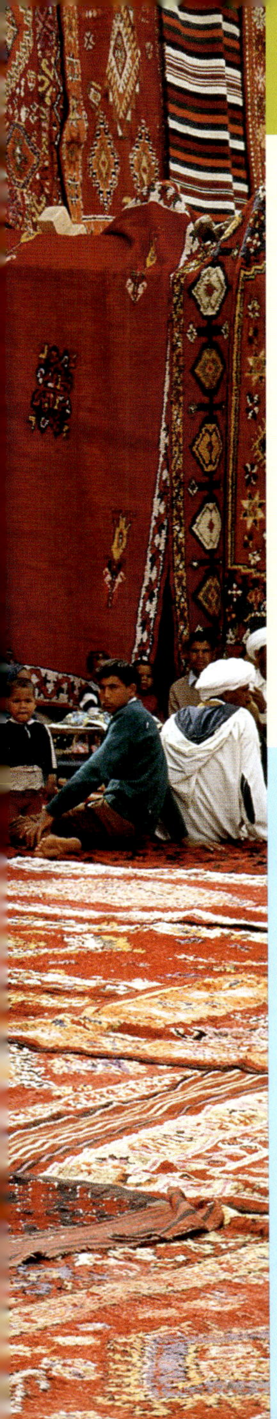

Auf einen Blick: Die Atlantikküste und der große Süden

Strände, Klippen und Wüste

Marokko grenzt mit einer etwa 2300 km langen Küstenlinie an den Atlantik. Der nördliche Abschnitt des Küstensaums ist mit seinen Weidelandschaften und kultivierten Flächen noch mediterran geprägt, südlich der Sousebene dominiert ein eher arider Charakter die Landschaft, in den Westsahararegionen stößt die Wüste unmittelbar an den Atlantik.

Ausgedehnte Sandstrände und Felsküste, Klippen und einsame Badebuchten, Industriehäfen mit Containerterminals (Casablanca) und kleine, verträumte Fischereihäfen (Essaouira oder Sidi Ifni), touristische Ballungsräume (Agadir) und weitläufige menschenleere Strände: Die Atlantikküste weist eine Vielzahl höchst unterschiedlicher landschaftlicher Facetten auf.

Die meisten der Pauschaltouristen buchen eine Kombination aus Strandurlaub und eine Tour in die Königsstädte oder ins südöstliche Marokko. Ausgangspunkt ist fast immer Agadir. Man kann die Stadt als Metropole ohne Sehenswürdigkeiten, ohne Geschichte, womöglich gar ohne Eigenschaften abtun, doch hat gerade sie durch den Bauboom der vergangenen Jahre ihren Charakter als mondänes, internationales Seebad noch verfestigt. Man muss Agadir nicht mögen, als Ausgangspunkt für Touren nach Essaouira, nach Tiznit, nach Taroudannt, ins Paradise Valley, nach Tafraoute und ins Tal der Ammeln eignet sich gerade diese Stadt ganz vorzüglich.

Wer mit dem Stichwort Westsahara eine endlose Sandwüste, Dünenkämme und Oasensiedlungen verbindet, der irrt gründlich. Das riesige, extrem dünn besiedelte Terrain ist von der *hammada*, einer recht eintönigen Geröll- und Steinwüste, geprägt. Wer mit dem Auto unterwegs ist, wird hier manche einsame Bucht und manchen hinreißenden Strand entdecken – wirklich sehenswert ist in der Westsahara allenfalls das in einigen Sektoren zu einer hypermodernen Provinzhaupt-

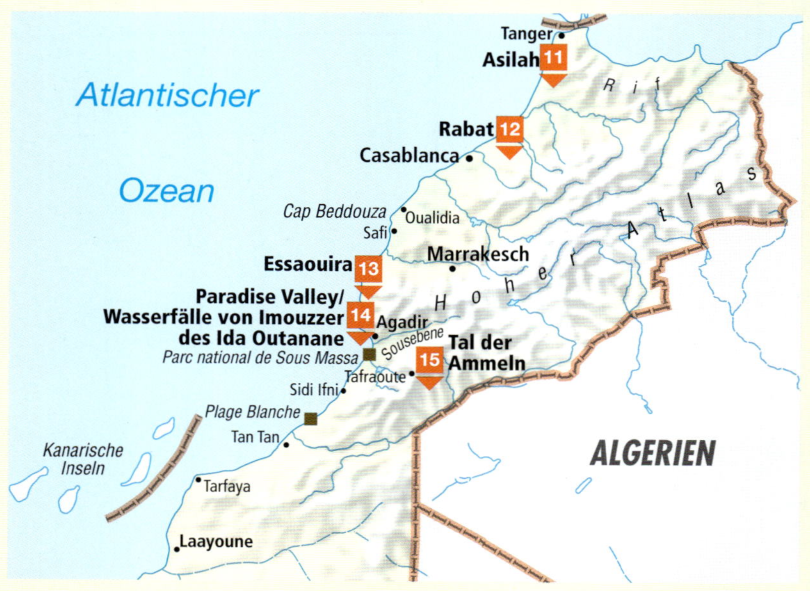

stadt ausgebaute Laayoune. Solange der völkerrechtliche Status dieses Gebietes ungeklärt ist, solange hier eine oft bedrückende Militärpräsenz herrscht, wird die Region touristisch im Windschatten liegen.

Highlights

11 **Asilah:** Klein, überschaubar, peinlich sauber, die Medina über dem Meer gilt mit ihrem andalusischen Gepräge zu Recht als eine der schönsten Marokkos. Weiß getünchte Häuser, fantastische Wandmalereien, Flaniergässchen: Asilah ist ein atmosphärisch überaus angenehmer Einstieg für die Küstenroute am Atlantik (s. S. 308).

12 **Rabat:** Von den vier Königsstädten ist Rabat wohl diejenige, die am ehesten das Etikett weltläufig-gediegen verdient. Mit ihren interessanten Museen, einer sehr übersichtlichen Medina, der elegant wirkenden Innenstadt und einem kosmopolitischen Flair ist Rabat eine der angenehmsten Metropolen des Landes. Zudem eine Kapitale, die auch Marokkoneulinge problemlos ohne Führer durchstreifen können (s. S. 318).

13 **Essaouira:** Eine Einladung zum Flanieren, Schauen und Stöbern, Einkaufen und Genießen. Wer nach Marokko kommt, um es sich hier richtig gut gehen zu lassen, sollte dies in Essaouira tun – mit Wellnessangeboten in schicken Hotels, in vorzüglichen Restaurants und edlen Riads, in Läden und Galerien, Biohotels und Hamams, Strandcafés und Kulturzentren. Eine perfekte Einstimmung auf das Land – Essaouira ist *Morocco at its best* (s. S. 351).

14 **Paradise Valley und die Wasserfälle von Imouzzer des Ida Outanane:** Ein Kontrastprogramm zum Aufenthalt im quirligen Agadir ist dieser Tagesausflug in ein palmenbestandenes Tal bis zu den eindrucksvollen Wasserfällen von Imouzzer. Wanderer finden hier, in einer überwältigend schönen Landschaft, ein Revier, um nach Herzenslust auszuschreiten (s. S. 358).

Richtig Reisen-Tipp

Maison d'Hôtes Ksar Massa
Nicht umsonst führt dieses 60 km südlich von Agadir gelegene Gästehaus den Begriff *ksar* (befestigtes Dorf) im Namen, ist es doch selbst ein kleiner unabhängiger Kosmos im traditionellen marokkanischen Stil (s. S. 376).

15 **Tal der Ammeln:** Bizarr geformte Granitwände, auf die Felsvorsprünge gesetzte Gehöfte und Kasbahs, Öl- und Mandelbäume auf der Talsohle: das Tal der Ammeln bei Tafraoute gilt als eine der grandiosesten Landschaften Marokkos (s. S. 373).

Empfehlenswerte Routen

Die N 1, die endlos lange Nord-Süd-Verbindung von Tanger bis in den marokkanisch-mauretanischen Grenzort La Gouira, ist über längere Teilstrecken ins Landesinnere versetzt. Es empfiehlt sich, gelegentlich auf die gut ausgebauten Regionalstraßen auszuweichen, die zumeist in Sichtweite der Küste verlaufen. Wer etwa – durchaus lohnende – Zwischenstopps in Oualidia, am Cap Beddouza, an den Stränden um Essaouira, im Parc national de Sous Massa, in Sidi Ifni oder an der Plage Blanche einlegen will, muss die N 1 immer wieder in Richtung Küste verlassen.

Reise- und Zeitplanung

Für eine Küstentour von Tanger nach Agadir sollte man etwa zehn Tage einplanen. Wer in Tanger, Rabat, Casablanca, Essaouira und Agadir ausführliche Stadtbesichtigungen vornehmen will und Ausflüge ins Hinterland plant, kalkuliert besser drei Wochen ein.

Die Küstentour lässt sich ganzjährig gut angehen, im Winter kann es an der nördlichen Atlantikküste gelegentlich regnen, manchmal zieht Nebel auf. Ganzjährig baden kann man an der Atlantikküste etwa ab Essaouira.

Die nördliche Atlantikküste

Karte S. 314

Tanger, Hafenstadt mit schillernd-anrüchiger Vergangenheit und Rabat, Marokkos Hauptstadt mit westlich-europäischem Gepräge, sind die sehenswerten Großstädte an der nördlichen Atlantikküste. Asilahs Medina gilt zu Recht als eine der schönsten des Landes, in unmittelbarer Nähe von Larache befindet sich mit Lixus eine der bedeutendsten römischen Ruinenstätten in Marokko.

Von Tanger nach Rabat

Die Route mit einer Länge von insgesamt 276 km führt, zuerst direkt an der Küste entlang, dann durchs Hinterland der nördlichen Atlantikküste, zunächst in die sehenswerten, nicht zuletzt für den Tourismus bedeutenden Städte Asilah und Larache; südlich von Ksar El Kebir erreicht man die landschaftlich recht eintönige, vom Oued Sebou durchflossene Küstenebene des Rharb (auch Gharb geschrieben). Der Rharb, während der Protektoratszeit eines der Hauptsiedlungsgebiete der französischen *colons,* ist bis heute eine der landwirtschaftlich am intensivsten genutzten Regionen Marokkos (vor allem Anbau von Getreide, Gemüse, Zitrusfrüchten und Wein). Über das Agrarzentrum Souk El Arba du Rharb führt die Strecke, in etwa parallel zum Flusslauf des Sebou, in die Industriemetropole Kenitra; nach 40 km Küstenstraße ist schließlich die Doppelstadt Rabat-Salé erreicht.

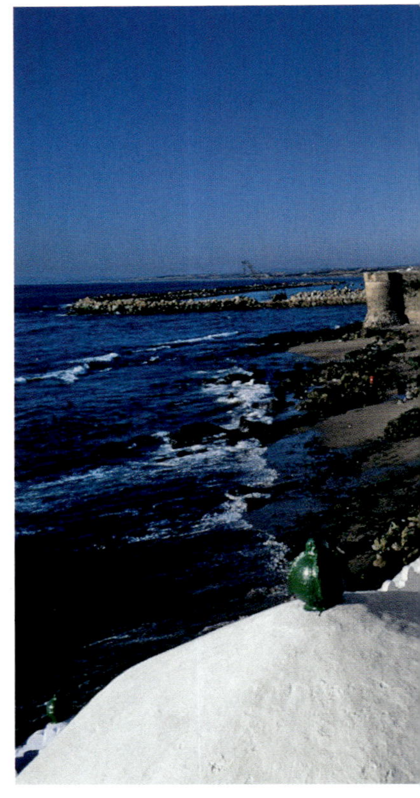

11 Asilah

Tanger 1 (s. S. 126) über die P 2/N 1 in südwestlicher Richtung verlassend, erreicht man nach 45 km den sehr schön gelegenen Fischerort Asilah. Seit den frühen 1980er-Jahren und der Etablierung eines mittlerweile landesweit berühmten Sommerkulturfestivals hat der kleine Küstenort **Asilah** eine stürmische touristische Entwicklung erlebt. Asilah mit seinen etwa 35 000 Einwohnern besitzt eine gut erhaltene Medina und einen ausgedehnten Sandstrand.

Geschichte

Als »Silis« war Asilah bereits karthagische, später römische Siedlung. Im Mittelalter wurde es von den Normannen zerstört, im 10. Jh. unter den Idrissiden wieder aufgebaut. Im 14. Jh. stieg Asilah zu einer wichtigen Hafenstadt auf; 1471 wurde es von den Portugiesen erobert, die die Stadt zu einem ihrer bedeutendsten Stützpunkte in Marokko ausbauten. 1580 stand sie unter spanischer Oberhoheit, 1589 wurde sie von den Saadiern erobert. Im späten 17. Jh. war sie noch einmal für kurze Zeit spanisch, dann ab 1691 wieder arabisch. 1829 beschossen österreichische Schiffe den Seeräuberstützpunkt. Während des marokkanisch-spanischen Krieges 1860 erlebte der Ort eine Seekanonade durch die spanische Flotte.

Zu Beginn des 20. Jh. war Asilah Sitz des Rebellen und Stammesführers El Raisouli (s. S. 311), der sich 1906 zum Pascha von Asilah erhob und bis zu seinem Tode 1925 durch Karawanenüberfälle, Entführungscoups und eine intrigante Paralleldiplomatie sowohl mit dem Sultan als auch mit den Spaniern die Region in Unruhe hielt. 1915 belagerte El Rai-

Mitunter der Brandung ausgesetzt: der muslimische Friedhof in Asilah

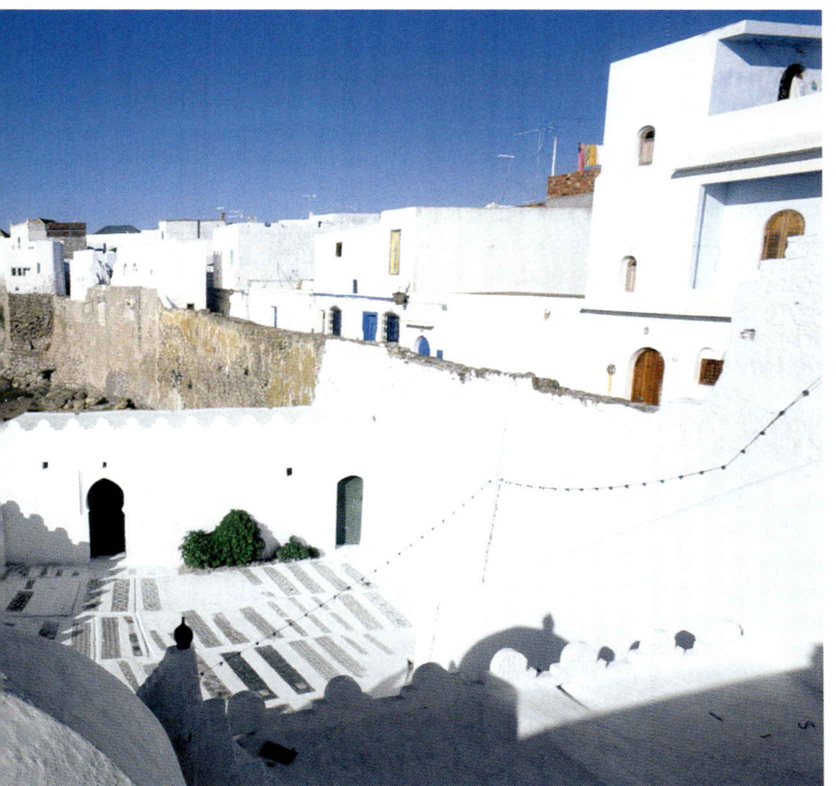

Mit dem Autor unterwegs

Festival in Asilah

Drei Wochen im August vibriert ganz Asilah in fiebriger Aktivität, immer dann, wenn das große Internationale Kultur- und Musikfestival stattfindet. Das Festival vereinigt Tanz- und Musikaufführungen, Lesungen und Kino, Ausstellungen und Theater. Die meisten Vorführungen werden im Centre Hassan II des Rencontres internationales (in der Medina, in der Nähe des Bab El Kasaba und der Grande Mosquée) präsentiert.

Wer in seiner Zeitplanung unabhängig ist, sollte versuchen, einige Augusttage während des Festivals in Asilah zu verbringen. Es empfiehlt sich in diesem Fall, Hotelzimmer vorab zu reservieren (s. S. 312).

Schöne Aussicht

Die Kasbah des Oudaias in Rabat, ein kleines autonomes Dorf innerhalb der Großstadt, lohnt nicht nur wegen der wuchtigen Festungsarchitektur und den hier angesiedelten Museen einen ausführlichen Besuch, sondern nicht zuletzt auch wegen des prachtvollen Panoramas, das sich von hier aus über den Oued Bou Regreg, über Salé und über den Atlantik öffnet. Die günstigsten Standpunkte sind die Plattform an der Nordspitze des Kasbah-Komplexes sowie die Terrasse des Café Maure bei den Andalusischen Gärten (s. S. 322).

souli Tetouan, 1924 wurde er von seinem großen Gegenspieler Abd El Krim gefangen genommen.

Medina und Neustadt

Asilah besitzt eine sehr sehenswerte und gut erhaltene Medina mit Mauern aus der portugiesischen Zeit (15. Jh.); die Mauerkrone ist begehbar. Den Hauptzugang bildet das **Bab El Djebel** am großen Platz, dem Ort des Donnerstagsmarktes. Die weißen Häuser der Medina gewinnen durch ihre schmiedeeisernen Gitter ein fast andalusisches Gepräge. Bedeutendste Sehenswürdigkeit von Asilah ist der im frühen 20. Jh. erbaute **Palais El Raisouli**, ein von außen eher unscheinbar wirkendes Gebäude im traditionellen maurischen Stil. Den Besucher erwarten ein reich geschmücktes Zedernholzportal, ein marmorgepflasterter Innenhof und mehrere mit Stuck- und Zedernholzdecken sowie Fayencefliesen verzierte Innenräume. Vom schmiedeeisernen Balkon der großen Halle bietet sich ein schöner Blick aufs Meer. – Erhalten ist in der Medina auch der Turm einer portugiesischen Kirche.

Gegenüber der Medina grenzt an den Marktplatz die kleine Neustadt. Am nahen Hauptplatz, der Place Mohamed V, liegen mehrere Cafés, Restaurants und kleine Hotels; auch die Busse halten hier. Zu beiden Seiten der Stadt erstrecken sich lange Sandstrände mit Umkleidekabinen, Bars und Restaurants.

Cromlech de Msoura

Bei speziellem Interesse empfiehlt sich ein Ausflug zum 30 km südöstlich von Asilah gelegenen **Cromlech de Msoura**, erreichbar über den Ort Souk Tnine de Sidi El Yamani. Die prähistorische Stätte der Megalithkultur aus dem 2. Jt. v. Chr. besteht aus einem etwa 200 bis zu sechs m hohe Steine umfassenden großen Ring und ist damit die größte Steinsetzung dieser Art in Nordafrika.

Hotel Al Khaima: Route de Tanger, 2 km außerhalb des Zentrums, Tel. 039-41 74 28, Fax 039-41 75 66, alkhaima@menara.ma. Gut geführtes 100-Zimmer-Haus in Strandnähe, Restaurant, Pool, auch Studios mit Kitchenette. DZ 600 DH.

Hotel Zelis: 10, Av. Mansour Eddahbi, Parallelstr. zur Av. Mohamed V, Tel. 039-41 70 69/29, Fax 039-41 70 98. 60-Zimmer-Haus, Restaurant, Café, kleiner Pool. DZ 600 DH.

Hotel Oued El Makhazine: Av. de Melilla, Tel. 039-41 70 90, Fax 039-41 75 00. 40-Zimmer-Hotel in Strandnähe, Pool. DZ 390 DH.

Hotel Mansour: 56, Av. Mohamed V, Tel./Fax 039-41 73 90, www.hotelmansour.fr.fm. 18 DZ mit Bad, Restaurant. DZ 200 DH.

El Raisouli – Marokkos Robin Hood?

Thema

Die Residenz des legendären ›Sultans der Berge‹, Mohamed Ibn Abdallah El Raisouli El Hasali El Alani, in Asilah nennt der Volksmund den Palast der Tränen. Raisouli war einige Zeit Pascha von Asilah und vom Sultan Moulay Abdelaziz eingesetzter Gouverneur der Provinz Tanger, er gehört zu den schillerndsten Figuren der frühen Protektoratszeit.

Der in Europa seinerzeit als eine Art marokkanischer Robin Hood und unerschrockener Freiheitskämpfer verklärte Rebell (Rosita Forbes' romantisierende Raisouli-Biografie, 1925 in deutscher Übersetzung in Leipzig erschienen, hat zu derartiger Legendenbildung beträchtlich beigetragen) führte um die Jahrhundertwende einen grausamen Kleinkrieg gegen unbotmäßige Berberstämme im Rif. Seinen Palast der Tränen ließ er sich unter Anwendung barbarischer Zwangsmaßnahmen direkt an der Atlantikküste errichten.

Raisouli paktierte, wenn es dem eigenen Vorteil diente, bedenkenlos mit dem Sultan, dem deutschen Kaiser Wilhelm II. oder den Repräsentanten der Kolonialmächte. 1915 schloss Raisouli einen kurz darauf widerrufenen Separatfrieden mit dem spanischen Hochkommissar in Nordmarokko, General Jordan. Im Januar 1925 gelang es den Truppen Abd El Krims (s. S. 160), Raisouli in Ajdir gefangen zu nehmen; der selbstherrliche Potentat, der in allen Kapriolen seiner unberechenbaren Koalitionspolitik unverhohlen auf die Sultanswürde spekuliert hatte, war damit historisch erledigt. 1925 ist Raisouli in Ajdir, dem Geburtsort Abd El Krims, gestorben.

In seinem Bemühen, den europäischen Einfluss in Marokko zurückzudrängen, erweist sich Raisouli als widersprüchliche Figur: Er hat etwa die Spanier zeitweise erbittert bekämpft – zeitweise hat er eng mit ihnen zusammengearbeitet. Er ließ die letzten Getreidevorräte an Hungernde verteilen – und er ließ Dörfer plündern, Gegner blenden, Viehherden abschlachten. Er hat mehrfach, so etwa im Jahr 1904, spektakuläre Geiselnahmen eingefädelt, mit denen er horrende Lösegelder erpresste. Er ließ Handelskarawanen überfallen und die Truppen des Sultans in Hinterhalte locken.

Es spricht einiges dafür, in Raisouli eher einen skrupellosen Raubritterrebellen zu sehen als einen marokkanischen Robin Hood. Der Palast der Tränen trägt seinen Namen jedenfalls aus gutem Grund.

Hotel Marhaba: 9, Rue Zallaka, nahe der Place Zallaka, Tel. 039-41 71 44. Spartanisches kleines Hotel in der Nähe der Medina. DZ 140 DH.

Hotel Sahara: 9, Rue Tarfaya (nahe Busbahnhof), Tel. 039-41 71 85. Einfach, sehr sauber, Gemeinschaftsduschen. DZ 130 DH.

Camping As-Sada: Am Ortsausgang an der N 1 Richtung Tanger. Gut geführt, auch Mietbungalows.

Camping Echrigui: Direkt am Strand, Tel. 039-91 71 82, mit Restaurant.

Etliche Campingplätze an den Strandabschnitten nördlich von Asilah, im Sommer zumeist überfüllt.

Restaurant Al Madina: In der Medina, Rue Kassabah.

Zahlreiche einfache Restaurants an und nahe der Strandpromenade.

Etliche Galerien und Boutiquen (Kunsthandwerk, Textilien, Lampen, Möbel) in der Medina. Hohes Preisniveau!

Kultur- und Musikfestival: Während drei Wochen im August; von einer internationalen Sommeruniversität begleitet. Das Festival gehört inzwischen zu Recht zu den landesweit renommiertesten seiner Art. In den Monaten Juli und August sind deshalb in Asilah kaum Zimmer zu bekommen!

Großer, schöner und noch leidlich sauberer Strand, im Hochsommer allerdings meist überlaufen. Wesentlich leerer dagegen sind in der Regel die Strandabschnitte nördlich der Stadt.

Bahn: Bahnhof (Tel. 039-98 73 20), etwa 2 km stadtauswärts an der N 1 Richtung Tanger. Mehrere Verbindungen tgl. nach Tanger, Rabat und Casablanca.
Bus: Busbahnhof an der Ecke Av. de la Liberté/Rue Tarfaya. Mehrere Verbindungen tgl. nach Tanger, Meknes, Fès, Rabat, Casablanca und Tetouan.
Sammeltaxi: Der Sammeltaxistand liegt an der Av. Moulay Ismail, nahe Place Mohamed V. Verbindungen wie bei den Fernbussen.

Larache

Larache 2 liegt in einer schönen Landschaft inmitten von Obstplantagen an der Mündung des Oued Loukkos in den Atlantik und ist als Handelszentrum und Ausfuhrhafen für landwirtschaftliche Produkte von Bedeutung. Die Stadt mit etwa 70000 Einwohnern hat eine sehenswerte Medina.

Geschichte

Wenige Kilometer von Larache ist die phönizische, dann karthagische, dann römische Siedlung Lixus nachgewiesen. Larache selbst war bis zum Ende des 15. Jh. ein unbedeutender Flecken. 1479 und 1504 gab es kurze portugiesische Besetzungen. Im 16. Jh. war Larache Piratenort, 1618 wurde es spanisch, 1689 von Truppen Moulay Ismails erobert. Danach diente es wieder Piraten als Stützpunkt, weswegen erst die Franzosen 1765 und dann die Österreicher 1829 den Ort beschossen. In dieser Zeit war Larache ein wichtiger Ausfuhrhafen für Meknes und Fès und zugleich bester Naturhafen an der Atlantikküste. 1860 wurde es von den Spaniern angegriffen und 1911 noch vor der Errichtung des Protektorats spanisch besetzt. Die Be-

Ein Ort mit Geschichte: Larache an der nördlichen Atlantikküste

deutung des Hafens nahm in der Folgezeit ab, da die Verbindung zu Meknes und Fès abgeschnitten war, doch war Larache nach Tetouan die wichtigste Stadt der spanischen Zone und Zentrum des reichsten Landwirtschaftsgebiets im spanischen Teil mit zeitweise zu fast 50 % spanischen Einwohnern.

Heute ist die Stadt in erster Linie Ausfuhrhafen der Loukkosebene und des nördlichen Rharb wie auch Fischereihafen. Der Tourismus spielt erst seit einigen Jahren eine dominierendere Rolle. Larache ist wegen seiner Medina, der schönen Lage und der nahen Ruinen von Lixus durchaus einen Kurzaufenthalt wert.

Das Zentrum

Das Zentrum von Larache ist, zwischen Medina und Neustadt gelegen und von mehreren Cafés, Restaurants und Hotels gesäumt,

Von Tanger nach Rabat
0
20
40 km
Atlantischer
Ozean
Cap Spartel
Cap Malabata
Tanger
Herkules-Grotten
El Borj
Tetouan
Regaia
Briex
Asilah
El Manzla
Cromlech
de Msoura
Souk Sebt
des Beni Gorfat
Tleta Rissana
Larache
Oued Loukos
Oued Makhazen
Ksar El Kebir
Arbaoua
387 m
Moulay Bousselham
Lalla Mimouna
Merdja Lerga
Chefchaouen
Nador
Oued Mda
Souk El Arba
du Rharb
Souk Telata
du Rharb
Sidi El Hachemi
Mechra
Ben Ksiri
Had Kourt
Banasa
Sidi Allal Tazi
Canal du Foukroun
Merdja Bokka
Dar Gueddari
Khenichet
Sidi Yahija
du Rharb
Kenitra
Mehdia Plage
Sidi Slimane
Sidi Kacem
Plage des Nations
Dar Bel Amri
Fès
Sidi Bouknadel
Salé
Rabat
Casablanca
Temara
Plage
Temara
Sidi Allal
El Bahraoui
El Kansera
Djebel Kefs
Abra des
Sehoul
Barrage
d'El Kansera
Tiflet
Ain El Aouda
Meknes
N1
A1
N4
N6
R413

die Place de la Libération, ein belebter Platz im Stil einer spanischen Plaza mit einem großen Brunnen. Die Hauptstraßen der Neustadt gehen von hier strahlenförmig ab. Direkt am Platz liegt das **Bab El Khemis,** das Haupttor der Medina, die vollständig umwallt ist. Flankiert wird sie vom portugiesischen **Fort Kebibat** an der Meeresseite und von dem spanischen Castillo de las Cigueñas, der Storchenburg, an der Flussseite. Ein schöner Blick auf die Maueranlagen bietet sich von der Meerespromenade in der Nähe der Place de la Libération (vom Platz aus sichtbar).

Hinter dem Bab El Khemis liegt der **Socco de la Alcaiceria** (auch Socco Chico genannt), das eigentliche Zentrum der Medina. Der lang gestreckte, arkadenbestandene Markt gehört sicherlich zu den schönsten Plätzen Marokkos. An seinem rechten Ende führt das Tor Bab El Kasba zur Rue Moulay El Mehdi, die sich durch ein schönes altes Viertel zur spanischen **Storchenburg** (17. Jh.) hinzieht. Neben der Burg liegt der im Jahre 1915 erbaute ehemalige Palast des spanischen Stadtkommandanten. Vom Vorplatz können der Hafen und das Loukkostal überblickt werden. Links vor dem Bab El Kasba zweigt eine Gasse ab, die hinunter zum lebhaften Hafen führt.

Die Ruinenstätte von Lixus

3 km nördlich von Larache liegen links von der Straße nach Tanger die Ruinen von **Lixus,** der nach Volubilis bedeutendsten römischen Ruinenstätte in Marokko.

Lixus, im 7., womöglich schon im 11. Jh. v. Chr. gegründet, ist die älteste phönizische Siedlung in Marokko, später war es karthagischer Stützpunkt, schließlich römische Kolonie. Der Platz war vermutlich bis ins 5. Jh. n. Chr. besiedelt, vom 11. bis zum 13. Jh. arabisch bewohnt, dann jedoch zugunsten von Larache endgültig aufgegeben. Mitte des 19. Jh. entdeckte der bedeutende deutsche Afrikaforscher Heinrich Barth die römischen Ruinen (vorwiegend Baureste aus dem 2. und 3. Jh. n. Chr.). Die Stätte ist insgesamt bei weitem nicht so eindrucksvoll wie Volubilis (s. S. 218), lohnt aber bei speziellem kunstgeschichtlichen Interessen allemal einen wenn auch kurzen Besuch.

Das Ruinengelände gliedert sich in die auf einem Hügel gelegene Oberstadt (Akropolis) und die Unterstadt am Fuß des Hügels. Teile der östlichen und westlichen Mauereinfassung stammen noch aus vorrömischer Zeit (etwa 2. Jh. v. Chr.). Im Südteil der Unterstadt liegen die Reste von Fischverarbeitungsanlagen, den größten ihrer Art in der antiken Welt. Hier wurde einst *garum,* eine Fischpaste, hergestellt. Im Nordostteil sind das Amphitheater von Lixus (das einzige in Marokko) sowie die Ruinen von Thermen und Wohnhäusern zu sehen. Auf der Akropolis finden sich die Grundmauern einiger Tempel und eine Moscheeruine aus der Zeit des islamischen Neuaufbaus.

Hotel Riad: 88, Rue Mohamed Ben Abdallah, nahe Place de Libération, Tel. 039-91 26 26, Fax 039-91 26 29, www.hotelriad.com. Angenehmes 25-Zimmer-Hotel in der Nähe vom Busbahnhof, Restaurant, Pool. DZ 320 DH.

Hotel Espana: 6, Av. Hassan II, Tel. 039-91 31 95, Fax 039-91 56 28, hotelespana2@yahoo.fr. Hotel mit 45 geräumigen Zimmern, insgesamt etwas in die Jahre gekommenes Etablissement. DZ 250 DH.

Hotel Hay Essalam: 9, Av. Hassan II, Tel./Fax 039 91 68 22. Solide Unterkunft. DZ 170 DH.

Hotel Cervantes: 3, Rue Tarik Ibnou Ziad, Tel. 039-91 08 74. Spartanische Herberge. DZ um 100 DH.

Campingplatz: Etwa 3 km in Richtung Rabat gelegen.

Es empfiehlt sich, zum Baden an die Strände südlich von Larache oder nördlich der Loukkosmündung auszuweichen; in Larache selbst gibt es nur Felsküste.

Bus: Der Busbahnhof liegt an der Rue Mohamed Ben Abdallah (geht von der Place de la Libération ab). Mehrere Verbindungen tgl. nach Tanger, Kenitra, Rabat und Casablanca, Meknes und Fès, Tetouan sowie Ouezzane.

Ksar El Kebir

Südlich von Larache führt die P 2/N 1 ins Hinterland der Küste; mit dem Marktort **Ksar El Kebir** 3 mit seinem großen Sonntagsmarkt ist das Landwirtschaftszentrum der Loukkosebene erreicht. In Ksar El Kebir (etwa 60000 Einwohner) ist die teilweise erhaltene Medina von Interesse.

Geschichte

Im 11. Jh. wurde der Ort an der Stelle einer römischen Siedlung gegründet, im 12. Jh. zu einer bedeutenden Festung ausgebaut, dann war er wichtige Handelsstadt. Am 4. August 1578 wurde Ksar El Kebir zum Schauplatz der für die marokkanische Geschichte höchst bedeutsamen Dreikönigsschlacht, deren militärisches Fiasko den portugiesischen Kolonialbestrebungen in Marokko ein Ende setzte. Der Sultan Abd El Malek, sein mit den Portugiesen paktierender Bruder Moulay Mohamed und der portugiesische König Don Sebastian fanden im Schlachtengetümmel, das über 25000 Menschenleben kostete, den Tod. Die Truppen Abd El Maleks errangen einen triumphalen Sieg. Portugal ging mit seinen kolonialen Besitzungen daraufhin im Spanien Philipps II. auf – eine welthistorische Wende. Zwischen dem 17. und 19. Jh. verkam Ksar El Kebir im Zuge der innermarokkanischen Kriege. Während des spanischen Protektorats war es als Alcazarquivir wichtiges Agrarzentrum und drittgrößte Stadt der spanischen Zone. Seither stagniert die Entwicklung.

Die Medina

Ein Besuch der Medina lohnt sich nur, wenn man über ausreichend Zeit verfügt. Schönster Teil von Ksar El Kebir ist das Medinaviertel **Bab El Oued** südlich des Socco mit Bauten vorwiegend aus dem 15. und 16. Jh. Es wird von den beiden Souk-Hauptstraßen durchzogen, an denen die **Große Moschee** aus dem 12. Jh., die Moschee Sidi Mohammed Cherif, sowie mehrere Fondouks und Grabstätten liegen. Am interessantesten in den Souks sind die **Läden der Tuchweber.**

Moulay Bousselham

Von Ksar El Kebir führt die Stichstraße S 216/S 216A/R 406 und ihre Verlängerung in den sehr schön an der Lagune und am Naturschutzgebiet Merdja Lerga gelegenen kleinen Badeort **Moulay Bousselham**. Dort bestehen hervorragende Bademöglichkeiten, wobei man in besonderem Maße auf die Meeresströmungen acht geben muss. Außerdem gilt der Ort als einer der besten Plätze an der Atlantikküste zum Tauchen (Verleih von Ausrüstung).

Die Küstenstraße 2301/S 206 führt direkt nach Kenitra und Mehdia Plage. – Wer auf dieser Etappe Zeit gewinnen will, kann als Alternative die hervorragend ausgebaute, mautpflichtige Autobahn (an der Atlantikküste von Tanger bis etwa 50 km südwestlich von Casablanca fertiggestellt; die Südtangente bis Marrakesch ist größtenteils noch im Bau) nehmen.

Souk El Arba du Rharb

37 km südlich von Ksar El Kebir erreicht die P 2/N 1 den Ort **Souk El Arba du Rharb** 4 (mittwochs großer Markt). Die Kleinstadt mit etwa 25000 Einwohnern, eine französische Gründung, ist als Markt- und Agrarzentrum des nördlichen Rharb von Bedeutung.

25 km südwestlich von Souk El Arba liegt die römische Ruinenstätte von **Banasa** mit den erhaltenen Grundmauern des Forums, des Kapitols und einiger Thermen, außerdem den Resten von Wohnhäusern und der Umfassungsmauer.

Von Souk El Arba kann man über Sidi Kacem (P 6/R 413) nach Meknes und Fès weiterreisen.

Kenitra

Die P 2/N 1 führt hinter Souk El Arba in südwestlicher Richtung in die Provinzhauptstadt **Kenitra** 5. Die stark expandierende Industriemetropole mit etwa 400000 Einwohnern ist als Hafenstadt sowie als Standort der Lebensmittelherstellung und des holzverarbeitender Gewerbes von Bedeutung.

In Kenitra befindet sich auch das übel beleumundete Zentralgefängnis von Marokko, in dem zahlreiche Regimekritiker inhaftiert waren. Im Vorort Mehdia ist ein großer amerikanischer Marine- und Luftwaffenstützpunkt angelegt. Der moderne Industriestandort weist keinerlei besondere Sehenswürdigkeiten auf.

Geschichte

Nach dem ersten französischen Generalresidenten Hubert Lyautey (s. S. 319) wurde die 1913 gegründete Stadt bis 1956 Port Lyautey genannt. Der von den Franzosen geplante Ausbau zum marokkanischen Wirtschaftszentrum wurde, endgültig nach der Unabhängigkeit, durch den rasanten Aufstieg Casablancas verhindert. Kenitra, im Mündungsgebiet des Oued Sebou gelegen, besitzt heute einen der größten marokkanischen Häfen (wichtig für die Verschiffung von Agrarprodukten aus dem Seboubecken und von Kork aus den Mamorawäldern).

Zentrum

Zentrum der Stadt ist die Avenue Mohamed V mit der rechtwinklig kreuzenden Avenue Mohamed Diouri (führt zum 9 km entfernten Vorort Mehdia) und der Avenue Hassan II. Weiter östlich befindet sich ein älteres Stadtviertel mit dem Souk. Am Hafen nördlich des Zentrums steht eine **Kasbah-Ruine,** der älteste Bau der Stadt.

Mehdia

Mehdia, der belebte Strandvorort von Kenitra, geht auf eine vermutlich karthagische Gründung zurück. Die Almohaden legten den Hafen El Mamora an. Im 16./17. Jh. besetzten Portugiesen, später Spanier den Ort. Im späten 17. Jh. wurde er von den Truppen Moulay Ismails erobert, später diente er Piraten als Stützpunkt. Im Jahr 1795 wurde der Hafen geschlossen, während des Protektorats zugunsten des Hafens von Kenitra ganz aufgegeben.

Nach 1945 diente Mehdia als wichtige amerikanische Militärbasis, heute ist es der größte Kriegshafen Marokkos.
Sehenswert ist in Mehdia vor allem die unter Moulay Ismail angelegte **Kasbah** mit einem mächtigen Tor, der **Porte monumentale**, die 1942 bei der Landung der Amerikaner beschädigt, aber heute wiederhergestellt ist. Nahebei steht ein **Gouverneurspalast** aus der gleichen Zeit. Auch Reste der spanischen Befestigungsanlagen sind noch vorhanden.

Umgebung

Von Kenitra aus lassen sich Ausflüge in die **Mamorawälder**, ein etwa 1300 km² großes Korkeichen-Waldgebiet im Süden und Osten der Stadt, unternehmen. Auch lohnt ein Ausflug in das 12 km nordöstlich der Stadt gelegene **Tamusida**, wo man Grundmauern einer römischen Siedlung besichtigen kann.

Hotel Jacaranda (früher Hotel Safir): Place Administrative, Tel. 037-37 30 30, Fax 037-37 19 26, www.jacarandahotel.net. 90-Zimmer-Haus im Zentrum, Restaurant, Bar, Disco, Pool. DZ 420 DH.
Hotel Mamora: Av. Hassan II, Tel. 037-37 17 75, Fax 037-37 14 46, mamora@yahoo.fr. 70-Zimmer-Haus mit Restaurant, Bar, Pool. DZ 420 DH.
Hotel d'Europe: 63, Av. Mohamed Diouri, Tel. 037-37 14 50/51. 24-Zimmer-Haus mit Restaurant. DZ 250 DH
Hotel La Rotonde: 60, Av. Mohamed Diouri, Tel./Fax 037-37 14 0[illegible]. Kleines Hotel mit Restaurant. DZ 215 DH.
Camping international: Mehdia Plage, etwa 10 km von Kenitra.

Der Strand von Mehdia ist besonders im Hochsommer ein beliebtes Ausflugs- und Ferienziel der Bevölkerung von Kenitra und Rabat. Entsprechend viel Rummel während der Badesaison. Die Strandanlagen sind leidlich gepflegt.

Bahn: Der Bahnhof liegt etwa 1 km südlich des Stadtzentrums (erreichbar über die Rue Mohamed Diouri). Tgl. Verbin-

dungen nach Tanger, Rabat und Casablanca, Sidi Kacem, Meknes, Fès, Taza und Oujda.
Bus: Der Busbahnhof liegt an der Av. Mohamed V. Tgl. Verbindungen u. a. nach Tanger, Rabat und Casablanca, Meknes und Fès, Ouezzane sowie Khemisset.

12 Rabat

Cityplan: S. 322

In Küstennähe führt die P 2/N 1 weiter in südwestlicher Richtung in das 40 km von Kenitra entfernte, touristisch bedeutende **Rabat**, das mit der Schwesterstadt **Salé** 6 auf etwa 1,3 Mio. Einwohner kommt. Landschaftlich schön liegen die beiden Städte an der Mündung des Bou Regreg in den Atlantik. Seit 1912 ist Rabat die Hauptstadt Marokkos und bildet als Rabat-Salé inzwischen eine Stadtpräfektur im Rang einer Provinz. Rabat besitzt eine sehr übersichtliche Medina und zahlreiche bedeutende Baudenkmäler. Internationale Organisationen und Hochschulgremien, nationale Verwaltungen und Behörden, die Ministerien und Botschaften sind hier konzentriert. Von den vier Königsstädten hat Rabat den aus westlicher Perspektive modernsten Zuschnitt, eine Art urban-weltläufige Gediegenheit. Rabat gehört zweifellos zu den marokkanischen Großstädten mit der höchsten Lebensqualität; von Touristen wird die Stadt (die für den Marokkoneuling ein vergleichsweise leichtes Pflaster ist) freilich weit weniger besucht als die übrigen Königsstädte. – Die Kasbah des Oudaias mit ihren Museen, der Hassanturm, das Mausoleum Mohameds V., das Musée des Antiquités, der Königspalast und die Merinidennekropole Chellah sind die Hauptsehenswürdigkeiten Rabats. Für die Stadtbesichtigung genügen zwei Tage.

Geschichte

Erste Besiedlungsspuren des Bou-Regreg-Mündungsgebiets datieren aus der Altsteinzeit; die Siedlung war phönizischer und karthagischer Ankerplatz und unter den Römern wichtiger Handelsort. Ende des 1. Jh. n. Chr. erhielt der Platz römisches Stadtrecht. In der Umgebung stieg vom 8. Jh. an ein unabhängiges schiitisches Berberreich auf, die Berghouata, die gegen die Omajaden und Fatimiden rebellierten. Im 10. Jh. gründeten Zenata-Berber, die mit den spanischen Omajaden verbündet waren, an der Stelle der heutigen Kasbah ein befestigtes Kloster (*ribat*) als Stützpunkt gegen die Berghouata. Die Festung verlor im 11. Jh. an Bedeutung, als auf der anderen Flussseite Salé gegründet wurde.

Einen neuen Aufstieg erlebte Rabat ab 1150, als die Almohaden die Berghouata unterwarfen. Die Konkurrentin Salé wurde zerstört, eine neue Kasbah in Rabat angelegt. Der Almohadensultan Yacoub El Mansour (1184–99) machte Ribat El Fath (Klosterburg des Sieges) zur Hauptstadt des Reiches. Eine rege Bautätigkeit und großzügige Stadtplanung setzte ein, die aber nach dem Tod von El Mansour und der Verlegung der Residenz nach Marrakesch jäh endete. Bis ins frühe 17. Jh. blieb Rabat unbedeutend, während Salé zum wichtigsten Atlantikhafen Marokkos aufstieg.

Ab 1609 ließen sich andalusische Flüchtlinge in Rabat und Salé nieder, was einen rasanten wirtschaftlichen Aufstieg der beiden Städte bewirkte. In dieser Zeit begann auch die Piraterie gegen spanische Schiffe. 1627 schlossen sich Rabat und Salé zur unabhängigen Republik Bou Regreg mit Hauptsitz in der Kasbah des Oudaias und kommunaler Selbstverwaltung (Bürgermeister und Gemeinderat) zusammen. Dies war die Blütezeit einer einträglichen, gegen alle europäischen Seenationen gerichteten Piraterie – Korsaren von Salé waren international gefürchtet, die Freibeuter kreuzten bis in englische Gewässer! Bald gehörte die Republik zu den mächtigsten Piratenstützpunkten Nordafrikas und mehrte ihren Reichtum durch einen lebhaften Sklavenhandel. Nur mit Waffenlieferungen gelang es einigen europäischen Staaten, Rabat-Salé zu Waffenstillstandsverträgen zu bewegen.

1666 wurde die Republik zwar in das Alaouitenreich eingegliedert, doch setzte sie die

Hubert Lyautey

Thema

Marschall Hubert Lyautey (1854–1934) war von 1912 bis 1925 der erste und vermutlich auch bedeutendste Generalresident der französischen Protektoratsverwaltung.

Der gebürtige Elsässer, der Marokko einmal als »Land des elektrifizierten Mittelalters« bezeichnet hat, war für eine der weitsichtigsten städtebaulichen Grundsatzentscheidungen der gesamten Kolonialära verantwortlich. Im Zuge der gezielten und politischem Kalkül folgenden Ansiedlung der französischen *colons* ließ Lyautey die arabischen Medinas mit ihren Kunstschätzen (in denen er nicht zu Unrecht antifranzösische Widerstandsnester vermutete) unangetastet. Die französischen *villes nouvelles* entstanden in der Regel in unmittelbarer Nähe der Medina, ohne freilich in ihr komplexes urbanes System einzugreifen. Es ist Lyautey zu danken, dass kolonialer Dünkel sich in Marokko eigentlich nirgendwo im Schleifen arabischer Altstädte, in der Vernichtung vorgefundener Bausubstanz geäußert hat. Die Nachbarschaft von *ville nouvelle* und Medina ist bis in die Moderne eine prekäre geblieben – aber sie ist in Marokko eben immerhin versucht worden.

Man mag den Verwaltungsdiktaten des ersten Generalresidenten kopfschüttelnd gegenüberstehen – ein finsterer Kolonisator allerdings ist Lyautey niemals gewesen!

Marschall Hubert Lyautey (Bildmitte, in Uniform)

Piratenüberfälle fort und auch europäische Vergeltungsschläge blieben nicht aus. Im 18. Jh. erfolgte nach dem Tod von Moulay Ismail (1727) ein rapider Niedergang: Im Thronfolgekrieg unterstützten Rabat und Salé verschiedene Parteien und lieferten sich heftige interne Kämpfe. 1755 verwüstete ein Erdbeben die Städte; 1765 kam es zu Strafaktionen der Franzosen wegen Piraterie. Die allmähliche Versandung des Hafens, vor allem aber das Aufkommen der Dampfschiffe, beendete die große Ära der Piraterie; 1829 wurde das letzte Schiff gekapert. Während Salé in die Bedeutungslosigkeit absank, erhielt Rabat in der zweiten Hälfte des 19. Jh. neuen Aufschwung durch den Handel mit Europa.

1912 erklärten die Franzosen Rabat zur neuen Hauptstadt des Landes, der Sultan verlegte seine Residenz von Fès hierher. Bis heute ist die Stadt politisches und Verwaltungszentrum des Landes geblieben, daneben wichtigster Hochschulstandort. Handel und Industrie spielen nur eine geringe Rolle, der Hafen ist wegen der Versandung bedeutungslos. Zu Recht wird Rabat häufig wegen seiner großzügig-modernen Anlage mit vielen Grünflächen als eleganteste Stadt Marokkos bezeichnet; Teile der Neustadt können tatsächlich als gelungenes Beispiel für modernen Städtebau gelten.

Anlage der Stadt

Kern von Rabat ist die zwischen Meer und Fluss gelegene Medina. An sie grenzt südlich das moderne Geschäftszentrum an. Südlich davon liegt das Regierungsviertel mit Königspalast und Universität, südwestlich schließt sich der Villenvorort Agdal an. Gegenüber der Medina liegt am rechten Flussufer die Medina von Salé, wie Rabat von modernen Wohnvierteln umschlossen. Die Medina von Rabat wird an drei Seiten – nach Westen, zum Meer und zum Fluss hin – von der 1197 vollendeten Almohadenmauer umschlossen. Diese insgesamt 5250 m lange Maueranlage umgibt außerdem einen großen Teil der Neustadt – und vermittelt eine Ahnung von den Dimensionen, in denen der Almohadensultan Yacoub El Mansour seine Hauptstadt geplant hat. Ihre heutige Gestalt erhielt die Medina im frühen 17. Jh. durch andalusische Flüchtlinge. Viel kleiner als das von der Almohadenmauer viereinhalb Jahrhunderte zuvor umgrenzte Gebiet, wurde sie nach Süden durch die neue Andalusiermauer abgeschlossen.

Die Altstadt von Rabat

Der Haupteingang zu der im Vergleich mit anderen marokkanischen Städten sehr übersichtlich strukturierten Medina liegt im Kreu-

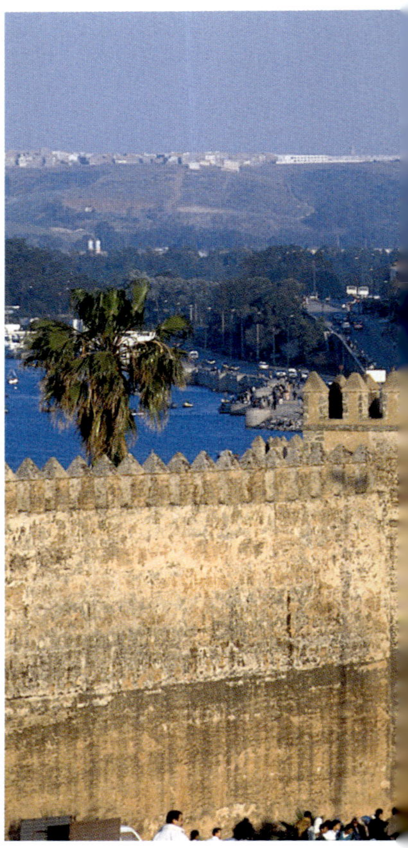

zungsbereich von Avenue Mohamed V/Avenue Hassan II in der Nähe des Lebensmittelmarktes Marché municipal. Unmittelbar hinter dem Eingang zweigt die am Anfang von zahlreichen einfachen Hotels gesäumte Rue Souika ab. Rechter Hand passiert man die Moschee Moulay Soliman (1812); einige hundert Meter weiter (links den Gewürzmarkt beachten!) mündet die Rue Souika in die überdachte Rue Souk Es Sebbat, das Zentrum der Souks. Hier liegt rechter Hand die **Große Moschee** **1**, die im 14. Jh. erbaut, ab 1882 von Grund auf neu gestaltet und erst 1939 vollendet wurde. Kurz hinter der Großen Moschee wird die Rue Souk Es Sebbat von der Rue des Consuls gekreuzt. Geht man hier geradeaus weiter, gelangt man durch das Bab El Bahr zum Fluss; wendet man sich nach rechts, betritt man das ehemalige Judenviertel, die 1808 angelegte **Mellah** **2**, die vom Fluss und von der Avenue Hassan II begrenzt wird.

Nach links, von der Rue Souk Es Sebbat aus, führt die Rue des Consuls (ausländische Gesandte, die *consuls,* durften bis ins Jahr 1912 ausschließlich in dieser Straße wohnen) zum Teppich-Souk, dem immernoch wichtigsten Souk der Stadt. Rabat ist bis heute

Panorama über Rabat mit Hassanturm und Mausoleum Mohameds V.

Rabat: Cityplan

Sehenswürdigkeiten

1 Große Moschee
2 Mellah
3 Kasbah des Oudaias
4 Musée des Oudaias
5 Museum für Marokkanische Volkskunst
6 Hassanturm
7 Mausoleum König Mohameds V.
8 Große Moschee Es Sunna
9 Musée des Antiquités
10 Bab Er Rouah
11 Königspalast
12 Nekropole Chellah

Übernachten

1 Hotel Hilton
2 Sofitel Diwan Rabat
3 Farah Rabat
4 La Tour Hassan
5 Helnan Chellah Hotel
6 Hotel Majliss
7 Mercure Sheherazade
8 Hotel Annakhil
9 Hotel Balima
10 Hotel Bouregreg
11 Hotel Royal
12 Hotel Terminus
13 Hotel Majestic
14 Hotel La Paix
15 Hotel Splendid

Essen und Trinken

16 Dinarjat
17 Le Goeland
18 L'Eperon
19 Le Ziryab
20 La Clef

das bedeutendste städtische Zentrum der Teppichherstellung in Marokko, jeden Donnerstag finden hier Teppichversteigerungen statt.

Die Rue des Consuls mündet auf die ausgedehnte, von mächtigen Maueranlagen gesäumte Place Souk El Ghezel, den ehemaligen Sklavenmarkt und späteren Textilmarkt, der vor einigen Jahren zum Verkehrsknotenpunkt Sahat El Oudaias ausgebaut wurde.

Der Kasbah-Komplex des Oudaias

Die **Kasbah des Oudaias** 3, eine Festungsanlage, deren gewaltiges Haupttor sich über der Place Souk El Ghezel erhebt, gehört zu den imponierendsten Bauten der Stadt. Sie steht an der Stelle des im 10. Jh. errichteten Ribat, der Klosterburg. Die heutige Anlage stammt im Kern aus dem 12. Jh., wurde aber im 17. Jh. verstärkt und erweitert. Ihren Namen erhielt die Kasbah vom arabischen Stamm der Oudaias, der sich im 13. Jh. hier ansiedelte. Den eindrucksvollen Haupteingang zur Kasbah bildet das riesige Bab El Oudaia, das wegen seines reichen Reliefschmucks zu den bedeutendsten Bauten der Almohadenzeit zählt. Hinter dem Eingang nimmt die Rue Jama, die Hauptstraße der Kasbah, ihren Anfang. Sie führt durch ein Wohnviertel, in dem sich die Moschee Jama El Atik (12. Jh., Umbau im 18. Jh.) erhebt, und mündet auf eine große Terrasse an der steil zum Meer abfallenden Kasbah-Mauer.

Unterhalb des Kasbah-Haupttores schließt sich zum Fluss hin eine weitere Maueranlage an. Der Bau, der durch ein Tor an der Place Souk El Ghezel betreten werden kann, wurde 1666–1672 als Erweiterung der alten Kasbah angelegt und diente zunächst als Palast, später dann als Medersa. Der prachtvolle Garten im Innenhof dieses Anbaus, in dem man vom Terrassencafé aus einen herrlichen Blick über die Stadt genießen kann, wurde um die Wende zum 20. Jh. angelegt. Die Gebäude innerhalb des Gartens beherbergen in drei Raumfolgen das **Musée des Oudaias** 4 (tgl. außer Di 8.30–12 und 14.30–18 Uhr), eine Sammlung marokkanischen Kunsthandwerks (Teppiche, Musikinstrumente, Schmuck, Ke-

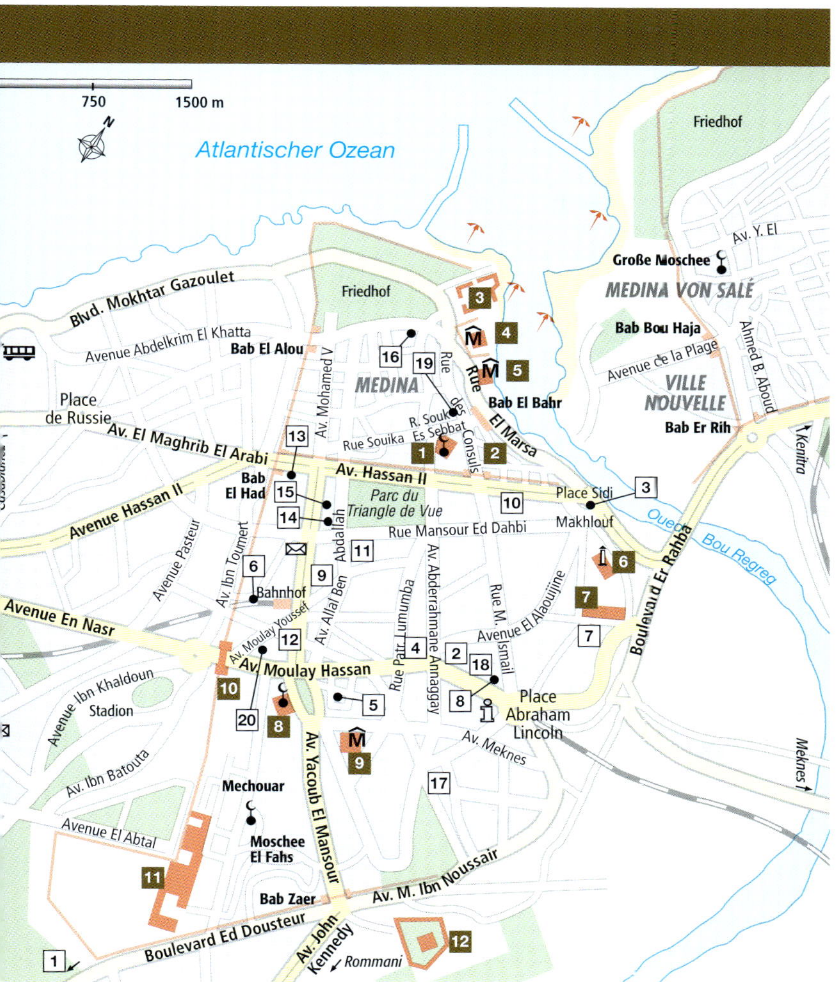

ramik, Trachten, Koranmanuskripte). Ähnliche, aber zahlreichere Exponate befinden sich in dem neuen **Museum für Marokkanische Volkskunst** 5 vis-à-vis. Die Sammlungen dieser beiden Museen gehören mit den Museumsbeständen von Fès zu den reichhaltigsten ihrer Art in Marokko. Für den Rückweg von Kasbah und Museum empfiehlt sich die jenseits der Place Souk El Ghezel beginnende, parallel zum Meer verlaufende neue Umgehungsstraße, rechts der Strand mit neuem Café-Restaurant-Komplex, links der ausgedehnte muslimische Friedhof. Ein Spaziergang entlang der von LKWs stark befahrenen Straße bietet schöne Ausblicke auf die Stadt und die Brandung des Atlantik. Von der Umgehungsstraße gelangt man über die Avenue Mohamed V oder die parallele Rue Sidi Fatah (einige Zaouias und zwei Moscheen) zum Medinaeingang zurück.

Die Neustadt von Rabat

Der Hassanturm und das Mausoleum Mohameds V.

Folgt man der vor der Andalusiermauer verlaufenden breiten Avenue Hassan II bis zum Fluss oder geht man von der Kasbah kommend am Fluss entlang, so stößt man auf die Place Sidi Makhlouf. Von hier führt eine Auffahrt zu dem schon von weitem sichtbaren **Hassanturm** 6, dem architektonischen Wahrzeichen und bedeutendsten Baudenkmal von Rabat. Der Turm (sein Name geht entweder auf den mittelalterlichen Stadtteil Hassane oder auf den Poeten des Propheten, Hassane, zurück) ist das Minarett einer Großen Moschee, mit deren Bau um 1190 unter dem Almohadensultan Yacoub El Mansour begonnen wurde. Sie sollte die zweitgrößte Moschee der Welt werden, übertroffen nur noch von der Großen Moschee von Samarra (Irak). El Mansours Tod (1199) und die Verlegung der Almohadenresidenz nach Marrakesch verhinderten die Vollendung des gigantischen Bauprojektes; das Erdbeben von 1755 zerstörte einen großen Teil der schon fertiggestellten Anlagen.

Die Moschee war auf 19 Schiffe konzipiert und sollte bei einer Gesamtausdehnung von 183 x 139 m auf 424 Säulen und Pfeilern ruhen; 16 Tore sollten den Zugang bilden. Erhalten geblieben sind von dieser gewaltigen Bauruine Teile der Umfassungsmauer, ein ganzer Wald von Säulen und vor allem der Hassanturm, das unvollendete Minarett (wegen Restaurierungsarbeiten können die inneren Stockwerke derzeit nicht besichtigt werden). Der 44 m hohe, quadratische Hassanturm (geplant war eine Turmhöhe von 80 m) mit seinen 2,50 m dicken Mauern besitzt an den Außenfassaden reiche Reliefverzierungen, die an jeder Seite verschieden sind. Der Turm, ein Höhepunkt der almohadischen Baukunst, ähnelt der Koutoubia von Marrakesch und der Giralda von Sevilla, die aus der gleichen Epoche stammen. Früher war er über eine breite Rampe im Inneren, über die man sogar hinaufreiten konnte, zu besteigen. Die Decken der sechs Stockwerke tragen reiche Verzierungen. Obgleich unvollendet, kündet der massige Hassanturm bis heute von der Größe des mächtigen Almohadenreiches.

Dem Hassanturm gegenüber, am anderen Ende der Moscheeruine, wurde 1961–1967 die **Grabstätte König Mohameds V.** 7 errichtet, der am 26. Februar 1961 gestorben war. Der 160 x 50 m messende Komplex besteht aus dem Mausoleum, einer Moschee und einem kleinen Museum mit Andenken aus dem Leben des Königs. Auch der 1984 verstorbene Bruder von Hassan II., Prinz Moulay Abdallah, ist hier bestattet. Das Mausoleum, das besichtigt werden kann, wurde nach dem Vorbild traditioneller Grabstätten erbaut. Seine Außenmauern bestehen aus Carraramarmor, der an den Sarkophag von Moulay Ismail in Meknes erinnernde Prunksarkophag Mohameds V. ist aus blendend weißem Marmoronyx gearbeitet. Von innen ist das Mausoleum prachtvoll mit Schnitzereien und auf einer Fläche von über 1000 m^2 mit Mosaiken ausgeschmückt. Der gesamte

Mausoleumskomplex wird oft als schönster neuzeitlicher Bau des Islam gepriesen.

Hassan II. hat dieses geschichtsträchtige Gelände 1961 ausgewählt, um hier nationale Geschichte als glorreiche Dynastien- und Personengeschichte zu verklären. Das Mausoleum Mohameds V. in der Sichtachse des Hassanturms ist eine architektonische Inszenierung, die in historischer Perspektive die regierenden Alaouiten – und damit auch den regierenden Monarchen höchstselbst – als einzige legitime Erben nationaler historischer Größe ausweist. Wenige Tage nach seinem Tod im Juli 1999 wurde Hassan II. hier an der Seite seines Vaters beigesetzt.

Das Geschäfts- und Regierungsviertel

Südlich der durch die Andalusiermauer markierten Grenze beginnt um die repräsentativ angelegte Avenue Mohamed V und die parallel verlaufende Avenue Allal Ben Abdallah das moderne Geschäftsviertel mit seinen mondänen Ladenpassagen und Hotels, mit eleganten Terrassencafés und Restaurants. In diesem Bereich finden sich wichtige öffentliche Gebäude wie der Bahnhof, die Hauptpost, das Theater Mohamed V, das Fremdenverkehrsamt und die Polizeipräfektur. Sehr geeignet zum Pausieren und Verschnaufen ist der schön angelegte **Parc du Triangle de Vue**, der das Geschäftszentrum nordöstlich zur Avenue Hassan II hin abschließt.

Südlich des Zentrums erstreckt sich das Regierungsviertel. Dort, wo die Avenue Mohamed V ausläuft, steht die **Große Moschee Es Sunna** **8**, die Anfang des 20. Jh. nach dem Vorbild der Koutoubia von Marrakesch entstand. Links von der Moschee (vom Zentrum aus gesehen) liegt schräg gegenüber dem Helnan Chellah Hotel in der Rue El Brihi (Nr. 23) das **Musée des Antiquités** **9** (tgl. außer Di 8.30–12 und 14.30–18 Uhr, im Sommer zumeist 8–15 Uhr; prähistorische und punische Exponate, bedeutende Sammlung römischer Bronzen sowie zahlreiche Objekte

Schönster neuzeitlicher Bau des Islam: das Mausoleum Mohameds V.

aus Volubilis), das mit Abstand reichhaltigste archäologische Museum des Landes.

Vor der Es-Sunna-Moschee zweigt rechts die Avenue Moulay Hassan ab. Sie führt zum **Bab Er Rouah** 10, dem neben dem Kasbah-Tor schönsten Portal der Almohadenmauer. Zwei Türme flankieren den mächtigen, außen reich verzierten Bau. Der Torgang, an dem mehrere Seitenräume liegen (das Bab Er Rouah kann bestiegen werden), ist aus Verteidigungsgründen dreifach geknickt. Links innerhalb des Tores liegen die Gebäude der Universität Mohamed V, der mit 20000 Studenten größten Hochschule des Landes. Jenseits, auf dem **Mechouar**, dem ausgedehnten Versammlungsplatz vor dem **Königspalast** 11, kann man ab 9 Uhr morgens alle zwei Stunden bei der Ablösung der Palastwache zuschauen. Gelegentlich finden Führungen durch den Palastbezirk statt, die Hauptresidenz des Königs, deren zahlreiche niedrige Gebäude vorwiegend aus dem 19. Jh. stammen. Der eigentliche Wohnsitz des Königs im Kern der Anlage ist nicht zu besichtigen. Im Gebiet östlich des Königspalastes und südlich der Großen Moschee liegen die meisten Ministerien und ausländischen Botschaften.

Über die bei der Es-Sunna-Moschee beginnende Avenue Yacoub El Mansour (die Verlängerung der Avenue Mohamed V nach Süden) erreicht man die außerhalb der Stadtmauern gelegene, heilige Grabstätte **Chellah** 12. Die Chellah, von einer Mauer aus dem 14. Jh. umschlossen, umfasst Ruinen aus römischer wie aus merinidischer Zeit. Die 1930 ausgegrabenen römischen Fundamente sind die spärlichen Überreste der schon von den Karthagern gegründeten Siedlung Sala. Eindrucksvoller sind die Ruinen der im 13. und 14. Jh. angelegten Merinidennekropole. Mehrere merinidische Sultane wurden hier bestattet. Am besten erhalten ist das Grab des 1348 verstorbenen Sultans Abu El Hassan. Das Gelände der Nekropole umfasst auch die Ruine einer merinidischen Moschee mit einer Medersa und einem Minarett. – Interessant ist hier eine Quelle mit Aalen, die als heilige Tiere verehrt wurden.

i **Délégation du Tourisme:** 22, Rue d'Alger, gegenüber Hotel Annakhil), Tel. 037-66 06 63, Fax 037-72 59 91.

Hotel Hilton 1: Quartier Souissi, etwa 2 km südwestlich des Palais Royal, Tel. 037-67 56 56, Fax 037-67 14 92, www.hilton.com. Luxusherberge mit Fünfsternekomfort, mit etlichen Restaurants, weitläufigem Garten, Businesscenter. DZ 3250 DH, Bungalows 1600 DH.

Sofitel Diwan Rabat 2: Place de l'Unité Africaine, Tel. 037-26 27 27, Fax 037-26 24 24, www.sofitel.com, H2820@accor.com. Edles 100-Zimmer-Haus, Wellnesscenter allerdings ohne Schwimmbad, Restaurant und Bar. DZ 1950 DH.

Farah Rabat (früher Farah Safir) 3: Place Sidi Makhlouf, Tel. 037-23 74 00, Fax 037-70 27 55, www.farah-hotel.com. 2004 renoviertes 200-Zimmer-Hotel, diverse Restaurants, Panoramabar, Fitness Center. DZ 1900 DH.

La Tour Hassan 4: 26, Rue Chellah, Tel. 037-23 90 00, Fax 037-72 54 08, www.laTourHassan.com. Sehr elegantes, architektonisch gelungenes 140-Zimmer-Haus, renommierte Gastronomie, Hamam, Sauna, andalusischer Garten, Nachtklub; insgesamt empfehlenswert. Verschiedene Preiskategorien: DZ 1900, 2500, 2800 oder 3500 DH.

Helnan Chellah Hotel 5: 2, Rue d'Ifni, Tel. 037-70 02 09, Fax 037-70 63 54. Gediegenes Mittelklassehotel,120 Zimmer, Restaurant mit internationaler Küche, Bar. DZ 1000 DH.

Hotel Majliss 6: 6, Rue Zahla, Tel. 037-73 37 26/27, Fax 037-73 37 31, www.majlisshotel.ma. Etwas steriler 65-Zimmer-Bau in Bahnhofsnähe, Restaurant, Pianobar, Konferenzsaal. DZ 900 DH.

Mercure Sheherazade 7: 21, Rue de Tunis, Tel. 037-72 22 26, Fax 037-72 45 27, www.mercure.com. Gut geführtes, ruhig gelegenes Mittelklassehotel. DZ 570 DH.

Hotel Annakhil 8: 23, Av. d'Alger, Tel. 037-72 33 55, Fax 037-73 42 68. Angenehmes 40-Zimmer-Hotel. Restaurant, Bar. DZ 560 DH.

Hotel Balima 9: Av. Mohamed V, Tel. 037-70 86 25, Fax 037-70 74 50, hotelbalima@menara.ma. Mittelklassehotel mit Restaurant und beliebter Panoramaterrasse, Nachtklub. DZ 460 DH.

Hotel Bouregreg 10: Ecke Av. Hassan II/Rue Nador, Tel. 037-72 41 10, Fax 037-73 40 02. Ordentliche Unterkunft mit gutem Preis-Leistungs-Verhältnis. DZ 420 DH.

Hotel Royal 11: Ecke Rue Amman/Av. Allal Ben Abdallah, Tel. 037-72 11 71, Fax 037-72 54 91, royalhotel@mtds.com. Zentral, günstig, ruhig. DZ 410 DH.

Hotel Terminus 12: 384, Av. Mohamed V, Tel. 037-70 06 16, Fax 037-70 19 26. Beim Hauptbahnhof. DZ 350 DH.

Hotel Majestic 13: 121, Av. Hassan II, Tel. 037-72 29 97, Fax 037-70 88 56, www.hotel.majestic.ma. 40-Zimmer-Haus, zentral gelegen. DZ 280 DH.

Hotel La Paix 14: 2, Rue Ghazza, Tel. 037-72 29 26. 40-Zimmer-Haus. DZ 200 DH.

Hotel Splendid 15: 24, Rue Ghazza, Tel./Fax 037-72 32 83. Schöner lauschiger Innenhof, einfaches Restaurant gegenüber, freundlicher Service. DZ 190 DH.

Camping de la Plage: In Salé an der Mündung des Oued Bou Regreg.

Camping de Temara: Etwa 15 km südwestlich von Rabat im Küstenort Temara Plage; im Sommer zumeist überfüllt.

Dinarjat 16: 6, Rue Belgnaoui, nahe der Kasbah des Oudaias, Tel. 037-70 42 39. Renommierte marokkanische À-la-carte-Gastronomie. 250–350 DH.

Le Goeland 17: 9, Rue Moulay Ali Cherif, Tel. 037-76 88 85; So geschl. Spezialität des Hauses sind Fischgerichte und Meeresfrüchte. 150–250 DH.

L'Eperon 18: 8, Av. d'Alger, Tel. 037-72 59 01; im Ramadan geschl. Marokkanische und französische Küche. Um 150 DH.

Le Ziryab 19: 10, Rue des Consuls (Medina), Tel. 037-73 36 36. Marokkanische Gastro-Klassiker wie *tajines*, Couscous, *brochettes*. Um 150 DH.

La Clef 20: Ecke Rue Hatim/Av. Moulay Youssef. Große Auswahl an *tajines* und *brochettes*. Um 100 DH.

Etliche Spezialitätenrestaurants befinden sich im Stadtteil Agdal (etwa **L'Entrecote**, **Les Casseroles en folie**, **Aux Delices d'Asie**, **Chez Paul**, **Le Puzzle** und **Le Margot**), mehrere in der Av. Ibn Sina und in der Rue Okba; Fischrestaurants am Strand (etwa **Borj Eddar** und **La Plage**); günstigere Restaurants etwa in der Rue Souika (Medina) und beim Bab El Had (das **El Bahia** in der Nähe des Marché central ist eines der besseren: marokkanische Gerichte 50–80 DH).

Rabat ist ein Zentrum von Teppichproduktion und -handel. Etliche Teppichbasare finden sich in der Medina, etwa in der Rue des Consuls. Teppichkäufer sollten nach der Herkunft der Ware, nach Verarbeitung, Material (Wollsorten), Knüpftechnik sowie Knotenzahl pro Quadratmeter fragen – und unbedingt mit den Feinheiten beim Handeln vertraut sein.

Ladenpassagen, Boutiquen, Antiquitätengeschäfte (Achtung, hier wird auch reichlich Ramsch angeboten) und Supermärkte finden sich im Neustadtzentrum (Av. Mohamed V, Av. Allal Ben Abdallah und Querstraßen) sowie im Stadtteil Agdal.

Ein großes Frischwarenangebot an Fleisch, Obst und Gemüse präsentiert der Lebensmittelmarkt am Bab El Had

Für Nachtschwärmer ist Rabat ein recht unergiebiges Pflaster; Diskotheken und Nachtklubs finden sich allenfalls in den Luxushotels.

Wachslaternenfest (Fête des Cires): Am Vorabend des *mouloud* (Geburtstag des Propheten). Eindrucksvolles traditionelles Fest, das in Rabats Schwesterstadt Salé begangen wird.

Bei speziellem Interesse kann man einen Ausflug nach **Sidi Bouknadel** (etwa 10 km nordöstlich von Salé an der N 1 Richtung Kenitra) unternehmen, um die Tropischen Gärten (Jardins exotiques) zu besuchen, ein 4 ha großes Areal mit Teichen und Grotten sowie einem großen Sortiment an tropischen Pflanzen (ausgeschilderte Rundwege).

Die **Strände** von Rabat und Salé sind klein und nicht sonderlich einladend. Es empfiehlt sich, auf die Plage des Nations unies (etwa 15 km nordöstlich von Salé) oder einen der Strände südwestlich von Rabat (El Harhoura, Temara, Skhirat, Sables d'Or, Tahiti Plage) auszuweichen. Lohnend ist sicherlich auch ein (Strand-)Ausflug nach Bouznika.

Flugzeug: Der Flughafen Rabat-Salé (keine Direktflüge von/nach Deutschland) ist für Touristen ohne Bedeutung; alle wichtigen Inlands- wie Auslandsflüge werden über den Flughafen Casablanca-Mohamed V (in Casablanca-Nouaceur) abgewickelt.
Bahn: Der Hauptbahnhof Rabat-Ville (im Stadtteil Agdal gibt es einen weiteren Bahnhof) liegt, für Bahnreisende sehr günstig, im Neustadtzentrum im südlichen Abschnitt der Av. Mohamed V; moderne Schalterhalle, die Gleise liegen ein Stockwerk tiefer. Schnellzugverbindung nach Casablanca (über Casa-Voyageurs weiter zum Flughafen) tagsüber etwa im Stundentakt; mehrere Verbindungen tgl. u. a. nach Marrakesch, Meknes–Fès, El Jadida–Safi, Tanger und Taza–Oujda.
Bus: Der Busbahnhof, der sowohl von der CTM-LN als auch von den Privatlinien angefahren wird, liegt etwa 3 km westlich des Zentrums an der Ausfallstraße nach Casablanca; gute Verbindungen nach Tanger, Tetouan, Meknes und Fès, Casablanca, Agadir, Marrakesch, Oujda. Die meisten Stadtbuslinien starten am Vorplatz des Bab El Had oder in der Nähe des Bab Chellah.
Taxi: Sammeltaxis nach Meknes starten von der Shell-Tankstelle gegenüber dem Hotel Bouregreg (Kreuzungsbereich Av. Hassan II/Av. A. Annaggay); weitere Sammeltaxis vom Gelände des Busbahnhofs.
Mietwagen: Leihwagenfirmen an der Av. Mohamed V und den innenstadtnahen Nebenstraßen, außerdem Agenturen in den Luxushotels und am Bahnhof.
Fähre: Verbindungen nach Salé über den Oued Bou Regreg von der Rampe Sidi Makhlouf (östlich der Mellah, nahe der Place Sidi Makhlouf).

Traditionelles Wachslaternenfest in Salé

Die Umgebung von Rabat

In der ausgedehnten Medina von **Salé,** der Schwesterstadt von Rabat am gegenüberliegenden Ufer des Bou Regreg, sind besonders sehenswert die Medersa Aboul Hassan, die, um 1340 erbaut, zu den schönsten Medersen der Merinidenzeit gehört, die Große Moschee aus der Almohadenzeit sowie mehrere Marabouts (Marabout des Sidi Abdallah Ben Hassoun, Marabout des Sidi Ahmed Ben Achir).

Südwestlich von Rabat säumen etliche, im Hochsommer stark frequentierte **Strandorte** die Küstenstraße S 222/R 322 (etwa El Harhoura, Temara Plage, Skhirat, Sables d'Or, Ech Chiana, Bouznika).

30 km nordöstlich von Casablanca liegt die Industriestadt **Mohammedia**, mit etwa 150 000 Einwohnern ein wichtiger Erdölhafen und ein bedeutendes Zentrum der marokkanischen Raffinerien. Von Interesse sind hier nur die aus dem 18. Jh. stammende Kasbah, die kleine Medina mit dem Souk und die – von Touristen kaum genutzte – Badezone mit zwei Luxushotels, Jachthafen und Golfplatz.

Von Rabat gelangt man über das mautpflichtige Autobahnteilstück P 36 ins 90 km entfernte Casablanca. Die Autobahn ist inzwischen Richtung Süden bis Settat und Richtung Südwesten bis kurz vor Azemmour fertiggestellt; die geplante Anbindung Marrakeschs wird 2010 realisiert sein. Der Küstenabschnitt zwischen Rabat und Mohammedia, insbesondere zwischen Temara Plage und Mansouria, erlebt derzeit einen Bauboom von geradezu beängstigenden Dimensionen; hier entstehen weitläufige Apartmentanlagen für private Investoren sowie gigantische Tourismuskomplexe (*villages/residences touristiques* und *centres balneaires* genannt), die den ungebrochenen Optimismus der marokkanischen Tourismusstrategen ahnen lassen: Offenkundig geht man für die Region von rasant steigenden Übernachtungszahlen aus.

Die mittlere Atlantikküste

Karte S. 345

Die mittlere Atlantikküste präsentiert mit El Jadida und Essaouira zwei überaus reizvolle, historisch bedeutende Küstenorte, in Oualidia besteht ein renommiertes Zentrum der Austernfischerei, die Hafenstadt Safi ist eine landesweit bekannte Produktionsstätte von Keramik. Agadir, als mondänes Seebad gerade bei der deutschen Klientel beliebt, gilt, zumindest in den Sektoren der Innenstadt und der Hotelzone, als eine der modernsten Städte Marokkos.

Casablanca

Cityplan: S. 334

Casablanca, von den Einheimischen kurz Casa genannt (arab.: Dar El Beida), ist die größte Stadt und wichtigste Industriemetropole Marokkos und in jeder Hinsicht auch eine Stadt der statistischen Superlative. Je nachdem welche Vororte man zu Grand Casa dazuzählt, hat die Metropole gegenwärtig etwa 6,5 Mio. Einwohner; Casa besitzt einen der größten Häfen Afrikas, annähernd 80 % der marokkanischen Industrie sind hier konzentriert, der Stadtmoloch ist das konkurrenzlose Börsen-, Banken-, Hochfinanz-, Technologie- und Handelszentrum des Landes. Der Siedlungsdruck auf Casa hält auch seit den 1990er-Jahren unvermindert an – nicht umsonst nennen die Marokkaner die unkontrolliert wuchernde Metropole Ville Champignon. Unübersehbar sind in Casa die Spuren sozialen Elends und ungelöster ökologischer Probleme: Dies beginnt mit den Squattersiedlungen der *bidonvilles* (Kanisterstädte) und endet mit den wilden Müllkippen, den ungeklärten Abwässern und der verpesteten Luft.

Casa – die Metropole bildet eine eigene Stadtpräfektur im Rang einer Provinz – bietet außer der gigantischen Moschee Hassan II, der kleinen Medina, dem authentischen und schönen Quartier des Habbous und der fashionablen Strandpromenade an der Corniche touristisch recht wenig. Sehenswert sind im Stadtzentrum allerdings die Bürgervillen vor allem aus den 1920er-, 1930er- und 1940er-Jahren, überwiegend von französischen Architekten geplante Gebäude, die zu den schönsten Beispielen des Art déco gehören. Touristisch hat Casablanca jüngst enorm an Bedeutung gewonnen, obschon dieser Trend vornehmlich dem Business-, Messen-, Konferenz- und Kongresstourismus zu verdanken ist und den deutschen Markt kaum betrifft. Immerhin wurden im Jahr 2005 über 500 000 ausländische Besucher gezählt, die durchschnittlich 2,5 Tage in der Stadt verbrachten; die Hotellerie (fast 6000 Zimmer in klassifizierten Hotels, etwa 4000 Zimmer in Häusern der Vier- und Fünfsternekategorie) wurde zuletzt, zumal im Hochpreissegment, enorm ausgebaut.

Geschichte

Seit dem 8. Jh. ist eine Siedlung Anfa nachweisbar. Im 15. Jh. entwickelte sich der Platz zu einem berüchtigten Piratenort. Nach mehrfachen Angriffen der Portugiesen wurde die Siedlung 1575 als Casa Branca (weißes Haus) portugiesische Kolonie. 1755 zerstört das große Erdbeben den Ort; die Portugiesen zogen ab. Im späten 18. Jh. kamen Araber und spanische Kaufleute und gründeten Casablanca neu. Im späten 19. Jh. siedelten sich verstärkt europäische Händler an, wo-

Casablanca: einst berüchtigter Piratenort, heute wichtige Industriemetropole

Mit dem Autor unterwegs

»Casablanca« und kein Ende

Nicht nur im Hyatt Regency, hier allerdings besonders hingebungsvoll, sondern vielerorts zitiert Casablanca »Casablanca«, Michael Curtiz' legendären Kultfilm aus dem Jahre 1942. Das Dekor von Ricks Café americain wird da minutiös nachgestellt, das unvermeidliche »As time goes by« intoniert – und also die einzigartige Atmosphäre dieses Melodrams beschworen. Wer auf den Spuren von Humphrey Bogart und Ingrid Bergman in die Filmhistorie eintauchen will, sollte wissen, dass der Kinoklassiker nur eine fingierte Dokumentation ist, Authentizität nur vortäuscht: »Casablanca« ist ein reiner Studio- und Kulissenfilm, der mit Hollywood eine Menge, mit Casablanca freilich nicht das Geringste zu tun hat (s. S. 342).

Zwischenstopp in Azemmour

Ein erholsamer Zwischenstopp auf der Küstenroute, portugiesische Festungsanlagen, eine alte Kasbah in Ruinen, eine Mellah mit einer bis heute benutzten Stadtsynagoge: Gerade weil Azemmour selten von Touristen besucht wird, kann man hier eine lohnende Stippvisite einlegen (s. S. 344).

Die Cité portugaise in El Jadida

Die Cité portugaise in El Jadida enthält die bedeutendsten portugiesischen Bauten in Marokko – inzwischen rangiert El Jadida auf der Weltkulturerbeliste der Unesco. Die berühmte Citerne portugaise aus dem Jahre 1541 ist mit ihrem Kreuzrippengewölbe sicherlich eines der bekanntesten Fotomotive des Landes, Orson Welles hat hier einige wichtige Sequenzen seines »Othello«-Films gedreht (s. S. 345).

Shoppen in Essaouira

Vermutlich eignet sich kaum eine Stadt so sehr zum stressfreien Einkaufen wie gerade Essaouira. In den Arkadenläden an der Skala de la Kasbah und im Ensemble artisanal (Kunsthandwerkszentrum) kann man aufwendig gearbeitete, mit Intarsien aus Thuya- und Zitronenbaumholz verzierte Schatullen und Truhen erstehen (s. S. 358).

Strandidyll in Sidi Kaouki

Das Kontrastprogramm zum umtriebigen Agadir: Die Bucht bei Sidi Kaouki südlich von Essaouira ist ein echtes Refugium zum Ausspannen, Baden und Strandwandern; gerade Familien mit kleineren Kindern finden hier ein angenehmes Revier (s. S. 356, 358).

Das Musée municipal d'Agadir

Das in der Fußgängerpassage Ait Souss neben der Industrie- und Handelskammer gelegene Stadtmuseum von Agadir widmet sich der kulturellen Traditionen der Berber in der Sousregion. In der professionellen Präsentation der Exponate sowie in der kundigen Kommentierung (Schwerpunkte der Ausstellung sind Schmuckherstellung und Teppichknüpferei) gehört dieses Museum zu den besten seiner Art in Marokko (s. S. 367).

durch sich die Stadt zur wichtigsten Europäerkolonie nach Tanger entwickelte.

Um 1900 hatte Casablanca 20000 Einwohner. 1912 wurde der Bau eines Großhafens beschlossen. Ab den zwanziger Jahren erfolgte ein rasanter Aufschwung zur Wirtschaftsmetropole, nicht zuletzt durch die Ausfuhr von Rohphosphaten aus der Region um Khouribga. Erste *bidonvilles* entstanden bereits in den dreißiger Jahren, etwa 40 % aller französischen Marokkosiedler lebten in Casa, in dem es auch die größte Mellah des Landes gab. Im November 1942 besetzten die Alliierten die Stadt und bauten den Hafen als Nachschubbasis für den Nordafrikakrieg weiter aus. Im Juni 1981 und im Januar 1984 brachen ›Brotrevolten‹ in Casa aus, die blutig niedergeschlagen wurden.

Anfang 1991 erlebte Casa während des Golfkriegs die größten Massendemonstrationen der marokkanischen Geschichte, in denen ganz unverhohlen gegen das königliche Politikmonopol Front gemacht wurde.

Das Zentrum

Von der zentral gelegenen **Place des Nations unies** 1 führen sternförmig breite Boulevards in alle Stadtteile ab. Der Platz wird vom Nobelhotel Hyatt Regency beherrscht, in dessen Pianobar das Ambiente des legendären Michael-Curtiz-Kinoklassikers »Casablanca« (s. S. 342) nachgestellt wird.

Der großstädtisch geprägte Boulevard Mohamed V mit seinen Bankenpalästen, Cafés, Restaurants, Kinos, exklusiven Geschäften und Ladenpassagen verbindet die Place des Nations unies mit dem 2,5 km weiter östlich gelegenen Bahnhof, der Gare des Voyageurs. Über den palmenbestandenen und von etlichen Reisebüros gesäumten Boulevard Felix Houphouet Boigny erreicht man den **Hafeneingang** 2, den Bahnhof Gare du Port und die moderne Geschäfts- und Restaurantpassage Centre 2000.

Die breite Avenue des Forces Armées Royales kreuzt die Place des Nations unies; folgt man ihr nach Westen, so gelangt man in das wohlhabende Villenviertel Anfa um den Boulevard d'Anfa; in östlicher Richtung (hier zahlreiche Konsulate und Reisebüros, außerdem mehrere Luxushotels, Büros internationaler Fluggesellschaften und in einer Seitenstraße der CTM-Busbahnhof) führt die Avenue zu den Industrievierteln Roches noires und Ain Sebaa. Vom Boulevard Mohamed V erreicht man über die Rue Aristide Briand den elegantesten Teil des Geschäftsviertels, die Place du 16 Novembre (hier liegt das Goethe-Institut) und die Fußgängerzone der Rue Prince Moulay Abdallah mit ihren teuren Boutiquen und schicken Cafés.

Die Avenue Hassan II führt von der Place des Nations unies in südlicher Richtung an der **Hauptpost** 3 (einem 1918–1920 vom französischen Architekten Adrien Laforgue geplanten Gebäude im Art-déco-Stil) vorbei zur stets belebten **Place Mohamed V** 4. In ihrer unmittelbaren Nähe befinden sich die wichtigsten öffentlichen Bauten der Stadt: die Polizeipräfektur, das Gericht, das Staatstheater, die Staatsbank, das Rathaus mit seinem 50 m hohen Uhrenturm und die Gebäude der Stadtverwaltung. Mittelpunkt des Platzes ist ein Springbrunnen mit einer 30 m hohen Fontäne. Südlich des Platzes schließt sich der weitläufige, schön angelegte **Parc de la Ligue arabe** 5 an, an dessen Nordwestecke (bei der Rue d'Alger) die 1930 erbaute französische Kathedrale Sacre Cœur steht.

Die Alte Medina und die Souks

An der dem Geschäftszentrum gegenüberliegenden Seite der Place des Nations unies befindet sich der Hauptzugang zur **Alten Medina** (Ancienne Medina). Dieses Viertel, der einzige ältere Teil von Casablanca, wurde Ende des 18. Jh. errichtet, seine einstige Ausdehnung seither durch Neubauten stark verkleinert. Die **Souks** 6 beginnen beim Haupteingang an der Place des Nations unies (bei dem grünen Minarett). Ihre leicht zu verfolgende Hauptachse (immer links halten) führt zu einem belebten Marktplatz, der Place Marrakech, bei der man die Medina wieder verlässt. Etwas unterhalb der Souk-Gassen beginnt ein zweiter Straßenzug (viele kleine Hotels und Cafés), der auf die Place Amiral Philibert mündet (altes Stadttor, hübscher Blick auf den Hafen).

Außerhalb des Zentrums

Über die von der Avenue Hassan II nach Südosten abknickende Avenue de Mers Sultan gelangt man in das wahrhaft schöne **Quartier des Habbous** mit seinen zahlreichen religiösen Buchhandlungen, Schneiderläden und Kunsthandwerksgeschäften.

Widerum südöstlich (etwa jenseits der Bahnlinie) schließt sich die **Neue Medina** (Nouvelle Medina) an. Überwiegend in den zwanziger Jahren des 20. Jh. erbaut, stellt sie den durchaus gelungenen Versuch einer Kombination von traditioneller marokkanischer Bauweise und modernem Städtebau dar. Auch dieses Viertel ist heute stark übervölkert. Sehenswert sind hier die Moscheen

Casablanca: Cityplan

Sehenswürdigkeiten

- 1 Place des Nations unies
- 2 Hafeneingang
- 3 Hauptpost
- 4 Place Mohamed V
- 5 Parc de la Ligue arabe
- 6 Souks
- 7 Grande Mosquée Hassan II

Übernachten

- 1 Hotel Meridien royal Mansour
- 2 Le Palace d'Anfa
- 3 Hyatt Regency
- 4 Hotel Riad Salam
- 5 Hotel Idou-Anfa
- 6 Sheraton
- 7 Hotel Farah Safir
- 8 Hotel Rivoli
- 9 Hotel Ramada Les Almohades
- 10 Hotel-Club Val d'Anfa
- 11 Hotel Suisse
- 12 Hotel Le Littoral
- 13 Hotel de la Corniche
- 14 Hotel Bellerive
- 15 Hotel de la Côte
- 16 Hotel Ibis Moussafir
- 17 Hotel de Paris
- 18 Hotel Majestic
- 19 Hotel de Foucauld
- 20 Hotel Touring

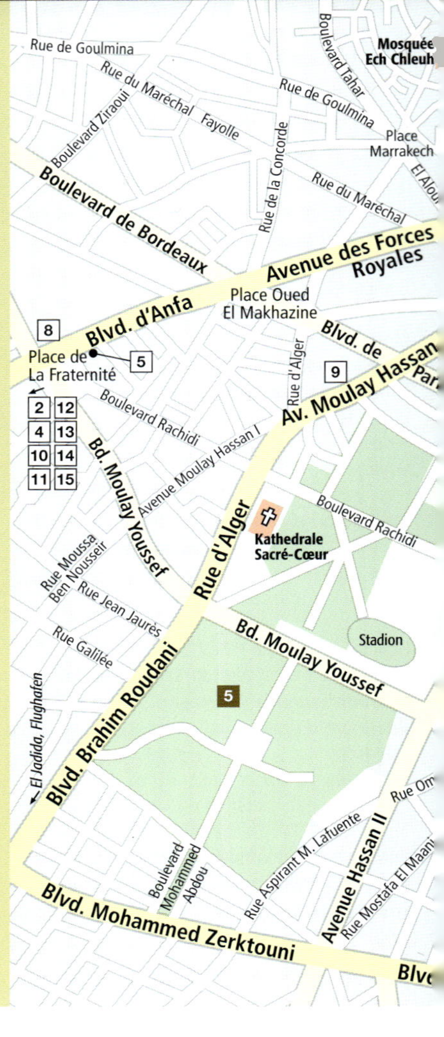

Mohamed V und Moulay Youssef am Hauptplatz des Viertels, die dem Vorbild der almohadischen Moscheen folgen. Interessant ist nicht zuletzt das **Mahakma** am Boulevard Victor Hugo. Es handelt sich hierbei um die 1941–1956 erbaute Nachbildung eines maurischen Palastes, in dem sich heute der islamischer Gerichtshof befindet.

Die Moschee Hassan II.

Die Küstenstraße westlich des Hafens (Boulevard Sidi Mohamed Ben Abdallah) passiert

die gigantische, auf einer speziellen Plattformkonstruktion errichtete **Grande Mosquée Hassan II** 7. Der 1993 eingeweihte Monumentalbau (s. S. 338) ist inzwischen das bedeutendste Bauwerk von Casablanca, ein Mahnmal des 1999 verstorbenen Monarchen, das an die architektonischen Inszenierungen des Mausoleums Mohameds V in Rabat erinnert. Schon um eine Ahnung der gigantischen Dimensionen zu bekommen, um die Atmosphäre dieses riesigen Sakralraumes auf sich wirken zu lassen und auch weil die

Moschee zu den wenigen Sakralbauten gehört, die auch von Nichtmuslimen besichtigt werden können, sollte man unbedingt eine Führung durch die Moschee Hassan II. mitmachen. Führungen – auch deutschsprachige – sind um 9, 10, 11 und 14 (Sept.–Juni) bzw. 14.30 Uhr (Juli/August) angesetzt (Eintritt: 120 DH, Kinder unter zwölf 30 DH). In der Regel spulen die offiziellen Führer einen eher technisch gehaltenen Informationstext ab, der sämtliche heiklen Aspekte dieses Mammutprojekts geflissentlich ausblendet. So erfährt der Besucher etwa nichts darüber, dass die Finanzierung dieses Jahrhundertbaus über Zwangssteuern gerade aus der ärmeren Bevölkerung erfolgte, und dass es vermutlich Hunderte von tödlichen Unfällen auf der Baustelle gegeben hat.

Die Corniche in Ain Diab

Etwa 1500 m weiter westlich der Moschee Hassan II. passiert die Küstenstraße, nun als Boulevard de la Corniche, den 65 m hohen Leuchtturm El Hank. Jenseits des Leuchtturms beginnt Ain Diab, Bade- und Vergnügungszentrum von Casablanca. Die zahlreichen Luxushotels, Restaurants, Nachtklubs und Diskotheken konzentrieren sich vor allem um die palmenbestandene Corniche. Die Attraktionen von Ain Diab sind die in die Felsenküste hineingebauten Meer- und Süßwasserschwimmbäder (etwa Anfa Plage, Riad Salam – mit Kurzentrum –, Acapulco, Miami, Sun Beach, Tahiti, Kontiki etc.). Diese – recht teuren – Schwimmbäder verfügen über diverse Sporteinrichtungen, Wasserrutschen, Bars und Kinderspielplätze; vereinzelt wird hier Thalasso-Therapie angeboten. An die Schwimmbäder schließt sich der lange, oft stark besuchte Strand von Sidi Abderrahmane an. Vor allem im Sommer ist die Corniche in Ain Diab der Schauplatz eines glamourösen Nachtlebens, etliche Nobeldiskotheken ziehen hier ihr Publikum an, das bis zur Morgendämmerung feiert und abtanzt.

Die Grande Mosquée Hassan II grenzt an eine sogenannte *bidonville*

Deutsche Zeitungsleser, in Marokko nicht gerade verwöhnt, finden ein aktuelles, reichhaltiges Sortiment aller großen Tageszeitungen in den Räumen des Goethe-Instituts (11, Place du 16 Novembre, Tel. 022-26 30 75).

i **C.R.T.:** 60 bis, Av. Hassan II, Tel. 022-20 62 65/66, Fax 022-20 54 05, crt.casablanca@menara.ma, www.visitcasablanca.ma; 8.30–12, 14.30–18.30 Uhr.

Der CRT hielt 2006 eine umfassende, hervorragend aufgemachte Informationsmappe zu Casablanca bereit, mit detaillierten Hotellisten, exzellenten Broschüren und aktuellen Hintergrundberichten, – ein Paradebeispiel für professionelles Marketing, das man sich so auch in anderen marokkanischen Großstädten wünschen würde. Laufend aktualisierte Informationen sind zudem über das vom CRT eingerichtete Internetportal www.visitcasablanca.ma abrufbar.

Délégation du Tourisme: 55, Rue Omar Slaoui, nahe der Place Mohamed V, Tel. 022–27 11 77, Fax 022-20 59 29, dtcasa@menara.ma.

Syndicat d'Initiative: 98, Av. Mohamed V, Tel. 022-22 15 24, syndicattouris@menara.ma. Nur Prospekte, insgesamt wenig hilfreich.

Die zuletzt gerade in der Vier- und Fünfsternekategorie rasant ausgebaute Hotelszene in Casablanca hat die Häuser in ihren Standards – ähnlich wie in Agadir – leider auch ziemlich uniform gemacht; allenfalls in Komfortnuancen und im Preis sind da noch markante Unterschiede auszumachen – weshalb im Folgenden eine detaillierte Beschreibung entfällt. Bei den Viersternehäusern gehören meist mehrere Spezialitätenrestaurants, Discos und Nachtklubs, Schwimmbäder, Sportanlagen sowie bewachte Parkplätze bzw. Garagen zum Standard, in der Luxusklasse kommen oft noch Ladenpassagen, Hamams, Fitness- und Wellnessangebote sowie Seminar- und Konferenzsäle mit der entsprechenden Hightech dazu.

Die Grande Mosquée Hassans II in Casablanca

»Er ist's, der erschaffen den Himmel und die Erde in sechs Tagen, und es war sein Thron auf dem Wasser, damit er euch prüfte, wer von euch an Werken der beste wäre« (Koran, Sure 11,9).
Es heißt, diese Koranstelle habe Hassan II. inspiriert, zum Ruhme Allahs eine Moschee auf den Wassern zu errichten, wo die Gläubigen »den Himmel und den Ozean Gottes betrachten können und sich dennoch auf festem Boden befinden«.

Das Bauwerk, das diesen Anspruch einlöst, wurde zum Mouloud-Fest am 30. August 1993 nach siebenjähriger Bauzeit offiziell eingeweiht: Es ist die Grande Mosquée Hassan II, die – das gebot der Respekt gegenüber Mekka – zweitgrößte Moschee der Welt. Nach Entwürfen des französischen Architekten Michel Pinseau und unter Federführung der im gesamten frankophonen Afrika außerordentlich präsenten französischen Baufirma Bouygues entstand auf einer erdbebensicher konstruierten Meeresplattform ein Sakralbau von geradezu einschüchternden Dimensionen. Auf einer Grundfläche von 25 x 25 m reckt sich das Minarett 200 m in den Himmel, ein Laserstrahl, der von der Minarettkuppel die Richtung nach Mekka weist, soll bis in eine Entfernung von 30 km sichtbar sein. Zum Moscheekomplex gehören eine Medersa, eine Bibliothek, ein Museum und diverse Bäder.

Das Moscheegebäude, etwa 200 m lang, 100 m breit und 60 m hoch, bietet Platz für insgesamt etwa 100 000 Betende. Ein gigantisches gläsernes Schiebedach wird bei Bedarf geöffnet – nichts Irdisches behindert dann die Zuflucht in die Himmel Allahs. Lasierte Keramikplättchen, sogenannte Zelliges-Kachelmosaiken, Zedernholzschnitzereien, Marmorfußböden, Kristalllüster aus Murano: Das Dekor im Inneren verschränkt, außerordentlich beeindruckend, Tradition und Moderne. Unübersehbar ist die Absicht des Monarchen, die Moschee als Herrschermonument architektonisch auf die Vorbilder der Koutoubia in Marrakesch, der Giralda in Sevilla und des Hassanturms in Rabat zu beziehen. Etwa 35 000 Handwerker haben an dem als ›Leuchtturm des Islam‹ gepriesenen Bauwerk gearbeitet, wobei es zu zahlreichen, von der marokkanischen Presse verschwiegenen tödlichen Arbeitsunfällen gekommen ist. Offiziell wurden die Baukosten 1993 mit 5 Mrd. DH beziffert; über 3 Mrd. DH sollen über freiwillige Spenden von knapp 13 Mio. Personen aufgebracht worden sein. Die marokkanische Opposition bestreitet die Freiwilligkeit dieser Spenden und spricht von »organisierter Erpressung«, durch die nicht wenige der ohnehin armen Bauern regelrecht in den Ruin getrieben worden seien.

Der riesige Moscheeneubau – und dies macht das Gebäude erst eigentlich interessant – hat eine wichtige städtebauliche, religiöse und politische Dimension. Hassan II. hat Casablanca als Bauplatz bestimmt, eine Fünfmillionenkapitale, wo etwa zwei Drittel des Bruttoinlandproduktes erwirtschaftet werden. In den Jahren 1981, 1984 und 1991 ist gerade Casablanca von blutigen Demonstrationen erschüttert worden, die eine Art urbanistische Befriedung des Molochs anmahnten. Die Place des Nations unies und mit ihr der Kern der Innenstadt soll durch eine vierspurige Avenue auf die Grande Mosquée Hassan II am Ufer des Atlantik ausgerichtet werden; geplant sind weiterhin ein Nationaltheater sowie ein Kongresspalast, die in der Perspektive auf die Moschee ihr spirituelles Zentrum betonen sollen. Die Bauarbeiten, die 2010 abgeschlossen sein sollen, sehen die Umsiedlung von bis zu 50000 Personen in ein Neubauquartier an der Peripherie vor. Das städtebauliche Konzept, das auch eine neue Busstation sowie die ersten Linien einer Untergrundbahn vorsieht, öffnet die Kernstadt in der Achsenführung der geplanten Prachtavenuen zum Meer und zur Grande Mosquée Hassan II hin und, wichtiger noch, neutralisiert ein früher übel beleumundetes sowie politisch ›heißes‹, unbotmäßiges Viertel.

Nach einem internen, von der USFP verbreiteten Papier werden die militanten Islamisten in Marokko auf etwa drei Millionen Personen geschätzt. Obschon prominente Islamisten wie etwa Abdessalam Yassine unter Hausarrest stehen, obschon Gruppierungen wie die Jamaat El Adl Wal-Ishan (Zusammenschluss der Gerechtigkeit und der Geistigkeit) ausgespäht und ihre Freitagspredigten oftmals zensiert werden, eine im Westen bisweilen vorschnell als Fundamentalismus etikettierte Protestbewegung hat sich besonders an den Schulen und Universitäten, inzwischen als politischer Faktor etabliert. Fundamentalistische Kritik in der marokkanischen Öffentlichkeit trifft aber nicht, wie in Algerien, die abgewirtschafteten Machteliten einer ideologisch verknöcherten Einheitspartei, sondern direkt den König, den gemäß der Verfassung sakrosankten Statthalter Allahs auf Erden. Das mag erklären helfen, warum der Protest der marokkanischen Muslimbrüder allenfalls unter der Oberfläche brodelt. Der Monarch wusste seinerzeit genau um die fundamentalistische Gefahr, die auf seinen Thron zielte. Vor diesem Hintergrund ist die prunkvolle Mosquée Hassans II nicht nur zum höheren Ruhme Allahs erbaut worden, sondern nicht zuletzt auch, um den Integristen im eigenen Lande den Wind aus den Segeln zu nehmen.

Wenn es irgendeine marokkanische Großstadt gibt, wo sich die politische Zukunft des Landes entscheiden wird, dann ist es zweifellos Casablanca, wo die sozialen Gegensätze so hart wie nirgends sonst aufeinanderprallen. Die Grande Mosquée weist den Monarchen als einen der vielgepriesenen *grands batisseurs* aus, einen jener großen Baumeister, deren Ahnenreihe von Yacoub El Mansour über Moulay Ismail bis hin zu Mohamed V reicht. So spiegelt sich in diesem Sakralbau, wie eigentlich in der gesamten marokkanischen Monumentalarchitektur, auch das in eine gigantische Konstruktion überhöhte, dynastiegeschichtliche Selbstverständnis des Regenten. So wie der Islam, jedenfalls in der regierungsamtlichen Rhetorik, die Nation eint, so sind es gleichzeitig auch die Institution der Monarchie sowie die Person des Königs, die als staatsrechtliche Klammer den Zusammenhalt des Kollektivs garantieren.

Die Moschee Hassans II. hat in einem politischen Kontext eine eminent staatstragende, systemstabilisierende Funktion: Der ›Leuchtturm des Islam‹ ist auch ein Bollwerk der Monarchie. Diese Moschee, ein einschüchterndes Mahnmal, soll jene Zustände zementieren, denen sie ihre Entstehung verdankt. Ausdruck von Nationalstolz oder größenwahnsinniges Prestigeprojekt, Zeugnis von Glaubenseifer oder von pharaonischer Hybris? Die Diskussion um diese Moschee ist in der marokkanischen Bevölkerung bis heute nicht verstummt.

Grundsätzlich sollte man entscheiden, ob man im Stadtzentrum oder lieber an der Strandzone in Ain Diab logieren will. In Ain Diab konzentrieren sich nahezu alle großen Hotels am Bd. de la Corniche, im Stadtzentrum an der Place des Nations unies, an der Av. des F.A.R., am Bd. d'Anfa sowie an der Bd. Mohamed V. Einfache Mittelklassehotels finden sich in Ain Diab überhaupt nicht, unklassifizierte Billighotels findet man in der Nähe der Medinahaupteingänge (oft sehr spartanisch), beim CTM-Busbahnhof sowie in der Rue Allal Ben Abdallah (etwa **Hotel Kon-Tiki**, Tel. 022-31 49 27), außerdem um den Marché central (Bd. Mohamed V, auf Höhe Rue Colbert).

Hotel Meridien royal Mansour 1: 27, Av. des F.A.R., Tel. 022-31 30 11, Fax 022-29 55 08, www.lemeridien.com. DZ 3300 DH.

Le Palace d'Anfa 2: 171, Bd. d'Anfa, Tel. 022-95 42 00, Fax 022-36 63 21. DZ 3064 DH.

Hyatt Regency 3: Place des Nations unies, Tel. 022-43 12 34, Fax 022-43 13 34, www.casablanca.regency.hyatt.com. DZ 2900 DH.

Hotel Riad Salam 4: Bd. de la Corniche, Tel. 022-39 13 13, Fax 022-39 13 45, www.salamhotelmaroc.com. DZ 2325 DH.

Hotel Idou-Anfa 5: 85, Bd. d'Anfa, Tel. 022-20 02 35, Fax 022-20 00 29, www.hotel-idouanfa.com. DZ 2200 DH.

Sheraton 6: 100, Av. des F.A.R. Tel. 022-43 94 94, Fax 022-43 94 01, www.sheraton.com/casablanca. DZ 2015 DH.

Hotel Farah Safir 7: 160, Av. des F.A.R., Tel. 022-31 12 12, Fax 022-31 65 14. DZ 1600 DH.

Hotel Rivoli (früher: El Kandara) 8: 44, Bd. d'Anfa, Tel. 022-26 15 60, Fax 022-22 06 17, www.elkandara.com. DZ 1410 DH.

Hotel Ramada Les Almohades 9: Av. Moulay Hassan I, Tel. 022-22 05 05, Fax 022-26 02 42, www.ramadainternational.com. DZ 1200 DH.

Hotel-Club Val d'Anfa 10: Bd. de la Corniche/Bd. de l'Ocean Atlantique, Tel. 022-79 70 70, Fax 022-79 72 72, www.anfahotel.ma. DZ 1200 DH.

Hotel Suisse 11: Bd. de la Corniche, Tel. 022-39 60 61, Fax 022-36 77 58, hotel-suisse@menara.ma. DZ 1000 DH.

Hotel Le Littoral 12: Bd. de l'Ocean Atlantique, Tel. 022-79 73 73, Fax 022-79 73 74, www.hotellelittoral.com. DZ 875 DH.

Hotel de la Corniche 13: Bd. de la Corniche, Tel. 022-79 81 81, Fax 022-79 74 67, www.hotelcorniche-casa.com. DZ 785 DH.

Hotel Bellerive 14: 38, Bd. de la Corniche, Tel. 022-79 75 04, Fax 022-79 76 39, reservations@bellerive.com. DZ 510 DH.

Hotel de la Côte 15: 52, Bd. de la Corniche, Tel. 022-79 70 35, Fax 022-79 70 43. 510 DH.

Hotel Ibis Moussafir 16: Av. Bahmad, direkt beim Gare des Voyageurs, Tel. 022-40 19 84/85, Fax 022-40 07 99, www.accor.com. DZ um 500 DH.

Hotel de Paris 17: 2, Rue Cherif Amziane, Tel. 022-27 38 71, Fax 022-29 80 69. DZ 460 DH.

Hotel Majestic 18: 55, Av. Lalla Yacout, Tel. 022-31 09 51, Fax 022-44 62 85. DZ 350 DH.

Hotel de Foucauld 19: 52, Rue de Foucauld, Tel. 022-22 26 66. DZ 200–300 DH.

Hotel Touring 20: 87, Rue Allal Ben Abdallah, Tel. 022-31 02 16. DZ 130–165 DH.

Camping Desert Plage: Etwa 15 km auf der Küstenstraße R 320 in Richtung El Jadida.

Camping Tamaris: Etwa 20 km auf der R 320 in Richtung El Jadida (Dar Bouazza/Hajira Khala).

Camping de l'Oasis: Maarif, Rue Jean Mermoz, Tel. 022-23 42 57.

Die gastronomische Szene einer Metropole wie Casablanca ist, riesig und facettenreich, selbst für Kenner kaum überschaubar. Etliche vom Tourismusverband klassifizierte Restaurants mit guten Möglichkeiten zum [Preis-]Vergleichen finden sich beispielsweise im Einkaufszentrum Centre 2000 beim Hafen (**Le Retro, Il Piccolo Teatro** oder **Le Tajine**), am Boulevard d'Anfa (**Le Neroli, Diwan, Galleto do Brazil**) am Boulevard de la Corniche in der Nähe des Leuchtturms und des gleichnamigen Stadtviertels El Hank (**La Fibule, La Mer, Le Cabestan, Au Petit Rocher und El Cenador**), in Ain Diab entlang des Boulevards de la Corniche und des Boulevards de l'Ocean Atlantique (**La Reserve, Cleopatre, V.I.P.**) sowie am Fischereihafen (hier vor allem Fischspezialitäten,

Langusten, Hummer, Muscheln und Austern im **Port de Peche** und im **Ostrea**).

Die Preise für mehrgängige Menüs liegen bei den klassifizierten Restaurants in Casablanca mindestens auf deutschem Preisniveau, der häufigste Schließtag ist Sonntag; detaillierte Informationen mit Adressen und Telefonnummern beschafft man sich am besten über den C.R.T. (s. o.) oder man wird in der Informationsbroschüre »La Quinzaine du Maroc« (im Syndicat d'Initiative kostenlos erhältlich) fündig. Einfache Restaurants finden sich besonders in der Medina, in der Nähe des Zentralmarktes (besonders Rue Colbert und Rue Allal Ben Abdallah) sowie beim CTM-Busbahnhof.

Von Lederwaren, Schmuck und Uhren bis hin zu Schuhen, Mode, Lampen, Möbeln: nahezu alle internationalen Markendesigner sind in Casablanca präsent. Im Geschäftszentrum gibt es mehrere Ladenpassagen und – eine Rarität in Marokko – eine Fußgängerzone mit modernen Boutiquen (das ergiebigste Shoppingrevier ist vermutlich das Terrain um die Place du 16 Novembre). Das Einkaufszentrum Centre 2000 (beim Gare du Port) lohnt einen Abstecher, ein riesiger Supermarkt befindet sich im Alpha 55 in der Nähe des französischen Konsulates, Souvenirs sollte man eher im Quartier des Habbous (etwa 2,5 km vom Geschäftszentrum, erreichbar über die Avenue de Mers Sultan) als in der Ancienne Medina erstehen.

Ein gutes Frischwarenangebot für Selbstversorger präsentiert der Marché central (Bd. Mohamed V, auf Höhe Rue Colbert).

Der C.R.T. hielt 2006 eine detaillierte Broschüre zum Shoppingangebot von Casablanca bereit, die zig Geschäfte mit Adressen und Telefonnummern nennt. Gut geeignet zum Shoppingflanieren sind die Stadtteile Maarif (etwa 2 km südwestlich des Parc de la Ligue arabe) und Bourgogne (etwa 2 km südwestlich der Grande Mosquée Hassan II).

Fast alle im Stadtzentrum angesiedelten Vier- und Fünfsternehotels haben eigene Hoteldiscos und/oder sogenannte Pianobars. Mehrere Nachtklubs befinden sich im Einkaufszentrum Centre 2000 am Hafen, in der Stadtmitte außerdem etliche *Cabarets orientals*, die mit Bauchtanzvorführungen aufwarten.

Das eigentliche Vergnügungszentrum liegt zweifellos an der Corniche in Ain Diab. Hier finden sich etwa ein Dutzend Diskotheken – mit internationalen DJ's, europäischem Preisniveau und bisweilen strengen Einlasskontrollen. Eine Auswahl: Balcon 33, Beach Club, Calypso, Metropolis, La Notte, La Reserve, L'Armstrong, Le Manhattan, Le XVIème, Stargate, VIP Club, L'Oscar.

Casablanca zelebriert mit Tanger, Marrakesch und Agadir das schillerndste Nachtleben Marokkos. Die Grenzen zwischen Musikentertainment und Rotlichtmilieu, zwischen Tanzvergnügen und Abschleppbetrieb sind durchaus fließend, dem edlen Ambiente der meisten Etablissements wie dem soignierten Gebaren der hier Beschäftigten zum Trotz. Eine erhöhte Wachsamkeit ist dringend empfohlen, zudem sollte man nur so viel an Bargeld mitnehmen, wie man wirklich auszugeben gedenkt.

Einige in ihrem Spielbetrieb zumeist auf das Repertoire der französischen Klassik des 17./18. Jhs. konzentrierte Theater: Théatre Mogador (515, Bd. Ghandi), Théatre municipal (140, Av. des F.A.R.), Théatre 121 (121, Bd. Mohamed Zerktouni).

Unbedingt einen Besuch wert ist das 1997 gegründete Musée du Judaisme marocain (51, Rue Abou Dahbi Oasis, Tel. 022-99 49 40; Mo–Fr 10–17 Uhr), das mit seinen Beständen an liturgischen, ethnografischen und künstlerischen Objekten an die Geschichte, die Religion und die Traditionen der jüdischen Gemeinde innerhalb der marokkanischen Zivilisation erinnert.

Wer sich für zeitgenössische bildende Kunst in Marokko interessiert, sollte zwei in der Nähe des Parc de la Ligue arabe gelegene Galerien besuchen: Villa des Arts (30, Bd. Brahim Roudani, Tel. 022-29 50 87) und Tourelles des Arts (5, Bd. Rachidi, Tel. 022-29 96 09).

As time goes by – »Casablanca«, der Kultfilm

Thema

»Play it again, Sam!«: Wer die entsprechende Filmszene einmal gesehen hat, wird sie schwerlich wieder vergessen; Michael Curtiz' legendäres Melodram »Casablanca« gehört, gar keine Frage, zu den Filmklassikern mit Kultstatus.

Das perfekte Räderwerk seiner Dramaturgie und seine emotionale Wucht verdankt der Film womöglich gerade den chaotischen Drehbedingungen (»Casablanca« wurde zwischen dem 25. Mai und dem 3. August 1942 als Produktion Nr. 410 in den Burbank-Studios der Warner Bros. in Hollywood gedreht) wie den Entscheidungen beim Casting (Howard Hawks hatte die Regie abgelehnt, statt Humphrey Bogart und Ingrid Bergman waren zunächst Ronald Reagan und Ann Sheridan für die Hauptrollen vorgesehen). Als »Casablanca« am 26. November 1942 in New York Premiere hatte – und durch die Landung der Alliierten in Nordafrika am 8. November zu unverhoffter Aktualität gekommen war –, hätten wohl auch Berufsoptimisten wie Produzent Hal Wallis nicht zu prognostizieren gewagt, dass das Werk einst fester Bestandteil des cineastischen Olymps sein würde.

Der Film hat mit der gleichnamigen Stadt ungefähr soviel zu tun wie die Studios der Warner Bros. mit realen marokkanischen Basaren. Dass »Casablanca« bis auf eine einzige Sequenz ein reiner Studio- und Kulissenfilm ist, dass die titelgebende Stadt hier allenfalls eine imaginäre, allgemeingültige Bühne abgibt, hat offenbar von Anfang an nicht verhindern können, dass sich ein Filmtitel und eine reale Stadt wie selten verschränkt haben. Man mache einmal die Probe aufs Exempel: Selbst ausgewiesene Cineasten behaupten, »Casablanca« sei in Casablanca entstanden (oder, was auf dasselbe hinausläuft, sie hätten das reale Casablanca im Film erspäht). Nach Assoziationen zu Marokko gefragt, nennen etliche als Erstes immer wieder – Michael Curtiz' Kultfilm »Casablanca«.

Die Pianobars der feinen Hotels in Casa reagieren – »as time goes by« – auf diese Verwechslungen auf ihre Art. In plüschiger Atmosphäre wird da (mehr oder weniger inspiriert, meist weniger) das Dekor von Rick's Café américain nachgestellt. Und ein Pianospieler arbeitet sich auf den Spuren des unvergessenen Dooley Wilson in der Rolle des Sam am Klavier ab. »You must remember this, a kiss is still a kiss, a sigh is just a sigh, the fundamental things apply, as time goes by.«

Hier ist das Geständnis eines Cineasten fällig. »Ich schau dir in die Augen, Kleines«, »Verhaften Sie die üblichen Verdächtigen!«, »Louis, ich glaube, dies ist der Beginn einer wunderbaren Freundschaft« – wenn die Kopie abgespielt wird, ist es immer wieder zweifellos so: »Casablanca« ist nicht das bedeutendste Werk der Filmgeschichte, wohl aber das anrührendste, das ergreifendste, das am hemmungslosesten melodramatische: »A fight for love and glory, a case of do or die«.

Marokko im Titel, als Beschwörung eines Landes, das im Film in keiner einzigen Sequenz auftaucht: dies gilt auch für Josef von Sternbergs frühen, 1930 gedrehten Tonfilm »Morocco«, ein mit Gary Cooper, Marlene Dietrich und Adolphe Menjou hochkarätig besetztes Dreiecksmelodram, das unter dem deutschen Titel »Marokko. Herzen in Flammen« in den Kinos reüssierte. Die Außenaufnahmen entstanden in Kalifornien – der Rest in den Paramount-Studios in Hollywood.

Illusion und Realität: »Casablanca« im Fernsehen in Casablanca

Feste/Veranstaltungen
Über das dicht gedrängte Konferenz-, Kongress- und Messeprogramm informiert »La Quinzaine du Maroc«; Informationen auch unter www.visitcasablanca.ma.

Wer die vor allem an den Sommerwochenenden stark überlaufenen Strände der Stadt meiden will, sollte auf eines der großen Freibäder in Ain Diab oder auf die 10–15 km südwestlich von Casablanca gelegene Strandregion Tamaris 1–2–3 ausweichen.

In Dar Bouazza (etwa 20 km südwestlich von Casablanca) befindet sich das Restaurant Atlantic Beach mit gepflegtem Privatstrand, eine sehr angenehme Adresse, um den Rummel der Metropole hinter sich zu lassen (Tel. 022-33 01 36; April–Sept. tgl. geöffnet, Oktober–März an Wochenenden und Ferientagen).

Bei speziellem Interesse für die wirtschaftlich eminent wichtige marokkanische Phosphatindustrie – und nur dann! – empfiehlt sich von Casablanca aus (über die P 13/N 11) ein Abstecher nach Khouribga. – Wer von Casablanca aus nicht die Küstenroute weiterfahren, sondern direkt nach Marrakesch will, sollte die vorzüglich ausgebaute, von Bussen und Sammeltaxis sehr häufig befahrene P 7/N 9 (237 km, über Berrechid, Settat und Ben Guerir) nehmen. Auf dem ersten Teilstück der Strecke steht auch eine Autobahn, die bis etwa 2010 vollends fertiggestellt werden soll.

Flugzeug: Der internationale Flughafen Mohamed V (Tel. 022-53 90 40), der mit Abstand größte des Landes, liegt etwa 35 km südlich des Zentrums in Nouasseur; vom Flughafen unterirdischer Schnellbahnanschluss zu den Bahnhöfen Casa-Port (direkt beim Hafeneingang) bzw. Casa-Voyageurs (etwa 2,5 km östlich des Zentrums). Inlandsflüge in alle marokkanischen Großstädte; Verbindungen in die wichtigsten europäischen Hauptstädte, in die Vereinigten Staaten, nach Nordafrika, in den Nahen Osten sowie nach West-, Zentral- und Südafrika (etwa Nouakchott, Dakar, Abidjan, Kinshasa,

Johannesburg); Royal-Air-Maroc-Flüge nach Frankfurt, München, Düsseldorf. Royal Air Maroc: 44, Av. des F.A.R., Tel 022-48 79 56; Lufthansa: 50, Av. des F.A.R., Tour des Habous, Tel. 022-31 24 02.

Bahn: Casablanca hat zwei Hauptbahnhöfe: Gare du Port (Tel. 022-22 30 11, am Hafeneingang, Nordostende des Bd. Houphouet Boigny, etwa 500 m vom Geschäftszentrum) und Casa des Voyageurs (Tel. 022-24 38 18, etwa 2,5 km östlich des Geschäftszentrums, von der Place des Nations Unies immer dem Bd. Mohamed V folgen bis zum Bd. Ba Hmad). Etwa stündliche Schnellzugverbindung (über Mohammedia) nach Rabat; mehrere Verbindungen tgl. u. a. nach Marrakesch, Meknes–Fès, Taza–Oujda, Tanger und El Jadida–Safi; tgl. Direktzug (ab Gare du Port) nach Paris (Gare d'Austerlitz).

Bus: Der mit moderner Computertechnologie ausgestattete CTM-LN-Busbahnhof (die großen Monitore in der Schalterhalle ermöglichen eine problemlose Orientierung) liegt an der Rue Leon l'Africain (Tel. 022-54 10 10, kleine Nebenstraße der Av. des F.A.R., in der Nähe des Sheraton). Ein weiterer großer Busbahnhof befindet sich im Stadtteil Ouled Ziane (Tel. 022-81 95 88, 022-43 82 82). Der Busbahnhof der meisten Privatlinien befindet sich an der Rue du Metz, unweit der großen Kreuzung Bd. de Strasbourg/Bd. de la Résistance (etwa 1,5 km südöstlich der Innenstadt). Von allen Busbahnhöfen bestehen häufige Verbindungen in alle marokkanischen Großstädte und in alle Regionen des Landes. Vom CTM-Busbahnhof auch Fernbusse nach Europa, etwa nach Paris.

Die meisten Stadtbusse starten von der Place Oued El Makhazine (nahe des Hyatt Regency); Linie 2 fährt zur Gare des Voyageurs, Nr. 9 nach Ain Diab, Nr. 11 zur Grande Mosquée Hassan II, Nr. 31 nach Maarif.

Taxi: Die Taxistände der Langstrecken-Sammeltaxis befinden sich an den jeweiligen Ausfallstraßen. Am besten ist es, sich von einem der kleinen, in Casablanca rot lackierten Stadttaxis (in Casablanca gilt der Taxameterpreis, Tag- bzw. Nachttarif) direkt an der entsprechenden Stelle absetzen zu lassen.

Mietfahrzeug: Büros der Agenturen am Flughafen, an den Rezeptionen der Luxushotels und im Geschäftszentrum (Av. Mohamed V und Nebenstraßen, Av. des F.A.R., Bd. d'Anfa). Etliche **Autowerkstätten** in der Av. Lalla Yacout, am Bd. de Paris, am Bd. Moulay Ismail sowie im Stadtteil Roches Noires.

Von Casablanca nach Agadir

Karte: S. 345

Über insgesamt 521 km führt die Route von Casablanca zunächst auf der Küstenstraße S 121/R 301 in die Küstenorte Azemmour und El Jadida; die besonders südwestlich des malerischen Badeortes Oualidia landschaftlich sehr schöne Küstenstraße S 121/R 301 führt in die an einer felsigen Bucht gelegene Provinzhauptstadt Safi; von dort geht es wieder über die P 8/N 1 – oder über die landschaftlich schönere Strecke an der Küste entlang auf der R 301 – weiter in die außerordentlich sehenswerte Hafenstadt Essaouira, einen der angenehmsten Badeorte an der marokkanischen Atlantikküste. Nach weiteren 174 km entlang der Küste erreicht man Agadir.

Azemmour

Über die P 8/N 1 oder alternativ über die Küstenroute S 130/R 320 gelangt man von **Casablanca** 1 (s. S. 330) in den 76 km entfernten Fischerort **Azemmour** 2. Die vollständig erhaltene Medina mit ihren roten Mauern und weißen Häusern sowie die schöne Lage auf einem zum Oued Oum Er Rbia hin abfallenden Plateau machen Azemmour zu einem überaus reizvollen Ort. Das Städtchen mit etwa 30 000 Einwohnern wird von Touristen nur selten besucht. Sehenswert sind die aus der Portugiesenzeit (16. Jh.) stammenden Kasbah-Ruinen, die Medina mit dem Pulverhaus (Dar El Baroud), die Grabmoschee des Moulay Bou Chaib und – am Strand – der Marabout des Sidi Ouadoud.

El Jadida

Nach weiteren 16 km ist die Provinzhauptstadt **El Jadida** 3 erreicht. Das bedeutende Handelszentrum für landwirtschaftliche Produkte mit etwa 90 000 Einwohnern liegt an einer weiten, mehr und mehr vom Badetourismus entdeckten Bucht am Atlantik. Regional wichtig ist der Fischereihafen, besonders sehenswert ist die Cité portugaise.

Geschichte

El Jadida liegt wahrscheinlich an der Stelle der phönizisch-karthagischen Siedlung Rusibis; 1502 wurde es als portugiesische Festung Mazagão gegründet. Der Platz entwickelte sich zum Zentrum der portugiesischen Niederlassungen in Marokko und zu einem bedeutenden Stützpunkt für Indienfahrten. Trotz häufiger arabischer Angriffe räumten die Portugiesen ihre letzte Festung in Marokko erst 1769. Beim Abzug sprengten sie die Stadt; mehrere Hundert nachgerückte Marokkaner kamen dabei um. Bis 1821 blieb die Stadtruine völlig verlassen, dann wurde sie den Juden von Azemmour als Mellah zugewiesen. Um die Reste der Portugiesenstadt entwickelte sich eine neue Siedlung, El Jadida, die Neue, genannt. Die Stadt blieb bis zur Protektoratszeit bedeutungslos, danach stieg sie zum wichtigen Hafen- und Handelsplatz auf. Heute bietet El Jadida im Wesentlichen ein modernes Stadtbild. Als Badeort wird es überwiegend von Marokkanern besucht, ausländische Touristen kommen nur im Sommer in größerer Zahl.

Stadtzentrum ist das Gebiet zwischen der Place Mohamed V und der Place Sidi Mohammed Ben Abdallah (auf alten Schildern noch: Place Morteo) vor der Portugiesenstadt. Jenseits der Place Sidi Mohammed Ben Abdallah erstreckt sich um die Avenue Zerktouni und die Avenue Moulay Youssef das Gebiet der Souks, die wegen ihrer modernen Anlage kaum sehenswert sind.

Cité portugaise

Von der Place Sidi Mohammed Ben Abdallah hat man Zugang zur Cité portugaise (sie ent-

hält die bedeutendsten portugiesischen Bauten in Marokko), die von mächtigen Festungsmauern mit vier Bastionen umgeben wird. Auf den steil zum Meer abfallenden Mauern kann die ganze Portugiesenstadt, die nur etwa 200 x 300 m misst, umgangen werden. Die Mauern und einige Bauten im Inneren der Cité stammen aus dem frühen 16. Jh., die übrigen Gebäude wurden beim Aufbau der Mellah nach 1821 hinzugefügt. Die Portugiesenstadt – Orson Welles drehte hier Teile seines Films »Othello« – ist heute ein Wohnviertel mit einigen Souvenirgeschäften. Im Jahr 2004 setzte die Welterbekommission der Unesco die Cité portugaise auf die Liste des schützenswerten Weltkulturerbes.

Hauptstraße der Portugiesenstadt ist die Rua da Carreira, die beim rechten (einfachen) Tor beginnt. Gleich links liegt der Zugang zur Praca do Terreiro. Hier steht die **Himmelfahrtskirche**, die einstige Hauptkirche, die später als Speicher, Wohnhaus und Moschee benutzt wurde (derzeit Umbau zum Kulturzentrum). An der Rua da Carreira liegt auch der bedeutendste Bau der Stadt, die **Citerne portugaise**. Diese 1541 erbaute und erst 1927 zufällig wiederentdeckte unterirdische Zisterne, deren Wasserstand je nach Regenfällen stark schwankt, kann besichtigt werden (geöffnet tägl. 8–12 und 14–18 Uhr). Sie misst 33 x 34 m; ihr spätgotisches Kreuzrippengewölbe, das sich – ein beliebtes Fotomotiv – im Wasser spiegelt, wird von 25 Säulen getragen.

An den südöstlich der Portugiesenstadt gelegenen Hafen schließt sich ein etwa 5 km langer, breiter Sandstrand mit einer Promenade (etliche Terrassencafés und Restaurants), dem Park Mohamed V und zwei Luxushotels an.

i **Délégation du Tourisme:** Rue Nador, Immeuble Abdi/Av. des F.A.R., Tel. 023-34 47 88, Fax 023-34 47 89.

Sofitel Royal Golf: Von Casablanca kommend 7 km vor El Jadida, rechts der N 8, ausgeschildert, Tel. 023-37 91 00, Fax 023-37 89 10, www.accorhotels.com, H2960@accor.com. Sehr gepflegte Hotel-Bungalowanlage mit Golfplatz, Restaurant und Pool. DZ 1700 DH.

Hotel Palais Andalous: Bd. Docteur de Lanouy (neben dem Hôpital Mohamed V), Tel. 023-34 37 45, Fax 023-35 16 90. Zimmer in einer umgebauten Medersa, Restaurant, schöner Innenhof. DZ 400 DH.

Hotel El Morabitine: Ecke Av. Mohamed VI/Av. Ennakhil (in der Nähe des Parc Mohamed V), Tel. 023-37 94 30, Fax 023-35 35 21, www.elmorabitine-hotel.com. 110-Zimmer-Neubau, Restaurant, Terrassenbar, Nachtklub, Pool, Sauna. DZ 350 DH.

Hotel de Provence: 42, Av. Fquih Mohamed Er Rafy (gegenüber der Handelskammer), Tel. 023-34 23 47, Fax 023-35 21 15. Ruhig und zentral gelegen. DZ 200 DH.

Hotel de Bruxelles: 40, Av. Ibn Khaldoun (Stadtzentrum), Tel. 023-34 20 72. Kleines Hotel in alter Kolonialvilla. DZ 140 DH.

Hotel Suisse: 145, Rue Zerktouni, Ausfallstraße nach Safi, in der Nähe der Großen Moschee, Tel. 023-34 28 16. DZ um 100 DH.
Camping international: An der N 8 Richtung Casablanca, erreichbar stadtauswärts über die Av. de la Ligue arabe, Tel. 023-34 27 55. Mit Restaurant und Mietbungalows, im Sommer oft überfüllt.

Einige einfache Restaurants an der Place Hansali; klassifizierte Restaurants: **Ali Baba**, **Al Khaima**.

Bahn: Der Bahnhof liegt weitab vom Zentrum, Zubringerbusse von der Place Hansali. Tgl. Verbindungen nach Casablanca–Rabat.
Bus: Der von der CTM-LN wie von den Privatlinien angefahrene Busbahnhof liegt etwa 1 km südlich des Zentrums (Ecke Av. Mohamed V/Rue Abdelmoumen El Mouahidi). Mehrere Verbindungen tgl.nach Casablanca–Rabat, Oualidia–Safi, Essaouira–Agadir, Settat und Marrakesch.

Oualidia

Südlich von El Jadida knickt die P 8/N 1 Richtung Safi landeinwärts ab; die landschaftlich wesentlich schönere Küstenstraße S 121/R 301 passiert den 11 km von El Jadida entfernten Wallfahrtsort Moulay Abdallah, wo im August ein großer Moussem mit prächtigen *fantasia* abgehalten wird, und den Phosphathafen von Djorf Lasfar 20 km südlich von El Jadida. 94 km südwestlich von El Jadida ist dann der kleine Bade- und Fischerort Oualidia erreicht.

Oualidia 4, oberhalb einer mit dem Atlantik verbundenen Lagune sehr schön gelegen, bietet hervorragende Bade- und Surf-

Zeugnis aus der portugiesischen Zeit: die Cité portugaise in El Jadida

möglichkeiten (Verleih von Surfbrettern). Der Ort mit rund 5000 Einwohnern dient reichen Marokkanern als Sommerresidenz, ausländische Touristen sind hier allenfalls im Hochsommer anzutreffen. Anfang des 17. Jh. als kleiner Hafen gegründet, ist dieser heute versandet, noch erhalten ist eine Kasbah aus dem Jahr 1634. Heute besitzt der Ort eine regional bedeutende Austernzucht. Mit seinem sehr schönen Sandstrand ist er – außerhalb der Hochsaison – für die touristische Sommerfrische sehr zu empfehlen. Oualidia, inzwischen offenbar eine beliebte Adresse für Wohnmobilisten, bietet mit einem Markt, einer Bank, Tankstelle und kleinem Postamt die wichtigsten Versorgungsmöglichkeiten.

Hotel Hippocampe: Am Strand Oualidia Plage, Tel. 023-36 64 99, Fax 023-36 64 61. Gepflegtes Bungalowhotel mit Restaurant und Pool. DZ mit Halbpension um 1380 DH, EZ mit Halbpension 950 DH (Hochsaison).

L'Initiale: Centre touristique Oualidia, Tel./Fax 023-36 62 46. Einem auf Fischgerichte und Meeresfrüchte spezialisierten Restaurant sind einige Zimmer (Seeblick!) angeschlossen. DZ 300–400 DH.

A l'Araignée gourmande: Hotel-Restaurant am Oualidia Plage, beim Campingplatz, Tel. 023-36 64 47, Fax 023 36 61 44, www.araignee-gourmande.ma. Einfacher Zimmer-Komfort, renommierte Küche (Meeresfrüchte, Fischteller, Austern, Hummer, Langusten). DZ 300 DH.

Camping Les Sables d'Or: nahe Hotel A l'Araignée gourmande. Eher ein Stellplatz für Wohnmobile als ein wirklicher Campingplatz, wenig Schatten, im Hochsommer meist stark überfüllt.

Sauberer, feinsandiger Strand an der Lagune, im Juli/August von Sommerfrischlern aus Marrakesch überlaufen, Surfmöglichkeiten, außerhalb der Saison angenehm und empfehlenswert.

Bus: Busverbindungen nach Safi, El Jadida, Marrakesch.

Austernessen in Oualidia
Für Freunde von Meeresfrüchten, Langusten, Hummern und vor allem Austern ist Oualidia eine besonders gute Adresse. Vor Ort besteht eine regional bedeutende Austernzucht, die Fischer bieten Touristen Austern und frisch gefangenen Fisch an, in den Unterkünften vor Ort lässt sich gut tafeln.

Safi

Die S 121/R 301 passiert südwestlich von Oualidia zunächst das Cap Beddouza mit einem markanten Leuchtturm und einer herrlichen Steilküste, dann die Plage de Lalla Fatma mit schönem Sandstrand. 66 km südwestlich von Oualidia gelangt man in die wirtschaftlich bedeutende Hafen- und Provinzhauptstadt Safi.

Safi 5, eine Großstadt mit etwa 350 000 Einwohnern, hat nach Casablanca den zweitgrößten Hafen Marokkos (Phosphatexport, vor allem Verschiffung der Phosphate aus der Region um Youssoufia) und ist als Standort von Nahrungsmittel- (Fisch-, vor allem Sardinenkonserven), Textil- und chemischen Industrie von großer Bedeutung. Die modern ausgeprägte, am Hang einer felsigen Bucht an der Atlantikküste gelegene Stadt wird von Touristen kaum besucht. Sehenswert ist aber die kleine Medina mit ihren Bauten aus der Portugiesenzeit, außerdem ist Safi eines der landesweit renommiertesten Herstellungszentren von Töpfereiwaren und wunderschöner Keramik.

Geschichte

Die Gründungszeit von Safi ist ungewiss, erstmals ist der Ort im 11. Jh. bezeugt. 1480 gründeten die Portugiesen hier eine Niederlassung. In der ersten Hälfte des 16. Jh. war der Ort fest in portugiesischer Hand, bis diese ihn nach arabischen Angriffen aufgaben und weitgehend zerstörten. Im 17. Jh. war er der wichtigste marokkanische Hafen mit Handelskontakten nach Europa. Der Niedergang erfolgte im 18. Jh. nach der Öffnung weiterer, konkurrierender Handelshäfen. In der Protektoratszeit stieg Safi wieder auf: von 1925 an wurde eine Fischkonservenindustrie aufgebaut; danach begann der Phosphatexport in großem Stil. 1965 wurde hier die modernste Fabrik der Welt zur Phosphatverarbeitung (Produktion von Kalziumsulfat und Phosphorsäure durch das OCP) errichtet.

Das Zentrum

Zentrum von Safi ist die nahe dem Meer gelegene **Place de l'Indépendance**. An ihrem Nordende findet sich der Zugang zur Medina, östlich führt die Avenue Moulay Youssef zum Mittelpunkt der Neustadt, südlich die Rue du Caid Sidi Abderrahman zu den Stadtvierteln Rbat und Trabsini (Bahnhof und Busbahnhof). Zwischen der Place de l'Indépendance und dem Meer liegt die portugiesische Festung **Dar El Bahr** (Meeresschloss) aus dem 16. Jh. Man kann einige Räume und die Kapelle besichtigen und auch die mit alten Bronzekanonen bewehrten Mauern besteigen.

Die Medina

Die etwa 300 x 400 m messende Medina von Safi beginnt unmittelbar nördlich der Place de l'Indépendance. Sie ist vollständig von Mauern, in Teilen noch portugiesischen Ursprungs, umgeben.

Hinter dem Medinaeingang liegt rechts an der Rue du Marché (auch Rue du Souk genannt und Hauptstraße der Medina) die **Große Moschee** an der Stelle der alten portugiesischen Kathedrale. An der Rückseite der Großen Moschee befindet sich der Zugang zur Chapelle portugaise, dem noch erhaltenen Chor der im Jahre 1519 errichteten Kathedrale.

Links der Rue du Marché erstreckt sich die Mellah, entlang der Straße liegen die Souks. Die Rue du Marché mündet am Bab Chaba mit einem belebten Vorplatz, den man überquert, um hügelan ins **Töpferviertel** der Stadt – das größte Marokkos – mit seinen zahlreichen kuppelförmigen Brennöfen zu gelangen. Der Besuch ist lohnend.

Safi ist landesweit berühmt für seine Keramik

Exponierte Grabstelle: Marabout an der Steilküste des Cap Beddouza

Kechla

Am Ostrand der Medina Safis liegt an einem steilen Hang die **Kechla**, eine portugiesische Festung aus dem frühen 16. Jh., die im 18. Jh. um einen Palast und eine Moschee erweitert wurde. Der Bau kann südlich der Medina von der Avenue Moulay Youssef aus betreten werden. Einen schönen Blick hat man von den 50 m über dem Meeresspiegel gelegenen Mauern.

Nördlich der Medina erstreckt sich der besonders frühmorgens sehr belebte Fischereihafen und noch weiter nördlich schließt sich der Phosphathafen an. Südöstlich der Medina liegt auf einem Plateau die Neustadt, von deren Zentrum, der Place Mohamed V, die Straßen Avenue Mohamed V und Avenue de la Liberté abgehen.

Südlich der Medina, in Küstennähe, schließen sich die Stadtteile Rbat und Trabsini an. Industrie- und Wohngebiete erstrecken sich südlich davon mehrere Kilometer entlang des Meeres.

i **Délégation du Tourisme:** 26, Rue Imam Malek, Querstraße der Av. Kennedy, Tel. 024-62 24 96, Fax 024-62 45 53, dtsafi@menara.ma.

Hotel Farah (früher: Safir): Av. Zerktouni, Tel. 024-46 42 99, Fax 024-46 45 73, www.farah-hotel.com. Erstes Haus am Platz, 90 Zimmer, Restaurants, Bar, Nachtklub, Pool, Fitnessbereich. DZ 720 DH.

Hotel Atlantique Panorama: Sidi Bouzid, an der R 301, 2 km nordwestlich vom Zentrum, Tel. 024-66 84 90/92, Fax 024-66 90 05, www.atlantiquepanorama.fr.st. 180-Zimmer, Panoramaterrasse, Restaurant. DZ 540 DH.

Hotel de l'Atlantide: 50, Rue Chaouki, Tel. 024-46 21 60/61, Fax 024-46 45 95. Mittelklassehotel mit dem Charme der 1930er-Jahre, Restaurant, Bar, Pool. DZ 340 DH.

Hotel Abda: Av. Kennedy (Querstraße des Bd. Hassan II), Tel. 024-61 02 02, Fax 024-61 19 15. 38-Zimmer-Haus, Eiscafé im Erdgeschoss. 340 DH.

Hotel Assif: Av. de la Liberté, Tel. 024-62 23 11, Fax 024-62 18 62. 60-Zimmer-Haus im Zentrum. DZ um 300 DH.
Hotel Les Mimosas: Rue Ibn Zeidoun, Tel. 024-62 32 08, Fax 024-62 59 59. 34-Zimmer-Haus, Restaurant, Bar. DZ um 250 DH.
Camping municipal: Etwa 3 km nordwestlich in Sidi Bouzid, an der Küstenstraße R 301 nach Oualidia, Tel. 024-46 38 16. Schattiger Platz mit Pool,

Safi ist berühmt für wunderschöne Keramik und Töpferwaren aller Art; das größte Töpferviertel liegt in der Nähe des Bab Chaba (Nordostausgang der Medina). Man kann hier beim Brennen der Waren zuschauen – und sollte unbedingt handeln! Für Interesenten empfiehlt sich, schon um wenigsten einen groben Überblick über Stilrichtungen und Verarbeitungsvarianten zu gewinnen, ein Besuch im Keramikmuseum, in dem eine Sammlung marokkanischer Keramik aus verschiedenen Regionen ausgestellt wird (in der Kechla, Ostsektor der Medina; tgl. außer Di 8.30–12 und 14–18 Uhr).

Schöne Sandstrände befinden sich in Lalla Fatma (14 km nördlich von Safi), am Cap Beddouza (35 km nördlich von Safi), in Djorf El Yhoudi (15 km südlich von Safi) und in Souira Kedima (30 km südlich von Safi; hier trifft man auch auf Mauerreste der im 11. Jh. gegründeten Stadt Agouz und auf die Ruine einer portugiesischen Festung aus dem 16. Jh; kleiner Campingplatz).

Bahn: Der Bahnhof liegt an der Rue du Caid Sidi Abderrahman im Süden des Viertels Trabsini. Tgl. Zugverbindungen nach Youssoufia–Ben-Guerir (in Ben-Guerir Anschluss an den Casablanca-Marrakesch-Express).
Bus: Der Busbahnhof liegt an der Ecke Av. de la Mecque/Rue El Khadir Rhailane im Trabsiniviertel, gegenüber dem Hôpital Mohamed V, etwa 1 km südlich der Place de l'Indépendance. Tgl. Verbindungen nach El Jadida–Casablanca, Marrakesch, Essaouira–Agadir, Oualidia und Youssoufia.

13 Essaouira

Cityplan: S. 354
Über die S 120 und die P 8/N 1 gelangt man in den 138 km südwestlich von Safi gelegenen Badeort Essaouira. Eine landschaftlich wesentlich schönere Streckenalternative ist die Küstenstraße R 301, die überwiegend gut ausgebaut, zumeist in Sichtweite des Atlantik nach Essaouira führt.

Essaouira, das frühere Mogador, zählt wegen seiner vollständig erhaltenen Medina, seiner exponierten Lage auf einer kleinen Halbinsel an einer weiten Bucht der Atlantikküste, seines malerischen Fischereihafens und seines ausgedehnten Sandstrandes zu den sehenswertesten Städten und schönsten Badeorten Südmarokkos. Die Stadt mit rund 100000 Einwohnern stellt außerdem eine angenehme Alternative zu den Touristenghettos des 174 km entfernten Agadir dar. Essaouira ist ein bedeutendes Kunsthandwerkszentrum, bekannt vor allem für seine Holzeinlegearbeiten und für Silberschmuck.

Geschichte

Die schon von den Phöniziern besuchten vorgelagerten Inseln sind seit dem 1. Jh. v. Chr. besiedelt; hier ließ der mauretanische König Juba II. Purpurmanufakturen anlegen. 1506 gründeten die Portugiesen ein Fort an der Stelle der heutigen Stadt; später diente der Ort Piraten als Schlupfwinkel. Erst 1760 erfolgte die eigentliche Stadtgründung als Hafen und als Festung gegen rebellische Stämme des Südens. Die Stadtpläne entwarf der französische Architekt Théodore Cornut, der sich in Gefangenschaft des Sultans befand. Auf Cornut geht die für Marokko einmalige rechtwinklige Anlage der Altstadt zurück. 1765 stieg Essaouira nach der Schließung des Hafens von Agadir zur bedeutendsten Hafenstadt Marokkos auf (u. a. Haupthafen von Marrakesch) und begann intensive Handelskontakte mit Europa zu pflegen. Zahlreiche jüdische Händler siedelten sich an; die jüdische Gemeinde der Stadt machte zeitweise fast die Hälfte der Bevölkerung aus und bildete den höchsten Anteil in Marokko.

1844 beschossen französische Schiffe die Stadt. Die Bedeutung des Hafens nahm im späten 19. Jh. immer mehr ab, als durch die französische Besetzung von Timbuktu (Nordmali) der Saharahandel unterbrochen wurde. Auch die zunehmende Abwanderung der jüdischen Bewohner ließ die Entwicklung der Stadt stagnieren. In den sechziger und siebziger Jahren des 20. Jh. avancierte Essaouira zum Geheimtip der Aussteiger, die Subkultur der Freaks und Hippies prallte auf eine islamischen Traditionen verpflichtete Umgebung. Etwa seit Mitte der 1980er-Jahre dominiert in Essaouira, im Gefolge wohlorganisierter Pauschalarrangements, eine entsprechend andere touristische Klientel.

Eine übersichtliche, autofreie Medina, die überaus angenehme Abwesenheit der andernorts recht penetranten *guides noires*, eine weit gefächerte Hotellerie mit zahlreichen sehr schönen Riads, etliche Galerien und Künstlerateliers, die Arkadenläden entlang der Skala de la Kasbah: Essaouira ist *das* Entrée für Marokkoneulinge, eine echte Alternative zum Touristenmagnet Agadir und – als vergleichsweise ›leichtes Pflaster‹ – ein wunderbarer Ort, um Marokko mit allen Sinnen aufzunehmen.

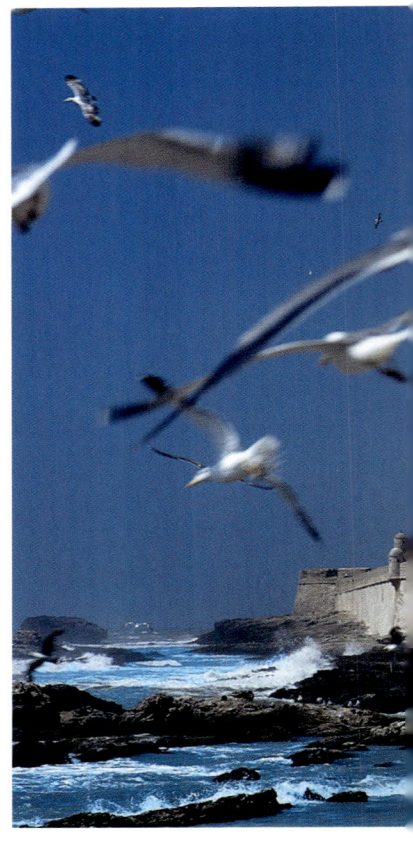

Die Medina

Die nach 1760 erbaute, von Mauern umgebene **Medina** (von der Unesco auf die Welterbeliste des schützenswerten Kulturgutes gesetzt) ist noch vollständig erhalten. Sie unterscheidet sich durch ihre rechtwinklige Anlage von allen anderen marokkanischen Altstädten. Hauptachse dieser von einer kleinen Neustadt umgebenen Medina ist der Straßenzug Avenue Okba Ibn Nafi–Avenue de l'Istiklal/Rue Mohamed Zerktouni. Er mündet im Norden beim **Bab Doukkala** 1 und im Süden beim **Bab El Minzah** 2. Im Zentrum des Straßenzuges liegt, durch Tore begrenzt, das Herz der überaus sehenswerten **Souks** 3 mit dem Lebensmittelmarkt. In der Rue Syaghin gleich östlich der Avenue de l'Istiklal befinden sich zahlreiche Juwelierläden (dieses Gewerbe wurde früher fast ausschließlich von Juden betrieben). Von Agadir kommend, bildet das **Bab es Sebaa** 4 (rotes Dreifachtor) am Sahat Moulay Abdallah, dem Vorplatz des Hafens, den markanten Eingang in die Medina (über die Rue du Caire, wo sich das Fremdenverkehrsamt befindet).

Am Vorplatz des Hafens, auf den die Avenue Okba Ibn Nafi mündet, steht auch die 1769 erbaute Porte de la Marine, der Zugang zum sehenswerten **Fischereihafen** 5 mit einem Turm, der bestiegen werden kann. Im Eingangsbereich des Hafengeländes haben sich zahlreiche Fischbratstände angesiedelt.

Parallel zur Avenue Okba Ibn Nafi geht vom Hafenvorplatz die **Place Moulay El**

Die Festungsanlage schützt die Medina Essaouiras im Westen gegen den Atlantik

Hassan 6 mit mehreren Cafés und Restaurants ab. Wendet man sich an ihrem Ende nach rechts und dann gleich wieder nach links, so befindet man sich in der Avenue Allal Ben Abdallah, der zweiten Souk-Hauptachse mit vielen Läden und Essensständen. Geht man dagegen am Ende des Platzes hinter dem kleinen Tor nach links und hinter dem Hotel des Remparts wieder nach links, so stößt man auf die **Skala de la Kasbah** 7. Diese etwa 200 m lange Festungsanlage kann bestiegen werden, von den mächtigen Mauern bietet sich ein schöner Blick auf das Meer und die Stadt. Die Skala ist mit zahlreichen Bronzekanonen aus dem 16.–18. Jh. bewehrt, die überwiegend aus Spanien stammen. Am Fuß der Mauern finden sich zahlreiche Werkstätten, in denen die berühmten Holzeinlegearbeiten von Essaouira hergestellt werden.

In der Rue Laalouj, die von der Skala zur Avenue Allal Ben Abdallah führt, liegt rechts (gegenüber dem Hotel Majestic) ein überaus interessantes Museum zur marokkanischen Kulturgeschichte, das **Musée Sidi Mohammed Ben Abdallah** 8 (lokales Kunsthandwerk, Schmuck, Waffen; von besonderem Interesse ist die Sammlung alter Musikinstru-

Essaouira: Cityplan

Sehenswürdigkeiten
1 Bab Doukkala
2 Bab El Minzah
3 Souks
4 Bab es Sebaa
5 Fischereihafen
6 Place Moulay El Hassan
7 Skala de la Kasbah
8 Musée Sidi Mohammed Ben Abdallah

Übernachten
1 Sofitel Mogador
2 Dar Loussia
3 Villa Maroc
4 Hotel Ryad Mogador
5 Hotel des Iles
6 Bio-Hotel Lalla Mira
7 Riad Al Madina
8 Maison du Sud
9 Riad Hotel Dar El Qdima
10 Al Jasira Hotel
11 Hotel Tafoukt
12 Hotel Beau Rivage
13 Hotel Château Mogador
14 Hotel Sidi Magdoul
15 Hotel Sahara
16 Hotel Al Machouar

Essen und Trinken
17 Côté Plage
18 Restaurant du Port Chez Sam
19 Restaurant La Licorne
20 Restaurant Sirocco
21 Restaurant Il Mare
22 Restaurant Taros
23 Restaurant La Petite Perle

mente, eindrucksvoll auch die Ausstellung über die traditionelle Musik verschiedener Stämme und Regionen; Tel. 024-47 23 00, tgl. außer Di 9–12 und 14.30–18 Uhr). Sehenswert sind auch die zahlreichen kleinen, zum Teil überdachten Nebengassen der Medina.

Strandpromenade und Purpurinseln

Am Hafen beginnt der etwa 6 km lange Strand von Essaouira. Als Promenade mit Restaurants, Cafés und Umkleidekabinen säumt der Boulevard Mohamed V, hinter dem

in den letzten Jahren ein neues Wohn- und Verwaltungsviertel entstanden ist, den Anfang des Strandes. Baden ist hier fast das ganze Jahr hindurch möglich. Im Sommer sorgen oft starke Nordostwinde für Abkühlung und moderate Temperaturen – und für günstige Surf-Bedingungen. Südlich der Strandzone beginnt ein ausgedehntes, wüstenähnliches Sanddünengebiet.

Etwa 1 km vor der Küste liegen die seit 1979 unter Naturschutz stehenden **Purpurinseln**, die ihren Namen nach den Purpurmanufakturen aus der Zeit des antiken mauretanischen Reiches tragen. Auf der Hauptinsel befinden sich die Reste einer Festung und einer Moschee.

Wer im eigenen Fahrzeug unterwegs ist, sollte unbedingt einen Ausflug in das etwa 20 km südlich von Essaouira gelegene Fischerdorf **Sidi Kaouki** (gute Asphaltstraße von der N 1, ausgeschildert, von/nach Essaouira auch Busse, mehrere einfache Herbergen im Ort) in Betracht ziehen, ein hinreißendes Refugium zum Ausspannen, Baden, Strandwandern, ein Idyll gerade für Familien mit (kleinen) Kindern.

Délégation du Tourisme: 10, Rue du Caire, Tel. 024-78 35 32, Fax 024-78 35 30; tgl. außer Sa und So 9–18.30 Uhr. Sehr hilfreich ist das hier verteilte »Le Guido. Magazine d'Essaouira« (www.leguido.com), außerdem ein kostenloser, detaillierter Faltstadtplan im Westentaschenformat. Informationen, etwa zu Hotels und Riads, auch unter www.essaouira.net oder www.essaouiramedina.com.

Trotz einer zuletzt massiv ausgebauten Hotelkapazität kann es während der Sommermonate, wenn Pauschaltouristen und marokkanische Familien in Essaouira Urlaub machen, zu Unterkunftsengpässen kommen. Rechtzeitiges Reservieren ist angesagt für denjenigen, der im Hotel seiner Wahl logieren möchte; wer nicht reserviert hat, sollte sich ab mittags auf Zimmersuche begeben.

Sofitel Mogador [1]: Bd. Mohamed V (etwa 3 km stadtauswärts), Tel. 024-47 90 00, Fax 024-47 90 80, www.accor.com, www.thalasso.com. 120-Zimmer-Haus im Fünfsterneluxus, spezielle Wellnessangebote, u. a. von Thalassotherapie, 20 Zimmer mit Meerblick. DZ 2500 DH (Hochsaison), 1900 DH (Nebensaison).

Dar Loussia [2]: 4, Rue Mohamed Ben Massaoud, hinter dem Bab Sebaa erste Seitenstraße links von der Rue du Caire, Tel. 024-78 37 56, Fax 024-47 27 77, www.darloussia.com. Geschmackvoll eingerichteter, luxuriöser Riad mit Restaurant, Bar, Solariumterrasse. Unterschiedliche Kategorien: Suite junoir 1400 DH, Chambre Luxe 1200 DH, Chambre Confort 800 DH.

Villa Maroc [3]: 10, Rue Abdallah Ben Yacine, in der Nähe des Uhrenturms, Tel. 024-47 61 47, Fax 024-47 58 06, www.villa-maroc.com. 20 stilsicher eingerichtete Zimmer in einem aus mehreren Riads aus dem 18. Jh. bestehenden Gebäudekomplex, lauschiger Innenhof, Dachterrasse, renommierte Küche, Hamam, orientalische Schönheitspflege, Massagen, unter schweizerisch-marokkanischer Leitung. 950–1700 DH für 2 Personen, Diner pro Person 200 DH.

Hotel Ryad Mogador [4]: Route de Marrakech, etwa 3 km stadtauswärts, Tel. 024-78 35 55, Fax 024-78 35 56, www.ryadmogador.com. 140 Zimmer, 16 Suiten, Schwimmbad, Sauna, in den Restaurants kein Alkoholausschank. DZ 800 DH.

Hotel des Iles [5]: Bd. Mohamed V, Tel. 024-78 36 36, Fax 024-78 55 90, www.hotel-desiles.com. Bungalowhotel direkt am Strand mit Restaurant, Pool, Bar, großer Gartenanlage. DZ 750 DH.

Bio-Hotel Lalla Mira [6]: 14, Rue d'Algerie nahe am Bab Marrakech, beim Souk Ouaka, Tel. 024-47 50 46, Fax 024-47 58 50, www.lallamira.ma, Buchungspartner in Deutschland: www.bestminutetravel.de. 13 Zimmer in einem ökologischen Prinzipien verpflichteten Hotel unter deutscher Leitung. Fisch, Vollwert- und vegetarische Kost im hoteleigenen Restaurant, Menüs 90–120 DH. Hamam mit thermischer Solaranlage. DZ 700 DH.

Riad Al Madina [7]: 9, Rue Attarine, Tel. 024-47 59 07, Fax 024-47 66 95, www.riadalmadina.com. 31 Zimmer, 9 Suiten in einem 1871 gebauten Riad mit klassischer Patioarchitektur. DZ 670 DH.

Maison du Sud [8]: 29, Av. Sidi Mohamed Ben Abdallah, Tel. 024-47 41 41, Fax 024-47 68 83, www.maisondusud.com. 14-Zimmer-Hotel in einem umgebauten Riad aus dem 18. Jh, manche Räume mit Betten auf einer eingezogenen Galerie. DZ 620 DH.

Riad Hotel Dar El Qdima [9]: 4, Rue Malek Ben Rahal/Av. de l'Istiklal, Tel. 024-47 38 58,

Fax 024-47 41 54, www.darqdima.com. Angenehmes kleines Hotel, Panorama von der Dachterrasse. DZ 450 DH.

Al Jasira Hotel 10: 18, Rue Moulay Ali Cherif, Quartier des Dunes, Tel. 024-78 44 03, Fax 024-47 60 74, www.aljasirahotel-mogador.com. DZ 400 DH.

Hotel Tafoukt 11: 58, Bd. Mohamed V, Tel. 024-78 45 04, Fax 024-78 45 05, hoteltafoukt@menara.ma. 40-Zimmer-Haus mit Seeblick, Restaurant. DZ 400 DH.

Hotel Beau Rivage 12: 14, Place Moulay El Hassan, Tel./Fax 024-47 59 25, beaurivage@menara.ma, www.essaouiranet.com/beaurivage. Der Klassiker für Low-Budget-Reisende wurde inzwischen komplett renoviert und mit neuen Bädern ausgestattet, Dachterrasse mit Panorama über Medina und Hafen. DZ um 350 DH.

Hotel Château Mogador 13: 18, Rue Princesse Lalla Hasna, Quartier des Dunes, Tel. 024-47 69 00, Fax 024-47 69 20, www.chateaumogador.com. 25-Zimmer-Haus (einige Zimmer mit Meerblick), Restaurant, kein Alkoholverkauf. DZ 300 DH.

Hotel Sidi Magdoul 14: 21, Rue Abdesmih (Medina), Tel 024-47 48 47, www.sidimagdoul.com. 8 Zimmer. DZ 300 DH.

Hotel Sahara 15: Av. Okba Ibn Nafi, Tel. 024-47 52 92, Fax 024-47 61 98. DZ 290 DH.

Hotel Al Machouar 16: Av. Okba Ibn Nafi, Tel. 024-47 58 28, Fax 024-78 48 27. 2006 komplett renoviert, gutes Preis-Leistungs-Verhältnis. DZ 250 DH.

Auberge Tangaro: Etwa 5 km südlich von Essaouira im Quartier Diabat an der Verbindungsstraße zur N 1 Richtung Agadir gelegen, Tel. 024-78 47 84, Fax 024-78 57 35, www.auberge-tangaro.com. Sehr angenehme Unterkunft, idyllisch in eine Gartenanlage gebettet, mit Restaurant und Pool. DZ mit Halbpension 800 DH, EZ mit Halbpension 600 DH.

Camping Tangaro: Etwa 5 km südlich von Essaouira im Quartier Diabat an der Verbindungsstraße zur N 1 Richtung Agadir, Tel. 024-78 57 35.

Camping Jasmine: 8 km an der N 1 Richtung Agadir, Tel. 024-47 44 40.

Côté Plage 17: Bd. Mohamed V, gegenüber dem Hotel Sofitel Mogador), Tel. 024-47 90 00. Gediegene À-la-carte-Gastronomie, marokkanische und französische Gerichte, schöne Strandterrasse. Um 150–300 DH.

Restaurant du Port Chez Sam 18: Am äußersten Ende der Hafenmole, Tel. 024-47 62 38. Auf Fischgerichte und Meeresfrüchte spezialisiert, Vorspeisen 30–60 DH, fangfrischer Seefisch (Menüs) 100–220 DH, Fischteller 80–100 DH, Langusten und Hummer 80–150 DH.

Restaurant La Licorne 19: 26, Rue Skala, Tel. 024-47 36 26, Mo geschl. Marokkanische Klassiker, Fischgerichte, *tajines* um 100 DH, Couscous mit Beilagen 80–100 DH, Menü 150 DH.

Restaurant Sirocco 20: 15, Rue Ibn Rochd, in der Nähe der Skala, Tel. 024-47 23 96, Sa geschl. Kleines, von einer Französin mit Kennerschaft geführtes Restaurant, *tajines* 50–80 DH, Fischgerichte 80–120 DH, Menüs um 100 DH, reichhaltige Weinkarte.

Restaurant Il Mare 21: 43, Rue Yamen Skala, Tel. 024-47 64 17; Küche tgl. geöffnet 11–24 Uhr. Mit herrlichem Blick von der Panoramaterrasse. Fischgerichte, Meeresfrüchte, *grillades*, Pizza vom Holzkohlenofen 100–150 DH, außerdem Tapas, Café und Eiskarte.

Restaurant Taros 22: Place Moulay El Hassan (am Anfang der Rue de la Skala), Tel. 024-47 64 07, www.taroscafe.com. Restaurant (Gerichte um 100 DH), Bar, Boutique, Kunstgalerie, beliebter Treffpunkt in Essaouira.

Restaurant La Petite Perle 23: 2, Rue El Hajalli, Tel. 024-47 50 50. Marokkanische Gerichte, *harira* 20 DH, *tajines* um 50 DH.

Le km 8: 8 km südlich von Essaouira an der N 1 Richtung Agadir, Tel. 066-25 21 23; Mo geschl. Restaurant, dass sich jüngst gastronomische Meriten erworben hat.

Garküchen: Am Hafenvorplatz in der Nähe des Bab El Minzah werden allabendlich zahlreiche Garküchen aufgebaut, in denen vor allem gegrillter Fisch zubereitet wird – unbedingt einen Versuch wert.

Ensemble artisanal: 11, Rue Laalouj, in der Nähe des Musée Sidi Mohamed Ben Abdallah; Essaouira ist berühmt für seine Holzeinlegearbeiten, besonders für Intarsien in poliertem Thuya-Wurzelholz oder Zitronenbaumholz; gefertigt werden vornehmlich Schatullen und Kästchen aller Art und Größen, Schachbretter, Armreifen mit eingelegtem Silber sowie auch größere Möbelstücke;. Die Werkstätten liegen im Kasbah-Viertel der Medina in den Gelassen unmittelbar an den Festungsmauern der Skala – günstigere Preise als in den Königsstädten, Handeln ist obligatorisch! Im Ensemble artisanal dagegen wird zumeist gute bis exzellente Qualität zu Festpreisen angeboten. Dies kann angesichts von mitunter zweifelhafter Qualität und überhöhten Ausgangsforderungen beim Handeln in den Werkstätten die günstigere Kaufalternative sein. Am besten, man inspiziert Waren und Preise sowohl in den Werkstätten als auch im Ensemble artisanal. In den Boutiquen der Medina gilt in der Regel ein oft wesentlich höheres Preisniveau.

Ein Nachtleben ist in Essaouira nicht einmal in Ansätzen auszumachen, allenfalls in den Bars der großen Hotels ist nach Mitternacht noch etwas los.

Essaouira richtet ein der Gnaoua-Musik und verwandten Stilrichtungen der Weltmusik gewidmetes Festival aus, ein Filmfestival ist in Planung; exakte Termine über das Fremdenverkehrsamt (s. o.) ermitteln.

Schöner, leidlich sauberer Strand, im Sommer ziemlich überlaufen. Beim Fanatic Surf Center kann man Surfbretter leihen; Surfkurse für Anfänger. Das Badevergnügen kann durch Sturmstärke erreichende Winde – in Essaouira weht immer irgendein Wind, oft mehrere gleichzeitig – gelegentlich empfindlich getrübt werden.

Ein sehr schöner Strand befindet sich im Fischerort **Sidi Kaouki** etwa 25 km südlich von Essaouira (erreichbar über eine asphaltierte Stichstraße von der N 1 Richtung Agadir, ausgeschildert, von/nach Essaouira auch tgl. mehrere Busse). Im Ort etliche Übernachtungsmöglichkeiten, empfehlenswert besonders das unter französisch-deutscher Regie betriebene 10-Zimmer-Hotel Le Kaouki (Tel. 024-78 32 06, Fax 024-47 54 47, www.sidikaouki.com; statt Strom Kerzenlichtromantik, statt Lärm die Geräusche der Brandung, statt Hotelstandard individuelle Zimmer mit Meerblick; DZ mit Frühstück 250–300 DH, Restaurant, Diner 100 DH). Sidi Kaouki eignet sich besonders gut für ausgedehnte (Strand-)Wanderungen, für entspanntes Baden in einer kleinen Bucht und zum Ferienmachen für Familien mit (kleinen) Kindern.

Bus: Der sowohl von der CTM als auch von den Privatlinien angefahrene Busbahnhof liegt vom Bab Doukkala aus (Nordostausgang der Medina) etwa 2 km auf der Av. du 2 Mars Richtung Nordosten (Stadttaxi nehmen). Vom Busbahnhof mehrere Verbindungen tgl. u. a. nach Agadir–Tiznit, Casablanca (meist über Safi und El Jadida) und Marrakesch.

Taxi: Sammeltaxis nach Agadir und Marrakesch starten vom Busbahnhof. Taxistände (Stadttaxis) am Bab Es Sebaa, an der Square Orson Welles (nahe Bab El Minzah) und beim Bab Doukkala.

14 Paradise Valley und die Wasserfälle von Imouzzer des Ida Outanane

Die P 8/N 1 führt südlich von Essaouira durch eine (besonders in der Region von Tamri) landschaftlich sehr schöne, gelegentlich von Arganienwäldern geprägte Gegend. Auf dem Weg in das modern-mondäne Seebad Agadir empfiehlt sich unbedingt ein Abstecher in das **Tal des Asif Tamrhakht** 6, das sogenannte Paradise Valley, und zu den Wasser-

Zahlreiche Kaskaden ergießen sich über farnbestandenes Kalkgestein: die Wasserfälle von Imouzzer

fällen von **Imouzzer des Ida Outanane**. Der Weg führt durch ein palmengesäumtes, tief eingeschnittenes Tal, entlang an Olivenhainen, Bananenstauden und Arganien (Abzweig nach links von der P 8/N 1 kurz nach dem Dorf Tamrhakht, dann auf der passablen Asphaltstraße 7002 etwa 50 km bis Imouzzer; Les Cascades, die Wasserfälle, befinden sich etwa 4 km hinter dem Ortsausgang).

Mag sein, dass das Paradise Valley auf den ersten Kilometern so arg paradiesisch keineswegs ist. Aber je weiter man hineinfährt, umso mehr macht es seinem Namen Ehre: weite Ausblicke ins Tal des Asif Tamrakht, bei klarem Wetter ein Panorama bis zum Atlantik, eine zartrosa Pracht während der Mandelblüte, im Tal die Olivenhaine und Bananenplantagen, Oleander und Dattelpalmen. Die Wasserfälle von Imouzzer liegen in einem Talkessel, über eine steil abfallende, farnüberwucherte Felswand stürzt das Wasser in mehrere natürliche Felsbecken. Man sollte unbedingt versuchen sich den Besuch der leicht zu findenden Wasserfälle nicht von den gerade hier bisweilen recht penetranten ›Führern‹ vermiesen zu lassen!

Das Paradise Valley ist inzwischen mit gut ausgeschilderten Wanderwegen erschlossen – für Einzelwanderer oder Wandergruppen in jedem Fall ein landschaftlich hinreißendes Gelände!

Hotel des Cascades: Tel. 028-82 60 16, Fax 028-82 60 24, www.cascades-hotel.com. Auf einer Höhe von 1160 m herrlich gelegenes Hotel mit 27 Zimmern, Restaurant, Bar, Pool, Gartenanlage, Panoramaterrasse; guter Standort für Wanderungen. EZ mit Halbpension 600 DH, DZ mit Halbpension 884 DH.

Agadir

Eine touristische Metropole

Cityplan: S. 362

174 km südlich von Essaouira erreicht man Agadir, das bedeutendste marokkanische Badezentrum. Ein mehrere Kilometer langer feinsandiger Strand, gute Ausflugsmöglichkeiten in die Region, ein beneidenswertes Klima mit Sonnengarantie (die Prospekte versprechen 330 Sonnentage im Jahr): das ist das touristische Kapital von **Agadir** 7. Die einen verachten die modern-gesichtslose Stadt als »marokkanisches Benidorm«, die anderen kommen immer wieder, Jahr für Jahr. Die an einer weiten Atlantikbucht vor Bergkulissen gelegene Provinzhauptstadt mit rund 350 000 Einwohnern verfügt zwar über einen umschlagstarken Fischereihafen, über fischverarbeitende Industrie und große Zementwerke, ihre ökonomische Bedeutung aber leitet sich eindeutig von einem bisweilen gespenstische Dimensionen annehmenden Massentourismus ab.

Agadir haben so ziemlich alle großen europäischen Reiseveranstalter im Programm, um die 25 000 Hotelbetten sind hier ausgewiesen, weitere riesige Tourismusanlagen (etwa im neuen Stadtteil Founty) sind geplant oder im Bau. Ende der 1990er-Jahre kamen über 50 % der nationalen Tourismuseinkünfte aus Agadir. Die Stadt ist das konkurrenzlose Zentrum des internationalen Charterflugverkehrs in Marokko; und gerade bei der deutschen Klientel ist Agadir überaus gefragt. Für die meisten Pauschaltouristen, die Marokko gebucht haben und die am neuen Flughafen Agadir-El Massira landen, ist Agadir der erste Eindruck des Landes, das Entrée in die Fremde. Dabei ist diese Stadt ohne Eigenschaften womöglich die unmarokkanischste Metropole überhaupt: Man sollte daher Agadir nicht voreilig mit Marokko verwechseln.

Die Saison dauert das ganze Jahr über; die Animationsmaschinerie ist ununterbrochen im Einsatz – und selbst hier, wo an Hotels nun wirklich kein Mangel herrscht, wird es im Hochsommer und zu Weihnachten recht eng. Wenn irgendwo in Marokko, dann zeigen sich die Schattenseiten der Tourismusauswüchse in Agadir: explodierende Preise und Mieten, sinkender Grundwasserspiegel, versiegelte Landschaft, verplante Ebenen, verrottete Böden, zubetonierte Horizonte – von Kleinkriminalität, Prostitution und Drogenhandel ganz zu schweigen. Die Stadt, ihre touristische Infrastruktur, wächst und wuchert, entworfen für eine Zukunft, die in vieler Hinsicht gefährdet ist.

Geschichte

Umstritten ist, ob Agadir bereits karthagischer Hafen war und welche Rolle der Ort als Hafen des Sous vor dem 16. Jh. gespielt hat. Auf jeden Fall waren es die Portugiesen, die den Ort im Jahr 1505 als Santa Cruz de Aguer gründeten. 1541 wurde er von den Saadiern erobert, die dort eine Kasbah bauten. Danach stieg er zu einem wichtigen Handelshafen auf: Umgeschlagen wurde hier das Zuckerrohr aus dem Sous. Als im 18. Jh. die Konkurrenz des Antillenzuckers den marokkanischen Export zurückgehen ließ, verlor der Hafen an Bedeutung; 1765 wurde er zugunsten des neuen Hafens von Essaouira geschlossen.

Bis ins frühe 20. Jh. war Agadir ein unbedeutendes Fischerdorf. Dann gründeten hier einige deutsche Firmen (darunter Mannesmann) Niederlassungen und machten die Stadt zu ihrem Hauptstützpunkt in Marokko. 1911, auf dem Höhepunkt der Marokkokrise, kreuzte das deutsche Kanonenboot Panther mit imperialem Getöse unter dem Vorwand, die deutschen Bewohner schützen zu müssen, vor Agadir auf (›Panthersprung nach Agadir‹). 1917 wurde der Ort von den Franzosen besetzt.

In den dreißiger Jahren war Agadir noch immer ein kleiner Ort mit ca. 6000 Einwohnern; erst nach der Unabhängigkeit begann der Aufstieg zum Badeort. Diese Entwicklung unterbrach am 29. Februar 1960 ein Erdbeben, dem mindestens 15000 der 50000 Bewohner zum Opfer fielen; die Stadt wurde fast vollständig zerstört. 1962 begann, teilweise über eine nationale Erdbebensteuer finanziert, der Wiederaufbau. Das neue Stadtzentrum wurde einige Kilometer nach Südosten verlegt. Die einer modern-funktionalen Architektur verpflichtete Konstruktion der neuen Häuser erfolgte in erdbebensicherer Ganzbetonbauweise. Seither nahm Agadir einen rasanten Aufstieg zum international bedeutenden Seebad.

Geschäftszentrum und Talborjtviertel

Das von den Straßen Avenue du Général Kettani, Avenue Mohamed V, Avenue du Prince Héretier Sidi Mohamed und Avenue du Prince Moulay Abdallah eingeschlossene Karree markiert in etwa das moderne Stadt- und Geschäftszentrum, in dem sich eine Fußgängerzone mit dem **Marché municipal** **1**, die Hauptpost, das O.N.M.T.-Büro, soukartig gestaffelte Ladenzeilen und ein weitläufiger **Paradeplatz** (Grande Place oder Mechouar) **2** befinden. In diesem Revier und den umliegenden Seitenstraßen liegen zahlreiche Restaurants und Cafés, Reisebüros und Souvenirläden, ein Kino und mehrere Gebäude der Stadtverwaltung, so u. a das **Rathaus** **3**. Zum Strand hin schließt sich daran ein hübsch angelegter **zoologischer Garten** **4** an, das Vallée des Oiseaux mit Vogelgehegen und Kinderspielplätzen.

Nordöstlich des Stadtzentrums, erreichbar über die Rue Allal Ben Abdallah oder die parallele Rue du 29 Fevrier, erstreckt sich das neue **Talborjtviertel** **5**, das von einfachen Geschäften und Handwerksbetrieben, eher bescheidenen Restaurants und Hotels geprägt ist. Jenseits eines vom Kino Sahara beherrschten Platzes liegen an der Place Lahcen Tamri der **Busbahnhof** sowie in seiner Umgebung etliche einfache Essensstände und mehrere ausgesprochene Billighotels. Dem Busbahnhof schräg gegenüber befindet sich eine – vergleichsweise mäßig interessante – Kunsthandwerksausstellung, das **Ensemble artisanal** **6**.

Strandzone und Flaniermeile

Die ausgedehnte – sehr moderne, sehr elegante – **Hotel- und Badezone**, der sogenannte Secteur balnéaire, konzentriert sich um den Boulevard du 20 Août, den Chemin du Oued Souss und den eigentlichen Strandbereich. Sie beginnt im Norden etwa unterhalb des Ferienklubs Sangho; von hier bis südlich der Touristenkomplexe Beach Club und Al Oumnia finden sich in einem Bereich von rund 2 km die teuren Luxusstrandhotels, großzügige Apartmentanlagen (u. a. der Club

Agadir: Cityplan

Sehenswürdigkeiten

1 Marché municipal
2 Paradeplatz
3 Rathaus
4 Zoologischer Garten
5 Talborjtviertel
6 Ensemble artisanal
7 Souks
8 Kasbah-Ruine
9 Hafen

Übernachten

1 Atlantique Dorint Palace
2 Sofitel Agadir
3 Palais des Roses
4 Royal Mirage Hotel
5 Tikida Beach
6 Iberostar Founty Beach Hotel
7 Hotel Amadil
8 Hotel Tafoukt Beach
9 Hotel Sahara
10 Agadir Beach Club
11 Kenzi Farah Europa
12 Hotel Argana
13 Hotel Odyssee Parc
14 Hotel Anezi
15 Hotel Royal
16 Hotel Marhaba
17 Hotel Transatlantique
18 Hotel Kamal
19 Hotel Oasis
20 Hotel Adrar
21 Hotel Sud Bahia
22 Hotel Sindibad
23 Hotel Talborjt
24 Hotel Ayour
25 Hotel Petite Suède
26 Hotel Najem
27 Hotel Diaf

Med), erlesene Boutiquen, feine Spezialitätenrestaurants sowie etliche Diskotheken. Inzwischen hat sich der Secteur balneaire durch die gigantischen Hotelanlagen Atlantic Palace und – zur Seeseite hin – Iberostar, Palais des Roses und Sofitel bis in das Lotissement Founty vorgeschoben.

Die Place Salam und die Souks

Etwa im Kreuzungsbereich der Avenue Hassan II und der Rue El Mouakaouma (gut 1 km südöstlich des Stadtzentrums) liegt, dem großen markanten Kino Salam gegenüber, die **Place Salam**; hier starten sämtliche Stadtbusse, außerdem befindet sich hier ein großer Taxistand und auch nach Fahrtzielen recht übersichtlich geordnete Kolonnen von Sammeltaxis in die Umgebung. Wenn man der Rue El Mouakaouma etwa 1 km stadtauswärts folgt und sich dann rechts hält (gut

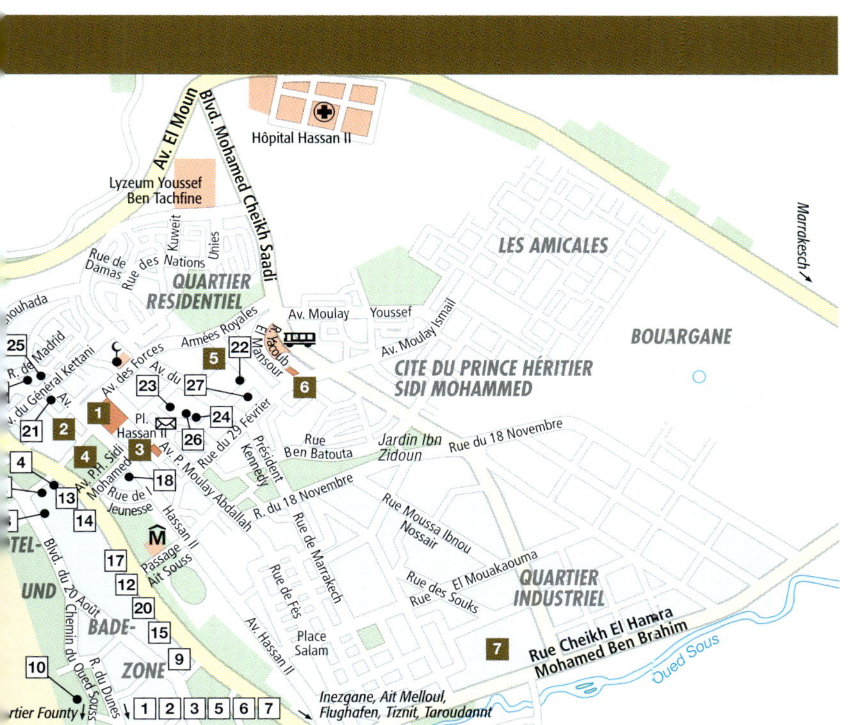

ausgeschildert), gelangt man in die recht belebten, ausgedehnten **Souks** 7 (Markttage Samstag und Sonntag). Mehrere Kilometer nordöstlich des Souk-Geländes und des neuen Talborjtviertels liegen ausgedehnte Wohngebiete, manche von guter, einige von eher zweifelhafter Bauqualität (etwa die Stadtteile Les Amicales, Bouargane, El Khiam, En Najah, Dakhla etc.); in diesen Vierteln, in die sich selten ein Tourist verirrt, ist marokkanische Realität eher beheimatet als in den schicken Hotelghettos.

Die Kasbah-Ruine und das Hafengelände

Auf einem Hügel (die aus Steinen geformte Schrift zitiert den Wahlspruch »Gott, König, Vaterland«) nördlich der Stadt liegt weithin sichtbar die **Kasbah-Ruine** 8, die eher wegen des prächtigen Panoramas, das sich von hier aus bietet, als wegen ihrer kunstgeschichtlichen Bedeutung einen Besuch lohnt. Am Nordende der Avenue Mohamed V (Stadtausfahrt Richtung Essaouira) befindet sich der Eingang zum **Hafen** 9; der Fischereihafen, zwar längst nicht so sehenswert wie der in Essaouira, ist hübsch anzuschauen. Liebhaber von Fischspezialitäten finden hier ein stadtbekanntes Fischrestaurant sowie etliche einfache Fischbratstände.

i **Délégation du Tourisme:** Av. Mohamed V, Immeuble Ignouane, Stadtausfahrt Richtung Essaouira, gegenüber von La Marina, Tel. 028-84 63 77, Fax 028-84 63 78; Mo–Fr 8.30–16.30 Uhr, Sa und So geschl.
Syndicat d'Initiative (Infotouriste): Av. Mohamed V, auf Höhe der Av. du Général Kettani, neben dem Restaurant Le Festival, Tel. 028-82 53 04.

Abendliches Strandleben
Der Strand ist in Agadir das Revier von Legionen fliegender Händler, die ihre Waren oft recht penetrant anpreisen. Tipp: Besonders die Abendstimmungen haben ihre Reize, wenn das Gros der Touristen abgezogen ist, die Hitze nachlässt und das Licht ganze Garben von Orange, Violett und Rosa über die Wellen schleudert und der Strand endlich den einheimischen Fußballmannschaften gehört.

C.R.T.: Av. Hassan II, im Gebäude der Industrie- und Handelskammer, nahe der Fußgängerpassage Ait Souss, Tel. 028-84 26 29/38/58, Fax 028-84 25 95, crtdgaga@menara.ma. Weitere Informationen unter dem Internetportal des C.R.T.: www.tourisme-agadir.com.

Agadir ist mit Marrakesch das touristische Zentrum des Landes, der Flughafen El Massira die Drehscheibe des internationalen Charterflugverkehrs. Entsprechend riesig ist das Angebot an Hotelzimmern, das noch durch Feriendörfer (darunter Komplexe mit über 650 Zimmern), Apartment- und Bungalowanlagen sowie Clubhotels (Informationen erteilen die Fremdenverkehrsämter) ergänzt wird. Erstaunlich genug, dass ver-

Das pulsierende Nachtleben macht Agadir zum Eldorado für Nachtschwärmer

gleichsweise wenige, im Folgenden genannte Hotels einen direkten Strandzugang mit eigener und ausschließlich für Hotelgäste reservierter Strandparzelle haben.

Da sich der Standard der gehobenen Hotels bis zur Verwechselbarkeit ähnelt (zumeist mehrere Spezialitätenrestaurants, große Pools, Tennisplätze, Wellnessbereich, Boutiquen, hoteleigene Ladenpassagen, Bars, Diskotheken, bewachte Parkplätze etc.), kann an dieser Stelle auf eine knappe Auswahl ohne spezifizierende Details verwiesen werden. Keineswegs alle Hotels liegen in der Strand- und Badezone, also im Secteur balneaire, an der Avenue Mohamed V oder am Boulevard du 20 Août, manches in den Prospekten als Strandhotel gepriesene Etablissement liegt in Wirklichkeit in zweiter oder gar dritter Straßenreihe vom Strand.

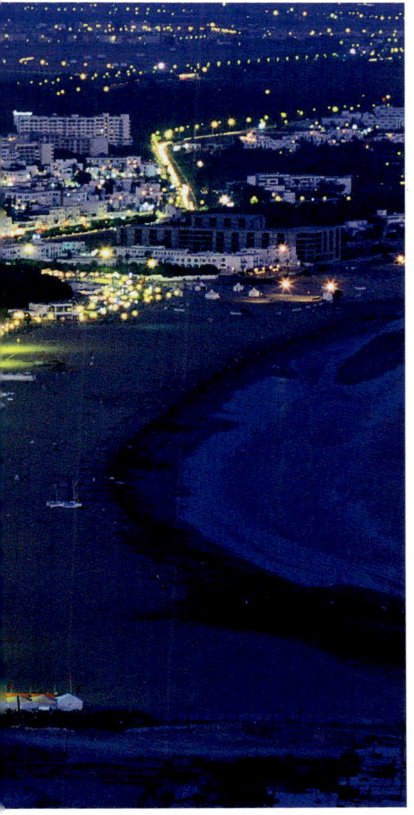

Bevor man in Agadir ein Hotel bucht – präzise Preisvergleiche sind gerade hier lohnend – sollte man grundsätzlich entscheiden, ob man in den teuren Häusern am Strand logieren will, ob man in das preisgünstigere Talborjtviertel ausweicht (etwa 2,5 km zum Strand) – oder ob man gleich im zwar öden, aber ungleich billigeren Stadtteil Inezgane (11 km südlich von Agadir) Quartier nimmt.

Atlantique Dorint Palace [1]: Tel. 028-82 41 46, Fax 028-84 43 92, www.atlanticpalace-agadir.com. DZ 2800 DH, Suiten 6000–12 000 DH.

Sofitel Agadir [2]: Cité Founty, direkter Strandzugang, Tel. 028-82 00 88, Fax 028-82 00 33, www.sofitel.com. DZ 2400–2800 DH, Suiten 5500–12 000 DH.

Palais des Roses [3]: Cité Founty, direkter Strandzugang, Tel. 028-84 94 00, Fax 028-82 82 01, www.palaisdesroses.ma. 1700–1900 DH, Suiten 2600–10 000 DH.

Royal Mirage Hotel [4]: Av. Mohamed V, Tel. 028-84 32 32, Fax 028-84 43 79, www.royal miragehotels.com. DZ 1700 DH.

Tikida Beach [5]: Rue des Dunes, direkter Strandzugang, Tel. 028-84 54 00, Fax 028-84 58 62, www.agadir-tikida.com. Thalassotherapie. DZ 1600 DH.

Iberostar Founty Beach Hotel [6]: Cité Founty, direkter Strandzugang, Tel. 028-84 44 44, Fax 028-84 48 48, www.iberostar.com. DZ 1300 DH, mit Meerblick 1500 DH, auch Halb- und Vollpension.

Hotel Amadil [7]: Rue des Dunes, direkter Strandzugang, Tel. 028-82 93 00, Fax 028-84 22 48, amadil@agadirnet.net.ma. DZ 1400 DH.

Hotel Tafoukt Beach [8]: Bd. du 20 Août, direkter Strandzugang, Tel. 028-84 07 23, Fax 028-84 09 71, tafoukt@consult-info.net.ma. DZ 1300 DH mit Halbpension.

Hotel Sahara [9]: Av. Mohamed V, Tel. 028-84 06 60, Fax 028-84 07 38, www.hotelsaha raagadir.com. DZ 1225 DH.

Agadir Beach Club [10]: Chemin de l'Oued Souss, direkter Strandzugang, Tel. 028-84 43

43, Fax 028-84 08 63, www.agadir-beach-club.com. DZ 1100 DH, 1300 DH (Meerblick).
Kenzi Farah Europa 11: Bd. du 20 Août, Tel. 028-82 12 12, Fax 028-82 34 35, www.kenzihotels.com. DZ um 1000 DH.
Hotel Argana 12: Av. Mohamed V, Tel. 028-84 83 04, Fax 028-84 05 56, h.argana@agadirnet.net.ma. DZ 620 DH.
Hotel Odyssee Parc 13: Av. Mohamed V, Tel. 028-84 33 26, Fax 028-84 12 47. 140-Zimmer-Haus, auf deutsche Klientel spezialisiert. DZ um 600 DH.
Hotel Anezi 14: Av. Mohamed V, Tel. 028-84 09 40, Fax 028-84 07 13, www.hotelanezi.com. DZ 540 DH.
Hotel Royal 15: Av. Mohamed V, Tel. 028-84 06 75, Fax 028-84 05 02, royal@iam.net.ma. DZ 540 DH.
Hotel Marhaba 16: Av. du Général Kettani, Tel. 028-84 06 70, Fax 028-84 35 29. Panorama über die Bucht von Agadir, gepflegte Gartenanlage, ausgezeichnetes Preis-Leistungs-Verhältnis. DZ mit Halbpension 520 DH.
Hotel Transatlantique 17: Av. Mohamed V, Tel. 028-84 21 10, Fax 028-84 20 76, hoteltransatlantique@agadirnet.net.ma. DZ 515 DH.
Hotel Kamal 18: Av. Hassan II, Tel. 028-84 44 89, Fax 028-84 39 40, www.hotelkamal.ma. DZ 460 DH.
Hotel Oasis 19: Av. Mohamed V, in der Nähe des Campingplatzes, Tel. 028-84 33 13, Fax 028-84 42 60. DZ 420 DH.
Hotel Adrar 20: Av. Mohamed V, Tel. 028-84 04 37, Fax 028-84 05 45. 400 DH.
Hotel Sud Bahia 21: Rue des Administrations publiques (Seitenstraße der Av. du Général Kettani), Tel. 028-84 07 82, Fax 028-84 63 86. DZ 315 DH.
Hotel Sindibad 22: Place Lahcen Brahim Tamri, beim Busbahnhof, Tel. 028-82 34 77, Fax 028-84 24 74. DZ 310 DH.
Hotel Talborjt 23: Rue de l'Entraide, Tel. 028-84 03 86, Fax 028-84 03 96, talborjthotel@menara.ma. DZ 260 DH.
Hotel Ayour 24: 4, Rue de l'Entraide, Tel. 028-82 49 76, Fax 028-84 24 74. DZ 250 DH.
Hotel Petite Suède 25: Ecke Av. Hassan II/Av. du Général Kettani, Tel. 028-84 07 79, Fax 028-84 00 57. Angeschlossene Autovermietung. DZ 200 DH.
Hotel Najem 26: 23, Rue de l'Entraide, Tel. 028-82 54 66. DZ 120 DH.
Hotel Diaf 27: Rue Allal Ben Abdallah, Tel. 028-82 58 52. Saubere Zimmer, Kollektivduschen, eine der besseren Adressen für Low-Budget-Reisende. DZ 60–80 DH.
Camping Municipal: Av. Mohamed V, Nordabschnitt, Ausfahrt Richtung Essaouira, Tel. 028-84 66 83. An der recht lauten Ausfallstraße, wenig Schatten, im Sommer oft überfüllt, eher ein Stellplatz für Wohnmobile als ein Campingplatz. Um 80 DH für zwei Personen.

Camping
Es empfiehlt sich, auf einen der Campingplätze am Strand Richtung Taghazoute/Tamri auszuweichen, die allerdings auch häufig von Wohnmobilen zugestellt sind.

Oder man fährt etwas weiter nach Sidi Rbat im Mündungsgebiet des Oued Massa auf einen traumhaft gelegenen Campingplatz (gut erreichbar über die N 1 Richtung Tiznit, Abzweig in Had-Belfa Richtung Massa und der Piste bis Sidi Rbat folgen).

In fast allen hochpreisigen Hotels wird, oft in mehreren Restaurants, eine ambitionierte À-la-Carte-Gastronomie angeboten, die in etwa auf deutschem Preisniveau liegt. Direkt beim Fischereihafen befinden sich etliche auf frischen Seefisch, Meeresfrüchte, Muscheln und Krustentiere spezialisierte Restaurants, etwa das **Restaurant du Port** (Tel. 028-84 37 08), **L'Amiral** (Tel. 028-84 60 80) oder das Restaurant **Laayoune** (Mobiltelefon 066-55 10 81).

Im Touristenkomplex Tamlelt (Nebenstraße der Rue des Dunes, gegenüber vom Club Valtur) liegen etwa ein Dutzend Restaurants (Menüs etwa 150–200 DH), empfehlenswert sind etwa **Au Dauphin Bleu** (Tel. 028-82 75 77), **La Lampara** (Tel. 028-84 08 77), **La Scala** (Tel. 028-84 67 73, Fischgerichte 100–150 DH, Langusten und Hummer) und **Little Norway** (Mobiltelefon 073-80 03 10).

Eine ganze Fülle von Restaurants mit Menüs zwischen etwa 100 und 150 DH findet sich in der Fußgängerpassage Ait Souss (gegenüber dem Musée municipal), etwa **La Truite** (Tel. 028-84 66 53).
Von Restaurants geradezu gesäumt ist die Av. Hassan II:
La Dolce Vita – Chez Rachid: Gegenüber der RTM-Radiostation, Tel. 028-84 52 21. Gute Fleisch- und Fischgerichte, reichhaltige Portionen, frisch gezapftes Bier, gute Weinkarte, die Terrasse ist besonders abends ein angenehmer Treffpunkt, Menüs etwa 150–200 DH.
Außerdem **La Tour de Paris** (Tel. 028-84 09 06) oder **Via Veneto** (Tel. 028-84 68 46).
Etwa ein Dutzend Restaurants liegen an der Av. Tawada, die die Strandpromenade nordwestlich der Place Bijaouane in Richtung des riesigen Apartmentkomplexes Marina d'Agadir weiterführt (Treffpunkt für Nachtschwärmer: das 24 Stunden geöffnete **Jour et Nuit**).
Fastfood ist im **MacDonalds** an der Av. Mohamed V (auf Höhe des Stadions) erhältlich, deftige deutsche Hausmannskost wird im **Marine Heim** (Av. Mohamed V, Nordabschnitt, Ausfahrt Richtung Essaouira, Tel. 028-84 07 31) aufgetischt.
Sehr einfache Restaurants (Menüs etwa 35–70 DH) finden sich vor allem beim Busbahnhof, in der Rue Allal Ben Abdallah (Talborjt) und um das Souk-Gelände.

Ensemble artisanal: Rue du 29 Février, Talborjt, beim Busbahnhof, Tel. 028-84 34 70. Fixpreise, im Vergleich zu anderen Kunsthandwerks-Kooperativen ein eher bescheidenes Angebot.

Ein großes Frischwaren- und Lebensmittelangebot gibt es sowohl in den Souks, die sich, zumal an den Markttagen Samstag und Sonntag, als ›Stimmungseinstieg‹ gut für Marokkoneulinge eignen, als auch im Marché municipal an der Place Sidi Mohamed, außerdem im Marché an der Rue Allal Ben Abdallah im Talborjtviertel.

Große Supermärkte im Stadtzentrum, die Alkoholika führen, sind das Suma und das Uniprix.

Boutiquen mit großem Angebot an Mode, Schmuck, Kosmetik, Schuhen und Lederwaren finden sich etwa – außer in den Ladenzeilen der Luxushotels – am Boulevard du 20 Août, am Chemin du Oued Souss, entlang der Rue des Dunes sowie im Tourismuskomplex Tamlelt, außerdem an der Avenue Mohamed V und, seltener, an der Avenue Hassan II.

Agadir zelebriert mit Tanger, Casablanca und Marrakesch das quirligste Nachtleben des Landes. Diskotheken, Nachtklubs, Loungebars finden sich, meist als Annex räumlich getrennt, in fast allen großen Hotels und Klubanlagen. Allerdings sind Gesichtskontrolle durch die Türsteher, deftige Eintrittsgebühren besonders am Wochenende, und oft horrende Preise für Alkoholika die Regel.

Welche Discos oder Klubs aktuell besonders angesagt sind, wo welche DJ's welche Musik auflegen, sollte man am besten vor Ort bei den Einheimischen, den ›Agadiris‹, in Erfahrung bringen.

Unbedingt einen Besuch wert ist das **Musée municipal d'Agadir** (Musée du Patrimoine Amazighe: Passage Ait Souss, neben der Industrie- und Handelskammer, Tel. 028-82 16 32, museeagadir@hotmail.com; tgl. außer So 9.30–17.30 Uhr; 20 DH). Schwerpunkte der gut kommentierten und professionell präsentierten Ausstellung sind Schmuckherstellung und Teppichknüpferei von Berberstämmen der Sousregion – insgesamt sehr sehenswert.

Der kilometerlange feinsandige Strand ist die Attraktion der Stadt und ihr touristisches Kapital. **Gleitschirmfliegen**, **Wasserskifahren** und **Surfen** (Surfer finden im 20 km nördlich von Agadir gelegenen Taghazoute allerdings bessere Bedingungen vor) gehören hier zu den Freizeitaktivitäten. Die großen Klubhotels haben ihre eigenen, eingezäunten und zumeist sehr gepflegten Strandparzellen, wo der Luxustourist von den Einheimischen nicht behelligt wird.

Besonders in der nördlichen Strandzone kann es gelegentlich zu einer recht rüden Anmache kommen. **FKK** in einem islamischen Land ist für gläubige Muslime eine schockierende Obszönität – selbst im an Touristen gewöhnten Agadir sollte man (gerade auch was das Badeoutfit angeht) ein Mindestmaß an Respekt gegenüber den religiösen Tabus des Landes aufbringen.

Flugzeug: Der internationale Flughafen der Stadt, Agadir-El Massira (Tel. 028-83 91 12), liegt etwa 22 km südöstlich des Zentrums, Richtung Ait Melloul/Taroudannt. Grand Taxis vom Flughafen ins Stadtzentrum für 150 DH. Inlandsflüge etwa nach Casablanca, Laayoune–Dakhla, Marrakesch, Fès, Ouarzazate, Tanger, Oujda. Charterflüge nach Agadir von etlichen deutschen Städten (konkrete Informationen etwa über die Websites von Condor, LTU, Hapag Fly, Hello Airlines); auf Last-Minute-Angebote spezialisierte Reisebüros haben außerhalb der Hochsaison während der deutschen Schulferien Agadirflüge bisweilen von 150–200 € im Angebot. Royal-Air-Maroc-Zentrale: Ecke Av. du Général Kettani/Av. Hassan II, Tel. 028-84 00 45, Call Center Agadir Tel. 90 000 800).

Bus: Der sowohl von der CTM-LN als auch von den meisten Privatlinien angefahrene Busbahnhof liegt an der Place Lahcen Tamri im Talborjtviertel. Tgl. Verbindungen etwa nach Marrakesch, Tan Tan–Laayoune–Dakhla; Essaouira–Safi–El Jadida; Casablanca–Rabat sowie Tanger, Taroudannt, Ouarzazate und Tiznit.

Die Stadtbusse verkehren nur bis etwa 21 Uhr und starten von der Place Salam, dem markanten Kino Salam gegenüber, etwa 1 km südöstlich des Stadtzentrums: Linie 1 Richtung Hafen (Anza), Linien 12 und 14 Richtung Taghazoute–Tamri, Linien 19 und 21 Richtung Ait Melloul, Linie 22 zum Flughafen. Da Agadir nicht ans Schienennetz angebunden ist, verkehren hier zusätzlich Bahnbusse.

Harmonie in Rot:
Fischer im Hafen von Agadir

Taxi: Sammeltaxis nach Essaouira starten vom Souk-Gelände, nach Tiznit und Taroudannt von der Place Salam. Für Langstrecken-Sammeltaxis, etwa nach Marrakesch oder Ouarzazate, muss man nach Inezgane ausweichen (dort riesiger Busbahnhof und Sammeltaxistand, Fernbusse in die wichtigsten Großstädte des Maghreb, u. a. nach Algier, Tunis, Tripolis und Kairo, Europabusse etwa nach Paris).

Mietfahrzeug: Etliche Mietwagenfirmen (auch Motorräder und Geländewagen) an der Av. Mohamed V (Nordwestabschnitt), Av. Hassan II und Av. du Prince Moulay Abdallah. Vermieter von Mountainbikes und Fahrrädern in der Strandhotelzone. Mehrere Autowerkstätten im Südostabschnitt der Av. Hassan II, in der Nähe der Place Salam und am Anfang der Rue El Mouakaouma (Richtung Souks).

Medina d'Agadir

Ob man, was es niemals gab, nachstellen und -inszenieren muss, sei dahingestellt, jedenfalls hat Coco Polizzi, ein umtriebiger Unternehmer und Tausendsassa, Agadir etwas gegeben, was so hier nie existierte: eine Medina. Die von Polizzi entworfene Medina d'Agadir (im Stadtteil Ben Sergao, Abzweig von der Ausfallstraße nach Inezgane, ausgeschildert, Tel. 028-28 02 53, www.medinapolizzi.com; kein Ruhetag; Eintritt 40 DH; Bustransfers von den meisten großen Hotels) ist ein abenteuerlicher architektonischer Stilmix, der mit großer Geste Vergangenheit beschwört und zitiert. Polizzis »handwerkliches und kulturelles Dorf« (so das im Werbeflyer genannte, reichlich kryptische Etikett) ist Freilichtmuseum und Kunsthandwerks-Kooperative (Fixpreise; als Übersicht über die diversen Sparten des marokkanischen Kunsthandwerks durchaus einen Besuch wert), Galerie und Theater, Künstlertreff und Flaniermeile, Restaurant und Hamam. Als Ziel eines Halbtagesausflugs ist diese künstliche Medina, in der sich ein cleverer Geschäftsmann ein Denkmal gesetzt hat, schon eine Überlegung wert …

Die südliche Atlantikküste

Reiseatlas S. 11, 15, 17, 19, 21

Schroff zerklüftete Felswände, abgelegene Weiler auf Felsvorsprüngen: eine Landschaft von urwüchsigem, eigenartig bizarrem Reiz ist das Granitfelsental der Ammeln, eines in der Region um Tafraoute siedelnden Berberstammes. – Als echte Wüstentour führt die N 1, südwestlich von Tan Tan Plage meist parallel zur Küste, zwischen den Geröllplateaus der *hamada* (Steinwüste) und den Sandstränden am Atlantik in Richtung Mauretanien.

Von Agadir nach Tafraoute und ins Tal der Ammeln

Karte: S. 372

Man verlässt Agadir in Richtung Inezgane und gelangt über Ait Melloul auf der nach Südosten führenden S 509/R 105 in die Großdörfer Biougra und Ait Baha. Von dort führt eine landschaftlich hinreißende Strecke an der Südwestflanke des Antiatlas entlang, durch wildromantische Bergtäler und an imposanten Speicherburgen in schwindelnder Höhe vorbei in die Oasenstadt Tafraoute, das Zentrum der Chleuh-Berber.

Von Tafraoute aus empfiehlt sich unbedingt ein Abstecher in das Granitfelsental der Ammeln (eines in der Region siedelnden Berberstammes), das neben überwältigenden Landschaftspanoramen eindrucksvolle Ksour wie Kasbahs bietet.

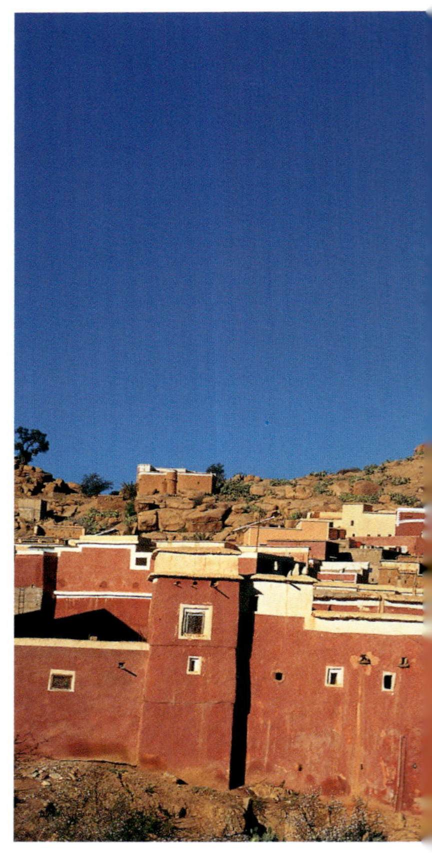

Tafraoute

Agadir 1 in Richtung des südöstlich gelegenen Vorortes Inezgane verlassend, kommt man zunächst in das umtriebige, aber herzlich uninteressante **Ait Melloul** 2. Der Ort, allenfalls als Verkehrsknotenpunkt von Bedeutung und ohne jede Sehenswürdigkeit verfügt über die für Touristen wichtigsten Versorgungsmöglichkeiten. Etwa 20 km südöstlich von Ait Melloul passiert man die Ortschaft **Biougra** 3, ein ebenfalls eher nichtssagendes Straßendorf mit den typischen, der Hauptstraße zugewandten Arkadenläden. Um Biougra wird auf trocken-sandigen Böden Gemüse angebaut, manche Kulturen gedeihen nur in Gewächshäusern.

Der S 509/R 105 folgend, passiert man den etwa 40 km südöstlich von Biougra gelegenen Marktort **Ait Baha** 4 (Souk am Mittwoch). Ait Baha, eher Kleinstadt als Dorf, ist im August/September Schauplatz eines regionalen Moussem. Der Ort selbst bietet allerdings nichts Spektakuläres, im Zentrum befinden sich einige einfache Hotels. Mit Tioulit, etwa 35 km von Ait Baha entfernt rechter Hand der S 509/R 105 gelegen, ist einer der auffälligsten Kasbah-Komplexe an der Strecke erreicht.

Südöstlich von Ait Baha beginnt eine landschaftlich sehr schöne Strecke, die in die Südwestausläufer des Antiatlas hineinführt. Bemerkenswert sind hier die in die Hänge hineingebauten Weiler und die hoch aufragenden Speicherburgen (*agadire*). Die S 509/R 105 führt schließlich bis in die sehenswerte,

Der Granitfelsen Chapeau de Napoleon bei Tafraoute

landschaftlich traumhaft gelegene Oasenstadt Tafraoute.

Tafraoute 5 (etwa 8000 Einwohner), in etwa 1000 m Höhe im westlichen Antiatlas gelegen, ist das Zentrum der ob ihrer Geschäftstüchtigkeit berühmten – und gefürchteten – Chleuh-Berber. Insbesondere die Ammeln, ein in der Region siedelnder und zu den Chleuh gehörender Berberstamm, haben in Marokko ganze Branchen des Kleinhandels monopolisiert.

Die Kleinstadt mit ihren zahlreichen Mandelbäumen, Palmen und Olivenhainen liegt in einem von bizarren, kahlen Granitfelsen umgebenen Talkessel. Bemerkenswert ist besonders der den Ort majestätisch überragende, Chapeau de Napoléon genannte Granitfelsen, der in der Tat an den berühmten Dreispitz des französischen Kaisers erinnert. Die erdfarben getünchten Häuser von Tafraoute passen sich der Landschaft hervorragend an, in der Abenddämmerung schimmern die Granitwände in einem unvergesslichen Rosa. Auch die zahlreichen Neubauten nehmen den traditionellen Stil auf, wobei die Eingänge, Fenster und Dachecken in der Regel farblich abgesetzt sind – als Schutzmaßnahme gegen den bösen Blick …

Bemerkenswert ist auch, dass Tafraoute keinerlei Festungsanlagen besitzt – eine Seltenheit für einen marokkanischen Ort dieser Größe.

Von ganz eigenem Reiz sind die von dem belgischen Maler Jean Vérame bemalten Felsen (ca. 5 km außerhalb des Ortes, ausgeschildert) – 20 t Naturfarben soll der Künstler für dieses eindrucksvolle Openairspektakel verbraucht haben.

Tafraoute, wo mittwochs Markt ist, wird von Teilnehmern organisierter Tagesausflüge von Agadir aus sehr häufig besucht und eignet sich hervorragend als Basislager für ausgedehnte Wanderungen oder Bergtouren in die Umgebung.

Wenn man von Tafraoute nach Agadir zurück will, empfiehlt sich die landschaftlich überaus lohnende Route 7074/R 104 über Tiznit. Von dort sind es noch 91 km auf der P 30/N 1 bis Agadir.

Les Amandiers: Tel. 028-80 00 08, Fax 028-80 03 43, www.hotel-lesamandiers.com. Renommiertes, auf einem Felsen gelegenes Viersternehotel im Kasbah-Stil, mit einem wunderschönen Blick auf das Gebirge. DZ um 750 DH.
Hotel Salama: Am Ortseingang links, Tel. 028 80 00 26, Fax 028 80 04 48. Empfehlenswerte einfache Herberge mit Dachterrasse.

15 Tal der Ammeln

Unbedingt zu empfehlen ist ein Abstecher ins landschaftlich hinreißende **Tal der Ammeln**, das sich an der Südflanke des 2359 m hohen Djebel Lekst etwa 15 km in Ost-West-Richtung erstreckt. Das steile Granitfelsental beginnt einige Kilometer nördlich von Tafraoute; kurz hinter dem Dorf Sidi Abd El Djebar zweigt man von der S 509/R 105 nach halbrechts auf die Piste 7148 in Richtung Taguenza ab. Das Tal der Ammeln gilt zu Recht als eine der grandiosesten Landschaften im Antiatlas; auf der Talsohle gedeihen Öl- und Mandelbaumkulturen, die schroffen Granitwände reflektieren das Licht, einzelne kleine auf den Felsvorsprüngen errichtete Ksour und Kasbahs wirken aus der Ferne wie Adlerhorste in schwindelnder Höhe. Das Tal der Ammeln – ein Muss für diejenigen, die ein Faible für Landschaften haben!

Jean Vérames »Blaue Felsen« bei Tafraoute

Mit dem Autor unterwegs

»Les Peintures« – die bunten Steine

Offenbar hat er ein besonderes Faible für Rot und Blau, Schwarz und Violett: In diesen Farbtönen hat der belgische Künstler Jean Vérame ganze Serien von Granitblöcken bei Tafraoute bemalt – eine dem Zahn der Zeit überlassene Farbspur, flüchtiges Menschenwerk inmitten zeitloser Natur (s. S. 372).

Naturschutzgebiet Sous-Massa

Ein landschaftlich sehr schönes Refugium, ein gutes Gelände für Wanderungen, ein interessantes Terrain für Naturbeobachtungen, besonders für ornithologische Studien, ist das Naturschutzgebiet an der Oued-Massa-Mündung. Geeignet als Tagesausflug von Agadir oder, etwa für Familien mit Kindern, auch zum längeren Verweilen (s. S. 376).

Spanisches Flair in Sidi Ifni

Erst 1969, als Marokko den Landweg nach Sidi Ifni blockierte, gab Spanien endlich seine aus der Kolonialzeit gerettete und seither zäh verteidigte Enklave auf. Vielleicht hat sich deshalb ein spanisch-andalusisches Gepräge gerade an diesem Ort so unverfälscht in einer atmosphärisch deutlich spürbaren Reinkultur erhalten. Sidi Ifni, reich an architektonischen Zeugnissen des Art déco der 1930er-Jahre, strahlt einen ganz speziellen Charme aus, womöglich noch gesteigert durch eine leicht morbide Note, durch den allmählichen Zerfall der früheren Pracht (s. S. 379).

Luxus und Elend in Laayoune

In wenigen Großstädten des Landes sind soziale Gegensätze derart unübersehbar wie in Laayoune. In der spanisch geprägten Unterstadt am meist ausgetrockneten Saguia El Hamra gibt es trostlose Elendsquartiere, in der Oberstadt hypermoderne Wohnviertel, einen Kongresspalast und ein Fussballstadion (s. S. 384).

Von Agadir nach Tan Tan

Karte: S. 378

Diese Route (324 km) führt durch die südliche Sousebene in das regional bedeutende Handels- und Handwerkszentrum von Tiznit – günstiger Ausgangspunkt für Abstecher nach Mirleft und Sidi Ifni. Weiter geht es an der Südwestflanke des Antiatlas entlang zur Garnisonsstadt Bou-Izakarn, von dort auf der vorzüglich ausgebauten Westsaharatransversale P 41/N 1 nach Tan Tan; in ihrem südlichsten Abschnitt als Piste führt die Transversale dann bis zum marokkanisch-mauretanischen Grenzübergang La Gouira/Nouadhibou.

Landschaftstotale im Tal der Ammeln

Chtouka-Ebene und Parc national de Sous Massa

Man verlässt **Agadir** 1 Richtung Inezgane und nimmt südlich von Ait Melloul auf der P 30/N 1 Kurs auf das noch 78 km entfernte Tiznit. Südlich von Sidi Bibi erstrecken sich riesige Obst- und Gemüseplantagen, weitläufige Freilandkulturen, aber auch ausgedehnte Treibhausanlagen. Hier, in der **Chtouka-Ebene**, ist in den 1980er-Jahren eines der ehrgeizigsten Agrar- und Bewässerungsprojekte in Marokko entstanden, an dessen Finanzierung die deutsche Kreditanstalt für Wiederaufbau mit einer Strukturhilfe von 60 Mio. US-$ beteiligt war. Aufwendige Beregnungsanlagen (Sprinklersysteme und Tröpfchenbewässerung), gespeist aus den Wasserreservoirs des Stausees Youssef Ben Tachfine und des Oued Massa, lassen hier Tomaten, Auberginen, Lauch, Paprika, Bohnen, Spargel, Melonen, Bananen und Erdbeeren gedeihen. Wer sich speziell für Probleme der marokkanischen Agrarökonomie interessiert, dem sei ein Besuch des Projektgeländes dringend empfohlen – erforderlich ist eine Genehmigung der Landwirtschaftskammer in Agadir.

Von Had-Belfa führt eine von der P 30/N 1 nach rechts abknickende Stichstraße in das

Richtig Reisen-Tipp: Maison d'Hôtes Ksar Massa

Wie so oft in Marokko: erst eine recht beschwerliche Anfahrt, dann ein lohnendes Ziel. Wer auf der auch ohne Geländewagen passierbaren Piste nach Sidi Rbat strikt den Hinweistäfelchen folgt, landet im Hotel-Gästehaus Ksar Massa, ein aus zwölf jeweils farblich abgestimmten, in traditionellem Dekor gehaltenen, der klassischen Riad-Architektur nachempfundenen Apartments bestehendes Refugium in unmittelbarer Strandnähe. Angeschlossen an den im traditionellen *tafdellakt*-Stil gehaltenen Wohnkomplex (eine besonders aufwendige und feine Art des Innenverputzes) sind ein Pool, ein Restaurant und ein aus Beduinenzelten gebildetes Biwak. Die Unterkunft ist zwar nicht eben billig (DZ mit Halbpension 2000 DH, Kinder bis zwölf Jahre 350 DH) und ohne eigenes Fahrzeug schwer zu erreichen, hat aber einen ganz eigenen Charme und ist mit ihren geräumigen, geschmackvoll-komfortabel ausgestatteten, separaten Apartments gerade für Familien mit Kindern eine ernstzunehmende Alternative zum genormten Standard der immergleichen Hoteldoppelzimmer.

Nicht zuletzt eignet sich Ksar Massa vorzüglich als Ausgangspunkt für Strandwanderungen oder Exkursionen in das Naturschutzgebiet Parc national de Sous Massa an der Oued-Massa-Mündung. Zudem bieten das Dorf Sidi Rbat mit seinen Höhlensiedlungen sowie der nahe gelegene Ort Massa manch Interessantes für (Halb-)Tagesausflüge.

Informationen zum Gästehaus s. u.

Refugium am Atlantik: das Gästehaus Ksar Massa

landschaftlich traumhafte, schilfbestandene und von Flamingokolonien bevölkerte Naturschutzgebiet **Parc national de Sous Massa** an der Oued-Massa-Mündung, wo sich gute Wandermöglichkeiten bieten.

Ksar Massa: Sidi Rbat, Massa, Tel. 061-28 03 19, 062-80 24 85, Fax 028-25 57 72, www.ksarmassa.com, ksarmassa @ksarmassa.com.

Campingplatz in Sidi Rbat.

Tiznit

Mit Tiznit 2 ist das bedeutendste Handelszentrum des südlichen Sous und des westlichen Antiatlas erreicht. Die als Handwerksstandort und Militärstützpunkt wichtige Stadt mit ca. 60000 Einwohnern ist wegen ihrer schönen Souks und des für eine Sahararandsiedlung typischen Stadtbildes sehenswert.

Geschichte

1882 als Festung während eines Eroberungszuges des Sultans im Sous gegründet, stieg Tiznit um 1900 zu einem großen Karawanenzentrum auf. 1912 ließ sich hier der Rebell El Hiba zum Gegensultan ausrufen. 1917 besetzten die Franzosen den Ort und nutzten ihn als Garnison der Fremdenlegion. Durch den Westsaharakonflikt hat Tiznit in den 1970er/80er-Jahren an militärstrategischer Bedeutung gewonnen; seit in den Kasernen größere Truppenkontingente stationiert sind, ist der Ort rasch gewachsen. Die ökonomische Bedeutung, die Tiznit früher als Zentrum der Waffen- und Silberschmuckproduktion für die Sousregion hatte, lässt seit Jahren stark nach; mit dem Aussterben der alten Nomadenkulturen im südlichen Marokko verliert die Stadt auch ihre Funktion als Warenumschlagplatz für die Saharanomaden. Von Bedeutung ist inzwischen der Tagestourismus aus Agadir – was sich leider auf Qualität und Preisniveau in den Souks ausgewirkt hat.

Die Stadt

Die Altstadt von Tiznit wird von einer 5 km langen, ockerfarbenen Lehmmauer mit sechs Toren und starken Befestigungen umgeben. Haupttor ist das Bab Ait Djerrar. Dahinter liegt die arkadenumgebene **Place El Mechouar,** der zentrale Platz der Stadt mit Busstation, einfachen Hotels, Cafés und Restaurants. Um den Platz dehnen sich die verwinkelten, recht großen **Souks** aus. Im ganzen Land berühmt waren lange Zeit besonders die Souks der Waffenschmiede und der Silberschmuckhersteller. Rechts von der Place El Mechouar (vom Haupttor aus gesehen) erhebt sich die **Große Moschee** mit einem Minarett, dessen Bauweise der des südlichen Sahararandes ähnelt (Lehmbauarchitektur der Sudanzone in den Staaten Mali und Niger). Bei der Moschee liegt die **Blaue Quelle**, ein unscheinbarer Brunnen, der als Wallfahrtsort verehrt wird. Hier soll die Heilige Fatma Tiznit gelebt haben, die den Ort der Sage nach vor mehr als 1500 Jahren gründete. Hinter Moschee und Quelle führt eine Straße zum Bab Targua, wo der Palmenhain von Tiznit beginnt. – Gegenüber dem Bab Ait Djerrar liegt die Hauptstraße der Neustadt mit Marché municipal, Post und Ensemble artisanal. Und hinter dem Hotel Tiznit (an der Straße nach Tafraoute) wird der Donnerstagsmarkt abgehalten.

Hotel Idou Tiznit: Av. Hassan II, Tel. 028-60 03 33, 028-60 04 44, Fax 028-60 06 66, www.idoutiznit.com. Erstes Haus am Platz, Restaurant und Pool. DZ 850 DH.

Hotel de Tiznit: Rue Bir Inzaran, am Rondell, von dem die Ausfallstraßen nach Agadir, Tafraoute und Guelmim abzweigen, Tel. 028-86 24 11, Fax 028-86 21 19. Ordentliches Mittelklassehotel mit Restaurant, Bar, Pool; Folkloreveranstaltungen. DZ 320 DH.

Hotel de Paris: Gegenüber dem Hotel de Tiznit, Tel. 028-86 28 65, Fax 028-60 13 95. Einige Zimmer recht laut, gutes Restaurant. DZ 180 DH.

Mauritania: Route de Guelmim, Tel. 028-86 20 72. Einfaches Hotel mit Restaurant und Bar. DZ 100 DH.

Silberschmuck

Tiznit galt früher als Zentrum der Silberschmuckproduktion. Bei Bus- und Tagesausflügen von Agadir werden zumeist ausgewählte Läden angesteuert, die dafür Provision zahlen. Häufig wird hier ein ziemlicher Ramsch zu völlig überhöhten Preisen verscherbelt. Wer in Tiznit Silberschmuck einkaufen will, sollte dies daher besser auf eigene Faust tun, dabei etliche Läden vergleichen und möglichst etwas vom Metier verstehen. Echtes Silber wird zumeist nach Gewicht verkauft.

Bus: Die meisten Privatbusse (mit Verbindungen nach Agadir, Tafraoute, Mirleft, Sidi Ifni und Guelmim) starten von der Place El Mechouar. Der CTM-LN-Busbahnhof liegt etwa 200 m westlich des Bab Ait Jerrar (Südwesteingang zur Medina, markantes Haupttor); von hier Verbindungen nach Agadir, Casablanca–Tanger, Guelmim–Tan Tan–Laayoune und Marrakesch, Europabus nach Paris.
Taxi: Sammeltaxis nach Mirleft und Sidi Ifni.

Umgebung von Tiznit

Mirleft

Über die landschaftlich sehr schöne Route 7064/R 104 erreicht man den kleinen, etwa 45 km südwestlich von Tiznit gelegenen Ort **Mirleft** 3. Das Dorf war besonders in den 1970er-Jahren überlaufen von europäischen und amerikanischen Aussteigern aller Couleur, die die etwa 1,5 km von Mirleft entfernten Strände von Gourizim zum Überwintern nutzten. Der Zusammenprall westlicher Subkultur und islamischer Traditionen hat gerade in der Region von Mirleft allerdings häufig zu schweren Konflikten geführt. In den letzten Jahren sind die Strände freilich eher von marokkanischen Familien denn von europäischen Freaks bevölkert – und auch die Konfrontationen, die sich besonders an Kleinkriminalität, Drogenhandel und Nacktbaden entzündeten, haben erheblich nachgelassen.

Mirleft besitzt ein recht hübsches Zentrum mit einem arkadengesäumten Markt, auf einem Hügel liegen die Reste einer Festungsanlage. Es bieten sich sehr schöne Badestrände und gute Surfmöglichkeiten.

Hotel Mirleft: Ortszentrum, Tel. 028-71 90 44. Spartanische Unterkunft.

Sidi Ifni

Etwa 30 km südwestlich von Mirleft erreicht man über die R 104 den schön gelegenen Bade- und Hafenort **Sidi Ifni** 4. Die Klein-

Von Agadir nach Tan Tan

Ozean
Essaouira, Safi
Agadir
Djebel Lgouz
Marrakesch
Taroudannt
N1
N8
1
Oula I Teima
Inezgane
N10
Ait Melloul
Sebt Guerdane
Sidi Toual
Ait Haida
Tifnite
Sidi Bibi
Tidsi
R105
Parc national de Sous Massa
N1
Imi Mkourn
Anou Djedid
Sidi Rbat
Ait Baha
Sidi Ouassai
Had Belfa
Oued Ait Baha
Tassila
Dar Lahoussine
Agadir Izouika
Oued Massa
Bou Soun
1916 m
Tioulit
El Mers
Barrage Youssef Ben Tachfine
El Feid
Djebel Lekst 2359 m
Tnine El Mader
Tanalt
Tiznit
Sidi Bou Ifedail
R104
2
Tafraoute
3
Laquina
Assaka
Mirleft
Anezi
Arbaa Sahel
Sidi Mohamed ou Abdallah
Souk El Had de Reggada
Tighmi
Oued Saloughad
Assif n'Tiouinine
2145 m
Anti Atlas
R104
N1
Khmes ait Ouafka
Sidi Ifni
4
1447 m
El Merabtine
Tleta Akhssass
Djemaa n'Tirhirte
Tangarfa
Tamessoult
Tabahnift
Bou-Izakarn
Ougrane
5
Touaoutlim
Aguerd
Sidi El Mechour
Tainzirt
Abouda
Tagmoute
Guelmim
Fask
Tata
6
1295 m
Oued Seyad
Irherm Iguizzoulene
Abiar
Asrir
Djebel Akerkour
Targoumait
Djebel Taissa
Oued Tamanart
Tadalt
ebel Guir
El Borj
Assa
Tiglite
Aouinet Torkoz

stadt mit rund 25 000 Einwohnern war lange Zeit eine spanische Enklave, sie besitzt einen belebten Fischereihafen und eine Militärgarnison im Ort.

Geschichte

1445 bauten die Spanier an der Stelle eine kleine Festung, die jedoch bereits 1524 wieder zerstört wurde. Nach dem Krieg mit Spanien musste Marokko 1860 das Gebiet an den Sieger abtreten, doch erst 1935 legten die Spanier hier eine Siedlung an. Die spanische Enklave Ifni umfasste 2000 km^2 mit etwa 50 000 Einwohnern, darunter allein 26 000 spanische Soldaten. Außerhalb des Hauptorts Sidi Ifni war der spanische Einfluss gering. Die nomadischen Stämme der Umgebung blieben auf den Markt von Guelmim orientiert. Im Winter 1957/58 brachen Aufstände gegen die Spanier aus, die die Enklave schließlich im Jahre 1969 an Marokko zurückgaben.

Stadtanlage

Sidi Ifni ist heute vornehmlich Fischerei- und Handelshafen (teilweise auf einer von 1958 an künstlich geschaffenen Insel gelegen) sowie Standort von Fischkonserven- und Mineralwasserherstellung. Während der Kämpfe um die Westsahara kam Sidi Ifni erhebliche logistische Bedeutung zu, denn es besitzt einen großen Militärflughafen. Im Kernbereich ist Sidi Ifni eine moderne, schachbrettartig angelegte Stadt mit breiten, zum Meer abfallenden Straßen und unverkennbar spanischem Ambiente. Zentrum ist der spanisch geprägte Paseo mit Busbahnhof, Cafés, öffentlichen Gebäuden und einem Brunnen. Im Ort befinden sich einige hübsche Hotels, in der Nähe ein ehemaliges Palais des spanischen Diktators Franco.

Strände

Die schönen, langen Strände südlich von Sidi Ifni bieten ein großes touristisches Potential

Marktszene in Guelmim

– vor allem ausgezeichnete Surfmöglichkeiten. Über die P 7104 erreicht man die herrlichen, etwa 50 km südwestlich von Sidi Ifni gelegenen Sandstrände der **Plage Blanche**.

Hotel Belle Vue: 9, Place Hassan II, Tel. 028-87 50 72, 028-87 52 42. Zweisternehotel mit 35 Zimmern, Panoramaterrasse, Restaurant und Bar. DZ 250–300 DH.
Hotel Ait Baamrane: Av. de la Plage, Tel. 028-87 52 67. Direkt am Strand, Bar und Restaurant. DZ 150–200 DH.
Einige einfache Hotels (etwa **Hotel Suerte Loca**) im Ortszentrum.
Camping municipal: sehr spartanisch.

Bus: Regelmäßige Verbindungen nach Mirleft, Tiznit und Guelmim.

Bou-Izakarn

Der P 30/N 1 von Tiznit aus in südlicher Richtung folgend, erreicht man nach 67 km die Garnisonsstadt **Bou-Izakarn** 5. Hier befindet sich ein Ausbildungslager der marokkanischen Armee, der Ort ist entsprechend stark von Militär geprägt. In Bou-Izakarn beginnt die Westsaharaküstenstraße P 41/N 1, die sich endlos lang bis zur mauretanischen Grenze hinzieht. An der Straßenkreuzung finden bisweilen die ersten intensiven Kontrollen durch Polizei und Militär statt (Achtung, in der Regel sind Nagelgurte über die Straße gelegt), die dann, je weiter man nach Süden vordringt, umso häufiger werden. – Der Ort selbst bietet touristisch rein gar nichts.

Guelmim

Etwas über 40 km südwestlich von Bou-Izakarn kommt man in die Saharарandsiedlung **Guelmim** 6, die von Sidi Ifni über die Route 7129/N 12 auch direkt angefahren werden kann. Der bereits in einer kargen, fast vegetationslosen Umgebung gelegene Ort mit etwa 35 000 Einwohnern ist ein wichtiges Marktzentrum der marokkanischen Sahararandzone. Nicht zuletzt durch das in der Folge des Westsaharakonfliktes hier zusammengezogene Militär ist die Stadt in den vergangenen Jahren sehr rasch expandiert, weitläufige Neubausiedlungen sind hier entstanden.

Als bedeutende Etappe der zwischen arabischem Maghreb und Schwarzafrika verkehrenden, großen Timbuktukarawanen erlebte Guelmim im späten 19. Jh. seine Blütezeit. Hier gab es einen der größten Kamelmärkte Afrikas: 20 000–40 000 Kamele wurden jährlich verkauft. Der am Stadtrand am Samstagmorgen abgehaltene, wöchentliche Kamelmarkt ist inzwischen nur noch eine Inszenierung für die Tagestouristen aus Agadir. Auch die berühmten *guedras* (erotisierende Tanzsolos einer Frau, die sich zu Trommelwirbeln ihrer Schleier entledigt) werden inzwischen allenfalls noch als verfälschte Touristenattraktion in Hotelbars präsentiert.

Kamelmarkt in Guelmim

Fast alle Reiseveranstalter in Agadir organisieren Tagesausflüge zum samstäglichen Kamelmarkt in Guelmim. Zum Fotospektakel und zu vordergründiger Orientfolklore heruntergekommen, kann diese Unternehmung eigentlich nur enttäuschen. Die Reguibat, die legendären Blauen Männer der Gegend (so genannt, weil der Indigofarbstoff ihrer Ganduras im Lauf der Zeit der Haut einen Blauschimmer verleiht), sind längst nur noch Nomadendarsteller, und ein wirklicher Kamelmarkt findet heute nicht mehr statt. Was davon übrig ist, ist pure Inszenierung für die Touristen.

Ein organisierter Tagesausflug nach Guelmim vermag jedoch eine konkrete Vorstellung von einer Saharasiedlung zu vermitteln, die landschaftliche Umgebung kann immerhin eine Ahnung vom Wüstenvorland des großen Südens aufbauen. Aber die Ära der Transsahara-Karawanen, des freien Nomadentums, der Wüstenromantik ist in Marokko ein für alle Mal passé – der Rest, wie in Guelmim, ist pure Illusion!

Guelmim weist keinerlei bedeutende Baudenkmäler auf; von einem gewissen Reiz ist dennoch ein Spaziergang auf den Hügel der Kasbah-Ruine, von wo aus man einen schönen Überblick über den Ort hat. Die Kleinstadt als Ganzes mit ihrem arkadengesäumten Marktplatz, mit ihren ockerfarben und rot getünchten Häusern vermittelt dennoch ein gutes Bild dieser städtischen Vorposten in der Wüstenrandzone.

C.R.T. und **Délégation du Tourisme:** 3, Av. Mohamed VI (früher: Bd. d'Agadir), Résidence Sahara, Tel. 028-87 29 11, Fax 028-87 31 85.

Hotel Salam: Route de Tan Tan, Tel. 028-87 20 57. 19-Zimmer-Haus, einfacher Komfort, Restaurant. DZ um 200 DH.
Hotel de la Jeunesse, Hotel L'Ère nouvelle, Hotel Biranzarane: einfache Hotels im Ortszentrum.
Camping: 12 km entfernt in Abeinou (rechts von der N 12 in Richtung Sidi Ifni) Campingplatz mit Schwimmbad und heißen Schwefelquellen).

Großer Moussem im Juni in Asrir (etwa 10 km südöstlich von Guelmim).

Schöner Dünenstrand, Plage Blanche, südwestlich von Guelmim (erreichbar über die Stichstraßen 7101, 7103 und 7104).

Bus: Der Busbahnhof liegt in einem ummauerten Areal am Ortsrand an der alten Straße nach Sidi Ifni. Tgl. Verbindungen nach Tiznit–Agadir und Tan Tan–Laayoune–Dakhla, Nachtbus nach Casablanca; nach Sidi Ifni zumeist Privatlinien.

Tan Tan

Nach weiteren 125 km auf der durch eine öde Steppenlandschaft und eine von der *hammada* (Geröllwüste) geprägte Gegend führenden Transsaharastraße P 41/N 1 gelangt man nach **Tan Tan** 7 (Karte S. 378). Die als Verwaltungs- und Versorgungszentrum sowie als Garnisonsstandort wichtige, moderne Provinzhauptstadt (ca. 60 000 Einwohner) ist mit Laayoune die größte Stadtsiedlung der Sa-

Von Tan Tan nach Laayoune

0 20 40 km
Atlantischer Ozean
Tan Tan Plage
Tiznit, Agadir
Tan Tan
N1
Sidi Akhfennir
Dar Chebika
Oued Chebeika
Cap Juby
Tarfaya
Abetteh
Sebkha Tah
Khaoui N'am
Sekouene El Hamra
R101
Oued El Marmoutha
Dawra
El Hagounia
Oued El Haggounia
Dakhla
Laayoune
Sebkha Amsaykir
Laayoune Plage
Chbac
Smara

hararegionen. Als Militärposten gehörte der Ort zur spanisch besetzten Tarfayaregion und wurde erst 1958 an Marokko abgetreten. Der Hafen im 25 km westlich gelegenen Tan Tan Plage ist als Standort der Fischkonservenherstellung von Bedeutung, er wird derzeit zum Hochseehafen ausgebaut.

Tan Tan liegt auf einem Wüstenplateau zwischen zwei Hügelketten; der Fluss Oued Ben Khlil, der hier freilich fast nie Wasser führt, teilt den Ort in zwei Hälften. Die Stadt, inzwischen sehr stark vom Militär dominiert, ist im Zentrum schachbrettartig angelegt; ihre Mittelachse bildet der obligatorische Boulevard Mohamed V mit seinen überquellenden Arkadenläden. An den Ortsrändern zerfranst die Stadt regelrecht, die Gassen verlieren sich in den *bidonvilles* und im Sand. Im Stadtbild fällt der hohe dunkelhäutige Bevölkerungsanteil auf – hier leben sehr viele Haratin, Nachkommen ehemaliger sudanesischer Sklaven.

Auch für Tan Tan gilt: Die Stadt, bar aller Sehenswürdigkeiten, lädt nicht unbedingt zum längeren Verweilen ein, dennoch ist sie, typischer noch als Guelmim, eine echte Wüstenstadt. Und wenn man von einer der Dachterrassen das Panorama auf sich wirken lässt und den Sonnenuntergang genießt – dann hat auch Tan Tan seine verborgenen Reize.

Hotel Amgala: Ortsmitte, Tel. 028-87 73 08/88. Einfaches 30-Zimmer-Hotel, Restaurant, Parkplatz, Dachterrasse mit Panorama über den Ort. DZ um 150 DH.
Hotel Etoile du Sahara: 17, Rue El Fida, Tel. 028-87 70 85. Spartanisches 34-Zimmer-Haus, Restaurant. DZ um 100 DH.
Etliche sehr einfache Herbergen entlang der Av. Mohamed V, in ihren abzweigenden Querstraßen und beim Busbahnhof.
Camping: Sehr einfacher Campingplatz in Tan Tan Plage.

Flugzeug: Inlandsflüge etwa nach Laayoune, Agadir und Casablanca.
Bus: Der Busbahnhof befindet sich auf dem rechteckigen Hauptplatz im Ortszentrum. Häufige Verbindungen nach Laayoune–Dakhla und Guelmim–Tiznit–Agadir.
Taxi: Landrover-Sammeltaxis u. a. nach Tarfaya, Laayoune und Smara; seltene Verbindung nach Marrakesch (über Agadir).

Von Tan Tan nach Laayoune (351 km)

Karte: S. 382
Eine echte Wüstentour: auf der über weite Strecken parallel zum Küstensaum verlaufenden Westsaharatransversalen P 41/N 1 entlang an Dünenkämmen, Geröllplateaus und den für die Gegend typischen *sebkhas* (Salzseen und Salzpfannen in Küstennähe) auf schnurgerader Straße immer Richtung Südwesten, ab und zu an einigen *khaimas* (Ziegenhaarzelten) der Nomaden vorbei, vereinzelte Oasen passierend und lang gezogene Buchten, in denen die Brandung schäumt.

Wo der Geheimdienst mithört
Nicht zuletzt durch zahlreiche Steuervorteile und gezielte Ansiedlung marokkanischer Staatsbürger ist Laayoune in den vergangenen Jahren wie kaum eine Stadt expandiert. Laayoune stellt das logistische Zentrum für die gesamte von Marokko besetzte Westsahararegion dar; die Stadt ist unübersehbar von einer bedrückenden Militärpräsenz geprägt. Da der völkerrechtliche Status der Westsahara weiterhin nicht geklärt ist und da die Modalitäten einer höchstwahrscheinlich erneut verlängerten UN-Blauhelmmission (Minurso) derzeit völlig offen sind, herrscht in Laayoune beständig ein latenter Ausnahmezustand. Die marokkanischen Militärs sind angewiesen, alle Kontakte zwischen Europäern und der sahrauischen Bevölkerung der Region strikt zu unterbinden; dies soll der Polisario die Möglichkeit nehmen, ihre Anliegen in der Öffentlichkeit zu vertreten. Seien Sie sicher, dass Sie in Laayoune vom marokkanischen Geheimdienst auf Schritt und Tritt überwacht werden, und seien Sie sich dieser Präsenz bei allen Begegnungen, in allen Gesprächen stets bewusst!

Tan Tan Plage

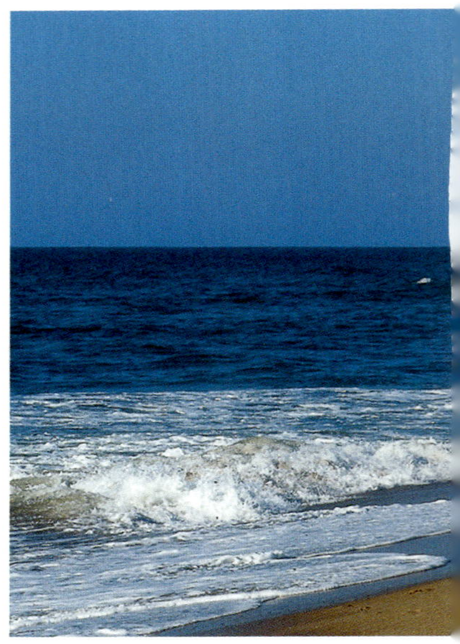

Rund 25 km westlich von **Tan Tan** 1 passiert man den Hafenort **Tan Tan Plage** 2, wo ein recht unwirtlicher Campingplatz nicht gerade zum Quartiermachen einlädt. Danach trifft man auf einsame Angler, die an der Steilküste ihr Glück versuchen, findet die vorgeschobenen Felsriffe, erste Dünenzüge und womöglich einige Flamingokolonien an der Mündung des Oued Chebeika (etwa 30 km südwestlich von Tan Tan Plage). Dann folgt Sidi Akhfennir – ein paar Wellblechhütten, Imbissstände mit gebratenem Fisch, ein Café, eine Tankstelle. Später wieder Dünenkämme, ausgedehnte Salzpfannen rechts und links der Straße, etliche aufgelaufene Schiffswracks am Strand. Schließlich ein Schild in der Einöde: Tarfaya.

Tarfaya

Tarfaya 3, an exponierter Stelle am Cap Juby schön gelegen, ist ein kleines Fischerstädtchen mit etwa 3000 Einwohnern. Im späten 19. Jh. von britischen Kaufleuten besiedelt, wovon das Souk-Karree in der Ortsmitte zeugt, stellte der Ort 1975 ein wichtiges Aufmarschlager für den ›Grünen Marsch‹ dar. Recht ärmliche Behausungen, versandete Gässchen, die Ruinen der spanischen Festungsanlagen am Strand – vielleicht muss man in die Fantasie fliehen, um es hier längere Zeit auszuhalten, wie Antoine de Saint-Exupéry, der Schöpfer des »Kleinen Prinzen«, der als Postflieger in den 1920er-Jahren am Cap Juby stationiert war. Südlich von Tarfaya erstreckt sich links die riesige Salzpfanne der Sebkha Tah, später eine Abzweigung zur Oase Dawra, dann die ersten Militärkontrollposten im Einzugsbereich von Laayoune.

Laayoune

Laayoune 4, seit den 1980er-Jahren mit enormem Aufwand zur glitzernden Hauptstadt der Westsahara ausgebaut, hat sich inzwischen in einigen Sektoren der Oberstadt zu einer der modernsten marokkanischen Metropolen entwickelt. Die Provinzhauptstadt mit 175000 Einwohnern, 1932 vom spanischen Oberst de Oro als Garnisonsstandort gegründet und bis in die frühen 1970er-Jahre vollkommen bedeutungslos, zerfällt in die spanisch geprägte, sehr ärmliche Unterstadt am Ufer des Wüstenflusses Saguia El Hamra und in die hypermoderne, von großzügigen Neubaugebieten geprägte Oberstadt auf dem Kamm eines Hügelzuges.

Mit dem Ausbau von Laayoune zum Schaufenster der Westsahara, mit den modernen, gut funktionierenden Infrastrukturen, mit dem Ausbau des Fischerei- und Phosphathafens in **Laayoune Plage** 5 (30 km westlich), mit dem Bau eines großen, für Mirage-Bomber ausgelegten Militärflughafens und nicht zuletzt mit der forcierten Ansiedlung von Marokkanern in der Stadt, mit all dem versucht die Regierung in der Westsahara politische Tatsachen zu schaffen. In dieses Konzept fügt sich auch der ehrgeizige Plan der Tourismusstrategen, Laayoune

In Laayoune Plage soll ein Hotel- und Badezentrum aufgebaut werden

Plage und die ganze Region dem Tourismus zu öffnen – die Kanarischen Inseln, von denen früher Tagesausflügler eingeflogen wurden, liegen nur 100–200 km vom afrikanischen Festland entfernt.

Der bis heute ungeklärte völkerrechtliche Status der Westsaharaprovinzen, die an der Aufstellung der Wählerverzeichnisse gescheiterten Vorbereitungen für das seit Jahren von der Uno angemahnte Referendum und das sich abzeichnende Scheitern der Uno-Friedensmission (Minurso) haben hier seit Jahren einen unerklärten Ausnahmezustand heraufbeschworen, der jede touristische Entwicklung blockiert.

Oberstadt

Sehenswert ist in der Oberstadt zunächst der riesige, von vier Flutlichttürmen begrenzte **Paradeplatz** (Mechouar) mit modernen Verwaltungsgebäuden. An der Nordseite des Platzes liegt das **Konferenzgebäude** des Landtages, gegenüber der Neubau der großen **Moschee Moulay Abd El Aziz** von 1978.

In den überkuppelten Arkadenläden dicht daneben wird schwerer Gold- und Silberschmuck gehandelt. Vom Mechouar führt die Avenue de la Mecque (linker Hand das Luxushotel Al Massira) ab, die auf die Place Dchira in einem Neubaugebiet mündet. Zwischen Ober- und Unterstadt, am Boulevard Okba Ibn Nafi (hier das zweite Luxushotel Laayounes, das Parador, und gegenüber das O.N.M.T.-Büro), liegt der hübsch angelegte Vogelpark **La Colline aux Oiseaux.**

Unterstadt

Die vom Boulevard Mohamed V und der Avenue Hassan II durchzogene Unterstadt grenzt an den alten, spanisch geprägten, von kleinen, kuppeldachüberwölbten Häuschen geprägten Stadtkern. Hier finden sich eine dem heiligen Franz von Assisi geweihte **spanische Kirche,** die ockerfarben getünchten **Verwaltungsgebäude** und, daran anschließend, ein **Markthallenkomplex.** Am Flussufer und gen Westen geht die Unterstadt in ein wüstes Slumgebiet über.

Délégation du Tourisme: Rue de l'Islam, BP 471, gelb getünchtes Häuschen gegenüber dem Hotel Parador, Tel. 028-89 16 94, Fax 028-89 16 95.
C.R.T.: Chambre de Commerce et d'Industrie de Laayoune, Av. Zerktouni, Hay Moulay Rachid, Tel./Fax 028-99 61 04/05, crtlaay@menara.ma.

Seit Jahren sind die Luxushotels Parador, Al Massira und Nagjir meist komplett durch die hohen Kader der Uno-Funktionäre belegt, die im Zusammenhang mit der Minurso-Friedensmission der Uno vor Ort stationiert sind. Dies schränkt die Zimmersuche auf die wenigen kleineren Hotels ein. Allerdings ist der Tourismus in der Westsahara, allen Plänen des Tourismusministeriums spottend, derzeit kaum noch existent.
Hotel Lakouara: Av. Hassan II, Unterstadt, Tel. 028-89 33 78/79. Dreisternehaus mit Restaurant. Um 350 DH.
Hotel El Alya: Rue Kadi El Ghalaoui (Seitenstraße der Av. Hassan II), Tel. 028-89 41 44, Fax 028-89 19 55. Zweisternehaus mit 40 Zimmern, Restaurant. DZ um 250 DH.
Hotel Residencia: Rue Prince Moulay Abdallah, Tel. 028-89 38 29. Zweisternehaus im Zentrum. DZ um 200 DH.
Hotel Atlas: 186, Av. Mohamed S. Baida, Tel. 028-89 47 97. Einfache Unterkunft. DZ 150 DH
Hotel Marhaba: Av. Hassan II. Einfache Unterkunft, Gemeinschaftsduschen. DZ 100 DH.

Einige À-la-Carte-Restaurants finden sich in der Av. de la Mecque und der Rue Prince Moulay Abdallah, einfache Lokale in der Unterstadt, besonders in Souk-Nähe.

In den Arkadengalerien am großen Mechouar in der Oberstadt befindet sich eine Ladenzeile mit schönem Gold- und Silberschmuck – auf jeden Fall sollte man Qualität und Preise vergleichen und handeln!

Dromedare – in der Wüste vielseitig einsetzbar

Im etwa 25 km entfernten Laayoune Plage soll ein Touristikzentrum aufgebaut werden – der Club Med hat die Grundstücke bereits aufgekauft, das Strandhotel Le Champion (Tel. 028-89 21 15, Fax 028-89 27 91) steht offenbar vor der Eröffnung, noch sind die ehrgeizigen Pläne aber nicht mehr als schöne Zukunftsmusik oder pures Wunschdenken.

Flugzeug: Inlandsflüge etwa nach Agadir, Dakhla, Tan Tan und Casablanca; Auslandsflüge u. a. nach Las Palmas. Royal-Air-Maroc-Büro: 7, Place Bir Auzarane, Tel. 028-89 40 71.
Bus: CTM-LN-Busbahnhof an der Av. de la Mecque 80, der Fahrkartenschalter ist im Gebäude der Massira Travel Agency. Tgl. Verbindungen nach Boujdour–Dakhla und Tan Tan–Guelmim–Bou-Izakarn–Tiznit–Agadir; Landrover-Sammeltaxis (Sammeltaxistand ist beim Souk Djemal) u. a. nach Boujdour und Smara, mit der Compagnie Etoile du Sud u. a. nach Smara, Tarfaya und Tan Tan.
Schiff: Schiffsverbindungen von Laayoune Plage zu den Kanarischen Inseln.

Das Grenzgebiet

Die P 41/N 1 führt über die wenig interessanten Küstenorte Boujdour und Dakhla bis in den über 1000 km von Laayoune entfernten Grenzposten La Gouera. Eine Weiterreise in die nordmauretanische Hafenstadt Nouadhibou ist inzwischen mit einem Visum möglich (s. S. 94). Die Tour durch das Grenzgebiet, ebenso die mauretanischen Pisten, erfordern in jedem Fall ein geländetaugliches Fahrzeug mit Wüstenausrüstung. Landschaftlich hinreißend ist der südlich von Nouadhibou an der Küste gelegene Nationalpark, die Banc d'Arguin, den die Unesco auf die Liste des schützenswerten Welterbes gesetzt hat.

Register

Der Haupteintrag ist **fett** hervorgehoben.

Register

Der Haupteintrag ist **fett** hervorgehoben.

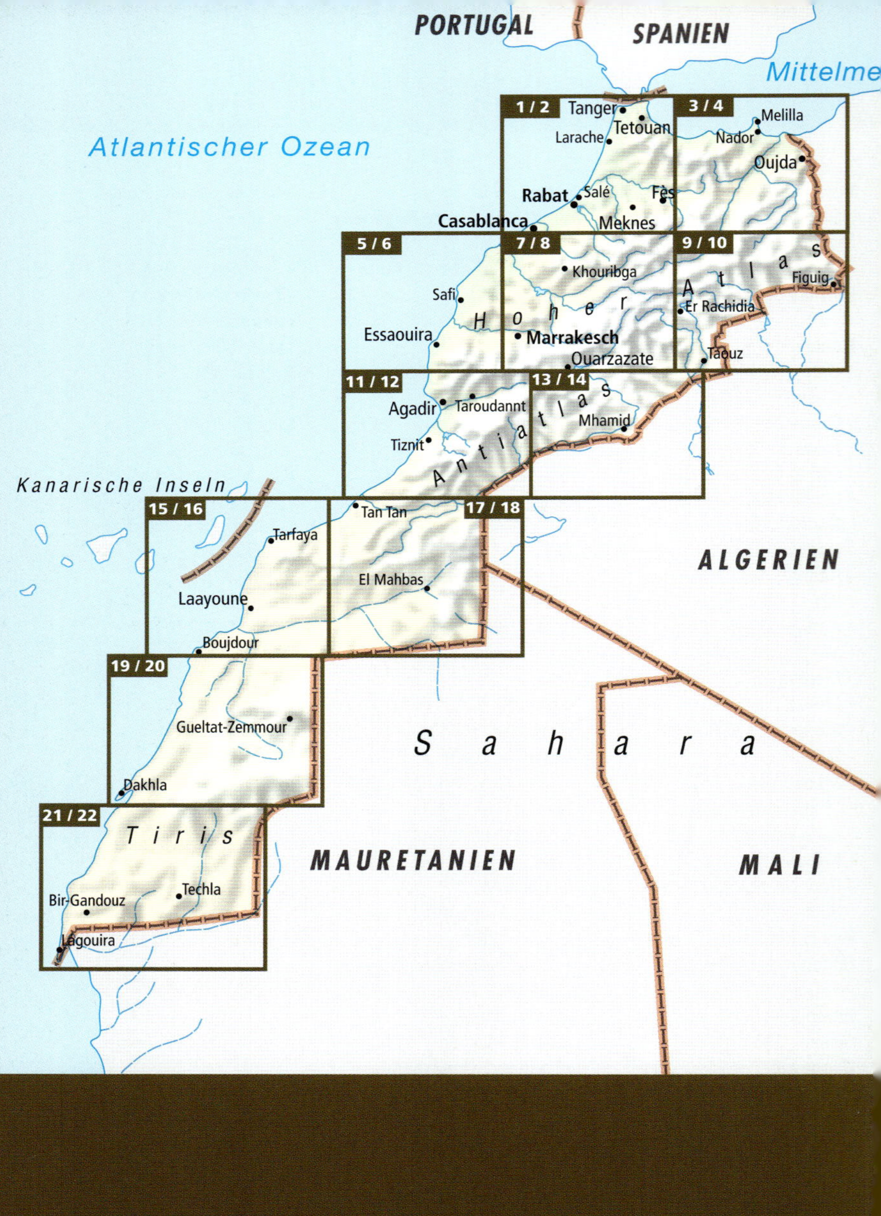
PORTUGAL
SPANIEN
Mittelme
Atlantischer Ozean
1 / 2
Tanger
Tetouan
Larache
3 / 4
Melilla
Nador
Oujda
Rabat
Salé
Fès
Casablanca
Meknes
5 / 6
7 / 8
9 / 10
Khouribga
Safi
Hoher Atlas
Figuig
Er Rachidia
Essaouira
Marrakesch
Ouarzazate
Taouz
11 / 12
13 / 14
Agadir
Taroudannt
Mhamid
Tiznit
Antiatlas
Kanarische Inseln
15 / 16
Tan Tan
17 / 18
Tarfaya
ALGERIEN
El Mahbas
Laayoune
Boujdour
19 / 20
Gueltat-Zemmour
Sahara
Dakhla
21 / 22
Tiris
MAURETANIEN
MALI
Techla
Bir-Gandouz
Lagouira

Legende

N1
Autobahn mit Anschlussstelle
Schnellstraße mit Anschlussstelle
Fernstraße mit Nummer
Hauptstraße
Nebenstraße
Straße, ungeteert
Straße in Bau; Straße in Planung
Straße für Kfz gesperrt
Tunnel
Eisenbahn
Fähre, Schiffsverbindung
Staatsgrenze
Nationalpark; Naturpark
Sperrgebiet
Hafen
Internationaler Flughafen
Regionaler Flughafen
Flugplatz
Grenzübergang
Sehenswürdigkeit
Archäologische Stätte
Kasbah, Ksar
Moschee; Marabout, Koubba
Burg; Ruine
Leuchtturm
Badestrand
Wasserfall; Höhle
Palmenhain; Quelle
Berggipfel; Pass
Campingplatz
Aussichtspunkt

Reiseatlas Marokko

A
B
C
1
2
3
4
Atlantischer Ozean
200 m
1000 m
Moulay Bousselham
Meroia Lerga
Canal Daoura Nord
P420
Benmansour
Canal Fouarat
A1
Morhane
KÉNITRA
Mehdiya Plage
Mehdiya
Forêt d
Mamo
N1
R405
Jardins exotiques
SALÉ
Sidi Boukhnadel
Aïn Johra
Sidi Allal el Bahraoui
N6
RABAT
Pays Zemmour
Témara Plage
Skhirat Plage
Témara
R407
N6
Khaloua Satour
Tiflet
A1
Skhirat
Sidi Yahya des Zaër
A3
MOHAMMEDIA
Bouznika
Aïn el Aouda
R401
Nkheïla
R407
Khemis des Sidi Yahya
N1
Aïn Harrouda
CASABLANCA
R322
Beni Yakhlef
P3331
R403
Aïn Diab
Cascade de Mizab
R313
Ben Slimane
Had Brachoua
Col du Kaoura
Mâaziz
R305
Souk Jemâa des Feddalate
Sidi Bettache
R404
Merzaga
R404
Dar Bouâzza
Tit Mellil
N9
Bir Retma
R320
Sidi Hajjaj
Bouskoura
N11
P3305
Souk Tnine des Oulad Ali
Souk Tleta des Ziaïda
Cherrat
Rommani
R404
R407
Feddane el Gouame
Bir Jdid
Aïn ej Jmel
R318
Médiouna
Sidi Sibara
Pays
N1
Sidi Mbarek
Sidi Mohamed el Kebir
Déroua
Souk Tnine des Oulad Ali
El Jemaa
R318
Berrechid
R403
R401
Sidi Kassem Zemmal
El Rhenadra
El Gara
Ez Zhiliga

6
7

1 cm = 15 km
1 : 1.500.000
0
25 km
50 km
Estrecho de Gibraltar
(Straße von Gibraltar)
Mittelmeer
TANGER
TETOUAN
Ceuta (Sebta)
(ZU SPANIEN)
Chaouen
(Chefchaouen)
Ksar el Kebir
Ouezzane
Souk el Arba
du Rharb
Sidi Kacem
Moulay Idriss
Volubilis
MEKNES
FES
Sefrou
El Hajeb
Ifrane
Azrou
Khemmisset
Taounate
Targuist
Ketama
Barrage
el Wahda
Pays Jebala
Pays Rhomara
Rif
El Jebha
Peñon de Velez
de la Gomera
Asilah
Larache
Herkulesgrotten
Cotta
Cap Spartel
Martil
Cabo Negro
Béni Maden
Bab Taza
Bab Berret
Beni Boufrah
Mechra Ben Ksiri
Had Kourt
Sidi Slimane
Mokrissèt
Zoumi
Fès el Bali
Ourtzarh
Aïn Aïcha
Tissa
Sidi Harazem
Bhalil
Imouzzèr Kandar
Annoceur
Boulemane
El Menzel
Ribat el Kheir
Tahala
Col de Touahar 556 m
Barrage Idriss 1er
Sidi Abdallah des Rhiata
Agouraï
Boufakrane
Oulmes
Source Kharouba
Tamtrouchte
Talzemt
Tilmirate
Arherm
El Aderj
Skoura
El Mers
Tizi Abekhanes 1769
Forêt de Cèdres
Zederschliffen
1
2
3
4
2
3
8

A B C

SPANIEN)

Mittelmeer

200 m

1

Mazari

Et Tleta de Oued Laou

Targha

Pays Rhomara

Bou Ahmed

Cap des Trois Four

Charrana

Cap Ras Tarf

Pointe Negri (Ras Negri)

N16

Had-Beni Chekir

Na

R414

El Jebha

Peñon de Velez de la Gomera

Al Hoceima

Baie Al Hoceima

Izemmourèn

Ajdir

Pointe Afraou

Aazanèn

Torres de Alcalá

R414

Im Zouren

Boudinar

Tizirhine

924 m

Annoual

Dar -Kebdani

Jbel Harcha

696 m

M'Ter

Ouringa

1594 m

Beni Boufrah

Arba Snada

R610

R610

R610

N2

Bab Berret

N2

Kandousi

Beni Hadifa

Tafersite

2

Aoulai

N2

Rhis

Kech-Kech

N2

Ketama

Targuist

El-Arba-Taourit

1613 m

Tiztouine

Tleta Ketama

Moyen Tidiquin

2057 m

Talamagait

Midar

M. Naach

Plaine de G

2448 m

Kassita

Tlat-Azlaf

931 m

R509

Oued Nekor

Col de Regada

Lalla Outka

N8

Beni-Ammart

El Tleta d'Azlef

N15

Tamesnite

1595 m

Souk el Had de Ikauen

R511

Boured

Jbel-bou-Haidoun

Taounate el Kchour

Tizi-Ouzli

1080 m

Es-Seht

Flagued

1031 m

Col du Nador 1438

Hassi-Quenzga

2

Rhafsai

Tahar Souk

Aknoul

Aïn-Zorah

Bad-Khemis 1100 m

Saka

Barrage Mohamed

R510

Hassi-Medlam

el Bali

Ourtzarh

Ouerrha

J. Teirara 1827 m

Taïneste

R505

R508

J. Messaoud 835 m

Taounate

Dar Caïd Medboh

Bab Tafrent 1494 m

R512

Aïn Aïcha

R508

Mezguitem

Nekhila

R508

Jbel Guilliz 591 m

El Hadar

D.Slimane

N8

Jbel Tisenfoit 1109 m

R508

Aïn Bou Kellal

R511

N15

3

Chlahna

Plaine du Jel

Sebou

R505

Merada

Tissa

R508

Col de Touahar 556 m

Barrage Idriss 1er

Sidi Abdallah des Rhiata

Taddert

Guercif

N6

Sedjaa de

J. Zalagh 902 m

Taza

Safsafte

Aïn Kansera

Djebel-Tazzekka-Nationalpark

Fritissa

N6

FES

Sidi Abdeljelil

J. Tazzeka 1980 m

Grottes du Chiker

Oued Melloulou

El Jezira

Kasbah Yahya

N15

Ouninet

Sidi Harazem

Tahala

Bab Bou Idir

Bel-Farah

1845 m

N6

Oulad-Driss

Tifirassine

Jbel Mahrout 975 m

Mahirija

Bir Tam Tam

Ras-el-Ksar

R503

Barrage Allal el Fassi

R504

Merhaoua

Timguerdine

Bhalil

Bourached

El Menzel

R507

Sefrou

Azzaba

Ribat el Kheir

Tamtrouchte

Bou-Ichourdane

Rchida

Jbel Rhabia 1464 m

N19

1768 m

Aïoun Senanne

Zloul

R504

Jbel bou Iblane

Berkine

Oued Ouahar

Sidi-Ibrahim

4

Annoceur

Tazouta

3190 m

Feggous

Plateau

El Aderj

Tamjilt

Reggou

Ben-Ayadet

Talzemt

Jbel Bou Naceur

Es Souag

R503

2041 m

Tilmirate

3340 m

N15

Rekka

Skoura

Sidi Aïssa

R606

Arherm

R502

El Kébir

Tirnest

Bouloutane

Zeroulilet

Tizi Abekhanes 1769

El Mers

Aït Makhlouf

280

Oulad-Ali

El-Orjane

Boulemane

9

1 cm = 15 km
1 : 1.500.000
0
25 km
50 km
D
E
F
Mittelmeer
Ile Plane
Cap Lindlés
Illes Habibas
1
Bou-Zadjar
Cap Figalo
El Amr
Hassi El Ghella
Terga
Sidi Kacem
El Malah
Cap Oulassa
(ZU SPANIEN)
Melilla
Beni-Enzar
Ile Rachgoun
Cap d'Arca
Beni-Saf
Ain Temouc
Ile de Mokreum
Restigna
Islas Chafarinas
Cap de l'Eau
Ras Kebdana
Nador
Al Jadida
Qariat Armane
Sebkha Bou Areg
Cap Noé
Cap Tarsa
Honaïne
Traras
Aïn-Kihal
Aghlal
Sidi Daho Ez-Za
Selouane
N16
Monts de Qebdane
Saïdia
Marsa-Ben-Mehidi
Sidna-Youcha
Ghazaouet (Nemours)
Remchi
Bensekrane
Arouit
Muley-Rechid
Madarh
P6000
N7a
Bab el Assa
Nedroma
Aïn-Youcef
2
N19
R612
Zaïo
Mechra-Saf-Saf
Berkane
le Café Maure
Ahfir
Hennaya
Ben-Badis
N22
N2
Bou-Griba
Gorges du Zegzel
Maghnia
N35
Hamman-Boughrara
Tlemcen (Tilimsân)
Ouled Mimoun
Canal des Triffa
Canal du Za
Taforalt
Grotte du Chameau
Monts des Beni Snassen
Sabra
Col des Zarifète
1212 m
Dar-Moussa
Rislane
Âïn-es-Sfa
N6
R603
Merchrá-Homadi
Sidi-Bouhria
Jbel Sarine
1091 m
Jbel Morhriss
1004 m
Oujda (Ujdah)
W46
R607
Naima
El-Âïoun
Khemis
W112
El Gor
Sebdou
Col de Krorchef
Monts de Tlemcen
El-Khémis
N17
Sidi Jaber
W107
Mestigmér
Sidi Moussa
Guenfouda
Jbel Mahssor
1354 m
ALGERIEN
Taourit
El Aouedj
Sidi-Djilali
Tanecherfi
R607
Plane du Metroh
Jbel Bou Keltoum
1687 m
N22
3
Gorges Oued Za
373 m
Tarhílest
Col de Jerada
Tiouli
N13
Jerada
Dad-Ali
Magoura
1208 m
Sidi Ameur
El Aricha
Sidi-bou-Djemila
Sidi Smahine
Jbel-Sidi-El-Abed
1382 m
N13
N17
Jbel bou Serrai
1363 m
Merija
Âïn-Benimathar
R606
Sidi Ameur
N22
Oued el Betoum
Ogiat-Habbara
Ogiat-Marhboura
Berdj d'Oglat Sedra
Sidi-Mohamed-Ouzar
Khetit Ahmed
Kasdir
4
Ôglèt-Méngoub
N19
Oued si. Ali
Oued Charef
Oued El-Aouej
Oued Gueltet Beida
Oued Tenhrlouft
Oued Berriounq
Lalla Harrama
Sidi-el-Hai
A.E.R
10
Rejem Aalia
Borj de
Chebka Ras Karra

A
B
C
1
2
3
4
Atlantischer Ozean
1000 m
200 m
Sidi Yssahak
El Mehattat
R301
Akermoud
Cap Hadid
Oum el Aïoun
Moulay Bouzerktoun
Essaouira
Ounara
Île de Mogador
Diabat
Cap Sim
Sidi Kaouki
Zaouia Molay Lahsene
Souk et Tnine Imi n Tlit
R214
Had Smimou
N1
Dar Cheikh Taguent
Cap Tafelney
Dar Caïd Allal bou Fenzi
Tamanar
Arba des Ida ou Trhouma
Pointe Imsouane
Khemis Igui Nilieud
823 m
Gouffre d'Agadir Imoucha

11

1 cm = 15 km
1 : 1.500.000
0
25 km
50 km
D
E
F
1
CASABLANCA
Dar Bouâzza
Bir Retma
R320
Bouskoura
Tit Mellil
N11
Sidi Moulay el Fedel
Azemmour
El Jadida
Moulay Abdallah
Dar ed Dou
Tine des Chtouka
N1
R303
Sidi Mbarek
Aïn ej Jmel
R318
Sidi Mohamed el Kebir
Sidi Kassem Zemmal
El Rhenadra
Berrechid
Jorf Lasfar
Sidi Abed
R301
Sidi Moussa
R318
204 m
Dar Caïd Naami
Souk Jemâa des Oulad Abbou
Aïn Talmest
Sidi Mbarek
R316
R303
Dar Cheïkh Zeroual
Settat
Had des Oulad Aïssa
Had des Oued Frej
Daourat
Ouec Bers
R316
Oulad Saïd
Ras el Aïn
Souk el Jemaa
Jemâa Sidi Brahim
Sidi Smaïl
R303
Khemis Mtouh
Sidi Barka
N9
R308
Oualidia
Sebt Saïs
N7
Kasbah de Boulâouane
Khemisset
Sidi Marouf
R202
334 m
Barrage d'Im'fout
Guissèr
Khemis des Zémamra
Sidi Bennour
Sidi el Hassem
Arba Aounate
Jemâa Oulad Abbou
DarCaïd Tounsi
Aïn Belmesk
Beddouza
R202
Moul Bergui
R202
Tnine Gharbia
Sidi Mohamed bou Naïm
Sidi bou Lemna
Khemis Ksiba
Mechra Benâbbou
Plateau des Beni
Dar Caïd Zerhouni
Had Harrara
Sidi Bouchta
R301
Sidi Aïssa
Sebt Mâarif
R201
J. Lakrdar
697 m
Oum er Rbia
Lalla Fatma
N1
Skhour Rehamna
Cap Safi
R202
Jemâa Sahi
Arba Amrane
N7
Jamâa el ma Berd
602 m
El Halet
Sidi Amara
539 m
Sidi Bouzid
Safi
393 m
SAFI
Sidi Ouasse
Bouguedra
Bir el Mâti
Barrage Al Massira
Sidi Rosia
Bir Abda
R206
Youssoufia
Tnine de Bouchane
N9
Sidi Moulay Ksiksou
Nzalet el Hararcha
Jorf el Yhoudi
R204
Ben Guerir
Sidi Bou Yahia
512 m
Sebt des Gzoula
Chemaïa
Nouasseur
Sidi Mbarek el Fkih
R206
Jemaa Arbia
7
Sedd el Mejnoun
Tnine Rhiate
548 m
Khemis Nga
Sidi Ali bou Younes
R204
B
a
h
i
r
a
4 3 m
Tnine Mhara
El Kelâa des Sraghna
425 m
Jemâa Laroum
1060 m
N1
Talmest
Oulad Brahim
781 m
Sidi Bou Othmane
Zaouïa Sidi Mohamed ben Merzoug
Sidi Chikèr
J
b
i
l
e
t
628 m
Caïd Omar Krenza
R201
Tensift
N7
Tamelelt
Had Mramèr
N8
Canal Rocade
R207
Sidi Mokhtar
MARRAKESCH
434 m
N8
Oudaya
Nfiss
R210
Sidi Rahal
Ank Djemel
Chichaoua
Aït bou Riah
R212
N9
Aït Ourir
Taferiate
Et Tnine
P2007
P2017
Chichaoua
R212
Rjal el Kheneg
N8
Guemassa
R203
Haouz
1263 m
Tahanaoute
Gorges de Moulay Brahim
Dar Caïd Ouriki
Zaouïa Rahhal des Hassaïn
Zaouïa Sidi A. E. Moumene
R212
Arhbalou
Tizi n'Tichka 2260 m
Imi n Tanoute
Bou Laouane
1713 m
Amizmiz
Asni
P2030
P2017
Ourika
Medersa Ichamrar
Gorges Ouirgane
Ouirgane
Oukaïmeden
Irchalèn
Imlil
Parc National de Toubkal
Agoulm
N9
Adassil
J. Erdouz
3578 m
J. Toubkal
4165 m
Nfiss
Asif n'Aït Moussa
R203
2090
Asif Imini
Tinmal
Ijoukak
Tizza
3350 m
12
Talat n'Yâkoub
Sebt Talmakant
N8
6

CASABLANCA
MARRAKESCH
KHOURIBGA
Settat
Berrechid
Oued Zem
Boujad
Kasbah
Beni Mellal
Fkih Bou Salah
El Borouj
Ben Guerir
El Kelâa des Sraghna
Tamelelt
Demnate
Azilal
Bin el Ouidane
Asni
Taddert
Telouet
Aït Benhaddou
Skoura
Plateau des Phosphates
Plateau des Beni Meskine
Barrage Al Massira
Moyen Atlas
Haut Atlas
Pays Glaoui
Pays Zaër
Gorges de l'Oued el Abid
Cascades d'Ouzoud
la Cathédrale (Rochers)
Imi n'Ifri (Pont naturel)
Gorges de Moulay Brahim
Parc National de Toubkal
Tizi n'Tichka 2260
J. Toubkal 4165 m
Route des Kasbahs
Vallée du Dadès
Col de Khaloua 845
Tizi n'Aït Imi 2910
Ighil M'Goun 4071 m
El Kelaâ M'Gouna
Oukaïmeden
Sidi Rahal
Aït Ourir
Khemis Majdèn
Ben Ahmed
El Gara
Khemisset
Skhour Rehamna
Sidi Bou Othmane
Dar Ould Zidouh
Afourèr
Ben Moussa
Rommani
Ez Zhiliga
El Khatouat

D
E
F
2
1
2
3
4
6
14

Source Kharouba
Harcha
R407
Oulmes
Beth
Marrout
1300 m
Bouâzza
Sidi Otmane
Taztot
R712
ïane
Hiver
Sidi Lamine
R710
Khénifra
Mrirt
R407
Ziar
El Borj
1403 m
El Hammam
R712
Ito
Azrou
Ifrane
Tiouririne
Forêt de Cèdres
Mischliffen
R707
J. Hebri
2104 m
N8
Âïn Leuh
1935 m
Timahdite
N13
2255 m
Source de l'Oum er Rbia
Col du Zad
2049 m
R503
Tizi Abekhanes
1769
2305 m
Skoura
Arherm
Tilmirate
R502
El Mers
Boulemane
Aït Makhlouf
Ifkern
R502
Hadri n'Aït Atmane
Aït Kermouss
2455 m
Azinous
Enjil
El Borj
P5108
R503
Taouerda
Douïrat
J. Ouchilas
2053 m
1778 m
J. Missour
1527 m
Moulouya
J. Tsiouant
2304
Alm Mar
Ter M'S
Moyen Atlas
El Herri
Tighassaline
N8
Ouaoumana
er Rbia
Serrou
El Kebab
Kerrouchèn
Tizi n' Rechou
Aït Oufella
Itzèr
Zeïda
N13
Boumia
R503
Arhbalou n Serdane
Tanout ou Fillali
2024 m
El Ksiba
Tizi n'Aït Ouirra
2278 m
Naour
Aghbala
Moulouya
J. Oujjit
2781 m
Tizi Taka
Cirque de Jaffar
Plateau de l'Arid
Midelt
Flilo
Tattiouine
Zebzate
Aouli
Ksabi
Tamdafelt
Amersid
N15
Saïda
Tikoutamine
Aït Alou Kchamene
Aït Daoud ou Moussa
Bou Redine
El Abid
Bouâdil
Asif Ouirine
3277 m
Tounfite
3737 m
Jbel Ayachi
Zaouïa Sidi Hamza
Nzala
Atlas
R317
Asif Agheddou
Tagoudit
2238 m
Tiouzagu
J. Assameur n Ouedadène
Ouaouriouid
2778 m
Iseli
3058 m
Jbel Iouigharacène
Tizi n'Ali
Jbel Afadaï
Imiter
N13
3057 m
R706
Amouguèr
Jbel Aderdouz
Ziz
Rich
Aït Koujmane
R708
Kerrandou
3233 m
Asif Melloul
Imilchil
R317
Outerbate
Tirhibout
2252 m
Tunnel du Légionnaire (Tunnel Foum Zabel)
Assel
2428 m
J. Aguelmous
2113 m
1979
Haut Atlas
Agoudal
Ifri
Gorges du Ziz
Barrage de Hassan Addaknil
Tizi n'Ouano
R703
Assoul
Amellago
Idelzene
3140 m
R704
Tizi Tirherhouzine
anesal
Tilmi
Jbel Timetrout
N13
Tirhiourine
Dar El Amra
Rhamat Allah
Er Rachidia
Mobrhad
2254 m
Aït Hani
Aït
Arhbalou n Kerdouss
Tadirhoust
Asfla
Route des Kasbahs
N10
Sidi Abou Abdellah
Meski
Zaouïa Sidi ou Ayachi
Msemrir
R703
Taltfraout
Tarda
1219 m
Zouala
108
Tamtattouchte
Ksar Jdid
Aoufouss
3222 m
Gorges du Todra
Izerkane
Goulmima
Gaouz
1236 m
Tilouine
Aït Amira
Gorges du Dadès
Zaouïa Sidi Abdelâli
Tinerhir
Ferkia
Todra
Zaouïa Jedida
Mellaab
Asrir
Ba Tourouq
R702
Borj Yerdi
N10
Route des Kasbahs
Tinejdad
El Gfifate
N13
Timadriouine
1265 m
Jorf
Maadid
N10
umalne Dadès
Bouia
Erfoud
Todra
Tarhia
1461 m
2150 m
2064 m
Tafilalt
k el mis
Tizi n'Boujou
Jbel Ougnat
Meharza
Borj Sud
Haroum
1719 m
Tikkert n Ouchchane
1295 m
Dar Be
Tagdilt
Iknouln
Tizi n'Ismarène
Jbel Gaiz
1425 m
Mecissi
N12
Rissani
Taguerroumt
Tinrheras
Erg Chebbi
Tizi n'Ouli Ousir
Irara
Tizi n'Tazazert
2200
Alnif
Megta Sfa
Tazoulaït
1046 m
Me

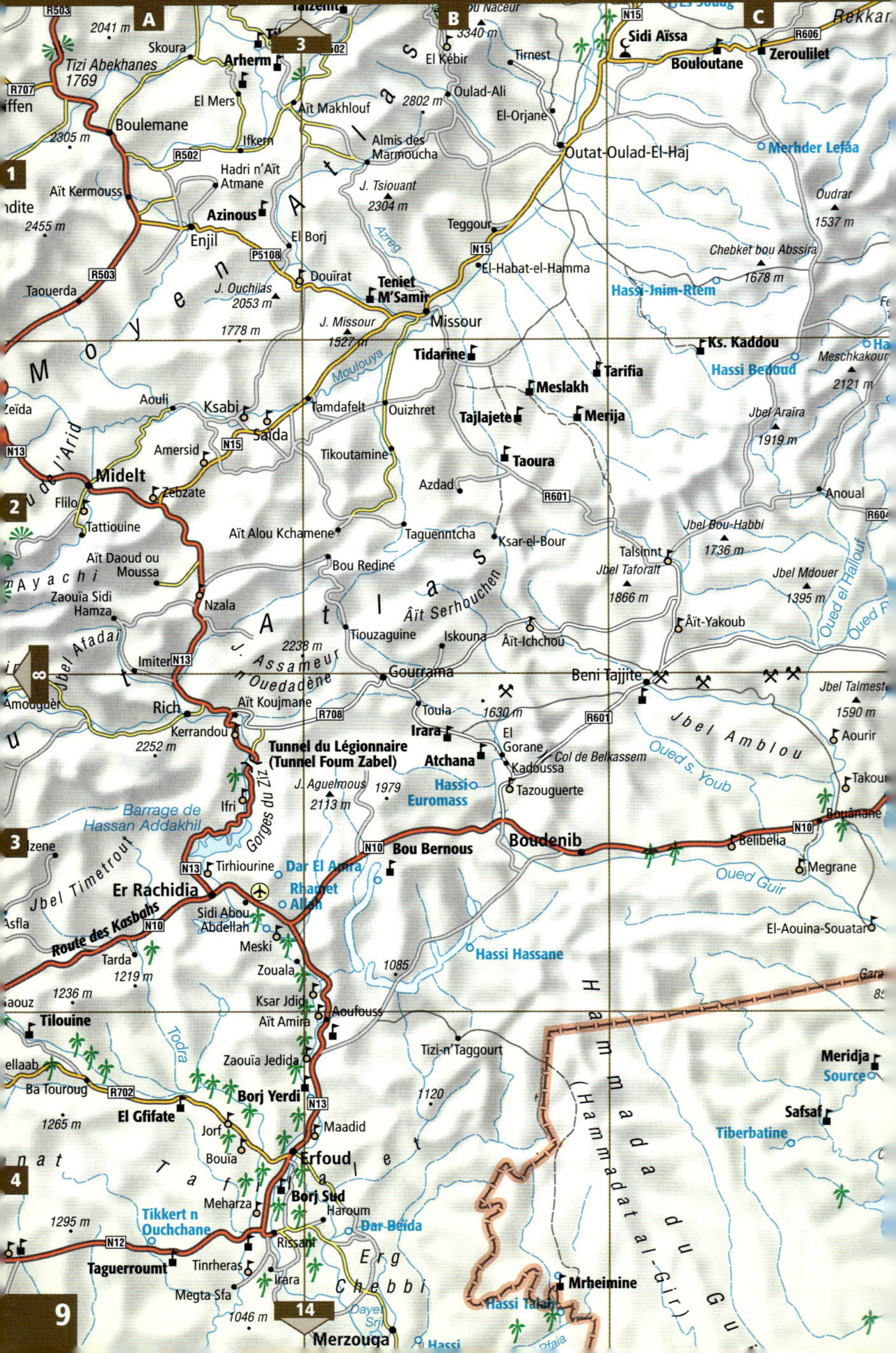

A
B
C
1
2
3
4

Tizi Abekhanes 1769
2041 m
Skoura
Arherm
El Mers
Aït Makhlouf
Boulemane
2305 m
Ifkern
Hadri n'Aït Atmane
Aït Kermouss
Azinous
Enjil
El Borj
2455 m
Taouerda
Douïrat
J. Ouchilas 2053 m
1778 m
J. Missour 1527 m
Teniet M'Samir
Missour
El Kébir
3340 m
Tirnest
Oulad-Ali
2802 m
El-Orjane
Almis des Marmoucha
J. Tsiouant 2304 m
Azreg
Teggour
Outat-Oulad-El-Haj
El-Habat-el-Hamma
Sidi Aïssa
Bouloutane
Zeroulilet
Rekkam
Merhder Lefâa
Oudrar 1537 m
Chebket bou Abssira 1678 m
Hassi-Jnim-Rtem
Moyen Atlas
Ks. Kaddou
Hassi Bedoud
Meschkakour 2121 m
Jbel Araïra 1919 m
Tidarine
Tarifia
Meslakh
Merija
Tajlajete
Taoura
Moulouya
Aouli
Ksabi
Saïda
Tamdafelt
Ouizhret
Tikoutamine
Amersid
Midelt
Zebzate
Flilo
Tattiouine
Azdad
R601
Anoual
Aït Alou Kchamene
Taguenntcha
Ksar-el-Bour
Jbel Bou-Habbi 1736 m
Talsinnt
Jbel Taforalt 1866 m
Jbel Mdouer 1395 m
Oued el Hallouf
Aït Daoud ou Moussa
Ayachi
Zaouïa Sidi Hamza
Jbel Afadai
Bou Redine
Nzala
Âït Serhouchen
Atlas
Tiouzaguine
Iskouna
Âït-Ichchou
Âït-Yakoub
J. Assameur n'Ouedadène
2238 m
Imiter
Gourrama
Beni Tajjite
Jbel Talmest 1590 m
Rich
Aït Koujmane
Kerrandou
2252 m
Toula
1630 m
Irara
El Gorane
Atchana
Col de Belkassem
Kadoussa
Jbel Amblou
Aourir
Oued s. Youb
Takoum
Tunnel du Légionnaire (Tunnel Foum Zabel)
J. Aguelmous 2113 m
1979
Hassi Euromass
Tazouguerte
Ifri
Gorges du Ziz
Barrage de Hassan Addakhil
Boudenib
Belibelia
Bouânane
Bou Bernous
Megrane
Oued Guir
Jbel Timetrout
Tirhiourine
Dar El Amra
Er Rachidia
Rhamet Allah
Sidi Abou Abdellah
Route des Kasbahs
Meski
El-Aouina-Souatar
Tarda 1219 m
Hassi Hassane
Zouala
1085
Hammada du Guir
(Hammadat al-Gir)
Gara
1236 m
Ksar Jdid
Aoufouss
Tilouine
Aït Amira
Todra
Tizi-n'Taggourt
Meridja Source
Zaouïa Jedida
Ba Tourou
El Gfifate
Borj Yerdi
1120
Safsaf
1265 m
Jorf
Maadid
Tiberbatine
Bouïa
Erfoud
Tafilalet
Meharza
Borj Sud
Haroum
1295 m
Tikkert n Ouchchane
Dar Beïda
Erg Chebbi
Taguerroumt
Rissani
Tinrheras
Irara
Mrheimine
Megta Sfa
Hassi Talah
1046 m
Dayet Srji
Merzouga
Hassi
R503
R707
R502
P5108
N15
R606
N13
R708
N10
N12
R702
3
8
14

D
E
F
4
1
2
3
4
N19
Lalla Harrama
Borj de Bel-Frissate
Rejem Aalia
Sidi-el-Hai A.E.R
Chebka Ras Karra
1364 m
Matarka
Oglat el Hasseï
Jorf-Aziza
ALGERIEN
N17
Borj de Bel Frissate
R604
Tendrara
Sidi Haj el Arbi
Chebka bou Graba
R604
Ghedir-Draa-El-Rich
Chebket Kreniget
Tinjamine
Chebka Tioudadine
Garet Zerga
1383 m
Forthassa-Rharbia
Tigri
Jbel Dokh
2083 m
Bel Rhiada
Oued Hammou Krezeg
Hassi-El-Âricha
Jbel Lakhdar
1919 m
El Mdefaia
Jbel El-Ourak
1798 m
N17
Bouârfa
1380 m
Plane de Tamlelt
Oglat Mefsoukr
Mader el Msarine
Jbel Melah
1721 m
Mouih-Sifer
Oglat Mefsoukr
Jbel Rhals
1715 m
Maâder-Zoulai
N10
Djebel Amour
Mengoub
N17
Oued el-Kheroua
Hassi Manoulili
Rosfa Taiba
Âïn-Ech-Chaïr
Âïn-Tanezara
Abou-El-Khal
Defilia
Mont. Général Leclerc
Figuig
Ksar Zenaga
Beni-Ounif
Djenane ed Dar
Boukaïs
Djebel Horreit
1461 m
Djebel Antar
1960 m
Bou-Yala
Chebket-Charef
Garra Golla
1013 m
1894 m
Fendi
Tebouda
Bezazil-el-Kelba
Mdaouer-Sidi Moumène
1392 m
935 m
Garet-Oum-Es-Seba
996 m
Djebel Béchar
Ksar-e-Azoudj
Barrage Djorf-Torba
Béchar
Djebel Mezarif
El Hartchane
Chebket el Kahla
1146 m
Hassi-el-Aouda
Oued Zousfana
Hassi Rheressa
El Mora
Ksar Mrada
Chaib Rassou
869
Oued Béchar
ALGERIEN
788 m
Menouarar
El Moungar
Grand Erg
840
Hassi Izguilem
Occidental
856 m

A
B
C
5
1
2
3
4
17
Atlantischer Ozean
Fenzi
Arba des Ida ou Trhouma
1248
Pointe Imsouane
Gouffre d'Agadir Imoucha
823 m
Khemis Igui Nilieud
Cascades d'Immouzzér
Jbel Touchka
Cap Rhir
Tamri
Tinkert
Isk
Immouzzér-des-Ida-Outanane
Paradis Plage
Amesnaz
Paradise Valley
N1
Taghazoute
Tamrhakht
Oulma
Ameskroud
AGADIR
Ben Sergaou
Inezgane
Aït Melloul
Agadir-Almassira
Sidi Toual
Sidi Bibi
Biougra
Tifnite
Parc National de Sous Massa
Ifriane
Souk el Had
Sidi Bou Mediane
Sidi Ouassai
Massa
Had Belfa
Bou Soun
Aït ou Mribete
Aït Ouguiddem
Sidi-Moussa-d'Aglou
Oulad Noumer
Aït Sembalet
Aarba aït Ahmed
Sidi Abdallah
Barrage Youssef Ben Tachfine
Tiznit
Sidi-bou-Ifedaïl
Assaka
Gourizim
Souk-el-Arba-du-Sahel
R104
Anezi
Mirleft
Ierh
Sidi-Mohamed-ou-Abdallah
Tighmi
Col du Kerdous
Talaïnt
El-Msaidira
Jemaa Ida Oussemlal
Ad. Bousgaou
Boutatene
Sidi Ifni
645 m
El-Khémis
El-Mrabtine
Souk-Tleta-des-Akhasass
Souk-Tnine-des-Aït-Erkha
1447
Irhir Ouz
Sidi Ouarsik
Et-Tnine-el-Kdim
El-Arb-de-Mesti
Jbel Fogo
Mouzemmourt
Ida-Oumarkt
Tazoum
N12
1211 m
Tabahnift
Et Tlata Sbouya
1250 m
Bou-Izakarn
Timoulay-n'Ouamalougt
Bou Jerif
Tagounfet
Ifrane de l'Anti-Atlas
Foum-Assaka
Foum-Ouggoug
Touaoutlim
Tagannt
R102
El-Arba-de-Timoulaye-Izder
O.-Noun
Laksabi
Abelno
Iguissel
Talaint-Irherbiin
Irherrhar
Tainzirt
Tarhjijt
Plage Blanche
Sidi-Mohamed-Labiar
Guelmim
1295
Fask
Irherm-Iguizzoulène
Tagmoute
Aoreora
El Abiar
Kasba-Aït-Moussa-ou-Daoud
1194 m
Aït Hassine
Targoumait
560 m
Foum-el-Oued-Drâa
Notfia
Sidi-Sabj
Tadalt
1064 m
Aferkert
Tigouraine
El-Borj
809 m
877 m
Ayoun-du-Drâa
Bou Guejouf
Tan-Tan
626 m
Oued Drâa
880 m
Tiglite
Aouinet-Torkoz
Assa
Hassi Tiguissite
Jbel Taskalouine
17
Aouina-el-Khadra
541 m
Tilemsen

Taroudannt
Tinmal
Ijoukak
Mzouzite
Tizi n'Test 2092
Aoulouz
Olad Berhil
Arazane
Taliouine
Jbel Siroua
Tizi n'Melloul 2506
Tizi n'Bachkoum 1700
Tizi n'Taghatine 1886
Tizi n'Ikhsane 1650
Kourkouda
Tazenakht
Sebt Guerdane
Tioute
Imaridèn
Aguerka
Adrar n Imchech 1755 m
Souk Sebt de Tataoute
Amagour
Souk el Arba d'Assads
Tidsi
Tidi
Aït Baha
Souk Tnine Toufelazt
Ouzzoum
Adrar n Aklim 2551 m
Igherm
Aït Ourhaïne
Azoura
Souk Tleta de Tagmoute
J. Tabaroumt 1723 m
Imi n'Tatelt
Tisnassemine
Akka Irhèn
Agadir Melloul
Tamjercht
Tiguermine
Tal der Ammeln
Tagmoute
Tafraoute
Chapeau Napoleon
Adrar-Mqorn 2344 m
Tazalarhite
Tisgui Ida ou Ballou
Tazegzaoute
Titeki
Had Tahala
Tlata Tasrite
Gorges
Souk-el-Had-d'Afella-Irhir
Bou-Zarif
Gravures rupestres
Sidi-Bou-Addi
Aoukerda
Tamessoult
Imouzlag
Aguerd
Aït-Herbil
Icht
Tisgui-el-Haratine
Tadakoust
Azougirh
Tazougart
Tarhnerht
Oua-Belli
Igdi
Touzounine
Tamezrar
Akka
Tagadirt
Talrhaïcht
Oum-el-Alek
Aït-Rahhal
Sidi Abdallah M'barek
Targannt
Hassi Brahim
Imitek
Agadir Lehne
Tata
Sidi bou Tazert
Akka Iguirèn
Kasba ej Jouâ
Jebair
Hassi -Bara
Hassi-ed-Diss
Laglab 714 m
Oued el Ksib
Hassi Haroua
Mrhimin
Jbel
Hassi Mou Teben
Targa n'Yasine 615 m
Hassi es Sedra
Hassi Tine el Khial
Sidi Adnane
Addana
Adrar Zouggar
Dar-Brik
Talreicht
Oued Drâa
Oum Matifis 633 m
Ergab
Jbel Tazout
Oued Zemoul
Hassi Sidi el Mounir
Gravures rupestres
Kheb el Hamada
Ouarkziz
Oum el Aohar
Bou Akba
ALGERIEN
Tour de Merkala
Argana
Tamadant
Barrage Abdemoumen
Tizza
Sebt Talmakant
Tasguinnt
Amcherk
J. Erdouz 3578 m
Ourg 2950 m
Asftaoun
Anezal
Algou
Tiouli
Fouanou
Oumesnat
Adassil
Agoulm
Parc National de Toubkal
N8 N10 N12 N9 R203 R106 R109 R104 R107 P1706
D E F
1 2 3 4
6 13 18

Ouarzazate, Zagora, Tazenakht, Merzouga (Erg Chebbi)

A B C 7

Agoulm
2090
Amerzgane
Aït Benhaddou
Barrage El Mansour Eddahbi
Skoura
Imassine
Aït Ridi
Tagdilt
Route des Kasbahs
Vallée du Dadès
Jbel Sarhro
Oulad Merzoug
Dadès
Tiffoultoute
Taourirt
Ouarzazate
2152 m
Aït Slilo Nekob
Nekob
1
Tizi n'Melloul 2506
Drâa
3304
Anezal
Tizgui
Tizi n'Tinififft
Rebat
Tamnougalt
Tanoumrhit
Tizi n'Bachkoum 1700
Jbel Siroua
1836 m
Agdz
Ouriz
Timiderte
Ouaouzagour
1650 m
Tazenakht
Tizi n'Taguergoust 1640
Tasla
Oulad Âtmane
Taakilt
Tizi n'Taghatine 886
Jbel Bou Zeoual
1519 m
Igdâoun
Tin Zoulin
Akhellouf
Vallée du Drâa
Tizi n'Timlaine 1190
Amazer
1560 m
Âït Hamane
Tizi n'Ikhsane 1650
Kourkouda
Tamâroufte
Qsebt er Rommad
Défilé de l'Azlag
879 m
Amtazguine
Asaka
Bleïda
1584 m
Jbel Amergou
Tissergate
Zagora
2037 m
Issil
2002 m
Allogoum
(Flughafen in Planung)
Amazraou
2
Nkheïla
El Merja
1207 m
Akka Irhèn
Foum Zguid
1095 m
Jbel Bani
1400
1456 m
Zaouïa Sidi Abd en Nebi
12
Tissint
1073 m
Erg Lihoudi
Erg Chagaga
Tizi Beni Selma 747
A. el Aoud
Lac Iriki
610 m
Jbel
Hassi Haroua
Mrhimina
Jbel Mheijiba 664 m
Mhamid
Lac Iriki
El Baj
612 m
3
Oued Drâa
Oued Aauzergui
Oued Oum Soba
Hassi
598 m
711 m
Matifis
3 m
Ergab
Oudiane bou Temmach
Hamada du Drâa
Hassi-Mouizine
Hassi Sidi el Mounir
Dfeïf
Oued Zemoul
Hadeb el Forga
Hassi Lehihissa Sofra
4
Tinfouchy

N9 R307 N10 R108 R111 N12 N50

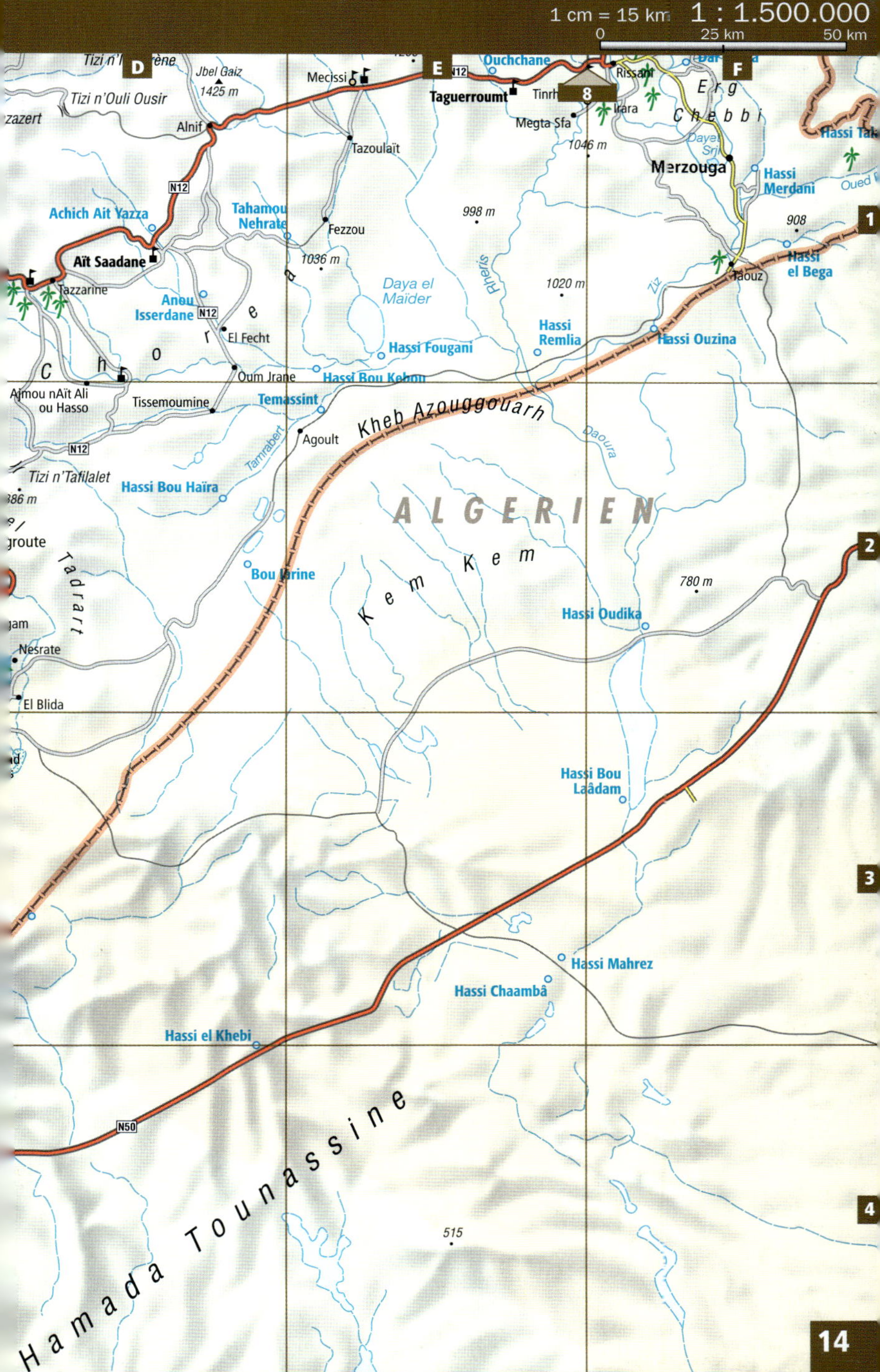
D
E
F
8
1
2
3
4
Tizi n'Ouli Ousir
Jbel Gaiz
1425 m
Mecissi
N12
Ouchchane
Taguerroumt
Tinrh
Rissani
Irara
Megta Sfa
Erg Chebbi
Merzouga
Hassi Merdani
Hassi Tal
Oued
Alnif
Tazoulaït
1046 m
Achich Ait Yazza
Tahamou Nehrate
Fezzou
998 m
908
Aït Saadane
Tazzarine
1036 m
Daya el Maïder
Rheris
1020 m
Ziz
Taouz
Hassi el Bega
Anou Isserdane
El Fecht
Hassi Remlia
Hassi Ouzina
Hassi Fougani
Oum Jrane
Hassi Bou Kebou
Ajmou nAït Ali ou Hasso
Tissemoumine
Temassint
Kheb Azouggouarh
Agoult
Tamrabert
Daoura
Tizi n'Tafilalet
Hassi Bou Haïra
ALGERIEN
Tadrart
Bou Idrine
Kem Kem
780 m
Hassi Oudika
Nesrate
El Blida
Hassi Bou Laâdam
Hassi Mahrez
Hassi Chaambâ
Hassi el Khebi
N50
Hamada Tounassine
515

A
B
C
1
2
3
4
Fuerteventura
(ZU SPANIEN)
Puerto del Rosario
Puerto de la Peña
Pajara
Tuineje
Las Palmas
Matas Blancas
Gran Tarajal
Cofete
Gran Canaria
Arinaga
Kanarische Inseln
Atlantischer Ozean
Laayoune (El Aioun)
Laâyoune Plage
N1
N5
283
Lemsid
Metmarfag
Al Hassiane
Boujdour
Oued al Khatt
19

1 cm = 15 km
1 : 1.500.000
0
25 km
50 km
D
E
F
11
Tan-Tan Plage
El-Ouatia
248 m
Hameidia-el-Guebli
N1
Reservé Naturelle Naila
Cap Juby
Tarfaya
Sidi Embarek
Sebkha Debira
Sidi Akhfennir
R101
Al-Khaloua
Abatteh
Tah
Sebkha Tah
Sidi Mohamed-Hassan-b.-Hadif
Khaoui-Nám
Hassi Jrayfia
As-Sakn
Oued el Marmoutha
275
El Hagounia
Sidi Mohamed-b.-Hadi
Oued el Haggounia
Oued Lwinagt
Sidi-Ahmed-Ar Rguid
Al Gada
G´Aydat Aj Jhoucha
Dayet Choueicriat
Khraybichat
Sebkha Amsaykir
Anakch
17
N14
As Sagia
As Sagia la Hamra
Smara
Lafrayrina
Bou Kra
N5
Amgala
756 m
20
1
2
3
4

A
B
C
1
2
3
4
11
16
Tan-Tan Plage
Foum-el-Oued-Drâa
Notfia
Sidi-Sabj
560 m
Aferkert
809 m
Ayoun-du-Drâa
Tan-Tan
626 m
880 m
Oued Draa
Tiglite
El-Ouatia
248 m
Hameidia-el-Gueblia
N1
Hassi Tiguissite
Jbel Taskalouine
Tilemsen
Dar-Chebika
Kednini Oum Chemel
Jbel Rich
Amon
Hassi-el-Ersane
fennir
R101
Al-Khaloua
M'Sied
Abatteh
Sidi-Brahim-el-Aattami
Oued Tadnissite
Hassi Al Ghaba
Ragg Labyad
Aglatlbell
Tarf en Nouss
Hassi Jrayfia
Hassi Laouinate
As-Sakn
640 m
Sidi-Ahmed-Ar Rguidi
G'Aydat Aj Jhoucha
Argane
Acta
Aydar
Tamnayyat-ar-Ramth
Khraybichat
Radouzi-Afga-Rich
N14
Idiriva
Hawza
El Fa
As Sagia la Hamra
Smara
Lafrayrina
Hassi Anerguet
Al'Arguiya
Hassi Sdadir
Hassi Chamal
Amgala
753 m
Hassi Lahmar
Bir Lahmar
Tfariti
Alous La'jarem

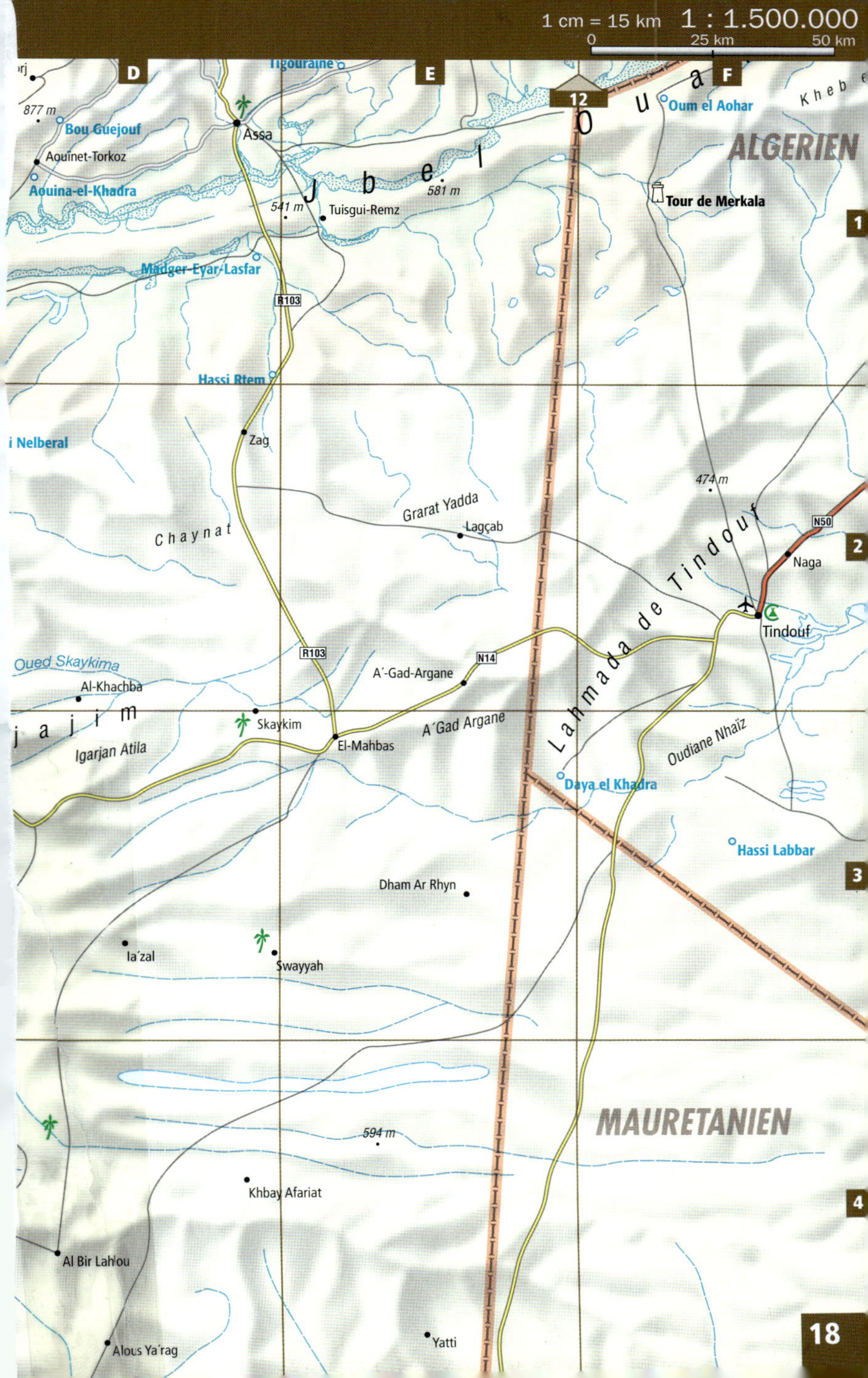
1 cm = 15 km
1 : 1.500.000
0
25 km
50 km
D
E
F
12
Tigouraine
877 m
Bou Guejouf
Aouinet-Torkoz
Aouina-el-Khadra
Assa
Jbel Ouarkziz
581 m
541 m
Tuisgui-Remz
Oum el Aohar
Kheb
ALGERIEN
Tour de Merkala
Madger-Eyar-Lasfar
R103
Hassi Rtem
Nelberal
Zag
474 m
Grarat Yadda
Lagçab
Chaynat
N50
Naga
Lahmada de Tindouf
Tindouf
Oued Skaykima
R103
N14
A´-Gad-Argane
Al-Khachba
Skaykim
El-Mahbas
A´Gad Argane
Igarjan Atila
Oudiane Nhaïz
Daya el Khadra
Hassi Labbar
Dham Ar Rhyn
Ia´zal
Swayyah
MAURETANIEN
594 m
Khbay Afariat
Al Bir Lahlou
Alous Ya´rag
Yatti
1
2
3
4

A
B
C
15
Boujdour
N1
1
1000 m
200 m
Atlantischer Ozean
2
Oued Assaq
Echtoucan
21
Iraïfia
Oued Assag
A g a r g a
3
Dakhla
Bir Anzarane
N3
4
Sabkhat
Tanwakka
21

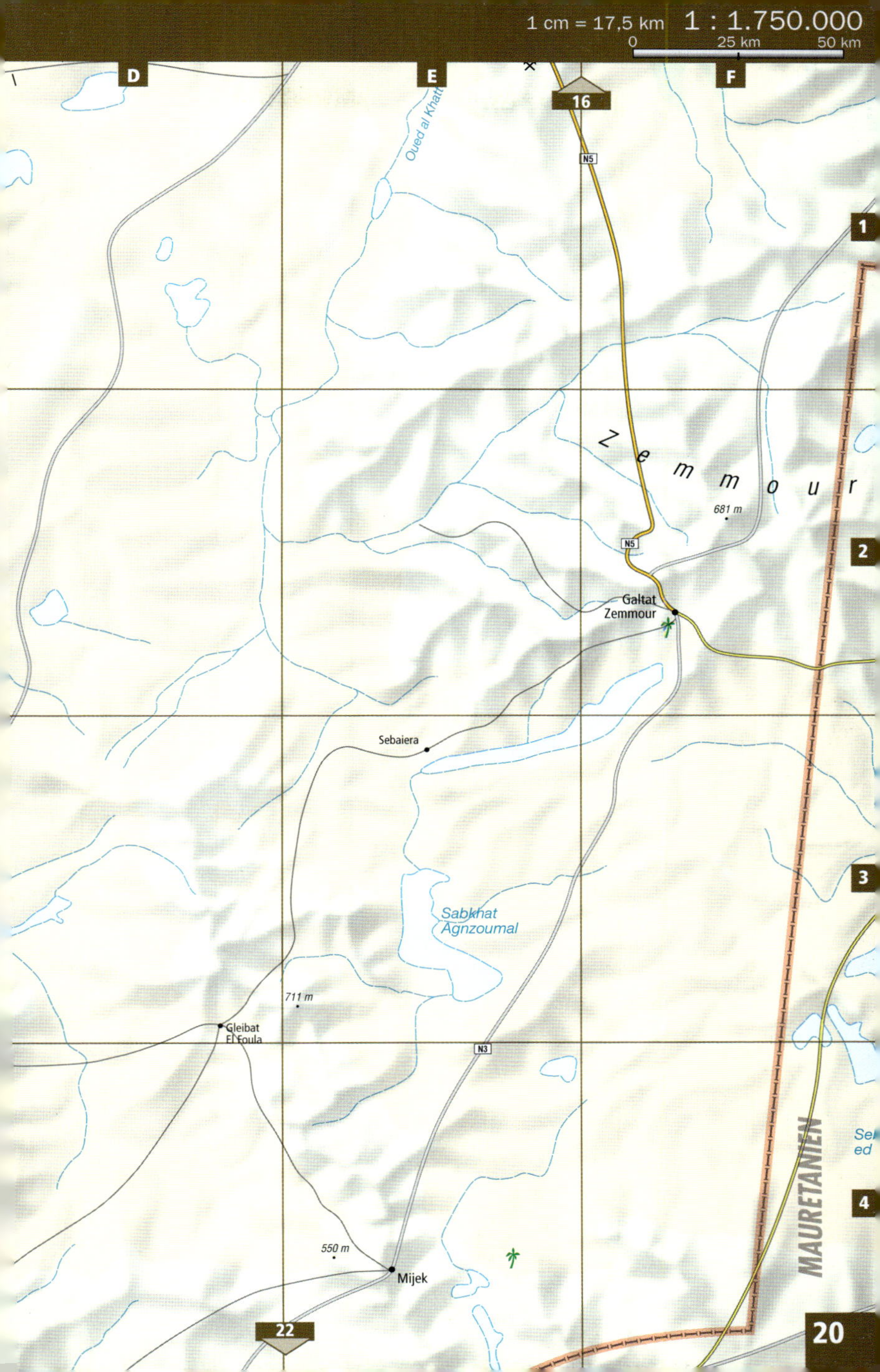
D
E
F
16
Oued al Khatt
N5
1
Zemmour
681 m
2
N5
Galtat
Zemmour
Sebaiera
3
Sabkhat
Agnzoumal
711 m
Gleibat
El Foula
N3
MAURETANIEN
4
550 m
Mijek
22

A
B
C
19
1
2
3
4
Dakhla
N3
1000 m
200 m
Atlantischer Ozean
N1
N1
Bir Gandouz
Wad Tanwaywour
Adrâr Soutto
Wad Jalwa
Sabkhat Afouyylj
Guerguarat
Boû Lanouâr
MAURETANIEN
La Gouira
Nouâdhibou
Cansado
Khatt Atoui

1 cm = 17,5 km
1 : 1.750.000
0
25 km
50 km
A
D
E
F
20
1
2
3
4
Bir Anzarane
Sabkhat
Tanwakka
N3
Sebkhet
Tidsit
Aoussard
Sellâour
Ouday
Aghoninit
Tichla
Zoug
Sebkhet
Khnayfissat
Inâl
Tmeïmîchât
Choum
´Aggui

Abbildungsnachweis

Bildagentur Huber, Garmisch-Partenkirchen: S. 5, 72, 174, 293 (Ripani); 180 (Giovanni); 254 (Schmid); 8, 346 (Morandi); 359 (Grüner); 6, 364, 380 (Spila)

Getty Images, München: Titelbild (Van der Hilst), S. 100 (Kavanagh); 120 (Wakem); 1, 2, 230 (Van Butsele); 249 (Emmerson); 1, 352 (Cumming)

HB-Verlag/Michael Riehle, Ostfildern: S. 57, 109, 210, 328, 349

IFA-Bilderteam, Ottobrunn: S. 3, 304 (Everts); 330 (Koubou)

Markus Kirchgessner, Frankfurt/Main: S. 65, 67, 235, 278, 350

laif, Köln: Klappe vorn, 99 (Knechtel), 9, Klappe hinten, 4, 5, 8, 139, 225, 239, 250, 274, 277, 289, 303, 308, 368, (Hemispheres); S. 10 (Le Figaro Magazine); 18 (Harscher); 2, 6, 7, 27, 49, 54, 60, 112, 188, 208, 218, 226, 243, 247, 260, 298, 312, 324, 370, 373, 374, 384 (Specht); 136 (Kreuels); 155, 336 (Kirchgessner); 4, 190 (Riehle); 5, 217, 268, 290, 376 (Heeb); 244 (Linke); 240 (Reporters); 343 (Eisermann); 7, 386 (Jonksmann)

Look, München: S. 258 (Fleisher), 296 (Erber)

Mauritius Images, Mittenwald: S. 3, 7, 13, 25, 148, 196, 212 (Age Fotostock); 53, 86, 232 (Photononstop); 3, 75 (CuboImages); 1, 78 (René Truffy); 184 (Raga); 202 (Rossenbach)

Jacques Paul: S. 267

Florian Pfeil, Berlin: S. 94, 276

Schapowalow, Hamburg: S. 142, 284 (Huber); 122 (SIME)

Picture Alliance, Frankfurt/Main: S. 45, 83, 200, 205, 319 (dpa), 193 (kpa/Pralle)

Anita Walter, Breisach a. R.: S. 20, 300

Hans Weber, Lenzburg: S. 156, 168

White Star, Hamburg: S. 115, 128, 264 (Gumm); 134, 150; 215, 320 (Friedrichsmeier/Stankiewicz)

Kartografie

DuMont Reisekartografie, Puchheim

Umschlagfotos

Titelbild: Ouarzazate; Umschlaginnenklappen: Marrakesch (vorn), Hoher Atlas (hinten)

Über den Autor

Hartmut Buchholz ist Journalist und Buchautor und bereist Afrika seit 1988. Im DuMont Reiseverlag erschienen von ihm »Marokko. Der Süden«, »Kenia« sowie »Senegal und Gambia«.

Für Esther

Der Autor dankt: Hamza Choufani, Honorarkonsul der Bundesrepublik Deutschland, Agadir; Wolfgang Dietz, Bonn; Radi Essmaoui, Globus Voyages Maroc, Agadir; Dr. Hans Hartje, Université de Pau; Fritz Gerd Koring, Tinfou/Zagora; Hans E. Latzke, Bielefeld; Sonja Ludwig, Marokkanisches Fremdenverkehrsamt, Düsseldorf; Christine Traber, Stuttgart. Außerdem der Firma Najah Cars, Agadir.

Hinweis: Autor und Verlag haben alle Informationen mit größtmöglicher Sorgfalt geprüft. Gleichwohl sind Fehler nicht vollständig auszuschließen. Alle Angaben erfolgen ohne Gewähr. Bitte schreiben Sie uns! Über Ihre Rückmeldung zum Buch und über Verbesserungsvorschläge freuen sich Autor und Verlag: **DuMont Reiseverlag,** Postfach 3151, 73751 Ostfildern, E-Mail: info@dumontreise.de

1. Auflage 2007

Grafisches Konzept: Groschwitz, Hamburg
Druck: Rasch, Bramsche
Buchbinderische Verarbeitung: Bramscher Buchbinder Betriebe